U0511773

主编 陈立斌　　副主编 汤黎明 刘言浩

中国（上海）自由贸易试验区法律适用精要

Essentials of Law Application in China (Shanghai)
Pilot Free Trade Zone

人民出版社

策划编辑:郑海燕
责任编辑:郑海燕　张　燕　李甜甜
封面设计:吴燕妮
责任校对:苏小昭

图书在版编目(CIP)数据

中国(上海)自由贸易试验区法律适用精要/陈立斌 主编. —北京:
　人民出版社,2018.4
ISBN 978－7－01－019062－4

Ⅰ.①中…　Ⅱ.①陈…　Ⅲ.①自由贸易区-贸易法-法律适用-上海
　Ⅳ.①D927.510.229.55

中国版本图书馆 CIP 数据核字(2018)第 047938 号

中国(上海)自由贸易试验区法律适用精要
ZHONGGUO(SHANGHAI)ZIYOU MAOYI SHIYANQU FALÜ SHIYONG JINGYAO

主　编　陈立斌

副主编　汤黎明　刘言浩

人民出版社 出版发行
(100706　北京市东城区隆福寺街 99 号)

北京龙之冉印务有限公司印刷　新华书店经销

2018 年 4 月第 1 版　2018 年 4 月北京第 1 次印刷
开本:710 毫米×1000 毫米 1/16　印张:34.25
字数:520 千字

ISBN 978－7－01－019062－4　定价:120.00 元

邮购地址 100706　北京市东城区隆福寺街 99 号
人民东方图书销售中心　电话 (010)65250042　65289539

版权所有·侵权必究
凡购买本社图书,如有印制质量问题,我社负责调换。
服务电话:(010)65250042

目　录

第四编　上海自贸区深化金融领域创新的司法保障

第五编　上海自贸区行政管理模式创新的司法保障

第六编　上海自贸区刑事司法保障

前　　言

　　中国(上海)自由贸易试验区(以下简称"上海自贸区")自2013年9月29日正式挂牌以来,运行至今,已逾四年。四年来,上海自贸区坚持以制度创新为核心,探索形成了一批可复制、可推广的经验。人民法院作为国家审判机关,亦担负着为上海自贸区建设提供有力司法服务保障、营造良好法治环境的重任。自中央批准设立上海自由贸易试验区以来,上海法院始终坚持围绕中心服务大局,聚焦上海自贸区建设司法需求,充分发挥司法职能作用,努力为上海自贸区建设提供优质高效的司法服务和有力的司法保障。伴随着上海自贸区各项改革的不断深化,上海三级法院服务保障上海自贸区的司法举措也渐次推出。

　　在上海自贸区建设的过程中,随着自贸区建设分步骤、递进式进行,由于面临区内和区外的差别、法律与政策的碰撞,必然会产生许多具有自贸区特点的纠纷和诉讼。新类型案件和疑难复杂案件不断出现,而法律法规的空白和滞后则制约了难题的破解。如何有效应对这些深化改革、扩大开放中出现的新情况新问题,形成可复制可推广的司法保障经验,是人民法院面临的时代课题。

　　正因如此,为总结涉自贸区案件审判工作中的实践经验,研究改革过程中的司法理念、司法审判、司法保障等法律问题,我们编纂了《中国(上海)自由贸易试验区法律适用精要》一书。在体例上,本书分为七编:第一编为中国(上海)自由贸易试验区的法治环境,主要对上海自贸区的基本情况、立法概况及总体司法保障情况进行概述。第二编为上海自贸区推进贸易发展方式转变的司法保障,主要阐述了上海自贸区贸易发展方式转变对司法提出的新要求,并从合同案件、知识产权案件、航运案件以及航空运输合同案件的审理情况四个方面进行了论述。第三编为上海自贸区扩大投资领域开放的司法保障，以上海自贸区扩大投资领域开放对司法提出的要求为切入点，介绍了上海自贸区公司案件以及劳动争议案件的审理。第四编为上海自贸区深化金融领域创新的司法保障，探究涉自贸区金融审判司法保障问题，并对自贸区国际融资租赁、跨境资金池问题进行研究。第五编为上海自贸区行政管理模式创新的司法保障，以上海自贸区政府职能转变为切入点，着重介绍了政府职能转变对行政审判的影响及相关行政案件的审理情况。第六编为上海自贸区刑事司法保障，主要阐述了上海自贸区刑事司法理念的转变及刑事案件的审理情况。第七编为上海自贸区完善法治领域的制度保障与司法改革，探究上海自贸区案件的立案与送达、执行、多元化纠纷解决机制以及陪审员改革。

本书是上海法院的法官们为推进上海自贸区的司法改革和探索所作出的积极尝试。希望本书中所展示的上海法院法官对上海自贸区法律适用的新思考和新观点，能为同行办案提供有益的借鉴与参考，为上海自贸区的改革和发展提供智力支持。由于我们水平有限，书中难免有疏漏之处，敬请读者批评指正。

编　者

二〇一七年十一月

第 一 编

中国(上海)自贸试验区的法治环境

第一章　中国(上海)自贸试验区概述

第一节　自贸试验区的概念辨析

建设中国(上海)自贸试验区,是党中央从国内外发展大势出发,统筹国际国内两个大局,在新形势下推进改革开放的重大举措,因此,自贸试验区有别于以往所讨论的自由贸易区、保税区等概念。

一、自贸试验区与保税区、自由港的区别

保税区是设立在一国境内的特殊贸易区域。它在关税、进出口税以及部分监管措施上实行了特别安排,比如境外货物入区免税或保税,区内生产交易免增值税、营业税等。自由港与保税区相似,不同之处仅在于适用税收优惠的空间范围,自由港顾名思义是整个港口城市。13 世纪法国马赛港是世界上第一个自由港。自由港主要是便利转口贸易,一般不从事保税区的加工、旅游、服务等内容。绝大部分自由港都是凭借其优越的地理位置、良好的港口和先进的运输、装备设备,以豁免货物进出口关税和海关监督的优惠,以及开展货物储存、分级挑选、改装等业务便利,通过吸引外国货船、扩大转口贸易、发挥商品集散中心作用,以达赚取外汇收入的目的而发展起来。

与自贸试验区相比,保税区、自由港的功能单一,主要还是中转存放的作用;自贸试验区除保税区功能外,还包括服务业开放、金融创新、管理方式改革等内容,并且对周边地区具有强大的辐射作用,能带动区域经济的发展。

二、自贸试验区与国家（地区）间的自由贸易区

国家（地区）间的自由贸易区是由两个以上的国家或地区签订协议,约定对相互之间的贸易往来适用互免关税、税收优惠或其他优惠安排的区域。中国在建自贸区 20 个,涉及 32 个国家和地区。其中,已签署的自贸协定有 12 个,涉及 20 个国家和地区,分别是中国与东盟、新加坡、巴基斯坦、新西兰、智利、秘鲁、哥斯达黎加、冰岛和瑞士的自贸协定,中国内地与中国香港、澳门的更紧密经贸关系安排,以及中国大陆与中国台湾的海峡两岸经济合作框架协议等;正在谈判的自贸协定有 9 个,涉及 23 个国家和地区,分别是与韩国(已完成全部谈判)、海湾合作委员会、澳大利亚和挪威,以及中日韩自贸区、《区域全面经济合作伙伴关系》协定谈判、中国—东盟自贸协定升级谈判、中国—巴基斯坦自贸协定第二阶段谈判等。自贸试验区是国家单方面设立的特殊区域,不涉及双边或多边协定,不设专门针对某些国家的特定优惠。

三、海关特殊监管区域

海关特殊监管区域是经国务院批准,设立在中华人民共和国关境内,赋予承接国际产业转移、连接国内国际两个市场的特殊功能和政策,由海关为主实施封闭监管的特定经济功能区。海关特殊监管区域有保税区、出口加工区、保税物流园区、跨境工业园区、保税港区、综合保税区等多种模式。在监管模式上,海关特殊监管区域具有一线和二线的通关特征,总的来说是一种"O"形监管方式,自由贸易试验区在整个贸易便利化和国际规则的衔接上要努力培育一种真正做到"一线放开,二线管住"的区内自由的"U"形监管模式。此外,自贸试验区的功能更为全面,特别是在制度创新下推进新型贸易业态的转变。

第二节　我国各自贸试验区概述

自中国(上海)自贸试验区 2013 年 9 月 29 日挂牌以来,按照国务院批准

的总体方案,着力推进投资、贸易、金融、事中事后等领域的制度创新。2014年12月28日,国务院决定推广中国(上海)自贸试验区经验,设立广东、天津、福建三个自贸试验区,并扩展中国(上海)自贸试验区的范围,为制度创新提供了更大的检验和压力测试空间。2017年3月31日,国务院批复成立辽宁、浙江、河南、湖北、重庆、四川、陕西七个自贸试验区,并提出对照国际最高标准、最好水平的自由贸易区,全面深化上海自贸区改革开放。这些自贸试验区有其共同的地方,同时也承载着不同的改革任务。

一、各地自贸试验区的相同点

总体而言,11个自贸试验区继续以改革开放排头兵、创新发展先行者以及形成更多可复制、可推广的经验为目标,在中国(上海)自贸试验区原有试点的基础上进一步扩大改革开放的创新措施。具体而言,它们将在五个方面进一步扩大改革开放:一是坚持制度创新、二是服务国家战略、三是建设开放高地、四是辐射带动周边、五是有效防控风险。它们共同形成了东中西协调、陆海统筹的全方位、高水平对外开放新格局。

二、各地自贸试验区的相异点

除了当好"改革开放排头兵、创新发展先行者",在服务国家战略上,辐射带动周边,这些自贸区的定位又有所不同。

概括而言,广东自贸试验区立足推动内地与港澳经济深度合作,天津自贸试验区立足于京津冀协同发展,福建自贸试验区立足于深化两岸经济合作,中国(上海)自贸试验区继续在推进投资贸易便利化、货币兑换自由、监管高效便捷以及法治环境规范等方面担当"领头羊"。在辐射周边方面,广东自贸试验区将通过加工贸易转型,带动泛珠三角区域和内地区域的产业升级,天津自贸试验区旨在通过促进京津冀协同发展来辐射内陆的发展,福建自贸试验区着力加强闽台产业对接、创新两岸服务业合作模式,以此来辐射带动海峡两岸经济发展,中国(上海)自贸试验区通过建设长三角区域国际贸易"单一窗口"来推动长江经济带的快速发展。

第三批自贸试验区主要是对接长江经济带、中部崛起、西部大开发、振兴东北老工业基地等重大区域发展战略。七地将结合自身特点，在自贸试验区探索推进国资国企改革、以油品为核心的大宗商品投资便利化和贸易自由化、构建多式联运国际物流体系、创新现代农业交流合作机制、创建人文交流新模式等特色试点任务，与上海、天津等四家自贸试验区形成对比试验、互补试验，在更广领域、更大范围形成各具特色、各有侧重的试点格局。

具体来说，辽宁将加快市场取向体制机制改革、积极推动结构调整，努力将自贸试验区建设成为提升东北老工业基地发展整体竞争力和对外开放水平的新引擎。浙江将把自贸试验区建设成为东部地区重要海上开放门户示范区、国际大宗商品贸易自由化先导区和具有国际影响力的资源配置基地。河南将加快建设贯通南北、连接东西的现代立体交通体系和现代物流体系，将自贸试验区建设成为服务于"一带一路"建设的现代综合交通枢纽、全面改革开放试验田和内陆开放型经济示范区。湖北自贸试验区立足中部、辐射全国、走向世界，努力成为中部有序承接产业转移示范区、战略性新兴产业和高技术产业集聚区、全面改革开放试验田和内陆对外开放新高地。重庆努力将自贸试验区建设成为"一带一路"和长江经济带互联互通重要枢纽、西部大开发战略重要支点。四川立足内陆、承东启西，服务全国、面向世界，努力将自贸试验区建设成为西部门户城市开发开放引领区、内陆开放战略支撑带先导区、国际开放通道枢纽区、内陆开放型经济新高地、内陆与沿海沿边沿江协同开放示范区。陕西努力将自贸试验区建设成为全面改革开放试验田、内陆型改革开放新高地、"一带一路"经济合作和人文交流重要支点。

第三节　中国（上海）自贸试验区情况简介

一、中国（上海）自贸试验区地理位置

中国（上海）自贸试验区于 2013 年 9 月 29 日正式成立，国务院发布了《国务院关于印发〈中国（上海）自由贸易试验区总体方案〉的通知》。中国

(上海)自贸试验区规划面积 28.78 平方公里,包含外高桥保税区①(10 平方公里)、外高桥保税物流园区②(1.03 平方公里)、洋山保税港区③(14.16 平方公里)、浦东机场综合保税区④(3.59 平方公里)。

2014 年 12 月 28 日,全国人大常委会授权国务院暂时调整有关法律规定,将中国(上海)自贸试验区进一步扩区,由 1 个片区扩大成 4 个片区,由 28.78 平方公里扩展到 120.72 平方公里,增加了陆家嘴金融片区(34.26 平方公里)、金桥开放片区(20.48 平方公里)和张江高科技片区(37.2 平方公里)。扩区以后,中国(上海)自贸试验区从空间可以划分为三个区域:一是最初获

---

　　① 　外高桥保税区 1990 年 9 月正式启动,是全国第一个,也是目前全国 15 个保税区中经济总量最大的保税区。2011 年 9 月外高桥保税区被商务部授予全国第一个"国家进口贸易促进创新示范区",已成为上海重要的国际贸易基地。同时,外高桥保税区做大做强酒类、钟表、汽车、工程机械、机床、医疗器械、生物医药、健康产品、化妆品、文化产品十大专业贸易平台,其中文化贸易平台被文化部授予全国首个"国家对外文化贸易基地"。外高桥保税区专业商品贸易规模不断扩大,2012 年进口手表、酒类、化妆品分别占全国的 43%、37%、29%;进口医药品、医疗器械分别增长 40% 和 29%,占全国的 24% 和 21%。参见中国(上海)自贸区官网。
　　② 　外高桥保税物流园区是国务院特批的全国第一家保税物流园区,同时是上海市"十一五"期间重点规划的三大物流基地之一,于 2004 年 4 月 15 日通过海关总署联合验收小组验收。与外高桥港区连成一体,距离外高桥保税区仅有 3 公里。保税物流园区是国内首个实施"区港联动"的试点区域,可同时享受保税区、出口加工区相关政策和上海港的港航资源。依托"区区联动""进区退税"等政策功能优势,保税物流园区与外高桥保税区相辅相成、联动发展,现已成为跨国公司面向东北亚的出口采购中心和有色金属、IT 零部件进口分拨基地。参见中国(上海)自贸区官网。
　　③ 　洋山保税港区 2005 年 12 月 10 日在洋山深水港开港时正式启用,是上海市和浙江省跨区域合作建设,实行海关封闭监管的特殊功能区域,也是我国第一个保税港区。作为上海建设"国际航运发展综合试验区"的核心功能区域,洋山保税港区集聚了包括通信及电子产品、汽车及零部件、高档食品、品牌服装等的分拨配送中心,基本形成了面向欧美的分拨配送基地、大宗商品产业基地、面向国内的进口贸易基地以及航运龙头企业集聚地。目前,洋山税收、进出口等指标均在全国保税港区中排名第一,是全国 14 家保税港区中发展最快、产出效益最高的保税港。参见中国(上海)自贸区官网。
　　④ 　浦东机场综合保税区 2010 年 9 月 28 日正式运作,位于我国东部沿海经济带与长江流域交汇点,紧邻货邮吞吐量世界第三的浦东国际机场,又处于亚、欧、美三角航线上。机场综保区充分发挥其亚太航空复合枢纽港优势,积极打造"临空服务创新试验区",已引进包括电子产品、医疗器械、高档消费品等全球知名跨国公司空运分拨中心以及百余个融资租赁项目,UPS、DHL 和 FedEx 三大全球快件公司均入区发展,一批重点功能性项目已启动运作,机场综保区已逐步形成空运亚太分拨中心、融资租赁、快件转运中心、高端消费品保税展销等临空功能服务产业链。参见中国(上海)自贸区官网。

批的 28.78 平方公里保税区，此为先行区域；二是扩大到 120.72 平方公里后，新增加的陆家嘴、金桥、张江三个扩展区域；三是承载自贸区改革效应的辐射区域。

具体而言，陆家嘴金融片区侧重于金融功能，片区含陆家嘴金融贸易区、世博前滩地区，是上海国际金融中心的核心区域、上海国际航运中心的高端服务区、上海国际贸易中心的现代商贸集聚区。陆家嘴金融贸易区将探索建立与国际通行规则相衔接的金融制度体系，与总部经济等现代服务业发展相适应的制度安排，持续推进投资便利化、贸易自由化、金融国际化和监管制度创新，加快形成更加国际化、市场化、法治化的营商环境。世博前滩地区是上海新一轮发展的重点区域，正在打造总部经济、航运金融、文化体育旅游业、高端服务业聚集区。

金桥开发片区侧重于高端制造，该区于 1990 年成立，经过二十多年的持续开发，已经成为上海的先进制造业核心功能区、生产性服务业集聚区、战略性新兴产业先行区和生态工业示范区。金桥开发区将以创新政府管理和金融制度、打造贸易便利化营商环境、培育能代表国家参与国际竞争的战略性新兴产业为重点，不断提升经济发展活力和创新能力。

张江高科技片区是上海贯彻落实创新型国家战略的核心基地，其将推动上海自贸区建设与张江国家自主创新示范区建设深度联动，提升张江园区创新力，重点在国家科学中心、发展"四新"（新产业、新业态、新技术和新模式）经济、科技创新公共服务平台、科技金融、人才高地和综合环境优化等重点领域开展探索创新。

二、中国（上海）自贸试验区管理架构调整

中国（上海）自贸试验区是适应新形势的改革产物，因而其管理架构经过多次调整，按照"有力推进，减少震动，强化统筹，有效衔接"的原则，目前管理架构可以总结为三个特点：一是实行双主任体制。即自贸试验区管委会主任由市政府分管领导和浦东新区区委主要领导共同担任。二是合署办公。即在浦东新区层面，自贸试验区管委会与浦东新区人民政府合署办公，承担统一管

理自贸试验区各功能区域,推进浦东全区落实自贸试验区改革试点任务的主体责任。中国(上海)自贸试验区管委会内设 3 个职能局,分别是综合协调局、政策研究局、对外联络局,承担自贸试验区改革推进、政策协调、制度创新研究、统计评估等职能。在片区层面,设置 5 个区域管理局,分别是保税区管理局、陆家嘴管理局、金桥管理局、张江管理局、世博管理局。合署办公是扩区以后体制改革的一个特色,也是扩区以后的亮点,把自贸试验区的建设和试点落在完整的一级政府框架下,在常态化情况下进行探索和创新,而不是放在特殊的机制或者临时的机制里进行试验,有利于明确自贸试验区建设的主体责任、有利于统筹协调几个片区、有利于把成功经验和创新的做法推广到浦东新区全境、有利于统筹协调区内区外资源。三是强化领导小组办公室。在 2013年中国(上海)自贸试验区启动初期,上海市成立了领导小组,为适应扩区后管理体制调整的新情况,上海市科委、市质监局的负责人也加入领导小组,并对领导小组办公室作了进一步调整,明确要充分发挥其统筹协调作用。领导小组办公室设在上海市发改委,职能包括研究制定中国(上海)自贸试验区深化改革方案和年度工作安排,争取重要政策突破,分析研究国际高标准贸易规则体系,加强与其他地方自贸试验区的跟踪分析,加强与国家部委的沟通联系,跟踪中国(上海)自贸试验区试点进展情况等。

三、中国(上海)自贸试验区的历史沿革

1990 年,中共中央部署浦东开发开放战略。自那以后,特别是 1997 年后,上海开始有发展上海自由贸易区的意向和规划。2003 年 10 月,上海外高桥保税物流园区对进入物流园区的国内货物实行"进区退税"、取消对物流园区企业进出口经营权的限制、适度放宽外汇管理,在当时的上海市政府的官方网站上,外高桥保税区也被列入了唯一的自由贸易区行列,这在当时被认为是上海市政府有意向将外高桥保税区建设成为中国大陆境内首个自由贸易区。

2009 年,中国生产力促进中心协会承担上海浦东新区战略发展研究的重大课题。其中,最重要的分课题为"上海浦东新区建立自由贸易区研究",该课题于 2010 年 1 月 20 日完成评审,并得到高度评价。随后相关报告被呈送

到国务院,这份报告被认为是中国(上海)自由贸易试验区的方案雏形。

2013 年上海市开始研究规划建立上海浦东自由贸易园区可行性方案,3月新任国务院总理李克强在上海等地调研,并表示:鼓励支持上海积极探索,在现有综合保税区基础上,研究如何试点先行,在 28 平方公里内,建立一个自由贸易试验区,进一步扩大开放,推动完善开放型经济体制。

2013 年 8 月,国务院正式批准设立中国(上海)自由贸易试验区,试验区范围涵盖上海市外高桥保税区、外高桥保税物流园区、洋山保税港区和上海浦东机场综合保税区等 4 个海关特殊监管区域,总面积为 28.78 平方公里。8月 25 日,上海市出台 42 条实施意见,明确提出上海要结合中国(上海)自由贸易试验区建设的要求,争取先行先试,使国家金融改革、创新有关部署在上海最先落地。8 月 30 日,为解决有关法律规定在中国(上海)自贸试验区内的实施问题,第十二届全国人大常委会第四次会议决定,暂时调整《中华人民共和国外资企业法》《中华人民共和国中外合资经营企业法》和《中华人民共和国中外合作经营企业法》规定的有关行政审批,时间为 3 年。9 月 29 日,中国(上海)自由贸易试验区正式挂牌成立。

2014 年 12 月 28 日,国务院第 74 次常务会议讨论通过的《关于授权国务院在中国(广东)自由贸易试验区、中国(天津)自由贸易试验区、中国(福建)自由贸易试验区以及中国(上海)自由贸易试验区扩展区域暂时调整有关法律规定的行政审批的决定(草案)》经提请第十二届全国人大常委会第十二次会议审议并通过。2015 年 4 月 21 日,中国(上海)自贸试验区扩围,陆家嘴金融片区、金桥开发片区以及张江高科技片区正式挂牌。

四、中国(上海)自贸试验区设立的国内外背景

(一)国内背景

我国无论是对内改革还是对外开放都进入关键时期,需要更为充分地利用国内和国际市场,增强在国际上的影响力和发言权,并承担相应的责任。就对内改革而言,必须要让市场在资源配置中起决定作用,价格由市场来决定,这就要求全面深化经济改革。就对外开放而言,需要进一步放宽投资领域的

限制,使资金能够自由流动。中国(上海)自贸试验区即在这一背景下提出。因相关改革涉及面广、纵度深,故需要先在某个地区先行先试,根据效果再行可复制可推广。总体而言,中国(上海)自贸试验区的政策是与时俱进的产物,该政策的落实能够使我国建立更完善的市场经济体系,构建更好的对外开放环境。

(二)国际背景

中国(上海)自贸试验区的提出无不与三大国际谈判有着密切的联系,即中美双边投资协定(中美双边投资协定尚在谈判并未签署,双边投资协定英文为 Bilateral Investment Treaty,故简称"中美 BIT")、跨太平洋伙伴关系协议(Trans-Pacific Partnership Agreement,TPP)和跨大西洋贸易与投资伙伴协议(Transatlantic Trade and Investment Partnership,TTIP)。

中美 BIT 谈判于 2008 年正式启动,截至 2015 年 2 月 4 日双方共进行了18 轮谈判,已完成核心议题和双方各自关注问题的初步讨论与技术性磋商。2013 年 7 月《第五轮中美战略与经济对话框架下经济对话联合成果情况说明》中表示:"中国同意与美国进行投资协定的实质性谈判。该投资协定将对包括准入环节的投资的各个阶段提供国民待遇,并以"负面清单"模式为谈判基础。"

TPP 的前身是跨太平洋战略经济伙伴关系协定,是由亚太经济合作会议成员国中的新西兰、新加坡、智利和文莱等四国发起,从 2002 年开始酝酿的一组多边关系的自由贸易协定。其原名为亚太自由贸易区,旨在促进亚太地区的贸易自由化。2008 年美国宣布加入以后,全力推动打造跨太平洋全球最大自由贸易区。随着包括加拿大、日本、韩国等国家的加入,TPP 将形成约 8 亿人口的市场,占全球经济约四成,规模比有 27 个成员国的欧盟还要大。TPP将对亚太经济一体化进程产生重要影响。但中国尚未被邀请参加 TPP 谈判。与过去常见的经济合作协议不同,TPP 增加了"战略合作"的内容,涵盖了知识产权保护、劳工标准、环境标准和促进中小企业发展等内容。TPP 的初步目标,是在 2015 年实现成员之间的零关税,现在则将这一目标实现的时间定在10 年之后。此外,TPP 还涉及金融监管、竞争政策、经济立法、市场透明、反腐败等多个领域。

TTIP 的谈判于 2013 年 6 月正式启动。欧美自贸协定谈成后，世界上最大的自由贸易区将诞生。该协定让欧美市场融为一体，包括相互开放银行业、政府采购等，统一双方的食品安全标准、药品监管认证、专利申请与认证、制造业的技术与安全标准，并实现投资便利化等。

中美 BIT、TPP 与 TTIP 谈判有共同特点，即作为三项协定的主要参加者的美国都极力推行全面和高标准的贸易投资规则。除了传统贸易投资谈判中的关税、非关税壁垒和贸易便利化主题外，这三项谈判都着力于增进服务贸易市场准入、加强兼容性、透明度与合作，大量减少监管与标准方面的差异，同时维持卫生、安全与环保方面的高标准，以及制定全球关注的规则、原则与新型合作方式，包括知识产权和市场机制等议题。

这三大谈判对自由贸易试验区的推出有重大影响。通过在自贸试验区小范围的试点，带动金融、税收、贸易、政府管理等一系列政策变革，测试中国进一步开放和接受美式高标准贸易投资规则的承受力、风险和防范机制。自贸试验区的设立就是要先行先试国际经贸新规则新标准，积累新形势下参与双边、多变、区域合作的经验，为与美国等发达国家开展相关谈判提供参考，从而为中国参与新国际经贸规则的制定提供有力支撑。

五、中国（上海）自贸试验区的主要经济指标

扩区以来，中国（上海）自贸试验区建设成效显著，经济运行呈现活力增强、功能提升、优势明显等主要特征。一是自贸区经济活力明显增强。2015 年全年的新设企业数 1.8 万家，大约相当于浦东开发开放 25 年来新设企业总数的十分之一。上海市近一半外资企业落户在自贸区，新设外资企业数占比从自贸区挂牌初期的 5% 上升到 2015 年的 20%。2015 年，上海自贸区全年共办结境外投资项目 636 个，相当于上年的 4.3 倍；中方投资额 229 亿美元，相当于上年的 5.5 倍；境外实际投资额（79 亿美元）约占全国（1180 亿美元）的 7%。二是自贸区助推"四个中心"功能提升。金融功能方面，在自贸区金改的带动下，2015 年，上海市金融市场交易额达到 1463 万亿元，相当于五年前

的 3.5 倍,浦东新区新增各类金融机构超过 3500 家,这些机构绝大部分落户自贸区;金融业增加值占地区生产总值比重达到 26%,对 GDP 增长的贡献率达 60% 左右。贸易功能方面,贸易便利化改革推动浦东新区贸易进出口逆势上扬,同比增长 2.7%,保税区的商品销售、工商税收占全国海关特殊监管区域的一半以上。航运功能方面,2015 年洋山港和外高桥港区合计完成集装箱吞吐量 3357.2 万标箱、增长 3.7%,支撑上海港继续位列全球第一。三是自贸区推动浦东新区经济转型升级步伐进一步加快。扩区后的自贸区以 1/10 的面积创造了浦东新区 3/4 的生产总值,以 1/50 的面积创造了上海市 1/4 的生产总值。在自贸区建设的带动下,2015 年浦东新区生产总值增长 9.1%,比上海市高 2.2 个百分点,其中三产比重达到 72%,近两年年均提高 3.8 个百分点。①

截至 2016 年 6 月底,上海自贸区累计新设企业超过 3.7 万户。其中内资企业超过 3 万户,外资企业超过 6700 户。累计办结境外投资项目超过 1100 个,中方投资总额 424 亿美元。2016 年上半年自贸区海关特殊监管区域实现进出口总值 3626 亿元,同比增长 4.7%,占同期上海市进出口总值的 27.7%。其中,进口 2568 亿元,出口 1058 亿元。截至 2016 年 6 月底,自贸区入驻持牌金融机构 788 家,新兴金融机构 4823 家。共有 45 家金融机构通过分账核算系统验收,开立超过 5.4 万个自由贸易账户,当年累计账户收支总额近 2.3 万亿元②。

---

① 数据引自于中国(上海)自贸试验区内部报告。
② 数据引自于中国(上海)自贸试验区官方网站。

第二章 中国（上海）自贸试验区立法概况

中国（上海）自贸试验区成立以来，国家修改了《中华人民共和国公司法》（以下简称《公司法》）、《中华人民共和国外资企业法》（以下简称《外资企业法》）、《中华人民共和国中外合作经营企业法》（以下简称《中外合作经营企业法》）、《中华人民共和国中外合资经营企业法》（以下简称《中外合资经营企业法》）、《中华人民共和国台湾同胞投资保护法》（以下简称《台湾同胞投资保护法》）以及《中华人民共和国刑法》（以下简称《刑法》）中的部分罪名，并调整实施了十余部行政法规、国务院文件的有关规定，多个部委陆续出台了支持意见和实施细则。2013年上海市政府制定了《中国（上海）自由贸易试验区管理办法》，2014年上海市人大常委会通过了《中国（上海）自由贸易试验区条例》。目前上海自贸区已经形成100多部由法律法规、政府规章、规范性文件共同组成的法制框架和规则体系。由于各法律文件涉及面较广，本章以方案解读为切入点对中国（上海）自贸试验区的法律政策规定进行介绍。

第一节 自贸试验区方案解读

一、中国（上海）自贸试验区总体方案、改革方案及深改方案

（一）中国（上海）自贸试验区总体方案简介

国务院于2013年9月27日公布《中国（上海）自由贸易试验区总体方案》（以下简称《总体方案》），明确了上海自贸区的五大主要任务、措施和扩大开放的六大服务领域（金融、航运、商贸、专业、文化、社会服务领域）。

《总体方案》提出了中国(上海)自贸区的总体目标,即经过两年至三年的改革试验,加快转变政府职能,积极推进服务业扩大开放和外商投资管理体制改革,大力发展总部经济和新型贸易业态,加快探索资本项目可兑换和金融服务业全面开放,探索建立货物状态分类监管模式,努力形成促进投资和创新的政策支持体系,着力培育国际化和法治化的营商环境,力争建设成为具有国际水准的投资贸易便利、货币兑换自由、监管高效便捷、法制环境规范的自由贸易试验区,为中国扩大开放和深化改革探索新思路和新途径,更好地为全国服务。

《总体方案》明确了五个方面的主要任务及措施:即加快政府职能转变、扩大投资领域的开放、推进贸易发展方式转变、深化金融领域的开放创新、完善法制领域的制度保障。要求紧紧围绕面向世界、服务全国的战略要求和上海"四个中心"建设的战略任务,按照先行先试、风险可控、分步推进、逐步完善的方式,把扩大开放与体制改革相结合,把培育功能与政策创新相结合,形成与国际投资、贸易通行规则相衔接的基本制度框架。

总体而言,《总体方案》的创新集中体现在五个方面:一是金融创新,率先试行利率市场化。二是资本项目可兑换,助推人民币国际化。三是服务业开放,促进服务贸易的发展。四是制定"负面清单",划清政府与市场的边界,弱化事前审批,强化事中事后监管。五是提出境内关外,改革海关监管措施,促进贸易便利化。

(二)中国(上海)自贸试验区改革方案简介

2015 年国务院公布了《进一步深化中国(上海)自由贸易试验区改革开放方案》(以下简称《改革方案》)。《改革方案》在政府职能转变、投资管理制度创新、贸易监管制度创新、金融制度创新、法制和政策保障等五个方面规定了25 条任务措施,进一步深化并明确各项任务、措施的具体责任部门和时间节点。具体而言,创新试点内容包括增加探索统一的市场准入制度、政府采购、国际船舶登记制度创新、科技创新以及促进投资、贸易、高端制造和科技创新的税制环境等方面的内容。同时,对金融制度创新、企业登记住所改革、"先证后照"改革等内容进一步充实和细化。

《改革方案》在《总体方案》的基础上，结合中国（上海）自贸试验区的探索实践，进一步突出以制度创新为核心，加快释放改革红利；进一步突出以政府职能转变为重点，充分发挥市场配置资源的决定作用和更好发挥政府作用；进一步突出以可复制可推广为目标，形成更多具有示范带动效应的制度创新成果；进一步突出以风险可控为底线，构建科学有效的风险防控体系。《改革方案》主要在以下六个方面对《总体方案》进一步深化：一是在加快推进政府职能转变方面；二是在深化与扩大开放相适应的投资管理制度方面；三是在推进与国际通行规则接轨的贸易监管制度方面；四是在加强中国（上海）自贸试验区与"四个中心"建设的联动方面；五是在加强中国（上海）自贸试验区与全球影响力科技创新中心建设的联动方面；六是在加强中国（上海）自贸试验区法制和政策保障方面。

（三）中国（上海）自贸试验区深改方案简介

2017 年国务院颁布了《全面深化中国（上海）自由贸易试验区改革开放方案》（以下简称《深改方案》）。这是上海自贸区设立以来的第三版方案。方案贯彻落实党中央对自贸区建设的战略部署，以对照国际最高标准、最好水平，深化改革开放；坚持制度创新，加强改革的系统集成；进一步加大压力测试力度；更大力度转变政府职能为基本原则，更加突出开放引领、更加注重风险防控、更加突出联动发展、更加突出改革举措的系统集成，为其他自贸试验区建设发展提供改革创新借鉴，为我国进一步深化改革开放积累更多经验。《深改方案》首次提出，上海自贸区要设立自由贸易港区。

《深改方案》明确提出，到 2020 年上海自贸区要率先建立同国际投资和贸易通行规则相衔接的制度体系，建设成为投资贸易自由、规则开放透明、监管公平高效、营商环境便利的国际高标准自由贸易园区。《深改方案》立足于全面深化改革，强调改革系统集成，增强制度创新的整体性、协调性、协同性和系统性，着力健全四个体系：一是各类市场主体平等准入和有序竞争的投资管理体系；二是促进贸易转型升级和通关便利的贸易监管服务体系；三是深化金融开放创新和有效防控风险的金融服务体系；四是符合市场经济规则和治理能力现代化要求的政府管理体系。此外，方案还明确了各项改革试点任务具备条件的在浦东新区范围内全面实施,或在全市试验推广。这与党中央对上海的要求一致,与上海推进自贸区建设的特色一致,与完成新一轮改革试点任务的需要一致。根据《深改方案》,上海自贸区确立了"三区一堡"的新目标:建设开放和创新融为一体的综合改革试验区、开放型经济体系的风险压力测试区、提升政府治理能力的先行区、服务国家"一带一路"建设和推动市场主体走出去的桥头堡。

根据《深改方案》2017 年有 24 项重点工作,包括:形成内外资一致的市场准入制度、深化商事登记制度改革、全面推进"证照分离"改革试点、高标准建设国际贸易"单一窗口"、实施海关综合监管改革创新、建立检验检疫风险分类监管综合评定机制、加强与科创中心建设联动、优化人才服务体系、建立知识产权保护和运用体系、制定上海自由贸易港区建设方案、扩大对外开放领域、推进跨境服务贸易创新发展、提高口岸通关效率、深化与上海国际金融中心建设联动、完善自由贸易账户服务功能、加强金融综合监管协调、形成提升政府治理能力先行区总体方案、推进简政放权、强化事中事后监管、深入推进综合执法改革、加快推进服务型政府建设、创新服务"一带一路"建设的桥头堡推进机制、加强市场主体"走出去"服务体系、推进国际化金融服务创新等。

二、中国(上海)自贸试验区改革目标

《总体方案》《改革方案》和《深改方案》基本构建了中国(上海)自贸试验区的法律政策框架,为改革确立了相应的目标。

(一)探索政府管理新方式,推动政府管理向简政放权和加强事中事后监管转变

按照李克强总理的要求,自贸试验区以政府职能转变为重点,积极探索建立与国际高标准投资和贸易规则体系相适应的政府管理制度和监管模式创新,做到有放有管、放管结合。这是自贸试验区有序运行、防范风险的基础性工作,也是推进治理体系和治理能力现代化的有效抓手。

一是简政放权,上海市已分批取消和调整了多项行政审批事项,并赋予自

贸试验区管委会区域统筹管理权，下放自贸试验区管理机构能够承接的行政审批和管理事项。

二是事中事后监管，一方面是加强微观监管和行业监管，从投资者条件、企业设立程序、业务规则、监督管理、违规处罚等方面对扩大开放行业明确具体监管要求，建立相应的监管制度。通过行业风险审慎管理、经营者风险过程管理、业务风险分级管理、经营风险分类管理、技术标准管理、诚信管理等手段，提高开放环境下的事中事后监管水平，确保开放和监管同步到位。另一方面是积极加强宏观监管，主要是建立六项重要制度（包括安全审查、反垄断审查、社会信用体系、企业年度报告公示和经营异常名录、健全信息共享和综合执法、社会力量参与市场监督），加强对市场主体"宽进"以后的过程监管和后续管理。

（二）继续深入探索"负面清单"管理模式，营造开放管理高效的投资环境

按照形成更加国际化、市场化、法治化的公平、统一、高效的营商环境的要求，中国（上海）自贸试验区以"负面清单"管理模式为突破口，扩大开放，深化改革，以开放倒逼改革，激发创业精神和市场活力。具体内容包括：一是实施和完善"负面清单"管理模式；二是逐步落实服务业开放措施；三是大幅提升外商投资和境外投资便利化程度；四是逐步完善企业准入"单一窗口"制度。

（三）提高贸易便利化水平，带动区域经济发展

通过借鉴国际经验，深化贸易监管制度创新，提升中国（上海）自贸试验区参与全球竞争的能力，发挥好上海国际贸易中心和航运中心建设对区域经济发展的辐射带动作用。具体内容包括：一是创新"一线放开、二线安全高效管住、区内自由"监管制度；二是推进货物状态分类监管制度；三是探索建立国际贸易"单一窗口"管理制度。

（四）深化金融制度创新，服务实体经济发展

在风险可控的前提下，加大对跨境投资和贸易的金融支持，为国家金融改革做好"压力测试"。具体内容包括：一是基本形成金融制度创新框架；二是建立完善金融监管和防范风险的机制。

第二节　中国(上海)自贸试验区改革
措施和初步成果①

上海自贸区历经四年多的建设,已经落实《中国(上海)自由贸易试验区总体方案》《进一步深化中国(上海)自由贸易试验区改革开放方案》提出的绝大多数任务,取得显著成效。一批制度创新系统集成成果已逐步在全国复制推广,发挥了先行先试、示范引领、服务全国的作用,实现了预期目标。

一、基本形成以"负面清单"管理为核心的投资管理制度

通过对标国际通行规则,制定和完善"负面清单",开展了外商投资、境外投资管理和商事登记等方面的一系列制度创新,进一步扩大服务业和制造业对外开放,形成与国际通行规则一致的市场准入方式。

(一)全面实施外商投资和境外投资备案管理

外商投资方面,目前"负面清单"的长度逐年缩减,特别管理措施从 190条(2013 年)、139 条(2014 年)、122 条(2015 年)减少为 95 条(2017 年)。清单外实施备案制,外商投资的办理时间由 8 个工作日缩减到 1 个工作日。通过备案方式新设外资企业占比超过 90%,新设企业中外资企业占比从最初的5%上升至 20%左右。90%以上的投资项目都是"负面清单"以外的,无须再审批。境外投资管理制度改革成效显著。境外投资项目核准改备案,办结时间由 3—6 个月缩短到 3 天。外管局不再审核换汇申请,而是通过"展业三原则"让银行对企业换汇实施间接监管。截至 2017 年 4 月底,累计办结境外投资项目 1664 个,中方投资额累计达到 577 亿美元。

(二)深化商事登记制度改革,开展"证照分离"改革试点

在率先开展"先证后照"改"先照后证"等商事登记制度改革后,聚焦许可证办证难、办证烦等问题,针对审批频次比较高、市场关注度比较高的 116 项

---

① 相关数据引自于中国(上海)自贸试验区的内部报告。

行政许可事项,按照取消审批、审批改备案、实行告知承诺、提高透明度和可预期性、强化准入监管等五类方式开展改革试点。成功实现四大转变:从办事大厅一门式办理到单一窗口一口式办理、从企业年检制到年报公示制度、从"三证联办"到"七证联办""五证合一""一照一码"。

(三)进一步扩大服务业领域开放

先后推出 2 批 54 项扩大开放措施,其中服务业领域 37 项,制造业等领域 17 项。截至 2017 年上半年,累计有近 2100 个项目落地,融资租赁、工程设计、船舶管理等行业的扩大开放措施取得明显成效。

二、基本形成符合高标准贸易便利化规则的贸易监管制度

借鉴国际经验,海关、检验检疫、海事等口岸监管部门推出了近百项创新举措,探索建立具有国际先进水平的贸易监管制度,促进区内货物、服务等各类要素自由流动。全球高水平自由贸易协定中有关贸易便利化的 60 条核心措施,52 条已在中国(上海)自贸区实施,区内进出口通关时间分别较区外减少 41.3%和 36.8%。

(一)进一步深化"一线放开、二线安全高效管住、区内自由"的贸易便利化措施

海关、国检等口岸监管部门先后推出了"先进区、后报关报检""关检联动""一区注册、四地经营""十检十放"等近百项创新举措,这些举措使通关效率大大提高,货物入区通关时间平均缩短 2—3 天,保税区进出境时间较全关区平均水平分别缩短 78.5%和 31.7%,企业物流成本减少 10%以上。

(二)率先建立国际贸易"单一窗口"管理制度

2017 年上海已建成兼具监管和服务功能、覆盖口岸通关全流程和贸易监管主要环节、可以跨区域申报的国际贸易"单一窗口"3.0,共覆盖 9 个功能模块,对接 22 个监管部门。实现了"一个平台、一次提交、结果反馈、数据共享"。100%的船舶申报和超过 95%的口岸货物申报通过单一窗口办理,互联网申报仅需 1—2 分钟。

(三)率先实施货物状态分类监管模式

建立了以信息化系统监管为主、海关现场监管为辅的基本架构,实现了保税、非保税货物同仓存储、分类监管。已覆盖保税区全部物流配送企业,2家贸易型企业开展试点,下一步将扩展至加工型企业。

三、基本形成适应更加开放环境和有效防范风险的金融创新制度

上海自贸区围绕服务实体经济发展,以自由贸易账户为核心的金融开放创新深入推进,金融市场和金融服务开放度进一步提高,金融监管和风险防控能力显著增强。

(一)金融创新框架体系基本形成

2015年10月29日,中国人民银行等部门和上海市共同印发了《进一步推进中国(上海)自由贸易试验区金融开放创新试点加快上海国际金融中心建设方案》,与之前国家金融管理部门发布的金融支持上海自贸区建设的51条政策意见和实施细则,共同构成了自贸试验区金融制度创新框架体系。

(二)建立了本外币一体化运作的自由贸易账户体系

央行发布自由贸易账户境外融资细则,扩大了境外融资的规模和渠道,并启动运行自由贸易账户外币服务功能。通过自由贸易账户,实现了资金跨境流动的"一线审慎监管、二线有限渗透"。目前54家机构直接接入分账核算系统,已开设FT(Free Trade)账户6.7万个,通过FT账户获得本外币境外融资总额折合人民币超过9000亿元。

(三)人民币跨境使用和外汇管理创新进一步深化

跨境人民币结算、跨国公司总部外汇资金集中运营、本外币双向资金池等金融创新试点规模化运作。跨境人民币结算总额累计超过2.9万亿元,93家企业开展跨国公司总部外汇资金集中运营试点,639家企业发生人民币双向资金池业务,资金池收支总额超过8000亿元。

(四)一批面向国际的金融交易平台已正式运行

包括国际黄金板、全国性信托登记平台、上海保险交易所、国际能源交易

中心、国际金融资产交易中心等金融交易平台正式运行。

四、基本形成了与开放型市场经济相适应的政府管理制度

确立了以规范市场主体行为为重点的事中事后监管制度。2016 年上海市政府印发实施《进一步深化中国（上海）自由贸易试验区和浦东新区事中事后监管体系建设总体方案》，探索建立以综合监管为基础、以专业监管为支撑、高效透明的准入后全过程监管体系，构建市场主体自律、业界自治、社会监督、政府监管互为支撑的监管格局，实施"双告知、双反馈、双跟踪；双随机、双评估、双公示"的监管方式创新。

联动创新一级政府管理体制，实现符合市场经济规则的政府职能转变新突破。充分发挥上海自贸试验区管委会与浦东新区政府合署办公的优势，着力提升一级地方政府行政效率和公共服务能力。重点推进简政放权、放管结合、优化服务，即"放、管、服"。在放的方面，通过投资、贸易、金融等领域推出了一系列的改革举措，激发"双创"活力。在管的方面，主要是加快探索建立以市场主体自律为基础，以综合监管体系为支撑，以体制机制和方式方法创新为突破，权责明确、公平公正、透明高效、法治保障的事中事后监管体系。在服的方面，则是努力营造国际化、法治化、便利化的营商环境，例如在办事窗口推行"OK & Quick!"的理念和一线办事人员无否决权的改革举措，进一步提升政府服务品质。

五、加强与"四个中心"和科技创新中心建设联动

以扩区为契机，中国（上海）自贸试验区努力将制度创新转化为推动区域经济发展、功能提升的强大动力，加快促进上海国际经济、金融、航运、贸易中心和科技创新中心建设，加强自贸试验区与国家自主创新示范区"双自"联动发展，不断提升核心功能、做大产业规模。具体而言，保税区片区，充分发挥特殊监管区贸易便利化优势，进一步做强总部经济，拓展国际贸易和航运功能。推进亚太营运商计划，启动筹建大宗商品现货交易市场，加快融资租赁、跨境电商、平行进口汽车、维修检测等新型贸易业态发展。陆家嘴（世博）片区，利

用金融创新开放优势,加强国际化、高能级要素市场和总部机构集聚,支持上交所、上期所、中金所等拓展国际业务,推动央企、国内知名大企业设立地区总部或金融平台。张江片区,加快建设具有国际水准的科技城,加快建设综合性国家科学中心,加快推动科技与金融结合。金桥片区,着力推进新兴金融、移动视频、智能装备、电子商务等产业基地建设,推动制造业向"微笑曲线"两端延伸。

第三章 上海自贸区司法保障

第一节 上海自贸区司法保障概述

中国(上海)自由贸易试验区的设立是对新形势下进一步转变政府职能、扩大对外开放、更进一步融入国际经济的国家战略,担负着形成可复制、可推广的改革经验的重要任务。自贸试验区是一项全新事物,不仅与我国原有的保税区、出口加工区、跨境工业园区、保税港区、保税物流园区、综合保税区等特殊经济功能区不同,与国外的自由贸易区(Free Trade Zone)相比,在功能上也有重大差异。① 据有关研究,至 2007 年,全世界各国的自由贸易区有 2700 多个。国外自由贸易区设立的目的旨在增进外贸收益,增进就业和收入,吸引外国直接投资,以及促进技术转让和知识溢出。② 我国传统的保税区等经济功能区主要通过税收等优惠措施吸引投资,推动跨境贸易的发展。而本次自贸区的改革,则肩负着我国在新时期加快政府职能转变、积极探索管理模式创新、促进贸易和投资便利化,为全面深化改革和扩大开放探索新途径、积累新经验的重要使命,是国家战略需要。上海自贸区的总体目标,包括着力培育国际化和法治化的营商环境,力争建设成为具有国际水准的投资贸易便利、货币兑换自由、监管高效便捷、法制环境规范的自由贸易试验区。③

自贸区的法制环境不仅指立法和行政执法意义上的法制环境,而且应包

---

① 参见袁志刚主编:《中国(上海)自由贸易试验区新战略研究》,格致出版社 2013 年版,第 27 页以下。

② Deloitte, Free Trade Zone Study, October 2008; Free Trade Zone and Port Hinterland Development, United Nations, New York, 2005.

③ 参见《中国(上海)自由贸易试验区总体方案》。

括司法环境。自 2013 年 9 月底中国(上海)自由贸易试验区挂牌以来,和上海自贸区有直接关系的四级法院(浦东新区人民法院、上海市第一中级人民法院、上海市高级人民法院和最高人民法院)对自贸区运作中的司法保障高度重视,均建立了相应的应对机制。浦东新区人民法院设立了专门的自贸区法庭,集中受理涉自贸区的民商事案件。上海市第一中级人民法院(以下简称"上海一中院")成立了专业的自贸合议庭,并成立了跨庭的应对小组和研究小组,对涉自贸区的案件审理进行统一协调和跟踪研究,以有效应对涉自贸区的法律纠纷。同时,上海一中院还与上海财经大学共同建立了自由贸易区司法研究中心,整合实务与学界的力量对自贸区的法律适用进行前瞻研究。上海高院出台了《上海法院服务保障中国(上海)自由贸易试验区建设的意见》。最高人民法院先后颁布《最高人民法院关于人民法院为"一带一路"建设提供司法服务和保障的若干意见》《最高人民法院关于为自由贸易试验区建设提供司法保障的意见》。从三年多来的实践情况看,案件审判情况平稳。目前十一家自贸区所在地的相关法院亦积极应对各自自贸区的制度创新,努力提供司法保障。在自贸区先行先试所要求形成的可复制、可推广的经验中,司法的经验亦是其不可或缺的内容。在自贸区建设的过程中,由于面临区内和区外的差别,法律与政策的碰撞,必然会产生大量的纠纷和诉讼,如何有效应对这些改革开放中的全新问题,是人民法院面临的时代课题。

一、人民法院应对自贸区建设应有全新的司法理念

人民法院作为司法机关,首先是现行有效的实证法的适用者和现有法秩序的维护者。法的稳定性(legal certainty)是国际性的法治基本原则。① 法律的稳定性要求法律应足够精确,以使行为人可以根据具体情况合理地预见其行为后果。为此,应实现:(1)法律和法院判决必须公开;(2)法律和法院判决必须确定、清楚;(3)法院判决须有约束力;(4)法律及法院判决不能溯及既

---

① The Rule of Law at the National and International Levels, G. A. Res. 62/70, U. N. Doc A/RES/72/70(Dec. 6,2007).

往；(5)合法期待应受到保护。① 由于我国社会主义法律体系已经形成，当前在我国建设法治国家的进程中，通过司法过程和结果保障法律的稳定性和可预测性应当是人民法院的首要职能。但作为新一轮改革开放重大决策的自贸区改革，其改革的目标和内容是对现行法律秩序的重大改变，无论是金融、投资、贸易，还是行政监管，按照国务院《中国（上海）自由贸易试验区总体方案》的要求，均对现行法律规定有较大的突破。有的改革措施如公司注册资本和登记制度的改革不仅突破了现有的民商事法律，甚至刑法的相关规定亦面临重新解释和定位问题。② 虽然本次自贸区改革极为重视法治的作用，甚至通过暂时调整有关法律、行政法规、行政规章和地方性法规实施的方法来彰显改革中的立法先行、法治先行原则，但由于自贸区改革本身只有三年试验期，密集的改革闯关任务和有限的改革时间，不允许坐等立法的修改而后再行改革。根据 2013 年《全国人民代表大会常务委员会关于授权国务院在中国（上海）自由贸易试验区暂时调整有关法律规定的行政审批的决定》及 2015 年施行的《全国人大常委会关于授权国务院在中国（广东）自由贸易试验区、中国（天津）自由贸易试验区、中国（福建）自由贸易试验区以及中国（上海）自由贸易试验区扩展区域暂时调整有关法律规定的行政审批的决定》③，全国人大暂停实施了《外资企业法》《中外合资经营企业法》《中外合作经营企业法》《台湾同胞投资保护法》中的有关行政审批部分。此外国务院调整实施的行政法规、国务院文件和经国务院批准的部门规章规定涉及的内容也主要集中在行政审批和有关资质要求、股比限制、经营范围限制等准入特别管理措施方面。④ 这就出

---

① Takis Tridimas, *The General Principles of EU Law* 4(2d ed. 2006), pp.242-257.

② 如全国人大常委会对《刑法》第一百五十八条、第一百五十九条规定的虚报注册资本、抽逃出资等罪名的除罪化。

③ 2016 年 10 月 1 日，这两个决定的效力就此终止。详见《全国人民代表大会常务委员会关于修改〈中华人民共和国外资企业法〉等四部法律的决定》的相关内容。

④《国务院关于在中国（上海）自由贸易试验区内暂时调整有关行政法规和国务院文件规定的行政审批或者准入特别管理措施的决定》（国发〔2013〕51 号）、《国务院关于在中国（上海）自由贸易试验区内暂时调整实施有关行政法规和经国务院批准的部门规章规定的准入特别管理措施的决定》（国发〔2014〕38 号）、《国务院关于在自由贸易试验区暂时调整有关行政法规、国务院文件和经国务院批准的部门规章规定的决定》（国发〔2016〕41 号）。

现了在自贸区改革中法律的稳定性和妥当性（即适应改革目标）的冲突。20世纪80年代的改革因当时我国的立法并不完善，所以法律的稳定性与妥当性的冲突并不严重。但在本轮自贸区的改革中，因区外法律环境已经定型甚至固化，因此，在自贸区的改革试验中将不可避免地遇到区内与区外法律环境的巨大反差。此种反差一旦体现到诉讼之中，将形成法院适用法律的困难。对人民法院而言，一方面应当为自贸区的先行先试提供安全的法律环境；另一方面，通过对涉自贸区案件的审理，通过解释法律、补充漏洞等方法形成裁判规则，进而使司法经验成为自贸区建设经验的一部分。在此过程中，人民法院将面临多重矛盾。处理好这些矛盾，对于自贸区司法经验的形成具有重要的意义。

（一）法律的稳定性与妥当性的关系

法治的首要价值在于法的稳定性。人民法院应当通过司法裁判，将立法者的意图实现在判决中，以实现法律的可预测性。但在自贸区改革所涉及的金融、投资、贸易、行政监管等领域，大部分需要通过对原有法律的突破来实现改革的目的。特别是在多以强行性规范出现的金融、投资领域，"负面清单"以外的业务将不再受到准入前的限制，而相关立法的修改必然有一个滞后的过程。如果适用原有法律，则法律的妥当性或适时性将受到质疑。[①] 如果不适用原有法律，则又会对法治的原则构成挑战。要解决此类法律的稳定性与妥当性的困境，首先应当明确二者之间何者具有更高的价值位阶。古斯塔夫·拉德布鲁赫（Gustav Radbruch）针对此种困境，曾提出著名的拉德布鲁赫公式："由立法和权力保障的实证法，即使其内容不正当或无法使人民获益，亦应优先适用。只有成文法和正义的冲突达到令人无法容忍的程度时，有缺陷的法方可让位于正义。"[②]美国大法官路易斯·布兰代斯（Louis Brandeis）在对先例的态度上亦有类似的表述："遵循先例是一个明智的政策，因为在大多

[①]　Brian H.Bix, Law, Liberty, and the Rule of Law, Chapter 5 Radbruch's Formula, Onceptual Analysis, and the Rule of Law, IUS Gentium 2013.

[②]　Radbruch, G., 1950, Legal Philosophy, In *the Legal Philosophies of Lask, Radbruch, and Dabin*, ed.Patterson, E.W.(trans.Wilk, H.), Cambridge, MA：Harvard University Press.

数情况下,法治原则的确定比个案的正义要重要得多。"①他虽未明言在何种情况下可以背弃先例,但显然隐含了在法律不再公正时可以将个案正义置于法治之上的可能性。在经济体制和社会制度已经定型的国家,在大多数情况下,法的稳定性当然是首要的法律价值,但即便如此,亦未将法的稳定性绝对化。我国社会主义法律体系虽已形成,但改革并未结束,而是以更大的步伐进入了深水区。在此种情况下,如果个别法律已明显不合改革目标,甚至本身就是改革的对象,此时,即不应拘泥于法的稳定性,而应将法的妥当性置于更优先的地位。因此,在涉自贸区法律纠纷的处理上,如果本身不涉及改革的目标与法律的冲突,如普通的商事交易,仍应以法的稳定性和可预测性作为人民法院司法裁判的首要价值。但若系争的行为与现行法律与改革目标严重冲突时,若再适用现有法律将严重阻碍改革目标甚至否定改革本身时,法的妥当性则具有更大的价值优越性,法院应以法的妥当性作为评价判决法律效果和社会效果统一的重要标准。

(二)法律和政策的关系

自贸区内涉及的各种营业和交易形态,均面临法律的界限问题。目前生效的位阶最高的涉及自贸区先行先试改革的法律条款主要是三部外资法、公司法中暂停实施和修改的行政审批与商事登记部分的法律制度。其余的金融、投资、贸易、知识产权、合同、劳动等法律均未作修改,而且短期内亦无明确的修改计划。因此,自贸区的宏观法律环境并没有太大的改变。国务院的《总体方案》以国办文件的形式下发,实际上其效力位阶只是行政规章。因此,自贸区的改革方案面临先天性的效力位阶不高的问题。单就《总体方案》的效力而言,是远远低于现行全国人大及其常委会通过的法律的。但是否就可以得出结论,《总体方案》只要和法律抵触就无效呢?似乎不能简单地下此结论。我国诸多基本法律均有一般性的法律原则,其中包含了公共政策的内容。而《总体方案》作为自贸区改革政策的基本法律依据,具有公共政策的性质。尤其值得提出的是,党的十八届三中全会《中共中央关于全面深化改革

---

① Burnet v.Coronado,Oil & Gas Co.,285 U.S.393,406(1932)(Brandeis,J.,dissenting).

若干重大问题的决定》中关于自贸区和投资、金融、贸易、行政监管等方面的内容更是现阶段我国的基本经济政策。在解释涉及自贸区改革的相关法律时,应运用客观目的的解释方法,以党的十八届三中全会的决定和总体方案为解释法律的重要依据。当然,在社会主义法律体系已经形成的当下,重提政策的优先地位有不合时宜之嫌。但法律永远是为解决现实问题而存在,在立法机关未来得及将涉自贸区的改革政策转化为法律之前,政策在法解释中的重要地位是无法回避的。当然,在通过司法裁判将政策规则化后,可将通过裁判形成的涉自贸区的规则上升为司法解释或者立法,并应尽快缩短这一进程,以实现法律的安定性。

(三)市场自治与国家管制的关系

根据《总体方案》的要求,自贸区的改革应进一步转换政策职能,大力度改革行政审批和市场准入制度,为贸易自由化探索出一条新路。因此,本轮自贸区的改革,既有应对中美 BIT 谈判和 TTP、TTIP 协议对我国国际市场空间挤压的现实需要,也有以此为契机带动中国经济进一步自由化、市场化的要求。从已公布的各种措施来看,自贸区内的市场自治程度远高于区外。如何处理好市场自治与国家管制的关系,是司法者在裁判涉自贸区相关案件时必须考量的因素。总体而言,在涉自贸区案件的审判指导思想上,应树立市场自治的理念,国家管制应仅限于必要的限度之内。自贸区"负面清单"不仅是一种制度,更是一种法律理念。在法院审理涉自贸区相关案件时,亦应秉持"负面清单"制度所体现出的"法无明文禁止即可为"的司法理念,评价自贸区内各种交易行为的法律效力,准确界定市场自治和国家管制的关系。

(四)营业自由与交易安全的关系

自贸区内企业从设立到运行,具有较高的营业自由。尤其是在设立阶段,采取了一口受理、先照后证的方式。在海关方面,采取了关外境内的新措施。在公司资本制度上也由实缴资本制改为认缴资本制。在企业运行的监管方面,由事先审批变为事中、事后监管,这些措施,有效缩短了企业的成立周期,极大地改善了企业的营商环境,降低了企业的设立和运行成本。但在管制放松的同时,也必然给交易的安全带来隐患,如果在交易安全方面没有相应的制度建设,将不可避免地引发商业欺诈、洗钱等商业侵权甚至犯罪行为的泛滥。实际上,自上海自贸区成立以来,涉自贸区的刑事犯罪集中在走私、虚开增值税发票、逃汇和诈骗等罪名上。因此,在相关案件的裁判中,要以交易的安全和信赖保护作为重要的司法理念。特别是区内企业年检改为年报的信息公示和信息披露义务,对于保护交易安全、防范商业欺诈具有巨大的作用。对于虚假披露、隐匿信息的企业,根据当事人的诉讼请求,应运用商业欺诈的侵权责任、法人人格否认制度、缔约过失责任等制度与法理,通过司法裁判强化企业的信息披露与诚信经营责任。

在自贸区先行先试的三年试验期内,由于立法必然具有的相对滞后性,如果坐等成文法的完善,必然会影响甚至阻碍改革进程。因此,人民法院在涉自贸区案件的审理中,必须具有以全新的司法理念把握政策、法律界限的高超司法能力,力争判决的最佳社会效果,即保护支持自贸区改革的成果、促成自贸区改革目标的实现,厘定市场自治的空间,为改革提供安全的试验环境和准确的司法指引。

二、自贸区改革司法保障中的程序和机制问题

自贸区改革是全方位的改革试验,除了因自贸区内均为企业,没有自然人的居民,不可能有单纯自然人之间发生的诸如婚姻家庭继承等相应民事纠纷外,自贸区内民事主体的所有经营行为,政府的所有行政行为均有可能涉及诉讼。因此,对涉自贸区的诉讼类型目前无法作出准确的预测。从理论上讲,有多少种交易,就可能有多少种诉讼。在这些诉讼中,有些属于自贸区成立之前就有的传统贸易、投资、金融纠纷,有些则直接涉及自贸区改革的政策与法律边界。后者是人民法院司法应对所应关注的焦点。但由于法院对诉讼的审理有一个周期,即使遇到复杂的法律适用难题,也有相对充裕的时间去解决。自贸区改革过程中,人民法院提供司法保障首要的是程序和机制问题。

(一)涉自贸区案件的集中、专属管辖与自贸区法院

自贸区改革涉及面广、政策性强,为保证法律适用的统一,最好能够由专门的法院集中受理涉自贸区相关案件,实现对涉自贸区案件的集中管辖、专属

管辖。为实现这一目标,上海市浦东新区人民法院于 2013 年 11 月建立了专门的自贸区法庭,作为该法院的上诉法院,上海一中院也专门成立了自贸专项合议庭集中受理涉自贸区的民商事案件。但这只是解决了部分问题。由于没有最高人民法院和上海市高级人民法院的授权,根据《中华人民共和国民事诉讼法》(以下简称《民事诉讼法》)的规定,当事人仍然可以通过协议管辖或挑选管辖的连接点如合同签订地、合同履行地、被告住所地、侵权行为发生地、侵权结果发生地、可执行财产所在地等实现其挑选法院(forum shopping)的诉讼目的。如果当事人要逃避上海法院对自贸区案件的管辖,完全可以通过前述手段甚至追加当事人、伪造连接点等方式选择在上海以外的法院诉讼。理论上讲,我国实行法制统一原则,各地法院执法尺度不应有所差异。但就现实而言,无论是从诉讼、执行的便利程度,还是从涉自贸区案件的法律、政策把握来看,这些被当事人挑选的法院未必是最合适的法院。我国没有像英美法一样的"不方便法院"(The Doctrine of Forum non Convenience)原则,有管辖权的法院主动向更合适的法院移送案件,实践中也少有此种礼让先例。通过对涉自贸区案件集中管辖和专属管辖,可以有效解决这一难题。当然,作出此种决定的权力属于最高人民法院,但在最高人民法院作出决定之前,至少应当在上海实现此类案件的集中管辖和专属管辖。在涉自贸区司法保障机制的研究中,亦有学者提出了建立专门的自贸区法院的设想。因自贸区成立时间尚短,从目前上海法院关于自贸区案件的收案量来看,尚不足以支撑起一个专门法院所必须的收案数量。如果将来涉自贸区的案件数量达到一定体量,从审理的专业化角度考虑,建立专门的自贸区法院,赋予其专属的涉自贸区案件的管辖权,亦具有可行性与必要性。为保证法律适用的统一,当务之急是由最高人民法院界定涉自贸区案件的范围,对涉自贸区案件指定由与自贸区联系最密切的法院根据案件的性质和标的集中管辖。

(二)完善自贸区的 ADR 机制

多元化的纠纷解决机制是各国共同的法律潮流。在自贸区内,建立有效的非诉讼纠纷解决机制(Alternative Dispute Resolution,以下简称 ADR 机制),实现专业的商事、金融、知识产权调解机构、行政调处机构、仲裁机构与司法的有效整合,对于自贸区纠纷的解决具有积极的意义。在 ADR 机制完善的过程中,既要保证纠纷解决的效率,也要保证纠纷解决过程中规则的明确。涉自贸区案件多为商事案件,强调交易的便捷与高效。在区外流行的诉调对接、人民调解的经验在区内未必合适。在自贸区 ADR 机制的建立过程中,仲裁的作用尤其重要。人民法院在对仲裁机构仲裁裁决的审查与执行中,若当事人以仲裁裁决违反社会公共利益请求撤销或不予执行仲裁裁决时,人民法院应以自贸区的相关改革政策为重要判断依据。同时,法院对涉自贸区仲裁制度的创新,亦应本着合法、平等的原则予以支持。近年来,上海法院先后与保险业、金融业、证券与期货业的相关主管部门共建了 ADR 机制。

(三)送达与司法服务的社会化改革问题

自贸区内相当数量的企业为区内注册、区外经营。为防止空壳企业导致无法送达进而造成诉讼的拖延,应当结合新《民事诉讼法》的规定,整合企业注册登记机构与法院的力量,在企业注册登记时即要求其明确承诺注册登记地为法律文书送达确认地,如有变更地址应为变更登记,否则,因此引发的法律风险由其承担。同时,应采用电子送达等新《民事诉讼法》规定的送达手段,对自贸区涉诉讼企业进行有效送达。由于区内企业高度集中,建立社会化的送达服务机构亦是可以考虑的改革方向。

(四)自贸区改革与人民法院审判机制改革

司法改革是党的十八届三中全会提出的重要目标之一。在自贸区先行先试的过程中,人民法院可以结合自贸区改革和人民法院审判权运行机制改革的要求,在庭审、文书、案件管理等方面进行大胆的改革尝试。如在庭审中借鉴国外商事法庭的做法,使用专家陪审员对专业性、政策性强的案件进行审理,或借鉴国外"法庭之友"的做法,发挥专家意见、业内人士意见在裁决中的作用。

(五)自贸区改革与电子法院(E-court)的建设

在信息化的时代,法院的电子化、网络化是非常重要的发展方向。自贸区内因有大量的外国企业和涉外纠纷,且多为商事纠纷,企业本身具有较高的电子数据和网络运用能力,因而在自贸区相关法院的电子化建设中,应根据自贸区本身的企业和案件特点,加紧进行电子法院的建设,推进法院信息化建设的进程。可以参考国际上比较先进的韩国、卢森堡等国电子法院建设的经验,在案件管理、法官工作平台、案件信息及进度查询、庭审、调解、证人作证、庭审录音、裁判文书和典型案例的公开上有效使用视频会议系统等信息技术手段,提高司法过程的透明度,增进诉讼效率。在此方面,我国台湾地区近年来科技法庭建设的经验,值得借鉴和参考。

(六)自贸区企业的信息公开与人民法院的司法公开

司法公开是人民法院提高司法公信力的重要抓手。裁判文书、审判流程和执行信息等司法公开三大平台建设更是人民法院当前工作的重中之重。对于自贸区的改革试验而言,司法公开就不仅仅是人民法院增加透明度的工作要求,而且是具有保障交易安全、充分披露区内企业信息的现实需要。自贸区企业设立标准降低后,如何防止道德风险,防范商业欺诈成为必须跟进的配套法律措施。区内企业信息的充分披露义务不再是一种倡导,而是一种强制性的义务。企业的涉诉信息、执行信息应予以充分、及时、有效的披露,方能有效保护交易安全。因此,相关法院在涉自贸区的诉讼中,应有更大的司法公开度。自贸区正在建立统一的企业信息平台,如何将人民法院的自贸区企业涉诉信息平台与企业注册、经营信息平台整合起来,使区内企业的运行具有最大的透明度,是自贸区建设过程中应当予以重点考虑的问题。

三、自贸区改革中的若干法律适用问题

在自贸区改革过程中,涉及众多的法律适用和法理难题。就公法层面而言,宪法、行政法、刑法均有涉及。如三部外资企业法中涉及行政审批事项的暂停实施的理解,总体方案的效力位阶,自贸区管委会的行政诉讼主体地位,行政许可和行政处罚的合法性、刑法中的涉及公司类的犯罪等。在私法领域,则涉及金融、公司、投资、合同、知识产权、劳动争议、房地产等诸多法律。在私法领域中,金融因其自身的重要地位对安全性有最高要求,因此,在对央行、银监会、保监会、证监会的相关部门规章和政策进行解释时,须持从严解释的方法,不能做扩张解释,以防止引发系统性的金融风险。由于金融创新的高风险

性和自贸区改革绝不允许引发系统性风险的要求，从已出台的金融监管部门的涉自贸区相关政策来看，都持审慎、安全的态度。相比之下，贸易、投资等领域的自贸区政策解释可以适当从宽掌握。因此，短期之内，因自贸区金融创新引发的法律适用问题的明朗化尚有待自贸区金融改革的进一步深入。在贸易和投资领域，目前可以预判部分将来必然要面对的法律适用问题。

（一）商事登记制度改革带来的法人民事行为能力问题

我国原来的商事登记均采用先核准、后登记的所谓"先证后照"的管理模式。但在自贸区设立后打响的改革第一枪即是商事登记制度改革，即由原来的"先证后照"改为"先照后证"。即先通过登记取得法人资格，然后再申办相关业务许可。如果企业法人在"有照无证"的情况下开展了营业活动，其效力如何认定？依民法法理及我国《公司法》规定，企业法人的民事权利能力始于注册登记，终于注销登记。在改革之前，法人的民事权利能力和行为能力是同步产生的（终止因有清算程序而未必同步），但改革之后，就产生了法人民事权利能力已经产生，但民事行为能力受限的情况。如何判断在这一时间差内企业法人的行为效力，就成为必然面对的适法难题。

（二）公司资本制度变化之后带来的商业欺诈和股东出资纠纷的增加

自贸区改革以公司注册资本的改革为突破点，改实缴资本为认缴资本，也不再进行设立时的验资，降低了企业的设立成本。这一改革成果也为新修订的《公司法》所吸收，成为体现第一波改革经验的立法。在2013年新修订的《公司法》中，除法律、行政法规以及国务院决定对公司注册资本实缴有另行规定的以外，取消了关于有限责任公司、股份有限公司、一人公司等股东或发起人应在规定时间内缴纳出资的规定，改为由公司股东或发起人自主约定认缴出资额、出资方式、出资期限等，并记载于公司章程的方式。如果有企业利用设立企业不用验资之便，故意虚报注册资本，可能产生商业欺诈的法律责任，构成犯罪的，仍有可能承担刑事责任。但是，在公司注册资本制度由实缴资本改为认缴资本后，原有的虚假出资、抽逃出资的罪与非罪界限应当重新界定标准。从《公司法》和《中华人民共和国合同法》（以下简称《合同法》）的角度观察，虽然自贸区和新公司法采用了认缴资本制，如果企业设立后，股东未按认缴出资额缴纳出资,仍有可能大量产生追究股东出资违约责任和股东的资本充实责任的股东出资纠纷。

(三)民商事法律中强制性规范识别的软化

依据《合同法》第五十二条第五项之规定,违反法律、行政法规的强制性规定的合同无效。为保护交易,防止无效合同的范围过大,在最高人民法院《关于适用〈中华人民共和国合同法〉若干问题的解释(二)》(以下简称《合同法司法解释(二)》)第十四条中对强制性规定作了限制解释,指出《合同法》第五十二条第五项规定的"强制性规定",是指效力性强制性规定。在自贸区改革中,与改革目标冲突的原有的效力性强制性规定,应依具体案件之需要进行适当的软化,将其界定为管理性强制性规定(或称取缔性规定),自贸区企业之间的行为若违反此类管理性强制性规定,虽然可导致行政处罚,但并不因此而否定其行为效力。管理性强制性规定的软化和类型化,将是法院在裁判涉自贸区案件时应当重点把握的问题。当然,原有的管理性强制性规定也面临着根据自贸区改革需求的同步软化问题。有的管理性强制性规定可能因与改革目的冲突而成为具文。

(四)新型无名合同的解释

随着"负面清单"制度的建立和"负面清单"的按年调整,自贸区内将出现大量的新型企业经营行为。这些行为主要以新类型的无名合同出现。我国现有《合同法》及相关法律规定的有名合同类型无法涵盖自贸区内的所有新生交易形态。这些新生交易形态,可能主要要靠国际商事习惯来调整。在对这些无名合同的解释过程中,法官应广采比较法之方法,参酌商事惯例和交易习惯,对新生的无名合同妥加认定,在尊重当事人意思自治的前提下,对合同权利义务与风险作公平的分配。

(五)涉外合同的法律适用和外国法的查明

自贸区设立以来,新增的企业多为内资企业,但亦有大量的外资企业。涉外合同纠纷将成为主要的诉讼类型。在涉外合同纠纷案件的审理中,法官除了应准确适用相关国际公约和国际商事惯例外,将不可避免地遇到外国法的查明和适用问题。从目前的法律实践状况来看,外国法的适用仍面临难以准确查明的情况，从而引发法院最后仍不得不适用法院地法。这种情况并不只发生在我国。在比较法上，外国法的查明与适用也是一个大难题。根据权威的比较法学家巴塞尔·马克西尼斯（Basil Markesinis）和尤根·弗德克（Jörg Fedtket）的研究，国内法院适用外国法的确存在危险，诸如缺乏准确的信息、信息是否最新、个案考量与一般适用的差异、社会经济和政治环境的不同、法律的安定性、法院有无足够的时间研究外国法、对外国法律思想缺乏深入理解等。①《中华人民共和国涉外民事关系法律适用法》（以下简称《涉外民事关系法律适用法》）第十条规定，涉外民事关系适用的外国法律，由人民法院、仲裁机构或者行政机关查明。当事人选择适用外国法律的，应当提供该国法律。不能查明外国法律或者该国法律没有规定的，适用中华人民共和国法律。但在实践中，由于未将外国法律作为事实看待，未能充分运用当事人在外国法查明中的举证责任，同时因我国不区分事实审与法律审，法官担心因适用外国法错误而被改判，从而倾向于适用我国法律。自贸区内一些新型的业务形态具有高度的国际性，在涉及外国法的适用时应当将外国法作为事实看待，由当事人举证后由法院依证据规则作出采信与否的判断。同时，对于外国法的适用错误严格适用举证时限规则，二审不再审查新的外国法证据。唯其如此，方可解决外国法适用的困难。

（六）法官裁判方法的改进

在自贸区改革过程中，改革自身的目标要求和现实需求会不断向现行的法律提出质疑和挑战。一旦这种挑战进入诉讼，由于立法本身的滞后性，应对这一挑战的责任就必然地落在法官肩上。法官在裁判涉自贸区的相关纠纷时，应准确确定法律之间的位阶，把握自贸区改革目标所代表的我国经济制度改革的大方向，并以此作为判断、识别现行法律中的法律漏洞的标准，科学运用目的解释、比较法、法经济学等新的法律方法和技术，在案件的判决中有效地融入法官的价值判断，将是否符合自贸区改革的目标作为检验判决社会效

---

① Basil Markesinis, Jörg Fedtket, The Judge as Comparatist, 80 Tulane Law Review 11 2005—2006.

果和法律效果的重要标准,发现为中国建立现代市场经济所真正需要的法律规则,并对案件作出公正、有效的裁判。

自贸区的改革是中国新一轮改革开放的国家战略,可以说举世瞩目。良好的法治环境,既是自贸试验区建设的重要保障,也是自贸试验区建设的重要内容。四年多以来,上海自贸试验区建设发展始终遵循着法治思维和法治路径,紧紧围绕法治环境规范和着力培育法治化、国际化、便利化的营商环境这一目标,全面贯彻落实重大改革于法有据的要求,注重立法决策与改革决策协调同步,注重立法执法与司法有机衔接,充分发挥法制对改革的引领和推动作用。自贸区改革的可复制、可推广实际上就是要求通过法律的形式将改革探索的成功经验固化。在自贸区的诸多重大改革措施上,并无现成的法律经验可寻。相关规则的形成在一定程度上甚至有赖于法院的司法裁判。因此,认真对待自贸区先行先试中的各种纠纷,并通过司法的裁决形成全新的交易规则,是自贸区改革必不可少的环节。在这一历史过程中,人民法院将以其全新的理念和法律技术,能动地运用法律方法,识别、填补明显或隐藏的法律漏洞,缓解目标与手段、理念与现状、保守与创新的张力,积极参与法律规则的续造和新市场秩序的形成,并在此过程中与自贸区共同改革、成长。

第二节　上海自贸区专项合议庭与自贸区案件的审判

上海自贸区批准成立后,为加强司法保障工作、实现法律适用的统一,上海一中院在金融审判庭设立了自贸区专项合议庭,集中审理属于该院管辖的自贸区一、二审民事案件。

上海一中院作为自贸区所在地的中级人民法院,紧密结合自贸区建设要求和中院职能定位,积极主动地做好自贸区建设过程中的司法保障工作。2016年4月27日,上海一中院首次发布了自贸区司法保障白皮书,较为全面地回顾总结了在自贸区司法保障方面所做的工作,并选取了14件涉自贸区典型案例予以发布。

2017年3月31日,国务院发布《深改方案》,要求对照国际最高标准、最好水平,全面深化上海自贸区的改革开放。从司法视角看,伴随着上海自贸区建设的不断深入,涉自贸区案件也呈现出数量较大、增长较快、扩容片区占比较高等新特点,对人民法院的司法保障工作提出了更高要求。为进一步提升自贸区司法保障水平,不断创新和完善自贸区司法服务保障机制,2017 年 5 月上海一中院对 2016 年 4 月至 2017 年 4 月期间审理的涉自贸区案件进行了梳理总结,选取了 10 件具有代表性的典型案例予以发布,并对 2014 年 4 月制定和发布的《上海市第一中级人民法院涉中国（上海）自由贸易试验区案件审判指引（试行）》（以下简称《审判指引》）进行了全面修订。同时,为进一步深化商事纠纷特别是涉自贸区案件多元化纠纷解决机制的探索,加强诉讼与非诉讼纠纷解决机制的衔接,上海一中院结合中级法院的职能定位、自贸区所在地的区位特点以及上海金融中心建设的背景,制定了《上海市第一中级人民法院商事多元化纠纷解决机制实施细则》（以下简称《实施细则》）,以充分发挥其在化解商事金融矛盾纠纷方面的积极作用,为涉自贸区案件当事人提供多元、便捷、高效的纠纷解决服务,进一步提升涉自贸区司法服务保障能力。

一、自贸区司法政策与司法改革

（一）完善《审判指引》,保障自贸区新发展

2014 年 4 月 29 日,上海一中院制定并公开发布了《审判指引》,为涉自贸区案件的审理提供了指引性思路。实施三年多以来,其在法律解释、填补漏洞、上海自贸区内法律与政策的统一适用等方面均发挥了积极作用。2017 年恰逢国家提出全面深化上海自贸区的改革开放,上海一中院决定以此为契机对《审判指引》进行全面梳理和修订,充分发挥司法政策对自贸区审判的引领作用。

本次修订涉及三十余条,秉持以下三项原则:第一,梳理更新相关法律依据,体现与时俱进。针对引用的部分法律法规已失效或就相关内容已有最新规定的情形,进行了相应的剔除与补充。第二,调整加强规则可操作性,紧贴审判实践。之前《审判指引》部分条款的设计具有一定的探索性,现结合自贸区建设及司法保障工作的最新实践发展,对与现状不相一致的部分规定予以

修订。第三,借鉴吸收最新司法经验,体现法官智慧。本次修订注重吸收最新司法经验,其中包括将上海一中院近年来的相关判例所确立的裁判规则予以规范和吸收。《审判指引》修订主要有以下特点。

1. 借鉴最高法院指导性案例及公报案例,丰富了公司法人人格否认诉讼审理的相关规定

最高人民法院发布的第 15 号指导性案例确立了关联公司间人格混同的认定标准及承担连带责任的裁判规则。考虑到自贸区内外关联公司的迅猛发展趋势,利用关联公司间人格混同逃避债务的情形可能有所增加,故在原有的公司法人人格否认条文的基础上新增了相关规定。

此外,最高人民法院 2016 年第 10 期公报刊载了上海一中院审结的"应高峰诉嘉美德(上海)商贸有限公司、陈惠美其他合同纠纷案"。该案明确了一人有限责任公司法人人格否认之诉中的举证责任分配及股东个人财产与公司财产是否混同的审查要点等裁判规则。尽管此案并无涉自贸区因素,但其裁判规则具有普适性,对于涉自贸区此类案件的审理也具有一定的指导意义。

2. 针对上海自贸区金融改革现状,明确了在维护金融安全的前提下保障金融创新的审慎司法态度

上海自贸区建设之初,金融司法保障工作主要着力于大力推动金融改革进程、加快促进金融创新发展。但是随着金融开放创新的快速推进,相关法律纠纷呈爆发式增长。维护金融安全,是关系我国经济社会发展全局的战略性、根本性大事。今后法院应以更加审慎的态度对待金融创新。故本次修订"金融案件的审理"部分时,坚持贯彻了依法支持金融创新,引导市场主体在维护金融市场秩序、保障金融市场安全的前提下积极开展金融创新的理念。

3. 结合金融纠纷司法实践的最新情况,增加了为融资租赁及互联网金融创新提供司法保障的具体规定

融资租赁业、互联网金融是上海自贸区金融创新的重点领域,发展非常活跃。但是结合法院受理的相关案件情况来看,当前这两者已成为涉自贸区法律纠纷的高发地带,未来案件数量可能还将持续增长。对此,通过在《审判指

引》中新增相关规定,明确法院对于此类创新的保护宗旨、纠纷裁判原则和价值导向,以期发挥一定的现实指导作用。

4. 吸收本院司法经验及最高法院相关意见,补充了关于涉自贸区仲裁协议效力审查的相关规范

2015 年,上海一中院审结了全国首例涉自贸区外商独资企业间申请承认与执行外国仲裁裁决纠纷案——"西门子国际贸易（上海）有限公司诉上海黄金置地有限公司申请承认与执行外国仲裁裁决案"。该案确立了仲裁协议效力认定相关裁判规则,充分体现了上海一中院支持上海自贸区法治建设可先行先试的精神,并已被《最高人民法院关于为自由贸易试验区建设提供司法保障的意见》采纳。本次修订时在仲裁审查条款中吸收了相关内容。

（二）推进商事 ADR,深化自贸区司法保障

为充分发挥司法保障功能,合理配置纠纷解决的社会资源,积极服务自贸区的改革探索与创新发展,上海一中院根据相关法律、司法解释与司法政策,结合《审判指引》中审判机制规定及本院工作实际,制定出台《实施细则》,进一步推进商事多元化纠纷解决机制的实施与规范,加强诉讼与非诉讼纠纷解决机制的衔接,满足自贸区内纠纷多元化解需求。

《实施细则》分八章共三十条,分别为:总则、平台对接、案件管理、机制建设、调解司法审查、仲裁司法审查、工作保障和附则。其中,案件管理部分对委派调解和委托调解的流程分别予以规范明确;机制建设部分集中了《实施细则》的主要创新内容,包括单方承诺调解、示范判决、无争议事实的确认等。

1. 健全了诉调对接制度、完善了调解程序安排及相关工作保障

《实施细则》规定了诉调对接机构和审判管理机构,明确了相关机构职责。依照《最高人民法院关于人民法院特邀调解的规定》等相关规定,对调解组织和调解员的选任及选择流程进行了规范;对委派调解和委托调解的全流程分别作了梳理明确。完善司法确认程序,加强调解、仲裁的司法审查,引导当事人诚信调解。细化案件管理制度与调解工作保障,对调解的期限、案件的

登记管理作出了具体规定,对调解组织和调解员的培训、评估、投诉处理等均予细化规范。

2. 为有偿调解创造了空间,发挥诉讼费用杠杆作用,促进商事调解发展

国际上,商事调解组织提供有偿调解服务并不鲜见,《实施细则》对此予以认可,但以当事人自愿为前提。同时,按照最高人民法院《关于人民法院进一步深化多元化纠纷解决机制改革的意见》,通过减免诉讼费用推动调解,以经济杠杆引导案件分流。

3. 确立了诉前单方承诺调解机制、(支持诉讼)示范判决机制,推动商事纠纷案件的多元化解

根据最高人民法院、中国证券监督管理委员会《关于在全国部分地区开展证券期货纠纷多元化解机制试点工作的通知》精神,对实践中调解组织与证券类商事主体事先签订协议,由商事主体承诺发生纠纷即接受该调解组织调解的做法予以肯定;对涉众证券案件出现裁判预期不明无法达成调解的情形确立(支持诉讼)示范判决机制,以选择代表性案件作出示范判决的方式促进争议双方理性评估诉求,有序引导群体性证券纠纷的多元化解。

4. 探索无争议事实确认机制、发展在线调解,创新调解机制

调解协议虽未达成,但经征得当事人确认,可以用书面方式记录无争议的事实,从而节约后续庭审时间,优化诉讼效率。创新在线纠纷解决方式,推广现代信息技术在多元化纠纷解决机制中的运用。根据"互联网+"战略要求,充分运用大数据、人工智能等技术,推动构建纠纷解决申请、调解员确定、调解过程、调解文书生成等为一体的在线调解平台,促进多元化纠纷解决机制的信息化发展。

《实施细则》以自贸区先行先试为契机、以制度创新为首要、以整合资源为抓手、以完善程序为保障,充分把握司法引领、推动和保障诉讼外纠纷解决机制功能的内涵,体系完整、内容全面、可操作性强,为当事人提供多元化的纠纷解决渠道,有利于打造自贸区国际化、法治化、市场化的营商环境。

二、上海一中院涉自贸区案件的基本情况（2016 年 4 月至 2017 年 4 月）①

2016 年 4 月 1 日至 2017 年 4 月 30 日，上海一中院共受理涉自贸区案件 1765 件，其中涉外、涉港澳台案件 78 件，占 4.42%。共审结涉自贸区案件 1660 件，其中一审案件 1010 件，判决 47 件，调解 13 件，并案 883 件，裁定撤诉、准予申请、驳回申请等 67 件；二审案件 571 件，维持原裁判 405 件，改判 48 件，发回重审 7 件，调解 19 件，撤诉 78 件，撤销原裁判 14 件；申诉案件 3 件，驳回 2 件，终结 1 件。以下从收案趋势、案件类型、案由分布、自贸片区分布、当事人、原审法院、诉讼标的额、类案情况等维度对上述期间内涉自贸区案件的情况予以简要分析。

（一）总体情况

从收案趋势看，大批量的集团案件对收案数量影响较大。如图 3.1 所示，2016 年第三季度和第四季度，与 2016 年第二季度和 2017 年第一季度相比，收案数量直接增长了两倍左右，2016 年第二季度收案 186 件，2016 年第三季度收案 698 件，2016 年第四季度收案 565 件，2017 年第一季度收案 230 件，2017 年 4 月份收案 86 件；每季度平均收案 420 件，与往年度自贸区扩容后每季度 188 件的收案均值相比，上升了 123.4%。这也在一定程度上反映出涉自贸区案件数量较大、增长较快的特点。

从案件类型看，九成以上为民事案件。上海一中院受理的 1765 件涉自贸区案件中，民事案件 1682 件，占 95.3%；刑事案件 4 件，占 0.23%；行政案件 7 件，占 0.4%；执行案件 72 件，占 4.08%。从审判程序看，一审案件 1127 件，占 63.85%，其中涉上海大智慧股份有限公司（以下简称"大智慧公司"）案件 1012 件，二审案件 560 件，占 31.73%；执行案件 72 件，占 4.08%；申诉案件 3 件，占 0.17%；其他案件 3 件，占 0.17%。与往年情况相同，民事案件作为涉

---

① 2013 年至 2016 年 3 月 31 日上海一中院涉自贸区案件的情况见附录一《上海市第一中级人民法院自贸区司法保障白皮书》(2016 年 4 月) 中相关内容。

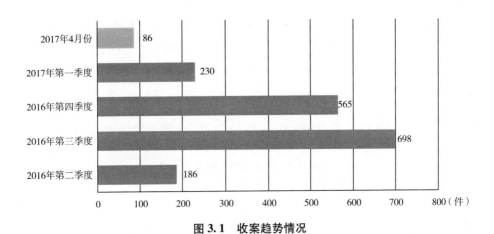

图 3.1　收案趋势情况

自贸区案件的主体,占比都在九成以上;从审判程序来看,由于受到大批量集团一审案件的影响,一审案件占比数据大幅上升,从 10.8% 上升至 63.85%,二审案件比例从 82.6% 下降至 31.73%(详见图 3.2)。

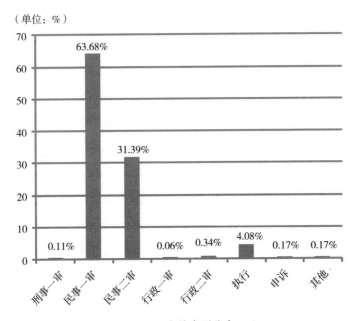

图 3.2　案件类型分布

从案由分布看,共涉及案由 97 个,但分布相对比较集中。如表 3.1 所示,涉大智慧公司集团案件的案由均为证券虚假陈述责任纠纷,共计 1012 件,占

57.34%。其余案件中，与合同有关的 568 件，占 32.18%；其中近四成为买卖合同纠纷，共计 216 件。其余案由占比相对较低，大部分案由的案件数量都是个位数。与往年情况相比，如果剔除涉大智慧公司的大批量集团证券虚假陈述责任纠纷案件，那么案由分布依旧是合同类案件占涉案案由的主体，其中又以买卖合同居多（详见表 3.1）。

表 3.1　收案数前 7 位案由

案由	收案数（件）	占比（%）
证券虚假陈述责任纠纷	1012	57.34
买卖合同纠纷	216	12.24
金融借款合同纠纷	64	3.63
融资租赁合同纠纷	57	3.23
服务合同纠纷	40	2.27
其他合同纠纷	33	1.87
申请撤销仲裁裁决	33	1.87

从自贸片区分布情况看，因涉大智慧公司集团案件数量较大，以致近六成案件涉及张江高科技园区。如图 3.3 所示，上述案件中，涉及自贸区原四个海关监管区的案件占 21.3%（其中涉及外高桥保税区的案件占 11.14%；涉及外高桥保税物流园区的案件占 3.21%；涉及洋山保税港区的案件占 3.89%；涉及上海浦东机场综合保税区的案件占 3.06%）；涉及陆家嘴金融贸易区的案件占 16.27%；涉及张江高科技园区的案件占 56.79%；涉及金桥出口加工区的案件占 5.44%。与往年情况相比，即使不考虑因集团诉讼原因导致张江高科技园区的案件量大幅上升，陆家嘴金融贸易区与金桥出口加工区的案件比例也分别从往年的 5.6% 与 0.8% 上升至 16.27% 与 5.44%，原四个海关监管区的案件比例从 90.7% 下降至 21.3%。①

从当事人情况看，如图 3.4 所示，一审案件中，原告/申请人住所地在自贸区内的占 13.67%，被告/被申请人住所地在自贸区内的占 86.15%，第三人住所地

---

① 相关数据均采用小数点后四舍五入，故总和存在不足 100% 的情况。第 146、第 147 页均是由同样原因造成。

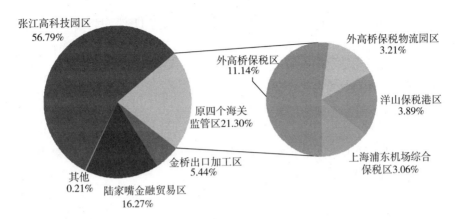

图 3.3 自贸片区分布

在自贸区内的占 0.18%;二审案件中,原审原告住所地在自贸区内的占 35.58%,原审被告住所地在自贸区内的占 61.04%,原审第三人住所地在自贸区内的占 3.38%。与往年情况相比,一审被告住所地在自贸区内的比例从 46.3%上升至 86.15%;二审原审被告住所地在自贸区内的比例从 50.6%上升至 61.04%;原审第三人住所地在自贸区内的比例从 0.6%上升至 3.38%。92.42%的案件当事人注册地与实际经营地一致均在自贸区内,较往年 59.3%的占比大幅上升;5.33% 的案件为当事人注册地在自贸区内,较往年 39.1%的占比大幅下降。

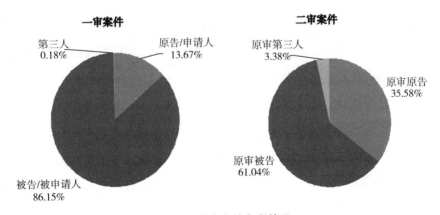

图 3.4 当事人涉自贸情况

从原审法院看,上海一中院受理的 560 件二审案件中(见图 3.5),原审法院为浦东法院的案件数为 496 件,占 88.57%;原审法院为徐汇法院的案件数为 33 件,占 5.89%;原审法院为闵行法院的案件数为 11 件,占 1.96%;原审法院为长宁法院的案件数为 7 件,占 1.25%;原审法院为松江法院的案件数为 6 件,占 1.07%;原审法院为金山法院的案件数为 5 件,占 0.89%;原审法院为奉贤法院的案件数为 2 件,占 0.36%。与往年情况相比,浦东法院占比从 92.9%下降至 88.57%,长宁法院占比从 1.7%下降至 1.25%;其余法院占比均小幅上涨,其中徐汇法院涨幅最大,占比从 3.5%上升至 5.89%,如果剔除涉大智慧公司集团案件,这一涨幅将更加明显。

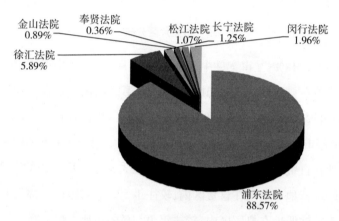

图 3.5　原审法院分布

从诉讼标的额情况看,涉自贸区民事案件诉讼标的额占上海一中院全部民事诉讼标的总额的二成左右。2016 年 4 月 1 日至 2017 年 4 月 30 日,上海一中院审结的民事案件共 20672 件,诉讼标的额总计为 415.4 亿元,其中涉自贸区民事案件共 1577 件,诉讼标的额总计为 85.05 亿元,案件量及诉讼标的额分别占 7.63%与 20.47%,相比往年占比情况(分别占 1.8%与 12.1%)均明显上升。

(二)类案情况

1. 涉金融纠纷案件

一是随着资本市场监管处罚力度的不断加大,证券类纠纷数量持续高位攀升。其中尤以证券虚假陈述责任纠纷案件为主,在涉自贸区金融纠纷案件中占比较大,达 92.59%。此类案件所涉上市公司数量虽然不多,但案件总量较大,在趋势上呈现短期激增、长期稳增的特点。从原告来看,投资者维权多以单独诉讼的方式起诉,其损害呈现小额、分散的特点。被告除上市公司外,还涉及上市公司高管、实际控制人及会计师事务所等中介机构。争议问题涵盖虚假陈述揭露日的确定、市场因素对投资者损失的影响程度以及损失计算方法等多个方面,审理难度较大。

二是随着金融改革系列措施的推进,新类型金融纠纷案件持续涌现,且出现了与自贸区金融改革政策相关的案件。如在推动自贸区利率市场化改革背景下,涉金融机构贷款利率合理性争议的纠纷产生,因目前我国法律法规或监管部门均未对银行贷款利率上限作明确规定,故如何审查贷款利率合理性问题面临一定的司法困境。此外,资本市场加强监管后,交易所一线监管力度加大,产生了涉交易所民事纠纷,如关于证券、期货交易所在特定事件中就其监管行为是否承担民事赔偿责任的案件。在互联网金融创新发展中,涉互联网保险纠纷中保险人保险合同条款交付与免责条款提示说明义务的履行以及人身保险中投保人身份的确定等问题较为突出。

三是随着自贸区融资租赁业的发展,融资租赁纠纷案件呈上升趋势。首先,融资租赁产业是上海自贸区金融创新和扩大开放的重点领域。该类案件中,纠纷集中发案于少数融资租赁企业,由国有大型金融机构出资成立的融资租赁公司涉案日益增多。其次,由于区内企业融资需求大量增加,导致当前融资租赁业务偏重于"融资"功能,以融资租赁之名掩盖资金借贷实质等的现象时有发生。

2. 涉商事纠纷案件

一是案件类型上以贸易纠纷为主,物流纠纷居其次。其中,贸易合同纠纷以货物交易为主,服务贸易比重逐渐上升;货款给付与质量问题并存现象较常见,原审中多存在反诉。物流类纠纷案件则涉及货物代理、运输、仓储等多个物流环节,涉案主体多元。

二是随着自贸区扩容、服务业扩大开放及贸易方式转型,案件类型日益丰富。广告合同纠纷、加工合同纠纷、货物代理合同纠纷、网络服务合同纠纷、信用证融资纠纷、联营合同纠纷、合伙协议纠纷、清算责任纠纷等有所增加。从案件数量上看，亦较 2016 年同期相比成倍增加，涉及物流运输、服装纺织、设备制造、食品化工、汽车制造等多个产业领域。

三是案件涉外因素明显，争议内容体现出复杂性、专业性。涉诉主体中外商投资企业所占比例增加，大部分为境外企业在自贸区内设立的子公司；涉诉交易过程中涉外特征明显，如境外形成的合同文本、争议标的系进出口货物等。此外，案件法律关系交叉，贸易纠纷往往与运输、仓储、结算等多个环节相联系，交易形式复杂且专业性强，使得案件审理难度大。

3. 执行类案件

近一年，上海一中院涉自贸区执行案件共计 97 件，其中执保字案件 64 件，执字案件 33 件。申请标的额总计为 84.75 亿余元，其中执字案件申请标的额为 7.65 亿元。涉执重点数据中，执限内结案率 100%，实际执行率为 54.55%，执行终结率为 36.36%。

一是在诉讼程序中提起的保全案件占比较大，且集中于合同纠纷。涉自贸区案件执行中，诉讼保全案件占 66%，申请标的额高达 77 亿余元，大部分属于合同纠纷。金融、房产投资、海外贸易等商事活动较为活跃，各市场主体法律意识普遍较强，能够在合同纠纷进入诉讼程序后立即采取诉讼保全方式申请财产保全，不仅能够最大化实现胜诉权益，也在一定程度上促成了诉讼和解。

二是自贸区主体发生纠纷后倾向于优先选择仲裁程序解决。《中国（上海）自由贸易试验区仲裁规则》于 2014 年 5 月 1 日起施行，仲裁员开放名册制、紧急仲裁庭的设置以及争议解决时间短费用低等优势使得自贸区内各经济主体纷纷选择在合同签订时约定仲裁条款。在 33 件执行案件中，有 25 件为经过仲裁程序后的申请强制执行案件，占比高达 76%。由于仲裁程序中保全较少，如果财产不能尽早及时保全，势必影响到执行到位率问题，对此，上海一中院已将会商仲裁机构、加强仲裁保全工作纳入 2017 年执行工作重点。

三是申请标的额巨大，当事人担保措施不到位。近一年内，自贸区经济贸易活动引发的执行案件申请标的额高达 84.75 亿余元，案均金额在 8700 万元以上，标的额巨大。但是当事人之间的担保措施往往不到位，导致在执行过程中,一些案件因被执行人无财产可供执行而以终结本次执行方式结案,权利人的胜诉权益难以全部实现。

三、上海一中院涉自贸区典型案例

近一年来,上海一中院审结的 1600 余件涉自贸区案件涵盖了刑事、民事、商事、行政和执行等各个领域,现从中选取出 10 件具有代表性的案例,以规范和指导涉自贸区案件审判、总结审判经验、促进适法统一。

(一)渣打银行(中国)有限公司上海分行诉万邦飞金融借款合同纠纷案①

1. 基本案情

2012 年 10 月 13 日,万邦飞向渣打银行(中国)有限公司(以下简称渣打银行)申请贷款,用途为装修。根据其申请,渣打银行于同年 10 月 18 日划款 174500 元,贷款期限为 60 个月,贷款月利率为 1.65%,还款方式为按月等额本息还款,每月应还本息为 4603.79 元。双方贷款合同中约定,借款人没有按约清偿到期应付贷款本金、利息、复利或任何到期应付款项的,该等逾期款项自到期应付之日起至全部清偿之日止按原贷款利率的 130% 计收罚息。万邦飞于 2014 年 6 月开始出现未足额还款的情形。渣打银行诉至法院,请求判令万邦飞支付贷款本金、利息、逾期利息及催收费等。对于逾期利息,渣打银行要求万邦飞按照月利率 2.145% 偿还。

2. 裁判结果

一审法院认为,万邦飞自 2014 年 6 月起未按照约定按时归还借款本息,已构成违约,其后虽有补偿行为或其账户内某一时间点上有余额,但均不产生溯及的消灭先前违约事实的法律效果。双方合同约定逾期利率按借款利率上浮 30% 计算,于法不悖,但到期日后的正常利息不应再继续收取。

上海一中院认为,对于逾期利息,根据《最高人民法院关于人民法院审理借贷案件的若干意见》第六条的规定,民间借贷的利率可以适当高于银行的

---

① 　(2016)沪 01 民终 11384 号。

利率，但最高不得超过银行同类贷款利率的四倍（包含利率本数）；超出此限度的，超出部分的利息不予保护。《最高人民法院关于审理民间借贷案件适用法律若干问题的规定》第二十六条、第二十九条亦对民间借贷的借款利率、逾期利率作出限定，约定年利率超出 24% 的，人民法院不予支持。虽然金融机构发放贷款并不适用上述规定，然而，相较于民间借贷，金融机构的贷款利率应受到更为严格的限制。第一，虽然中国人民银行已全面放开金融机构贷款利率管制，并不规定金融机构贷款利率的上下限，交由金融机构自主确定，但此举旨在推进利率市场化改革，通过市场竞争提高金融机构的经营能力和服务水平，促进金融资源的优化配置。也即，放开金融机构贷款利率上限的目的绝非放任金融机构牟取高利。第二，法律之所以介入到民事主体之间的合同约定，限制民间借贷的利率，一方面是出于资金优化配置的考量，防止资金脱离实体经济，另一方面则是为了限制高利行为，防范社会危机。通常意义上，借款年利率 24% 以上即为高利。金融机构与从事民间借贷行为的自然人、法人和其他组织同为平等的民事主体，其从事借款等民事活动亦应当遵循公平原则，不得损害社会公共利益、扰乱社会经济秩序。第三，金融机构贷款风险低于民间借贷，从资金来源上看，金融机构是法律认可的吸收公众存款的机构，其用于贷款的资金来源较为稳定；从风险管控上看，金融机构除了收取高额利息，尚有其他措施保障借款人履行还款义务，例如事前严格审查借款人资质，事后将违约信息上报至征信系统等等。贷款利率的定价与其风险密切相关，就此而言，金融机构的贷款收益不应高于民间借贷。第四，本案所涉贷款虽为无抵押贷款，渣打银行面临较高风险，但万邦飞贷款的用途为装修，对于消费型信贷，商业银行作为经监管部门批准设立、担负经济调节职责的金融企业，亦不应当收取过高利息。综合以上分析，法院认为，渣打银行与万邦飞关于逾期利率的约定过高，应调整为按本案借款月利率 1.65% 上浮 20%，即1.98% 计算。

3. 典型意义

本案涉及在推动自贸区利率市场化改革背景下，如何规范金融机构贷款利率的问题。银行作为金融机构，是我国目前法律认可的唯一可吸收公众存款并发放信用贷款的机构,其同时担负着国家经济调节的社会职责。虽然中国人民银行已于 2015 年 10 月全面放开了对金融机构贷款利率的限制,但监管允许的利率市场化并非排除了对金融机构不合理放贷利率(包括期内利息和逾期利息)的司法审查和适当干预。本案运用法律解释学,在充分阐明金融机构的职责、功能、利率市场化意义的基础上,通过分析民间借贷与金融机构贷款的异同,阐释了商业银行关于高额借贷利率约定的不合理性,并参照民间借贷利率予以调整,确定了金融机构贷款利息不应高于民间借贷利率合法上限的司法原则,对自贸区内进一步推进利率市场化改革具有较强的法律引导价值。

(二)交通银行股份有限公司诉上海上体产业发展有限公司等金融借款合同纠纷案①

1.基本案情

2014 年 1 月 13 日,上海约宁实业发展有限公司(以下简称上海约宁公司)与上海上体产业发展有限公司(以下简称上体产业公司)签订《工业品买卖合同》,约定上体产业公司向上海约宁公司购买金额总计 3454.5 万元的基础油。2014 年 2 月 12 日,交通银行与上海约宁公司签订《保理合同》,上海约宁公司以该《工业品买卖合同》项下的应收账款向交通银行申请保理融资等业务,保理融资额为 2000 万元,保理融资有效期自 2014 年 2 月 12 日至 2014 年 8 月 12 日。安徽海孚润滑油有限公司(以下简称安徽海孚公司)、辽宁海孚润滑油有限公司(以下简称辽宁海孚公司)、叶丛为上述《保理合同》提供保证担保。2014 年 2 月 12 日,上海约宁公司向上体产业公司发出《应收账款债权转让通知书》,告知上体产业公司已将总额为 3454.5 万元、到期日为 2014 年 8 月 2 日的应收账款债权以保理方式转让给交通银行。上体产业公司向上海约宁公司出具《买方确认意见书》,表示同意就相关账款转让所作出的各项安排和约定,并于应收账款到期日支付通知书所载明的应收账款。2014 年 8 月 2 日,上体产业公司未按期支付应收账款,同年 8 月 12 日保理融资

———————————

① (2016)沪 01 民终 1759 号。

到期前,上海约宁公司向交通银行支付了 97250 元,保理余额 19902750 元至今未支付。故交通银行诉至法院,请求判令上体产业公司归还应收账款 3454.5 万元,上海约宁公司对上体产业公司未还款部分在本金 19902750 元范围内承担回购责任,并要求叶丛、安徽海孚公司、辽宁海孚公司承担保证责任等。

2. 裁判结果

一审法院认为,根据基础合同的性质、效力、发票真伪、货款支付、生产经营情况等,交通银行提供的证据足以证明《保理合同》项下系争应收账款的存在,故交通银行要求上体产业公司支付欠款的诉请应予支持,安徽海孚公司、辽宁海孚公司和叶丛均签署保证合同,故应承担连带保证责任。一审法院作出判决后,上体产业公司提起上诉称:上体产业公司与上海约宁公司之间的《工业品买卖合同》为虚假合同,涉案《保理合同》因不存在真实基础关系,应认定为无效,故请求撤销原判,改判驳回交通银行原审诉请。

上海一中院认为,就《工业品买卖合同》之真实性与《保理合同》效力关系而言,综合各方当事人的陈述及证据来看:首先,上海约宁公司具有油品买卖的贸易基础和生产条件,上体产业公司就《工业品买卖合同》亦支付了部分货款;其次,上海约宁公司开具给上体产业公司的总计金额 3454.5 万元的增值税发票被认证抵扣;再者,上体产业公司出具了《买方确认意见书》,同意应收账款转让的各项安排和约定等,故应认定上海约宁公司和上体产业公司之间的买卖关系真实。退言之,即使系争买卖关系确为虚假,在交通银行并不知情且无恶意的情形下,亦仅由交通银行一方享有对保理合同的撤销权,上海约宁公司和上体产业公司均无权主张保理无效。在有追索权保理合同关系中,上体产业公司作为债务人,负有首先向交通银行支付该应收账款的义务,当其支付的账款不足以偿还债务时,交通银行有权按合同约定向上海约宁公司行使追索权。故判决驳回上诉,维持原判。

3. 典型意义

本案涉及在保理业务引发的纠纷中,被转让债权所涉基础交易的真实性是否影响保理合同法律关系的效力问题。银行保理的法律本质是通过债权转让进行融资,即保理申请人以转让其应收账款债权为对价换取商业银行的保理融资等金融服务。在保理法律关系中,保理合同虽然是依据所转让应收账款之基础交易合同所签订,但保理合同本身具有相对独立性,保理融资申请人与其债务人之间的基础交易合同真实与否并不必然影响保理合同的效力。根据我国《合同法》第五十四条的规定,一方以欺诈的手段,使对方在违背真实意愿的情况下签订的合同,被欺诈方享有撤销权。也就是说,被欺诈方依法享有选择权,其既可行使撤销权,亦可要求欺诈方按约履行合同。因此,在保理融资申请人与其债务人虚构基础交易合同的情况下,若保理机构对此并不知情,则保理合同在被撤销之前依法有效。本案确立了保理合同与被转让债权所依据之基础合同的效力关系原则,对自贸区内保理业务的规范发展具有较强的法律引导价值。

(三)郭秀兰诉光大证券股份有限公司、上海证券交易所、中国金融期货交易所股份有限公司期货内幕交易责任纠纷案①

1. 基本案情

2013 年 8 月 16 日 11 时 5 分,光大证券股份有限公司(以下简称光大证券公司)在进行交易型开放式指数基金(Exchange Traded Funds,以下简称 ETF)申赎套利交易时,因程序错误,其所使用的策略交易系统以 234 亿元的巨量资金申购股票,实际成交 72.7 亿元。当天下午开市后,光大证券公司在未进行信息披露的情况下卖空股指期货、卖出 ETF 对冲风险。同年 11 月,中国证券监督管理委员会(以下简称证监会)对光大证券公司作出行政处罚决定,认定其相关行为构成内幕交易,并作出没收违法所得及罚款共计 5.2 亿元的处罚决定。原告郭秀兰认为,光大证券公司上述行为导致当日股指期货市场涨跌幅异常波荡,应对其同日进行的股指期货交易损失承担侵权赔偿责任。上海证券交易所(以下简称上交所)、中国金融期货交易所股份有限公司(以下简称中金所)在明知光大证券公司出现异常交易及内幕交易的情况下,未及时发布提示性或警示性公告,亦未适当履行监管职责且有误导之嫌,故应与

_____

① (2013)沪一中民六(商)初字第 30 号。

光大证券公司共同承担赔偿责任。郭秀兰遂提起诉讼，请求法院判令：（1）光大证券公司赔偿其交易损失24900元；（2）光大证券公司、上交所、中金所共同赔偿其交易损失19800元。

2. 裁判结果

上海一中院认为，证监会的行政处罚及相关行政诉讼的生效判决，可以作为本案的定案依据，光大证券公司相关行为构成内幕交易。郭秀兰在内幕交易时间段内进行IF1309股指期货交易且其主要交易方向与光大证券公司内幕交易方向相反，推定存在因果关系，相关交易损失应由光大证券公司承担。法院同时认为，现无证据证明上交所、中金所曾发布相关不实信息或在光大证券公司发布公告前即已提前知晓相关事宜，原告该主张缺乏事实依据。上交所、中金所作为证券、期货交易市场的自律管理组织，其除了依照章程行使自律管理职责外，还具有为集中交易提供保障、发布信息的法定义务，并被赋予在法定条件下对特定市场主体采取单方、强制性、不利益措施的权力。光大证券公司实施内幕交易行为时，上交所、中金所尚无从知晓其行为原因及性质，亦无权对证券市场主体的该类行为是否违规作出认定，更无发布相关信息的事实基础。至于应否对光大证券公司的错单交易采取临时停市、限制交易等措施，则应由上交所、中金所结合当时市场具体状况，以合理合法为原则，以维护市场整体秩序及交易公平为目的自行决定，并非在市场出现异常时即必然立即行使，如否定上交所、中金所行使该种权力时的自主决定权，则证券市场的稳定及交易结果将因个别主体的违规行为而始终处于不确定状态，实质将对市场秩序及交易公平构成更大伤害。据此，法院认定，无论交易所在行使其监管职权过程中作为或不作为，只要其行为的程序正当、目的合法，且不具有主观恶意，则交易所不应因其自主决定的监管行为而承担民事法律责任，否则其监管职能的行使将无从谈起。从当日交易情形来看，光大证券公司错单交易后，市场已在短时间内恢复正常，不存在之后另行临时停市的必要；光大证券公司之后采取的内幕交易行为，在数量及金额上亦未达到限制交易的法定条件，上交所、中金所未采取原告所主张的紧急处置措施，应属合理，并未影响证券市场秩序及交易公平，故上交所、中金所无需因此承担相应民事赔偿责任。法院遂判决光大证券公司赔偿郭秀兰相应损失,驳回郭秀兰其余诉讼请求。

3.典型意义

本案争议主要集中在证券交易所的法律地位、监管职责的范围、性质以及交易所承担民事责任的法律原则等。其中对于证券交易所监管职责的性质及交易所是否应就其监管行为承担民事责任的问题,理论界及实务界长期存在争议,《中华人民共和国证券法》(以下简称《证券法》)及其他相关法律法规对此亦未明确。本案根据我国《证券法》及《期货交易管理条例》的相关规定,认定上交所、中金所的法律性质为证券自律管理组织,其职责范围除了依照章程行使自律管理职责外,还具有为集中交易提供保障、发布信息的法定义务,并被赋予在法定条件下对特定市场主体采取单方、强制性、不利益措施的权力,而交易所行使前述职权的自主决定权系保障其充分履行监管职责的前提基础。在阐明了资本市场的市场逻辑、法律逻辑及监管逻辑的前提下,本案确立了交易所民事责任相对豁免原则,即无论交易所在行使其监管职责过程中作为或不作为,只要其行为的程序正当、目的合法,且不具有主观恶意,则交易所不应因其自主决定的监管行为而承担民事法律责任。本案明确了交易所承担民事赔偿责任的司法审查原则,为维护证券市场的良好秩序提供了司法保障。

(四)李祥波等诉史带财产保险股份有限公司意外伤害保险合同纠纷案①

1.基本案情

原告李祥波等四人系被保险人吴成金的父母及妻儿,吴成金生前系无锡三工自动化设备有限公司(以下简称无锡三工)员工,受该公司委派于2014年3月29日赴泰国工作。无锡三工为吴成金在网站上购买了史带财产保险股份有限公司(以下简称史带保险公司)的保险,保险期间为2014年4月2日到2015年4月1日,含意外事故、残疾保额、身故运返保额、亲属慰问探访保

---

① (2016)沪01民终1470号。

额、雇主慰问探访保额等。2014年7月1日，吴成金在泰国因发生交通事故而死亡，史带保险公司在接到报案后，没有派人赴泰国，也没有就吴成金后事的处理与其家属取得联系。2014年7月9日，李祥波等人赴泰国处理吴成金的后事，并就期间产生的费用向保险公司索赔，史带保险公司以合同约定"未经救援机构批准并安排发生的费用"保险人不承担赔偿责任为由，拒赔身故运返保险金等费用，遂涉诉。李祥波等请求法院判令史带保险公司支付身故运返保险金、雇主慰问探访费用保险金、保险金利息等。

2. 裁判结果

一审法院认为，保险人提供的证据网页截图与本案保单的成立并无关联性，不能证明当时的投保过程，从而无法证明投保时网页上是否存在系争保险免责条款、被保险人是否注意到该条款以及保险人是否将该保险条款告知过投保人。保险人提供的网页截图亦无法证明其尽到了提示说明义务。因此即使保险人抗辩的"未经救援机构批准并安排发生的费用，保险人不承担赔偿责任"的保险免责条款存在，亦不能产生法律约束力。

上海一中院认为，就双方诉争的保险免责条款，在被保险人一方未能提供与保险人不同的保险合同文本予以反驳的情况下，对保险人提供的保险条款应予采信。然而，在网络投保的情况下，保险人仍需按照《中华人民共和国保险法》（以下简称《保险法》）的规定，对免责条款履行提示和说明义务。本案中，根据保险人提供的网页截图及保险条款可以看出，保险人只是在投保流程的设置上于投保声明栏内概括告知"本投保人已阅读该产品详细条款，并特别就条款中有关责任免除和投保人、被保险人义务的内容进行阅读。本投保人特此同意接受条款全部内容"，并要求投保人在确认并支付之前必须勾选"了解责任免除在内的保险条款内容"，但并未采用特殊字体、颜色或者符号等特别标识对相关免责条款进行提示，故二审法院认定，上述保险条款中关于"任何未经救援机构批准并安排的运送和送返费用"保险人不承担赔偿责任的约定不产生法律约束力。

3. 典型意义

随着互联网技术的快速发展，金融机构借助互联网平台亦不断创新发展其提供金融产品或金融服务的方式。与传统交易模式相比，互联网金融在降低经营成本，高效便捷地为客户提供服务的同时，亦面临着一些法律风险。本案就是一起因网络订立的保险合同而引发的纠纷，其中涉及网络投保时保险条款内容的确定，保险免责条款的提示说明义务如何履行等法律问题。在网络投保过程中，由于交易过程完全依靠虚拟的数据交换，使得保险人履行《保险法》所规定的保险条款的交付义务、免责条款的提示及明确说明义务等在形式上与传统面对面协商过程完全不同。本案明确了网络投保时保险条款内容的确定以及保险人适当履行免责条款提示及说明义务的认定标准，对规范自贸区内互联网保险业务的发展具有较强的法律引导价值。

（五）液化空气（中国）投资有限公司诉张劲松劳动合同纠纷案①

1. 基本案情

张劲松系液化空气（中国）投资有限公司（以下简称液化空气公司）员工，双方签订无固定期限劳动合同。2016年3月，液化空气公司发出转岗通知邮件，附件罗列了液化空气福州有限公司岗位名称为机械工程师等17种共计47个工作岗位，工作地点均为福州。双方未达成一致，后液化空气公司向张劲松发送附两种解除合同方案的解除合同通知书。2016年4月，液化空气公司与张劲松就劳动合同解除问题召开沟通会。后液化空气公司以电子邮件及快递邮寄方式再次向张劲松发送岗位选择告知书，可以提供的岗位有：机械工程师—动设备，工作地点福州。同月30日，液化空气公司出具通知书，载明"……根据之前与您的多次沟通，公司与您未能就变更劳动合同内容与您达成一致，鉴于此，依据劳动合同法相关规定，公司将自2016年4月30日起解除与您的劳动合同"。张劲松遂提起仲裁申请，要求液化空气公司支付相应违法解除劳动合同赔偿金、年休假折算工资、加班工资等。后液化空气公司不服仲裁裁决，诉至法院，请求法院判令液化空气公司无需支付张劲松违法解除劳动合同赔偿金、2015年及2016年的年休假折算工资。

---

① （2016）沪01民终13951号。

2. 裁判结果

一审法院认为,液化空气公司未就签订的劳动合同内容变更与张劲松进行协商,且在电子邮件中并未就变更劳动合同予以明确,对于协商变更劳动合同内容并未尽到审慎沟通义务,属于违法解除劳动合同。故判决液化空气公司支付张劲松违法解除劳动合同赔偿金相应差额。

上海一中院认为,本案的争议焦点为液化空气公司的解除行为是否符合《中华人民共和国劳动合同法》(以下简称《劳动合同法》)第四十条第三项规定的客观情况发生重大变化,致使劳动合同无法履行,经用人单位与劳动者协商,未能就变更劳动合同内容达成协议的情形。液化空气公司提供给张劲松的系其关联企业液化空气福州有限公司下属的工作岗位,并非本公司下属的工作岗位,遭张劲松拒绝的情况下,该行为不属于就双方签订的劳动合同内容变更进行协商。双方签订的劳动合同约定张劲松的工作地点为上海,而液化空气中国公司提供给张劲松的福州工作岗位的工作地点位于福建福州,且在电子邮件中亦未就变更劳动合同予以明确。因此,液化空气公司的上述行为并不符合《劳动合同法》第四十条第三项的规定,原审法院确认液化空气公司属于违法解除与张劲松的劳动合同,并无不妥。故判决驳回上诉,维持原判。

3. 典型意义

部分自贸区企业发展不稳定所造成的人员结构调整,以及部分因政策红利入驻自贸区的企业出于降低用工成本之目的而不断转向异地用工,这都将可能引发以改变工作地点为主的劳动合同变更。工作地点的变更,涉及劳动者生活地点、生活方式、工作成本等,影响劳动者的切身利益。本案明确了调整工作岗位至用人单位异地关联企业不属于就用人单位与劳动者双方签订的原劳动合同进行协商的情形。该情况下单方解除劳动合同的行为不符合《劳动合同法》第四十条第三项的规定,属于违法解除劳动合同。这从一定程度上规制了自贸区企业因人员调整需要而随意变更劳动者工作地点或以不合理调整工作岗位而实施变相裁员的行为,保障了劳动者权益,对同类案件具有一定借鉴意义。

（六）戴自浩诉中国工商银行股份有限公司上海市康桥支行储蓄存款合同纠纷案①

1. 基本案情

戴自浩在中国工商银行股份有限公司上海市康桥支行（以下简称工行康桥支行）处开立了储蓄账户，同时申请了个人网上银行业务并领取电子密码器。2015年5月21日，IP地址来自厦门的案外人登录戴自浩的网银账户，陆续进行了定期存款转活期、跨行汇款、注册工行E支付业务及变更预留手机号等业务，上述业务操作均使用电子密码器进行验签确认，五次验签中，其中两次错误，三次正确通过，之后使用E支付功能对外转账15万元。戴自浩称事发时，其本人在国外，身份证、借记卡、U盾都在身边，亦不知变更所预留的手机号，遂提起诉讼请求工行康桥支行赔偿其相应损失及利息。

2. 裁判结果

一审法院认为，案外人使用戴自浩的网银账号并输入正确的网银登录密码及电子密码器动态密码进行操作，按照戴自浩预设的身份认证方式通过身份验证从而完成交易，均视为本人操作。且电子密码器具备与登录IP物理空间上可分离的条件，故不能排除他人通过其他方式及时获取动态密码异地操作的可能性。现戴自浩不能证明涉案款项系因电子银行系统存在安全隐患或银行违规操作所导致，故判决驳回其全部诉讼请求。

上海一中院认为，本案中案外人之所以能完成网银盗刷，是因为其先进行了将定期存款转为活期并注册开通了新的支付业务这一操作。该行为的法律属性系对原合同的重大变更，且该变更行为对双方当事人的权利义务产生重大影响，而银行对该类交易申请仅通过密码验证即予以通过，显然是对风险较高的交易方式采取了较低的身份确认标准，故二审法院认为银行具有相应过错，未尽相应安全保障义务，应对系争损失的发生负主要责任，遂依法改判。

3. 典型意义

本案系互联网金融交易中因网银盗刷所引发的纠纷。本案中，案外人之

---

① （2016）沪01民终2468号。

所以能完成网银盗刷，是因为其通过网银登录将原告的定期存款转为活期并开通了新的支付业务。从法律角度看，这一操作行为的法律属性系变更原合同的根本约定，实质导致合同权利义务的全面变动，属于对原合同的重大变更；从监管规则角度看，中国人民银行《储蓄管理条例》第二十九条明确规定："未到期的定期储蓄存款，储户提前支取的，必须持存单和存款人的身份证明办理；代储户支取的，代支取人还必须持其身份证明。"即该种储蓄合同的重大变更，银行应核对当事人的身份证明，方能完成其身份确认行为。据此应当认为，对于构成上述对原合同重大变更的交易行为，银行作为专业金融机构，应采取较高的风险防范措施和身份确认手段，互联网金融业务中的审核标准亦不应降低。本案在查明网银盗刷行为中关键事实的基础上认定当事人的过错构成及责任承担，体现了互联网金融业态下合理保障金融消费者权益的审判理念，对自贸区内同类案件的审理具有一定指导意义。

（七）唐雪华诉惠氏（上海）贸易有限公司、上海联家超市有限公司等买卖合同纠纷案①

1. 基本案情

唐雪华在上海联家超市有限公司（以下简称联家超市）古北店购买了"惠氏启赋学龄前儿童配方奶粉（阶段4）"36罐，原产国爱尔兰。该产品中国总经销商为惠氏（上海）贸易有限公司（以下简称惠氏公司），产品"营养成分表"中标示每100克产品包含："维生素K 33.8μg；生物素9.0μg；锌4.5mg；牛磺酸22.5mg；叶黄素90.1μg……"。在与唐雪华的另案诉讼中，惠氏公司委托上海市质量监督检验技术研究院对涉案产品进行检测，《检验报告》载明本案讼争的五种营养强化剂含量分别为："维生素K 173.1μg /100g；生物素20μg /100g；锌7.78mg/100g；牛磺酸24.9mg/100克；叶黄素118μg /100g"。而《预包装食品营养标签通则》（GB28050-2011）中"能量和营养成分含量的允许误差范围"规定，维生素（不包括维生素D、维生素A）以及强化的其他营养成分允许误差范围为"≥80%标示值"。后唐雪华以联家超市、联家超市古

---

① （2016）沪01民终9804号。

北店、惠氏公司构成欺诈为由,提起本案诉讼,请求法院判令:(1)联家超市及联家超市古北店承担退货责任,退还全部货款;(2)联家超市、联家超市古北店、惠氏公司赔偿三倍货款。

2. 裁判结果

一审法院认为,涉案奶粉中数种强化剂含量实测值远远超出标示值,部分营养强化剂实测含量甚至达到标识含量的两倍以上,误差范围显然超出了因生产过程、货架期衰减或检测方法不同造成的合理差距。对于奶粉而言,营养强化剂含量系重要信息,将影响消费者的购买行为以及对相关营养元素摄入量的控制。涉案产品标签中就部分营养强化剂含量所作的错误告知,将会给消费者造成误导,构成欺诈,故支持唐雪华要求联家超市退货并赔偿三倍货款的请求;惠氏公司并非买卖合同相对方,故驳回唐雪华对其的诉讼请求。

上海一中院认为,食品营养标签是消费者了解预包装食品的营养组成和特征的来源,也是消费者按自己健康需要选择食品的根据,消费者在消费过程中享有知悉其所购食品真实情况的权利。涉案产品营养标签中的虚假信息内容已实际误导消费者的消费选择,经营者应对由此所产生的后果承担责任。食品营养成分含量应以具体数值标示,数值应通过原料计算或产品检测获得,《预包装食品营养标签通则》中有关“误差范围为‘≥80%标示值’的规定”,系为保证食品质量,防止生产企业虚标营养强化剂含量,并不能就此理解为“涉案产品营养成分的误差范围只要符合该规定的标示值,其营养标签中的营养素含量可不按实际含量而随意标注”。据此,上海一中院判决驳回惠氏公司的上诉,维持原判。

3. 典型意义

本案涉案产品的中国总经销商惠氏公司系注册在自贸区内的法人。虽然涉案产品属于原装进口的食品,但也应当符合我国食品安全国家标准,并符合我国关于消费者权益保护的其他法律法规。本案将进口食品中营养标签标注的营养素含量与实测值显著不一致的情形认定为欺诈行为,明确销售方向消费者承担“退一赔三”的责任,有利于净化进口食品市场,对于食品进口环节审查义务的界定和法律责任的承担有典型意义。

（八）潍坊国建高创科技有限公司、陈家欣、赵福伟等合同诈骗案①

1. 基本案情

被告单位潍坊国建高创科技有限公司（以下简称潍坊国建）于 2010 年 2 月 8 日注册成立。被告人陈家欣于 2012 年 6 月 12 日成为潍坊国建法定代表人，同时，陈家欣亦控制山东雷奇电器有限公司（以下简称山东雷奇）、山东国弘能源科技有限公司（以下简称山东国弘）、青岛国建节能科技有限公司（以下简称青岛国建）等企业。被告人赵福伟系潍坊国建财务总监。被告人陈家欣为在青岛承接建筑节能项目，于 2014 年成立了青岛国建作为被告单位潍坊国建的项目公司，但青岛国建无资金及资产。同期，潍坊国建出现资金短缺，无法维持正常运转，且拖欠大量外债。同年 4 月至 10 月，陈家欣伙同被告人赵福伟将伪造的相关项目合同、政府部门回执及他项土地权利证明等虚假材料提供给被害单位远东国际租赁有限公司（以下简称远东公司），谎称潍坊国建取得了青岛市政府推广的既有建筑节能改造项目，并以该项目的回款及相应的房产作为担保向远东公司"借款"，从而骗取远东公司的信任。同年 10 月 15 日，潍坊国建与上海银行浦东分行、远东公司签订了《上海银行人民币单位委托贷款借款合同》及《补充协议》，由远东公司委托上海银行浦东分行向潍坊国建发放贷款 5700 万元。同月 27 日，潍坊国建和远东公司签订了《应收账款质押合同》《应收账款质押登记协议》《资金支付监管协议》《抵押协议》和《保证协议》等。同年 11 月 6 日，潍坊国建骗得远东公司 5700 万元，上述资金中除有 714 万元被用于支付远东公司管理费等费用外，余款被用于为山东雷奇归还贷款、提取现金、划转给马海波等数十个自然人、划款至山东共达投资有限公司、潍坊市万里汽车贸易有限公司等数十家公司，造成远东公司实际损失 4986 万元。上海市人民检察院第一分院指控被告单位潍坊国建公司、被告人陈家欣、赵福伟的行为均构成合同诈骗罪。

2. 裁判结果

上海一中院认为，被告单位潍坊国建和公司直接负责的主管人员被告人

---

① （2016）沪 01 刑初 43 号。

陈家欣、其他直接责任人员被告人赵福伟,以非法占有为目的,在签订、履行合同过程中,骗取远东公司 4986 万元,其行为均触犯了《刑法》第二百二十四条、第二百三十一条之规定,已构成合同诈骗罪,且数额特别巨大。遂判决:(1)被告单位潍坊国建犯合同诈骗罪,判处罚金人民币四百万元。(2)被告人陈家欣犯合同诈骗罪,判处有期徒刑十五年,剥夺政治权利四年,并处罚金人民币一百万元。(3)被告人赵福伟犯合同诈骗罪,判处有期徒刑九年,剥夺政治权利三年,并处罚金人民币五十万元。(4)追缴被告单位潍坊国建违法所得人民币四千九百八十六万元,不足部分责令继续退赔。上述款项发还被害单位远东公司。

一审判决后,三被告均上诉,二审法院裁定驳回上诉,维持原判。

3. 典型意义

本案被告单位注册地系自贸区陆家嘴金融贸易区。被告单位潍坊国建在与被害单位远东公司签订委托贷款借款合同过程中,通过购买、制作伪造的投资项目合同和抵押、保证、质押等担保协议,取得被害单位信任,骗取巨额钱款。本案犯罪手法较为典型,对企业日常资金、贸易往来中的风险防控具有较高的法律警示价值。

(九)钱小梅诉自贸区管委会其他工时工作制审批决定案①

1. 基本案情

艾沛克斯动力工具贸易(上海)有限公司(以下简称艾沛克斯公司)注册地位于自贸区。2014 年 6 月 16 日,艾沛克斯公司向中国(上海)自由贸易试验区管理委员会(以下简称自贸区管委会)提出实行不定时工作制和综合计算工时工作制(以下简称其他工时工作制)申请。自贸区管委会经审查后于同年 6 月 20 日,根据劳动部《关于企业实行不定时工作制和综合计算工时工作制的审批办法》(劳部发[1994]503 号,以下简称文号)第四条、第五条、第六条及上海市劳动和社会保障局《本市企业实行不定时工作制和综合计算工时工作制的审批办法》(沪劳保福发[2006]40 号,以下简称文号)第五条、第

---

① (2016)沪 01 行终 252 号。

七条、第八条的规定，对艾沛克斯公司作出《准予企业实行其他工作时间制度决定书》（以下简称被诉决定），主要内容为：同意艾沛克斯公司下列岗位自2014年7月1日至2015年6月30日期间实行其他工作时间制度：高级管理、销售、外勤、高管专职司机岗位实行不定时工作制。仓库主管、仓库专员岗位实行以季为周期的综合计算工时工作制。实行以上工作制时，要确保员工必要的休息，以保障员工的身心健康。生产淡季时，应安排员工补休等。钱小梅原系艾沛克斯公司人力资源总监，其认为自己不属于公司高级管理人员，但被诉决定却将其作为高级管理人员，导致其被实行不定时工作制，合法权益受到侵犯，遂起诉至法院，请求判令撤销被诉决定。

2. 裁判结果

一审法院认为，自贸区管委会对艾沛克斯公司的申请有审批和管辖权。自贸区管委会在接到艾沛克斯公司的申请材料后，根据劳部发〔1994〕503号文第四条、第五条、第六条及沪劳保福发〔2006〕40号文第五条、第七条、第八条规定，作出被诉决定，批准同意艾沛克斯公司实行其他工时工作制，该决定认定事实清楚，适用法律正确，程序合法。自贸区管委会虽在审批中要求艾沛克斯公司提供相关岗位的人员名单，但也仅是对相关名单作程序性审查，其没有能力且无职权作实质性判定。自贸区管委会在审批时仅批准艾沛克斯公司的高级管理人员等岗位可执行其他工时工作制，未明确到具体的工作人员。据此，一审法院判决驳回钱小梅的诉讼请求。

二审法院认为，自贸区管委会作为自贸区内集中行使有关行政审批权和行政处罚权的机构，有权作出本案被诉决定，决定的作出程序亦属合法。本市劳动行政部门对企业实行其他工时工作制申请的审批主要依据劳部发〔1994〕503号文以及沪劳保福发〔2006〕40号文等文件，上述文件规定了企业实行其他工时工作制的条件和应当提供的材料等内容。上述规定仅要求劳动行政部门对企业申请岗位是否符合条件进行审查，并未将具体人员能否纳入相关岗位作为审查内容，亦未将相关人员名单作为审批决定的附件。因此，钱小梅关于被诉决定效力直接及于名单上具体人员，以及将其错误列为高管的主张，缺乏依据。自贸区管委会根据上述规定，对艾沛克斯公司提供的申请材料进行审查,认定艾沛克斯公司申请符合规定的要求,进而作出被诉决定,认定事实清楚,适用法律正确。据此,二审法院判决驳回钱小梅上诉,维持原判。

3. 典型意义

企业因生产特点不能实行《中华人民共和国劳动法》(以下简称《劳动法》)规定的标准工作时间和休息时间的,经劳动行政部门批准,可以实行其他工作和休息办法。但实务中,对劳动行政部门的审批效力范围是否直接及于具体工作人员存在不同的理解。这种理解上的分歧容易造成劳动行政管理部门、企业及劳动者的困惑。在自贸区积极探索劳动行政管理创新模式,以及平衡企业经营自主权及劳动者合法权益的大背景下,法院有必要对此予以明确。本案中,法院在立足法条文义及体系解释的基础上,结合对实践中具体情况的分析,探寻条文背后的立法目的、行政伦理及政策导向,最终得出判决结论,对于案件的争议焦点作出了理性、客观的判定,同时也为类似案件的处理及自贸区劳动行政管理提供了必要的参考。

(十)上海耀晨投资管理有限公司诉中国民生银行股份有限公司上海分行等案外人执行异议之诉案①

1. 基本案情

2012 年 5 月 3 日,本案上诉人上海耀晨投资管理有限公司(以下简称耀晨公司)将所谓的系争房屋租金 900 万元通过农业银行转至本案案外人上海通洪贸易有限公司(以下简称通洪公司)名下。

2014 年 8 月 21 日,上海市浦东新区人民法院(以下简称浦东法院)作出(2014)浦民六(商)初字第 3654 号民事判决书,判令上海潭建钢铁实业有限公司(以下简称潭建公司)支付中国民生银行股份有限公司上海分行(以下简称民生银行)本金及利息,林开明等人以系争房屋作为抵押,对潭建公司债务承担连带清偿责任。

浦东法院还认定:2013 年 6 月 26 日,民生银行取得系争房屋中 811、812 室房屋的抵押权,2013 年 7 月 1 日,民生银行取得系争房屋中 801、802、803、

① (2016)沪 01 民终 12254 号。

804 室房屋的抵押权,抵押人为林开明。2013 年 11 月 21 日,系争房屋被江苏省无锡市中级人民法院查封,该院为轮候查封,因民生银行对系争房屋享有抵押权,故系争房屋交由该院处置。

现耀晨公司起诉主张其对系争房屋享有租赁权。

2. 裁判结果

一审法院认为,当事人对自己提出的主张,有责任提供证据。首先,根据林开明在办理系争房屋抵押时的保证,即抵押财产在设定担保前未被出租,可见林开明并不确认与耀晨公司之间存有租赁合同关系;其次,耀晨公司虽向通洪公司支付过 900 万元,但其对该 900 万元的性质前后表述不一,对此又不能作出合理解释,难以让人信服;最后,对于系争房屋的交付使用情况,耀晨公司虽提交物业管理费发票,但该发票时间是在法院对系争房屋进行司法查封之后,且耀晨公司对于系争房屋转租等情况的表述前后矛盾。综上,对于耀晨公司主张其已在 2012 年起即与林开明签订租赁合同并实际占用系争房屋的主张,不予采信;耀晨公司也无其他证据证明,其在法院查封之前已承租并实际占用系争房屋。潭建公司、林开明等人经该院公告传唤,未到庭参加诉讼,故该院依法缺席判决,驳回耀晨公司全部诉讼请求。

上海一中院认为,根据《最高人民法院关于适用〈中华人民共和国民事诉讼法〉的解释》(以下简称《民事诉讼法司法解释》)第九十条规定,当事人对自己提出的诉讼请求,应当提供证据加以证明。在作出判决前,当事人未能提供证据或者证据不足以证明其事实主张的,由负有举证责任的当事人承担不利的后果。一审法院在认定事实和适用法律上并无不当。耀晨公司的上诉请求,缺乏相应的事实依据。据此二审法院判决驳回耀晨公司的上诉,维持原判。

3. 典型意义

本案是自贸区内一起典型的案外人执行异议之诉案件。人民法院审查和审理当事人、利害关系人、案外人提起的执行异议及异议之诉过程中,应当根据"谁主张、谁举证"的原则,公平合理地分配举证责任。既要维护当事人、利害关系人以及案外人的合法权益,又要防范案外人与被执行人串通,通过执行异议和案外人异议之诉,来拖延和规避执行。本案就是一起案外人企图通过执行异议和案外人异议之诉,来拖延执行、逃避执行的恶意诉讼。人民法院严格审查、高效裁判,保障债权人的合法民事权益能够依法及时得以实现,从而提升执行工作的效率。

第三节 上海自贸区法庭的运作与自贸区案件的审判

一、自贸区法庭概览

(一)自贸区法庭应改革而生

2013年11月5日,全国第一家自由贸易试验区法庭——上海市浦东新区人民法院自由贸易区法庭(以下简称自贸区法庭)挂牌成立,专门受理和审理依法由浦东法院管辖的与上海自贸区改革创新相关联的案件。这是上海法院、浦东法院充分认识国家战略的重大意义和自身的职责使命,面对新需求、迎接新挑战、促进新发展而实施的重要举措,旨在有效回应上海自贸区对审判机构功能综合性和审判专业化的需求,充分发挥人民法院职能作用,全力促进上海自贸区符合国际化和法治化要求的跨境投资和贸易规则体系的率先建立,护航上海自贸区改革"试验田"建设。

(二)自贸区法庭的四项职责任务

1. 审判①

案件审判工作是法庭、法院乃至整个司法体系最为基本的天然职能。公正高效审理好上海自贸区案件,让人民群众在每一个案件中都感受到公平正义,是自贸区法庭的第一要务,也是推进法庭建设的根本。"国际化"和"法治化"是上海自贸区建设的两大关键词,"法制环境规范"是上海自贸区建设目标之一,自贸区法庭在发挥司法保障上海自贸区建设功能上首先是通过案件审判来实现。自贸区法庭应当"通过公正高效的司法裁判依法平等保护境内

---

① 浦东新区自贸区法庭案件数据截至2017年10月。

境外、区内区外市场主体各项合法权利，维护交易合同效力，明晰市场交易规则，规范市场交易秩序，制裁违法交易行为，促进诚实守信，并以此引导确定的市场预期，发挥好司法对投资、贸易等行为的评价、示范和导向作用"①，营造公平竞争的法治环境。

2. 研究

上海自贸区"外商投资准入前国民待遇＋负面清单管理模式""一线放开、二线安全高效管住""加强事中事后监管""相关法律法规在区内暂时调整实施"等均是全新的探索和尝试，先行先试涉及的新领域、新模式、新业态、新措施，有的尚缺乏可适用或者参考的法律规范，有的涉及改革政策与现行法律相协调的问题，这些法律适用问题很有可能会伴随上海自贸区建设的整个过程。研究"试验"带来的法律新问题和司法新议题，形成合理的审判规则，并发挥司法善于发现问题、预警风险的功能，也是设自贸区法庭对涉改革创新案件进行集中审理的目的之一，因而亦是自贸区法庭职责所在。

3. 创新

上海自贸区的改革创新国内无先例可循，司法保障更无经验可搬可抄。自贸区法庭应改革而生，备受瞩目，更要因改革而兴，探索创造经验。同时恰遇新一轮司法改革的"东风"，自贸区法庭需要抓住地处上海自贸区改革"试验田"和上海法院司法改革试点启动的契机，率先在司法体制机制建设上突破与创新，使自贸区法庭的组织架构、审判资源配置、审判权运行机制、审判管理模式、审判责任制以及纠纷解决机制、诉讼服务、司法公开等方面，适应上海自贸区建设的需求和司法改革的要求，探索形成可复制、可推广的创新经验。

4. 培育

上海自贸区面向全球的市场体系，国际化的营商环境、高标准的投资和贸易规则，对自贸区法庭审判人员的职业素养、司法能力提出了极高的要求，需要法官既精通国内外法律，熟悉国际公约、条约、惯例及通行投资贸易规则，又

---

① 盛勇强：《为自贸试验区建设提供优质司法保障和服务》，《人民法院报》2013 年 12 月 18 日。

要熟悉投资、贸易、金融等非法律领域专业知识,并且要具有国际视野、丰富的审判经验、较强的审判能力和研究能力。因而,培育专家型、复合型的法官,亦是自贸区法庭的任务。

（三）自贸区法庭的组织架构

1.法庭的机构设置

自贸区法庭的设立经上海市高级人民法院和上海市浦东新区机构编制委员会批准,属于浦东新区人民法院的派出法庭,行政级别与浦东新区各部、委、办、局机关内设机构及浦东法院内设审判庭级别相同。

2.法庭的受案范围

2013年11月自贸区法庭设立时,根据上海自贸区改革创新的定位和特点,确定的受案范围是:依法由浦东法院管辖的与上海自贸区相关联的投资、贸易、金融、知识产权及房地产等民商事案件,并根据自贸区建设发展实际,适时调整其受案范围。如何界定"与上海自贸区相关联",则参考了我国相关法律和司法解释关于民事关系"涉外"的界定标准即"法律关系要素"标准来判断案件是否"与上海自贸区相关联",具体而言,就是当事人一方或双方住所地、经常居所地在上海自贸区内;或者诉讼标的物在上海自贸区内;或者产生、变更或者消灭民事关系的法律事实发生在上海自贸区内。各类案件具体判别标准见表3.2。

表3.2　2013年11月—2015年4月自贸区法庭受案类型及管辖判别标准

案件类型	管辖判别标准
投资贸易商事案件	当事人一方或双方企业住所地在上海自贸区内
	标的物在上海自贸区内
	产生、变更或者消灭民事关系的法律事实发生在上海自贸区内
金融商事案件	金融机构的住所地在上海自贸区内
	企业住所地在上海自贸区内
知识产权民事案件	当事人一方或双方企业住所地在上海自贸区内
	产生、变更或者消灭民事关系的法律事实发生在上海自贸区内
房地产民事案件	系争房地产坐落于上海自贸区内

2014 年 11 月，为进一步在上海自贸区内发挥司法保护知识产权的主导作用，适应上海建成知识产权亚太中心的客观需要，经上海市高级人民法院及上海市浦东新区机构编制委员会批准，在自贸区法庭加挂"上海市浦东新区人民法院自贸区知识产权法庭"牌子，受理、审理依法由浦东法院管辖的与上海自贸区相关联的知识产权民事、刑事、行政案件。自贸区知产法庭于 2015 年 4 月 9 日正式挂牌成立。

2014 年 12 月 28 日，全国人大常委会授权国务院在上海自贸区的扩展区暂时调整有关法律规定的行政审批，自 2015 年 3 月 1 日起施行。运行一年多的上海自贸区从 28.78 平方公里扩展至 120.72 平方公里，且相关制度创新要辐射浦东全区，以在更广范围内、更好地检验制度创新成果以及可能带来的风险。由此，浦东法院司法服务保障上海自贸区改革创新工作，面对三个区域，即上海自贸区原有的 4 个海关特殊监管区域（上海外高桥保税区、上海外高桥保税物流园区、洋山保税港区和上海浦东机场综合保税区，亦称为保税区片区）、上海自贸区新增的 3 个扩展区域（陆家嘴金融片区、金桥开发片区和张江高科技片区），以及上海自贸区制度创新辐射的浦东新区其他区域。自贸区法庭（自贸区知产法庭）作为服务保障上海自贸区建设的一线审判机构，必然面临受案范围的调整，以适应新形势、新发展对审判机构建设的新要求。综合考虑我国设立上海自贸区的战略目的、浦东新区构建开放型经济新体制的导向、上海自贸区建设对司法保障的专项需求以及浦东法院专业化审判特色和发展方向等多方面因素，自贸区法庭（自贸区知产法庭）的受案范围调整为"1+2+X"模式，即"1 个地域管辖+2 个集中审理+ X 动态调整"。

"1"，即保税区片区案件地域管辖，是指自贸区法庭（自贸区知产法庭）按地域管辖审理与上海自贸区扩区前原有的 4 个海关特殊监管区域相关联的投资、贸易、金融等商事案件和知识产权民事、刑事、行政案件。

"2"，即涉外涉外企案件集中审理和与开放型经济相关案件集中审理。其中，"涉外涉外企案件集中审理"，是指自贸区法庭（自贸区知产法庭）集中审理浦东法院管辖的与上海自贸区新增的 3 个扩展区域以及浦东新区其他区域相关联的涉外、涉港澳台、涉外商投资企业的投资、贸易、金融等商事案件和知识产权民事、刑事、行政案件。"与开放型经济相关案件集中审理",是指自贸区法庭(自贸区知产法庭)集中审理与上海自贸区制度创新和与浦东新区开放型经济相关联的其他民事、商事案件。

"X",即根据区域发展动态调整管辖,是指根据上海自贸区发展运行、制度创新辐射以及浦东新区开放型经济新体制建设等的实际情况,适时对自贸区法庭(自贸区知产法庭)的受案范围作相应调整。

2015 年 4 月 27 日,上海自贸区正式扩区,自贸区法庭(自贸区知产法庭)的受案范围则自 2015 年 5 月 1 日起按上述模式调整。各类案件具体判别标准见表 3.3。

表 3.3 2015 年 5 月起自贸区法庭受案类型及管辖判别标准

案件类型	类型定义	管辖判别标准
保税区片区案件	与上海自贸区保税区片区相关联的投资、贸易、金融商事案件和知识产权民事、刑事、行政案件	民商事案件:当事人一方或双方法人、其他组织的住所地在保税区片区内,或者诉讼标的物在保税区片区内,或者产生、变更或消灭民事关系的法律事实发生在保税区片区内
		知识产权刑事案件:犯罪地或被告单位住所地在保税区片区内
		知识产权行政案件:作出具体行政行为的行政机关所在地,或者行政相对人住所地,或者知识产权权利人住所地在保税区片区内
涉外涉外企案件	浦东新区涉外、涉港澳台、涉外商投资企业(含港澳台)的投资、贸易、金融商事案件和知识产权民事、刑事、行政案件	民商事案件:涉外、涉港澳台,或者当事人一方或双方为外商投资企业(含港澳台)
		知识产权刑事案件:涉外、涉港澳台,或者被告单位或知识产权权利人为外商投资企业(含港澳台)
		知识产权行政案件:涉外、涉港澳台,或者行政相对人或知识产权权利人为外商投资企业(含港澳台)
其他与制度创新、开放型经济相关案件	与上海自贸区制度创新和与浦东新区开放型经济相关联的其他民商事案件	根据上海自贸区各项创新措施落地情况及最高法院关于与开放型经济密切相关的民商事案件由涉外审判机构归口审理的相关要求,由自贸区法庭实时以类型列举方式报浦东法院司法服务保障自贸区工作办公室确定后列入受案范围

续表

案件类型	类型定义	管辖判别标准
根据区域发展情况宜由自贸区法庭审理的案件	由浦东法院司法服务保障自贸区工作办公室确定	

2017 年 7 月，由于浦东法院建立了金融商事、金融行政和金融刑事案件"三合一"的金融审判工作机制，对金融案件进行集中审理，故自贸区法庭不再受理金融商事案件。

3. 法庭的人员配备

自贸区法庭设立时，按法庭年收案数 2000—2500 件、每位法官年办案数 250 件测算，拟配备 30 名审判人员，法官、法官助理及书记员的比例原则上为 1 ∶ 1 ∶ 1，根据案件数量变化，及时作调整。

（四）自贸区法庭的探索实践

自贸区法庭自 2013 年 11 月 5 日设立后，紧跟形势，迎接挑战，勇于探索，大胆创新，在国际化、市场化、法治化的上海自贸区建设中，积极探索可复制、可推广的司法服务保障经验。

1. 以"多元、灵活、专业"为目标，探索符合自贸区案件特点的纠纷解决机制

（1）案件"三专结合"审理机制

以确保司法公正、高效、权威为导向，通过专业法官、专家陪审和专家咨询相结合，确保制度创新案件的公正高效审理，对市场新业态、经营新模式作出正确的评价指引，有效发挥司法裁判对公平竞争市场秩序的维护功能。根据自贸区法庭案件类型、特点及法官、法官助理的专业背景、审判经验，庭内审判人员分成 5 个专业审判团队，分别侧重审理跨境投资、国际贸易、创新金融、知识产权和电子商务案件。同时按照"法官的资历和司法能力应当与其审判任务和工作要求相适应"的原则，审判团队内实行案件层级化分类审判，涉及上海自贸区改革创新措施及扩大开放领域的新型疑难案件，由等级较高、审判资历较深的法官主审。此外,提请上海市浦东新区人大常委会任命了59位国际金融、贸易、海关、税务、计算机、互联网等各领域专家作为人民陪审员参加专业案件的审理,并建立了100余位各行业专家组成的咨询库,使法官的法律思维、法律知识与行业专家的专业思维、专业知识形成互补。

(2)法院附设商事争议非诉专业调解机制

以回应上海自贸区市场主体对权利救济便利化和纠纷解决方式多元化的需求为导向,引入行业协会、商会及专业商事调解组织,在自贸区法庭设立非诉调解庭,通过诉前、庭前引导调解、委托调解及司法确认,有效支持行业调解、商事调解在上海自贸区纠纷解决中的作用发挥,充分体现市场主体"在商言商"的意愿,为纠纷当事人提供多元、灵活、经济的纠纷解决方式,实现人民法院与调解机构在纠纷解决中优势互补,注重公平公正的同时,促进涉上海自贸区商事纠纷处理的高效益和高效率,推动建立健全具有中国特色的自贸试验区商事纠纷多元化解决机制。该机制自2014年5月27日正式启动以来,自贸区法庭已引入上海经贸商事调解中心、上海市工商业联合会(上海市商会)、中国国际商会上海调解中心、中国国际贸易促进委员会上海浦东分会、上海浦东联合法律服务调解中心、上海市保险同业公会、上海市人民政府侨务办公室、上海市人民政府台湾事务办公室、上海市文化创意产业法律服务平台知识产权调解中心等具有调解职能的机构在自贸区法庭设立调解庭,至2017年10月,这些调解机构受自贸区法庭委托非诉调解案件共2568件,其中,正式进入调解程序的为1316件,调解成功的为842件,纠纷平均处理周期30天,纠纷化解标的达7.03亿元。

2. 以"规范、公开、可预期"为目标,探索符合自贸区市场主体需求的司法服务机制

(1)"一个平台"促进司法公开全面化

借力互联网、微博、微信等新媒体平台,实现庭审直播常态化、文书上网制度化,并定期公开法庭工作动态。

(2)"双语网站"实现司法公开集约化

开通自贸区法庭中英文双语互联网站,集审判流程公开、裁判文书公开、

旁听庭审预约、庭审直播、案例发布等内容为一体,实现"一网"概览上海自贸区司法环境。

(3)"四个载体"构建诉讼服务便利化

在自贸区法庭开设诉讼服务中心一站式窗口,编印中英文诉讼指南手册,开通诉讼服务热线电话,设立互联网在线诉讼服务平台,通过"一窗口、一手册、一热线、一网络",为社会公众提供全方位、立体化的双语诉讼服务。

3. 以"常态、有效、顺畅"为目标,积极探索符合自贸区法治环境营造要求的司法延伸机制

(1)实行制度创新、重点领域案件的定期分析和风险预警机制

对涉"上海自贸区新政"、新设企业、外商投资、跨境和离岸贸易、金融创新、电子商务平台、大宗商品交易、土地"二次开发"、进出口贸易环节知识产权纠纷等自贸区扩大开放和制度创新重点领域的案件,专项跟踪,定期分析其特点、趋势、法律适用难点,向上级法院及相关监管部门通报情况,对审理中反映的制度漏洞、市场风险、监管问题及时预警。如针对多起利用自贸区进口货物进境备案清单漏洞、保税仓库经营不规范等进行交易欺诈的案件,向新区政府及自贸区管委会发出制度规范建议,受到相关领导关注,为上海自贸区相关交易规则和监管制度所采纳。

(2)构建对外信息互通交换机制

搭建窗口,以《自贸区法庭专刊》为载体,实现信息报送和通报的日常化、定期化畅通渠道,与自贸区管委会及海关、工商等部门合作,实现常态联络及相关信息的即时通报与反馈,共同推进自贸区改革创新的风险可控、先行先试。

(3)推进自贸区市场主体信用促进机制

与工商部门协作,提高自贸区企业披露主要办事机构所在地等信息的主动性、准确性。对信息披露不准确造成文书送达困难,或企业申报公示信息与审判执行中发现的真实情况不符的,及时向工商部门通报,并建议将其纳入企业异常经营名录,向社会公示。

4. 以"权责清晰、结构合理、运行顺畅"为目标,积极探索符合司法改革要求的审判权运行机制

(1)落实法官依法独立裁判和司法责任制

简易程序案件,由主审法官独立裁判,对案件审理全程全权负责,独立承担办案责任;普通程序案件,合议庭平等参与案件审理、评议,共同对案件审理负责。院、庭长不签发本人未参加审理的案件的裁判文书。

(2)建立法官主导下的审判团队协同办案模式

法官助理(书记员)在法官的授权、指导下工作,法官助理(书记员)对法官负责。根据上海自贸区案件专业化审判及繁简分流的实际需求,探索法官和法官助理、书记员 1∶N∶N 的多种审判团队组合,形成规范高效的办案单元与管理单元合二为一的新型审判工作模式。现全庭 10 名法官和 13 名法官助理(书记员)组成 5 个审判团队,经运行实践,取得良好的效果,法官人均月办案数超过 25 件。

(3)建立法官会议制度

法官会议由法庭全体法官组成,实现法官自我管理和民主决策,讨论、决定与法庭审判相关的业务及事务工作。法官会议讨论、决定的事务清单详见表3.4。

表 3.4　法官会议讨论、决定的事务清单

法官会议讨论、决定的事务清单	(1)规划和执行法官办案工作计划
	(2)确定和执行各类案件分案规则、合议庭组成规则及审判工作流程规则
	(3)推选可担任案件合议庭审判长的主审法官
	(4)就重要法律适用问题为法官提供参考意见
	(5)确定和执行法官办案差错、审判辅助人员工作差错问责规则
	(6)评议法官审判绩效及廉洁司法、职业纪律执行情况
	(7)评价审判辅助人员工作情况
	(8)评价人民陪审员、调解员工作情况
	(9)讨论其他需通过法官会议决定或处理的事项

(4)建立院、庭长审判管理和审判监督权力清单

明确了院、庭长在审判管理方面的七项权力和在审判监督方面的三项权力,清单之外,不得过问本人未参加审理的案件或处理的审判事务。院、庭长管理权限清单详见表3.5。

表3.5　院、庭长管理权限清单

院、庭长审判管理权清单	(1)依法对案件审判过程中的有关程序事项作出审核决定
	(2)宏观上管理指导法庭审判工作
	(3)院长主持审判委员会、庭长主持法庭法官会议
	(4)组织开展案件质效查查和讲评
	(5)组织研究、制定、实施相关工作制度及措施
	(6)采取优化内部审判资源配置、案件流转程序等的管理措施
	(7)组织研究案件审判中的法律问题,总结审判经验,实施审判指导
院、庭长审判监督权清单	(1)院长依法对生效案件进行监督
	(2)院、庭长可以依规定通过审判委员会、审判专业委员会、法庭法官会议对重大案件的审判进行监督指导
	(3)监控案件审限,对预警案件进行催办和督办

二、检视:自贸区法庭面临的挑战与制约司法功能发挥的因素

(一)自贸区法庭面临的挑战

1.案件体量增长,考验自贸区专业审判法庭的审判质效

自贸区法庭成立四年期间,共受理投资、贸易、金融、知识产权等各类民商事案件6263件,其中受案范围调整前(2013年11月至2015年4月)受理640件,受案范围调整后(2015年5月至2017年10月)受理5623件。自贸区法庭成立四年内的案件受理情况详见图3.6。

分析自贸区法庭成立后的历年受案情况,由于上海自贸区扩区及自贸区法庭受案范围调整,自贸区法庭收案量呈现出大幅上升的态势,这可以说是上海自贸区制度创新激发市场主体投资热情、吸引大量企业入区的集聚效应反

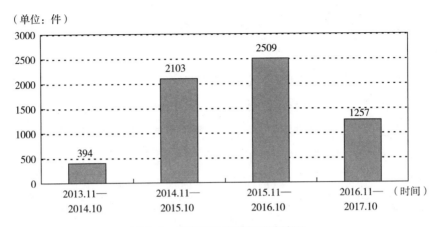

图3.6 自贸区法庭案件受理情况

映,后因自贸区法庭受案范围调整,案件受理量随之下降。上海自贸区设立后半年内新设的各类企业数量已超过4个海关特殊监管区过去20年的企业存量。企业大量涌入,经营规模扩大,市场活跃度增强,各类纠纷增多,市场主体的司法需求随之增长。如何在面对快速增长的案件数量以及随之而来的新型、疑难案件的同时保持高质量高效率的审判,是以自贸区法庭为代表的自贸区专业审判法庭建设中必须面对的挑战。

2.涉外特征突出,考验自贸区专业审判法庭的审判"国际水准"

自贸区离岸贸易、跨境收付融资、国际大宗商品交易,跨境电子商务、跨境人民币创新业务、建立面向国际的金融交易平台、设立境外投资股权投资母基金等创新措施,无一不体现着"国际化"这一关键词。自贸区法庭四年内受理涉外案件845件,绝对数虽不多,但非涉外案件也存在大量涉外因素:一是涉诉外商投资企业占比高。案件涉及外商投资企业的比例高达七成,多为境外企业在国内设立的全资子公司,公司运营的实际控制方为境外母公司。二是交易过程涉外特征凸显。各类市场主体在合同签订及履行过程中,签署的合同文本、材料或系境外形成,或以外文形式呈现,或争议标的物为进出口货物,给证据收集及货物质量鉴定等带来难度。三是"法源"复杂多样。处理涉上海自贸区纠纷的"法源"包括我国现行法律、冲突规范、缔结的双边和区域性或多边国际条约、国际惯例、国际投资贸易通行规则、一般商事规则以及外国法等不同层面，其适用、协调、衔接非常复杂。

3. 涉"新"纠纷增加，考验自贸区专业审判法庭的研究和法律适用能力

一方面，新设金融信息服务或投资咨询类公司从事民间融资经营活动引发的民间借贷、委托理财类案件较为突出，部分新设企业以未实缴的高注册资本额将自己包装成高信用企业，并许以高回报率或良好前景，以购买"理财产品"或进行"项目投资"等方式吸引社会公众出资，凸显了资本认缴制新政"适应期"企业信用促进和市场诚信体系，以及债权人权益保护的相关法律规则均有待进一步完善。另一方面，随着上海自贸区的制度创新涉及诸多改革内容的细化落实，与上海自贸区改革创新措施相关的"新政"纠纷增多。① 由于自贸区内的"制度破茧"涉及近百项改革内容创新，而《总体方案》及上海、各部委出台的一系列支持自贸区的规章和政策性文件，难成司法判案依据，审判工作面临在改革性、政策性文件上升为法律前的"立法真空期"、改革举措与现行法律存在不协调的情况下，如何依法合理解决纠纷的难题。②

4. 判决比例较高，考验自贸区专业审判法庭的裁判指引作用

自贸区法庭四年内审结的案件平均判决率为48.92%、调解率18.54%、撤诉率29.69%，与同期浦东法院民商事案件39.02%的判决率、19.43%的调解率、37.67%的撤诉率相比，呈现判决率高、撤诉率低、调解率基本持平的特点（详见图3.7）。反映自贸区市场主体注重纠纷解决的权威性，更倾向于通过诉讼程序获得具有强制执行效力的权利义务判定和纠纷解决方案，希望判决对未来的交易产生示范指引作用，要求作出判决的情况较多，这对自贸区法庭的司法裁判水平，提出了更为严格的要求。

---

① 如外商投资项目核准和外商投资企业合同章程审批转为备案管理，是"负面清单"管理模式和政府职能转变的重大变革措施。涉外商投资企业的相关法律也于2016年9月进行了修改，就不涉及国家规定实施准许特别管理措施的，对外商投资企业相关事项适用备案管理，为深化自贸区内外商投资改革提供了法律支撑，标志着法律层面上对"负面清单"外的行业准入全面实施备案制。在这样的背景下，前期囿于严格的审批制而通过其他非正常途径在境内投资的境外资本纠纷通过各种方式进行变更登记，各种协议达成的平衡被打破，外资与其他主体间的利益出现冲突，纠纷集中显现。

② 包蕾：《涉自贸区民商事纠纷趋势预判及应对思考》，《法律适用》2014年第5期。

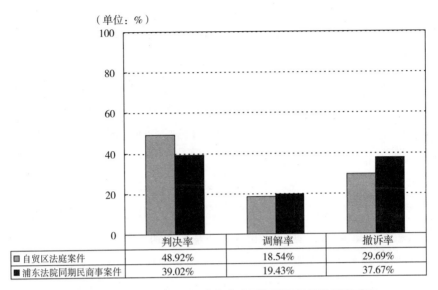

（单位：%）	判决率	调解率	撤诉率
自贸区法庭案件	48.92%	18.54%	29.69%
浦东法院同期民商事案件	39.02%	19.43%	37.67%

图3.7 自贸区法庭案件与浦东法院同期民事案件的三率对比

5. 风险预警需求，考验自贸区专业审判法庭的延伸司法效果能力

基层法庭是检验改革特殊区域制度创新运行效果、发现市场行为潜在风险的前沿阵地。如自贸区法庭受理了8件起因涉嫌利用自贸区进口货物进境备案清单漏洞、保税仓库经营不规范等进行交易欺诈而引发的仓储合同纠纷，暴露旧有的保税区市场不规范做法及交易环节漏洞，法庭通过专报及时提示风险，相关意见被纳入区内大宗商品市场相关交易管理规则中。此外，自贸区法庭在案件审理中还发现诸如市场主体缺乏电子证据的固定和保全意识；企业对注册资本认缴制存在误读，随意认缴致使相对人权利救济落空；出口商品涉嫌侵犯商标权被扣留引发出口企业损失的情况多发；融资租赁业务的"融资工具"功能突出，以融资租赁之名掩盖交易实质现象增多；自贸区内企业跨境债权债务转让存在法律规避及外汇监管风险等改革创新过程中的问题，需要法庭及时总结并通过各种方式预警和提示风险。这无疑考验着自贸区法庭延伸司法效果、参与社会治理的能力。

（二）影响自贸区法庭司法功能充分发挥的制约因素

1. 机构设置能级偏弱影响司法职能的有效延伸

一方面，自贸区建设是一项国家层面的战略性举措，自贸区的相关主管机构均为中央驻区机构、市级机构，自贸区法庭在层级上与之并不匹配，自贸区法庭作为浦东法院这一基层法院的派出机构，在机构设置上"重量级"不够匹配，法庭与上海自贸区相关机构在工作协调上存在困难，一定程度上影响司法延伸职能的顺畅、有效发挥；另一方面，自贸区法庭的司法改革试点也并非零敲碎打的局部性改良，而是涉及司法体制机制多个层面的系统性工程，要积累可复制、可推广的经验，必然涉及法院审判机制、管理机制的整体层面，需要在法院层面而非仅仅一个法庭的层面进行制度设计的考虑。

2. 人员分类管理不完善影响审判效能的充分激发

目前自贸区法庭配有 8 名法官（含庭长 1 名、副庭长 1 名）和 14 名法官助理及书记员，法官、法官助理、书记员之间基本达到 1∶1∶1 的配比，并组成审判团队以提升案件审判效率。但面对涉上海自贸区纠纷体量大，新型、疑难问题频发，市场主体的司法期待提升的现实挑战，法官仍为事务性工作所牵绊，审判人员与辅助性人员分类的有效性尚待进一步提升，书记员、法官助理之间职责不明晰尤其在责任承担上无明确区分，在司法责任制下，法官对其审理的案件的实体和程序均要负责，甚至包括程序上的文书送达、财产保全等，势必造成法官唯有大包大揽、事必躬亲，才能与责任承担相对应，从而摊薄法官解决案件处理纠纷的精力，减弱对于法律问题研究的关注度与敏感度。

3. 力量配备短板影响审判专业化水平的提升

开放型经济新体制的构建，要求自贸区积极推进国际贸易、投资、航运等相关领域的发展，必然要求司法具备与之相适应的专业化、国际化水平，通过司法，特别是涉外商事案件的审理，促进增强国家核心竞争力和在国际经济发展竞争中的话语权。虽然自贸区专业审判法庭在人员配备上能获得一定倾斜，但无须讳言，当前的人员力量配备仍存在三方面的不足。

（1）人员配备显现国际化短板

自贸区法庭现有法官、法官助理及书记员基本上为法律专业出身，精通国际金融、投资、贸易专业领域的复合型人才极少，一方面暴露出法院在人员引进上缺乏前瞻性，未预见区域发展建设对审判人员在知识结构、经验领域的特别要求；另一方面反映法官选任渠道狭窄，主要集中于系统内部选任，缺乏开放性,在审判力量储备和配备上均存在滞后和不足。

(2)人才培养的视野不宽

自贸区法庭尚未形成符合自身审判需要的人员培养模式,与当前法院的人才培养普遍性弊端一样,基本陷于法院或系统内部"闭门造车",且内容和方式与一般的审判业务培训方式相同,缺乏针对性,缺乏"走出去"跨行业学习。

(3)专家陪审及咨询资源不足

自贸区法庭尚缺乏对专家资源的整合机制,司法体系内的各类专家资源明显不足,且往往局限于相关法律专业领域,许多领域的专家、学者活跃在学校中、讲堂上,没有参与到自贸区法治建设的具体实践中来。

4. 专业解纷方式欠缺影响优势审判力量的集中

自贸区法庭案件的判决结案比例高于调解和撤诉结案,这与传统基层法庭调解、撤诉比例高的特点恰好相反。一方面反映市场主体期待司法提供确定性的规则指引,另一方面也凸显上海自贸区权威性纠纷解决方式的不足。虽然通过法院委托调解,可以获得费用更低廉、方式更加灵活便捷的纠纷解决途径,但从自贸区法庭实践情况看,仅有五分之一左右的商事纠纷主体接受了委托调解,接受度有待提高。究其原因,当前的商事纠纷非诉讼调解机制在对接其他解纷资源,特别是专业性、权威性解纷资源的广度、深度和公开度上有待提升,解纷渠道仍较单一,行业协会、人民调解组织等在专业纠纷化解中缺位。诉前解纷渠道和力量的不足,导致纠纷未经消化就直接进入司法渠道,大大分散了法庭的优势审判力量,给审理与改革创新措施密切关联的重点案件造成影响。

三、设计:进一步推进自贸区法庭建设的具体路径和主要内容

(一)创新审判资源的"科学化"配置方式

1. 实行法官员额量化测算和动态调整

综合考虑自贸区的建设发展状况、市场主体司法需求、法庭受案范围、案件数量和特点、法官办案负荷实际承受能力、保障审判质效以及法庭功能定位

等因素,以平均难度的民商事案件为标准量化测算人均办案量,科学确定法庭员额,并根据相关因素变化情况动态调整、及时补入。

2. 完善以审判团队为基础的自贸区案件类型化专项审理机制

以有效回应上海自贸区建设对案件审判专业化的需求为导向,完善法院各审判庭(法庭)之间和各审判庭(法庭)内部上海自贸区案件类型化专项审理机制,形成上海自贸区特殊类型案件在自贸区法庭(自贸区知产法庭)集中审理、普通类型案件在其他相关审判庭(法庭)专项审判组集中审理的合理审判分工。

3. 探索自贸区案件集约化片区管理模式

以确保司法服务保障自贸区建设的全面性为导向,立足浦东法院管辖地域广、案件体量大之实际,探索设置自贸区巡回审判片区,建立上海自贸区案件信息管理系统,对相关审判庭(法庭)审理的各种类型的上海自贸区案件,进行片区集约管理,实现上海自贸区各类案件立案、审判和执行跨部门的规范有效衔接,形成管理集约、审判专业、诉讼便民的管理模式,实现司法服务保障上海自贸区建设、服务保障上海"四个中心"建设和服务保障科技创新中心建设融为一体,形成聚合效应。

（二）建立审判队伍的"跨领域"选任培育机制

1. 广开渠道择优选拔法官

突破现有法官选任模式,尤其是内部选拔按任职时间论资排辈的选任体制。按照"正规化、职业化、专业化"的标准,公开、平等、竞争、择优地进行选拔。拓宽和开放人才吸收渠道,面向社会公开选任,让优秀法律职业者,特别是具有复合知识背景和工作经验的人才进入法官队伍。

2. 实行跨领域人才培养

探索教育培训的制度化、规范化及针对性、有效性,充分运用在职培养、联合培养、挂职交流及专题培训等形式,结合"请进来"与"走出去"两种方式,对自贸区的法官进行多背景培训,既要加强法律知识培训,又要加强与区域建设相关的专业领域、专业思维的培训,完善知识结构,培养一批适应特殊区域建设国际化、法治化要求的高素质、专家型、复合型审判人才,有效担当起特殊区域的司法保障重任。

3. 探索专案专家陪审制

引入专家陪审员参与审理,探索专案专家陪审的可行性。推动基层法院与上级法院、各专门机构专家库的整合,共享专家资源,不断拓展人民陪审员专家库。

(三)畅通各部门联动的"协同化"共治渠道

1. 促进司法与行政推进自贸区法治环境建设联动机制的制度化、常态化

在司法与行政现有沟通机制基础上,建立起两者在推进自贸区国际化、市场化、法治化营商环境培育中互动、联动的常态化。将基层法庭在案件审理中发现的涉及本区域案件的情况分析、风险提示等"第一手资料",及时、准确地向相关机构反馈,为支持区域内改革创新工作的稳定有序、风险可控,积极建言献策。2015 年 10 月,浦东法院与上海自贸区管委会签署《进一步协同推进中国(上海)自由贸易试验区法治环境建设合作框架协议》,双方从共建信息交换共享机制、共建问题会同研究机制、共建权利保护协同机制、共建企业信用促进机制以及共建人才交流培训机制等五方面推进司法、行政在上海自贸区建设中的协同。针对自贸区内民间借贷、委托理财纠纷数量激增,虚假投资理财存在隐患的问题,自贸区法庭建立警示筛选、查询发现与预警交换机制,及时向公安经侦部门提供可能涉嫌刑事犯罪的案件线索。针对自贸区内"类商业保理"等新型商业保理纠纷大幅增长,存在金融秩序风险的情况,于 2016 年 2 月举办"自贸区商业保理法律问题及司法协同监管"研讨会,协同上级法院、行业协会及商务委、银监局、市场监督管理局、金融服务局等相关监管部门进行沟通交流。

2. 与职能部门共建企业信息披露和信用约束机制

提升企业信息披露的准确性、主动性,确保事中事后监管有效进行。一是完善信息披露内容,固定企业联系地址。鉴于以上海自贸区为代表的改革创新区域内普遍存在企业"溢出经营"现象,建议区内注册区外经营的企业注册登记时备案披露主要营业地、主要办事机构所在地及经营场地等,并确认监管

机构、司法部门法律文书的送达地址，发生变动及时主动报备并在信息平台上公示。二是完善信用约束机制，促使企业主动披露。若企业因披露地址不准确造成文书的送达不能，或者其申报公示的信息与法官审判执行中发现的企业实际情况不符，则应载入"企业异常经营黑名单"，并对此承担相应的不利后果，从而在源头上解决涉诉时因企业难寻而造成的法律文书"送达难""执行难"问题，有效保护市场主体利益，防范交易风险。

3. 拓展监管信息共享平台

将政府信息公开、司法公开工作紧密结合，实施多平台的信息共享，打破信息孤岛。一方面，对司法机关开通包括公共信用信息服务平台、综合监管信息共享平台、企业异常经营名录在内的平台访问权限；另一方面，将司法信息纳入平台之内，及时有效披露企业的涉诉信息、执行信息，既让市场主体充分了解交易对方资信，预见风险，保障交易安全，又为相关监管部门依法行政提供信息支持，同时也倒逼市场主体诚实守信，规范运行，促进诚信市场建设。目前，浦东法院已联合自贸区管委会，在自贸区诚信平台公示相关企业涉诉信息二十余万条、失信信息近五千条。

（四）健全纠纷化解的"多层次"网络

1. 进一步完善法庭附设商事纠纷非诉讼专业调解机制

扩充和完善自贸区商事纠纷特邀专业调解机构名册，建立健全自贸区法庭非诉调解庭，加强诉前引导调解、诉前委派调解及诉中委托调解，推动律师在非诉调解机制建设中的作用发挥，探索专家调解员、外籍调解员参与调解，推动建立健全具有中国特色的上海自贸区商事纠纷非诉解决机制，促使自贸区商事纠纷解决机制形成全球影响力，以增强国际辐射力和话语权。[1]

2. 构建和完善纠纷多元解纷网络

除在法庭内附设非诉讼专业调解机制之外，在与自贸区紧密关联的辐射区域设立诉调对接工作站，对各类调解组织的调解协议进行司法审查和确认，

---

[1] 参见盛勇强：《为自贸试验区建设提供优质司法保障和服务》，《人民法院报》2013年12月18日。

进一步协调自贸区内调解、仲裁与诉讼等各类解纷方式的有效衔接,构建重点突出、层次分明、针对性强的多层网络,实现自贸区相关矛盾纠纷预防和公正高效化解跨前一步。

(五)创新立案审判执行"全流程"模式

1. 按照区域发展需求和案件实际情况拓展基层法庭受案范围

突破现行基层法庭一般审理民商事的管辖范围,将更多具有改革创新特点的民商事案件如劳动争议、人事争议等纳入改革创新特殊领域法庭的专项审判范围;同时尝试突破民商事案件范畴,将涉自贸区的行政、刑事案件审理纳入,以促进公权力边界的合理界定以及政府职能的转变。探索民事、商事、行政、刑事案件"四位一体"立体审判模式,真正形成特殊区域案件集约专项审判、集中专项研究的理想格局。

2. 实行立审执跨部门有效衔接

除对自贸区案件实行专项审理外,在立案、执行部门同样实行专项管理。在立案部门配置专人负责涉上海自贸区案件的窗口立案、网上立案、来信立案及巡回立案;由执行部门在自贸区法庭派驻执行工作室,专门负责涉上海自贸区案件的诉讼保全、仲裁保全、生效裁判文书执行工作。在立审分离、审执分离的原则下,以自贸区法庭专项审判上海自贸区相关民商事案件为点,串联上海自贸区案件的专项立案、专项执行,实现自贸区法庭案件立案、审判和执行跨部门的有效衔接,从工作机制上保证对涉自贸区案件实行专项管理和适法统一。

四、自贸区法庭案件审理的基本情况

2013年11月至2017年10月,自贸区法庭共受理各类案件6263件,其中上海自贸区扩区前(2013年11月至2015年4月)受理640件,上海自贸区扩区后(2015年5月至2017年10月)受理5623件。案件类型包括:投资贸易商事纠纷案件4149件,金融商事纠纷案件2010件,知识产权民事纠纷案件75件,房地产等其他民事纠纷案件29件。投资贸易商事纠纷案件占比最高,为66.25%(见图3.8)。

2013年11月至2017年10月,自贸区法庭共审结各类案件5840件。其

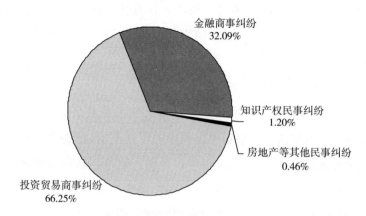

图 3.8　自贸区法庭受案情况

中判决结案 2857 件,占 48.92%;调解结案 1083 件,占 18.54%;撤诉结案
1734 件,占 29.69%;移送管辖结案 75 件,占 1.28%;裁定驳回起诉 81 件,占
1.39%;其他方式(特别程序案件)结案 10 件,占 0.17%(见图 3.9)。

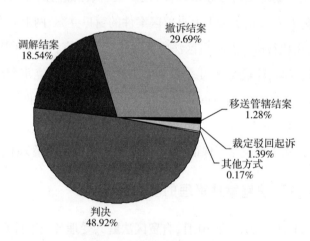

图 3.9　自贸区法庭结案情况

注:数据小数点后均采用四舍五入,故总计不足 100%。

五、自贸区法庭案件的特点及动向分析

随着上海自贸区建设的不断推进,尤其是上海自贸区扩区和改革创新举
措辐射浦东新区的新形势下,自贸区法庭的案件呈现新的发展动向:

（一）各片区案件类型区分明显，反映上海自贸区各片区核心功能与发展定位

自贸区五大片区所承载的核心功能和发展定位各有侧重又相互呼应和补充，随着各个片区核心功能集聚效应的不断发挥和产业定位的不断成熟，反映在涉自贸区民商事案件中，即各片区案件类型与片区内的产业特点之间的关联日趋明显。一是保税片区以买卖、仓储、加工等贸易合同以及国际物流服务、进出口代理服务、安保服务、金融信息服务、咨询管理服务等特色新型服务业案件为主要案件类型；二是陆家嘴片区突出的金融特色集聚了近九成的涉自贸区金融商事案件，而商业保理、融资租赁等反映自贸区重点金融创新领域发展情况的案件占陆家嘴片区金融案件的三成左右；三是张江片区高科技企业云集，涉及著作权、商标权、不正当竞争等知识产权案件占全部涉自贸区知识产权案件的七成；四是各片区特色产业带动相关配套服务产业使各片区案件类型呈现多样化、综合化趋势，较突出的有保税片区的货运代理服务，陆家嘴片区的委托理财服务、保险代理服务，各片区均存在的汽车、房屋租赁服务等。

（二）三大贸易类型占比结构变化，反映上海自贸区贸易发展新趋势

自贸区法庭受理的投资贸易商事纠纷中，货物贸易、服务贸易、加工贸易三大贸易类型的比例结构在四年间发生较大变化。其中，货物贸易纠纷占比始终保持第一，但出现下滑态势；服务贸易纠纷占比出现滑坡后反弹并平稳上升的趋势；加工贸易纠纷占比较低，略有上升，总体比例保持在5%—9%之间。在结构调整的同时，相关领域内贸易业态趋向多样化、精细化。货物贸易纠纷中，买卖合同的标的物从常规的整机设备、配装部件等逐渐细化至螺母、垫片等精细零件或附带单独的安装、检修服务，并出现钻石裸石、稀有气体等新类型标的物，形式由传统买卖向更多的电子商务平台交易发展。服务贸易纠纷中，以往较为突出的设备保养维护、维修服务合同纠纷数量减少，而因金融信息服务、企业品牌策划及管理咨询服务、房屋质量检测服务、安保服务、进出口服务以及诉讼、仲裁、调解代理服务等服务类型引发的纠纷增多。投资贸易商事案件类型的变化，表明随着上海自贸区的深入建设，其对区内产业发展的影响亦逐步深化，从主要刺激产业数量增长的"量"的影响，向加速产业结构转型和调整的"质"的影响转变。

（三）金融机构及非金融机构融资纠纷同步增长，反映上海自贸区资本市场活跃度高、需求旺盛

自贸区法庭受理金融案件期间，金融纠纷数量始终处于上升状态，特别是自贸区扩区后，因融资引发的纠纷数量增幅显著加大。一方面，银行金融机构的商事纠纷增加，特别是外资银行个人借款纠纷增长迅速；另一方面，融资租赁、商业保理和民间借贷纠纷等三类非金融机构融资商事纠纷数量也大幅增长。2015 年 5 月及 2016 年，共受理融资租赁合同纠纷 529 件，与浦东法院全院同类案件比较环比上升 152%，受理商业保理纠纷 374 件，同比上升超过 10 倍。这两类纠纷的上升，与上海自贸区金融服务业扩大开放、融资租赁及商业保理制度创新背景下，融资租赁及商业保理业务进入快速扩张期、企业数量和市场活跃度双提升有关。受理企业向个人借款引起的民间借贷纠纷 205 件，涉诉的企业多为保税片区新设注册资本认缴制企业，这与商事登记制度率先在上海自贸区保税片区实施、金融服务业企业大量入区、企业资本需求旺盛有关。

（四）涉外案件类型变化，反映上海自贸区涉外交易活动新特点

自贸区涉外及涉港澳台案件数量四年内呈上升趋势，且案件类型结构变化显著。一是由投资贸易案件为主向金融商事案件为主转变，特别是金融借款纠纷和融资租赁纠纷数量显著增加，其中金融借款纠纷以外资银行为原告追讨欠款案件为主，体现自贸区内外资银行的信贷业务扩展情况，融资租赁案件多以涉外主体为被告，反映相关涉外市场主体因生产经营、设备升级等原因对跨境融资的需求及与非涉外企业在资金融通上的合作往来显著增加。二是涉外投资贸易案件类型日趋多样化，特别是演出合同、居间合同、建筑设计合同、安保服务合同、法律服务合同等涉外服务贸易引起的纠纷增多，类型亦趋于多样化，反映上海自贸区的深化发展，对涉外贸易特别是服务贸易，在提升市场活跃度和丰富服务类型上都具有积极的推动作用。

（五）内外资涉诉比例反转内资主动起诉增多反映内资企业恪守合同和保护自身权益的意识提升

上海自贸区设立三年间，浦东法院受理的涉自贸区民商事案件中，涉诉的

全外资企业数量逐年增加,但在涉诉的各类企业中所占比例由第一年的近60%下降到20%左右。相对地,涉诉的全内资企业数量快速增长且所占比例由第一年的不到40%上升到70%左右,在全部存在外资因素的涉诉企业中,全外资企业的涉诉比例最高,港澳台独资企业次之,中外合资、中外合作及内地与港澳台合资企业的涉诉比例最低,合计不满5%。就各类企业的诉讼主体地位而言,外资企业作为原告的比例始终比作为被告的比例高一倍,而三年来内资企业作为原告的比例虽然均低于作为被告的比例,但提升速度显著,由第一年度的25.90%上升至第二年度的56.80%及第三年度的65%。涉诉的内、外资企业在数量均明显增加的情况下占比发生反转,内资企业主动起诉的比例迅速提升,反映出自贸区相关市场主体特别是内资企业恪守合同、维护自身权益的意识不断提升。

六、自贸区法庭各类案件审理情况分析

(一)投资贸易类商事纠纷

1.概况

2013年11月至2017年10月,自贸区法庭受理的4149件投资贸易类商事纠纷,涉及仓储运输、纺织服装、设备制造、化工食品、汽车制造、医疗器械等多个产业领域,纠纷类型主要包括货物贸易纠纷、服务贸易纠纷、加工贸易纠纷、借贷纠纷以及与公司股权有关的纠纷(见表3.6)。审结3754件,其中判决1597件、调解744件、撤诉1282件、裁定驳回起诉66件、移送管辖65件。

表3.6 投资贸易类商事纠纷具体类型

类型	2016.11—2017.10 数量(件)	2015.11—2016.10 数量(件)	2014.11—2015.10 数量(件)	2013.11—2014.10 数量(件)
货物贸易纠纷	647	801	497	169
服务贸易纠纷	302	319	164	102
加工贸易纠纷	78	75	60	20
与公司股权有关的纠纷	85	62	50	11
借贷纠纷	48	107	159	8

2. 投资贸易案件中需引起注意的问题

(1) 旧有市场规则下大宗商品进境及仓储管理制度漏洞有待填补

旧有的保税区市场交易中形成了一些不规范的做法，交易环节存在较大漏洞。自贸区法庭共受理了 11 件仓储合同纠纷，其中 8 件涉嫌利用上海自贸区进口货物进境备案清单漏洞、保税仓库经营不规范等进行交易欺诈而引发，总标的额达 7720 万元。这些纠纷发生的原因主要有三类：一是因保税仓储公司出具多份保税货物货权证明引发货物权属纠纷；二是以虚假保税货物货权证明骗取信用证款项引发信用证纠纷；三是因仓单或货权证明涉嫌造假导致存货人无法提货引发仓储纠纷。纠纷所涉货物均为从境外进口至自贸区内的大宗化工原料，案件暴露出从海关到仓储再到物流过程中因货物非实物转手多家而形成了一些漏洞，如进口货物进境备案清单由报关人随意填写，仅标注运送的仓库，缺乏货物权利人的明确指向；仓储方出具的货权凭证不具备仓单背书功能，货权转移后以更换货权凭证方式体现，无法显示货权转移的连续性；仓储方在收到货权转移通知时疏于向货主核实真伪。就此，自贸区法庭以专报形式对相关问题进行了梳理，并建议相关部门规范货物流转过程及完善备案单据以消除漏洞，该专报受到相关领导及监管部门重视，后续上海自贸区的大宗商品现货市场交易管理规则的制定亦吸纳了该建议。

(2) 市场主体的诚信意识有待加强

部分上海自贸区市场主体诚信意识尚不符合法治化营商环境的要求。在买卖合同纠纷和服务合同纠纷案件中，买受人或服务相对人故意延误乃至拒绝付款引发纠纷的比例分别为 60% 和 80% 左右，不恪守合同义务是自贸区贸易领域纠纷的主要诱因。服务合同中违约成本过低，审理中发现有规模较小的区内企业、商户在拖欠债务后，通过关闭注销后另起炉灶的方式逃避债务。此外，上海自贸区注册企业不在注册地经营的情况非常普遍，而其实际经营地基本上不向工商部门备案及申报公示，导致纠纷发生后交易相对方联系该企业困难，涉诉后法院诉讼文书送达困难，公告送达比例超过 12%。此类债务人恶意避债明显，从而债权人最终权益兑现困难。

（3）市场主体的证据意识有待提高

市场主体保护自身权益的证据意识尚难达到安全高效的交易水准。区内日常贸易（包括国内贸易和跨境贸易）往往以电子邮件、传真、电话、短信等快捷方式发送订单、确定价款，特别是交易双方形成交易模式后，为交易便利，上述方式的使用更为频繁。比如，自贸区法庭受理的案件中涉案交易使用电子信息方式的比例高达62%。但由于合同规范性和证据意识的不足，当事人对相关电子材料的发送主体、发送地址、送达方式等常无明确约定，使电子材料成为诉讼中证据的薄弱环节，纠纷发生后往往因交易相对方否认电子证据的真实性和有效性而陷入举证困难。审判中甚至出现了被告在一个案件中否认相关电子证据的真实性，却在另一个案件中以相同材料作为己方证据进行起诉的情况。又如，货物贸易纠纷案件中，就货物质量存在争议的比例约为20%，而成功进行司法鉴定的案件仅3件。主要原因是：在作为自贸区贸易重要一环的仓储、物流运输环节中，当事方缺乏证据保全意识，如一案件因运输中对已经发生货损的货物未作货损状态固定即进行二次移动，使货损发生的原因、状态、时间等均无法判定，最后经法官多次组织现场查看、释明和调解后，以调解方式结案。再如，在服务贸易纠纷中，就服务质量存在争议的比例约为15%。由于服务无形，需要相关书面的文件、单据等材料予以固定，而服务方往往无法提供能够被采信的有效证据，比如现场单没有对方签署确认，也没有现场照片、视频等予以佐证，致使其主张无法得到支持。

（4）国际贸易中交易双方缔约及履约方式有待优化

国际贸易中所涉及的条款众多，既有约定双方权利义务的商务条款，明确货物质量标准的技术条款，又有确定双方在纠纷中的管辖及法律适用等的法律条款。由于国际贸易大多具有交易体量大、周期长的特点，缔约及履约过程中的阶段性、局部性问题容易不断积压，而矛盾纠纷发生后双方难以再行达成一致，导致诉讼中双方争议扩大，增加纠纷解决的难度。在一起合同双方均为国际知名企业的涉外定作合同纠纷案件中，双方因产品质量问题发生纠纷，但双方缔约时，合同文本存在瑕疵，合同主要套用国外母公司的固定格式文本，未考虑我国的法律规定，导致仲裁条款无效，双方的框架协议中亦未对法律条款进行事先的约定，由此双方至诉讼时仍未对纠纷管辖和法律适用等问题达成一致。在履约过程中，当事人又怠于严格依据约定的时间和方式对货物进行深入检测，导致质量问题发现不及时，损失不断扩大并最终难以挽回。这一案件中反映的问题在国际贸易中具有典型性，自贸区法庭向当事人发出司法建议，建议其认真梳理合同文本、重视法律条款谈判、完善质量监控体系，获得当事人积极回应。

（5）平台电商对平台内经营者的管理规则有待规范和细化

随着上海自贸区电子商务服务的不断发展和知名电子商务平台的入驻及其经营方式转型，平台电商因非自营商品涉嫌知识产权侵权而被诉的情况不断增多，涉及电子商务平台的纠纷有集中出现的趋势。为加强对平台内经营者经营活动的约束，平台电商对平台内经营者的管理出现了新的措施。自贸区法庭受理了首例平台电商与平台内经营者协议约定违反正品承诺的违约责任，并向法院提起违约诉讼的案件。在该起网络服务合同纠纷案件中，因平台内经营者销售假冒商品，平台电商根据平台内经营者与其签订的《商家杜绝售假承诺说明函》中关于"如违反承诺销售假冒伪劣商品，平台电商有权要求平台内经营者支付违约金100万元"的约定，认为平台内经营者违约，给平台电商的商誉造成重大影响，主张平台内经营者支付该笔违约金。以约定违反正品承诺违约责任来督促和管理平台内经营者诚信经营，是平台电商加强其管理力度的新方式，但如何规范和细化这一方式，合理约定相关违约条款，仍有待进一步完善。

（二）金融商事纠纷

1. 概况

2013年11月至2016年10月[①]，自贸区法庭受理的2010件金融商事纠纷，以融资租赁合同纠纷、金融借款合同纠纷、保理合同纠纷为主（见表3.7）。共审结1933件，其中判决1177件、调解319件、撤诉413件、裁定驳回起诉14件、移送管辖10件。

---

① 其后，自贸区法庭逐步停止受理金融商事纠纷。

表 3.7　金融商事纠纷具体类型

类型	2015.11—2016.10 数量（件）	2014.11—2015.10 数量（件）	2013.11—2014.10 数量（件）
保险纠纷	18	35	8
融资租赁合同纠纷	322	364	3
保理合同纠纷	177	148	2
金融借款合同纠纷	263	261	3
票据纠纷	34	11	1

2. 金融商事案件中需引起注意的问题

（1）融资租赁制度供给与交易主体风险意识的革新速度有待提升

在《改革方案》《央行关于金融支持自贸区建设的意见》《自贸区境内外租赁服务外汇管理操作规程》以及自贸区扩区等一系列政策与措施的刺激下，自贸区内融资租赁公司的数量及其业务量急剧增加，但是其发展速度远远快于制度与交易主体风险意识的革新速度，融资租赁呈现租赁物由生产经营领域向生活消费领域延伸、所涉行业由工业领域向服务领域延伸、交易目的由以设备更新升级为目的向单纯以融资通道为目的转变等新趋势，业务模式也在传统模式基础上演化出中间商签约、生产商回购、以融资租赁为资金通道进行合作经营等各种模式。业务创新导致融资租赁案件数量增长迅速，相关市场主体在业务扩张阶段追求业绩增长，忽视业务操作的规范性和风险防范的必要性，增加了债权实现的现实风险，需要司法在合同效力认定、法律关系界定、权利冲突处理、主体利益平衡等方面进一步明确裁判规则，引导金融创新的积极和健康发展。而制度供给方面，目前调整融资租赁的法律规范较为分散，并政出多门。诸多属于组织法、管理法范畴的规范基本上是部委规章或通知，缺乏足够的法律效力。《合同法》虽有专章规定，但其是债权法，不涉及租赁物的种类、登记、取回等物权问题；最高法院司法解释虽为不断攀升的融资租赁案件中的一些法律适用问题作了统一，仍无上位法的支撑，且对一些理论界、实务界争议颇大的问题以及新型业务模式下的法律新问题尚无明确定论，由此,相关案件审判缺乏直接依据。

（2）外资银行业务范围扩大导致涉案数量增加

在上海自贸区内注册的外资银行大多是财力雄厚的银行。这些银行向来以严格的业务标准著称,对于交易对象有着严格的资质审核评价标准,出现金融借款类纠纷的比例不是很高。但2015年年初开始,自贸区法庭受理该类银行的案件数量明显上升,之所以会出现这样的情况,一方面是因为自贸区法庭受案范围扩大,而另一个主要的原因是外资银行的业务分布有所改变。外资银行在我国发展的初期,相对于内资银行的优势是全球资产配置能力,因此其目标客户都是国内的高端客户,业务主要分布在理财领域。但是随着近几年内资银行的创新发展,外资银行这方面的优势减弱,与此同时,国内经济的良性发展促使外资银行对中小企业及个人的信用评定等级有了提升,外资银行推出了符合中小企业及一般群体需求的金融服务,扩展了外资银行业务数量的基数和类型,相应纠纷也有所增加。

（3）保理公司业务操作不规范导致纠纷处理难度加大

传统的保理案件是指将其现在或将来的基于其与买方订立的货物销售或服务合同所产生的应收账款转让给保理商,由保理商向其提供资金融通、买方资信评估、销售账户管理、信用风险担保、账款催收等一系列服务的综合金融服务方式。但自贸区法庭受理的保理案件却有别于传统保理案件,其特别之处是应收账款并未实际发生或者将来可能发生。例如,大部分保理案件是保理公司通过评估前几个月的应收账款数量来预估后来几个月的应收账款,从而确定融资额度。从目前审理的这类保理案件来看,保理公司的业务操作存在较多不规范之处。从交易对象的选定上看,保理公司大部分是通过电话营销的方式进行,对于保理申请人的资信状况无法作到有效的审查。作为保理公司放款的主要依据,前几个月的应收账款则极易造假,从而导致了这类新的保理业务的坏账发生率很高。从法律风险的预防来看,保理公司与保理申请人签订的合同极不规范,部分合同条款无效或者有歧义。而在保理申请人发生违约时,部分牵涉案件事实认定的证据无法有效保存,给案件的审理造成困难。

（三）知识产权纠纷

1. 概况

自贸区法庭共受理审理知识产权纠纷 75 件,类型主要涉及侵害商标权纠纷,著作权侵权纠纷,侵害经营秘密、商业秘密纠纷。其中判决 36 件、调解 9 件、撤诉 29 件、裁定驳回起诉 1 件。

2. 知识产权案件中需引起注意的问题

（1）因"涉外定牌加工"引发的商标侵权案件呈现的新问题

一是"涉外定牌加工"是否构成侵权认定不一,影响出口企业权益保护。在因出口商品涉嫌侵犯商标权被海关扣留而引发的侵害商标权纠纷案件中,多数被告均以其系"涉外定牌加工"即根据境外企业的授权贴牌生产并且产品全部销往境外为由,抗辩不构成商标侵权,根据最高法院相关司法精神,法院一般也认为"涉外定牌加工"的产品不会造成国内公众混淆,故不构成商标侵权。但对此,理论界、实务界有不同看法,海关对以"涉外定牌加工"为申辩理由的涉嫌商标侵权案件均不作出是否侵犯商标权的认定,当事人通常选择通过司法程序判定"涉外定牌加工"是否侵权,而诉讼中由于很多案件相关证据材料系在境外形成需要办理公证认证手续,耗时过长,且法院最终可能确认不侵权,由此货物不能及时流通,甚至给国内加工企业造成仓储费及货物不能及时出口的违约损失,与自贸区促进贸易自由化、便利化存有矛盾,也不利于对当事人权益的保护。

二是国内加工企业提起确认不侵权诉讼出现新情况,相关程序问题的处理存在分歧。如,某国内加工企业办理出口的货物因被海关以涉嫌侵害在海关备案保护的商标权而被扣留,其与商标权利人达成侵权赔偿协议后货物得以出口,之后,该国内加工企业提起确认不侵害商标权诉讼,并以重大误解为由要求撤销原赔偿协议,确认不侵权之诉与协议撤销之诉能否在一案中处理存在分歧。又如,一商标侵权诉讼中,被告以其为"涉外定牌加工"为由反诉,要求法院确认其出口至境外的货物不侵犯在海关备案保护的商标权,对于侵权诉讼中能否反诉确认不侵权,亦存有分歧意见。

三是商标权利人从仅主张国内加工企业的行为侵权转为主张境外定作人

与国内加工方构成共同侵权。由于国内加工企业多以"涉外定牌加工"为由抗辩，商标权利人开始在诉讼中要求追加境外定作人作为案件的共同被告，要求法院确认境外定作人和国内加工方共同侵害其商标权。19件涉及"涉外定牌加工"的案件中现有2件案件的原告申请追加境外定作人为被告，增加了案件的审理时间和难度。

（2）首次出现因平行进口引起的知识产权纠纷

由于商标权的地域性，目前实务界和理论界比较有争议：该原则是在一国范围内适用，还是在世界范围内适用，若在一国范围内适用权利用尽，"平行进口"商品就构成侵权；若在世界范围内适用权利用尽，"平行进口"商品则不构成侵权。而各国出于各自的经济政策，对于"平行进口"的态度有所不同。2015年1月，上海市商务委员会正式发布《关于在中国（上海）自由贸易试验区开展平行进口汽车试点的通知》，这意味着长期处于灰色地带的平行进口汽车将在上海自贸区率先实现合法化。这也是我国政府在这一问题上的突破，而由此引发的纠纷也将日渐增多。如原告是商标"森田藥粧"在大陆地区网络销售的独占许可销售权人，其发现广东壹号大药房连锁有限公司在"1号店"网站上销售该商标的面膜，遂诉请法院判令壹号大药房和"1号店"停止侵权和连带赔偿损失。壹号大药房辩称涉案面膜系从拥有授权的青岛金欣尚健康用品有限公司处采购而来。自贸区法庭认为，经由正规渠道售出的面膜，再次销售时无需商标权人的再次许可，由于原告无证据证明壹号大药房在"1号店"中有售假行为，故驳回原告的诉讼请求。本案是自贸区法庭首例适用"商标权利一次用尽"原则处理的知识产权案件。

（3）电商非自营商品涉侵犯商标权和著作权纠纷的情况突出

自贸区法庭受理了多起涉及电子商务平台内经营者侵犯他人商标权、著作权的案件。随着自贸区服务业领域的扩大开放及电子商务服务平台的发展，大量互联网企业纷纷入区，在其扩大和转型的过程中，其非自营商品的知识产权纠纷凸显，且预计此类纠纷将持续增长。该类案件涉及电子商务平台是否能够适用网络服务商的"避风港规则"及注意义务标准的确定以及赔偿数额的计算等问题，因此自贸区法庭深入研究总结此类案件的处理规则，促进电子商务平台加强知识产权保护和平台商户管理。

（四）新设企业纠纷

1. 概况

上海自贸区成立前，原自贸区保税区片区内外资企业约占70%，上海自贸区正式挂牌后，截至2014年9月15日，上海自贸区共新设企业12266家，其中外资企业1677家①，可见，新设企业中内资远超外资。后上海自贸区区域扩展，新设企业的数量和分布范围进一步增加。内资企业在各项改革举措尚未落地时，急于抢占"先机"，"先注册了再说"的心态明显。涉诉的新设企业中，内资及有内资背景的中外合资企业，特别是内资与港澳台合资的企业，数量合计超过九成。随着自贸区发展的不断深入，此类新设企业在经营过程中的相关纠纷逐渐暴露，特别是因自贸区的集聚效应而盲目入区的新设企业，经营困难导致债务难以履行的情况增多。

2. 新设企业纠纷中需引起注意的问题

（1）部分涉诉企业对认缴资本制度存在误读或刻意认缴大额注册资本

自贸区设立初期，由于对新公司法认缴制的理解有所偏差，个别企业认为在认缴资本制下可以随意认缴注册资本，并且数额越大越好，但忽视了公司股东应在认缴注册资本的范围内对公司债务承担责任，因此在新设公司时认缴与公司规模和发展不相匹配的巨额注册资本，从而可能在公司资不抵债需要追究股东责任时给债权人的权利实现带来风险。随着自贸区建设的深入，对资本认缴制的误读情况有所减少，但刻意认缴大额注册资本的情况仍然存在。

（2）涉新设金融信息服务公司的各类融资行为规范性有待提升

2015年至2016年间，自贸区法庭连续受理了两百多起涉及上海自贸区新设金融信息服务公司或者投资咨询民间融资引发的民间借贷、委托理财类案件。"融资"模式多样，企业以未实缴的高注册资本额（均为亿元以上）将自己包装成高信用企业，并许以高回报率或良好前景，以购买"理财产品"或进行"项目投资"等方式吸引社会大众出资。出借人或购买人人数众多，以60

---

① 参见沈则瑾、吴凯：《上海自贸区亮出一年成绩单》，《经济日报》2014年9月28日。

岁左右人群为主体，并出现抱团起诉倾向。涉诉企业均下落不明、无实缴资本也无有效财产线索，财产查控困难。同时，部分企业的做法甚至有涉嫌非法吸收公众存款的犯罪嫌疑，刑民交叉增加投资者权益保护的难度。此类案件的多发频发，凸显了资本认缴制新政"适应期"，企业信用促进和市场诚信体系，以及债权人权益保护的相关法律规则均有待进一步完善。自贸区法庭在审理此类案件中，始终保持审慎处理原则，认真研究相关案件所涉法律问题，发挥好司法裁判对市场行为的评价指引功能。

（3）认缴制下新设企业缺少实有资产增加履约风险和债权人权益兑现难度

涉新设注册资本认缴制企业为被告的案件中，当事人申请诉讼保全的保全到位比例低，基本难以足额保全。而在未申请财产保全的案件中，大部分原告对自贸区内新设企业的实际经营地、财产线索等无法了解，难以提供可保全财产的线索。新设立的认缴制企业，因企业处于初创期，且根据现行制度，股东在出资协议或章程约定的出资期限届满前无须缴纳出资，因此新设资本认缴制企业往往缺少实有资产，对其履约能力和信用产生一定影响。自贸区法庭受理的新设企业案件中，已发现不少自贸区新设企业，在实缴资本为零亦无其他实体资产的情况下，对外大量融资无法归还，或无法清偿租金、服务费用等。可以预见，在注册资本尚未到位的情况下，自贸区新设企业的财产查控难度较大将成普遍现象。自贸区法庭正在根据现有案件情况，研究相关法律问题，努力为企业不能清偿到期债务时债权人权益的保护探索有效的司法路径。

七、浦东新区法院涉上海自贸区典型案件

（一）万丰融资租赁有限公司与宜昌金太源工贸集团有限公司融资租赁合同纠纷案

售后回租出租人按合同约定既请求解除合同又要求承租人支付全部未付租金以回购租赁物，与《合同法》第二百四十八条关于要求支付全部租金与解除合同、收回租赁物，出租人只能择其一主张的规定并不相悖。

1. 基本案情

万丰公司与金太源公司于 2013 年 4 月 9 日签订《融资租赁合同》。万丰公司以 5000 万元向金太源公司购买中密度板备料工段等设备后再出租给金太源公司使用,租赁期限三年,总租金 56973198.51 元,分 36 期支付。金太源公司支付了保证金 750 万元以及第一至第五期租金后,自 2013 年 9 月 20 日起未再按约支付相应租金。金太源公司于 2013 年 12 月 2 日收到万丰公司的催收函后仍未支付租金。万丰公司认为金太源公司构成违约,诉请法院判决解除合同,金太源公司按合同约定支付租赁物回购款,回购款包括扣除保证金后的全部应付租金、到期未付租金的逾期利息和租赁物名义价款。金太源公司认为万丰公司只能在解除合同、收回租赁物与要求支付全部租金两项请求中择一主张。

2. 裁判结果

法院认为,金太源公司未按合同约定的期限和金额支付租金,经万丰公司催告后仍不支付,符合涉案《融资租赁合同》约定的解除条件,万丰公司由此可以行使合同解除权,并依双方约定要求金太源公司承担违约责任。万丰公司主张解除合同的同时要求金太源公司按约定价款回购租赁物,系依据合同约定主张权利,其所主张的全部应付租金属于解除合同后金太源公司回购租赁物应付价款的构成,性质上不同于继续履行融资租赁合同应付的租金,与我国《合同法》第二百四十八条"承租人经催告后在合理期限内仍不支付租金的,出租人可以要求支付全部租金;也可以解除合同,收回租赁物"的规定并不相悖,故判决解除合同,金太源公司向万丰公司支付租赁物回购款,该款支付后租赁物归金太源公司所有。

3. 典型意义

融资租赁是上海自贸区金融服务领域首批扩大开放的三大行业之一,制度创新激发了该领域的市场活力,至 2015 年 9 月底区内融资租赁企业从自贸区设立前的 181 家增至 1449 家。浦东法院 2015 年 1 月至 10 月受理融资租赁案件 948 件,较 2014 年同期增长了 2.7 倍。除传统融资租赁方式外,售后回租逐渐成为主要模式,并在合同中出现出租人行使解除权时要求承租人支付全部租金回购租赁物而不要求返还租赁物的约定。该约定是否与《合同法》第二百四十八条规定相悖，存有分歧，该案即为典型。判决遵循"法无禁止即可为"的法治思维和"尊重当事人意思自治"的商事裁判理念，明确上述约定于法不悖，对上海自贸区融资租赁市场主体的经营行为作出了评价指引，也促进了其后浦东法院受理类似纠纷的调解解决。

（二）美国西茉莉公司与南京舜鑫进出口贸易有限公司国际货物买卖合同纠纷案

国际货物买卖已出口至境外的货物存在质量问题构成出卖人根本性违约时，买受人可以行使合同解除权并主张退货，在确定跨境退货具有可行性的前提下可适用国际贸易术语确定退货方式。

1. 基本案情

美国西茉莉公司于 2011 年 4 月 16 日、6 月 3 日向南京舜鑫公司采购两款运动鞋，明确鞋子大底不得吐酸、白色材料不得变黄及需符合美国消费品安全法案要求。南京舜鑫公司先后于同年 8 月 29 日、11 月 15 日装箱发货，共8400 双鞋子。出货前，美国西茉莉公司驻厂质检人员对两款鞋子检验确认有一些表面瑕疵但总体合格。鞋子运抵美国后，美国西茉莉公司发现鞋子存在大底溢色、颜色迁移、帮面起皱等质量问题，在美国市场无法销售。2012 年 6月，美国西茉莉公司委托鉴定机构对存放于其仓库系争鞋子进行抽样检验，检验报告载明每双鞋子均有两个或两个以上不同程度的质量问题。美国西茉莉公司起诉请求解除合同、退货，南京舜鑫公司承担美国境内运费、仓储费等损失以及不再支付货款 79317.20 美元。

2. 裁判结果

法院认为，南京舜鑫公司交付美国西茉莉公司的系争鞋子不符合双方约定的质量要求，且该质量瑕疵已经影响系争鞋子在美国的销售，致使合同目的不能实现。虽然美国西茉莉公司驻厂质检人员对系争鞋子出货前作出表面检验并总体认定为合格，但不能因此免除南京舜鑫公司作为货物出卖方的物的瑕疵担保责任，南京舜鑫公司构成根本性违约。在征询双方当事人退货意愿及综合考虑跨境退货可行性的情况下，判决解除双方的买卖合同，美国西茉莉公司以国际贸易术语 FOB(Free On Board)洛杉矶(洛杉矶港船上交货)方式向南京舜鑫公司退回系争鞋子,南京舜鑫公司赔偿运费、仓储费损失;美国西茉莉公司以 FOB 洛杉矶方式交付退货后,无需支付货款。

3.典型意义

国际货物买卖合同纠纷是上海自贸区的主要商事纠纷类型之一。国际货物买卖的货物出运境外后如果因质量问题构成卖方根本性违约时,审判实践对境外买方行使合同解除权及退货的主张,由于货物再进口操作程序复杂,即便当事人双方对因质量问题同意退货,通常也不采用退货的纠纷处理方式。该案在遵循当事人意思自治的原则下,适用国际贸易术语确定的退货方式,并在判决中将双方当事人退货涉及的风险、费用承担及进出口海关手续办理等权利义务予以明确,具有突破性,为类似国际货物买卖合同退货纠纷的解决提供了新思路。

(三)深圳市幸福久久珠宝有限公司与纽海电子商务(上海)有限公司网络服务合同纠纷案

网络交易平台服务提供商依据协议有权处理入驻商户与顾客的纠纷,入驻商户对处理结果不服的,可适用《合同法》规则裁判。

1.基本案情

幸福久久公司与纽海公司签订《1 号店网络交易平台服务合作协议》,在纽海公司经营的网络"1 号店"(www.yhd.com)开设网店。合作协议约定:为保障消费者权益,幸福久久公司需缴付消费者权益保证金,如遇顾客投诉的,经纽海公司根据国家法律法规和"1 号店"网站规则判断后,将直接扣除保证金的部分或全部,用于先行赔付;若幸福久久公司违反协议约定,纽海公司有权进行包括但不限于关闭店铺、冻结账号、冻结资金、终止合作、要求支付赔偿金等。《1 号店网站规则》还载明,"1 号店"网站有权对用户行为及应适用的规则进行单方认定,并据此处理。2014 年 3 月,幸福久久公司在网店上发布的商品信息将价值4000 元的钻石价格标为 1000 元。15 分钟内有 67 个订单以 1000 元价格拍下该商品并付款。幸福久久公司发现价格发布有误,便将价格改为定金,且未向顾客发货。众多顾客向"1 号店"投诉幸福久久公司不发货。幸福久久公司称订单是恶意订单，其将报案。纽海公司告知幸福久久公司提供报警回执，否则依纽海公司的方式处理，按每笔200元补偿顾客，让顾客主动取消订单。幸福久久公司报案，公安告知其为民事合同纠纷，无权处理。纽海公司向每个订单的顾客赔偿了200元，并在幸福久久公司提交的保证金中予以扣除。幸福久久公司不同意纽海公司的处理方式。纽海公司向幸福久久公司下达了冻结店铺999天的通知。幸福久久公司起诉至法院要求纽海公司赔偿经济损失1003592.23元。

2. 裁判结果

法院认为，幸福久久公司、纽海公司双方达成了幸福久久公司在纽海公司的"1号店"网站上开设店铺销售商品的网络服务协议，属于平等市场主体之间的民事合同，应适用我国《合同法》有关规定。幸福久久公司因误标价格并不予发货，被顾客投诉至网络交易平台服务提供商纽海公司。纽海公司从幸福久久公司提交的保证金中扣除每位顾客200元的赔偿，以及冻结店铺等措施，符合双方所签订的《1号店网络交易平台服务合作协议》中关于双方权利义务的约定，并不存在违法行为，判决驳回了幸福久久公司的赔偿请求。

3. 典型意义

该案涉及上海自贸区内的平台电商"1号店"的经营，旨在明确网络交易平台服务提供商为有效管理平台入驻商户制定一系列平台运营管理的规则制度，属于网络服务合同的组成部分，对入驻商户具有约束力。通过肯定这种网络交易平台内部纠纷解决机制，提高了网络交易纠纷的处理效率。

（四）四川中邦仁和科技有限公司与蔡某某、上海驰铁电子科技发展有限公司损害公司利益责任纠纷案

股东与公司在同一业务中竞争、损害了公司的利益，我国《公司法》未对此作出规制，在一定情形下，可按《中华人民共和国侵权责任法》（以下简称《侵权责任法》）上的"第三人侵害债权"规制股东同业竞争问题。

1. 基本案情

2013年12月5日，蔡某某协助中邦公司与西南铁旅签订关于在成都铁路局所辖范围内双方进行火车票自助销售的《合作协议》，并约定西南铁旅在

双方合作期和合作区域内原则上不与第三方进行等同或类似的合作。蔡某某由此获赠中邦公司 15% 的股权,同时承诺不与其他方经营与中邦公司相同领域的业务。2013 年 11 月 26 日,驰铁公司在上海自贸区注册成立,随后在重庆和成都安装了 12 台铁路旅客自助售票机,售票机销售商的产品安装验收单上驰铁公司的联系人为蔡某某。企业信用信息公示系统显示的驰铁公司投资人变更信息,2014 年 5 月 5 日增加蔡某某为投资人,2014 年 8 月 15 日蔡某某从投资人中删除。中邦公司认为蔡某某明知中邦公司与西南铁旅业务合作拥有排他权利,为驰铁公司经营与中邦公司相同业务,安排非属于中邦公司的设备介入中邦公司的业务,违反了《公司法》第二十条、第一百四十九条及第一百五十条的规定,侵害了中邦公司利益,诉请法院判令蔡某某、驰铁公司立即停止在成都、重庆区域经营火车票自助售票取票业务,搬离设备并赔偿损失。

2. 裁判结果

法院认为,《公司法》第二十条第二款关于股东滥用股东权力、第一百四十八条关于董事和高级管理人员违反忠实义务以及第一百四十九条关于董事、监事、高级管理人员违法和违反章程的赔偿责任,均不是规制股东与公司的同业竞争行为。蔡某某并无与中邦公司不竞争的法定义务,其与公司不竞争义务来自其获赠股权时的承认,属于合同义务,该承诺不能约束驰铁公司。而蔡某某帮助驰铁公司进入西南铁旅的自助售票业务,使得驰铁公司与中邦公司形成竞争关系,行为后果上的确侵害了中邦公司与西南铁旅基于合作协议而取得的独家合作经营权,且蔡某某、驰铁公司对此均为明知,主观上亦有恶意,可以适用《侵权责任法》上的第三人侵害债权对此行为作出规制。鉴于独家合作经营权的债权性质以及损失未实际发生,故判决蔡某某、驰铁公司停止在重庆、成都区域内经营火车票自助售票取票业务、搬离设备,但驳回中邦公司要求赔偿损失的诉请。

3. 典型意义

上海自贸区率先改革商事登记制度,降低企业准入门槛,激发了投资热情,同一市场主体为多家企业股东的情形较多存在,其中不乏出现股东帮助一公司与另一公司形成同业竞争损害公司利益的情形,并由此产生纠纷。我国

《公司法》对股东同业竞争问题未作出规制，且由于《公司法》调整范围的局限性，不能对公司外的同业竞争主体进行约束，由此对该类不当行为未有明确的法律制约。该案本着保障公平竞争市场秩序的司法理念，从《侵权责任法》保护的对象和公司受损利益的债权性质，依第三人侵害债权责任，对司法规制股东同业竞争作出积极的探索。

（五）合肥伍伍壹网络科技服务有限公司与上海拍拍贷金融信息服务有限公司侵害商标权纠纷案

商标注册人申请商标注册前，他人已经在同一种商品或者类似商品上先于商标注册人使用与注册商标相同或者近似并有一定影响的商标的，注册商标专用权人无权禁止该使用人在原使用范围内继续使用该商标。判断在先使用的未注册商标是否有一定影响，应考虑商标使用的持续时间及地域范围、商标的宣传情况、相关公众的知晓情况等因素。

1. 基本案情

拍拍贷网（域名：ppdai.com）于 2007 年 4 月 6 日注册，系国内首家 P2P（个人对个人）网络借贷平台，原由拍拍贷公司的关联公司运营，2011 年 1 月 18 日拍拍贷公司成立后，由拍拍贷公司运营。拍拍贷网自上线以来就引起媒体的广泛关注，媒体报道中通常将"拍拍贷"或"拍拍贷网"指称网站 www.ppdai.com。其中，2008 年 7 月 18 日《浙中新报》刊载的《向网络借钱 解燃眉之急》一文的配图表明，当时拍拍贷网所使用的标识即为"**拍拍贷** ppdai.com"。2009 年 2 月 5 日，伍伍壹公司的关联公司注册了"**拍拍贷** PPDAI"商标，2012 年 8 月 14 日伍伍壹公司成立，后伍伍壹公司的关联公司经商标局核准将商标权转让给了伍伍壹公司。伍伍壹公司认为拍拍贷公司未经许可，在金融服务上使用了与伍伍壹公司"**拍拍贷** PPDAI"注册商标相同或近似的标识，构成商标侵权，起诉法院判令拍拍贷公司停止在其网站及公司名称中使用"拍拍贷、PPDAI"字样。

2. 裁判结果

法院认为，"拍拍贷"既是拍拍贷公司运营的网站名称，也是拍拍贷公司的企业字号，在伍伍壹公司"**拍拍贷** PPDAI"商标申请注册之前，诸多报纸、杂志对拍拍贷公司的关联企业经营的拍拍贷网站的业务模式进行了大量的报道,拍拍贷网使用的标识即为"**拍拍贷** ppdai.com"。"拍拍贷""ppdai"系臆造词,中文和字母的字面意义与拍拍贷网的业务模式相契合,标识具有较强的显著性。此后,随着拍拍贷网经营规模的扩张,上述标识的知名度得以持续提升。拍拍贷公司成立后,拍拍贷网改由拍拍贷公司运营,拍拍贷公司和其关联公司又签署了吸收合并的协议。拍拍贷公司的关联公司因在先使用"拍拍贷""**拍拍贷** ppdai.com"等标识所享有的权益,可由拍拍贷公司承继,伍伍壹公司无权禁止拍拍贷公司在原使用范围内继续使用上述标识。

3. 典型意义

涉案拍拍贷网是注册在上海自贸区内首家开展个人对个人的信用借贷业务的网络平台,具有广泛的社会关注度。该案通过依法保护上海拍拍贷公司在先使用并有一定影响的未注册商标,制止了商标抢注的不诚信行为,同时也指引创新型企业注重知识产权保护意识。

(六)上海乔杉信息科技有限公司与广东壹号大药房连锁有限公司、纽海电子商务(上海)有限公司侵害商标权纠纷案

经商标权人许可或以其他方式合法投放市场的商品应适用"商标权利一次用尽"原则,他人在购买带有该商标的商品后再次售出或以其他方式提供给公众时,无需经过商标权人许可,再销售行为不构成对商标权的侵害。

1. 基本案情

乔杉公司依其与"森田藥粧"注册商标权人签订的森田藥粧面膜大陆地区网络独家经销协议,取得对任何涉及网络侵犯被许可商标的行为以自己名义进行维权的权利。壹号大药房在纽海公司提供的"1号店"网络交易平台上开设了"壹药网官方旗舰店",销售"森田药妆"面膜。乔杉公司通过公证确认,"壹药网官方旗舰店"网页上产品信息显示:"森田药妆玻尿酸复合原液面膜5片装×3盒+森田面膜3片(赠品)同样适合敏感皮肤",商品介绍中有每片面膜包装和外盒包装的正、反面照片,面膜包装正面标注"森田藥粧""台湾驰名商标",面膜包装背面标注产地中国上海,台湾森田药妆有限公司授权制造。乔杉公司认为壹号大药房未得到商标权人或乔杉公司的合法授权，应推定其销售假冒注册商标的商品，起诉要求壹号大药房、纽海公司停止侵害商标权并赔偿10万元。壹号大药房诉讼中提交了"森田藥粧"商标权人给大陆地区线下代理商的《授权书》《商品采购合同》及发票，以证明其销售森田药妆面膜系真品并来自合法采购渠道。

2. 裁判结果

法院认为，根据"商标权利一次用尽"原则，对于经商标权人许可或以其他方式合法投放市场的商品，他人在购买该带有商标的商品后再次售出或以其他方式提供给公众时，无需经过商标权人许可。在壹号大药房已举证证明其销售的涉案面膜系从大陆地区其他线下合法代理商处采购，而乔杉公司没有举证证明壹号大药房所售涉案面膜为假冒商品的情况下，不能推定壹号大药房销售假冒商品构成商标侵权，判决驳回乔杉公司的诉讼请求。

3. 典型意义

商标权利人采取线上、线下授予不同代理商商标使用权，并实施不同的销售价格策略，通常会引起从不同渠道采购商品的销售商与授权代理商之间的利益冲突。在《中华人民共和国商标法》（以下简称《商标法》）对"商标权利一次用尽"未作规定情况下，该案明确合法进入流通领域的商品，商标权人与所有权人对商标权的使用冲突，应适用"商标权利一次用尽"原则，对保障商品在一国市场内的自由流通及公平竞争具有积极意义。

（七）上海正东人力资源有限公司与上海群志光电有限公司劳务派遣合同纠纷案

劳务派遣单位与用工单位未对被派遣劳动者缴存住房公积金的费用承担作出约定时，依"公平原则"，综合考虑劳务派遣服务报酬的合理性和劳动者付出劳动的受益者，确定该费用由用工单位承担。

1. 基本案情

正东公司为劳务派遣单位，群志公司为用工单位，双方于2008年前已建立劳务派遣合同关系，正东公司根据群志公司需求派遣劳务人员，群志公司按每人每月25元的标准支付派遣服务费和每人每月15元的标准支付风险金，但是对被派遣劳动者缴存住房公积金的费用由谁负担没有作出约定,双方的劳务派遣关系于 2012 年年底结束。其间,双方均未缴存被派遣劳动者的住房公积金。2013 年起,多位被派遣劳动者先后向上海市公积金管理中心投诉,该中心向正东公司发送《督促缴存住房公积金通知书》,要求正东公司为多位被派遣劳动者办理住房公积金手续,补缴年限均在被派遣劳动者由正东公司派遣至群志公司处工作期间。正东公司为被派遣劳动者补缴了每人 100 多元至 200 多元不等的公积金后认为,该笔金额应由群志公司承担,诉请法院判决群志公司偿付该款项。

2. 裁判结果

法院认为,根据《劳动法》《住房公积金管理条例》的相关规定,劳务派遣单位是为被派遣劳动者办理住房公积金缴存的责任主体,但不能推定单位应为被派遣劳动者缴存住房公积金的费用即由其最终承担。劳务派遣单位与用工单位未对被派遣劳动者的住房公积金缴存费用的负担作出约定,亦不能达成补充协议,也未形成交易习惯,故本案应基于《合同法》的"公平原则"确定系争费用的承担主体。其一,正东公司为群志公司提供劳务派遣所获得的报酬远低于为被派遣劳动者补缴的住房公积金金额;其二,劳动者劳动所创造的价值由群志公司直接获益,根据"谁受益,谁负担"原则,单位为职工缴存住房公积金是企业用工必然存在的成本,由用工单位承担,较为公平合理,故判决系争费用由群志公司承担。

3. 典型意义

该案判决明确了在劳务派遣单位与用工单位未对被派遣劳动者的住房公积金缴存费用的负担作出约定时,适用《合同法》"公平原则"确定义务承担主体,在维护上海自贸区内被派遣劳动者合法权益和规范劳务派遣单位与用工单位权利义务上具有积极的作用。

(八)骆某某诉上海市质量技术监督局自由贸易试验区分局不履行法定职责及不服上海市人民政府行政复议决定案

网络销售平台入驻商家被举报商品缺斤少两时,网络销售平台提供者所在地质量技术监督部门接报后移送入驻商家所在地县级以上质量技术监督部门查处,应认定已履行法定职责。

1. 基本案情

2014 年 12 月 24 日,骆某某通过 12365 网上热线投诉举报其在"1 号店"网站购买网店"楼兰蜜语"的 200 克/袋包装红枣缺斤短两,要求上海自贸区质检分局进行调查及作出行政处罚。上海自贸区质检分局于 2015 年 1 月 20日将该投诉移送"楼兰蜜语"网店开设者即涉案商品销售者武汉金绿果网络科技有限公司所在地的武汉市质量技术监督局处理,并于同年 2 月 9 日向骆某某告知了相关移送情况。骆某某不服该告知,向上海市政府申请行政复议,复议维持了原具体行政行为。骆某某提起行政诉讼,请求判决确认上海自贸区质检分局未履行法定职责行为违法和上海市政府复议决定违法,并附带提出行政赔偿。

2. 裁判结果

法院认为,骆某某的举报投诉涉及商品销售者违反计量法律法规,涉案定量包装商品非网络销售平台提供者的自营商品,系入驻商家金绿果公司直接从武汉发货配送并开具发票,故涉嫌实施计量违法行为的主体为金绿果公司且该行为发生地在武汉。《中华人民共和国计量法》《定量包装商品计量监督管理办法》规定,县级以上地方质量技术监督部门对本行政区域内定量包装商品的计量工作实施监督管理;《中华人民共和国行政处罚法》《质量技术监督行政处罚程序规定》规定,行政处罚案件应由违法行为发生地的机关管辖。上海自贸区质检分局据此将金绿果公司涉嫌计量违法行为通报武汉市质检部门管辖处理,已履行了法定职责,上海市政府所作复议决定具有合法性,判决驳回骆某某的诉讼请求。

3. 典型意义

随着电子商务的快速发展,涉网络购物消费者投诉不断增多,加强该领域的行政监管成为行政执法的新领域。然而,"互联网+"经营方式下,行政监管地域管辖问题变得复杂化,尤其对于界定行政处罚案件行政机关管辖依据的"违法行为发生地"的认识产生分歧。该案基于方便管辖、行政效率及执法有效性原则,对网络销售平台提供者与销售者不一致且住所地不在同一行政监管机关辖区时如何确定"违法行为发生地"及执法主体作出明确,为网络购物方式下依法科学确定行政机关监管职责及促进消费者有效维权提供了指引。

(九)波驷贸易(上海)有限公司、尼某、陈某逃汇案

转口贸易项下收、付汇受我国外汇管理制度的规制,虚构转口贸易对外付汇的行为,如果符合我国《刑法》规定的逃汇罪构成要件时,应追究刑事责任。

1. 基本案情

波驷上海公司系在上海自贸区注册登记的有限责任公司。2012 年 2 月至 11 月,波驷上海公司的实际控制人尼某在经营该公司期间,向建设银行、中信银行提交该公司与香港国际有限公司等境外公司签订的工程船等售货合同、发票等材料,收取外汇资金,后又向上述银行提交该公司与英国财富资源有限公司等境外公司签订的购货合同、发票、虚假提单等材料,由波驷上海公司总经理陈某根据尼某的指令将上述以转口贸易名义收取的外汇资金付汇至英国财富资源有限公司等境外公司的离岸账户,涉及资金 11 笔共 10815027.43 美元。

2. 裁判结果

法院认为,根据《中华人民共和国外汇管理条例》(以下简称《外汇管理条例》)及《货物贸易外汇管理指引》,企业贸易外汇收支包括转口贸易项下收付汇,波驷上海公司以转口贸易名义从境外收汇及向境外付汇,属于我国外汇收支范围,无论实际操作中先收后支还是先支后收,均受我国外汇管理制度的规制及《刑法》逃汇罪的约束。波驷上海公司以转口贸易名义付汇所依据的提单虚假,付汇缺乏真实存在的转口贸易,其行为符合逃汇罪"违反国家规定,将境内的外汇非法转移到境外,数额较大"的客观要件,且从客观上造成了我国转口贸易额在外汇统计上的虚增,扰乱了我国的外汇管理秩序,判决波驷上海公司逃汇罪,并作出相应处罚。

3. 典型意义

上海自贸区扩大开放,金融创新,促进贸易自由化,但并非意味外汇收付均不受管制。该案是较为典型、复杂的涉上海自贸区逃汇案件,判决明确转口贸易项下收付汇受我国外汇管理制度的规制,对打击部分犯罪分子利用境内外外汇管制差异实施犯罪行为具有重要作用。

第 二 编

上海自贸区推进贸易发展方式转变的司法保障

第四章 上海自贸区贸易发展方式
转变对司法提出的要求

第一节 上海自贸区贸易便利化的发展

自《总体方案》将促进贸易便利化列为总体要求及目标之一以来,贸易领域的改革突出表现为贸易便利化的提升。上海自贸区通过多项改革措施确保这一政策目标落到实处。

一、行政机关推行权力清单模式,重在监管创新,以海关监管模式创新为代表的贸易便利化措施使《总体方案》的目标落到实处

(一)上海自贸区实施了"一线放开、二线安全高效管住、区内自由"的监管模式创新

海关推出"先进区、后报关""批次进出、集中申报"等23项监管服务创新举措。检验检疫推出"通关无纸化""第三方检验结果采信"等23项改革措施。海事推出了船舶安全作业监管、高效率船舶登记流程等15项新制度。同时,海关、检验检疫联动实施"一次申报、一次查验、一次放行"监管试点,并在"一线出境、二线入区"环节实现通关单无纸化。这些措施减少了大量中间环节,由此极大节省了物流成本。

(二)上海自贸区启动了国际贸易"单一窗口"管理,建立贸易、运输、加工等跨部门综合管理服务平台

"推广一站式审批、一个窗口办事",自贸区先行先试的"单一窗口"允许贸易经营企业一次性提交相关信息和单证,通过一个平台、网页或地点(机构）申报，并对企业提交的信息数据进行一次性处理。这不仅有利于优化口岸部门之间的协调配合，降低行政成本，有利于减少进出口货物在口岸的延误，提高口岸通关效率，降低贸易成本，同时有利于提高贸易商的守法意识和政府执法的透明度，维护国际贸易供应链安全与便利。

（三）上海自贸区对保税及口岸货物探索建立了货物状态分类监管

自贸区对保税货物、非保税货物、口岸货物进行分类监管，提高通关速度，控制监管风险。目前，海关已制定监管方案和操作规范，确定试点企业。海关先后推出了两批共 14 项贸易便利措施，除上述措施外，还包括"保税展示交易""融资租赁退税""内销选择性征税"等。由此带来的成果是吸引了一批如明尼苏达矿业这样的大型企业进驻自贸区。波音公司在区内开展了价值 1.89 亿美元的境内外维修服务。自贸区内融资租赁企业已超过 400 家，开展业务涵盖飞机、直升机、船舶及海洋钻井等大型设备，成为融资租赁的聚集地。

二、《中国(上海)自由贸易试验区条例》的立法规定为贸易便利化提供了法制保障

作为上海自贸区基本法，《中国（上海）自由贸易试验区条例》设专章对"贸易便利"作出规定。从第十八条到第二十四条，条例对货物贸易与服务贸易便利化措施作出详尽规定，其中尤以货物贸易为甚。从行文来看，条例将贸易便利化措施的具体政策转化为立法规定，由此进一步明确了监管机构的权力与义务以及被监管者的权利及义务。尽管条文内容仍然具有明显的政策意味，但由于自贸区在促进贸易便利化方面仍有巨大创新空间，立法不宜作出太多具体的规定。因而，这种对政策的演绎和固化不失为自贸区在立法方式上的一项创新。从内容来看，条例不仅对货物贸易便利化措施进行了相对明确具体的规定，并且涉及航运、人员流动等服务贸易便利化措施。尽管后者比重较小，但是，这也在一定程度上确定了自贸区未来在服务贸易开放与便利化方面的诉求。

从对接国际经贸规则方面来看，条例对贸易便利化的规定与一些国际规则中的规定具有一致性。例如，在通关便利方面，条例对"单一窗口"、快速放

行、信息互换等措施的立法确认与世界贸易组织成员在 2013 年年底达成的《贸易便利化协定》具有一定程度的一致性。尽管该协定尚未对成员真正构成约束,但其中的规定仍然是贸易便利化多边规则的最新发展,其中的透明度规定,对贸易商的权利保护及救济程序规定等内容仍然具有借鉴意义。

上海自贸区在注重对接国际经贸规则之下,自贸区势必还应进一步推动贸易便利化,同时提升贸易开放程度。在货物贸易方面,自贸区在研究如何加强风险可控前提下应当进一步放松贸易管制,发展过境贸易,提升透明度,保障贸易商权利及完善救济程序。在服务贸易方面,自贸区应当通过扩大服务业开放授权、加大人员跨境流动程度、限缩"负面清单"内容等方式促进服务贸易的便利与开放。总之,贸易便利化既是自贸区建设的目标和任务,也是自贸区对接国际的手段和方法,是推进改革和提高开放型经济水平的重要标志。①

三、司法系统出台系列规定为上海自贸区贸易便利化提供司法保障

在司法领域,2014 年 2 月 28 日上海高院制定《上海法院服务保障中国(上海)自由贸易试验区建设的意见》。2014 年 4 月 29 日,上海一中院出台了《审判指引》。2014 年 6 月 6 日,中央全面深化改革领导小组第三次会议审议通过了《关于司法体制改革试点若干问题的框架意见》《上海市司法改革试点工作方案》和《关于设立知识产权法院的方案》。2014 年 5 月 1 日,上海国际经济贸易仲裁委员会制定的《中国(上海)自由贸易试验区仲裁规则》(以下简称《自贸区仲裁规则》)正式实施。2014 年 5 月 4 日,上海市二中院对外发布《关于适用〈中国(上海)自由贸易试验区仲裁规则〉仲裁案件司法审查和执行的若干意见》。2015 年 6 月 16 日,最高人民法院发布《最高人民法院关于人民法院为"一带一路"建设提供司法服务和保障的若干意见》。2016 年 12 月 30 日,最高人民法院发布《最高人民法院关于为自由贸易试验区建设提供司

---

① 参见马乐:《自贸区贸易便利化领衔贸易创新》,《法制日报》2014 年 11 月 4 日。

法保障的意见》。2017年5月，上海一中院结合自贸区建设情况及法院审判执行工作实际，对《审判指引》进行了全面的梳理和修订，并向社会公开发布。一系列法律规范的出台，为自贸区经济改革提供了坚实的司法保障。

第二节　上海自贸区贸易便利化的
扩大对司法的要求

2015年4月20日，国务院发布了《改革方案》，在深化推进的基础上提出了一揽子制度创新举措，将上海自贸区的实施范围扩大到120.72平方公里。上海自贸区扩区，有利于进一步扩大制度创新的范围、广度和深度，充分发挥空间联动、制度创新和政策叠加等综合优势，为在更大范围、更高层次、更广领域推进改革开放积累新经验、探索新路径。这使得上海法院贸易便利化的范围更加广泛，对人民法院的司法保障提出了新的要求。

上海法院高度重视上海自贸区扩区的司法保障需求，切实做好审判第一要务，锐意推进司法体制改革，积极探索积累可复制、可推广的司法经验。上海自贸区扩区后，上海法院也要不断提升使命感和责任感，积极面对扩区后案件数量增多、新型案件增多、适法难题增多的发展挑战，牢牢把握案件类型丰富、探索领域丰富、司法经验丰富的发展机遇。上海自贸区审判应改革而生，也要因改革而兴。上海法院注重探索建立与自贸区改革相适应的审判机制，保证法律在具体案件适用中的可预见性与安定性，并为司法改革提供新样本和新素材。创新审判机制，提升司法水平，并积极应对。

一、进一步发展自贸区专业审判机制

尽管上海法院陆续推出的涉自贸区专业审判机制有利于提升涉自贸区案件的审判质量，但自贸区的改革创新不断推出，如何及时在司法上予以呼应的是人民法院需要面对的问题。为此，可与审判权运行机制改革相结合，进一步加强涉自贸区审判机构组织建设、审判团队工作模式、法官及辅助人员考评制度以及以庭审为中心的审判方式等方面的司法改革探索。尝试在涉自贸区案

件进行审判组织权力运行的先行先试。与此同时,也应加强队伍建设,注重培训的实用性和针对性,根据涉自贸区审判需要加大专项培训力度,优化法官知识结构。上海一中院设立"自贸试验区专项合议庭",依法集中受理上海自贸区相关二审案件及重大一审案件,针对不同类型案件的专业需要,打破审判庭界限,"跨界"约请有专业特长的法官加入专项合议庭,审理相关案件,保障涉上海自贸区案件法律适用的统一。如上海一中院审理的上海法院首例涉上海自贸区专利权纠纷案,即由金融审判庭法官、知识产权审判庭法官、人民陪审员组成合议庭,并由知识产权庭法官担任主审法官,实现了良好的法律效果和社会效果。因此,可以考虑在以下几方面予以加强。

二、进一步加强涉自贸区案件的审判经验总结和提炼

以创新为主要推动力的自贸区建设,其发展和运行过程中大量充斥着部门规章和行政法规类规范性文件,更多地表现为政策性规定和制度,而且已成为自贸区行政监管和规制的重要方式,以法律或行政法规形式为渊源的法律制度反而在实际运作中并不多见,由此导致在司法认定上的尴尬境地。为此,人民法院需要通过法律解释或者法理推演等法学方法将相关政策的内容融入到司法过程中,体现出司法的智慧。另外,自贸区的改革走的是国际化的道路,这必然会使得自贸区内纠纷在现有法律限制性规定上与区外纠纷适用标准有所不同。如何将国际准则融入审判需要充分发挥司法的能动性。前述两个方面均需不断累积精品案例、课题调研成果等,通过成果转化的形式将相关审判经验进行提炼和总结,实现可复制可推广。上海一中院于2014年7月出台了《〈涉自由贸易试验区案件审判指引(试行)〉涉执行条文实施细则》,细化规定了仲裁前保全、双重救济权利、一次性公告送达等内容,并在首起涉上海自贸区执行案件中成功适用该细则。同时,上海一中院聘请了首批7名陪执员,并制定了《关于涉上海自贸区执行案件聘请陪执员参与执行的实施预案》,规范陪执员参与执行案件的程序,深化执行公开,增加涉上海自贸区案件执行程序的透明度。

三、进一步推动涉自贸区案件的电子信息化程度

针对电子送达有效性等问题，可以在《民事诉讼法》和最高法院司法解释的基础上，建立有效送达的标准。例如统一电子送达的格式，并通过信息化技术处理，建立"确认收悉"的识别程序，借鉴《合同法》的数据电文相关规定，以数据电文进入特定系统作为确认收悉的判断标准。电子送达亦可以作为涉自贸区案件信息化的切入点，根据自贸区的企业和案件的特点，加紧进行电子法院的建设，在案件审理、法官工作平台、案件信息及进度查询、庭审、调解、证人作证、裁判文书和典型案例的公开上有效使用视频会议系统等电子信息手段，提高司法透明度，增进诉讼效率。上海自贸区内存在大量"区内注册、区外经营"的企业，容易给司法文书送达带来障碍。上海一中院在整合官方网站"在线诉讼服务平台"功能的基础上，于2014年9月研发了电子送达制度，并在一起涉上海自贸区仓储合同纠纷案件中首次尝试电子送达，原告代理人直接通过手机收到了案件的传票、出庭通知书、举证通知书和案件受理通知书，从法院制作、发送诉讼文书到实际送达当事人，只需3分钟。目前，电子送达制度已逐渐推广到各类案件中，方便当事人参与诉讼。截至2016年7月7日，电子送达总量达到3990次，其中涉及案件总计1374件，已送达案件827件，涉及当事人总计1755人。

四、进一步完善涉自贸区案件多元化纠纷解决机制

随着中国（上海）自由贸易试验区正式挂牌成立，《总体方案》《中国（上海）自由贸易试验区条例》等规定相继发布。应当说，仲裁制度的国际化发展与自贸区的改革精神有颇多契合之处，自贸区向国际化方向发展具备有利的外部条件。上海提出建设国际仲裁中心，欢迎国际仲裁机构在上海设立分机构，如香港仲裁委员会在上海设立分会。为此，作为仲裁对应的审判机构，应进一步引入国际仲裁的司法审查理念，提升对涉外仲裁的包容度和支持度。《自贸区仲裁规则》的最大变化是引入了仲裁员名册制度、紧急仲裁庭制度、仲裁临时措施制度、第三人加入仲裁制度、合并仲裁制度，这些创新制度代表了国际仲裁实践的最新成果。但也要看到，在我国《民事诉讼法》和《中华人

民共和国仲裁法》(以下简称《仲裁法》)现有框架下,仲裁机构一味靠拢国际化还存在法律上的障碍,同时,《自贸区仲裁规则》在引入国外创新性规定时还缺乏可操作性。人民法院与仲裁机构有必要共同加强对新型问题的研究,形成高效的工作协调与联动机制,使《自贸区仲裁规则》规定的新制度在我国现有法律制度和司法实践环境中发挥作用。为此,我们认为可以有针对性地探索构建科学的仲裁员资格审查机制、高效的临时措施保障机制、有效的仲裁第三人配套机制和细化的合并仲裁协调机制等。除仲裁外,涉自贸区案件的多元化纠纷解决在总结前期经验的基础上,可引入更多特邀调解组织,并根据其特点探索实行调解案件专业化分流,进而形成多层次全方位的调解格局。在初期可通过法院委托调解的方式,待此种调解方式为市场交易主体基本认同和接受时,可着力推进由市场交易双方自行选择将纠纷交由调解中心调解。至于调解协议的效力和执行力,在当前情况下,还不能过分寄希望于当事人自动履行,当事人更倾向于寻求司法对调解协议的确认,以此确保调解协议的执行力。但这不是司法介入和支撑民间调解的唯一目的。在成熟市场中,自动履行应当是调解协议履行的常态,今天司法对调解的确认,也应当具有从长远角度上推动对调解协议自动履行的法治意识形成的功能。

五、利用专家陪审员加快探索提升自贸区司法国际公信力的有效路径

自贸区开放格局下涉及跨境投融资、国际版交易、离岸金融等具有"走出去"特征的纠纷会越来越多,如何在这些国际性案件中体现我国司法话语权,专家陪审员不失为一条有效路径。通过引入国内甚至国际著名的专家学者参与专业案件的审判,对接国际规则,通过域外法的准确适用提升司法影响力,凸显审判的权威性和专业性。在专家陪审员的基础上建立专家咨询库,并逐步建立域外法的查明制度,积极打造域外法查明平台。以探索专家陪审员为切入,合理引入外部智慧,提升上海自贸区案件审理的专业化和规范化。目前,在浦东新区人大常委会和浦东新区人民法院的大力支持下,上海一中院已从上海银监局、证监局、保监局等金融监管机构,以及相关科研机构中聘任 9

位金融行业专家担任专家陪审员,参与涉上海自贸区金融案件的审理,确保相关案件中事实认定清晰、法律适用准确、政策理解到位。如,2014年上海一中院由汤黎明副院长等3名审判员与2名专家陪审员组成5人合议庭,对全国首例因个人操纵他人账户违规购买上市公司股票而引发的证券欺诈责任纠纷案进行了开庭审理。

六、进一步增进涉自贸区司法公开力度

进一步提升涉自贸区案件的司法透明度:一是构建司法与相关监管机构的常态化联动机制。服务保障自贸区建设作为一项综合性、系统性工程,离不开相关部门的协同联动。为此,一方面,可以促进协同联动的全面化,在信息交换共享、问题会商研究、企业信用促进、权利保护协同机制等各个方面,畅通司法与行政监管部门及相关机构间的沟通联络,并通过统一平台对外公开;另一方面,推进联动机制的制度化建设和常态化运行,形成长效的良性互动和共治合力。二是加强与各界的司法经验交流和学术探讨。最高人民法院民四庭"自贸区司法保障研究基地"为自贸区相关法院提供了研究问题、分享经验的平台,最高法院与上海一中院和上海财大共同举办的自贸区司法论坛则是从系统外通过与行政机关、学者、实务操作者的共同研讨来构建自贸区相关法律问题的前瞻性研究平台,这些平台将在畅通信息传送、跟踪重点领域案件、指导疑难案件审判、促进区内法治完善、总结可复制可推广保障经验方面发挥积极作用。为此,有必要进一步完善相关平台的运行,例如通过平台形成涉自贸区案件情况报送直通渠道,强化各级法院间在案件情况、法律适用等方面的纵向信息联通;依托平台建立自贸区司法服务保障联席会议机制,强化各地自贸区法院间的横向交流。

上海自贸区正式成立至今已逾四年,仍在不断地创新发展,对人民法院的司法保障要求也不断地提高。上海法院在上海自贸区司法保障方面作了不少研究与探索,形成了不少科学的制度做法,积累了不少有效的司法经验,既要为上海自贸区提供切实可靠的司法保障,也需注重善于总结,为上海自贸区的深化发展以及全国自贸区的建设提供可复制、可推广的司法经验。

第五章 上海自贸区合同案件的审理

中国(上海)自由贸易试验区为自贸区内贸易便利化提供了相应的政策与制度保障,人民法院在上海自贸区内案件的审理,特别是合同案件的审理,更加要注重把握法律与政策的统一,以便为上海自贸区的发展提供更好的司法保障。

自贸区内审理的合同案件与自贸区外审理的合同案件,具有共同性。平等原则是《合同法》的基本原则,不能因为上海自贸区内企业设立的特殊要求,而对其缔结的合同作区别对待。上海自贸区建设是为了形成更大范围内的统一市场,需要平等、统一的市场规则,无论是上海自贸区内企业之间订立的合同,还是上海自贸区内企业与上海自贸区外企业订立的合同,与区外企业之间订立的合同,在法律适用上一律平等。

同样,自贸区合同案件的审理与区外合同案件的审理也有一定政策区别性,在合同类案件的审理中需要予以充分地把握。本章将以《合同法》总则为基础,针对上海自贸区合同案件审理中需要关注的领域展开阐述,以期准确把握上海自贸区案件审理的精要。

第一节 自贸区企业的缔约能力

缔约主体具有相应的缔约能力。缔约能力是指缔约主体据以缔结合同的法律资格。《合同法》第九条规定:"当事人订立合同,应当具有相应的民事权利能力和民事行为能力。"根据《中华人民共和国民法通则》(以下简称《民法通则》)的规定,法人的权利能力与行为能力是一致的。在这种情况下,审查企业法人的权利能力与行为能力是根据企业法人是否依法设立，具有合法的营业执照。具有相应的营业执照的，即具有相应的权利能力与行为能力，从而企业法人具有订立合同的缔约能力。

所以，对于普通合同，一般推定缔约主体具有相应的权利能力。在计划经济时代，企业法人签订合同严格地受其法定经营范围制约，超过经营范围签订的合同往往认定无效。随着我国经济体制的转型和市场经济的深化，上述做法也已发生转变。如《合同法》第五十条规定："法人或者其他组织的法定代表人、负责人超越权限订立的合同，除相对人知道或者应当知道其超越权限的以外，该代表行为有效。"《最高人民法院关于适用〈中华人民共和国合同法〉若干问题的解释(一)》（以下简称《合同法解释(一)》）第十条规定："当事人超越经营范围订立合同，人民法院不因此认定合同无效。但违反国家限制经营、特许经营以及法律、行政法规禁止经营规定的除外。"需要值得注意的是，对于一些特殊合同，往往需要特殊资格才能缔结，这主要体现在法人或其他组织作为缔约主体的场合。《最高人民法院关于审理建设工程施工合同纠纷案件适用法律问题的解释》第一条第一款、第二款规定："承包人未取得建筑施工企业资质或者超越资质等级的，或者没有资质的实际施工人借用有资质的建筑施工企业名义的，签订的建设工程施工合同无效。"如企业不具有相应的建设施工资质，其所签订的建设工程施工合同也是无效的。

具体来说，上海自贸区内的企业在取得营业执照后具有缔约的权利能力，根据我国法律规定需取得相关业务许可的，自许可之后具有相应的行为能力。未能取得相应业务许可而订立需取得许可的合同，应区别情况审慎处理。根据上海自贸区改革的要求，上海自贸区内的企业在注册登记时实行形式审查，先照后证的模式。企业先取得营业执照，若从事的业务需取得主管部门许可的，可在取得营业执照之后再申请相应的业务许可。依据我国法律规定和法人的一般法理，法人之权利能力始于设立登记，终于注销登记。

先照后证的企业登记模式在客观上形成了企业权利能力与行为能力的时间差，企业在这一时间差内从事经营行为的效力应作认定：如果之后取得了有关部门的业务许可，之前的行为效力将被补正，若不能取得许可，则行为效力将受影响。

第二节 违反强制性规范的效力认定

合同的效力问题实际上是法律对合同的评价问题,对该问题的研究主要解决的是合同是否发生当事人合意所追求的法律效果。

在学理上,有效的法律行为被称为"完全的法律行为";反之,意思表示有瑕疵、违反强行规定或有悖于公序良俗时,则不能发生预期的法律效果,此种行为被称为"不完全的法律行为"。法律对于不完全的法律行为,依照其瑕疵的性质以及违背的程度,给予不同的评价,区分为"无效""撤销"及"效力未定"三种效力。法律行为的瑕疵程度最重者,成为"无效的法律行为";次严重者成为"得撤销的法律行为";较轻者其行为处于不确定状态,既非无效也非得撤销,而是"浮动的效力未定行为"。在立法政策上以违反公益者最为严重,违反私益者次之,程序有欠缺者较轻微。

合同作为一种法律行为,体现了当事人各方的合意。对当事人各方复杂多样的合意表现,不同的法律评价当然就会产生不同的法律效果。因评价结论的不同,在法律效果上可以区分为法律行为上的效果和法律行为外的效果,前者属于当事人约定的效果,后者则属于法定的效果。[①] 具体而言:法律对合意予以肯定评价时,发生法律行为上的效果即当事人预期的法律效果,法律确认和保障合同债权对内和对外的效力,当事人各方要依约履行相关的权利义务;法律对合意予以否定的评价时,发生法律行为外的效果即法律规定的效果。这又可以区分为两种类型:法律对合意予以彻底否定的评价时,发生合同无效的法律后果,当事人各方要依法承担相应的权利义务;法律对合意予以相对否定的评价时,发生合同可撤销或效力未定的法律后果,当事人各方可以依法作出是否撤销或追认的决定。由此可见,合同无效,只是不发生履行效力,而并非不发生任何效力。恰如日本学者我妻荣先生所言,无效或者撤销,是作为意思

---

① 参见韩世远:《合同法总论》,法律出版社 2004 年版,第 171—172 页。

表示或者法律行为的效果完全不发生，而发生其以外的效果则是别的问题。①

对于涉上海自贸区的合同纠纷，应严格遵守《合同法》第五十二条的规定，审慎认定合同的效力。《合同法》第五十二条规定了严格的合同无效的认定事由。但在实践中，仍有因合同违反规章、地方性法规而被认定为无效的情形。上海自贸区建设需要进一步放宽政府管制，使市场居于主导地位，应严格依照《合同法》第五十二条的规定判断合同效力，不能简单将规章、地方性法规作为认定合同无效的依据。

正确理解、识别和适用《合同法》第五十二条第五款中关于"违反法律、行政法规的强制性规定"，关系到民商事合同的效力维护以及市场交易的安全和稳定。在具体解释适用该项规定时，关键要审查相关强制性规定的规范目的，判断该规范在它所规定的任何其他惩罚之外，是否意图使私法上的法律行为归于无效。如果通过对当事人作出行政处罚即可实现规范目的，那么就没有必要一定使合同无效，以保护合同相对人及交易安全。

实务中应当综合法律法规的意旨，权衡相互冲突的权益，诸如权益的种类、交易安全以及其所规制的对象等，综合认定强制性规定的类型。如果强制性规范规制的是合同行为本身，即根据强制性规范，只要该合同行为发生会绝对地损害国家利益或者社会公共利益的，人民法院应当认定合同无效。如果强制性规定规制的是当事人的"市场准入"资格，而非某种类型的合同行为，或者规制的是某种合同的履行行为而非某类合同行为，人民法院对于此类合同效力的认定，应当慎重把握，必要时应当征求相关立法部门的意见或者请示上级人民法院。② 如国务院《商业特许经营管理条例》第七条第二款规定："特许人从事特许经营活动应当拥有至少 2 个直营店，并且经营时间超过 1 年。"该条例第八条前段规定，"特许人应当自首次订立特许经营合同之日起 15 日内，依照本条例的规定向商务主管部门备案"。本条例第二十四条和第二十五条，分别规定了特许人违反本条例第七条第二款以及第八条规定的行政责任。如在一些

---

① 参见［日］我妻荣：《新订民法总则》，中国法制出版社 2008 年版，第 362 页。

② 参见 2009 年 7 月 7 日下发的《最高人民法院关于当前形势下审理民商事合同纠纷案件若干问题的指导意见》第五部分"正确适用强制性规定，稳妥认定民商事合同效力"。

案件中,原告根据上述法律规定,主张被告不符合《商业特许经营管理条例》第七条"两店一年"的要求,没有特许经营资格,也没有依照规定履行信息披露义务和备案手续,原、被告所签协议因违反国务院行政法规的强制性规定而无效。

《最高人民法院关于适用〈中华人民共和国合同法〉若干问题的解释(二)》(以下简称《合同法解释(二)》)第十四条规定:"合同法第五十二条第(五)项规定的'强制性规定',是指效力性强制性规定。"在法理上,以是否允许通过个人意思加以排除作为标准,可将法律规范区分为任意性规定和强制性规定。具体而言,强制性规定不论当事人意思如何,均应适用该规定,具有强制适用的效力;而任意性规定则依当事人意思可自由排除其适用的规定,只有补充适用的效力。作为影响合同效力的违法仅指违反法律、行政法规的强制性规定。《合同法解释(一)》第四条规定:"合同法实施以后,人民法院确认合同无效,应当以全国人大及其常委会制定的法律和国务院制定的行政法规为依据,不得以地方性法规、行政规章为依据。"

强制性规定可分为管理性强制性规定和效力性强制性规定。前者的立法目的旨在为政府的行政管理和行政处罚提供依据,目的并不在于否认当事人之间行为的效力,后者的立法目的则在于从根本上否定当事人之间行为的效力。二者的区分需要法官根据交易的类型、后果、法规目的等因素进行利益衡量而作决断,以避免因过分严苛地否定当事人行为效力而产生限制交易的情形。效力性强制性规定着重违反行为的法律行为价值,以否认其法律效力为目的。如果合同的签订出于双方意思自治,而法律、行政法规的强制性规定又没有规定违反的后果是无效的,在维持合同效力并不损害公共利益的前提下,倘使合同无效,将不利于形成诚信的市场交易环境,不利于市场交易秩序的稳定与安全。特许人所进行的特许活动如果违反了上述规定,应当承担相应的行政责任,但不影响其从事民事活动的主体资格与所签合作合同的效力,特别是原告对被告签署合作协议当时尚未履行相关行政备案手续的情况是明知的。故法院对原告主张合作协议无效的请求不予支持。①

———————

① 上海市浦东新区人民法院(2008)浦民三(知)初字第412号案。

在认定合同效力时,应根据合同交易的类型、法律、行政法规的立法目的和行为的严重程度,区分管理性强制性规定和效力性强制性规定。仅违反管理性强制性规定的,不影响合同效力。鉴于违反法律、行政法规的强制性规定的合同,同时也可能损害社会公共利益,故有必要厘清《合同法》第五十二条第四款和第五款的功能作用和适用范围。关于功能作用,《合同法》第五十二条第五款发挥着对具体强制性规定的指引作用,而《合同法》第五十二条第四款则起到了价值补充和填补漏洞的作用。关于适用范围,应当在优先适用第五款规定的同时,限缩解释第五款规定以限制其适用范围,保障第四款规定的适用空间,避免该项规定的搁置虚设。

第三节　新无名合同的解释

对于上海自贸区内出现的新类型无名合同,应根据国际交易的惯例,结合当事人的约定,公平、合理地分配合同当事人的权利、义务和风险。上海自贸区的企业经营形态众多,会出现许多我国《合同法》没有明确规定的新型交易形态。这些交易在法律上即谓无名合同。对于我国法律无明文规定的无名合同,如果在国际商事交易中已有成熟的交易惯例,或在比较法中已有系统的可以参照的规定,可以参考国际商事交易习惯和比较法的相关内容,结合当事人的合同约定,妥善处理当事人之间的合同纠纷。在此过程中,应坚持《合同法》的基本理念,对当事人的权利、义务和风险做公平的分配,维护诚实信用和公平交易的基本原则。

对合同约定不明事项,依照《合同法》第六十一条、第六十二条规定仍不能确定的,当事人主张依照商业惯例或双方交易习惯履行的,应当予以支持。上海自贸区内的开放程度甚于区外,国际化程度的提高,势必带来一些国际商业惯例可否适用、如何适用的问题。尤其对于某些国际上的商业惯例,更应在上海自贸区内对其予以相当的尊重。因此,上海自贸区内对合同漏洞的填补,除须遵守第六十一条、第六十二条之外,尚需考虑商业惯例的适用。另外,特定合同双方的交易习惯,虽未必达到"惯例"的程度,但是倘若双方长期以来均照此执行,且结合相关证据可以认定双方内心已将该项习惯作为对自身行为有拘束力者,则就诚实信用原则而言,该项习惯亦可适用于合同漏洞的填补,一方不得以无约定提出抗辩。

在这里需要明确的是,新类型无名合同的解释方法。在合同案件的审理中,法官必须对合同进行解释。《合同法》第一百二十五条规定:"当事人对合同条款的理解有争议的,应当按照合同所使用的词句、合同的有关条款、合同的目的、交易习惯以及诚实信用原则,确定该条款的真实意思。合同文本采用两种以上文字订立并约定具有同等效力的,对各文本使用的词句推定具有相同含义。各文本使用的词句不一致的,应当根据合同的目的予以解释。"该条规定明确了合同解释的基本方法及原则。简言之,合同的解释方法有文义、体系、目的、交易习惯、有效、不利、诚信解释等方法。因为市场行为的广泛性与复杂性,《合同法》中规定的各种有名合同并不足以调整所有的交易关系。在司法实践中,常有不典型的无名合同,因面临法律的漏洞难以处理。《合同法》第一百二十四条对无名合同的解释及法律适用作了原则性的规定:"本法分则或者其他法律没有明文规定的合同,适用本法总则的规定,并可以参照本法分则或者其他法律最相类似的规定。"在实践中,对于无名合同中当事人的权利、义务以及违约责任的分配,首先应尊重当事人的约定,如果当事人无约定者,可以类推的方法,依据《合同法》总则的理念及原则,比照最相类似的有名合同作合理、公平的解释与规定。

一、文义解释

同为对文本的解释,合同解释与法律解释的不同在于,合同解释时,法官要考虑的是当事人的内心真实意思,在当事人的内心真实意思与表示意思不一致时,法官应根据合同安全之理念,保护相对人的信赖利益,以表示意思为准。法律解释的目的则在于寻求公平合理的结果。当合同条款存在数种理解可能时,法官应以通常理解方法去解释合同。

二、体系解释

合同的体系解释方法要求法官在解释合同时,必须对合同作整体的解释,不能断章取义。具体来说，如果当事人就合同事项有特别约定时，该特别约定优于一般约定；当合同既有印刷部分，又有手写部分时，应以手写部分为准。此外，在审判实践中，还经常出现一个交易中存在数个合同文本的情况。对此种情况，应根据文本形成时间来确定解释的标准。如果不同文本产生于合同履行之前，则应以最后一份合同文本为准。如果合同的不同文本分别形成于合同履行前后，则应作为合同变更处理。

三、目的解释

民事主体之间为发生预期的民事法律效果，常以意思表示为要素，发生一定行为。该意思表示及行为并不一定合法、有效。对于从事该意思表示行为的民事主体而言，常认为该行为合法、有效。有时双方纵然明知该行为可能违反法律的禁止性规定，也会通过通谋、伪装等手段，使其外部意思表示不同于其内心的真实意思，从而掩盖其意思表示的违法性。一旦双方发生争议，并诉至法院，当事人往往要使其民事行为合法化，将其民事行为称为民事法律行为。法院将此类案件作为民事案件受理后，法官如果仅以双方行为时外部的意思表示作为判断行为性质的标准，受当事人诉、辩称的诱导，极可能将违法的民事行为定性为民事法律行为，使之发生当事人所期待的法律后果。一旦出现此种情况，不仅人民法院审判工作的严肃性无从体现，市场秩序也会因此受到破坏。因此，在合同解释中，根据其交易目的来解释合同是非常重要的合同解释方法。

自现行《合同法》颁行之后，意思自治原则在审判实践中受到了空前的重视，无效合同之认定标准日益宽松。不轻易认定合同无效成为民事审判工作的指导思想之一。但与此同时，对民事行为合法性的审查意识有所下降，一些以合法形式掩盖非法目的的违法行为有可能通过人民法院的判决而合法化。意思自治，亦称私法自治，指当事人可以依自己的意思来形成民事权利、义务关系。以意思表示为核心的民事行为制度是意思自治原则的具体化。当代社会，已非意思自治的幼年时代，不顾社会利益的绝对自由并不利于社会进步成为各国立法者之共识。意思自治并非放任自流，意思自治必须在公共秩序许可限度之内。谋求对民事行为的合理规制可以说是当代民法发展的一个重要动力。① 根据《合同法》的规定,违反法律、行政法规效力性强制性规定的应属无效民事行为。对虽不违反法律、行政性法规的效力性强制性规范,但明显有损公序良俗、破坏市场秩序之不当行为,人民法院也应依据《民法通则》《合同法》中的弹性法律条款、行使自由裁量权,宣告其为无效。在合同案件的审判工作中,要防止"就事论事"的倾向,不注意对各部门法的综合运用,甚至将一些性质上属于违法、犯罪的行为当作民事法律行为处理。在合同纠纷中,必须首先判断当事人的行为是否违反了法律的效力性强制性规定。如果违反了法律的效力性规定,要看是否达到犯罪程度。如果符合我国刑法分则中相关罪名的犯罪构成,则应终止审理,将该案移送公安或检察机关;如果在民事案件中发现犯罪线索,应向有关部门提供;如果违法行为未达到犯罪程度,人民法院应依法对该违法行为进行制裁或以司法建议形式建议有关部门予以行政处罚。对违法、犯罪行为必须依法严肃处理,决不能使违法、犯罪行为通过人民法院的判决合法化。

四、交易习惯解释

在合同交易中,如果当事人未明确约定,但存在相关交易习惯时,法院应根据交易习惯对合同进行解释。

五、有效解释

在合同案件的审理中,把握意思自治与国家干预的界限极为重要。若无必要时,应尽可能地促成交易、保护交易。当合同的解释存在多种可能时,要选择对合同的成立和效力有利的解释。

六、不利解释

在合同谈判和订立过程中,一方当事人可能会利用其信息、实力等方面的优势,利用起草合同的便利,在合同中强加给对方当事人不公平的条款。为了

---

① 关于意思自治的发展与限制,参见王泽鉴:《民法总则》,中国政法大学出版社 2001 年版,第 244—248 页;又见苏永钦:《私法自治中的国家强制》,《中外法学》2001 年第 1 期。

通过解释合同的程序控制合同内容，实现合同正义，如果是格式合同，法院对格式合同中存在歧义的条款应作出不利于格式条款制订者的解释。虽非格式条款，但若合同是由一方当事人起草的，且该合同存在歧义，同样应作出不利于合同起草方的解释。

七、诚信解释

法谚曾云：“任何人不得援引其恶行。”在合同的解释中，应依诚实信用而为之，如果合同当事人在合同订立和履行中有自相矛盾、出尔反尔的行为，应作对其不利的解释。

第四节　交易习惯与外国法的证明

在涉上海自贸区的合同纠纷中，当事人以交易习惯作为其主张权利依据的，应对该交易习惯的存在负证明责任。在涉上海自贸区的合同交易中，会经常涉及交易习惯的认定，对此，应将其作为一种法律事实，由当事人负证明责任，经过庭审的质证与辩论，依据民事诉讼的证明标准予以采信。《合同法解释（二）》第七条规定：“下列情形，不违反法律、行政法规强制性规定的，人民法院可以认定为合同法所称‘交易习惯’：（一）在交易行为当地或者某一领域、某一行业通常采用并为交易对方订立合同时所知道或者应当知道的做法；（二）当事人双方经常使用的习惯做法。对于交易习惯，由提出主张的一方当事人承担举证责任。”在诉讼中，如果提出交易习惯主张的当事人无法证明该交易习惯的存在，应承担不利后果。

对于上海自贸区内的国际商事合同纠纷，根据意思自治原则，若当事人在合同中自主选择适用外国法的，应依《涉外民事法律关系法律适用法》第十条“涉外民事关系适用的外国法律，由人民法院、仲裁机构或者行政机关查明。当事人选择适用外国法律的，应当提供该国法律。不能查明外国法律或者该国法律没有规定的，适用中华人民共和国法律”的规定进行外国法的查明。当事人应对该外国法的内容负证明责任。无法证明外国法内容的，适用中国法律。

第六章　上海自贸区建设中的知识产权司法保护问题研究

建立中国(上海)自由贸易试验区是党中央、国务院作出的重大决策。随着上海自贸区扩区挂牌,上海自贸区建设进入新阶段。有必要结合上海自贸区的改革实践,调研上海自贸区知识产权纠纷的态势,明确法院管辖和法律适用,分析上海自贸区涉知识产权贸易类型,就所涉知识产权问题展开讨论并有针对性地提出意见和建议,为国家层面制定相关知识产权保护法律、政策提供参考。

第一节　关于自贸区知识产权纠纷的态势分析

根据涉自贸区知识产权案件的特点,结合上海自贸区的建设发展情况,未来以下几类涉自贸区的知识产权案件可能呈现增长趋势。

一、涉外定牌加工商标纠纷案件

自贸区所处地理位置特殊,是商品出口集聚地,所在的外高桥等港区,集装箱码头吞吐量和港区海关业务量在上海乃至全国都占据较大比例。自贸区政策鼓励企业统筹开展国际国内贸易,实现内外贸一体化发展。以往每年外港海关查扣定牌出口货物引发的商标侵权诉讼都较多,在新的政策背景之下预计自贸区涉外定牌加工商标侵权纠纷会继续保持增长态势。

二、涉文化产业的版权纠纷案件

自贸区文化、商贸服务政策的出台对知识产权保护也会产生直接影响。

文化部出台的上海自贸区文化市场管理政策允许外资从事演出经纪,经营娱乐场所,并允许外资在自贸区内从事游戏游艺设备的生产和销售,通过文化主管部门内容审查的游戏游艺设备可面向国内市场销售。可以预见,未来自贸区文化市场、版权贸易与国际交流空间巨大。此次自贸区政策在保障网络信息安全的前提下,还允许外资企业经营特定形式的部分增值电信业务,外资企业将有条件利用公共网络基础设施提供附加的电信与信息服务业务。当前法院受理知识产权案件中,版权纠纷尤其是信息网络传播权纠纷占据较大比例。外资在信息服务业的进入,将加剧该领域的版权纠纷。

三、电子商务纠纷案件

"互联网+"产业将是自贸区今后发展的亮点之一。随着自贸区政策服务业开放程度的扩大及电子商务服务平台的发展,大量互联网企业纷纷入区,在其扩大和转型过程中,其非自营商品的知识产权纠纷凸显,且预计此类纠纷将持续增长。该类案件涉及电子商务平台注意义务标准的确定等问题。

四、平行进口纠纷案件

为适应建立国际高水平投资和贸易服务体系的需要,自贸区建设要求创新监管模式,促进自贸区内货物、服务等各类要素自由流动,推动服务业扩大开放和货物贸易深入发展。为此,自贸区实施了"境内关外"即所谓"一线放开、二线管住"的监管模式。在"一线放开"的监管模式之下,货物从"先报关、后入区"转变为"先入区、后报关",允许企业凭进口舱单将货物直接入区。随着境外货物进入自贸区获得极大便利,而品牌商品在国内外客观存在的巨大价差,可能引发商品平行进口现象的出现。上海自贸区内跨境电子商务试点也已启动,由海关总署牵头建设的跨境电子商务平台"跨境通"开始运行,普通消费者已经可以通过该平台购买箱包、化妆品等商品。同时,自贸区保税展示交易平台也已开始运行。这些平台中的商品比国内专卖店有较大的价格优惠。在自贸区内跨境电子商务和保税展示交易平台的助推下,平行进口贸易可能会增长,从而引发境内商标权人和进口商之间的平行进口争议。目前已发生的平行进口纠纷多投诉到工商机关,尚未进入司法程序。

五、不正当竞争纠纷案件

自贸区内贸易和投资的便利化将刺激市场竞争的加剧。自贸区积极培育贸易新型业态和功能,并在金融、航运、商贸、文化等六大领域十八个服务行业扩大投资开放,对外商投资试行准入前国民待遇,探索建立"负面清单"管理模式,逐步形成与国际接轨的外商投资管理制度。这是以开放倒逼改革的气势推进自贸区建设。在这种氛围之下,自贸区市场竞争也将空前激烈,各种创新的经营模式在引领市场的同时,更要经受法律的检验和道德的拷问。各种关于仿冒、搭便车和虚假宣传的纠纷将会伴随市场拓展和经营创新不断涌现。在这些不正当竞争纠纷的背后,更多地体现为市场优势地位的争夺。

六、涉转运贸易纠纷案件

自贸区总体方案鼓励的中转集拼业务、沿海捎带业务和国际中转货运等都将极大地推动自贸区货物转运贸易的发展。自贸区独特的海关监管模式导致转运货物处于"入境但尚未进口"的特殊状态。国内权利人有可能针对自贸区内转运货物提起知识产权诉讼,该类纠纷涉及知识产权边境保护和贸易自由化之间的利益平衡,尤其需要慎重处理。

第二节　关于自贸区涉外知识产权纠纷的法院管辖

从自贸区知识产权纠纷的趋势分析可以判断,未来自贸区涉外知识产权纠纷比例将逐步扩大,这也是自贸区深化改革、扩大开放带来的必然结果。法院管辖权是国家主权的重要组成部分。有鉴于此,自贸区涉外知识产权案件法院管辖的确定意义重大,这不仅决定了案件审理的启动,还影响到案件审理的进程以及最终判决的执行。

与一般涉外民商事案件管辖权确定不同,涉外知识产权案件由于受知识产权地域性原则的限制,各国早期对知识产权案件的管辖大多持消极保守的态度,往往拒绝外国知识产权纠纷的诉讼管辖。但是,随着知识经济时代的到来,特别是全球化发展的深入,国与国之间的交往逐渐向纵深发展,过去对知识产权纠纷管辖所坚持的地域性原则受到了挑战。各国纷纷拓宽对知识产权纠纷的管辖权,以突破传统的地域管辖原则。

实践中,我国法院依据《民事诉讼法》和最高人民法院的相关解释来确定知识产权纠纷的管辖权。

自贸区涉外知识产权民事案件首先可以由被告住所地的人民法院管辖。我国《民事诉讼法》虽未在第四编"涉外民事诉讼程序的特别规定"中明确此项原则,但在该编"一般原则"第一条中阐明,本编没有规定的,适用本法其他有关规定。而被告住所地原则是《民事诉讼法》在地域管辖规定中明确各类民事诉讼管辖的一般原则。故在涉外知识产权民事案件中可以主张适用被告住所地法院原则进行管辖。在涉外知识产权领域,涉外知识产权案件适用被告住所地法院管辖的积极意义还在于维护国内企业的合法权益。我国属于发展中国家,大量企事业单位的科技创新能力还有待培育,我国公民或法人在知识产权领域往往处于弱势地位,容易成为知识产权纠纷诉讼中的被告,而被告住所地原则将使得大部分涉外知识产权案件可以主张我国法院管辖,从而贯彻司法政策,维护境内当事人的合法利益。比如山东省医药保健品进出口公司诉中国包装进出口山东公司"至宝"三鞭酒商标侵权案,本案的原被告均是中国内地的法人,涉案商标权却是在香港地区注册获得,侵权行为地也是在我国香港,如果依据知识产权地域性管辖原则,我国内地将没有对本案的管辖权。但受诉法院最终确认了其具有管辖权,理由就在于我国涉外民事诉讼管辖规定所确立的被告住所地法院原则。

被告在中国无住所时,涉外知识产权案件管辖权按《民事诉讼法》第二百六十五条确定。该条规定:"因合同纠纷或者其他财产权益纠纷,对在中华人民共和国领域内没有住所的被告提起的诉讼,如果合同在中华人民共和国领域内签订或者履行,或者诉讼标的物在中华人民共和国领域内,或者被告在中华人民共和国领域内有可供扣押的财产,或者被告在中华人民共和国领域内设有代表机构,可以由合同签订地、合同履行地、诉讼标的物所在地、可供扣押财产所在地、侵权行为地或者代表机构住所地人民法院管辖。"自贸区涉外知识产权合同及有关财产权益的纠纷案件亦适用本条的规定。

在协议管辖方面，自贸区涉外知识产权合同或者涉及财产权益的其他知识产权纠纷的当事人，可以书面协议选择被告住所地、合同履行地、合同签订地、原告住所地、标的物所在地、侵权行为地等与争议有实际联系地点的外国法院管辖。根据《民事诉讼法》第三十三条和第二百六十六条规定，属于中华人民共和国法院专属管辖的案件，当事人不得协议选择外国法院管辖，但协议选择仲裁的除外。此外，《最高人民法院关于适用〈中华人民共和国民事诉讼法〉的解释》第五百三十二条规定，"涉外民事案件同时符合下列情形的，人民法院可以裁定驳回原告的起诉，告知其向更方便的外国法院提起诉讼：（一）被告提出案件应由更方便外国法院管辖的请求，或者提出管辖异议；（二）当事人之间不存在选择中华人民共和国法院管辖的协议；（三）案件不属于中华人民共和国法院专属管辖；（四）案件不涉及中华人民共和国国家、公民、法人或者其他组织的利益；（五）案件争议的主要事实不是发生在中华人民共和国境内，且案件不适用中华人民共和国法律，人民法院审理案件在认定事实和适用法律方面存在重大困难；（六）外国法院对案件享有管辖权，且审理该案件更加方便。"

第三节　关于自贸区涉外知识产权纠纷的法律适用

2010 年 10 月 28 日第十一届全国人民代表大会常务委员会第十七次会议审议通过了《涉外民事关系法律适用法》，其中第七章规定了知识产权的法律适用。自贸区涉外知识产权纠纷的法律适用应当遵循上述规则。

一、自贸区涉外知识产权归属与内容的法律适用

《涉外民事关系法律适用法》第四十八条规定："知识产权的归属和内容，适用被请求保护地法律。"本条采用概括性的规定，没有对知识产权进行著作权、专利权、商标权、其他知识产权等具体权利类型进行划分，统一适用被请求

保护地法。

被请求保护地不等同于法院地。在实践中，有时权利人要求一国法院保护的并不是法院地国的知识产权，此时法院地与被请求保护地就会不一致。被请求保护地也不等同于来源国。在涉外知识产权纠纷中，如果权利人在权利来源地国提起保护请求，被请求保护地和来源地国就重合；如果权利人在权利来源地国之外提起保护请求，则两者并不重合。在明确被请求保护地并不等同于法院地和来源地之后，我们可以将被请求保护地理解为被请求保护所依据的实体法所属的国家。

本条冲突规范的范围是"知识产权的归属和内容"，因此对"归属和内容"作何理解决定了本条的具体适用范围。知识产权的归属是指某一知识产权归谁所有，知识产权的内容如何解释则应当从体系解释方法出发予以界定。《涉外民事关系法律适用法》第七章整章规定的是涉外知识产权的法律适用，其中第四十九条和第五十条分别规定了涉外知识产权合同关系和侵权关系的法律适用，从体系逻辑上看，本条与其余两条应该属于一般规定和特殊规定的关系。因此，本条的适用范围原则上包括涉外知识产权合同关系和侵权关系之外的所有问题。故对此宜采取广义解释，即这里的"知识产权的内容"包括知识产权取得、效力、范围、期限、终止等问题。

二、自贸区涉外知识产权合同的法律适用

《涉外民事关系法律适用法》第四十九条规定："当事人可以协议选择知识产权转让和许可使用适用的法律。当事人没有选择的，适用本法对合同的有关规定。"知识产权转让是指知识产权出让主体与知识产权受让主体，根据与知识产权转让有关的法律规定和双方签订的转让合同，将知识产权权利享有者由出让方转移给受让方的法律行为。知识产权许可是指许可方将所涉及知识产权授予被许可方按照约定使用的活动，一般可分为三类：独占许可、排他许可和普通许可。本条是关于涉外知识产权转让和许可使用法律适用的规定，原则上适用当事人选择的法律，在当事人没有选择法律的情况下，适用《涉外民事关系法律适用法》第四十一条关于合同的规定，即"适用履行义务

最能体现该合同特征的一方当事人经常居所地法律或者其他与该合同有最密切联系的法律"。这一规定体现了知识产权转让和许可使用协议的本质属性，尊重了当事人的意愿，有助于维护法律关系的稳定性与可预见性，有利于促进知识产权的顺利流转。

在涉外知识产权合同当事人没有选择法律的情况下，与一般涉外合同关系一样，依照特征性履行方法和最密切联系原则确定合同的准据法。但是，在运用特征性履行方法确定准据法时，知识产权合同的特殊性与复杂性给特征性履行地的确定带来了很大的困难。鉴于此，知识产权转让或者许可合同中，特征性履行可不必根据抽象、客观的标准统一确定，而是可以通过最密切联系方法根据个案具体情形确定。当转让人或者许可人的履行行为更能体现该合同的本质特征时，可以认为该履行属于特征性履行，此时应适用转让人或者许可人经常居所地法律；当受让人或者被许可人的履行行为更能体现该合同的本质特征时，该受让人或者被许可人的履行属于特征性履行，此时应适用受让人或者被许可人经常居所地法律；当存在交叉许可或者转让的情况下，双方当事人的履行都属于特征性履行，此时法院可以选择适用任意一方当事人的经常居所地法律。

三、自贸区涉外知识产权侵权的法律适用

《涉外民事关系法律适用法》第五十条规定："知识产权的侵权责任，适用被请求保护地法律，当事人也可以在侵权行为发生后协议选择适用法院地法律。"依据本条，知识产权的侵权责任，原则上适用被请求保护地法律，但当事人可以通过协议选择适用法院地法律。这一规定不仅摒弃了侵权责任适用侵权行为地的传统立法，而且独创性地引进了有限的当事人意思自治原则。此处的"被请求保护地"与第四十八条中的"被请求保护地"具有相同含义，即被请求保护的权利地。而且被请求保护的权利地是针对当事人而言的，是当事人认为其享有权利并请求对该权利给予保护的地方，至于当事人是否真正享有权利并能获得保护，则取决于被请求保护地法律。因而，这里的被请求保护地是程序意义上的，而不是实体结果意义上的保护地。本条将适用被请求保

护地法律原则作为知识产权侵权法律适用的一般规则，而没有采取传统的"侵权行为适用侵权行为地法"的冲突规范规则。在司法实践中，应当避免错误适用侵权行为地法的规则来确定涉外知识产权侵权纠纷准据法的现象。

第四节　关于自贸区知识产权保护问题的探讨

一、自贸区定牌出口贸易中的知识产权保护

　　国外品牌在中国国内的大量注册，在国内与国外商标注册人不一致的情况下，定牌出口贸易中的商标侵权争议将由此产生。自贸区内定牌加工贸易在实践中的表现形式可能会较为复杂，既可能有传统的定牌生产加工出口，也可能有纯粹的成品定牌出口，或者组件拼装后的定牌出口。侵权者有可能利用自贸区在区内相对宽松的监管政策大肆从事知识产权侵权行为，应当对此予以采取防范对策，避免自贸区成为知识产权侵权者的天堂。妥善处理涉外定牌加工商标侵权纠纷，需要全面考量此类纠纷涉及的各方利益。在司法实践中，涉外定牌加工商标侵权问题也不仅仅是单纯的法律问题，还涉及诸多的司法政策问题。审理涉外定牌加工案件还应结合当下社会经济的发展情况，充分发挥利益平衡在知识产权审判工作中的作用，有效平衡商标权利人和其他各方的利益。在判断涉外定牌加工是否侵犯商标专用权时，我们应当立足商标法的立法宗旨，当国内商标权人的利益与定牌加工行业的利益相冲突时，通过利益平衡，适时地调整知识产权司法保护政策，在不损害国内商标权人合法利益的前提下，对国内商标权人的权利进行相应的限制，有效解决就业、推动经济发展。由于定牌加工商标侵权纠纷现实情况较为复杂，需要研究归纳审判实践中应重点审查的要素，为判断定牌加工是否构成侵权提供统一的指导。具体来说，法院在定牌加工商标侵权纠纷案件的审判实践中应注重审查四个方面，以判断定牌加工产品是否构成侵权：（1）审查商标注册情况，即境外委托方在产品销往国是否享有商标权或其使用许可。（2）审查商标使用情况，即定牌加工产品上标注的商标是否严格按照该商标在境外注册的内容及

核准类别使用。（3）审查产品销售情况，即定牌加工产品是否全部销往委托方享有权利的地域。（4）审查加工企业的注意义务履行情况，即加工方是否切实审查核实了委托方的商标权证明文件。上海法院在相关判决中认为，商标的基本功能是区分商品或服务来源的识别功能，侵犯商标权其本质就是对商标识别功能的破坏，使得一般消费者对商品来源产生混淆、误认。如果定牌加工涉案产品全部出口，未在中国境内销售，中国的相关公众在国内不可能接触到涉案产品，不会造成国内相关公众的混淆和误认。这种加工使用商标的行为不会构成混淆和误认，不构成商标侵权。对自贸区企业在定牌加工出口贸易中的商标侵权纠纷，可以参考借鉴上述做法。

　　鉴于自贸区定牌出口贸易中的商标保护问题在实践中的争议较大，而自贸区司法实践中此类案件数量又较多，有必要深入探讨。有观点认为，商标与产品相结合后，还必须投入市场流通领域，才能真正起到商标的区分作用。在涉外定牌加工贸易方式中，受委托加工的产品在境内并不进入市场流通领域，而是需要依照合同约定，全部交付委托方，由委托方投入其所在国或者第三国市场。在这种情况下，加工方所贴附的商标在中国境内不能实际发挥识别商品来源的功能，不能认为在中国境内使用了该商标。进一步说，由于涉外定牌加工所生产的产品并不在境内销售，相关公众也不可能产生混淆，不会对商标的区分来源功能造成损害，因此不应被认为构成侵权。但是，涉外定牌加工引发的商标侵权纠纷具体情况各不相同，实践中甚至可能出现故意利用定牌加工的形式制造销售假冒商品的违法行为。在商标侵权判定的司法实践中，主要应当考虑是否存在恶意利用权利人商标商誉的情况。当存在恶意利用权利人商标商誉从而认定构成侵权时，侵权行为人应当是定牌加工中的委托方，因为被控侵权商标的使用人是委托方，而不是加工方。加工方如果违反注意义务的，或者有故意参与实施恶意利用请求保护商标商誉的行为，可以构成共同侵权，并进而承担侵权赔偿责任，否则加工方仅需承担停止侵权的责任。

　　也有另一种观点坚持认为，如果原告在中国注册商标与该加工制造商品上使用的商标相同或近似，商品构成相同或类似，该指定使用商标已贴附于加工制造商品或其包装上，或有证据证明该商标即将被贴附于该商品或其包装上，原则上就应当认定该定牌加工商品属于侵权商品。只有在委托方为涉案商标的原创者，是目标市场国或地区的商标注册人，该加工制造商品在目标市场国或地区不属于商标侵权商品且不在中国境内销售，同时该加工制造商品与原告商品的包装装潢、厂名、厂址不相同不近似，才可以例外地不构成商标侵权。2013 年修订的《商标法》明确，未经商标注册人的许可，在同一种商品上使用与其注册商标相同的商标的即构成商标侵权，并不要求考虑混淆因素。实践中，随意解释"商标使用"的内涵，对商标法的准确适用将产生负面影响，不利于中国打击跨国境假冒商品贸易，也不利于上海自贸区的健康发展。

对此，我们认为定牌加工出口贸易中的商标侵权案件处理应当结合我国对外加工贸易产业发展形势、国际和国内经济发展所处阶段、国际保护惯例和法律适用标准等因素综合确定。现阶段，我国正积极实施创新驱动发展战略，需要通过司法政策的调整促进经济结构的调整以及经济发展方式的转变，使经济社会发展更多地依靠创新驱动。要通过加强知识产权保护自觉维护我国负责任大国的国际形象，提升我国的国际地位和国际影响力。

二、自贸区货物转运贸易中的知识产权保护

货物转运贸易作为一种贸易形态有其存在的必要性和合理性。自贸区总体方案鼓励的中转集拼业务、沿海捎带业务和国际中转货运等都将极大地推动自贸区货物转运贸易发展。在转运贸易中，过境国实际上扮演着过境通道的角色。通道本身应该是中立和无害的，并且保持畅通，以实现快速通过的重要作用，从而降低国际贸易的运输成本，最终惠及全世界范围内的终端消费者。而我们所讲的"过境"是过境国提供运输通道方便的同时，过境产品不会进入过境国的市场进行流通，不会对过境国造成竞争损失。实践中，知识产权货物在过境国侵权，而在货物始发地的出口国和货物目的地的进口国也不一定侵权。那么，在临时过境环节判断知识产权侵权与否的合理性本身就值得怀疑了。

美国自 20 世纪 70 年代起陆续出现了一系列利用自贸区转运和仓储自由的规定进行跨国知识产权侵权的情况。20 世纪 70 年代末美国 A.T.Cross 公

司诉 Sunnil 贸易公司案,20 世纪 80 年代的 Reebok 诉 American Sales 公司案,以及 20 世纪 90 年代的 Ocean Garden 公司诉 Marktrade 公司案等都涉及对转运货物进行知识产权边境执法,通过一系列案例确立了对转运货物进行知识产权边境执法的规则,即无论转运货物是否进入美国,无论在美国领土上的具体行为(往往是跨国侵权链条上的一环)是否违法,只要其转运人整个行为违反了海关法律制度,侵害了美国权利人的利益,损害了美国自贸区的海关管理秩序,则海关都有权进行知识产权执法。应当说,美国之所以对转运侵权货物不加区分地采取边境措施,主要是为了维护其作为知识产权大国的国家利益。

2011 年 10 月通过并向世界贸易组织(World Trade Organization , WTO)成员开放签署的反假冒贸易协议(Anti-Counterfeiting Trade Agreement , ACTA)虽然规定将边境执法从进口环节延伸至转运环节,但该项义务并非强制,仅系成员方可选择的执法义务。相对而言,欧盟只有在转运货物"有进入市场可能性"的情况下才采取边境措施。当然,转运货物在一定情况下仍可能侵犯知识产权:尽管过境货物没有进入欧盟市场流通,比如只是在海关的中止放行程序中,甚至还没有进入欧盟境内,但货物已签订合同,而货物的目标市场是欧盟市场,这样的销售、许诺销售或者广告行为,及其指导手册等文件都能表明其目标是在欧盟市场流通。除了目标市场为欧盟的商业合同以外,还有些情况也可能被怀疑为侵犯知识产权并被欧盟成员国的海关当局予以扣押,即:有明确的征兆证明货物即将在欧盟市场流通,而以前提供的是虚假目的地。在这些情况下,欧盟成员国的海关当局应该立刻扣押货物。上述所谓征兆在欧洲法院的裁决中已经说明,主要包括:当进入海关的中止放行程序时,不肯表明货物的目的地;缺少精确的、可信的制造者和货主的信息,而海关立法又要求提供上述信息;不与海关当局合作,或者不提供相关证明文件和联系方式。当然这些怀疑在各个案件中都要基于具体事实来判断。欧盟施行的上述政策实现了知识产权边境保护和贸易自由化之间的平衡,因此更加合理。

实践中,转运货物类型多样。有的直接过境,属于外国商品单纯转运;有的转运虽然不进入自贸区所在国国内市场,但存在自贸区仓储行为;而有的则有可能进入国内市场。上海自贸区对转运侵权货物的处理应根据转运类型的不同区别处理。中国作为发展中国家，司法实践应当从提高通关效率、促进贸易自由的角度出发，对纯粹的临时过境行为不认定知识产权侵权，同时借鉴欧盟的做法，仅对"有进入市场可能性"影响本国利益的货物才采取边境措施。此外在具体实施过程中，海关必须依据"合理的理由"才可依职权启动转运货物的执法措施，权利人必须有"确切的证据"才可申请启动转运货物的执法措施。

三、自贸区平行进口贸易中的知识产权保护

平行进口问题是经济全球化发展不平衡的产物。一方面资本试图最大限度地根据各国不同情况分割市场；另一方面市场又不可能静止不动，一旦有价格落差，马上就会有人从中发现商机。平行进口问题从实质上来讲是全球化背景下知识产权地域性与贸易自由之间的冲突。自贸区内跨境贸易电子商务服务平台和保税展示交易平台等新型业态将直接影响并推动自贸区平行进口现象的产生，对此要有针对性地提前做好应对准备，协调好平行进口出现后产生的利益失衡。

（一）自贸区内新型业态的表现形式

1. 跨境贸易电子商务服务平台

跨境电子商务，是指分属不同关境的交易主体，通过电子商务平台达成交易、进行支付结算，并通过跨境物流送达商品、完成交易的一种国际商业活动。上海自贸区 2013 年 12 月 28 日启动中国首个跨境贸易电子商务试点平台，试点平台包含了"跨境通"网站、报关报检、个人行邮税网上征缴、跨境外汇支付等系统。普通消费者通过"跨境通"网站订购的进口商品，可通过跨境外汇支付，经入驻"跨境通"的相关商家电子报关报检，再经海关征收个人行邮税后，快速入境并被快递公司直接送至消费者手中。普通消费者通过"跨境通"网站进行的"海淘"，本身属于政府许可的合法交易，虽然也要支付关税，但由于传统进口贸易的环节加价要远高于关税成本，这使得通过"跨境通"网站开展跨境电子商务所进口的商品在价格和品质上都具有竞争力。目前的测算是，同样的国际品牌商品，在"跨境通"网站上的价格大概比国内实体零售店优惠

30%。央行发布的《关于金融支持中国(上海)自由贸易试验区建设的意见》中指出,可通过设立本外币自由贸易账户实现分账核算管理,账户资金可自由划转等。境外商户在自贸区内开设相应的账户相当于境外账户,将使结算更加便利,这无疑将进一步推动跨境电商平台和跨境通"海淘"业务的发展。

2. 保税展示交易平台

通常情况下,国外的商品进入国内展示,需要经过复杂的通关流程,先报关缴纳关税,成为一般贸易货物,然后进入到国内各商品展示交易市场。如果因为商品市场行情不好,该商品无法卖出,企业将面临巨大经济损失;如果市场行情很好,但是供货量不足又会丧失市场商机。因此通关流程复杂、成本难以控制、反应不够灵活成为一般贸易货物展示交易的瓶颈。而搭建保税展示交易平台将确保商品展示可以享受若干优惠政策,如:免税、保税、退税、免证、无仓储期限限制、分送集报等。在这种政策优势下,境外商品入区只需办理备案手续,展示商品在保税区的展厅内也属保税货物,有成交再报关进口或复出境外。这既保障了企业资金的合理利用,减少了货物在港口上的储存时间,降低了各项成本费用,同时也避免了在港口存放期间因温度、光线、湿度不适对展示货物造成一定程度的伤害。通关后,客户可从保税港区直接提货,大大提高了买卖成交的速度和效率。因此经营成本、经营风险都会得到控制,从而使得企业经营灵活性大大增加。

目前上海自贸区搭建的保税展示交易平台在商业模式、监管模式、税款分离及产城融合四个方面均具有新的突破与创新。第一,展示交易方面,工业产品向消费品跨越,由传统的企业间工业产品分拨功能升级为面向零售市场的高端消费品;第二,电子围网方面,由保税区铁丝网的物理围网向系统信息化的电子围网升级,将海关专用监管系统与 WMS 仓库管理系统、商场 ERP 管理系统整合对接,通过专用模块联网对进口消费品的流向实施状态监管;第三,清分平台方面,经济担保向信用担保升级,进口商品实现销售后,通过银行清分平台,以"T+1"的方式,货款进入商家账户,税款进入商业运营账户,确保税款及时到账;第四,产城融合方面,发挥自贸试验区辐射效益,探索建立产城融合发展的联动模式,建立贸易便利的长效机制,带动区域整体发展。以一件境外商品为例，如果该商品要进入中国市场，可分为进境、入库、分拨出区、保税展销四个环节，在进境前先进行预归类及价格审核，完成海关进境备案申报工作，然后进入保税区指定的分拨仓库，并在此完成预检验、报关、安检、查验等流程，随即进入保税展示交易平台，在电子围网的监控下进行展销，销售完成后再向海关集中进行报关完税；如若该商品没有实现销售，则可以自由返区离境，开始新的旅程，而在传统进口商品零售模式下，进口商品则是先清关完税后再进行销售，如果销售不畅则成为商家的存货，这意味着该商品的国际之旅也就在此戛然而止。由此可以看出，保税展示交易平台实现了内外贸在零售环节的对接，促进国际商品进入国内市场，进一步增强了贸易便利化；通过品牌全球调拨，参与国际贸易的资源配置，进一步扩大了进口贸易，形成综合优势，实践了自贸区"贸易自由"功能；提升了品牌商降低商品售价的积极性，从而让利顾客，拉动国民的进口消费额。

（二）自贸区平行进口贸易的司法应对

是否允许平行进口，关键在于知识产权权利人在商品售出之后是否还可以继续控制商品的流转，或者说权利人在商品售出之后权利是否已经用尽。而对权利用尽范围的认识，直接决定了是否允许平行进口。持权利国内用尽观点的，否定平行进口；持权利国际用尽观点的，则肯定平行进口。2008年修改专利法时，考虑到我国的产业发展在相当程度上仍然依赖于国外技术和产品及其零部件的引进，明确规定专利产品或者依照专利方法直接获得的产品，由专利权人或者经其许可的单位、个人售出后，进口该产品的，不视为侵犯专利权。这就等于承认了"专利权用尽"的范围应当是"国际用尽"。可以说，我国在现有立法框架之下对专利产品的平行进口问题态度明确，即允许平行进口。商标产品的平行进口与专利产品平行进口相比较，商标产品平行进口的司法政策则没有那么清晰。这主要是因为处理商标产品的平行进口问题涉及消费者利益、商标权人利益以及国家贸易政策等多重因素的利益衡量，需要区分不同情形作出区别化处理。同时，由于对各种利益优先考虑的顺位不同，实践中又产生了不同的观点和做法。但不论哪种观点，有两项基本的原则值得参考借鉴：一是不得导致消费者对商品来源发生混淆。二是不得导致商标权人商誉不合理受损。如有关货物的状态或质量在进入市场后有所改变或受损,则不应允许此类货物的平行进口。我们认为,在自贸区地域范围之内,考虑其特殊地位,如果商品在入境时清楚标明了真实来源,商品质量与状态在境内外比较基本相同,则应当允许平行进口。相类似地,我国香港就基于其自由港的特殊地位,在 2004 年《商标条例》中规定了商标权的国际用尽,允许平行进口。该条例规定,如果就某些已在世界上任何地方推出市场的货品使用某注册商标,而该等货品是由拥有人或经其同意,不论是明示或隐含的同意,也不论是附有条件或不附条件的同意,该项使用并不侵犯该注册商标。当然,由于允许平行进口不仅影响进口国的商标权人,还影响独占许可人的利益,独占许可人往往付出巨大代价方才取得相应垄断地位。对是否在审判实践中一般地允许商标平行进口,还需要在各种利益之间作更为全面和审慎的考察与衡量。

第七章　上海自贸区航运案件的审理

第一节　海事审判与自贸区建设的关系

按照国务院《总体方案》要求,"提升国际航运服务能级"是上海自贸区建设的主要任务和措施之一。具体包括:积极发挥外高桥港、洋山深水港、浦东空港国际枢纽港的联动作用,探索形成具有国际竞争力的航运发展制度和运作模式。积极发展航运金融、国际船舶运输、国际船舶管理、国际航运经纪等产业。加快发展航运运价指数衍生品交易业务。推动中转集拼业务发展,允许中资公司拥有或控股拥有的非五星旗船先行先试外贸进出口集装箱在国内沿海港口和上海港之间的沿海捎带业务。利用中资"方便旗"船税收优惠政策,促进符合条件的船舶在上海落户登记。在试验区实行已在天津试点的国际船舶登记政策。简化国际船舶运输经营许可流程,形成高效率的船籍登记制度。2015 年 4 月 20 日,在上海自贸区扩区之际,国务院又发布了《改革方案》,其中提出上海自贸区建设要加强与上海国际经济、金融、贸易、航运中心建设的联动,要"完善具有国际竞争力的航运发展制度和运作模式。建设具有较强服务功能和辐射能力的上海国际航运中心",不断提高全球航运资源配置能力和国际竞争力。

根据《最高人民法院关于海事法院受理案件范围的若干规定》,有四大类共计 63 项海事海商纠纷属于海事法院专门管辖,其中涉及海上、通海水域货物运输合同纠纷(包括远洋运输、含有海运区段的国际多式联运、沿海和内河运输,以及水水联运、水陆联运等水上货物运输合同纠纷),船舶经营管理合同纠纷,船舶融资租赁合同纠纷,港口货物保管合同纠纷,船舶代理合同纠纷,货运代理合同纠纷,海上保险(保赔)合同纠纷,船舶交易和权属纠纷(包括买卖、建造、修理和所有权、抵押权等),海运欺诈纠纷等。这些纠纷类型与上述自贸区航运建设主要任务存在着密切的交集关系,妥善审理好此类纠纷,对自贸区航运制度创新具有十分积极的保障作用。

除此之外,自贸区制度变化还会对传统航运交易模式和司法裁量标准产生一定的影响。比如,航运实践中有关船舶代理、货运代理等服务类合同较多采用长期框架协议的方式签订,随着自贸区制度创新或政策调整,可能使得长期框架协议下原先的订约基础、履约条件发生变化,导致合同无法履行或显失公平。又比如,航运业是许可经营要求较高的行业,未经许可从事相关活动,一般会产生合同无效或过错推定的法律后果,但实行"负面清单"管理模式后,司法裁判的理念和标准也需要作出相应的调整。

第二节　涉自贸区海事海商纠纷态势研判

根据司法一般规律,相对于经济社会发展,纠纷进入司法领域具有一定的滞后性。上海自贸区挂牌以来,因自贸区制度创新所引发的或与之直接相关的航运纠纷在海事审判中尚未有明显反映,但登记注册于自贸区内航运企业涉诉的海事海商案件仍有一定的数量且呈小幅增长趋势。以下系根据 2013 年、2014 年两个年度(即自贸区挂牌前后一年),上海海事法院受理的当事人主体涉自贸区海事海商案件所作的统计研判。

2013 年、2014 年,上海海事法院受理的一审海事海商案件分别为 1820 件和 1892 件(不含执行、保全和特别程序案件),其中当事人住所地或经营地位于上海自贸区地域范围内的分别为 109 件和 119 件,分别占全部一审海事海商案件的 5.99% 和 6.29%。

一、涉案企业区域分布

在上海自贸区地域覆盖范围内(扩区之前),当事人住所地或经营地位于洋山保税港区的案件有 185 件,占 81.1%;位于浦东机场和空港保税区的案件有 28 件，占 12.8%；位于外高桥保税区和外高桥保税物流园区的案件有 16 件，占 6.5%。

二、涉案纠纷主要类型

现阶段，上海自贸区内航运纠纷的主要类型仍为传统的货运代理合同纠纷和海上货物运输合同纠纷。据统计，2013 年、2014 年两个年度，货运代理合同纠纷 118 件，占 51.75%；海上货物运输合同纠纷 92 件，占 40.35%；船舶修理合同纠纷、船舶物料和备品供应合同纠纷、船舶碰撞纠纷各 3 件；船舶代理合同纠纷、船舶融资租赁合同纠纷各 2 件；海上保险合同纠纷、光船租赁合同纠纷、打捞合同纠纷、海上人身伤亡纠纷、港口货物保管合同纠纷各 1 件。

三、涉案企业构成及诉讼地位

统计数据显示，在前述 228 件涉自贸区案件中，一半左右的区内企业属上港、中远、中海等大型航运集团旗下，且以上述区内企业作为原告的居多，约占 67.5%。由此可以得出一个初步判断，即虽然上海自贸区挂牌以来，区内新设企业数量增长较快，但从目前反映的情况来看，涉诉企业的资信和经营状况总体是健康的，尚未出现因自贸区企业登记制度变化或重点项目实施而引起纠纷骤增的现象。

当然，随着区内注册企业的增多和业务陆续展开，不可避免会产生纠纷。尤其是中小航运服务型企业，因准入门槛降低，带来了资金流动性和风险承受力相对较弱的问题，预计未来一段时期，相关纠纷可能会有一波阶段性的增长。①

---

① 2015 年仅上半年上海海事法院已受理涉自贸区案件 209 件，累计涉案标的人民币 3465.14 万元。案件类型为：实体类 144 件，包括船员劳务合同纠纷 102 件、海上货运代理合同纠纷 30 件、船舶物料和备品供应合同纠纷 4 件、海上货物运输合同纠纷 2 件、租船合同纠纷 3 件、船舶共有纠纷 1 件、船舶营运借款合同纠纷 1 件、船舶触碰损害赔偿纠纷 1 件；程序类 65 件，包括申请海事债权登记与受偿案件 27 件、申请海事请求保全案件 37 件（涉及 3 艘船舶扣押）、申请设立海事赔偿责任限制基金 1 件。

第三节　自贸区海事纠纷解决机制的探索与实践

一、对涉自贸区海事纠纷案件实行专业化的集中审理

如前统计数据反映,涉自贸区海事纠纷案件在海事法院的总收案中占有一定的比例。随着 2015 年 4 月上海自贸区《改革方案》的实施,区域面积由 28.78 平方公里扩大到 120.72 平方公里以及制度创新的不断深入、复制、推广,对海事司法的需求将会有新的增长。在此背景下,上海海事法院于 2015 年 4 月 27 日设立了上海海事法院自由贸易试验区法庭。上海海事法院自由贸易试验区法庭主要审理以下几类海事海商案件:(1)以上海自贸区内登记设立的企业或有关组织为当事人的案件;(2)与上海自贸区特殊监管政策有关的案件;(3)从事上海自贸区开放经营范围内的业务过程中发生的纠纷案件;(4)涉及上海自贸区重大功能性项目实施的案件;(5)其他与上海自贸区建设有关的案件。

二、确定涉自贸区海事纠纷案件的审理要求

为加强对涉自贸区海事纠纷案件的审理,上海海事法院在其 2015 年 4 月 8 日发布的《关于强化海事司法职能服务保障国家战略的工作意见》中专门作出了安排。具体包括:

(一)促进航运服务能级提升

航运服务业涉及的领域广泛,包括国际船舶运输、国际船舶管理、国际航运经纪、国际货运代理等,而国际货运代理又是其中交易量巨大、纠纷易发多发的板块。根据上海海事法院历年统计数据,货运代理合同纠纷占到该院全部案件类型中的三分之一,有时甚至超过半数。自贸区设立后,在航运方面落地最快、成效最显著的是海关通关便利化措施,而这又恰恰是国际货运代理企业每天、每单业务都会涉及的业务。因此,上海海事法院针对这类业务中可能产生的纠纷,提出要认真分析上海自贸区通关方式、转变对传统货运代理事项

及其业务流程产生的影响,结合货运代理行业向航运综合物流服务升级转型的发展趋势,准确判定货代企业与委托方之间的权利义务内容及责任界限。对因自贸区内法律或政策变化,导致原先已经订立的定期(批量)合同继续履行显失公平的,应加强释明和调解工作,依法公平合理地加以调整。对自贸区"负面清单管理"中涉及的航运开放措施,注意区分其在投资领域和特许经营领域的不同效力,准确认定违规从业和过错责任,保障开放政策有效落地。

(二)服务航运金融产业发展

航运金融是一个地区高端航运业态发展水平和航运资源配置能力的重要衡量,当自贸区金融创新和开放程度不断深入并与航运产生交集融合时,各类新情况、新问题和新型交易形态对法律规制、调整、引导也必定产生迫切的需求。为适应这种需求,上海海事法院于 2015 年 12 月设立了专门的航运金融审判合议庭,选配学历高、业务强、经验足、具有国际化视野的资深法官组成专业审判队伍,并按照 1∶1∶1 的比例配置法官、法官助理和书记员,打造强有力的审判队伍。同时在航运金融司法理念方面,坚持保障金融自由与规范金融秩序、鼓励金融创新与防范金融风险并重,准确区分金融投资行为与金融投机行为,推动航运金融市场在合规有序、风险可控的基础上健康发展。针对自贸区航运金融产业发展的重点方向,海事法院则提出了要精心审理涉及保税货物仓单及其他海运单证质押融资、SPV 单船融资租赁、租船合同项下远期运价对赌协议等航运金融类纠纷案件;密切关注上海自贸区内航运运价指数衍生品交易开展情况,准确处理以运价指数为履行参照的现实交易纠纷;顺应上海自贸区和国际航运中心建设给航运保险业带来的发展契机,加强航运保险类案件审理工作,更好地体现保险在分散航运风险、稳定航运市场上的积极作用;对当事人提出的利息、汇差损失主张,可根据自贸试验区内利率市场化和人民币跨境使用试点工作的实际情况,选择恰当的认定标准,全面保护商业主体的合理预期。

(三)保障枢纽型、功能型航运中心建设

加快建设和完善枢纽型、功能型国际航运中心既是上海自贸区建设不可

或缺的组成部分,也是上海对接"一带一路"国家倡议的重要连接。① 这一点也被正式写入了上海市的"十三五"规划。规划中提出,未来5年上海将提升航运枢纽功能,用好上海自贸区试验区先行先试经验优势,进一步扩大服务业对外开放,努力成为支撑国家实施"一带一路"战略的重要枢纽城市。要推进以枢纽港地位和功能提升为依托的国际航运中心建设,增强配置全球航运资源能力,优化现代集疏运体系,推进江海直达,发展多式联运等具体任务。对照这些任务和要求,上海海事法院针对性地提出了要做好以海运为主的多区段全程运输(物流)案件审理工作,为上海自贸区内重点推进的启运港退税、外贸进出口集装箱沿海捎带、中转集拼等业务提供良好的纠纷解决渠道。充分认识国际贸易与国际运输的依存互促关系,通过案件审理妥善调整货方、船方的群体利益,推动共赢共荣发展格局的形成。依法运用裁判方式加强对国际海运欺诈行为的反制,保护进出口企业合法权益,维护国际贸易正常秩序。

(四)助力发挥船舶登记制度创新优势

船舶是航运最基本也是最重要的载体。具有竞争力的船舶登记制度直接关系到一个国家在全球范围内的船舶保有量,同时也是实现全球航运资源配置的一种有效手段。由于我国在船舶登记和管理方面的税费优惠与国际上一些"方便旗"国家相比缺乏优势,导致大量中资购买或建造的船舶在海外登记。为吸引这些船舶的"回归",早在2011年12月21日,交通运输部就正式下发了《关于同意上海海事局在洋山保税港区开展船舶登记工作的批复》,明确同意将"中国洋山港"作为一个新的船籍港,对注册在洋山保税港区的企业开展保税船舶登记业务。所登记船舶需同时满足"从事国际航运""洋山保税港区内注册的企业拥有或从境外光租的船舶""已经办理出口退税手续或予以保税的船舶"三个条件。但从法理上分析,船籍港并非一个法律概念,也并不当然等同于船舶国籍。根据国际私法通行的准据法适用规则,与船舶有关

---

①　2015年3月6日,上海市委书记韩正同志在第十二届全国人大第三次会议期间回答光明日报记者提问时谈道:一带一路是国家的重大倡议,上海可以在三个方面有所作为,一是进一步推动国际贸易合作;二是进一步扩大金融开放;三是加快建设和完善枢纽型、功能型航运基础设施建设和服务体系。

的多数问题应当适用船旗国法律。因此，假设洋山保税港区内的一家企业从境外光租了一艘悬挂外国船旗的船舶（光租合同下通常不会协议改变船舶国籍），又进行了保税登记，一旦发生纠纷，就有可能在当事人之间针对准据法的适用产生争议。从司法的角度，法院已经充分注意到此类情况，专门提出要以船舶交易及权属纠纷为重点，深入研究上海自贸区内国际船舶登记制度创新，进一步厘清各种不同类型登记的法律意义，明确涉及"中国洋山港"船籍登记的船舶类纠纷案件司法标准，促进更多符合条件的船舶在上海登记，并带动相关交易活跃开展。同时，还要加强对其他与上海自贸区、国际航运中心建设有关的诸如国际船舶管理、国际航运经纪等领域常见、易发纠纷的梳理，准确把握合同性质和法律关系，提高相关案件裁判能力。

三、涉自贸区海事纠纷解决机制的创新实践

除实行涉自贸区海事纠纷案件集中审理外，围绕自贸区国际化、法治化、市场化营商环境的需求，上海海事法院还在纠纷解决机制上进行了以下一些试点探索。

（一）加强与国际知名航运行业组织的协作，破解涉案海事纠纷审判难题

随着上海自贸区开放的不断深入和上海国际航运中心集聚效应的加速释放，海事纠纷案件中的涉外因素越来越多，其中关于境外主体的司法送达、境外证据的审查、外国法的查明等问题，历来严重影响涉外海事纠纷解决效率，破解这些难题的关键在于信息和渠道。近年来，一些国际知名的航运行业组织陆续在国内设立办事机构甚至地区分部，他们庞大的会员资源使其拥有了独特的信息优势，如波罗的海国际航运公会（The Baltic and International Maritime Council，简称 BIMCO）。[1] BIMCO 已经在上海设立了上海波罗的海

---

[1] BIMCO 具有 108 年的历史，是目前公认的最大的国际航运组织。现在全球拥有 970 家船东会员、涉及 1.5 万余艘船舶、7.03 亿载重吨运力，占世界海运业总运力的 65% 以上。国际海运和相关行业中有近 3/4 交易采用 BIMCO 编制的各类标准合同和条款。BIMCO 还在国际海事组织（IMO）、联合国经社理事会（ECOSOC）、国际商会（ICC）等国际组织中具有观察员身份。

国际航运公会中心。目前,上海海事法院正与该中心就相关协作需求进行密切磋商,并在获取国际航运形式及立法动态、协查境外航运企业注册(联络)信息、提供境外海事海商法律规定或司法判例等达成了初步一致。同时,上海海事法院的司法裁判也将通过该中心的平台向国际海事司法、仲裁界和航运界输出,进一步增强上海自贸区航运规则的透明度和影响力。

(二)建立诉讼代理概括性授权司法认可机制,提升纠纷解决的便利化程度

根据我国《民事诉讼法》的规定,在我国领域内没有住所的外国人、无国籍人、外国企业和组织委托我国律师或者其他人代理诉讼,来自于我国境外的授权委托书应当办理公证、认证手续,才具有效力。一些世界知名航运公司由于交易量庞大,在我国涉诉的情形时有发生。作为原告时,每次起诉都需要办理主体身份和授权委托书的公证、认证手续,诉讼成本高昂且耗时持久,有时甚至面临诉讼时效即将届满的窘境。作为被告时,从送达起诉材料到办齐诉讼代理人授权委托书的公证、认证,往往需要6个月甚至更长时间。在海事司法实践中,我们发现,大多数国际知名航运公司在我国境内都有相对固定的一家或几家律师事务所为其提供常年法律服务,有些纠纷一旦涉诉,很快就会有律师出面处理;但唯受制于一案一委托的公证、认证,诉讼案件难以及时进入实质性审理阶段。为解决这个问题,我们认为有两种途径可以尝试。其一,由境外公司授权一家我国境内的律师事务所或指定某律师,对一段时期内(一般为1到2年为宜)在一定区域范围内(比如上海地区各级法院受理的案件)的诉讼案件进行代理。其二,由境外公司授权其在我国境内的分支机构或关联企业,对一段时期内在一定区域范围内的涉诉案件代为委托诉讼代理人。这样,只需要对该份概括性的总授权文件办理公证、认证即可。近期,上海海事法院正在制定相关概括性授权文件的示范文本,按照该示范文本或满足示范文本实质性要求形成的授权文书,将会被法院所认可。该做法既满足了《民事诉讼法》对境外主体授权委托形式要件的要求,又能够切实降低当事人诉讼成本,提升纠纷解决效率。

（三）创新网上船舶拍卖新模式，以高度透明的市场化方式提高船舶变现清债能力

航运市场中的众多中小船企，通常流动资金规模较小，一旦经营不善无力偿还债务，就会面临被申请拍卖船舶。长期以来，上海海事法院拍卖船舶的传统方式是由法官、船舶检验师、拍卖机构拍卖师共同组成船舶拍卖委员会，通过平面媒体发布拍卖公告，在法院船舶拍卖大厅或其他拍卖场所现场拍卖。近几年来，由于航运市场持续低迷，船舶交易价格大幅下滑，进入拍卖程序的船舶数量明显增加的同时，待拍船舶无人竞价、多次流拍的现象也屡屡发生，由此导致船舶看管期延长、费用增加，船损加大、贬值加速，对债权人和债务人的利益保护均不利。为突破传统船舶拍卖方式下的困境，上海海事法院与上海联合产权交易所合作，运用上海联合产权交易所的网络平台进行网上船舶拍卖，并取得成功。[①] 网上拍卖船舶顺应了互联网时代的市场交易特点，与传统船舶拍卖方式相比优势明显。一是船舶拍卖信息通过互联网、微信等电子渠道发布，克服了平面媒体的时间、空间限制，传播速度更快，受众面更广，发布内容更丰富，可以更加有效地辐射到每一个潜在竞买人。二是竞买人网上竞价，无需拍卖师主持，无需亲赴现场或委托他人到现场举牌，交易成本大为降低，交易过程更加便利，大大提高了竞买人参与拍卖的积极性。三是竞价充分，不仅能够有效避免竞买人恶意串通压低船价，而且能够使最终成交价最大限度地接近市场实际，成为一个客观真实的价格发现和实现过程。四是完全通过网络系统自动控制竞拍过程，全程可视可控，避免了人为干扰，在法院与评估拍卖机构之间建立起双重"隔离带"，拍卖过程更加规范安全，拍卖程序更加公开透明。

（四）推行海事纠纷司法委托仲裁调解机制，提供更为灵活的多元纠纷解决方式

我国上海海事法院1984年成立至今，审理了大量海事海商案件，已经形

---

① 2014年11月28日15时17分，经过上海联合产权交易所官方网站交易平台上前后5小时共32轮的竞价，上海海事法院以604万元的价格成功拍卖一艘总吨3880吨、载重量8300吨的干货轮——"富通09"轮。这是上海法院系统首次网络拍卖船舶，其竞价激烈程度大大超过同时期传统船舶拍卖方式，较为有力地实现了船舶拍卖价值的最大化。

成了一套成熟的海事司法机制。但从世界范围来看,国际航运领域历来具有以海事仲裁方式解决纠纷的传统,多数国家没有专门的海事法院。伦敦作为国际公认的航运中心,其航运服务业高度发达,尤其以海事仲裁而著称,"在伦敦仲裁,适用英国法"的条款被大多数租船合同所接受。国际化的自贸区不仅体现在扩大开放,也体现在与国际通行做法的接轨。尊重航运纠纷的仲裁习惯,将仲裁的元素和优势与海事司法相衔接,将更易被航运主体尤其是涉外航运纠纷当事人所接受。为此,上海海事法院与中国海事仲裁委员会上海分会建立了海事纠纷委托调解工作机制。即上海海事法院受理的案件,在征得各方当事人自愿的前提下,委托航运仲裁机构所设的调解中心进行调解,达成调解协议后由法院出具调解书予以确认,调解不成的再进入司法诉讼程序。调解过程中,如果当事人愿意仲裁的,也可以通过仲裁解决。2014 年全年,上海海事法院委托中国海事仲裁委员会上海分会通过上述机制共调解 44 起案件,截至 2014 年年底,已调解成功 12 起。

(五)积极适应政府职能转变背景下的航运管理需要,协力强化事中事后监管效能

为贯彻简政放权,推动政府职能转变,交通运输部拟调整对无船承运业务的管理权限。借助上海自贸区的"试验田",交通运输部指定上海进行试点,自 2014 年 5 月 15 日起,"公司(含分支机构)或境外公司指定联络机构注册在上海的无船承运业务经营资格审批由上海市交通运输主管部门负责"。无船承运人通常不具备自有船舶,抵御市场风险的能力和债务承担能力相对较弱,因此需要在交通运输主管部门交纳人民币 80 万元的保证金或提供保证金保函或投保无船承运人保证金责任保险,作为承担民事责任的保证。为了使该项制度充分发挥其促进无船承运市场健康、有序、稳定的作用,上海海事法院与市交通委专门联合制定了司法保全、执行无船承运人保证金的操作规程。此外,针对司法实践中无船承运企业送达困难的问题,探索建立在申请无船承运经营资格时主动申报司法送达地址确认的制度。该申报并非强制性的前置条件,但一旦进行申报,则对相关当事人具有法律上的约束力。同时,企业申报的确认地址将在市交通委公开的登记信息中显示,交易相对方可以查询,若查询结果为未登记,可能影响交易相对方对其的资信评价,即以市场的力量来促使企业更加趋于诚信。上海海事法院还将根据案件中反映出的无船承运人违规经营现象(未取得无船承运业务经营资格,但以承运人身份签发提单;未取得无船承运业务经营资格,并以不存在的或未经授权的第三人的代理人名义签发提单;向托运人转交不具有无船承运业务经营资格的单位签发的提单;虽具备无船承运业务经营资格,但签发的提单与其在交通部备案登记的提单不符),定期进行汇总梳理,向市交通管理部门通报相关涉诉情况,为交通主管部门的事中事后监管提供依据或线索。

第四节　涉自贸区航运纠纷法律问题研究

自贸区是改革的试验田,一系列制度创新、政策调整和项目落地必然催生新的航运业态和新的交易方式,反映到海事海商纠纷的处理中,可能会直接或间接产生相关的法律适用问题。根据司法经验预判,以下若干方面值得关注。

一、自贸区制度创新下"情势变更原则"的适用问题

所谓"情势变更原则"是指合同成立以后客观情况发生了当事人在订立合同时无法预见的、非不可抗力造成的不属于商业风险的重大变化,继续履行合同对于一方当事人明显不公平或者不能实现合同目的,当事人请求人民法院变更或者解除合同的,人民法院应当根据公平原则,并结合案件的实际情况确定是否变更或者解除。①

航运实务中,出于交易效率和规避市场波动的目的,航运物流服务合同较多采用长期框架协议的方式签订(即在一段时间内采用相同的条件开展同类业务),这种情况在货运代理类的服务合同中尤为普遍。随着自贸区实行"一线逐步彻底放开、二线安全高效管住、区内货物自由流动"的海关监管模式,进出口企业通关成本降低,并且对区内货物流动可以选择使用自有车辆,这些

① 《合同法解释(二)》第二十六条。

变化显然与原先签订协议时的订约基础、履约条件存在较大差异。当事人能否据此依据"情势变更原则"，请求变更或解除合同？

我们认为，不能不加区别地一概而论。人民法院在审查时应注意把握"无法预见"这个关键要件。法律、政策调整在一般情况下可以被认定为情势变更的事由，但需要注意的是，自贸区建设中的制度创新或政策调整并非全是突然发生，特别是一些重大措施出台前，政府相关部门往往已经通过各种途径进行了"吹风""预热"，市场主体对这些措施实施后产生的影响应当有所预判，除非此种影响超出正常商业判断所能估计的范围。若当事方因预判不足导致自身处于不利交易地位，应属其自身商业风险，不宜适用"情势变更原则"。

当然，鉴于自贸区是国家改革开放的试验田，先行先试的创新可能是超常规的，市场主体对此预判不足在所难免。若相关制度创新或政策调整虽事先已有信息，但缺乏具体细则内容，令市场主体难以作出精准预判，而事后出台的具体细则又足以对交易决策造成影响的，我们认为"情势变更原则"对此仍具有适用空间。即便不能适用"情势变更原则"，人民法院在处理违约或赔偿问题上也应充分考虑自贸区建设的背景因素，作出合理裁量。对于合同中所约定的过分高于违约损失的违约金或者极具惩罚性的违约金条款，应根据《合同法》第一百一十四条第二款和最高人民法院《合同法解释（二）》第二十九条等关于调整过高违约金的规定内容和精神，公平合理地加以调整。对相关损失可根据公平原则、诚实信用原则等在各方当事人之间进行恰当的责任评价和损失分担。

二、"负面清单管理"在航运领域可能涉及的法律适用问题

所谓"负面清单"是与正面清单相对应的概念。未实施"负面清单管理"模式前，政府对企业投资设定了各种要求，以正面清单的方式予以列明，并实行严格的审批许可，即正面清单以外的均不可为。"负面清单"恰恰相反，其所列明的是企业不能投资的领域和产业，清单以外"法无禁止皆可为"。

自贸区"负面清单"从问世至今经历了逐步瘦身和精细化的过程，也就是

说对限制投资领域的边界越来越清晰，同时意味着外资可以涉足的领域越来越广泛。以 2014 年版的自贸区"负面清单"为例，其中涉及海运的限制主要有：限制投资国内水路运输业务（中方控股），投资定期、不定期国内海上运输业务须合资、合作；除从事公共国际船舶代理业务的，外资比例不超过 51% 外，限制投资船舶代理（中方控股）；限制投资外轮理货（限于合资、合作）。① 此外，在船舶设备制造、设计、维修等方面也有一些限制。但总体来看，受限的范围相对较窄。

2014 年 6 月 28 日，国务院又批准上海自贸区新增 31 条（以下简称国 31 条）开放措施，其中包括允许外商以独资形式从事豪华邮轮、游艇的设计；允许外商以独资形式从事船舶舱室机械的设计；允许外商以独资形式从事国际海运货物装卸、国际海运集装箱站和堆场业务；允许外商以合资、合作形式从事公共国际船舶代理业务，外方持股比例放宽至 51%。

2015 年，随着天津、广东、福建获批设立自贸区，国务院对包括上海在内的四个自贸区制定了统一的 2015 年版自贸区"负面清单"，其中与海运有关的包括：船用低、中速柴油机及曲轴制造，须由中方控股。海洋工程装备（含模块）制造与修理，须由中方控股。船舶（含分段）修理、设计与制造属于限制类，须由中方控股。水上运输公司（上海自贸区内设立的国际船舶运输企业除外）属于限制类，须由中方控股，且不得经营以下业务：（1）中国国内水路运输业务，包括以租用中国籍船舶或者舱位等方式变相经营水路运输业务；（2）国内船舶管理、水路旅客运输代理和水路货物运输代理业务。船舶代理外资比例不超过 51%。外轮理货属于限制类，限于合资、合作。水路运输经营者不得使用外国籍船舶经营国内水路运输业务，经中国政府许可的特殊情形除外。中国港口之间的海上运输和拖航，由悬挂中华人民共和国国旗的船舶经营。外国籍船舶经营中国港口之间的海上运输和拖航，须经中国政府批准。

从 2014 年版自贸区"负面清单"到国 31 条，再到统一的 2015 年版自贸区

---

① 参见《中国（上海）自由贸易试验区外商投资准入特别管理措施（负面清单）（2014 年修订）》（上海市人民政府公告 2014 年第 1 号）。

"负面清单",我们可以看出自贸区对投资限制的一个逐步放宽过程和未来趋势,故有观点认为,随着"负面清单"的"瘦身",可能会导致一些航运企业利用该模式下的制度空白,使得国外一些原本不该进入国内市场的业务流入国内。① 比如,针对无船承运业务,根据《中华人民共和国国际海运条例》(以下简称《国际海运条例》)的规定,应当在我国境内依法设立企业法人,向国务院交通主管部门办理提单登记,并缴纳保证金。② 由于实践中违反此项规定的情形时有发生,在《最高人民法院关于审理海上货运代理纠纷案件若干问题的规定》中对违规从事无船承运业务的民事责任专门作出了规定。③ 自贸区实行"负面清单"管理后,是否意味着在自贸区范围内从事无船承运业务不再受前述约束?

我们认为并非如此。这里需要澄清一个概念,即"负面清单"管理针对的是外商投资领域,而非经营许可领域。"负面清单"管理的目的是解决外商投资的国民待遇问题。④ 但在从事具体经营活动时,如果我国法律、法规对该项具体经营活动有特殊的许可或备案条件的,不论是国内企业还是外商投资企业,都必须予以遵守。这与"负面清单"其实是两个不同范畴的问题,不能混为一谈。仍以前述无船承运业务为例,从事无船承运业务需在我国境内依法设立企业法人、办理提单登记、缴纳保证金的要求出自《国际海运条例》第七条,该条例位于第二章"国际海上运输及其辅助性业务的经营者"之下,规定的是经营国际船舶运输业务应当具备的条件。该条例第四章则是"外商投资

---

① 参见《自贸区格局下中国航运业的风险和挑战》,《浦东时报》2014 年 7 月 25 日。

② 《国际海运条例》第七条:经营无船承运业务,应当向国务院交通主管部门办理提单登记,并缴纳保证金。前款所称无船承运业务,是指无船承运业务经营者以承运人身份接受托运人的货载,签发自己的提单或者其他运输单证,向托运人收取运费,通过国际船舶运输经营者完成国际海上货物运输,承担承运人责任的国际海上运输经营活动。在中国境内经营无船承运业务,应当在中国境内依法设立企业法人。

③ 《最高人民法院关于审理海上货运代理纠纷案件若干问题的规定》(法释〔2012〕3 号)第十一条:货运代理企业未尽谨慎义务,与未在我国交通主管部门办理提单登记的无船承运业务经营者订立海上货物运输合同,造成委托人损失的,应承担相应的赔偿责任。第十二条:货运代理企业接受未在我国交通主管部门办理提单登记的无船承运业务经营者的委托签发提单,当事人主张由货运代理企业和无船承运业务经营者对提单项下的损失承担连带责任的,人民法院应予支持。货运代理企业承担赔偿责任后,有权向无船承运业务经营者追偿。

④ 参见最高人民法院民四庭课题组:《关于中国(上海)自由贸易试验区司法应对和法治保障若干问题的调研报告(第一阶段)》,《涉外商事海事审判指导(第 27 辑)》,第 146 页。

经营国际海上运输及其辅助性业务的特别规定"，其中就有外商必须投资设立中外合资经营企业或者中外合作经营企业（即不能独资经营）以及外商的出资比例不得超过49%的规定。① 可见，自贸区"负面清单"或开放措施中有关"允许外商独资""外资比例不超过51%"等，仅是针对《国际海运条例》第四章外商投资限制的松绑，并不涉及具体经营许可问题。因此，严格来说，"负面清单"以外"法无禁止皆可为"的说法并不准确。海事审判在审查涉及无船承运业务民事责任时，《最高人民法院关于审理海上货运代理纠纷案件若干问题的规定》仍应予以适用。

三、"中资外籍船舶沿海捎带"的法律适用问题

自贸区"中资外籍船舶沿海捎带"是指允许中资公司拥有或控股拥有的非五星旗船，先行先试外贸进出口集装箱在国内沿海港口和上海港之间的沿海捎带业务。

外籍船舶沿海捎带涉及国家对沿海运输权的保留问题。沿海运输权保留就是国内沿海运输只允许本国船舶经营，不对外籍船舶开放的制度。根据我国《国际海运条例》以及相关法律、法规的规定，境外航运企业不得经营中国港口之间的海上货物运输。因为国内沿海运输既事关国土安全，也涉及对本国航运业的保护，所以这是一个传统也是世界通行的做法。② 然而，目前我国

---

① 《国际海运条例》第二十九条：经国务院交通主管部门批准，外商可以依照有关法律、行政法规以及国家其他有关规定，投资设立中外合资经营企业或者中外合作经营企业，经营国际船舶运输、国际船舶代理、国际船舶管理、国际海运货物装卸、国际海运货物仓储、国际海运集装箱站和堆场业务；并可以投资设立外资企业经营国际海运货物仓储业务。经营国际船舶运输、国际船舶代理业务的中外合资经营企业，企业中外商的出资比例不得超过49%。经营国际船舶运输、国际船舶代理业务的中外合作经营企业，企业中外商的投资比例比照适用前款规定。中外合资国际船舶运输企业和中外合作国际船舶运输企业的董事会主席和总经理，由中外合资、合作双方协商后由中方指定。

② 如美国的《琼斯法案》规定，经营美国沿海运输必须具备下列条件：船舶必须在美国建造；船舶必须悬挂美国国旗；船员必须为美国公民；经营管理人员必须为美国公民。日本的《内航海运业法》《内航海运业组合法》和《船舶法》规定，非日本籍船舶，除非法律和条约另有特殊规定，不可以在日本国内各港口间进行装载货物及人员的内航运输。2003年，美国运输部曾对53个国家沿海运输权进行调查，在其发表《By the Capes Around the World, A Summary of World Cabotage Practices》调查报告中显示，大多数国家都有对本国商船实施保护的政策。

有过半中资船舶注册在境外,挂巴拿马、中国香港、新加坡等境外"方便旗"开展国际运输。这些挂"方便旗"的船舶虽为中资拥有或控股,但在船籍认定上依其船旗而归属于外籍船舶,所以中国航运企业在国内沿海运输方面处于既受保护又受限制的境地。更为主要的是,国际海上货物运输的中转难以展开,极大影响了国际海运枢纽港的形成。此次自贸区内允许实施"中资外籍船舶沿海捎带",可以说对上海国际航运中心建设是一个重大利好。该政策一方面有助于国际中转集拼业务在上海集聚,提升了上海国际航运中心的资源配置能力,同时将开放程度限于"中资外籍船舶",又较好地兼顾了国家安全和产业保护的特殊需要。

但当我们把目光投向司法领域时却发现,相关的法律适用规则尚未与之匹配。《中华人民共和国海商法》(以下简称《海商法》)第四章海上货物运输合同的规定,不适用于中华人民共和国港口之间的海上货物运输,即国际海上货物运输适用《海商法》,国内沿海运输(中华人民共和国港口之间)则适用《合同法》、国务院《国内水路运输管理条例》并参照交通部《国内水路运输管理规定》《国内水路货物运输规则》。在自贸区成立之前,由于国内沿海运输未对外籍船舶开放,采取这种双轨制并不会产生法律适用的冲突,一旦"中资外籍船舶沿海捎带"实质性地启动,问题便会紧随而来。

具体来说,假设一艘中资外籍船舶经营釜山—上海—厦门航线,从釜山装运的货物经上海停靠后继续运往厦门,在上海至厦门途中发生海事事故,导致货物受损。就货物本身而言,釜山到厦门的货物显然属于国际海上货物运输,但就沿海捎带的航程而言,目前仍定性为国内沿海运输。在此情况下,处理该货损赔偿纠纷究竟是适用《海商法》还是适用《合同法》,必然引发争议。如果事故造成的损失较大,船方申请设立海事赔偿责任限制基金的,基金数额是按照《海商法》第十一章的标准计算还是按照交通部《关于不满 300 总吨船舶及沿海运输、沿海作业船舶海事赔偿限额的规定》(以下简称《交通部海事赔偿限额规定》)的标准计算,两者之间差距悬殊,对当事人的利益也会产生重大影响。如在最高人民法院发布的第 16 号指导性案例"中海发展股份有限公司货轮公司申请设立海事赔偿责任限制基金案"中,中海发展股份有限公司货轮公司（以下简称货轮公司）所属的"宁安11"轮从秦皇岛运载电煤前往上海外高桥码头，靠泊码头过程中触碰码头的卸船机，造成码头和机器受损。货轮公司遂向上海海事法院申请按照《交通部海事赔偿限额规定》的标准设立折合人民币25442784.84元的海事赔偿责任限制基金。异议人提出异议认为，"宁安11"轮是一艘可以从事国际远洋运输的船舶，不属于从事中国港口之间货物运输的船舶，不适用《交通部海事赔偿限额规定》，而应适用《海商法》第二百一十条第一款第（二）项规定的限额（其数额较《交通部海事赔偿限额规定》高出一倍）。上海海事法院认为，"宁安11"轮在涉案事故发生时所从事的是从秦皇岛港至上海港航次的运营，应认定为"从事中华人民共和国港口之间的运输的船舶"，而不宜以船舶适航证书上记载的船舶可航区域或者船舶有能力航行的区域来确定，因此异议人的异议不成立。通过该案由此形成了一条司法规则，即"《海商法》第二百一十条第二款规定的'从事中华人民共和国港口之间的运输的船舶'，应理解为发生海事事故航次正在从事中华人民共和国港口之间运输的船舶"。[①]

那么，中资外籍船舶在从事沿海捎带业务时，若也按上述规则加以认定是否妥当呢？我们认为，可作商榷。想要明确这个问题，首先应搞清楚自贸区"中资外籍船舶沿海捎带"的具体含义。虽然学理上对"沿海捎带"有多种解释，实践中也可以有多种模式，但根据交通运输部2013年9月27日发布的《关于在上海试行中资非五星旗国际航行船舶沿海捎带的公告》，自贸区的"沿海捎带"现阶段仅限于"以上海港为国际中转港的外贸进出口集装箱在国内对外开放港口与上海港之间的捎带业务"。该规定明确了"上海港为国际中转港""外贸进出口集装箱"两个实质要件。换言之，内贸货物不在可捎带之列，而外贸货物或是在国内一港装船、经上海港中转出境，或是经上海港中转入境、在国内另一港卸船，方可进行捎带。以上述釜山—上海—厦门航线为例，釜山装船运到上海和厦门的货物，承运人原本需开设两条航线，现只需要

---

① 参见最高人民法院发布的第16号指导性案例"中海发展股份有限公司货轮公司申请设立海事赔偿责任限制基金案"，《人民法院报》2013年2月7日。

一条航线,部分货物先在上海港卸下,部分货物继续运往厦门,还有部分货物可能与他船运输的进口集装箱货物重新拼装后一同运往厦门或由他船另行转运,但唯独不能拼装或装载上海至厦门的内贸货物。此乃进口中转,出口中转也是同理。由此可见,自贸区"沿海捎带"的货物虽然有一段航程往来于国内港口之间,但其目的在于中转或拼箱中转,与起运港、目的港均为国内港口、运送内贸货物的国内航程明显有所区别。因此,自贸区"沿海捎带"本质上还是国际运输,无论纠纷发生于国内区段还是国际区段,都应统一按照国际运输的法律适用规则加以调整。

据悉,目前国家交通主管部门对自贸区"沿海捎带"的行政管理暂时还是按照国内运输的要求进行,这恐怕会成为海商事法律适用的另一个比照依据。但我们认为,行政法和民商法调整的是不同的社会关系,在海事司法实践中对自贸区"沿海捎带"按国际海上运输对待,解决的是民事主体之间的民事权利争议,与行政法上的管理要求并不冲突,故不能简单地把交通行政管理的法律适用规则套用于商事纠纷解决领域。

四、SPV 单船融资项目的法律适用问题

SPV 是 Special Purpose Vehicle 的简称[1]。SPV 单船融资就是以一艘船舶为资产,注册一家独立的 SPV 项目公司,并以该船舶为标的的一种特殊融资租赁方式。因此,SPV 单船融资通常具有以下几个特点:(1)SPV 的设立往往以融资租赁项目的存在为前提。(2)SPV 单船公司的主要资产为一艘船舶,不包括工作人员和部门,也有部分 SPV 会配备少数工作人员进行日常经营。(3)SPV 设立后,单独管理,单独核算,自负盈亏,实现破产风险隔离的特殊项目设计。(4)SPV 有较弱的存续性,一般融资租赁项目结束后即解散。

---

[1]　SPV 指特殊目的的载体也称为特殊目的的机构/公司。SPV 的原始概念来自于风险隔离设计,它的设计主要为了达到"破产隔离"的目的,在证券业中较为常见,其职能是在离岸资产证券化过程中,购买、包装证券化资产和以此为基础发行资产化证券,向国外投资者融资。之后,SPV 被运用到船舶、航空器融资租赁领域,即以特定船舶、航空器为融资担保的对象,设立以该船舶或航空器为主要资产的公司,进行项目化的资产运作。

与传统的船舶融资租赁相比，自贸试验区内现行的 SPV 政策具有独特的竞争优势。第一，自贸试验区属"境内关外"性质，自贸试验区内的 SPV 项目公司从境外购置目标船舶无需缴纳进口关税和进口增值税。第二，国际船舶融资租赁中的目标船舶通常需从境外购置，承租人也通常为境外企业，租赁公司在境内进行的外汇资金运作的成本较高，而在自贸试验区内设立的 SPV 公司则可以大大降低这方面的资金成本。第三，根据现行海关制度，境外购置的融资租赁目标船舶无论在何地交付，必须实物进入国内保税区办理相关手续，自贸试验区对此也有所突破。除此之外，自贸试验区还推出了对 SPV 项目子公司不设最低注册资本金限制、SPV 项目子公司纳入融资租赁出口退税试点范围、承租人可向海关申请分期缴纳关税和进口环节增值税、允许各类融资租赁公司境内融资租赁业务收取外币租金等政策，极大地提升了 SPV 融资租赁的国际竞争力。①

综观自贸试验区 SPV 单船融资的制度安排和政策优惠，主要集中于投资、税收、外管方面，就商事主体之间的合同法律关系而言，并未突破融资租赁的总体框架。目前，我国现行法律对船舶融资租赁，尤其是 SPV 融资租赁尚未专门立法，在涉及相关纠纷时主要依据《合同法》《海商法》和《最高人民法院关于审理融资租赁合同纠纷案件适用法律问题的解释》（以下简称《融资租赁司法解释》）进行处理。然而，现实往往比法律规定复杂得多，实践中以船舶为标的物的融资租赁存在多种形式。（1）典型的融资租赁。该模式由租赁公司通过在境内保税区或海外税收优惠地区设立 SPV 项目公司，直接向造船厂"订造"或向船舶出售方"购买"目标船舶，再出租给承租人。租期结束后，船舶所有权转移给承租人。（2）经营性租赁。即租赁公司根据承租人对船舶的选择进行采购，再长期出租给该承租人使用。租赁期结束后，承租人并不取

---

① 自贸区从 2013 年挂牌成立至 2014 年 6 月止，已累计引进 406 家境内外融资租赁母公司和 SPV 项目子公司，累计注册资本超过 286 亿元人民币，运作的租赁资产包括 60 架民航客机、3 架直升机、35 艘远洋船舶、2 台飞机发动机、2 台海洋钻探设备、2 套光伏设备及若干大型设备等。数据来源：自贸区门户网站，http://www.china-shftz.gov.cn/NewsDetail.aspx? NID = ab972f56 - 2cc4 - 404a - 9e19 - dc8b37d8db1b&CID = 104fb1b1 - 05c8 - 4003 - 9202 - 285f2b251d4a&MenuType=0。

得船舶的所有权。（3）售后回租。即船舶公司将自有的船舶出售给租赁公司，再由租赁公司将船舶租回给航空公司使用。这种模式实是一种反向融资，一般发生于船舶公司解决短期资金流动性需求的场合。以往司法实践对于售后回租是否属于融资租赁存在争议，一种认为售后回租属于融资租赁；另一种认为售后回租是买卖和租赁两个独立法律关系构成的组合交易。《融资租赁司法解释》出台后，这个问题得到了明确。该司法解释第二条规定，承租人将其自有物出卖给出租人，再通过融资租赁合同将租赁物从出租人处租回的，人民法院不应仅以承租人和出卖人系同一人为由认定不构成融资租赁法律关系。

除了以上几种形式外，从国际上看，出于财务和资金运作的目的，融资租赁的方式则更为丰富，还包括诸如杠杆租赁、美国 ETC 租赁等，这些因与船舶融资租赁本身关系并不十分密切，此处不作展开。就其核心而言，出租人在租期届满前，通过控制船舶所有权来保障其租金安全，这是任何一种融资租赁模式的关键所在。需要注意的是，尽管出租人保有所有权，对控制融资租赁下的风险具有较高的安全系数，但当融资租赁以 SPV 方式进行、以船舶为标的时，仍有一些法律风险不容忽视。

其一是 SPV 条件下的法人人格独立问题。由于 SPV 是以项目为载体，缺乏公司人格独立的一些必要元素，比如公司意思自治机关，有的 SPV 甚至不配备相关的工作人员。这就对现有的公司法理论发起了挑战，债权人是否可以通过否定单船 SPV 的存在追究其出资人出资限额以外的责任呢？根据《中国银监会关于金融租赁公司在境内保税地区设立项目公司开展融资租赁业务有关问题的通知》，金融租赁公司应定期检查其设立的项目公司的经营情况，做好风险监控，出具审计意见，每季度向银监会报送项目公司的情况及重大事项等。这就决定了金融租赁公司设立项目公司后并不能撒手不管、放任自流，相反，还需要对其保持密切的检查与监控。这一方面可以保证 SPV 的正确运行，保护债权人的权益；但另一方面，如果金融租赁公司对 SPV（项目公司）过度控制，则可能影响到 SPV 的独立性。在此情况下，SPV 的法人人格在司法程序中就有可能会遭受利益相关方的质疑和挑战。

其二是船舶优先权的不可预测性和效力优先性问题。船舶优先权是某些法定的特殊海事债权人所享有的一种以船舶为主要标的的、具有很高受偿位次的担保物权。我国《海商法》第二十二条规定了优先受偿权的种类。在单船融资租赁中，单船公司作为出租人，并不实际占有船舶，船舶完全处于承租人的占有和控制之下，而且船舶优先权的产生具有一定的隐秘性，即只要有相应的海事债权发生，这种担保物权就相应产生，而且不需要公示。所以当出租人在承租人违约或破产的情形下，行使取回权取回船舶时，可能船舶之上粘带有船舶优先权。虽然我国民事诉讼中没有"对物诉讼"制度，但船舶优先权具有浓厚的对物效力，我国《海商法》规定船舶优先权应当通过法院扣押船舶得以行使，此时优先权依附于船舶，而不考虑船舶所有权人是否是该优先权的债务人。因此，司法实践中审查船舶优先权扣押船舶申请时，理论上也只需对相关海事请求是否属于船舶优先权以及是否是被申请扣押的船舶所产生进行形式审查。针对这种风险，出租人船舶融资租赁很难事先通过合同权利义务的方式加以规避，即便有所约定，解决的也仅是出租人和承租人最终的责任划分，对优先权人并无对抗效力。故而，一套完备的保险安排对船舶融资租赁而言显得至关重要，不仅在于应对船舶本身毁损灭失的自然风险，更在于降低船舶在承租人控制下可能产生对外责任的法律风险。

第五节　自贸区海事纠纷解决机制的完善与创新

目前海事纠纷主要通过海事司法和海事仲裁得以解决。据了解，多数国家的海事司法被归入商事裁判的范畴，并没有形成单独的司法序列，更没有专门的海事法院，个别国家的海事司法裁判机构则隶属于海事行政管理部门。为适应海上运输和对外贸易的需要，早在1984年，我国就在东部沿海主要港口城市成立了首批海事法院，专门审理海事海商纠纷案件。现全国共有10家海事法院，从1984年至2013年12月底共受理各类海事案件225283件，审结执结215826件，结案标的额达人民币1460多亿元，涉及亚洲、欧洲、非洲和南北美洲70多个国家和地区。30年来，海事案件数量总体上以约10%的幅度逐年增长。目前,我国是世界上设立海事审判专门机构最多最齐全的国家,也是受理海事案件最多的国家。[1] 但是,从世界范围来看,海事纠纷的解决历来具有仲裁的传统并延续至今。以伦敦为例,其航运服务业高度发达,尤以海事仲裁而著称,从而继续占据和巩固着其航运中心的坚实地位。无论是和海事司法相比,还是和国际海事仲裁相比,我国海事仲裁的规模和影响还不够。这里既有过去我国对仲裁的功能和作用认识不足的原因,也有我国仲裁制度本身还不够完善所带来的制约。其中最为突出的就是我国只承认机构仲裁而不承认临时仲裁。

按照是否由常设的专门仲裁机构进行仲裁为标准,仲裁可以分为机构仲裁和临时仲裁。所谓机构仲裁是当事人根据其仲裁协议,将他们之间的纠纷提交给某一常设性仲裁机构所进行的仲裁。所谓临时仲裁是根据争议双方当事人的协议,在法律规定或允许的范围内,由双方当事人选出的仲裁员自行组成仲裁庭,临时仲裁庭一般无固定的组织、地点、人员和仲裁规则,作出裁决后,临时仲裁庭即行解散。根据《仲裁法》第十六条第二款"仲裁协议应当具有下列内容:(一)请求仲裁的意思表示;(二)仲裁事项;(三)选定的仲裁委员会"和第十八条"仲裁协议对仲裁事项或者仲裁委员会没有约定或者约定不明确的,当事人可以补充协议;达不成补充协议的,仲裁协议无效"的规定,没有选择仲裁机构的临时仲裁协议在我国无法提起仲裁,这是我国国内立法对临时仲裁的基本态度。

需要注意的是,我国是联合国《承认及执行外国仲裁裁决公约》(以下简称《纽约公约》)的成员国。《纽约公约》第一条第二款规定,"仲裁裁决"一词不仅指专案选派之仲裁员所作裁决,亦指当事人提请仲裁之常设仲裁机关所作裁决。即机构仲裁和临时仲裁都是《纽约公约》所认可并适用的仲裁形式,且从其行文体例上看,更透出临时仲裁是仲裁的一般形态,机构仲裁反而是仲裁的补充形态。作为公约成员国,我国有公约义务承认在其他公约成员国作出的临时仲裁裁决和当事人约定到其他公约成员国进行临时仲裁的仲裁协议。因此，《仲裁法》第十六条和第十八条的规定仅适用于我国内地仲裁。这种"双轨制"的安排在对外开放程度日趋加深的现今来看，不能不说是一个值得重新审视的制度缺憾。

如今，在上海自贸区的"试验田"里，以海事仲裁为突破口，推动临时仲裁制度的确立，似乎成为一种可能。

一、上海自贸区是我国加速对外开放、全面深化改革的重要试验田

所谓全面深化改革，包括了贸易、金融和投资领域的开放，也包括了政府管理职能的转变，还包括了法律制度的完善和法治环境的构建。在此背景下，原先的法律和制度障碍都具备了突破或者至少是暂时突破的可能性。比如，经全国人大常委会第四次会议决定，自2013年10月1日起，授权国务院在上海自贸区暂时调整有关法律规定的行政审批就是此种突破的最佳例证。[①] 如果说，当前在我国全面引入临时仲裁尚存在《仲裁法》上的障碍的话，那么在上海自贸区范围内进行试点不失为一个过渡性的选择。它不仅符合自贸试验区与国际接轨的基本特征，也符合自贸试验区法治化营商环境的建设需要，更能够适应和满足自贸试验区参与主体对纠纷解决方式多元化、便捷化、市场化的需求。该问题已经引起理论界和实务界的广泛关注。2013年12月22日，在上海大学举办的"中国（上海）自贸区争端解决与仲裁"论坛上，与会专家共同呼吁上海自贸区应探索多元化争端解决机制，认为临时仲裁有助于消除我国仲裁长期以来难以摆脱的"行政化"色彩，应通过发展调解制度、临时仲裁制度等渠道来营造国际化、法治化的营商环境。最高人民法院民事审判第四庭时任庭长罗东川也在会上表示，目前仲裁在我国争端解决机制中的作用还未充分发挥出来，尚有很大发展空间，最高人民法院对于仲裁的发展持积极支

---

① 2013年8月30日，全国人大常委会第四次会议决定，自2013年10月1日，授权国务院在上海自贸区暂时停止实施《外资企业法》《中外合资经营企业法》《中外合作经营企业法》3部法律中有关行政审批的规定。

持态度。

二、临时仲裁在海事仲裁中素有历史传统

从国际海事仲裁的实践来看,相当部分的海事仲裁采取了形式灵活的临时仲裁。在第十三届国际海事仲裁员大会上,出席会议的多数国家代表都认为,海事仲裁具有国际性,海事仲裁的特点决定了其不能追随当今国际商事仲裁日益机构化的趋势,海事仲裁员主要源于海运专家,应大力促进海事仲裁的特有文化。① 现今国际航运实务中,以"在某地仲裁,适用某国法"为格式的仲裁协议条款已被广泛运用,特别是租船合同中约定"在伦敦仲裁,适用英国法""在香港仲裁,适用英国法"的情形极为常见。之所以如此,是因为:其一,海事争议往往具有较强的专业性和技术性,事先确定的仲裁机构未必是调停今后发生纠纷的最佳选择;其二,航运交易的合同条款众多且复杂,作为商人来说,谈判的重点是交易条件,而不会把过多的精力放在仲裁机构的选择上,仲裁条款只要表达了仲裁意愿、仲裁地已经足够,其他事项都可在需要时另行协商确定;其三,船舶在港口多停留一天、货物在码头多堆放一天都会产生各种费用,这对海事纠纷解决效率提出较高要求,简化仲裁程序、缩短仲裁期限、提高仲裁效率、降低仲裁成本也是海事争议解决中的重要考量。② 临时仲裁正好适应了这种需求。

三、在上海自贸区仲裁领域已有临时仲裁的试水初探

2014 年 4 月 8 日,上海国际经济贸易仲裁委员会制定的《自贸区仲裁规则》正式颁布,并于 2014 年 5 月 1 日起施行。该部《自贸区仲裁规则》按照"先行先试"、大胆创新的理念,借鉴了国际商事仲裁实践中的先进理念和成熟经验,引入了诸多先进、新颖的仲裁制度。粗略浏览一遍《自贸区仲裁规则》,也许并不能找到有关临时仲裁的任何制度安排,但若细加留意,可以从

---

①　刘俊:《临时仲裁应引入海事仲裁规则——从我国海事仲裁委员会受案量谈起》,《仲裁与法律》2002 年第 1 期。

②　邓杰:《伦敦海事仲裁制度研究》,法律出版社 2002 年版,第 15 页。

中窥得临时仲裁的隐约轮廓。这个轮廓主要由分散在不同章节中的两个条文共同勾画而成。一是第二十七条"仲裁员的人选"："（一）当事人可从仲裁员名册中选定仲裁员；（二）当事人可以推荐仲裁员名册外的人士担任仲裁员，也可以约定共同推荐仲裁员名册外的人士担任首席仲裁员或独任仲裁员"。这就是所谓的仲裁员的"开放名册制"。长期以来，我国仲裁机构在仲裁员选择上大多实行"封闭名册制"，即当事人只能在仲裁机构的仲裁员名册中选择仲裁员，这在一定程度上限制了当事人的意思自治。事实上，我国《仲裁法》虽要求仲裁委员会应当设立仲裁员名册，但并未明确规定当事人必须在名册中选择仲裁员，所以《自贸区仲裁规则》采用"开放名册制"不存在法律上的明显障碍。这一做法使得仲裁员名册的作用回归到了为当事人提供建议和参考的本位上，很好地在机构仲裁与临时仲裁之间建立了桥梁。[①] 二是第二条"机构与职能"："……（五）仲裁委员会可以根据当事人约定的《联合国国际贸易法委员会仲裁规则》作为仲裁员指定机构，并依照约定或规定提供其他程序管理服务……"根据《联合国国际贸易法委员会仲裁规则》第一章第六条的规定，"除非各方当事人已就选择指定机构达成约定，否则一方当事人可随时提名一个或数个机构或个人，包括海牙常设仲裁法院秘书长，由其中之一担任指定机构"。可见《联合国国际贸易法委员会仲裁规则》是承认临时仲裁的。《自贸区仲裁规则》允许当事人依据《联合国国际贸易法委员会仲裁规则》将上海国际经济贸易仲裁委员会约定为仲裁员指定机构，实际上是间接地适用了临时仲裁方式。

当然，以这种方式作出的仲裁裁决能否通过人民法院的司法审查，目前尚无实例可循。我们认为，从当前人民法院对仲裁发展所持的积极支持态度和充分尊重当事人意思自治的角度出发，似可采取肯定的选项。

---

① 《〈中国（上海）自由贸易试验区仲裁规则〉解读》，由上海国际仲裁中心国际商事仲裁研究中心、华东政法大学中国自由贸易区法律研究院编写。详见上海国际经济贸易仲裁委员会官网 http://www.shiac.org/ResourcesDetail.aspx？tid＝39&aid＝649&zt＝3。

第八章　上海自贸区航空运输合同
案件的司法保障

上海浦东国际机场位于上海自贸区内,是带动上海自贸区航空产业发展的核心力量。浦东国际机场位于上海一中院辖区内,相关航空运输案件多由一中院及辖区基层法院审理,上海一中院在审理航空运输合同案件过程中,积累了较为丰富的司法经验,能够为自贸区的航空产业发展提供坚实有力的司法保障。本章围绕司法实践中航空运输合同案件的主要问题,结合上海一中院审理的典型案例,探讨上海一中院为自贸区航空产业发展提供司法保障的有效路径。

第一节　航空运输案件中的法律选择

随着上海自贸区建立及扩大,涉自贸区的航空运输案件也将越来越多。因航空运输活动常不局限于一国领土内或一国当事人之间,此类案件的法律适用较为复杂,值得深入探讨。

我们认为,法院在确定案件的法律适用时,宜区分国际航空运输案件、国内航空运输案件,分别探讨。就国际航空运输和国内航空运输,可作如下理解。首先,根据1929年《统一国际航空运输某些规则的公约》(以下简称《华沙公约》)、1999年《统一国际航空运输某些规则的公约》(以下简称《蒙特利尔公约》)第一条规定,国际航空运输,系指依当事各方约定,不论该运输有无中断或转换,凡其出发地和目的地在两个当事国境内;或者在一个当事国境内,而在另一国(即使该国为非当事国)有一个约定经停地点的任何运输。其次,根据《中华人民共和国民用航空法》(以下简称《民用航空法》)第一百〇七条规定,国内航空运输,是指根据当事人订立的航空运输合同,运输的出发地点、约定的经停地点和目的地点均在中华人民共和国境内的运输。

一、国际航空运输案件的法律适用

当航空运输活动属于国际航空条约所称的"国际航空运输"时，案件法律适用问题可分两种情形讨论。

（一）国际航空运输案件所涉纠纷属于国际航空条约调整范围的，法院应优先适用国际条约

《华沙公约》第二十四条、《蒙特利尔公约》第二十九条均规定：对于客、货与行李运输，任何损害赔偿诉讼，不论根据如何，只能依公约规定的条件和责任限额提起。根据上述规定，当航空运输案件在同时满足三个条件时，法院应优先适用国际航空条约。首先，涉诉运输为国际航空运输，如《华沙公约》《蒙特利尔公约》第一条第一款均规定，国际航空条约适用于航空器运送旅客、行李或货物以收取报酬的所有国际运输。其次，涉诉纠纷为国际运输损害赔偿，如根据《华沙公约》第二十四条、《蒙特利尔公约》第二十九条规定，诉讼涉及国际航空旅客、货物与托运行李运输损害赔偿问题的，国际航空条约可能被强制适用。最后，涉诉纠纷发生在航空运输期间内。如根据《华沙公约》《蒙特利尔公约》第十七条、第十八条、第十九条规定，旅客、托运行李、托运货物在国际航空运输中发生损失的，承运人应当承担责任。

如在 2007 年"智傲物流有限公司诉法国航空公司"案中，2005 年 9 月，通用飞机引擎服务公司（以下简称通用引擎公司）将一台飞机引擎交原告由英国伦敦运往中国上海，原告以承运人的名义向通用引擎公司出具了航空运输分运单，又以自己为托运人将引擎交被告实际运输；后原告以货物受损为由起诉被告要求赔偿。法院在审理本案时，即适用了《蒙特利尔公约》：首先，本案运输出发地为中国，目的地为英国，中国、英国均是《华沙公约》以及《蒙特利尔公约》的当事国，属于国际航空运输；①其次，本案纠纷主要为航空货物损害

---

① 《华沙公约》于 1933 年 2 月 13 日正式生效，于 1958 年 10 月 18 日对中国生效，于 1933 年 5 月 15 日对英国生效；《蒙特利尔公约》于 2003 年 11 月 4 日正式生效，于 2005 年 7 月 31 日对中国生效，于 2004 年 6 月 28 日对英国生效。

赔偿纠纷,属于国际航空条约的调整范围,本案应适用《蒙特利尔公约》。①

（二）涉案纠纷不属于国际条约调整的,法院应适用本国冲突规范寻找准据法

如在 2010 年"意大利航空公司诉上海大鹏国际货运有限公司"案中,2008 年至 2009 年间,被告委托原告将多票货物从中国上海运往意大利;原告以被告拖欠运费为由起诉被告,被告则就原告的主体资格提出异议。② 该案中,法院适用了我国国内法处理:首先,涉案运输出发地在中国、目的地在意大利,中国、意大利同为《蒙特利尔公约》的当事国,③涉案运输为国际航空货物运输,如涉案纠纷属于公约调整范围的,法院应优先适用《蒙特利尔公约》。其次,当事人就运费支付、原告主体资格发生争议,不属于《蒙特利尔公约》的调整范围,本案不适用《蒙特利尔公约》。再次,原告为意大利法人,涉案合同部分在意大利履行,本案具有涉外因素,在无法适用国际公约时,应根据法院地的冲突规范确定准据法。《涉外民事关系法律适用法》第四十一条规定:"当事人可以协议选择合同适用的法律。当事人没有选择的,适用履行义务最能体现该合同特征的一方当事人经常居所地法律或者其他与该合同有最密切联系的法律。"因本案被告为中国法人,且运输合同部分履行地也在中国,故法院选择适用中国实体法处理本案。

二、国内航空运输案件的法律适用

当航空运输仅限于我国境内时,属于《民用航空法》所称的"国内航空运输",就相关案件的法律适用可分两种情形讨论。

（一）国内运输案件所涉纠纷属于《民用航空法》调整范围的,法院应当优先适用《民用航空法》

《民用航空法》系调整航空运输关系的特别法,在其调整范围内,应较其他法律优先适用。同时,《民用航空法》主要参照《华沙公约》《1955 年海牙议

---

① 参见上海市第一中级人民法院（2007）沪一中民五（商）终字第 27 号判决书。
② 参见上海市第一中级人民法院（2010）沪一中民四（商）初字第 41 号判决书。
③ 《蒙特利尔公约》于 2004 年 6 月 28 日对意大利生效。

定书》制定，其调整范围亦有局限性，一般认为《民用航空法》调整的纠纷需同时满足三个条件：首先，涉案运输为国内航空运输。其次，涉诉纠纷为国内运输赔偿纠纷，如《民用航空法》第一百三十一条规定："有关航空运输中发生的损失的诉讼，不论其根据如何，只能依照本法规定的条件和赔偿责任限额提出，但是不妨碍谁有权提起诉讼以及他们各自的权利。"最后，涉诉纠纷发生在航空运输期间内。如根据《民用航空法》第一百二十五条、第一百二十六条规定，旅客、托运行李、托运货物在国内航空运输中发生损失的，承运人应当承担责任。

如在 2009 年"杨德伟诉中国东方航空股份有限公司"案中，原告于 2007 年 12 月 18 日乘坐被告航班从长春飞往上海，但航班因机械故障延误；原告起诉要求被告赔偿双倍机票款费用、精神抚慰金、为投诉被告花费的交通费等，并提出本案应适用《中华人民共和国消费者权益保护法》（以下简称《消费者权益保护法》）。审理法院认为，本案当事人间为航空运输合同关系，涉案运输出发地为长春、目的地为上海，涉案运输为国内航空运输；同时，涉案纠纷主要为运输延误导致的承运人赔偿问题，属《民用航空法》调整范围，本案应当适用《民用航空法》及《合同法》，而不适用《消费者权益保护法》。①

（二）涉案纠纷不属于《民用航空法》调整，法院应当适用其他国内法处理

首先，如果涉案纠纷具有涉外因素的，法院应适用我国冲突规范选择准据法，我国冲突规范主要规定于《涉外民事关系法律适用法》。其次，如果涉案纠纷不具有涉外因素的，法院应直接适用我国实体法。如在 2010 年"郭晋荣诉中国东方航空股份有限公司"案中，原告乘坐被告航班从太原飞往上海，被告在航班上向原告提供了餐包等食品；原告认为，被告提供的食品存在质量瑕疵，被告具有故意欺诈行为，遂起诉要求被告双倍赔偿机票款。② 法院适用了《合同法》《消费者权益保护法》审理本案，理由在于：原被告间成立了航空旅

① 参见上海市第一中级人民法院（2009）沪一中民一（民）终字第 2109 号判决书。
② 参见上海市第一中级人民法院（2010）沪一中民四（商）终字第 599 号判决书。

客运输关系,被告已良好地完成了运输义务,并未造成旅客人身及财产损失;而当事人就食品质量瑕疵形成的争议不属于《民用航空法》调整,应适用《合同法》《消费者权益保护法》处理。

第二节　航空旅客运输案件的主要问题研究

随着上海自贸区改革创新的不断深入,对世界范围内的人才、资源、智慧的吸附能力将越来越强;相应地,上海航空港也将为越来越多的国内外旅客提供航空运输服务。在此背景下,及时梳理、研判涉自贸区航空旅客运输中的常见问题,能使法院更好地为国内外旅客提供司法服务。

司法实践中,航空旅客运输案件的纠纷主要集中于两类:一是航空旅客运输延误引发的纠纷,二是旅客主张退票引发的纠纷。

一、承运人运输延误责任

根据国际航空条约及《民用航空法》规定,承运人对旅客因延误造成的损失承担赔偿责任;同时,如果承运人证明其与代理人为避免损失发生,已采取一切必要措施(all necessary measures)或不可能采取此类措施的,便不负赔偿责任。[①] 法律在认定承运人运输延误责任时,采用了过错推定责任原则,即在运输延误发生后,先由旅客初步证明延误事实、所受损失,法官形成初步确信后即推定承运人有过错,再由承运人证明其已采取一切必要措施或不可能采取此类措施。

(一)对运输延误的理解

国际航空条约及《民用航空法》并未明确运输延误的准确定义,根据一般法理,如承运人未在当事人约定的或运输时刻表显示的时间内完成运输,即构成运输延误;但人类的航空技术尚不够发达,承运人还不能像控制火车、汽车

---

① 参见《华沙公约》第十九条、第二十条规定,《蒙特利尔公约》第十九条规定,《民用航空法》第一百二十六条规定。

那样精确控制航空器的起降时间，各国司法实践一般允许航空运输时间存在一定误差。从各国的司法实践看，认定延误的标准主要有两种：一为"当事人意志"标准，大陆法系国家常采用此标准，如法国司法实践一般认为，承运人在运输中不受时刻表的严格限制，如延误并不严重，即无需负赔偿责任，但如运输时间超出了托运人的预期，即可构成延误。① 二为"合理时间"标准，普通法系国家常采用此标准，即旅客未在"合理时间"内到达目的地的，承运人便构成延误，但"合理时间"应结合案件实际情况判断。

我国司法实践更倾向于适用"合理时间"标准。如在 2010 年"李莉萍诉春秋航空有限公司"案中，原告乘坐被告航班从上海飞往厦门，航班因天气原因改降至福州，被告当晚为原告安排了免费宾馆住宿，并于次日上午安排原告乘机飞抵厦门；原告认为被告航班未能按时抵达厦门，构成运输延误，起诉要求赔偿损失。审理法院认为系争运输延误并非不合理的延误：一方面，天气原因系不可抗力，因恶劣天气导致的运输延误并非不合理的延误；另一方面，被告临时变更航线，得到了空中交通管制部门的许可，其目的是为了保障全体乘客的安全，保障乘客安全与准时抵达目的地相比更加重要，故被告不应就运输延误承担赔偿责任。②

（二）对"一切必要措施"的理解

根据法律规定，"一切必要措施"是承运人免除运输延误责任的重要抗辩事由。一般认为在运输当时，如承运人已采取力所能及的合理措施，即可认为其采取了"一切必要措施"。

国际司法实践中，法院常结合承运人的心理状态、承运人的实际能力两方面因素，判断承运人是否采取了"一切必要措施"。首先，承运人主观上应能预见到运输可能发生延误，如运输迟延系因无法预见的事由导致，承运人不承担赔偿责任。其次，承运人客观上采取了与其能力相匹配的措施，承运人已尽

---

① Georgette Miller, *Liability in International Air Transport*, Kluwer, Netherlands, 1977, pp. 154-156.

② 参见上海市第一中级人民法院(2010)沪一中民四(商)终字第 1963 号判决书。

其能力采取防护措施仍发生运输延误的,承运人应予免责。①

我国一些判例也采取了上述主客观结合的方法,对"一切必要措施"作了全面的分析。如在 2005 年"阿卜杜勒·瓦希德诉中国东方航空股份有限公司"案中,原告购买了一张由国泰航空公司作为出票人的机票,机票列明的航程安排为:原告乘坐国泰航空公司的航班于 2004 年 12 月 31 日由上海飞往香港,同日由香港飞往巴基斯坦卡拉奇,1 月 31 日由卡拉奇起飞至香港,再乘坐被告航班于 2 月 1 日由香港起飞至上海;因 2004 年 12 月 31 日上海下雪,原告乘坐的上海至香港的航班延误,并错过由香港至卡拉奇的航班;原告到达香港机场后被告知,前往卡拉奇的航班三天后才有,原告只得自费购买其他的航班机票飞往卡拉奇;后原告起诉被告要求赔偿损失,但被告辩称其已采取了"一切必要措施",不应承担赔偿责任。审理法院认为被告未能采取"一切必要措施",应对原告航班延误的损失承担责任。理由在于:其一,上海至香港段的航班因天气原因发生延误,并非不合理延误,被告对此不承担责任;其二,原告在上海时已经预见可能错过香港至卡拉奇段的航班,并多次询问被告工作人员,被告明知其香港至卡拉奇的航班三天才有一趟,但未将信息告知原告,而让原告在上海填写了《续航情况登记表》并表示将帮助解决原告续航飞往卡拉奇的问题;原告飞赴香港后,被告却未能帮助解决续航问题,故被告未能采取"一切必要措施"防止原告损失扩大,被告应承担赔偿责任。②

二、旅客退票纠纷

航空旅客运输司法实践中,当事人常因旅客退票引发纠纷,主要表现为:第一,承运人在出售特价票时,明示特价票不得签转、变更、退票的,旅客是否有权退票。第二,承运人未明示机票不得退换的,旅客改签或退票时,承运人是否有权收取退票手续费。

就第一个问题,司法实践一般认为,承运人出售特价票时声明不得退票

---

① Grein v.Empire Airways Ltd.,1 Avi. 622.
② 参见上海市第一中级人民法院(2006)沪一中民一(民)终字第 609 号判决书。

的，如旅客自身原因未能乘坐约定航班时，旅客无权主张退票。首先，从声明效力看，法院一般认为承运人关于特价机票不得退换的声明为格式条款，承运人在售票时已通过合理的方式向旅客告知条款内容的，可以认为承运人已经履行了告知义务。日常生活中，价款打折往往伴随一定的权利限制，承运人提供低价机票时附加更多的限制条件，并不违反法律强制性规定，故承运人的此类声明有效。① 其次，从法理看，航空客运合同自承运人向旅客交付票据后成立，旅客即受合同约束，应持有效机票按时乘运。旅客要求退票实为主张单方解除合同，只有在符合约定解除权或《合同法》第九十四条规定的法定解除权适用条件时，其主张方为有效。承运人在售票时表示特价票不得退换的，意味着该合同未约定单方解除权，如不具备法定解除的情形，旅客不得主张解除合同。

就第二个问题，实践中争议较多，本部分拟从退票手续费性质、退票手续费调整方式两个角度加以分析。

（一）退票手续费的性质

航空客运合同成立后，如旅客因自身原因不能乘坐约定航班的，应及时办理改签或退票手续，旅客改签或退票实为变更或解除合同。实践中，承运人及其代理人在出售客票时，常制定格式条款，规定旅客要求改签或退票时须支付一定手续费。承运人在合同中约定手续费的目的，是在旅客变更或解除运输合同时，弥补承运人的损失。因此，可以将此类手续费视为约定违约金。

在判断手续费条款效力时，法院一般审查以下两方面因素：首先，审查承运人是否根据《合同法》第三十九条规定，向旅客履行了格式条款提示、说明的义务。其次，审查格式条款是否存在法律规定的合同无效情形，以及承运人免除自身责任、加重对方责任、排除对方主要权利的情况。

如在 2012 年"何康诉中国东方航空股份有限公司"案中，原告通过携程网向被告购买了价值为 4950 元的机票一张，网站在售票时提示原告，如要求

---

① 参见上海市第一中级人民法院（2011）沪一中民一（民）终字第 1684 号、（2012）沪一中民一（民）终字第 1591 号判决书。

退票的需支付退票费;后原告因故不能乘坐原定航班,便办理了退票手续,被告向其收取了2000元退票费,原告起诉要求归还。法院认为,被告规定的退票费实为解除合同后的违约金,确定退票费金额时,应主要用以弥补退票成本,并兼顾承运人运输效能等因素;但同时违约金不得过分高于被告实际损失,故法院酌情将退票费调整为票价的20%。①

(二)退票手续费的调整

根据《合同法》第一百一十四条规定,如当事人约定的违约金不合理的,当事人可以请求法院调整。航空旅客运输司法实践中,如旅客认为承运人收取的退票费过高,旅客亦可要求法院调整;法院调整退票费的主要依据为承运人因旅客退票遭受的实际损失。

如在2012年"孙圣林诉中国东方航空股份有限公司"案中,原告通过"银联在线"网站向被告购买了1张特价机票,票价为210元,网站出票时提示机票"不得签转X舱不得变更,不得自愿签转、变更收取票面价的80%作为退票费";后原告因故不能乘坐原定航班,办理了退票手续,被告收取退票费168元,原告起诉要求退还。二审法院则认为,实践中,承运人常就特价机票规定额外的限制,如在旅客退票时承运人有权收取较高比例退票费等,此类规定不违反公平原则;同时,原告在航班起飞前几小时办理退票手续,对被告处理机票造成障碍,原告亦无证据证明退票费过分高于被告实际损失,被告收取80%的退票费有事实和法律依据。②

第三节　航空货物运输承运人责任

上海自贸区的建设,将有力促进我国货物贸易发展,也将促使上海空港在现有基础上,进一步建设成为世界重要的航空货物运输节点。在此过程中,司法也要发挥应有的作用,指引与保障上海航空货物运输发展,以及上海空港建设。

---

① 参见上海市第一中级人民法院(2012)沪一中民一(民)终字第456号判决书。
② 参见上海市第一中级人民法院(2012)沪一中民一(民)终字第1591号判决书。

与航空客运案件相比，航空货运案件的案情更为复杂，涉及的法律问题也更为多样。本章分析后发现，航空货运案件的纠纷主要集中于货物损失、货运代理人法律地位、航空运费支付等几方面，拟对这些问题进行探讨。

一、航空货物损失纠纷

航空运输实践中，托运人和承运人之间常因货物在运输中遭受损失发生争议，主要涉及对货物损坏的认定、航空运输期间的认定等问题。

（一）货物损坏认定

根据法律规定，承运人需对货物在航空运输期间内因毁灭、遗失、损坏、延迟造成的损失承担责任。[1] 但国际航空条约及我国国内法均未明确货物"毁灭"（destruction）、"遗失"（loss）、"损坏"（damage）、"延迟"（delay）等术语的具体含义，我国法院在司法实践中对此做了有益的探讨。

1. 对货物损坏及毁灭的认定

国外司法实践常以货物在运输中状态的变化为依据，来判断货物是否损坏：如货物在托运人交运时状态完好，在收货人收货时状态有损，且货物并未完全失去经济价值者，可认定货物"损坏"；如货物完全失去了经济价值，则属"毁灭"。许多法院还采用了"三步测试法"来判断货物状态，如当事人能证明：货物交付承运人时状态良好、货物到达目的地时状态有损、货物遭受了一定价值的损失等三件事项，则案件将构成"表面证据确凿的案件（prima facie case）"，法院可以判定货物遭受"损坏"，除非承运人提出相反的证据。[2]

我国法院在相关案件中的裁判方法与外国法院的"三步测试法"有共通之处。如在2007年"上海仁创机械科技有限公司诉上海翔友航空客货代理有限公司、中国东方航空股份有限公司"案中，原告委托案外人多立公司将两台

---

[1] 如《华沙公约》《蒙特利尔公约》第十八条第一款规定，对于因货物毁灭、遗失或者损坏而产生的损失，只要造成损失的事件是在航空运输期间发生的，承运人就应当承担责任。上述公约第十九条还规定，货物在航空运输中因延误引起的损失，承运人应当承担责任。《民用航空法》第一百二十五条、第一百二十六条也有类似规定。

[2] Missouri Pacific R.Co.v.Elmore & Stahl,377 U.S.134.

鼓风机由上海空运至昆明,多立公司后以本人名义委托翔友公司运输货物,翔友公司又以本人名义委托东航公司运输货物;收货人在收货时发现货物外包装破损,东航公司货运部出具了"货物不正常运输记录",载明"货物已有3件外包装破损,内部是否损坏或短少将待发货时查验。"收货人收货后将货物以卡车运往安装地,后原告发现货物损坏,将货物运回上海进行质量鉴定,并运往韩国检测维修;原告以货物在运输中遭受损失为由,起诉两被告要求赔偿。法院判决认为:首先,托运人交货时、收货人取货时,货物均装于密封的包装箱内,承运人无法查明货物实际状况以及托运人证明货物交运时、提取时的状态;其次,收货人在取货时发现货物包装有损,且东航公司出具了"货物不正常运输记录",但这不能证明货物本身的状态较托运时发生了损坏;最后,收货人收货后将货物以卡车运往安装地,原告又将货物以空运方式运往上海检测,难以证明货物损坏发生在哪个阶段。① 故法院驳回了原告的诉讼请求。

2. 对货物遗失的认定

货物遗失一般是指,货物的方位及存在状态不为人知或无法合理查明。② 司法实践中,法院判断货物遗失状态的方法主要有两种。

首先,以"货物事故证明"为依据。一些案件中,货物遗失后,承运人或货物保管人向货物权利人出具"货物事故证明",载明货物状态,法院可据此认定货物遗失。如在2009年"华泰财产保险股份有限公司上海分公司诉中国东方航空股份有限公司"案中,案外人骐驰公司将货物交案外人国泰航空公司从英国伦敦运往中国西安,国泰航空公司将货物运至香港后,交港龙公司运至西安,并置于被告仓库内;后被告向收货人出具了"货物丢失证明",称:"工作人员随后进行了对库房及其他措施进行寻找但均没有找见此件货物,现已确定货物在我处库房内丢失。"原告是骐驰公司的保险人,向骐驰公司理赔后,对被告提起诉讼要求赔偿货物遗失损失。审理法院即根据"货物事故证明"的记载,认定货物确已遗失。③

---

① 参见上海市第一中级人民法院(2007)沪一中民四(商)终字第1807号判决书。
② Dalton v. Delta Airlines, 570 F. 2d 1244.
③ 参见上海市第一中级人民法院(2009)沪一中民三(商)终字第44号判决书。

其次，以案件其他证据为依据。在一些案件中，不存在有效的"货物事故证明"，法院可以当事人间的相关协议、运输合同履行情况作为判断货物状态的依据。如在 2008 年"上海汇金国际航空服务有限公司诉上海欧舟国际贸易有限公司"案中，被告委托原告办理国际货物运输业务，并将 3 台频谱分析仪从中国运往荷兰；后因货物在运输中遗失，被告向原告索赔，当事人签订了《备忘录承诺书》称："乙方（欧舟公司）委托甲方（汇金公司）代理运输上海至欧洲货物，7 月份运输费用共 784499.60 元。由于其中一票上海至阿姆斯特丹的货物在运输途中由于航空公司原因丢失，导致乙方超过结算期限尚未付款给甲方。现经甲乙双方协商，乙方承诺先行付给甲方 20 万元，余款部分待遗失货物得到赔偿后，根据协商后多退少补。"原告在向实际承运人南方航空公司索赔时，后者要求原告提供"货物事故证明"，原被告均未能提供；后原告以货物未发生遗失为由，要求被告继续支付运费。本案中，因不存在有效的"货物事故证明"，审理法院根据其他信息综合判断货物已经遗失：一方面，原被告间签订了《备忘录承诺书》，表明原告已确认涉案货物已经遗失；另一方面，原告未能提供将货物交收货人或将货物归还被告的证据，故可以认定货物已经遗失。①

3. 对货物延误的认定

与旅客运输案件类似，我国法院在航空货物运输案件中，也倾向于适用"合理时间"标准判断货物是否延误，即货物未在"合理时间"内运达的，承运人构成延误，但"合理时间"应结合案件实际情况确定。如在 2008 年"上海裕展贸易有限公司诉联邦快递（中国）有限公司上海分公司"案中，原告于 2007 年 11 月 15 日、16 日，委托被告将两票货物从中国上海运往荷兰阿姆斯特丹，参加 11 月 18 日至 22 日的展销会，但当事人并未明确约定货物运抵时间；被告在其网站上承诺，接受托运后三个工作日内运达，因 11 月 17 日、18 日为我国双休日，两票货物分别于 11 月 20 日、21 日运达；货物运达时，原告认为被告运输延误导致货物无法及时参展，故将货物运回中国并起诉要求被告赔

---

① 参见上海市第一中级人民法院（2008）沪一中民四（商）终字第 1143 号判决书。

偿。① 审理法院认为,当事人未在合同中约定货物运抵时间,可根据被告在其网站上的公开承诺确定合理运输时间;根据被告网站提示,被告承诺将在接受托运的三个工作日内将货物运抵目的地,本案中,两票货物分别于 11 月 15 日、16 日送交运输,因 11 月 17 日、18 日为我国双休日,两票货物分别于 11 月 20 日、21 日运抵荷兰,并未违反被告的公开承诺,故涉案货物在合理时间内运抵,被告运输并非发生延误。

(二)航空运输期间认定

《华沙公约》第十八条第二款规定,航空运输,包括承运人掌管行李或货物期间,不论其在机场内或者在航空器上,或者遇有在机场以外降落时的任何地点。根据这一规定,《华沙公约》所称的航空运输期间应同时满足两方面因素:第一,货物需在承运人的掌管之下;第二,货物需处于机场内或航空器上,遇有紧急情况飞机迫降在机场外的,则为货物处于承运人掌管之下的任何地方。学者将《华沙公约》此种判定标准称为"双要素标准"。②《民用航空法》第一百二十五条第(五)款关于航空运输期间的规定也适用了"双要素标准",该条规定:"本条所称航空运输期间,是指在机场内、民用航空器上或者机场外降落的任何地点,托运行李、货物处于承运人掌管之下的全部期间。"

《蒙特利尔公约》关于航空运输期间的规定与上述法律有所不同,公约第十八条第三款规定,航空运输期间,指含有货物处于承运人掌管之下的期间。该条款删除了《华沙公约》第十八条第二款关于货物应当"处于机场内或者在航空器上"的规定。学者将《蒙特利尔公约》上述判定标准称为"单要素标准"。③

在国际航空货运案件中,我国法院也已适用《蒙特利尔公约》的"单要素标准"。如在 2007 年"智傲物流有限公司诉法国航空公司"案中,案外人通用

---

① 参见上海市第一中级人民法院(2008)沪一中民四(商)终字第 1307 号判决书。

② 参见肖永平、孙玉超:《论国际航空货物运输承运人责任期间》,《现代法学》2008 年第 30 卷第 4 期。

③ 参见肖永平、孙玉超:《论国际航空货物运输承运人责任期间》,《现代法学》2008 年第 30 卷第 4 期。

飞机引擎服务公司将一台飞机引擎交原告由英国伦敦运往中国上海,原告以承运人名义向通用引擎公司出具了分运单后,又以自己为托运人将引擎交被告实际承运,被告向原告签发了主运单;飞机引擎系精密设备,空运单上均批注:"……所有陆路运输必须总是使用气垫悬挂车";引擎运抵上海浦东机场后,由机场货运站指定的浦运公司运往主运单收货人的海关监管仓库,但浦运公司未使用约定的气垫悬挂车,而以普通卡车运送引擎;分运单收货人发现后,以引擎可能遭受损害为由拒绝收货,后通用引擎公司将引擎运回英国检测;原告向通用引擎公司赔偿后,起诉被告要求赔偿损失;被告抗辩认为,其已将货物安全运抵目的地机场,浦运公司的地面运输不属于航空运输期间,原告所受损失应由主运单收货人负责。审理法院适用《蒙特利尔公约》审理本案并认为,机场货运站是被告在浦东机场的地面代理人,浦运公司系受机场货运站指派实施短驳运输,在短驳运输期间内,货物仍处于被告掌管之中,故无论货物是否处于机场内,短驳运输期间均属于航空运输期间,货物所受损失当由被告承担。[1]

二、货运代理人主体地位认定纠纷

根据传统认识,货运代理人常指代理客户取得运输业务的人,其本身并不承担运输的责任。如国际货运代理协会联合会(International Federation of Freight Forwarders Associations,FIATA)制定的《FIATA 国际货运代理示范法》第二条规定,货运代理人系指与客户达成货运代理协议的人。在国际航空货运实践中,货运代理人逐渐突破了上述定义,开始以多种身份参与航空运输活动,因其身份多变,常被称为"变色龙"。[2]

(一)传统货运代理人与缔约承运人的法律责任

实践中,航空货运代理人常采取下列 5 种方式参与运输:其一,以发货人的名义或以自己的名义托运货物,交承运人运输,取得承运人或其代理人签发的运输单据。其二,以承运人的名义承揽货物,代承运人签发运输单据或提供承

---

① 参见上海市第一中级人民法院(2007)沪一中民五(商)终字第 27 号判决书。

② 参见[加]彼特·琼斯:《国际货运代理法律指南》,杨运涛、丁丁等译,人民交通出版社2002 年版,第 23 页。

运人签发的运输单据。其三,以自己的名义承揽货物,签发全程运输单据,自行完成部分运输业务,其余部分分包给其他承运人完成。其四,以自己的名义承揽货物,向发货人签发运输单据,全部运输任务转托其他承运人完成。其五,以自己名义承揽货物,向发货人签发运输分单,集中不同发货人的货物,以自己的名义转交实际承运人运输。① 因操作模式不同,货运代理人的法律地位也有区别。

1. 传统货运代理人的法律责任

在上述前两种操作模式中,可将货运代理人认定为传统意义的代理人,因其行为目的在于协助托运人与承运人订立运输合同,其本人并非运输合同当事人,无需承担运输货物的义务。司法实践中,如货运代理人是托运人的代理人,国际航空条约及《民用航空法》对其法律责任并无规定,应依相关国内法确定责任;如货运代理人是承运人的代理人,根据《蒙特利尔公约》第三十条及《民用航空法》第一百三十三条规定,托运人有权直接向承运人的代理人主张货物损害赔偿,而代理人有权援用承运人赔偿限额。

2. 缔约承运人的法律责任

《蒙特利尔公约》确立了缔约承运人的法律地位,根据该公约第三十九条规定,缔约承运人是指以其本人名义与托运人或托运人的代理人签订受本公约约束的运输合同的人;实际承运人是指根据缔约承运人授权,履行全部或者部分运输,但就该部分运输不是连续承运人的人。② 《民用航空法》第九章第四节亦有类似规定。在上述后三种操作模式中,可将货运代理人认定为缔约承运人。因为,货运代理人以承运人的身份向托运人揽货,表明其愿意按照托运人指示运送货物;托运人将货物交付货运代理人运送,表明其将货运代理人

---

① 参见郭萍:《国际货运代理法律制度研究》,法律出版社 2007 年版,第 91 页。

② 《蒙特利尔公约》第三十九条在 1961 年《统一非缔约承运人从事国际航空运输某些规则以补充〈华沙公约〉的公约》(以下简称《瓜达拉哈拉公约》)的基础上制定。《华沙公约》并未规定缔约承运人的法律地位,国际民用航空器组织在《瓜达拉哈拉公约》中首次对"缔约承运人"与"实际承运人"的概念作了区分,公约第一条规定:缔约承运人指以本人名义与旅客或托运人,或与旅客或托运人的代理人订立一项受华沙公约调整的运输合同的人;而实际承运人指缔约承运人之外的,根据缔约承运人授权履行运输的人,且其非连续承运人。而公约第二条规定:如实际承运人办理"适用华沙公约的运输的全部或部分,除本公约另有规定外,缔约承运人和实际承运人都应受华沙公约规则的约束,前者适用于合同规定运输的全部,后者只适用于其办理的运输。"

视为承运人，可以认为当事人间建立了运输合同关系。同时，货运代理人并不实际承担运输义务，而将货物交由实际承运人运输，货运代理人的行为符合法律关于缔约承运人的定义。

《蒙特利尔公约》及《民用航空法》还规定了缔约承运人的法律责任，即缔约承运人对合同约定的全部运输负责，并对实际承运人负责的运输承担连带责任；[①]同时，缔约承运人可就损害赔偿援用赔偿限额条款，即其与实际承运人就货物损失支付的赔偿总额不得超过法律规定的限额。[②] 如在2008年"中国人民财产保险股份有限公司深圳市分公司诉中国东方航空股份有限公司、上海邮申国际货运有限公司、YUSEN AIR & SEA SERVICE（AUST）Pty Ltd"案中，案外人杭州矢崎配件有限公司（以下简称矢崎公司）从澳大利亚进口一批转向传感器，托运人将货物交YUSEN公司从澳大利亚墨尔本运往中国上海，收货人为矢崎公司；YUSEN公司向托运人签发了航空分运单，并将货物交东方航空公司实际承运，矢崎公司在理货时发现货物有损；原告为矢崎公司的保险人，向矢崎公司理赔货物损失后，起诉三名被告要求赔偿。审理法院认为，YUSEN公司与托运人间订立了航空运输合同，并向托运人签发了分运单；YUSEN公司又以本人为托运人，将货物交东方航空公司承运，东方航空公司向YUSEN公司签发了总运单。可以认为，YUSEN公司为缔约承运人，应就整个运输活动负责；东方航空公司为实际承运人，应就实际承担的运输负责，两者就涉案货物在运输中的损失承担连带责任；同时，在案证据无法证明邮申公司参与了涉案运输，邮申公司无需就货物损失负责。[③]

（二）认定航空货运代理人法律地位的实务方法

货运代理人在参与航空货运业务时身份多变，常致当事人间就权利义务关系产生纠纷，《蒙特利尔公约》及《民用航空法》均确立了缔约承运人的法律地位。[④]

---

① 参见《蒙特利尔公约》第四十条、第四十一条，《民用航空法》第一百三十八条、第一百三十九条。

② 参见《蒙特利尔公约》第四十四条，《民用航空法》第一百四十二条。

③ 参见上海市浦东新区人民法院（2008）浦民二（商）初字第3235号判决书。

④ 参见《蒙特利尔公约》第三十九条，《民用航空法》第九章第四节。

实践中,主要可以综合两方面因素来认定货运代理人的地位。

1.航空货运单记载

航空货运单是航空运输合同的初步证据,根据航空货运单内容,可以初步判断合同当事人的法律地位。实践中,货运代理人向货主揽货后,常以自己的名义向托运人出具航空货物运输分运单,并向航空公司托运货物,再由航空公司向货运代理人出具航空货物运输主运单,可分五种情形探讨:其一,如分运单记载的托运人是货主,承运人是航空公司,货运代理人在"托运人或其代理人签名"处签字;主运单上记载的托运人、承运人与分运单相同,可初步认定货运代理人是"托运人的代理人"。其二,如分运单记载的托运人是货主,承运人是航空公司,货运代理人在"填开货运单的承运人或其代理人签名"处签字;主运单上记载的托运人、承运人与分运单相同,可初步认定货运代理人是"承运人的代理人"。其三,如分运单记载的托运人是货主,承运人是货运代理人;主运单上记载的托运人是货运代理人,承运人是实际承运人,可初步认定货运代理人是缔约承运人,航空公司是实际承运人。其四,如货运代理人向货主出具了航空公司的主运单而未出具分运单的,可以认为托运人为货主,承运人为航空公司,货运代理人可能是任一方的代理人。其五,货运代理人以自己的名义向货主出具了分运单而未出具主运单的,此时货运代理人与货主之间不存在运输合同关系,因为无论是直接货物还是混载货物,最终都应交由真实的承运人,并由承运人开具主运单,如果只有分运单的,表明该批货物只停留在运输前阶段。①

如在 2009 年"中工美凯地进出口有限责任公司诉上海兰生国际货运有限公司、韩亚航空公司"案中,原告委托兰生公司将一批男士服装从中国上海运往美国长滩,兰生公司为运输涉案货物向韩亚航空公司订舱,后者向兰生公司出具了总运单,载明托运人为兰生公司,承运人为韩亚航空公司;兰生公司向原告出具了分运单,载明托运人为原告,兰生公司作为签发承运人签字;原告以被告未按指示放货并导致原告损失为由,起诉要求被告赔偿。② 该案符合

---

① 参见董念清:《中国航空法:判例与问题研究》,法律出版社 2007 年版,第 184 页。
② 参见上海市第一中级人民法院(2010)沪一中民四(商)终字第 381 号判决书。

上文所述第三种情况，可以认为中工美凯地公司为托运人，兰生公司为缔约承运人，韩亚航空公司为实际承运人。

2. 合同内容及履行情况

在有的案件中，空运单显示的信息不够充分，法院还可以考察货运代理人与货主所订立合同的内容、报酬收取方式以及交易惯例，确定货运代理人的法律地位。其一，合同约定。一般认为，合同约定货运代理人根据货主委托，代为安排货物运输、仓储，向货主收取代理佣金并以过错为限对货主损失承担责任的，货运代理人可能为传统代理人；如合同约定代理人以自己名义向货主揽货，负责货物运输且收取固定运费，并对货物损失承担责任的，货运代理人将可能是缔约承运人。① 其二，报酬收取方式。传统代理人获取报酬的主要方式是向被代理人收取佣金；如今的航空货运实践中，越来越多的货运代理人在向货主揽货时先收取一揽子固定运费，再将货物交付给航空公司承运并支付实际运费，在这样的模式中，货运代理人主要的获利方式在于赚取运费的差价。从欧洲大陆法系国家的司法实践看，法院逐渐将收费方式作为确定货运代理人身份的关键因素，如果货运代理人向货主收取固定运费而不收取佣金，法院可以结合案件其他因素，将货运代理人视为缔约承运人。其三，交易惯例。在有的案件中，法院还可考察当事人以往的交易惯例，以确定货运代理人的身份。②

三、航空货物运费纠纷

国际航空条约及《民用航空法》并未详细规定航空货运的运费支付问题，③

---

① 参见郭萍：《国际货运代理法律制度研究》，法律出版社2007年版，第106页。

② 参见［加］彼特·琼斯：《国际货运代理法律指南》，杨运涛、丁丁等译，人民交通出版社2002年版，第28页。

③ 如《蒙特利尔公约》第十三条规定："除托运人已经根据第十二条行使其权利外，收货人于货物到达目的地点，并在缴付应付款项和履行运输条件后，有权要求承运人向其交付货物。"《华沙公约》第十三条、《民用航空法》第一百二十条也有类似规定。有观点认为，上述条款规定了收货人支付货款的义务。但是，上述规定所称"应付款项"范围应限于运费；同时，如将上述规定理解为一律由收货人缴付运费，显然不符合常理。应当认为，国际航空条约及我国航空运输特别法并未就运费支付问题作出明确规定，此类问题应结合各国其他国内法，并参考相关司法实践处理。

我国《合同法》也未统一规定各类运输合同的运费支付问题,此类问题应结合各国其他国内法并参考相关司法实践处理。样本案例中,争议较大的纠纷主要有两类:一是货运代理人主张运费引发的纠纷,二是当事人在运输合同中约定运费到付引发的纠纷。

(一)货运代理人收取运费纠纷

航空货运实践中,货运代理人参与运输活动的法律地位不同,收取费用的权利也有所区别。

1. 货运代理人是传统代理人时,无权主张运费

货运代理人作为传统代理人参与运输时,航空货物运输合同的法律效果直接归于托运人及承运人,货运代理人并非运输合同当事人。因收取运费系承运人基于运输合同享有的权利,货运代理人无权主张运费,仅能依据委托合同向委托人主张佣金及必要费用。实践中,货运代理人为托运人代理人时,常先行向承运人垫付运费,此种情况下,货运代理人有权要求托运人偿还垫付费用。①

如在2008年"大连沛华国际物流有限公司上海分公司诉绍兴市贤鑫纺织有限公司"案中,被告委托原告运送一批纺织品,并约定由案外人上海意耀贸易公司(以下简称意耀公司)支付运费;原告转委托案外人上海永道物流有限公司(以下简称永道公司)出运,永道公司将货物交案外人泰国航空公司实际运输,泰国航空公司出具的总运单载明托运人为被告;原告向永道公司垫付了运费,后原告向意耀公司催讨费用未果,遂起诉要求被告偿还垫付运费。审理法院认为,被告向原告出具了委托书,原告根据被告指示履行了代理出运义务,当事人间为货运代理合同关系;被告为原告的利益垫付了货物运费,被告有权根据合同约定要求意耀公司偿付;因意耀公司并非货运代理合同当事人,合同约定意耀公司支付运费,实系由第三人履行合同债务,第三人怠于履行合同义务时,被告应当偿付原告垫付费用。②

---

① 《合同法》第三百九十八条规定:"委托人应当预付处理委托事务的费用。受托人为处理委托事务垫付的必要费用,委托人应当偿还该费用及其利息。"

② 参见上海市第一中级人民法院(2008)沪一中民四(商)终字第1281号判决书。

2. 货运代理人是缔约承运人时，有权主张运费

货运代理人作为缔约承运人参与运输时，其与托运人之间为航空运输合同关系，如其充分履行运输义务，有权向托运人主张运费。同时，缔约承运人也应承担货物损害的不利后果，如货物因不可抗力灭失的，其不得收取运费；①如因履行瑕疵造成货物损失的，还应负赔偿责任。

（二）运费到付纠纷

航空运费支付方式主要有两种：一为运费预付，即由托运人在货物起运前将运费支付给承运人；二为运费到付，即由收货人在提取货物前将运费支付给承运人。实践中，航空公司一般不接受运费到付，其出具的主运单记载的支付方式通常为运费预付；而当货运代理人为缔约承运人时，托运人常与其约定运费到付，并记载于货运代理人出具的分运单上。② 当事人采用运费预付方式时，承运人应当直接向托运人主张运费，当事人间法律关系较为明确，司法实践争议不大。

但在当事人采用运费到付方式时，常围绕收货人支付运费的法理基础、承运人未能收取运费时的相关权利等问题发生争议。

1. 收货人支付运费的法理基础

航空法并未明确规定收货人支付运费的问题，致使承运人向收货人主张运费时依据不明，法院审理案件时标准不一。要解决司法实践中的"运费到付"问题，可从两条途径入手。

首先，立法者应完善航空货运单的必要记载事项。"运费到付"纠纷产生的原因主要在于，国际航空条约及我国国内法没有明确规定空运单应当记载运费支付条款，以及此类条款的法律效力。与之形成比较的是，海商法中的相关规定就较为周全：从国际条约看，《1978 年联合国海上货物运输公约》（以下简称《汉堡规则》）第十五条第一款（k）项规定，提单必须载明"收货人应付运费金额

---

① 《合同法》第三百一十四条规定："货物在运输过程中因不可抗力灭失，未收取运费的，承运人不得要求支付运费；已收取运费的，托运人可以要求返还。"

② 参见上海市浦东新区人民法院课题组：《航空货运代理纠纷中的疑难问题及审理对策》，《人民司法·应用》2012 年第 9 期。

或由收货人支付运费的其他说明";同时,《汉堡规则》第十六条第四款规定,提单未载明运费或货物滞期费由收货人支付的,收货人有权不支付相关费用。[①]从国内法看,《海商法》第六十九条规定:"托运人应当按照约定向承运人支付运费。托运人与承运人可以约定运费由收货人支付;但是,此项约定应当在运输单证中载明。"如果航空法也明确规定空运单上必须记载运费支付方式,且记载内容对托运人、承运人、收货人均有效力,则"运费到付"纠纷将能大大减少。

其次,在法律缺位的情况下,司法实践中宜采用"第三人契约说"。司法实践关于收货人支付运费的法理基础,主要有两种不同的认识:有观点持"第三人契约说",主张航空运输合同约定将货物送交收货人,系为第三人设定了一项权利;而合同约定由收货人支付运费,系为第三人设定了一项义务。[②] 另有观点持"债权让与说",认为收货人提取了货物,表明其加入了航空货运合同,成为合同当事人并同意支付运费。[③]

在处理"运费到付"纠纷时,采用"第三人契约说"更为合理。其一,"债权让与说"并不适用于航空货运实践,因为承运人通知收货人提货的义务,是运输合同义务也是法定义务,收货人履行义务并非因为托运人与收货人间发生了债权让与;同时,收货人及时提货是其应有权利也是法定义务,无需托运人转让。其二,"第三人契约说"更符合航空货运实践。托运人与承运人订立了航空运输合同,收货人并非合同当事人,但其享有运输合同利益,其地位与第三人利益合同之受益人相似。[④] 同时,因收货人并非运输合同当事人,且法律

---

① 该条款规定:"如果提单未按照第十五条第 1 款(k)项的规定载明运费或以其他方式说明运费由收货人支付或未载明在装货港发生的滞期费由收货人支付,则该提单是收货人不支付运费或滞期费的初步证据。如果提单已转让给诚实的相信提单上无任何此种说明而照此行事的包括收货人在内的第三方,则承运人提出的与此相反的证据不予接受。"

② 上海市高级人民法院民四庭拟定的《关于审理 FOB 贸易项下运费纠纷案件的解答》第六条规定:"交货托运人订舱时,交货托运人和承运人约定由收货人支付运费并载明于提单的,属于运输合同双方约定由第三人向债权人履行债务的情形。当目的港无人提货,或收货人拒绝提货时,应视为第三人不履行债务。根据《中华人民共和国合同法》第六十五条的规定,收货人未支付运费的,交货托运人应当履行支付义务,承运人向交货托运人主张运费的请求应予以支持。"

③ 参见上海市浦东新区人民法院(2010)浦民二(商)初字第 1628 号判决书。

④ 参见邱聪智:《新订债法各论(中)》,中国人民大学出版社 2006 年版,第 385 页。

并未规定收货人有运费支付义务，故其一般情况下无需支付运费；运输合同当事人约定由收货人支付运费的，实系为第三人设定一项义务，仅当收货人表示同意后，方对其发生效力。同时，在当事人约定由收货人支付运费后，承运人应首先向收货人主张，即收货人为第一顺位给付人；收货人不支付运费的，则由托运人支付，即承运人为第二顺位给付人。①

如在 2012 年"联邦快递有限公司宁波分公司诉宁波富邦家具有限公司"案中，被告委托原告提供出口快件运输服务，并承诺支付付款账号下的全部运费、空运提单费用及海关税费；被告将三票货物交原告从中国运往美国，空运单的"付款方式"栏中载明由收件人付款，但空运单"付款之责任"条款同时约定："即使被告给原告不同的付款指示，被告仍须首先负责与托运货件有关的所有费用，包括运费、可能的附加费、海关税项及海关估算的税款。"原告完成运输后，向收货人催收运费未果，向我国法院起诉要求被告支付运费。二审法院在审判中即运用了"第三人契约说"理论并认为，原被告间为货物运输合同关系，当事人可以约定由收货方付款，收货人非运输合同当事人，其付款行为属于第三人履行债务；收货方拒付货款的，根据一般法理以及空运单"付款责任"条款的特别约定，被告作为运输合同当事人理应承担付款义务。②

2. 承运人的留置权

托运人完成运输后，有权向托运人或收货人主张运费及必要支出费用；为保障托运人债权，法律规定当托运人或收货人不履行付款义务时，承运人对货物享有留置权。③ 根据我国法律规定，留置权系法定担保物权，承运人行使留置权的目的在于保证债权的实现，当托运人或收货人不清偿运费超过一定期限的，承运人有权变卖标的物并就其价金优先受偿。同时，是否行使留置权全凭承运人选择，如承运人不行使权利的，表明其放弃了债权的担保，虽然其仍

---

① 参见黄立主编：《民法债编各论（下）》，中国政法大学出版社 2003 年版，第 691 页。

② 参见上海市第一中级人民法院（2010）沪一中民四（商）终字第 222 号判决书。

③ 如《合同法》第三百一十五条规定："托运人或者收货人不支付运费、保管费以及其他运输费用的，承运人对相应的运输货物享有留置权，但当事人另有约定的除外。"国际航空条约及《民用航空法》并未规定承运人的留置权。

可向托运人或收货人请求支付运费,但该项债权将因失去担保而转变为一般债权。

　　如在前述"联邦快递有限公司宁波分公司诉宁波富邦家具有限公司"案中,二审法院认为,留置权是原告的法定权利,其可以选择放弃;但原告放弃留置权并不意味着同时放弃了主张运费的债权,故被告仍需依原告的请求支付运费。① 可见,二审法院在区分留置权与债权的基础上较为准确地作出了判决。

---

① 参见上海市第一中级人民法院(2010)沪一中民四(商)终字第 222 号判决书。

第 三 编

上海自贸区扩大投资领域开放的司法保障

第九章　上海自贸区扩大投资领域开放对司法提出的要求

第一节　上海自贸区扩大投资领域开放之概述

一、上海自贸区扩大投资领域开放的主要内容

2013 年 8 月 30 日,《全国人民代表大会常务委员会关于授权国务院在中国(上海)自由贸易试验区暂时调整有关法律规定的行政审批的决定》公布,暂时调整三资企业法有关行政审批的规定在上海自贸区的适用,将原本需要行政审批的这三类企业的设立、分立、合并、经营期限、转让、终止等重大事项改为备案制管理,自 2013 年 10 月 1 日起在三年内试行。2013 年 9 月 27 日,国务院公布《总体方案》,明确了上海自贸区的五大主要任务及措施,其中就包括扩大投资领域开放。

根据自贸区总体方案,上海自贸区扩大投资领域的开放主要涵盖以下三方面的重要内容。

(一)扩大服务业开放

选择金融服务、航运服务、商贸服务、专业服务、文化服务以及社会服务领域扩大开放,《中国(上海)自由贸易试验区服务业扩大开放措施》作为总体方案附件同时公布,在上述六大领域内暂停或取消投资者资质要求、股比限制、经营范围限制等准入限制措施(银行业机构、信息通信服务除外),营造有利于各类投资者平等准入的市场环境。

(二)探索建立"负面清单"管理模式

借鉴国际通行规则,对外商投资试行准入前国民待遇,研究制订试验区外

商投资与国民待遇等不符的"负面清单"，改革外商投资管理模式。对"负面清单"之外的领域，按照内外资一致的原则，将外商投资项目由核准制改为备案制（国务院规定对国内投资项目保留核准的除外），由上海市负责办理；将外商投资企业合同章程审批改为由上海市负责备案管理，备案后按国家有关规定办理相关手续；工商登记与商事登记制度改革相衔接，逐步优化登记流程；完善国家安全审查制度，在试验区内试点开展涉及外资的国家安全审查，构建安全高效的开放型经济体系。在总结试点经验的基础上，逐步形成与国际接轨的外商投资管理制度。

（三）构筑对外投资服务促进体系

改革境外投资管理方式，对境外投资开办企业实行以备案制为主的管理方式，对境外投资一般项目实行备案制，由上海市负责备案管理，提高境外投资便利化程度。创新投资服务促进机制，加强境外投资事后管理和服务，形成多部门共享的信息监测平台，做好对外直接投资统计和年检工作。支持试验区内各类投资主体开展多种形式的境外投资。鼓励在试验区设立专业从事境外股权投资的项目公司，支持有条件的投资者设立境外投资股权投资母基金。

上海自贸区对外投资领域开放政策是中国主动顺应全球化新趋势，参与利用国际经济新规则、融入国际服务贸易和投资体系战略的重要举措；有助于转变政府职能，推动行政审批改革，创造公平竞争的市场环境；还有助于创新投资管理模式，创造可复制、可推广的制度建设，逐步推广到全国范围内。

二、对"负面清单"的解读

根据《总体方案》，自贸区内的外国投资管理体制采用"负面清单"模式，标志着现代投资体制中的自由模式首次在中国得到运用，标志着中国的外商投资管理体制产生了巨大变革。"负面清单"是一国政府在引进外资时，对本国不允许外商企业投资或有限制要求的领域和产业，以清单形式公开列明，清单以外领域则充分开放。国务院公开批准《总体方案》中提到要"探索建立负面清单管理模式"。2013 年 9 月 22 日，上海市政府通过了《中国（上海）自由贸易试验区管理办法》（以下简称《自贸区管理办法》），该办法第十一条标题为

"负面清单管理模式",其规定:"自贸试验区实行外商投资准入前国民待遇,实施外商投资准入特别管理措施(负面清单)管理模式。对外商投资准入特别管理措施(负面清单)之外的领域,按照内外资一致的原则,将外商投资项目由核准制改为备案制,但国务院规定对国内投资项目保留核准的除外。"2013 年 9 月 29 日,上海市政府公布了《中国(上海)自由贸易试验区外商投资准入特别管理措施(负面清单)(2013 年)》。可以说,"负面清单"管理模式是此次上海自贸区构建的最大亮点。它是中国创新对外开放模式、转变政府职能的重要标志,也是中国政府扩大投资领域开放、探索制度创新的重要里程碑。众所周知,与"负面清单"相对应的是正面清单,是国家明确允许外商投资准入或有限制要求的领域,清单以外领域一律不予开放,即列明了企业可以做什么领域的投资。具体而言,"负面清单"与正面清单的区别主要体现在:

（一）准入依据不同

长期以来,中国政府对外商投资市场准入实行严格的以行政审批制度为主的"正面清单"模式,即通过立法和行政审批制度来管理外商投资。20 世纪 80 年代,中国政府先后制定了一系列中外合资、外商独资、中外合作经营的法律、实施条例和实施细则,明确规定外商准入的设立程序、投资方式和比例、组织机构、利润分配、法律地位;20 世纪 90 年代强化审批制度和法律责任,对外商准入领域和条件明确规定。"入世"后,对外资管理一直采用《外商投资产业指导目录》模式,凡是中国政府鼓励、限制、禁止外商进入的行业名单都列入产业指导目录当中,所有的外商投资和商业投资只能在规定的范围内选择;同时,来华投资的外资企业必须将相关合同章程报送发改委、商务部等相关政府管理部门审核,同意后方能具备法律效力。而在"负面清单"模式下,政府明确将不允许外商投资进入或限制进入的行业公示在清单上,根据"法无禁止即可为",凡没有列入清单的领域或产业都是放开的,在这些行业从事投资,则不需要经过政府审批,直接去工商管理部门注册登记即可。

（二）激励方式不同

在实行以行政审批为主的"正面清单"模式下,政府主要运用税收、信贷、外汇、土地等各种优惠政策和措施来鼓励和吸引外企来华投资。外商到中国来投资主要看重的是中国庞大的消费市场、廉价的劳动力优势和便宜的土地租金、税收等各种政策优惠。但是，高投入高消耗高污染的粗放型经济增长方式难以为继，传统生产要素发展经济受到制约，急需寻找并投入新的制度要素。近年来，外商投资的关注重点已经从优惠政策转到法律规范、产业导向、市场环境等方面，各地政府舍弃依靠优惠政策来招商引资的传统思维，积极进行制度创新。实行"负面清单"管理模式，有助于建立一套与国际经贸通行规则相互衔接的新制度体系，实现对投资与贸易的高效管理。通过改变滞后的管理模式，不断释放制度红利，从而参与国际贸易与投资分工。

（三）实施效果不同

"正面清单"管理模式对于引导和管理外商投资发挥积极作用的同时，也引发了一些制度弊端：资源配置错位，拿到政府批文的企业往往容易获得银行贷款支持；宏观调控边际效率下滑，许多产能过剩的行业其实是政府审批和政府鼓励的产物；权力寻租和腐败现象频频发生等，传统的审批制度已成为中国经济转型升级的"拦路虎"。许多企业围绕国家产业指导目录和产业优惠政策进行投资和扩大再生产，最终往往带来大量产能过剩和整体产业结构失衡；一些在资金、土地等方面享有特权的国有企业凭借垄断地位占有了过多社会资源和财富，加剧了不同企业之间的不公平竞争；而创造了大量就业岗位和税收的中小企业由于得不到政策和金融的支持而难以生存和壮大等等。上述种种不正常现象使得市场对资源优化配置的决定性作用难以实现。而推行"负面清单"后，将取消政府在市场准入领域中的行政审批，增强了行政的公开透明度，减少了行政成本和寻租空间，把企业的权力重新归还给企业。

第二节　上海自贸区扩大投资领域
开放对商事审判提出挑战

可以预见，随着上海自贸区投资领域的进一步开放和政策革新，将会有越来越多的外资在自贸区开办企业。由于区内外法律环境的巨大差异、法律与政策的碰撞，随之引起的投资纠纷将不断增多，新情况、新问题将不断出现。

如何更好地解决涉自贸区投资纠纷,公平合理地维护中外投资者的合法权益,创造法治化、国际化的营商环境将是法院所面临的新的时代课题。上海自贸区扩大投资领域开放将给民商事审判带来以下挑战和问题。

一、对审理外商投资纠纷的审判理念提出的挑战

(一)行政权和司法权的关系变化对法官的审判理念提出新要求

在上海自贸区建立之前,由于审批系立法赋予行政机关特有的权力,法院在确认相关事实与权利义务关系时,首先应考虑审批或者登记的基本材料,对行政机关的审批权予以充分的尊重。相关行政部门对中外合资经营企业股权变更登记的审查系实质性审查,对于实质性的行政行为,是中国法律赋予有关行政主管部门专有的权力,不能通过民事诉讼程序予以变更,即使审批不当,也只能通过行政复议或者行政诉讼程序予以纠正。言外之意是,审批权属于行政机关权限范围,司法权不便干预。由此,在行政权与司法权的关系方面呈现出这样的画面:一方面行政权逐渐扩张到外商投资领域;另一方面出于对行政权的尊重,司法权呈现退出和抑制趋势。例如,对于隐名股东确权,根据外商投资企业的司法解释,法院在确权之前需要征询外资管理部门的意见,只有在征得外资管理部门同意的情况下才可以进行确权。而上海自贸区对“负面清单”范围内的企业从过去的审批制改为备案制,从事先审批改为事后监管,行政权呈现退出趋势。而要发挥司法的能动主义,通过扩大司法的事后审查权发挥法治先行的引领作用,规范市场投资行为,这就需要法官能够准确把握这一变化,及时转变审判思路。

(二)法律适用难度增加,对法官的法律适用能力提出新挑战

上海自贸区外资领域的革新对现行法律法规进行了较大突破,法律适用的冲突在所难免,法院将面临法律的安定性与妥当性、法律和政策以及市场自治与国家管制、营业自由与交易安全①的关系问题,在上海自贸区先行先试期

---

① 参见刘言浩:《中国(上海)自由贸易试验区的司法应对》,上海市第一中级人民法院内网。

间,立法的滞后性、纠纷的新颖性和复杂性都对商事法官的法律适用能力和司法理念提出新的挑战。

二、上海自贸区投资领域开放所带来的具体法律适用问题

(一)缺乏对"外资"的判断标准

由于外国投资的实施主体主要是公司等法人组织形式,国民待遇原则适用的前移,对传统上的外国公司认许制度带来了挑战。对于上海自贸区而言,对外商投资实行特殊待遇,首先的问题在于什么是外资和外商,这直接影响到上海自贸区外资领域开放的受众主体和主体资格。在"负面清单"管理模式实施前,由于对外资实行审批制,行政机关对外国公司投资准入和投资领域等事项审批时,同时对外国公司的设立文件、合同、章程以及外国投资者主体资格进行审查。在外国公司投资行为获准后,法院通常不再审核其公司内部治理,亦无须再考虑外国投资者的主体是否适格,以及外部行为是否因主体适格情况而受影响。随着外商投资管理体制的改革,以往行政主导下的事前审批,转由事后经营过程中的行政监督,而更多的监督与评判之责将转由司法机关在审判过程中予以完成。外国公司法律适用问题的重要性将凸显,司法机关对外国公司的主体资格、行为能力以及内部行为等事项的判定标准不同将直接关系到自贸区外资开放政策的目的和中国社会公共利益。[①] 关于"外资"的判断标准,中国公司法以及三资企业法对此未作出明确规定。对"外资"的认定存在着"主体标准"与"资本标准"两种不同的判断标准。用主体标准界定"外资"是看该项资本的主体是否具有外国国籍,即以投资者的国籍为标准来界定一项资本是否是外资。而资本标准则着眼于公司资本的来源地,即认为无论是国外人还是国内人,只要其以境外资金进行投资的,则可以认定为外资。而对于投资者国籍的认定,也有注册地主义、资本控制说、法人住所地、主营业地等不同的判断标准。评判标准的不同造成公司国籍法适用上的困境,

---

① 参见王克玉:《"负面清单"模式下司法对外国公司的审视与评判——基于"自贸区"外国投资主体的维度》,《暨南学报(哲学社会科学版)》2014 年第 5 期。

另一方面也引发了公司的国籍变动。而公司国籍变动的直接后果便是公司转移设立、资本转移、资本外逃,以及虚假外国公司和虚假外国资本等现象。

(二)自贸区扩大投资的规范性文件层级多样,法律适用面临挑战

当前,适用于自贸区的法律文件,既包括全国人大常委会的决定和国务院的通知,又包括上海市人大常委会的决定和市政府的规章,同时国家工商总局、质检总局、银监会、证监会、保监会、中国人民银行等机构和部门,也分别针对自贸区出台了相关的政策文件。将来,自贸区管委会为推进落实各项改革试点任务,研究制定自贸试验区有关行政管理制度。因此,可以预见的是,适用于自贸区的法律渊源层次多样,上至全国人大常委会决定,下至管委会自身的红头文件,并且具体规范自贸区经济运行和行政监管的法律文件,将以规章以下的规范性文件居多。无论是《总体方案》还是各部委出台的一系列支持自贸区的意见以及上海各委办局制定的细则均属于政策性规定①,不属于法律范畴。虽然上海市人民政府公布、实施"负面清单"的直接依据是《总体方案》,该清单并不是作为附件而是独立成文的。"负面清单"在效力层次上应属于上海市人民政府规范性法律文件,而非上海市政府颁布的政府规章。②由于自贸区投资立法的滞后性,法院面临着在改革性、政策性文件上升为法律规范前的"立法真空期"内如何正确适用法律的新问题,在改革举措与现行法律存在不协调的情形下如何正确解决纠纷的新问题。

(三)外资准入前国民待遇和"负面清单"管理模式下投资行为的效力认定

在以往的审判实践中,由于三资企业法对三资企业的设立、分立、合并、股权转让、经营期限以及终止等重大事项设立了比较严格的审批制度,导致在以往的商事纠纷中,《最高人民法院关于审理外商投资企业纠纷案件若干问题的规定(一)》对未经审批的相关合同作未生效对待。上海自贸区暂停三资企

---

① 参见丁伟:《中国(上海)自由贸易试验区法制保障的探索与实践》,《法学》2013年第11期。

② 参见李晶:《中国(上海)自贸区负面清单的法律性质及其制度完善》,《江西社会科学》2015年第1期。

业法中有关审批制度在自贸区的适用,将审批管理改为备案管理,凸显了自由贸易区与非自由贸易区的差别。当前,中国专门适用于自贸区区域的备案行为包括《授权国务院在中国(上海)自由贸易试验区暂时调整有关法律规定的行政审批目录》中的11项备案管理行为和上海市人民政府《自贸区管理办法》中规定的境外投资备案行为,且以事前备案为主、事后备案为辅。其中《授权国务院在中国(上海)自由贸易试验区暂时调整有关法律规定的行政审批目录》中的11项备案管理专门指向外商投资领域,具体包括外资企业设立、经营期限、分立、合并及其他重要事项变更备案,中外合资经营企业设立、延长合营期限、解散备案,中外合作经营企业设立、延长合作期限、委托他人经营管理、转让合作企业合同权利义务备案。中外合作经营企业协议、合同或章程出现重大变更的,也需要备案。境外投资备案则包括开展境外投资一般项目或开办企业两种情形。自贸区三资企业重大事项审批制度的暂时取消直接影响到涉自贸区三资企业纠纷案件的审理。上述法规中规定的备案行为的性质如何认定,如果外商投资企业的上述行为未经备案,行为性质如何认定,是无效还是有效等,成为在司法实践者面前的一个极其重要的问题。

(四)服务业扩大开放导致的对区内新型经营行为的合法性的认定

上海自贸区扩大在金融服务、航运服务、商贸服务、专业服务、文化服务以及社会服务领域扩大开放,涉及市场准入的门槛降低,外商投资企业在自贸区外不能从事的业务可以在自贸区内进行,如外商投资企业可以在自贸区从事律师服务、资信调查、旅行社、人才中介服务、投资管理、工程设计、建筑服务等业务。在这种模式下的投资行为效力认定以及服务业扩大开放后新型业态经营行为的合法合规性认定以及交易主体间权利义务和民事责任的确定问题均被提上议事日程。

(五)"负面清单"的性质与行业准入的范围存疑

这次上海自贸区"负面清单"是将"禁止类"和"限制类"合并,从而明确了该清单的"负面"性质,即除非"清单"中提到的禁止或限制,否则就不存在禁止或限制。目前对"负面清单"之外是否就是当然允许的,存在理解分歧,即"法无禁止即可为"的法理是否可适用?这次上海自贸区"负面清单"没有列举出来的措施或部门,是否可初步认定就是合法有效的行为? 例如外资想投资与殡葬相关的服务业(不是殡葬火化本身,而是其延伸的服务业),是否属于上海自贸区"负面清单"之外的允许类? 类似殡葬业的其他行业不在"负面清单"之内,诸如此类行业的外资市场进入有同样的问题。① 在商事审判中,由于对"负面清单"与行业准入的理解不一,容易导致法官对同一行业的行为的有效性产生不一致的认识。

(六)区内外不同待遇所导致的相关法律问题

自贸区的准入前国民待遇和"负面清单"管理模式仅仅限于在自贸区内实行,对于自贸区外的外商投资企业还是需要遵循中国三资企业法的相关规定。同样,在扩大服务业开放方面,上海自贸区在金融、航运、商贸、专业、文化、社会服务领域采取暂停或取消投资者资质要求、股比限制、经营范围限制等准入限制措施只适用于注册在上海自贸区内的企业。由于准入条件和设立条件的差异,区内和区外企业并不能取得相同的"国民待遇",可能会给区内区外设立的外商投资企业之间以及相互之间涉及上海自贸区的投资、经营等经济活动在民事行为能力、合同效力、管辖依据、法律适用等方面带来潜在的影响。

三、解决对策

(一)应当树立新的审判理念

1. 保护外国投资者利益与保障交易安全的统一

上海自贸区"负面清单"模式和国民待遇的扩展,弱化了行政机关的自由裁量权以促进投资便利,却使司法事后监督的机制成为必需。司法机关通过介入以外国投资主体或其关联主体为一方的案件纠纷,承担起对外国公司主体资格和行为能力的审查判断之责,以保障自贸区外资法规政策的实施。一方面,法院应当精确把握"负面清单"的主旨以及遵循促进投资的目标,保障

---

① 参见龚柏华:《"法无禁止即可为"的法理与上海自贸区"负面清单"模式》,《东方法学》2013年第6期。

外国投资者准入阶段的国民待遇；另一方面，则要通过适用法律审查外国公司的主体适格性，包括对其组织形式、资本状况、内部事项的有效性、行为的合法合规等问题予以审视，确保司法维护自贸区最大程度地获益于外国投资和实现可持续发展的保障功能，将是司法审视外国投资行为的基本目标。

2. 兼顾国内规则与国际规则的适用

《总体方案》提出自贸区的愿景是"具有国际水准的投资贸易便利、货币兑换自由、监管高效便捷、法制环境规范的自由贸易试验区"，自贸区又是"境内关外"，所以涉自贸区案件将会涉及对国际条约、国际规则与国际惯例以及国外法律的适用。《民法通则》第一百四十二条规定："中华人民共和国缔结或者参加的国际条约同中华人民共和国的民事法律有不同规定的，适用国际条约的规定，但中华人民共和国声明保留的条款除外。中华人民共和国法律和中华人民共和国缔结或者参加的国际条约没有规定，可以适用国际惯例。"第一百五十条规定："依照本章规定适用外国法律或者国际惯例的，不得违背中华人民共和国的社会公共利益。"这表明了中国对国际条约和国际惯例的立法倾向和适用倾向。从司法层面来讲，法院在审理涉自贸区投资纠纷时，先要对案件性质进行准确识别，对于涉外纠纷应当正确援引准据法，优先考虑中国已经加入的国际条约和签署的双边条约对市场透明度和政府监管行为规则的要求；必须正确适用国内国际两种法律渊源，平等对待中外法律；正确运用国际私法中的相关规范公平、公正地确定涉外案件的管辖权、法律适用、判决的承认与执行等相关事项，从而营造国际化的法治环境。

3. 坚持法律和政策的灵活适用

自贸区的投资领域的巨大革新，区内、区外法律环境的巨大差异，将不可避免地对现有的法律制度构成一定的冲击。在三资企业法未作修改而自贸区投资领域的新规则如"负面清单"、准入前国民待遇、服务领域的开放政策已经运行的情况下，法律适用的冲突将不可避免。对法院而言，一方面应当为自贸区的投资政策的先行先试提供安全的法律环境；另一方面，通过对涉自贸区外资领域开放的相关政策的把握，通过法律解释、漏洞补充的方式形成裁判规则，通过具体案件审判引导外资规则构建。

4.处理好司法机关同行政机关的关系

在外商投资领域,司法权和行政权通常是相互交织、相互作用的。在审理涉自贸区外商投资纠纷案件中,应当在明确法院和行政机关各自职能分工的基础上实现协调和合作,避免对立冲突;既要坚持司法的最终裁判权、以司法制约行政的现代法治精神,又要维护行政行为的公定力和自主性。

(二)具体问题探索

1.对"外资"的审查标准

中国以往的审判实践,主要以公司注册地来判断公司的国籍,然而,对于上海自贸区而言,"负面清单"体制下资本流动自由,以及随着资本项目的开放,外国公司的经营活动、组织形式、股东构成等呈现出多元化和复杂化的特点,外国资本与虚假外国资本鱼龙混杂,单一的公司注册地国籍标准无从应对虚假外国公司的现象,自贸区促进外资流动的政策性目标会因此而受损。对此,为了更好地区分内外资,对投资者国籍的判断应以公司的成立地为主,兼顾考虑资本控制人、资本来源地以及公司的主营业地或住所地等因素,或者在单一的公司国籍标准不能改变的局面下,根据"真实本座主义"理念适用与公司有最密切联系地的法律,①通过现象认识本质,从而准确认定外商和外资,为自贸区吸引外资政策保驾护航。

2.准确把握区内区外法律的差异性,灵活拓宽法律适用

首先,应当准确把握区内、区外法律的差异性。由于全国人大明确废除诸如三资企业法中关于审批的规定在自贸区的适用,则法院应当首先区分外商投资企业是设立在区内的企业还是区外的企业,如果属于区内企业,则应当自觉排除三资企业法相关规定的适用;而对于区外的企业,三资企业法的所有规定包括审批的规定均应当得到适用。其次,对于区内法律规范层级多元化的问题,虽然总体方案和自贸区相关政策法规在法律层级上称不上是行政法规,但是关于自贸区和投资、金融、贸易、行政监管等方面的内容是现阶段中国的

---

① 参见王克玉:《"负面清单"模式下司法对外国公司的审视与评判——基于"自贸区"外国投资主体的维度》,《暨南学报(哲学社会科学版)》2014年第5期。

基本政策。在解释涉及自贸区改革的相关法律时,应以该决定和总体方案为解释法律的重要依据。当然,在社会主义法律体系已经形成的当下,重提政策的优先地位有不合时宜之嫌。但法律永远是为解决现实问题而存在的,在立法机关将涉自贸区的改革政策转化为法律之前,政策在司法解释中的重要地位是无法回避的。当然,在通过司法裁判将政策规则化后,可将通过裁判形成的涉自贸区的规则上升为司法解释或者立法,并应尽快缩短这一进程,以实现法律的安定性。①

3. 正确认定备案的性质以及对投资行为效力的影响和裁判尺度变更

由于以往的《外资企业法》《中外合资经营企业法》和《中外合作经营企业法》对这三类企业设立、分立、合并、经营期限、转让、终止等重大事项的变更规定了比较严格的审批制度,导致在以往的大量民事纠纷中,以未经审批为由认定相关合同无效成了习惯性的做法。直到2010年《最高人民法院关于审理外商投资企业纠纷案件若干问题的规定(一)》的颁布,才明确此类未经审批的合同应当认定为未生效。上海自贸区内对外商投资准入施行"负面清单"管理制度,对"负面清单"之外的领域,按照内外资一致的管理原则,外商投资项目实行备案制,外商投资企业设立和变更实行备案管理;对于"负面清单"之内的领域,外商投资项目实行核准制,外商投资企业设立和变更实行审批管理。这就涉及审批和备案行为的区别。通常的观点在于,行政审批是行政机关赋予相对人某种权利和资格的行政行为,具有确权性质,而备案是行政相对人向主管机关报告事由、存案以备考察,其效果在于对既有权利或状态向大众展示,并不会对申请人的权利义务产生直接的影响,即不会直接产生、变更或消灭申请人已取得的权利或义务。备案并非是外资企业获得经营资格的条件。即便外资企业的备案承诺内容与实际情况符合,备案机构只有取消备案的权利,而不能变更、消灭外资企业先前取得的权利或资格,只能由其他相关

---

① 参见刘言浩:《中国(上海)自由贸易试验区的司法应对》,上海市第一中级人民法院内网。

管理部门来作出处理。① 因此,对于"负面清单"之外的领域,根据《全国人民代表大会常务委员会关于授权国务院在中国(上海)自由贸易试验区暂时调整有关法律规定的行政审批的决定》和《国务院关于在中国(上海)自由贸易试验区内暂时调整有关行政法规和国务院文件规定的行政审批或者准入特别管理措施的决定》,试验区内这些原本需要行政审批的三资企业设立、分立、合并、经营期限、转让、终止等重大事项的审批已经改为备案制管理,《最高人民法院关于审理外商投资企业纠纷案件若干问题的规定(一)》中的一些根据行政审批认定合同效力的规定在一定情形下对这些企业将不再予以适用。② 而对于属于"负面清单"领域内的外商投资企业,由于自贸区并未取消对其审批的规定,三资企业法应予适用。如果涉及此类企业的设立、变更、终止、股权转让等重大事项未经审批,则根据《最高人民法院关于审理外商投资企业纠纷案件若干问题的规定(一)》的规定,应认定为未生效合同。即便已经审批,如果法院认定该合同违背"负面清单"中的禁止性或者限制性规定,则合同无效。

4. 灵活把握"负面清单"的兜底条款

上海自贸区的"负面清单"实际上配有"兜底条款",即除列明的外商投资准入特别管理措施,禁止(限制)外商投资国家以及中国缔结或者参加的国际条约规定禁止(限制)的产业,禁止外商投资危害国家安全和社会安全的项目,禁止从事损害社会公共利益的经营活动。自贸试验区内的外资并购、外国投资者对上市公司的战略投资、境外投资者以其持有的中国境内企业股权出资,应当符合相关规定要求;涉及国家安全审查、反垄断审查的,按照相关规定办理。

5. 建立与外资审批部门的配合和衔接机制

自贸区先行先试的事项涉及行政审批等有关部委的核心权力。这要求一方面法院和行政机关在程序上实现有效的衔接,正确协调司法权与行政审批

---

① 参见孟小龙:《中国(上海)自贸区外商投资备案管理研究——以现行〈备案管理办法〉为视角》,《上海政法学院学报(法治论丛)》2014 年第 4 期。

② 参见最高人民法院课题组:《中国(上海)自由贸易试验区司法保障问题研究》,《法律适用》2014 年第 9 期。

权之间的权力分配,为当事人权利保护提供有效的途径;另一方面法院作出的判决应当得到行政机关的协助和一定的尊重。通常民事判决的效力仅及于案件的当事人,不会产生改变或者废止行政行为的效力。但是,例外的情形是,如果法院在审理外商投资纠纷案件中对关联行政审批的问题进行实质审查,而这些问题属于行政机关形式性审查事项,并且法院事实上作出与行政审批所涉及的事实相反的判决,则民事判决在效力上应当优先于行政审批,行政机关应对民事判决予以必要的尊重并作出相应的变更。这需要司法和审批机关两个部门的协调和配合,必要的时候可通过立法对此作出明确的规定。

第三节　中国（上海）自由贸易试验区投资 争端解决机制的探索

2013年7月,中美举行第五轮战略与经济对话,双方同意以"准入前国民待遇和负面清单"为基础开展双边投资条约的实质性谈判。这是中国在外商投资管理模式上作出的重大突破,也清楚地表明了中国对待高度自由化的美国2012年双边投资协定(BIT)范本的态度,即以"负面清单"谈判的方式接受美国投资自由化的要求。2013年9月29日,中国(上海)自由贸易试验区正式挂牌成立,这是中国政府顺应全球贸易和投资规则重构的重大举措。根据《总体方案》,加快政府职能转变、扩大投资领域开放、推进贸易方式转变、深化金融领域的开放创新、完善法制领域制度保障成为自贸区肩负的五大任务。经过四年多的发展,自贸区在投资领域取得了有目共睹的成绩,建立起了以准入前国民待遇加"负面清单"模式为核心的投资管理体系。投资争端解决机制属于各国投资体系和双边、多边投资协议中的重要组成部分,也是双边和多边投资谈判的重要议题。随着自贸区改革的进一步深入,因外商投资法律的调整、投资政策变化以及政府监管方式转变所引起的投资争端将会不断出现。投资争端解决机制不但关系到自贸区的健康发展,还关系到自贸区国际化、法治化的营商环境建设,也是中国未来参与美国BIT谈判和跨太平洋伙伴关系协定(TPP)谈判的重要筹码和先期探索。如何构建一个既符合中国国情又适应国际规则的投资争端解决机制成为自贸区改革与创新的重要课题。

一、涉自贸区投资争端类型以及投资争端解决现状

(一)国际投资争端类型以及争端解决方式

国际投资争端是国际私人直接投资过程中所产生的与投资活动密切相关的各种争议的总称,一般可分为以下三种。

1. 国家与国家之间的投资争端

这类争端是东道国和投资者母国之间由于解释和履行订立的双边或多边投资公约产生的争端;或者国家间由于国际私人投资活动产生的争端,使原来外国投资者与东道国之间的争端转化为国家之间的争端。这类纠纷主要通过谈判、协商、斡旋、调停、和解等政治方法或者通过国际仲裁以及两国协商的常设司法机关解决。

2. 不同国籍的私人投资者之间的投资争端

这类争端通常是东道国与投资者母国的不同合营者之间由于解释和履行合营合同所发生的争端或者由于侵权行为产生的争端。这类纠纷可通过协商、仲裁、诉讼等方式解决。

3. 外国投资者与东道国之间产生的投资争端

这类争端是由于东道国对外国投资者的投资活动行使管理或监督权产生的争端。这类纠纷主要通过协商谈判、外交途径、依据多边或者双边条约提交国际仲裁(如提交"解决投资争端国际中心 ICSID"①或者国际商会仲裁院仲裁、适用《联合国国际贸易法委员会仲裁规则》进行临时仲裁等),东道国当地救济(包括行政复议和行政诉讼等)以及到外国法院诉讼的方式进行解决。

(二)涉自贸区投资争端类型

具体到上海自贸区而言,由于自贸区的构建属于中国主权范围内的事宜,

① ICSID,指 The International Center for Settlement of Investment Disputes。

非基于双边或者多边条约而设立，不存在中国政府同其他国家之间基于条约义务而产生的国家与国家之间的投资争端。此外，私人投资者和东道国之间的争端上升到国家和国家层面的情形也十分少见，故涉自贸区的投资争端主要是两类。

1. 涉自贸区私人投资者之间的投资争端

具体表现为：外国投资者到自贸区进行投资如设立合营企业、收购当地企业、签订合作协议等产生的纠纷，一般涉及合同的有效性、投资方式、投资资金、经营决策管理、技术转让、股权转让、利润分配等。既包括纯国内的投资纠纷（如三资企业与国内其他企业、自然人之间的纠纷），也包括涉外投资纠纷（如外国投资者和中方投资者之间的纠纷）。此类争议的实质是平等主体之间的民商事纠纷。

2. 涉自贸区外国投资者和东道国政府之间的投资争端

此类纠纷是由于自贸区的主管机关（主要是自贸区管委会）行使管理和监督职能所产生。此类争端按照发生的区域范围又可以分为两类：一是发生在区内的但非自贸区特有的外国投资者和东道国政府之间的投资争端，这类争端并非仅仅只发生在自贸区内，也并非随着自贸区的设立而发生，即不具有自贸区特色。如自贸区主管机关在自贸区内采取环境保护、公共健康、劳工保护等社会管理措施，投资监管等经济管理措施而与外国投资者产生的争端。此外，由于政府对自贸区内外国投资者的财产实行征用或国有化，或是进行外汇管制以及其他对外商投资实施行政管理等行为相关联、自贸区内不同市场主体提供差别待遇的行为，甚至是透明度不高的市场监管行为，也有可能引发争端。这类投资争端与发生在区外的投资争端没有区别。二是自贸区专属的投资争端，即由于自贸区特殊的外资政策而引发的自贸区独有的外国投资者和东道国政府之间的投资争端，主要表现为政府主管机关在自贸区内实施"负面清单"管理模式而产生的对"负面清单"解释上的争端或因服务业扩大开放而产生的暂停或取消投资者准入限制措施方面的争端。[①] 涉自贸区外国

---

① 参见陈力：《上海自贸区投资争端解决机制的构建与创新》，《东方法学》2014年第3期。

投资者和中国政府之间的投资争端的实质将更多地涉及对自贸区主管机关行为的合法性及其所应承担的责任的判断与确定等。

(三)自贸区投资争端解决的现状

由于投资争端的类型不同,导致的争端解决方法也不尽相同:

1. 涉自贸区私人投资者之间的投资争端解决

2014 年 8 月 1 日颁布实施的《中国(上海)自由贸易试验区条例》第五十六条规定:"依法在自贸试验区设立司法机构,公正高效地保障中外当事人合法权益。本市依法设立的仲裁机构应当依据法律、法规并借鉴国际商事仲裁惯例,适应自贸试验区特点完善仲裁规则,提高商事纠纷仲裁的国际化程度,并基于当事人的自主选择,提供独立、公正、专业、高效的仲裁服务。本市设立的行业协会、商会以及商事纠纷专业调解机构等可以参与自贸试验区商事纠纷调解,发挥争议解决作用。"对于自贸区私人投资者之间的投资争端,本质上属于民商事纠纷,争议的事项也多为投资合同争议,可以在中国现行《民事诉讼法》的框架内解决。争端各方可通过协商、调解等非法律手段或仲裁、法院诉讼等法律手段加以解决。除涉外案件外,解决此种争议所应适用的法律均应为作为东道国的中国的有关实体法律规定。目前,自贸区在平等主体之间的投资纠纷解决机制方面作出了一系列积极的探索。就法院而言,自贸区直接相关的法院为自贸区的纠纷解决建立了相应的应对机制:上海市浦东法院设立了专门的自贸区法庭;上海市第一中级人民法院组建了专项合议庭并颁布涉自贸区案件审判指引;上海市高级人民法院和最高人民法院正在酝酿相应的应对策略。就仲裁而言,上海自由贸易试验区仲裁院挂牌成立并颁布新的仲裁规则①,探索构建符合国际潮流的仲裁制度;上海市第二中级人民法院也为此制定适用仲裁规则的若干意见。在调解方面,上海经贸商事调解中心入驻自贸区,并与浦东法院和上海一中院签署合作协议,为涉自贸区案件创建诉调对接机制。同时,自贸区律师服务业的开放,将加重律师这一特殊主体在

---

① 该仲裁规则借鉴国际上先进的仲裁规则,完善了"临时措施"并增设了"紧急仲裁庭"制度,确立了仲裁员开放名册制;细化了合并仲裁规则;完善了"仲裁与调解相结合"的制度;进一步强化了仲裁中的证据制度等;纳入了"友好仲裁"制度,增设了"小额争议程序"等。

投资纠纷解决中的作用。此外，各行业协会也将为自贸区内的投资纠纷提供专业化的支持。由此可见，上海自贸区多元化纠纷解决机制的构建已经初具雏形。

当然，随着自贸区外商投资政策的重大转变，自贸区以及跨区域的潜在投资纠纷将呈现主体多元化、类型多样化、利益复杂化和国际化的特征，这就对纠纷解决机制提出更高的要求。但目前尚存在一些不足，亟待完善：例如，在诉讼、调解、仲裁等多元框架并存的情况下，不同的纠纷解决机制之间如何衔接并协同发挥作用尚缺乏统一的架构；上海自贸区不缺少纠纷解决机构，但缺少像国际商会仲裁院（International Chamber of Commerce，ICC）、新加坡国际仲裁中心（Singapore International Arbitration Centre，SIAC）等这样具有国际影响力的纠纷解决机构，与上海自贸区建立打造国际化、法治化的营商环境以及上海四个中心建设不符；仲裁机构的行政化倾向明显、相关仲裁制度设置不符合国际仲裁的发展趋势，如缺少临时仲裁制度等。

2. 涉自贸区外国投资者和东道国政府之间的投资争端解决

关于自贸区内外国投资者与中国政府（包括自贸区管委员和其他政府机构）之间的投资纠纷，不属于平等主体之间的纠纷，不在中国仲裁法规定可仲裁性的范畴之内，也不能用解决民商事纠纷的机制进行处理。《自贸区管理办法》第三十六条规定："当事人对管委会或者有关部门的具体行政行为不服的，可以依照《中华人民共和国行政复议法》或者《中华人民共和国行政诉讼法》的规定，申请行政复议或者提起行政诉讼。"故外国投资者如果对自贸区管委会或者其他政府机构的具体行政行为不服，可以通过行政诉讼或者行政复议的方式进行救济。对于规范性文件的监督管理，2014 年 10 月 1 日开始实施的《中国（上海）自由贸易试验区管理委员会行政规范性文件法律审查规则》将公民、法人和其他组织的"书面建议权"升级为"法律审查申请权"，即公民、法人或者其他组织对于自贸试验区管委会制定的规范性文件有异议的，有权提请市政府进行法律审查。这一制度创新立足于积极预防和处理涉及规范性文件的法律争议，通过加强公众监督，完善投资者权益保障机制和建立公正法治的市场环境。就双边和多边途径解决而言，上海自贸区条例和管理办法对此并未作明确规定。从 20 世纪 80 年代初中国开始对外签订双边投资协定

（BIT），试图通过 BIT 中规定的争端解决方式来解决中国在吸引外资过程中产生的纠纷。考虑到中国对外签订许多 BIT，如果自贸区内的外国投资者所在国与中国缔结有 BIT，且争端内容涉及双边条约项下中国政府所承诺的条约义务，则可以按照该双边条约约定的争端解决方式进行解决。值得注意的是，如果是由于自贸区实施准入前国民待遇和"负面清单"管理模式引发的特有争端，由于中国对外签订的所有 BIT 中均未对任何国家承诺过实行如自贸区准入前国民待遇和"负面清单"管理模式，中国并未对任何国家承担双方的条约义务，故此类纠纷不受中国对外签订的 BIT 规制，即自贸区特有的投资争端目前尚缺乏双边条约的救济方式。此外，中国于 1993 年 1 月 7 日交存《华盛顿公约》批准书，依据该公约，符合条件的外国投资者可将纠纷提交该公约创设的"解决投资争端国际中心"（ICSID）进行国际仲裁。中国在加入该公约时作出了保留，即只就征收和国有化的补偿数额方面接受 ICSID 的仲裁管辖权。虽然由 ICSID 进行国际仲裁解决涉自贸区的国际投资争端不失为一种有效的争议解决方式，但由于中国接受 ICSID 管辖的范围只限于征收和国有化的补偿数额，且该公约第二十五条规定 ICSID 对投资争议取得管辖权需经争议双方书面同意，在争端发生后，双方达成书面同意的可能性也比较小。可以预见，借助 ICSID 的国际仲裁来解决自贸区内投资者和东道国政府之间投资争端的作用将十分有限。

由此，目前关于涉自贸区的外国投资者和中国政府之间的争端除了管理办法规定的通过国内的行政复议和行政诉讼解决外，是否可以在国际层面上解决，尤其是在不存在双边投资协定的情形下，外国投资者是否可以将涉自贸区的投资争端提交国际仲裁的问题，尚不明朗。有必要统筹考虑构建符合"自贸区专属投资争端"的争端解决机制，为自贸区扩大投资开放与投资管理体制提供有效的法律保障。

二、美国 2012 BIT 范本与中国 BIT 实践的借鉴

美国 BIT 范本一直被用来作为其进行对外谈判的依据，该范本被认为代表了高水平的市场准入和投资保护标准。美国 BIT 范本于 2012 年进行了最

新修订，既是对中美历次 BIT 谈判焦点或分歧的回应，也是美国对国际投资领域重大利益和发展趋势深切关注的反映，同时，直接为中美新一轮谈判提供了美方的谈判文本。① 2010 年 4 月，中国商务部也草拟了《中华人民共和国政府和××政府关于促进和保护投资的协定》[以下简称中国 BIT 范本（草案）]。中国目前对外签订的 BIT 有 100 多个。毋庸讳言，上海自贸区建设，在相当程度上以生成有利于中美签订双边投资保护协定的制度环境为目标。通过分析美国的 BIT 范本同中国 BIT 实践，有利于我们对自贸区的投资争端特别是针对外国投资者和东道国政府之间的投资争端，提出建设性的意见。

（一）磋商和调解

磋商与调解的方法，被视为是争端双方友好解决争端的两种方式，有助于双方之间的合作关系继续维持与发展。当前越来越多的国家在双边投资协定中规定，当发生争端时，争端双方应首先寻求通过磋商或调解的方式解决争端，即将磋商与调解作为提起国际仲裁的前置条件，但一般仅采取鼓励的方式而不作强制性规定。美国 2012 BIT 范本第二十三条规定：当发生投资争端时，申请人与被申请人应首先寻求通过磋商与谈判的方式解决，包括适用不具有约束力的第三方程序。对此，中国 BIT 范本（草案）中的规定也无根本差异，只是美国 BIT 范本强调通过第三方程序的解决不具有约束力，而中国 BIT 范本（草案）对此未作规定。

（二）国际仲裁

国际投资仲裁素来是美国 BIT 范本中的重要内容，约占美国 BIT 范本的三分之一篇幅。投资者与东道国争端解决机制被形象地称为 BIT 的"牙齿"，即通过这一机制，外国投资者可以在其认为东道国违反 BIT 义务时将争端提交到国际仲裁机构解决，从而使 BIT 所有保护外国投资者利益方面的规定切实发挥作用。下文将对国际仲裁的四个主要方面进行分析：

1. 仲裁范围

根据美国 2012 BIT 范本第二十四条规定：可以提交国际投资仲裁的争端

---

① 参见梁开银：《美国 BIT 范本 2012 年修订之评析——以中美 BIT 谈判为视角》，《法治研究》2014 年第 7 期。

包括三类,即被申请人违反了美国 2012 BIT 范本中第三条至第十条的义务、投资授权或投资协议。其中第三条至第十条规定的东道国义务包括国民待遇、最惠国待遇、最低待遇标准、征收与补偿、转移、业绩要求、高层管理和董事会、有关投资的法律和决定的发布。而对于涉及国家利益重要事项,美国非常谨慎,坚持"留权"在手,而不提交国际仲裁庭解决,如透明度、环境与劳工保护、不符措施、拒绝授惠和根本安全例外,一律不允许外国投资者寻求国际仲裁救济。中国对外签订的 BIT 中有关争端解决条款的规定各不相同,在 ICSID 仲裁管辖问题上,1998 年以前中国对外签订的 BIT 中绝大多数不接受 ICSID 仲裁管辖(89 个 BIT 中,不接受 76 个、接受 13 个),仲裁范围也都限定在征收补偿数额方面。1998 年以后中国签订的 BIT 中大多接受了 ICSID 仲裁管辖权,仲裁事项明显扩展,不少中外 BIT(如中—德 BIT)已将可提交仲裁的事项扩大至与投资有关的任何法律争议,而且投资者可以选择争端解决方法,即发生争端协商不成可以向争端一方有管辖权的法院起诉,或者向 ICSID 等仲裁机构提起仲裁。中国 2010 年 BIT 范本草案,对这种全面接受 ICSID 管辖权的做法予以了重新的平衡,其中规定可以提交国际仲裁的争端包括东道国违反促进和保护投资、国民待遇、最惠国待遇、公正与公平待遇、征收、损害与损失的赔偿、转移、代位等,涉及国家主权的税收规定不适用国际仲裁。

2. 接受 ICSID 管辖的条件

各国关于接受 ICSID 管辖的条件一般可分为"逐案同意""有限同意""全面同意与重要例外结合"以及"全面同意"四种方式。美国 2012 BIT 范本的规定属于"全面同意与重要例外结合"的方式,即依照本条规定东道国在 BIT 中作出符合要求的"同意"后,外国投资者就可以直接根据第二十四条规定将可以提交国际仲裁的争端提交国际仲裁庭,而无需东道国专门逐案表示同意。对于 ICSID 管辖权的同意方式,中国已缔结的中外 BIT 中的规定并不一致。中国在刚加入 ICSID 公约后,签订的中外 BIT 中主要采取"逐案同意"为主的方式,但自 1998 年中国与巴巴多斯签订 BIT 后,转变为大部分采取"全面同意"方式以及少部分继续采取"逐案同意"或仅就征收补偿额争议接受 ICSID 管辖权的"有限同意"方式。

3. 关于用尽当地救济原则

用尽当地救济原则（exhaustion of local remedies），又称用尽国内救济原则，是国际法的一项古老而又重要的原则。在国际投资法中一般是指当外国投资者与东道国政府发生争议时，应将争议提交东道国的行政或司法机关按照东道国的程序法和实体法予以解决。在未用尽东道国法律规定的所有救济手段之前，不得寻求国际仲裁程序解决，投资者母国政府也不能行使外交保护权，追究东道国的法律责任。① 东道国对国际投资争端享有管辖权的主要法律依据是属地管辖权，根据属地管辖权的专属性和排他性，东道国不仅要求外国投资者服从本国的管辖，而且要求其他国家或国际机构给予尊重，因而各国有义务相互尊重这种优越性，要求受损害的投资者必须首先用尽东道国的救济办法去获得救济。在对待该原则上，南北国家差异很大。发展中国家大多是资本输入国，主张投资者与东道国的争议在东道国解决，而发达国家多是资本输出国，极力排斥东道国国内法适用于投资争端，主张投资争端的国际解决方法。美国2004年与2012 BIT范本明确要求适用"投资者—东道国"投资争端解决的国际仲裁机制，反对用尽当地司法救济的程序性限制。对于东道国国内救济方式，在中国早期签订的BIT中，一般都要求先用尽当地救济，例如中国与挪威、丹麦、荷兰、法国等签订的BIT，但在新近签订的BIT中，则逐渐放弃了用尽当地救济原则，或规定在当地救济与国际仲裁中作出选择（如中国—俄罗斯BIT），或规定投资者可直接提起国际仲裁（中—德BIT）。中国2010年BIT范本草案对于提交仲裁的限制与美国BIT范本的主要区别之处在于其规定缔约另一方可以要求投资者在提交国际仲裁之前，用尽缔约另一方法律和法规所规定的国内行政复议程序，即投资者将争端提交给ICSID前需要"用尽当地救济"。

4. 准据法

在国际投资仲裁实践中，目前愈来愈多的仲裁庭对提交的仲裁，倾向于选

---

① 参见温先涛：《〈中国投资保护协定范本〉（草案）论稿（三）》，《国际经济法学刊》2012年第2期。

择适用国际法而拒绝适用东道国法律。例如被认为是中国 ICSID 受理的中国第一案"谢业深诉秘鲁政府案"中,即体现了仲裁庭选择优先适用国际法而拒绝适用国内法的问题。美国 2012 BIT 范本对于争端诉求依照提起的依据不同进行了分类,并据此确定适用不同的准据法。该范本规定因东道国违反本协定中第三条至第十条的行为,即涉及违反国民待遇、最惠国待遇、转移、征收条款等提起的仲裁,应适用本协定以及适用的国际法裁决争端问题。对于因东道国违反投资协议或投资授权提起的仲裁,则依争端双方约定适用的法律,如果没有明确规定时则适用东道国国内的法律以及国际法规则。从中国 2010 年 BIT 范本草案第十三条的规定来看,未规定依据对争端诉求的分类而确定适用不同的准据法,仅强调"应依据争端双方协议的法律规范处断争端",当没有协议时,则应适用争端缔约方的法律(包括冲突规范),以及可适用国际法规范,尤其是本协定。从这一规定来看,中国 BIT 范本中并未特别强调适用东道国的法律,这与中国 20 世纪 80 年代缔结的 BIT 中强调在合格投资、资金转移等问题上适用东道国法律有所变化,反映了中国的缔约实践已根据国际投资仲裁实践的实际情况而作出调整。

从美国 BIT 范本和中国 BIT 实践的对比,可以看出,美国在争端解决机制上创造出一种更高的标准,在投资者—东道国争端解决机制的设计上倾向于对投资者利益的保护,对于提交国际仲裁施以较少的限制。中国的 BIT 实践表明,中国在投资争端解决机制上(如前文所述的仲裁范围、接受国际仲裁的条件、当地救济的适用以及法律适用等)的立场并不一致,但整体呈现逐步放开的态势。实践表明,原有的旧式 BIT 中关于投资者与东道国争端解决方式的严格限定已颇有成效,且并未有证据表明会削弱外商对华投资的信心和热情。而新式 BIT 关于投资争端解决方式的规定有可能使得中国政府陷入被诉的境况。[①] 因此,在自贸区投资争端解决机制上应着重保护中国作为投资东道国对外资的管辖权,而不应对外资的管辖权放得过快、过多。

---

① 参见乔慧娟:《试析中国签订 BIT 中的东道国与投资者争端解决条款》,《商业时代》2012 年第 5 期。

三、上海自贸区在投资争端解决机制上的探索

（一）整合多元化纠纷解决机制

在自贸区内，分不同层次、领域建立多元化的投资争端解决机制，树立法院、仲裁、行政调解、商业调解等纠纷解决方式并重的理念，实现各种纠纷解决方式的有效对接。

首先，大力扶持自贸区内仲裁机构和调解机构的设立和发展，发挥自贸区内的投资、贸易、金融等领域已有的或将有的行业中介机构以及商会在解决投资争端的作用，并且对调解的效力予以明确规定，探索建立涉自贸试验区投资案件的多方参与调解机制及专业案件的调解前置程序；在自贸区可以探索建立自贸试验区特邀调解组织名册制度，明确行政机关、商事调解组织、行业调解组织以及其他具有调解职能的组织进入特邀调解组织名册的条件，健全名册管理制度，完善工作程序。

其次，建立诉讼与非诉讼纠纷解决的对接平台。引入商事调解组织、行业协会、商会及其他具有调解职能的组织，对属于法院受案范围的、适宜委托调解的投资纠纷，经当事人同意、选择后，在立案前委派或者立案后委托调解组织先行调解，法院依照有关规定审查确认调解协议的法律效力。

再次，实现仲裁与调解相结合的制度创新，增加仲裁庭组成前由调解员进行调解的内容，满足了当事人在仲裁庭审理案件前的调解需要，减少调解过程对于仲裁员进行案件实体审理的不必要的影响，为当事人提供更为全面的争议解决服务。

最后，强化行政调解。自贸区的相关法律法规应当明确工商、税务、商委、劳动和社会保障、卫生、国土房产、环境保护等各行政机关的解纷职责，充分发挥行政机关在化解各类投资纠纷中的作用。司法机关应与自贸试验区有关行政机关建立相对固定的诉调对接关系，将纠纷有效化解在进入诉讼程序之前。对进入诉讼程序的行政纠纷，积极争取有关部门的协助和配合，邀请有关部门共同参与行政案件的协调和解，妥善化解行政纠纷。

（二）打造国际化的投资争端解决环境

自贸区投资争端具有国际性、专业性和前沿性等新的特征，对法律从业人员素质、程序规则制定等提出更高要求，应当充分借鉴国际商事纠纷解决机制的先进理念和程序经验，创新和完善程序机制，高效、便捷、充分地解决争端。

首先，对于审理自贸区投资案件的司法机关而言，可促使现有诉讼制度与国际纠纷处理的进一步接轨。在庭审语言的选择、法官人选和聘用机制方面实现多样化；可在适当的时机引入证据公示程序、作证豁免制度等符合中国"自贸区"实践的内容；应在庭审、文书等方面进行大胆的改革尝试，如在庭审中借鉴国外商事法庭的做法，使用专家陪审员对专业性、政策性强的投资纠纷案件进行审理，或借鉴国外"法庭之友"的做法，发挥专家意见、业内人士意见在裁决中的作用；①探索建立执行员制度，确保法律文书的执行力。

其次，以上海自贸区为契机，推进仲裁制度、仲裁规则与国际接轨。上海自由贸易试验区仲裁院作出的一系列积极的探索，如紧急仲裁庭制度、小额争议程序、仲裁员名册开放制度、合并仲裁制度等可以为其他的仲裁机构借鉴。自贸区的重要含义是放松管制，单一的仲裁形式已经不能满足国际化、法治化的营商环境对于投资纠纷解决便利化的要求。在自贸区可以先行先试，引入临时仲裁制度，允许投资者选择临时仲裁庭进行仲裁；允许当事人授权仲裁庭基于公平善良原则进行友好仲裁；引入国外专业仲裁机构，如伦敦国际仲裁中心、国际商会仲裁院等国际知名的仲裁机构在"自贸区"内设立仲裁或代表机构，给予投资主体更加宽泛的选择机会；相关立法应当明确涉外投资纠纷的当事人可以选择外国的仲裁机构在中国境内进行仲裁，并对此类仲裁裁决予以承认和执行。由于仲裁机构缺乏独立性，导致境内外的投资者对选择中国内地仲裁有所顾虑，而自贸区相关文件在仲裁的独立性上并未触及，仲裁机构可以尝试确立取代事业单位模式而以理事会模式的法人治理结构，实现决策、执行、监督有效制衡的管理体制。②

---

① 参见刘言浩：《中国（上海）自由贸易试验区的司法应对》，上海市第一中级人民法院内网。

② 参见袁杜鹃：《上海自贸区仲裁纠纷解决机制的探索与创新》，《法学》2014年第9期。

最后，自贸区案件的法律适用应当具有国际视野。关于自贸区平等主体的投资纠纷的法律适用，首先应当遵循当事人意思自治原则，允许当事人自由选择争议所适用的法律；要正确适用冲突规范，尊重国际条约优先原则以及国际惯例的补缺适用；此外，在不违背中国公共政策的前提下突破现有法律的限制（如关于三资企业合同纠纷），扩大对设立在自贸区的外资企业所涉案件涉外因素的解释，必要时允许国际仲裁机构解决涉自贸区案件，为国际化、法治化的营商环境提供司法保障。

（三）实现投资争端解决机制的透明化

首先，自贸区条例中应增加有关投资者与东道国政府之间关于投资争端解决机制的原则性规定，并在自贸区的相关法律文件中明确规定政府从事违法行政行为所应承担的法律责任。

其次，自贸区相关法律文件中应明确外国投资者作为行政复议和行政诉讼的合法主体，同时进一步消除外资司法救济途径（提起行政诉讼）的制度障碍，使得投资者可以通过国内诉讼实现救济。

再次，通过自贸区门户网站或者其他信息平台发布相关法律法规以及争端发生后的救济途径，确保自贸区与国际投资相关的法律、法规、程序及时公布并可公开获得，为自贸区国际投资提供透明的法律环境。

最后，应当明确政府主管机关对相关政策文件负解读说明义务以及投资者对文件享有异议权。投资者可以通过行政程序对规范性文件提请审查和对具体行政行为申请行政复议，使得透明度规则不再停留在宣示性条款的水平。此外，配合法院信息化建设的进程，实现普遍适用的行政裁决公开上网，引导投资者作出合理的预期，预防纠纷发生。

（四）坚持国内救济优先原则

"用尽当地救济"是东道国在争端发生后行使司法主权的重要体现。晚近的 ICSID 仲裁实践出现了明显偏袒外国投资者、损害东道国权益的倾向。[1]

---

① 参见徐崇利:《晚近国际投资争端解决实践之评判:"全球治理"理论的引入》,《法学家》2010 年第 3 期。

上海自贸区在外资领域实行准入前国民待遇和"负面清单"管理模式的重大改革会"牵一发而动全身","负面清单"所列的行业门类哪些可以取消,哪些需要保留,哪些需要先取消,哪些可以等时机成熟时再取消,这些都是事关全局的问题。这种自由化的投资准入规则,如果实施不当将导致中国损失或失去对涉及国家安全、国计民生领域外资准入的限制和调控,危及国家的经济稳定。如采用美国 BIT 范本中关于投资自由化的争端解决机制条款,将使得国内救济等"安全阀"被拆除,从而增加被诉至 ICSID 的风险。① 因此,为配合自贸区改革稳步推进,维护中国国家主权,除了可以通过双边投资协定解决的争端外,关于投资者与东道国之间的纠纷应当优先适用国内救济原则。

首先,明确不允许提交国际仲裁的争端类型。对于自贸区发生的涉及国家主权和重大利益的投资者和东道国政府之间的纠纷,通过国际投资仲裁机制的保留,可以为自贸区主管机关根据经济发展情况而进行相关政策调整预留更多空间。上海自贸区宜在美国 BIT 范本已作出的不适用投资者与东道国争端解决机制的例外规定(如透明度、环境与劳工保护、不符措施、拒绝授惠和根本安全例外)的基础上,进一步考虑增加准入前国民待遇、最惠国待遇、金融例外以及国有化和征收的合法性等引起的争端只能寻求东道国当地救济即通过协商、行政复议和行政诉讼途径解决,而不能提交 ICSID 或者其他国际仲裁机构仲裁。

其次,可以借鉴 BIT 的通行规则,要求投资者在寻求当地救济即提起行政复议和行政诉讼之前应首先寻求与自贸区管委会或者相关主管机关通过友好协商的方法解决,政府部门或下级政府有机会在投资者将争端提交国际仲裁前纠正不当行政行为,尽量在国内化解矛盾。

再次,在国内救济方面,行政审判应当参考相应的国际规则和自贸区承诺,督促备案管理机构加强整改,及时纠正不合法或不合理的行政行为,履行

---

① 以阿根廷为例,阿根廷政府为度过金融危机采取了一系列的紧急措施,外商遂纷纷依据 BIT 高标准保护规定向 ICSID 提出仲裁申请。截至 2006 年 1 月 22 日,在 ICSID 103 起未决案件中,以阿根廷为被诉方的案件数目竟高达 37 起。

自贸区对国内社会和国际社会承诺的推动投资自由化义务。①

最后，不排除国际仲裁。自贸区实行外资管理方式的变革体现了国际化的市场监管和行政管理方式，在以国内规则为审查基础的前提之下，应以更开放的态度看待与运用国际规则，这些规则包括中国已经签署或加入的各类国际条约协定对投资争端解决机制的要求。除了上述必须通过国内救济方式解决的投资争端以外，如果投资者所在国与中国签订有 BIT 或者符合华盛顿公约的条件，则赋予外国投资者根据华盛顿公约或者双边投资协定提交国际仲裁的解决途径，但是应当明确与东道国政府的投资争议提交国际仲裁的前提条件是：（1）用尽国内的行政复议程序，强调自贸区主管机关对某些争议的管辖权，以维护中国行政机关的权威及行政决定的一致性②；（2）投资者未将争议提交中国法院解决。一旦投资争端进入中国的司法程序，就不能再提交国际仲裁。司法救济与国际仲裁相排斥的原因在于中国法院作出一审判决后经过一定期限未上诉的判决及经两审终审后的判决在中国已经成为终局判决，如果对此案件再允许提交调解或仲裁，则中国司法审判的独立性、严肃性和终局性将受到挑战。

（五）相关程序机制的建立

首先，应建立一个与投资相关的常设机构，如投资者权益保护委员会，为自贸区的国内外投资者提供各种便利和配套支持。投资者权益保护委员会应当承担投资者投诉处理的首要责任，完善投诉处理机制并公开处理流程和办理情况，支持投资者与政府机关或者市场经营主体协商解决争议或者达成和解协议。

其次，建立涉自贸试验区投资争端动向和风险预警机制。自贸区管委会应加强与相关主管部门、行业协会的沟通协调，通过公共信息服务平台和统一的监管信息共享平台，对区内企业进行信用核查，促进监管信息的归集、交换

---

① 参见丁晓华：《涉自贸区备案行为司法审查问题研究——聚焦"负面清单"外的投资领域》，《政治与法律》2014 年第 2 期。

② 参见温先涛：《〈中国投资保护协定范本〉（草案）论稿（三）》，《国际经济法学刊》2012 年第 2 期。

和共享,推动全程动态监管;通过各种途径收集和分析相关投资动态,从而得到一些极为可能发生或即将发生的争端的有关信息。

最后,建立联席会议制度。该联席会议应当由自贸区管委会为主导,适当引入司法机构、仲裁机构、商委等成员单位,定期举行联席会议,分析探讨涉自贸试验区的投资争端,加强对投资争端领域的法律问题的研究。

上海自贸区承担着国家改革试验田的历史使命,其总体目标是经过两至三年的改革试验,力争建设成为具有国际水准的投资贸易便利、货币兑换自由、监管高效便捷、法制环境规范的自由贸易试验区,为中国扩大开放和深化改革探索新思路和新途径,更好地为全国服务。在投资争端解决机制构建上,上海自贸区应当兼顾国家主权利益和投资者权益保护,先行先试,稳步推进,为中国对接即将到来的高标准投资条约积累必要的经验。

第十章 上海自贸区公司案件的审理

第一节 上海自贸区公司登记制度改革概述

一、上海自贸区公司登记制度改革内容

2013年9月26日,国家工商行政管理总局发布《关于支持中国(上海)自由贸易试验区建设的若干意见》,决定在上海自贸区内试行公司注册登记制度改革。亮点包括:

(一)实行注册资本认缴登记制

除法律、行政法规对公司注册资本实缴另有规定的外,工商部门登记公司全体股东、发起人认缴的注册资本或认购的股本总额,不登记实收资本。

(二)放宽注册资本登记条件

除法律、行政法规、国务院决定另有规定的外,取消有限责任公司最低注册资本的规定;不再限制首次出资额及比例、货币出资金额占注册资本的比例以及缴足出资的期限。

(三)试行将企业年检改年报公示制度

企业应当按年度在规定的期限内,通过市场主体信用信息公示系统向工商部门报送年度报告,并向社会公示,任何单位和个人均可查询。

(四)实行"先照后证"登记制

除法律法规、国务院决定规定的企业登记前置许可事项外,自贸区内企业取得营业执照后即可从事一般生产经营活动;经营项目涉及企业登记前置许可事项的,在取得许可证或者批准文件后,向工商部门申领营业执照;申请从

事其他许可经营项目的,应当在领取营业执照及许可证或者批准文件后,方可从事经营活动。

(五)企业设立"一口受理"

工商部门统一接收工商、试验区管委会、质监和税务部门的申请材料,通过部门间内部流转完成审批或备案流程,再由一口受理窗口统一向申请人发放各类审批结果文书或证照。

注册资本登记制度改革是上海自贸区顺应全球经贸发展、转变政府职能、促进投资便利和自由化所进行的一项重大改革。① 它不仅可以克服我国传统公司注册资本制度的弊端,降低市场准入门槛,激发创业活力;还有利于扩大公司资本运作的自治空间,营造更为便捷、高效、透明、自由的营商环境。当今世界,随着全球化和贸易自由化的发展,各国或地区为了鼓励投资,呈现出有利于创造营商环境的竞争——理论中称为"向下的竞争",此次改革也是顺应公司注册简化的国际趋势,更好地与国际市场接轨,提高对外竞争力和话语权。

二、上海自贸区公司登记制度改革的性质解读

(一)属于制度改良而非颠覆

本次资本制度改革对公司设立资本制度进行修改,意在降低公司设立门槛,但未对公司存续资本制度作实质修改。公司资本来源于股东的出资,要保障公司资本的真实与可靠,必须以股东出资的真实有效为条件,在最低资本额制度之下,既有法定最低资本额的门槛,必有股东出资义务的底线,而今没有了最低资本额,股东的出资义务没有了最低的限制,但并不意味着股东出资义务的免除。决定每一公司股东出资范围的并非法定最低资本额,而是公司自我设定的注册资本。该资本一经确定并注册登记,即产生了全体股东的出资义务。最低资本额的取消,改变的只是股东出资义务的数额,而非股东出资义务本身。股东不得抽回出资、保证出资的真实性、不得欺诈性地转移资产仍旧

---

① 在此次注册资本登记制度改革前,2012年深圳依照《深圳经济特区商事登记若干规定》、珠海市的横琴地区依照《珠海经济特区横琴地区商事登记管理办法》在工商登记方面进行改革试点。

是投资人的法定义务。

（二）认缴制不改变股东的出资义务

原公司法本已允许注册公司资本认而不缴，即可以是全体股东认缴的资本额而不必一次实际缴纳，只不过对此施加了首次缴纳比例、缴纳期限等若干限制。本次改革将原有的几项法定限制完全取消，实行了注册资本的"零首付"，从有限制的、不完全的认缴资本制转变为无限制的、完全的认缴资本制。无论资本的认缴还是实缴，都不会改变股东出资义务的存在。资本认缴制不要求股东即时给付出资财产，但出资义务尤其是出资数额却是同样确定的，只不过出资义务履行的时间有所不同。不能将认缴资本当作永远无需兑现的空头支票，更不应将公司注册资本当作可以漫天设定、随意玩弄的儿戏。公司股东在发起协议或设立协议、合资合同、认股书、增资协议等具有法律效力的法律文件和法律行为中的同意或认缴构成民商法上的承诺，认缴承诺与发行要约一致时出资协议即生成效力，出资的承诺同时成为股东必须承担的法律义务。从有限制的认缴资本制到无限制的认缴资本制的转变并不导致股东出资义务和范围的任何改变，全体股东承担的依然是整个注册资本项下的出资义务，所改变的只是具体出资义务的时间与期限。应该看到，出资履行期的不定最容易让人产生出资义务不存在的错觉，也许有的公司直到解散终止，都未向股东催缴过出资，但这并不意味着股东出资义务的不存在。如同无期限民事债务一样，履行期不定的出资义务也是一种股东对公司的无期限债务，履行期的有无不会决定债务本身的存在。《中华人民共和国企业破产法》（以下简称《企业破产法》）关于破产财产的规定对此提供了充分的法律依据和支持，该法的第三十五条规定："人民法院受理破产申请后，债务人的出资人尚未完全履行出资义务的，管理人应当要求该出资人缴纳所认缴的出资，而不受出资期限的限制。"依此规定，当公司进入破产程序，不论它的成员或股东的出资期限是否已到期，凡承诺缴纳出资的法人成员或股东，只要其尚未完全向债务人企业全额缴纳出资的，均应当即时缴纳。①

---

① 参见赵旭东:《资本制度改革与公司法的司法适用》,《人民法院报》2014年2月26日。

第二节 上海自贸区注册登记制度改革给公司 案件法律适用带来的挑战

改革的虹吸效应将导致企业在自贸区大量设立,新类型案件和疑难问题将会浮现,立法的过渡期势必对公司案件的审判理念和法律适用带来新的挑战。如何准确适用《公司法》、为改革提供安全的试验环境和准确的司法指引成为目前司法实务界所面临的重要课题。

一、对涉自贸区公司案件审判理念的冲击

自贸区注册登记制度改革中最大的亮点在于公司注册资本制度改革,颠覆了我国传统公司资本制度。传统公司资本制度建立在资本信用的基础上,核心理念是保护交易秩序与安全。《公司法》所奉行的三大原则即资本确定、资本维持和资本不变原则成为法院审理公司案件的基本理念和原则。法官在审理公司案件中将股东出资是否到位、公司资本是否真实、是否存在虚假出资以及公司成立后是否抽逃出资等作为判定股东承担出资责任的重要依据。上海自贸区注册登记制度改革实现从资本信用到资产信用的转变,公司的偿债能力不再取决于其最低资本额,资本不再背负公司信用基础的功能来实现债权担保,而主要是作为公司自身经营的物质手段交由公司股东自行判断和决定。评估制度和验资程序的强制性和严格要求的弱化给公司留出更大的意思自治和利益协调的空间,判定责任的基础即法定资本进行重大转变。如果固守传统的审判理念和思维模式,不仅与改革的精神和目的相违背,也不利于自由、平等的市场环境构建。

二、涉自贸区公司案件的法律适用问题

尽管自贸区注册登记制度改革后,我国《公司法》也围绕公司注册资本制度进行修订并于 2014 年 3 月 1 日起正式实施,解决了自贸区区内区外关于注册资本方面的法律冲突问题,但是由于立法的相对滞后性和不完善,可以预见尚有以下问题需进一步研究。

（一）注册资本制度改革带来的股东出资责任认定问题

在新注册资本制度下，股东是否还负有出资义务？如果股东仍负有出资义务，如何认定股东未履行或者未全面履行出资义务？商事登记实行形式审查之后，登记事项的真实性如何保证？取消了验资程序，股东是否还需再对资本的真实性负责以及如何认定股东出资的真实性？因信赖商事登记而遭受损失的第三人如何获得救济等等。更为重要的是，《最高人民法院关于适用〈中华人民共和国公司法〉若干问题的规定（三）》（以下简称《公司法司法解释（三）》）中与股东出资责任相关的条款会否受到颠覆性的影响，一些规定是否需要作重新的解释，在《公司法》中设定的股东抽逃出资责任和虚假出资责任也是建立在验资基础上规避法定资本制的产物，在认缴资本制下是否还有适用的必要；公司在设立、经营和解散清算过程中，股东因出资不到位所产生的法律责任如何认定等就成为必然要重新思考的问题。

（二）年检改年报制度带来的信息披露责任

年检改为年报，一方面方便企业按时公示年度报告，增强企业披露信息的主动性；另一方面，可以充分发挥社会的监督力量，促进企业自律和社会的共治。通过查阅企业年度报告，债权人可以知悉并评估某一企业的经营状况，从而决定是否与之进行交易。企业应当对年度报告的真实、合法性负责。但是对于年度报告存在不真实性、欺诈性信息等导致债权人遭受损失时，企业应当承担何种责任并不明确。

（三）"先照后证"登记制度带来法人民事行为能力问题

根据以往的商事登记制度，除了普通公司外，一些须经行政机关批准才能设立的特殊行业未经事先批准，就无法成立公司，其经营资格也无从谈起。公司营业执照记载有经营范围，营业执照的颁发不仅意味着公司自此享有法人权利能力，还意味着公司可以以自己的名义进行经营。① 自贸区内试行的"先照后证"登记制度实现了营业执照与营业资格相分离。营业执照只记载与商

---

① 参见甘培忠、周游：《注册资本认缴登记之语义释疑及制度解构》，《中国市场监管研究》2013 年第 5 期。

事主体资格相关的必要法律事项,不再记载商事主体的经营范围。由此可能产生的问题在于一些企业在"有照无证"情形下(获得营业执照但未获得经营许可证之前)从事的经营行为的效力如何认定缺乏明确规定。

(四)自贸区新旧公司并存的法律适用问题

自贸区注册登记制度改革后,在区内必然形成新、旧公司并存的状况。严格地说,公司法修改后成立的公司必然适用新修订的公司法。由于修改后的公司法并未要求现有公司必须在某个日期前对注册资本构建作出变更,由此导致的法律冲突在于对于公司法修改之前设立的公司,如果其行为产生于公司法修改之前的话,当然是适用旧公司法的规定;但如果其行为产生于新公司法实施后,其行为是否必然受新公司法的约束? 例如对于抽逃出资行为的界定,公司法司法解释对以往的条文进行修正,将"注册资本从验资账户转出"这一项去除。[①] 如果公司法修改前设立的公司在公司法修改后从事上述行为,是否构成抽逃出资仍旧存疑。

(五)现有若干制度的具体适用

对公司法人格否认问题,在取消最低注册资本限制情形下,曾经作为公司法人格否定的重要判断标准的"公司注册资本显著不足"是否需要重新进行界定尚待考量。基于资产信用的前提下,对于公司的瑕疵减资行为,是否有必要区分形式减资和实质减资并由此评估对公司偿债能力的影响和对债权人权益的损害,从而对减资的后果进行重新评判。此外,在公司设立阶段免去发起人实际缴纳出资的强制义务,将会减少发起人作出不必要的规避甚至违反法律的行为,需要对虚报注册资本罪、虚假出资罪、抽逃出资罪的适用作出新的理解。取消验资后发起人没有提交验资证明文件的义务,有助于降低发起人设立公司成本的作用,对于股东出资的验资、对公司的审计等环节是否因此被完全免去等在立法上仍旧存疑,等等,不足一述。

---

① 《公司法司法解释(三)》第十二条规定:公司成立后,公司、股东或者公司债权人以相关股东的行为符合下列情形之一且损害公司权益为由,请求认定该股东抽逃出资的,人民法院应予支持:(一)制作虚假财务会计报表虚增利润进行分配;(二)通过虚构债权债务关系将其出资转出;(三)利用关联交易将出资转出;(四)其他未经法定程序将出资抽回的行为。

三、对自贸区债权人利益保护带来的挑战

如果说改革之前公司债权人可以通过公司注册资本的数额等表面事实以及资本是否真实、出资是否抽逃等简单事实判定交易风险，在自贸区实行注册登记制度改革后，将产生严重信息不对等的问题。公司章程中规定的公司资本仅仅是一种名义资本，公司的实收资本可能微乎其微，这对公司的债权人来说，则具有较大的风险性。由于目前企业信息平台尚未完整构成，社会诚信体系的缺失、公司财务制度的不健全有可能带来商业欺诈和投机等非法行为的滋生。公司债权人利益保护问题也成为自贸区注册登记制度后亟待解决的问题。就司法层面而言，如何发挥司法能动、为自贸区企业债权人利益保护提供有效的司法保障成为当务之急。

四、注册登记制度改革带来的程序问题

根据上海自贸区执行的《关于规范企业注册地管理的规定》要求的标准，自贸区企业注册地限于不小于 20 平方米的独立空间。由于物理空间有限，一些公司在注册地实际无法经营，产生注册地与实际经营地相分离的情形，即"区内注册区外经营"为常态。在无法知晓其实际经营地址的情形下，会产生无法送达的问题，这就给涉及公司案件的送达问题设置了障碍，法院的管辖权认定、文书送达、审理以及执行工作都会受到影响，不利于保护债权人利益以及有效地利用司法资源。

五、对商事法官的法律适用能力提出更高要求

注册登记制度改革尤其是注册资本制度改革系借鉴西方先进经验的基础上而来。在英美法系国家，法官具有创造和解释法律的功能，能使法律的刚性化规定具有一定程度的灵活性，以适应复杂多变的实际情况。[1] 而大陆法系

---

[1] 参见李宁、姜岩：《授权资本制在我国实现的制约因素分析》，《沈阳工业大学学报（社会科学版）》2011 年第 2 期。

法官则需要以法律为准绳,不能过度解释法律。在改革的措施导致立法的真空期和过渡期,如何将改革的理念贯穿到公司案件的审理、在改革举措与现行法律存在不协调的情况下如何依法合理妥当地解决审判实践中出现的新问题、如何为改革提供安全的试验环境和准确的司法指引都对商事法官的司法适用能力提出更高要求。

第三节 司法裁判理念和司法应对策略构建

一、审理公司案件应当遵循的司法裁判理念

(一)正确处理好公司自治与司法介入的关系

自贸区注册资本登记制度改革的初衷就是减政放权,赋予公司更大的自治权。为了进一步尊重公司自治权,司法必须审慎介入,司法介入公司治理只是保障公司自治、矫正公司自治机制失效、完善公司治理结构的一种例外存在。首先,对于属于公司自治和股东自治范畴的事务,法院不能越俎代庖。要尊重公司章程的规定和股东之间的约定,准确识别任意性规定和强制性规定。对于任意性规定,公司章程原则上均可以予以变更。其次,对于公司股东、董事、监事和高级管理人员以及他们与公司之间产生的内部纠纷,应采取慎重态度,坚持穷尽内部救济原则。如对于公司解散案件,应当坚持自力救济优先的原则,只有公司僵局通过其他途径确实无法解决时,法院才能判令解散公司。最后,要遵循"商业判断规则"。当董事的经营决策是在善意且充分了解相关信息的情况下为了公司的最佳利益作出时,即使最终的结果给公司利益造成了损害,该规则也会为决策者提供保护,使其不必承担个人赔偿责任,同时法院也不应对该决策的内容进行实质审查。

(二)从资本信用到资产信用的转变

从以往的司法实践来说,以注册资本为基础来进行公司的信用判断是通行的做法。由于公司资本不过是公司成立时注册登记的一个静态的、抽象的数额,而决不代表公司任何时候都实际拥有的资产,公司的偿债能力并非取决

于账面资产,而取决于可以即时变现的账面资产占多大比例。① 自贸区注册资本登记制度改革要求我们在审理公司案件时转变思路,注意力应当从静态不变的资本转向动态变化的资产,从资本的确定、维持、不变转向现有资产的结构性分析、流向监控和合理性认定,从固化的原始财产金额转向现实的债务清偿能力或者支付能力。② 例如对于公司的瑕疵减资行为,在传统法定注册资本制度下,程序瑕疵的减资行为均导致股东对公司债务承担责任的法律后果,此种做法并未考虑到减资的种类以及是否对债权人造成实质损害。我们认为,应当区分实质减资和形式减资,考量公司的减资行为是否对公司的偿债能力造成实质的损害,从而判定减资的股东是否承担责任。实质减资之际,公司净资产从公司流向股东,对公司偿债能力造成损害。形式减资往往发生在亏损企业之上,其目的在于使公司章定资本与净资产水准接近。在形式减资的情形下,公司仅仅减少资本而不减少资产③,并未对公司的资产和偿债能力造成损害,在此种情形下不能机械地要求减资股东对公司债务承担责任。

(三)兼顾效率与交易安全

既充分肯定公司的独立人格,坚持公司外观主义原则,将维护公司的稳定作为一般原则,鼓励股东在确保有限责任的前提下大胆进行投资,如允许公司在"先证后照"情形下从事一般经营行为的效力;又不允许股东利用公司从事不正当的活动,损害公司债权人利益,当股东利益与债权人利益发生冲突时,优先保护债权人利益。

二、立法过渡期对股东出资责任的司法认定

实行认缴登记制后,工商部门登记公司全体股东、发起人认缴的注册资本或认购的股本总额(即公司注册资本),不登记实收资本,股东缴纳的出资亦无需进行验资,但并不意味着免除股东的出资义务,也不意味着股东可以随心

---

① 参见孔祥俊:《公司法要论》,人民法院出版社 1997 年版,第 222 页。
② 参见赵旭东等:《公司资本制度改革研究》,法律出版社 2004 年版,第 15 页。
③ 参见刘大力、周辉:《利益平衡视角下的公司减资》,http://www.lawyers.org.cn/info/ceb2b 4b1296c4c1da95c7fe5c255e765,2014 年 4 月 5 日访问。

所欲地进行出资。

（一）股东负有及时缴纳出资的义务

对于认缴出资而言，股东在公司章程中约定的出资数额和出资期限或者发起协议或设立协议、合资合同、认股书、增资协议中的同意或认缴构成承诺，成为股东必须承担的法律义务。从有限制的认缴资本制到无限制的认缴资本制的转变并不导致股东出资义务和范围的任何改变，全体股东承担的依然是整个注册资本项下的出资义务，所改变的只是具体出资义务的时间与期限。[1]如果股东未能按照公司章程规定的时间和数额履行出资义务，应对公司承担补足出资的责任。由于股东瑕疵出资导致公司资产受损、公司偿债能力减弱，构成第三人侵害债权，根据《公司法司法解释（三）》第十三条，公司债权人有权要求瑕疵出资的股东对公司的债务在瑕疵出资本息范围内承担补充赔偿责任。

（二）股东对资本真实负有相应法律责任

资本真实应包括实缴资本的真实和认缴资本的真实。对于实缴资本，要求股东实际缴纳的出资额与其公示或声称的资本额一致。对于认缴资本，要求的则是全体股东实际承诺认缴的出资额与其注册资本一致。验资是把守资本真实的程序关口，它虽被废弃但绝非否定资本真实性的法律要求，不是放任自流甚至怂恿资本造假，而只是改变资本真实的实现方式，将控制和保障的法律关口后移。取消验资后，资本的真实要寄望于股东的诚信、自觉自律以及相互间的监督制约。同时，执法机关应当加强对虚假出资行为的失信管理和惩戒追究。为此，甚有必要赋予相关当事人对公司资本的知情权和调查请求权，当事人既可自行查询和核实公司资本认缴和实缴情况，亦可请求登记机关和法院依职权展开调查。[2]

（三）股东负有资本维持责任

公司股东一旦将自有资产投入到公司后，资本就从认缴资本变为实缴资

---

[1]　参见赵旭东：《资本制度改革与公司法的司法适用》，《人民法院报》2014年2月26日。

[2]　参见赵旭东：《资本制度改革与公司法的司法适用》，《人民法院报》2014年2月26日。

本,成为独立于股东的公司资产。存续中的公司将被资本监控,如股东不得退股或抽回资本,公司亏损或无利润不得分红,公司原则上不得收购自己股份等。根据《公司法司法解释(三)》,股东通过虚构债务等将公司资产转出的,就构成抽逃出资。如果公司股东未按照法定程序进行减资的,将对公司债权人不产生效力,公司债权人可以要求减资的股东在减资范围内对公司债务承担补充赔偿责任。

三、发挥司法能动性,为保护公司债权人利益提供法律保障

保护公司债权人的合法利益永远是公司法律制度的"主旋律"之一,放弃或动摇对债权人保护的目标,即是在撼动公司大厦之基础。[①] 在目前保护债权人立法滞后、社会诚信缺失、企业信息平台尚未完全构建的情形下,法院应当发挥司法能动性,在遵循《公司法》基本原则和理念的基础上为债权人利益的保护提供可复制、可传播的司法经验。

(一)公司应对年度报告的真实性负责

实行企业年度报告公示制度后,交易相对方可以通过查询公司的年度报告来了解公司的经营状况和资产情况,以决定是否进行合作或者进行交易行为,故公司年度报告的真实性对保障债权人利益具有十分重要的作用。企业应当通过年度报告真实、准确、完整、及时地披露企业信息,不得有虚假记载、误导性陈述或者重大遗漏。公司实际控制人、董事、监事、高级管理人员作为年度报告的实际制定者、审核者和批准者,应当切实履行信息披露的相关职责;公司监事对公司董事、高级管理人员履行信息披露职责的行为进行监督,关注公司信息披露情况,发现信息披露存在违法违规问题的,应当进行调查并提出处理建议。如果公司虚假陈述导致债权人遭受损失的,公司除了承担责任外,对此负有相关责任的实际控制人、董事、监事或者高级管理人员应当对债权人的损失与公司一并承担连带责任。

---

① 参见朱慈蕴:《公司资本理念与债权人利益保护》,《政法论坛(中国政法大学学报)》2005年第3期。

（二）审查资产变动的合理性，赋予债权人相应的司法救济途径

随着开设公司的方便，可以预见一元公司、皮包公司将会如雨后春笋般出现。由于实行认缴形式设立公司，故而公司是否实际具有相应资产，债权人难以确定；更由于实收资本不在登记事项中，故而债权人很难简便可行地查悉交易对方的实有资本情况，从而导致交易上的风险难以把控。在资产信用之下，维护公司资产的稳定和安全至关重要，故应当建立一套监控公司资产流向的法律制度。公司资产的演变必须具有法律和财务上的合理性，任何债权人在公司资不抵债后，如果对公司的资产变化产生合理怀疑的，公司应对其资产的变化作出充分、合理的说明，对于缺少完整财务记录、财务账册虚假以及对资产变化无法作出合理说明的企业作出不利的法律推断，债权人也可以向法院提出审查公司资产流向和进行财务审计的要求。对于恶意逃债和资产的非正常转移及其流失，债权人可以通过《合同法》上的撤销权予以救济。

（三）准确适用法人人格否认制度

自贸区注册资本登记制度改革为公司的设立和经营活动提供了较为宽松的条件、降低了设立公司的门槛，但也有可能为股东滥用有限责任、故意转嫁经营风险创造了条件。为防止股东滥用公司法人独立地位和股东有限责任损害公司债权人利益，在必要的时候应当刺破公司法人面纱，由股东对公司债务承担连带责任。当然这一制度只有在符合严格的条件下才能适用，最核心的要件是股东存在滥用对公司控制权的行为导致公司债权人权益或者社会公共利益受损。上海市高级人民法院曾发布《关于审理公司法人人格否认案件的若干意见》的相关规定，①值得注意的是，该意见中将"公司资本显著不足"界定为当股东未缴纳或缴足出资，或股东在公司设立后抽逃出资，致使公司资本低于该类公司法定资本最低限额。考虑到公司的设立除法律另有规定外，没有最低注册资本限制，"公司资本显著不足"的认定标准对一般公司而言应当相应发生变化。根据美国公司法实践，"公司资产不足"并不是指注册资本未

---

① 该意见对适用法人人格否认的情形进行规定，其中包括公司资本显著不足、股东与公司人格高度混同、股东对公司进行不正当支配和控制的认定等几种情形。

达到法定最低注册资本要求，而是指公司的资产总额是否与其所营性质及其隐含的风险相比明显不足。换句话说，是否有充足的资本激励控股股东作出合理的经营决策。① 这一做法值得我们借鉴。

（四）构建董事对公司债权人的信义义务

我国传统公司法强调了董事对公司负有忠实义务和勤勉义务，但是对于董事是否对公司债权人负有信义义务并不明确。自贸区注册登记制度改革体现"宽进"的理念，债权人利益的保护有赖于公司内部治理的完善和诚信体系的构建。而公司内部治理的完善有赖于作为公司管理者和执行者的董事、经理等是否尽到勤勉和忠实之责。我们认为，董事作为公司的实际控制者和业务执行者，公司的违约或丧失清偿能力完全可能与董事的行为直接相关，董事对公司债权人的信义义务可以为债权人提供更为周全的保护。董事对公司债权人信义义务违反有两种：一是违反对债权人的间接信义义务，给公司造成损失，并致债权人利益受到侵害的行为，具体如关联交易行为、挪用公司资金及侵占公司财产行为、擅自将公司资金借贷给他人或为他人提供担保、违反章程规定或未经股东（大）会同意的自我交易行为和竞业行为、擅自披露公司秘密等等；二是违反对债权人的直接信义义务，致债权人利益受损的行为，具体表现为懈怠申请公司破产或重整行为、公司濒临破产和进入破产程序后的不正当行为，如将公司资产占为己有、无偿或低价转让公司财产、对无担保的债权人提供担保、对未到期的债权提前清偿、对个别债权人进行清偿、放弃债权等等。② 关于董事对公司债权人承担责任的性质，可以借鉴英美国家的过失侵权理论，将董事对债权人责任性质界定为侵权责任，从侵权行为的四个构成要件出发，如果董事违反对债权人所承担的注意义务，进行故意或过失的欺诈行为、误述行为或其他侵权行为，导致债权人受损的，则应根据我国民法有关侵权行为的一般规定承担责任。当然要注意董事责任的负担和董事利益的维护

---

① 参见葛伟军：《公司资本制度和债权人保护的相关法律问题》，法律出版社2007年版，第138页。

② 《董事对公司债权人的责任》，http://www.lawtime.cn/info/minfa/smszqr/2010082650572.html，2014年3月5日访问。

之间要保持一种平衡,防止董事责任的过重承担导致董事治理公司的积极性降低。

四、加强诉调对接机制在处理自贸区公司案件中的作用

由于有限责任公司具有封闭性和资合兼人合的法律特征,公司的设立、经营很大程度上依赖于股东之间的相互信任关系来维持。但在社会诚信普遍缺失的大环境下,此种相互信任变得十分脆弱而极易发生危机,公司内部治理结构异化、股东之间的排挤和压榨使得股东之间的人合性不复存在。股东间一旦发生矛盾,往往从知情权纠纷开始,在相同的当事人之间形成一连串相互关联的诉讼,不但对公司运营造成影响,也给法院的审判带来压力。因此,在立法过渡期间应注重通过调解解决公司案件。在调解过程中注重对公司治理风险的分析、对诚信行为的分析和对利益分配的分析,适当引进有专业背景的人员,以调解员或陪审员的身份积极参与到纠纷处理过程中,在当事人信任和信服的基础上分析、化解矛盾。诉讼与非诉讼相衔接的商事纠纷解决机制的建立,将有效促进自贸试验公司纠纷的解决,积极推动自贸试验区法治化、国际化营商环境的形成。

五、构建非诉程序在解决自贸区公司案件中的作用

诉讼程序和非诉程序是民事审判程序的基本分类。非诉程序是指法院用以解决民事非诉案件的审判程序,它是民事审判的重要组成部分。民事案件从性质上可分为诉讼案件和非诉案件两类。诉讼案件是指双方当事人对诉讼标的存在民事权益争议并请求法院予以裁判的案件,而非诉案件是指利害关系人或起诉人在没有民事权益争议的情况下,请求法院确认某种事实和权利是否存在,从而引起一定的民事法律关系发生、变更或消灭的案件。诉讼程序和非诉程序是司法介入公司治理的两种不同路径。在处理公司纠纷中,非诉程序体现出与诉讼程序不同的特质:第一,司法行政性质。即非诉程序并不以公司利益主体间的权利、义务冲突为裁判目标,而是采用一些具体措施协调公司机制的顺利运行,法院的审判行为体现出较强的管理性和命令性。第二,事

前介入而非事后介入。诉讼程序是纠纷发生后法院通过行使审判权裁定双方的权利、义务，系事后救济；而非诉程序更侧重于事前预防，通过法院的提前介入避免公司治理运作及利益相关者权利受损。第三，当事人之间权利冲突弱化，纠纷具有公益性。第四，公司诉讼程序适用当事人主义，而非诉程序则运用职权主义，体现出较强的对公司自治事务进行干预的特点。由于非诉程序具有纠纷预防功能、能够更方便、快捷地解决纠纷、降低诉讼成本等制度优势，有助于高效地解决自贸区公司案件，减少对公司自治的干预，适应公司资本制度改革的意图，且有助于《公司法》所赋予的相关权利得到实现，即从应然权利到实然权利。

公司非诉案件应主要涵盖以下几类：第一，股东知情权纠纷。第二，股东会的司法召集。适格股东提议召开股东会但在特定期限内被公司或董事拒绝后，可以向法院提出申请在得到法院许可后自行召集。第三，董事任免纠纷。在董事人数缺失而导致公司无法正常运行的情形下，法院可应利害关系人请求，选任公司临时董事。第四，异议股东回购请求权中股价的司法确定。异议股东股权回购中股价的定价纠纷不涉及权利存在与否，在公司与股东之间就股价达不成一致意见时，由法院启动非诉程序指定专业人员对股价进行司法确定。第五，公司解散纠纷。根据适用的程序不同，公司解散纠纷可分为非诉程序的解散命令和公司解散之诉。非诉程序的解散命令主要适用于公司设立目的违法、未正常营业等情形，对于公司陷入僵局、经营管理困难的情形则适用诉讼程序。第六，公司清算纠纷。对于强制清算纠纷，我国《公司法》规定公司逾期不成立清算组进行清算的，债权人可以申请人民法院指定有关人员成立清算组进行清算。一般认为，这是我国现行《公司法》关于公司非诉程序的唯一规定。

非诉案件诉争性较小、案情简单、问题集中、对时效性的要求高，决定了公司非诉程序应采取与诉讼程序不同的证据规则。公司非诉案件应采取自由证明标准，当事人只需提供满足其非诉主张的书面材料，法官拥有较大自由裁量权，[1]充

---

[1] 参见杜兴森：《公司非讼纠纷的司法救济程序研究》，《连云港师范高等专科学校学报》2008年第4期。

分发挥法官依职权调查的作用。关于公司非诉案件的审理,具有以下一些审理规则:第一,一审终审。审理非诉案件,属于法院对一定的事实和权利的确认,法院作出的关于非诉案件的判决裁定,是终审判决、裁定,当事人不得上诉。第二,独任审判。除了重大、疑难案件由合议庭审理外,公司非诉案件一般应实行独任审判,以节约司法资源。第三,兼采言词审理和书面审理原则。当事人的申请和陈述可以言词或者书面形式进行。第四,审理期限。除了公司清算和解散纠纷,其他公司非诉案件应当在30日内予以审结。第五,优先适用非诉规则。在《公司法》关于非诉程序的特别规定与《民事诉讼法》的一般规定冲突时应优先适用《公司法》之特别规定。第六,诉讼费用。一般的公司诉讼案件是按照财产标的进行收费,而公司非诉案件只是确认一种法律事实,不解决民事权益之争,具有非财产性和公益性,审判成本较低,故应当实行特殊的诉讼费用收取制度,法院应按件收取少额诉讼费。当然,非诉案件与诉讼案件的区分不是绝对的,在现实生活中,非诉案件的诉讼化和诉讼案件的非诉化时有发生,诉讼原理和非诉原理交错适用,从而导致同一案由的不同案件,可能分别适用诉讼程序和非诉程序,如上文提到的公司解散纠纷。一方面,在立法体例上对公司非诉案件范围应采取列举式的规定,并附加一兜底条款,即法院认为其他有必要适用非诉程序的案件。另一方面,对于某些非诉案件,如果符合诉讼案件的特征,如案件涉及实体权益的争议、当事人之间对抗性较强,则立法应赋予法官自由裁量权,将案件从非诉程序转为诉讼程序。

第十一章 上海自贸区劳动争议案件的审理

随着中国(上海)自由贸易试验区正式挂牌成立,《总体方案》《中国(上海)自由贸易试验区条例》等规定相继发布。上海自贸区着力打造国际化、法治化的营商环境,和谐劳动关系的建设是其中的重要一环。与投资、贸易、金融相比,劳动法方面的创新鲜有提及。处在市场化与国际化的前沿,上海自由贸易试验区的劳动关系正成为区域发展的重大课题。从最近发布的上海自贸区劳动关系调研报告来看,现行的劳动关系协调机制尚不能适应自贸区国际化、市场化的劳动关系的需要,被喻为"小联合国"的自贸区正呼唤构建与之相适应的劳动关系协调机制。

第一节 上海自贸区劳动争议特点及劳动法律适用现状

一、涉自贸区劳动争议案件特点

上海自贸区挂牌之后,上海市浦东新区人民法院在民事审判第一庭设立了专项合议庭集中审理自贸区内劳动争议案件,为自贸试验区形成和谐有序的劳动关系进行了积极的探索。根据浦东新区法院的统计,2013 年 10 月至 2015 年 2 月期间,共受理涉自贸区劳动争议案件 224 件,审结 193 件。劳动争议案件数量在涉自贸区民事案件数量中的占比约为 20%。[①]

[①] 参见上海市浦东新区人民法院:《涉自贸试验区审判工作白皮书》《涉自贸试验区劳动争议案件情况及对策建议》,http://www.ftzcourt.gov.cn:8080/zmqweb/gweb/content.jsp? pa = aZ2lkPTY2MDI1z,2015 年 4 月 20 日访问。

就所涉行业来看,涉自贸区劳动争议多发于劳动密集型服务行业。根据浦东新区法院的统计,在受理的劳动争议案件中,从事外贸和物流服务业企业居多,其他服务业及制造业涉案较少。其中,以制造业为主体的第二产业企业36家,占比16.07%,远低于其在浦东法院同期劳动争议案件中近47%的比例;第三产业企业188家,占比83.93%,远高于在同期劳动争议案件中的占比。第三产业中,批发和零售业最多,计110家;交通运输、仓储和邮政业居其次,为41家,两者合计占涉案企业总数的67.41%,其他服务业占16.52%。同时,即使不从事批发和零售业及交通运输、仓储和邮政业的企业中,仍有约90%企业的经营范围涵盖了外贸或物流类项,这既反映了当前区内企业仍以外贸和物流类为主的实际情况,亦表明劳动密集型服务行业仍为劳动争议多发地带。[①]

就诉讼请求来看,由于劳动权利日趋多元,劳动争议内容日益复杂,包含了追索劳动报酬、赔偿金、补偿金等多项诉讼请求的复合诉求型纠纷占绝大多数。由于《民事案件案由规定》中规定"同一诉讼中涉及两个以上的法律关系的,应当依当事人诉争的法律关系的性质确定案由,均为诉争法律关系的,则按诉争的两个以上法律关系确定并列的两个案由",因而在立案时以劳动合同纠纷作为案由立案的仍占绝大多数。但实际上,确认劳动关系纠纷、劳务派遣合同纠纷、非全日制用工纠纷、追索劳动报酬纠纷等各具体类型纠纷均有涉及。

二、自贸区改革对劳动法律适用的影响

对自贸区内劳动用工政策的规定主要体现在《中国(上海)自由贸易试验区条例》第四十九条[②]中。该条概括规定了区内劳动者在劳动法方面享有的

---

①　参见 http://www.ftzcourt.gov.cn:8080/zmqweb/gweb/content.jsp? pa=aZ2lkPTY2MDI1z, 2015年4月20日访问。

②　《中国(上海)自由贸易试验区条例》第四十九条规定:自贸试验区内劳动者平等就业、选择职业、取得劳动报酬、休息休假、获得劳动安全卫生保护、接受职业技能培训、享受社会保险和福利、参与企业民主管理等权利,受法律保护。在自贸试验区推行企业和劳动者集体协商机制,推动双方就劳动报酬、劳动安全卫生等有关事项进行平等协商。发挥工会在维护职工权益、促进劳动关系和谐稳定方面的作用。在自贸试验区健全公正、公开、高效、便民的劳动保障监察和劳动争议处理机制,保护劳动者和用人单位双方的合法权益。

各项权利，指出了自贸区劳动用工政策改革试点的方向。

（一）就实体法而言，区内和区外在法律适用上应无显著差异

从法律地位而言，包括上海综合保税区在内的中国所有保税区，本质上都还是"境内关内"，而此次自贸区的标志性任务，就是由"境内关内"向"境内关外"放开。而"境内关外"系针对货物进出口和海关监管，并不包括人才流动，因此，劳动用工政策在自贸区内外并无显著差异，自贸区内的入驻企业在劳动用工政策适用上，将仍然执行《劳动法》《劳动合同法》《中华人民共和国劳动争议调解仲裁法》等众多实体和程序法律，外籍员工的出入境管理也依然会适用《中华人民共和国出境入境管理法》。

（二）就程序法而言，可利用自贸区试点政策进行有益探索

从上海自贸区建设的总体目标来看，上海自贸区成为经济扩大开放、深化改革的试验田，寻求在全国可复制、可推广的制度性建设，发挥示范带动、服务全国的积极作用。除投资、贸易、金融等领域的要求外，还有重要的一点是完善法制领域的制度保障，即"着力培育国际化和法治化的营商环境"。从体例上看，针对劳动用工的条例第四十九条即规定在"法治环境"一章中。该条第二、三款指出了劳动用工政策的改革重点，即推行集体协商机制、发挥工会作用，以及健全劳动保障监察和劳动争议处理机制，促进区内劳动关系的和谐稳定。

（三）在政策制定和法律解释层面，应利用试点优势进行立法探索

2015 年 4 月，国务院出台了《改革方案》，进一步肯定了自贸区内地方性规范性文件对立法起到的先行先试作用，并明确了规范性文件在试点成熟后向地方性法规和规章的转化法。① 此外，2015 年是《劳动法》实施二十周年，随着社会经济和劳动用工关系的发展，《劳动法》中多项内容面临修改的问题。在不违背现有法律法规的前提下，应充分利用自贸区的试点优势，将地方性劳动政策的制定与劳动法的修订相探索，在法律规定不明的情况下，充分运

---

① 《改革方案》第二十三条中规定，加强地方立法，对试点成熟的改革事项，适时将相关规范性文件上升为地方性法规和规章。

用法律解释、法律漏洞填补等方法,适时调整劳动用工政策,为法律修改提供有益参考。

(四)自贸区扩围导致的法律适用差异

2015年4月21日,中国(广东)自由贸易试验区、中国(天津)自由贸易试验区、中国(福建)自由贸易试验区同时挂牌成立,在各自贸区内如何统一法律适用是自贸区法律适用面临的一大难题。而劳动法律中涉及的地方性规章和规定较多,各地区规范性文件规定不一致的问题在劳动争议案件中将有较多的体现,给自贸区劳动争议案件的法律适用造成尺度不一的状况。

第二节 上海自贸区劳动争议所涉实务问题

一、外派劳务问题

随着企业国际化步伐加快,越来越多的外籍员工被委派至境内工作,同样也有越来越多的中国籍员工被派往境外,特别是在自贸区这一背景下,跨境双向人才流动规模势必加大,而目前极度落后的涉外用工政策将极大限制人才制度的创新,可能形成新的审判难点。

关于境外委派的外籍员工在中国工作期间劳动争议的法律适用问题,根据2011年4月1日实施的《涉外民事关系法律适用法》第四十三条规定,"劳动合同,适用劳动者工作地法律;难以确定劳动者工作地的,适用用人单位主营业地法律。劳务派遣,可以适用劳务派出地法律"。然而,部分外籍高管在中国的时间有限,此时其工作地可能难以确定;同时,跨国企业在全球普遍布局的形势下,判断一企业的主营业地亦存在困难。虽然最高人民法院《关于适用〈中华人民共和国涉外民事关系法律适用法〉若干问题的解释(一)》(以下简称《〈涉外民事关系法律适用法〉司法解释(一)》)第十条规定,涉及劳动者权益保护的法律不能约定排除适用。但对于境外委派员工,如其境外劳动合同在境内部分履行,此时应当允许与境内雇主就劳动用工政策的适用作出例外规定,以更多反映意思自治,放松管制,促进人力资源的自由流动。

同样，随着越来越多的中国企业具备国际化运作能力，中国雇员被委派至境外企业提供服务的情况大幅增加。此时，当中国雇员被委派至境外服务时，亦可能产生诸多法律冲突，均有待相关部门协调规范。

长期以来，我国在对外劳务合作上，立法是相对滞后的，我国对外派劳务关系的调整主要是依靠政府部门的规章和行政手段。根据《对外劳务合作管理条例》第二十一条和第二十三条的规定，如果我国公民到国外就业，必须与国内的劳务输出公司签订劳动合同，由劳务输出公司将其派出到国外，劳务派出地也在我国。此时，法院可以适用劳务派出地法律，也即我国法律。尽管对于适用法律已有规定，但在涉外劳务纠纷管辖权方面，我国仍没有明确的规定。

除管辖权之外，外派员工的社会保障也存在立法空白。在外派劳务的情况下，双方劳动合同的履行地点延伸至境外，则其工资支付、社会保险缴纳、劳动条件等必然有显著区别。特别是在外派劳务人员社会保障方面，现有法律并未涉及。在现有的调整涉外劳务关系的法律中并没有处理外派劳务人员遭遇工伤等事故时的专门的法律规定。此外，就社会保险而言，如员工工资全部由境外单位支付，此时境内社会保险费须继续缴纳，在欠缺工资支付的情况下，社保缴费基数跨年度后如何缴纳等问题也缺乏相应规定。

随着世界劳务市场竞争的日趋激烈，我国劳务输出事业将不可避免地面临更大的竞争和挑战，针对外派劳务中的立法缺位，有必要借助自贸区的试点优势，尽快完善我国涉外劳务关系方面的立法，完善我国外派劳务人员权益保护制度。最根本的解决之道在于制定统一的涉外劳务关系专门性法律，这是解决外派劳务相关法律问题最为有效和直接的途径。一个国家是否拥有完善的、与国际劳务合作配套的法律法规或政策，是影响这个国家与他国进行劳务合作的重要因素。我国应当尽快就对外劳务合作、劳务输出等方面出台一般性法律，将劳务合作的经营、管理、促进劳务人员的培训及合法权益的保护等内容以法律形式规定下来。菲律宾早在20世纪就制订了《出口劳工法》。在自贸区改革的背景下，我国应该认真借鉴和学习东盟国家，在对外劳务合作上制定专门的行之有效的法律，如《对外工程承包和劳务合作管理法》《海外就业促进法》等,应当对劳务合作主体资格的审核,劳务输出人员的培训、管理,以及法律援助、司法救济、人权保障、出入境程序等内容进行明确的规定;还应当就对外劳务合作事宜设立专门部门进行常态化处理,做到全方位的管理和服务。

二、异地用工法律问题

目前,《自贸区管理办法》并未限制在上海自贸区内设立的企业不可以异地开展业务,如自贸区内企业选择在区外经营从而形成异地用工,此时将会面临劳动法适用的"区级冲突"问题。鉴于自贸试验区的创新及优惠政策,自贸区内企业实际经营地与注册地不一致现象更趋明显,劳动合同履行地与用人单位所在地不一致的情况亦相应较为突出,即名义上劳动关系是在自贸区内建立的,实际上劳动关系却在自贸区以外履行。由此带来的劳动法规的冲突问题可能加剧。

尽管劳工标准的统一是促进公平竞争的有利手段之一,然而目前中国各地经济发展水平不一,难以在短期内统一各地差异,就异地用工形成的法律适用差异在短期内也无法得到解决。根据《中华人民共和国劳动合同法实施条例》(以下简称《劳动合同法实施条例》)第十四条的规定,"劳动合同履行地与用人单位注册地不一致的,有关劳动者的最低工资标准、劳动保护、劳动条件、职业危害防护和本地区上年度职工月平均工资标准等事项,按照劳动合同履行地的有关规定执行;用人单位注册地的有关标准高于劳动合同履行地的有关标准,且用人单位与劳动者约定按照用人单位注册地的有关规定执行的,从其约定"。但对上述所列之外的其他项目等并未形成共识,诸如审判实践中常见的加班费等,故异地用工所致的同案不同判现象可能增多。一旦发生异地用工的情形,除《劳动合同法实施条例》规定的上述项目以外,其法律适用往往根据管辖地确定,即仲裁委员会和法院将适用本地法规政策作出裁决。

在司法实践中,劳动法具有"属地法"特性,国家层面和地方层面就相同问题可能会有不同规定,而不同地方对法律理解和实践也存在较大差异,如涉及社保缴费、病假工资计算、医疗期病休时间计算、各类假期计算、经济补偿金计算口径、劳动争议受案范围等将直接影响企业的成本和风险。以多次工伤时一次性工伤医疗补助金和伤残就业补助金支付为例，《工伤保险条例》第三十六、三十七条规定，职工因工致残被鉴定为五至六级伤残、职工本人提出解除或终止劳动关系的，被鉴定为七至十级伤残、劳动合同期满终止或者职工本人提出解除劳动合同的，由工伤保险基金支付一次性工伤医疗补助金，由用人单位支付一次性伤残就业补助金。① 同时，条例将两项补助金的具体支付标准授权给了省、自治区、直辖市人民政府。对于劳动者在职期间发生两次或两次以上工伤的，劳动关系终结时如何享受一次性工伤医疗补助金和伤残就业补助金，即能否重复享受以及具体标准，意见不一，各地规定亦不尽相同。

对于上海自贸区而言，其作用之一是对内示范。从促进贸易和公平竞争角度，应当减少劳动用工政策的差异性，否则会产生"洼地效应"，即企业通过转移至劳动标准较低的地区寻找"制度红利"以最大限度地降低用工成本。

三、外国人就业及外国企业用工法律问题

自贸区作为"人才自由港"，区内外资企业所占比重较高。据统计，2013年9月29日之前，原上海综合保税区内共有企业8500家，其中外资企业占80%以上。在自贸区挂牌以来的一年多时间里，新设外资企业1677家，占全部新设企业的13.7%。② 从实地实体型企业的总数来看，外企仍然占有非常高的比重：共有94个国家和地区的外商企业在自贸区设立企业，入围世界500强的外资跨国公司中已有153家进驻自贸区，共投资286个项目；从业人员中，外籍人员占4.2%。如果剔除非实地实体运作的因素，外籍人员占比会更高。③ 作为新的外资聚集地，自贸区在融通资本的同时，也有望成为人才汇

---

① 旧《工伤保险条例》第三十四、三十五条规定，职工因工致残被鉴定为五至六级伤残、职工本人提出解除或终止劳动关系的，被鉴定为七至十级伤残、劳动合同期满终止或者职工本人提出解除劳动合同的，由用人单位支付一次性工伤医疗补助金和伤残就业补助金。本案所适用的系旧《工伤保险条例》，故劳动者向用人单位主张一次性工伤医疗补助金和伤残就业补助金。

② 参见《上海自贸区一周年：新设外商投资企业比去年增加10倍》，央广网，http://china.cnr.cn/NewsFeeds/201409/t20140926_516514202.shtml，2015年4月20日访问。

③ 参见《劳动报：上海自贸区探索市场前沿的劳动关系处理机制》，上海自贸区综合研究院网，http://www.sif.fudan.edu.cn/newsdetail.php？pid=1093，2015年4月20日访问。

聚的"自由港",这也对自贸区内的劳动用工政策提出了灵活便捷的要求。

针对自贸区外资企业较多的特点,应当突出劳动用工的灵活性优势,具体措施包括:适度松动签证制度,改革现有签证制度中繁琐且不必要的规定,如外国人就业必须持工作签证入境,可以利用自贸区"境内关外"的特点予以变更规定、履行一定手续后可以直接在境内就业;简化就业许可手续,放宽就业许可证的期限规定,制定灵活的可转化为工作居留签证的制度,为人才流动提供便利;同时还可适度放宽就业的年龄限制,放宽学历限制,以及明确外国人适用《劳动合同法》等劳动法律法规,但同时允许除劳动保护、社会保险、工作时间等标准之外,可以由当事人协商确定适用的标准等。

事实上,外国人就业政策已经有所松动。以往政策中,外国留学生毕业后无法直接办理外国人就业证和居留许可,需在国外工作两年才可申请在中国就业。2015年7月,上海出台了《关于深化人才工作体制机制改革 促进人才创新创业的实施意见》,在自贸区内推行人才新政,探索外国留学生就业等新领域,提出"坚持以'双自联动'推进人才制度创新",即"充分发挥中国(上海)自由贸易试验区和张江国家自主创新示范区政策叠加和联动优势,以人才政策突破和体制机制创新为重点,在人才引进培养、股权激励、成果转化、创业孵化、创业融资等方面先行先试,大力建设创新人才高度集聚、创新资源深度融合、创新机制开放灵活、创新活力竞相迸发的国家人才改革试验区"。根据该实施意见,上海将实施更积极、更开放、更有效的海外人才引进政策,如探索外国留学生毕业后直接在上海创新创业,进一步简化来上海创新创业的外国人入境和居留手续等。

尽管就自贸区内对外国人的就业保障较之以往已趋于灵活,但目前外国公司的用工资格并未放宽。在现行法律框架下,境外企业在中国开展非营利性活动,必须设立常驻代表处;外国公司在中国开展营利性活动,必须在国内注册外资公司。而涉及劳动雇佣,则仅有依法设立的外资公司享有独立的用工权,代表处由于不具备法人资格,没有能力承担经济责任,只能通过国家指定的人才派遣机构使用中国员工。人才派遣机构作为中国员工的用人单位,签订劳动合同,缴纳社会保险,支付劳动报酬。工作则可由代表处直接安排。

如果连代表处也未设立，则在中国境内招聘员工并从事活动均属于违法行为。有些外国公司利用国内供应商公司的名义招聘员工，绕开中国法律的监管，但可能仍会严重损及员工利益。因此即使上海自贸区成立，在用工主体资格方面，不会有突破。如外国公司希望进一步了解中国市场，先行设立代表处，通过劳务派遣用工，方为最合适的选择。

四、自贸区劳动仲裁机构的设置

就劳动违法行为的监管而言，根据《自贸区管理办法》规定，自贸区管委会承担"自贸试验区内投资、贸易、金融服务、规划国土、建设、绿化市容、环境保护、劳动人事、食品药品监管、知识产权、文化、卫生、统计等方面的行政管理工作"，其中包含"劳动人事"行政管理工作。目前自贸区管委会的组织架构中包含"人力资源局"这一重要部门，显而易见，自贸区管委会具备对区内企业劳动保障违法行为的管辖权，从而替代原先由浦东新区劳动行政部门进行监管的做法。

而就劳动争议仲裁而言，尽管《自贸区管理办法》对"商事纠纷"作出如下规定，"自贸试验区内企业发生商事纠纷的，可以向人民法院起诉，也可以按照约定，申请仲裁或者商事调解"。但该办法并未就劳动纠纷作出特别规定。根据《关于进一步明确上海市劳动人事争议仲裁管辖的若干规定》的规定，市劳动人事争议仲裁委员会管辖的劳动人事争议包括取得合法就业资格的外籍人员、台港澳人员和定居国外人员与所在单位发生的劳动人事争议。自贸区成立后，越来越多的境外企业和境外人士涌入，纠纷案件增多。此时，对涉外劳动争议案件管辖权进行调整，径自单独成立自贸区劳动争议仲裁委员会，一方面有利于在自贸区范围内统一法律适用，另一方面有利于配合自贸区管委会做好劳动用工政策的先行试点工作，对于我国劳动法律的未来发展，具有积极意义。

第三节　上海自贸区劳动争议处理的未来探索

我国的劳动法律法规有很强的本土特色，通过自贸区先行先试的红利，可以将劳动法学理论界的研究成果在自贸区内予以先行试点。

一、国际劳工标准与国内法的融合

上海自贸区改革的试点政策的重要任务之一,是可以加快我国劳动法规与国际劳工规则的对接。国际劳工标准主要可以分为三个层次:第一个层次是核心劳工标准,即涉及结社自由和集体谈判、禁止就业歧视、禁止使用童工、禁止强迫劳动四个方面;第二个层次是国际劳工组织推行的"体面劳动"的理念和行动;第三个层次是跨国公司和各种国际机构制定的生产守则。

将劳工规则纳入贸易谈判已有先例。目前最重要的国际多边经济谈判组织之一"跨太平洋战略经济伙伴协定"(TPP)中即纳入了劳工规则,确保美国工人与他国工人相比不处于劣势。TPP 劳工规则的核心是要求缔约方严格执行国际劳工组织(ILO)的五条基本原则,即自由结社权、集体谈判权、消除强制劳动、取消童工、消除就业歧视;不得为了吸引投资或促进出口等目的削弱对劳工法律的执法。TPP 还将劳工问题纳入争端解决机制,一方违反劳工规则的,其他方可以起诉。

在经济全球化背景下,各国劳资关系力量对比处于一种极端不平衡的状态。许多发达国家通过推定"社会条款、劳工标准"条款以谋求国际贸易中的有利局面,虽然其可能带有一定的贸易保护主义,但却与国际劳工组织提倡的"保护劳动者利益"宗旨契合,因此成为发展中国家不容忽视的问题之一。为了更大地融入世界经济体系,为本国谋取利益,突破发达国家在贸易协定中设置的各类障碍,中国设立上海自贸区,不仅在企业规则和贸易规则上要与国际接轨,在劳动法制上逐步与国际劳工标准接轨,也将是一个必然的趋势。

就现状而言,中国共批准了 25 个国际劳工公约,不到全部 182 个国际劳工公约的 20%,不及各会员国平均批准数目的 1/3。这种状况,与中国作为国际劳工组织的创始国和社会主义大国的地位和作用很不适应。应该说,就国际劳工组织倡导的核心权利,中国目前的劳动法律已经就废除童工、强迫劳动、消除就业歧视、加快集体协商达成共识,并由明确的国内法作为支撑。但是,如何将已经批准的国际劳工公约融合到国内立法中,使之成为实践中"活的法律"，仍然需要较长时间的磨合。

二、集体协商制度的建立

就自贸区劳动关系的宏观层面调整而言，应注重接轨国际核心劳工标准。自贸区劳动立法或政策应积极贯彻国际核心劳工标准与体面劳动的理念、原则和规则，其中强化集体协商的立法是最为紧迫的问题。集体协商制度的确立，旨在建立一种和谐的劳动关系。一方面，不能由于用人单位或劳动者中的某一方不愿意进行集体协商而采取处罚手段；另一方面，政府、工会或第三方的适度干预在集体协商中也扮演着十分重要的作用，可以确保法律法规得以执行和协商的顺利进行。

在集体合同数量快速增长的同时，集体合同的订立似乎并未发挥调整集体劳动关系、平衡劳资利益、预防集体劳动纠纷的作用。我国集体合同目前的情况可谓"有数量、无质量"，即"集体合同虚化"。目前的集体协商往往有两个结果：其一，资方姑且与工会协商但拒不订立集体合同；其二，工会与资方一起走个过场，订立一个有名无实、滥竽充数的集体合同。如果不能在制度上加以完善，则集体合同在实践中也无非是虚无的数字而已。

虽然集体协商和集体合同立法已经取得了很大进展，集体合同的覆盖面不断扩大，影响在加强，但是仍然存在不少问题。《劳动法》仅对集体协商和集体合同作了原则性规定。2004年劳动和社会保障部颁发的部委规章《集体合同规定》只规定了企业一级的集体协商和集体合同，关于行业、产业等其他层次则没有规定，而且缺乏明确的责任界定。《劳动合同法》虽然已经突破了企业一级的协商，规定了区域性、行业性集体合同，但仅限于县级以下区域和建筑业、采矿业、餐饮服务业等行业，适用范围仍然较窄。

2015年10月1日，修订后的《上海市集体合同条例》施行。该条例对集体协商作出了实质性的修订。一是该条例明确了工资集体协商的具体内容，增加了工资分配、调整增幅和奖金补贴分配办法等内容。二是该条例在一定程度上解决了集体协商启动难的问题。该条例第三十九条规定，"企业无正当理由拒绝或者拖延集体协商的，市和区、县总工会可以作出整改意见书，要求企业予以改正。企业拒不改正的,按照本市公共信用信息管理的相关规定将该信息纳入市公共信用信息服务平台"。三是该条例规定了集体协商期间的禁止性行为,通过双方的禁止性行为规范群体性劳资纠纷,把无序的纷争纳入到有序的协商轨道中来。四是该条例对区域性、行业性的集体协商作出了相应规定。对于区域性的集体协商主要集中在小微企业、街道乡镇、经济开发区、工业科技园区等。就该规定而言,自贸区内的集体协商可以适用区域性集体协商的规定,借助自贸区管委会相关部门的力量更好地开展。五是上级工会的地位进一步得到强化,该条例第十九条规定,"上级工会应当指导职工一方与企业进行集体协商,可以派员观察职工一方与企业的集体协商活动,或者按照本条例第七条的规定受聘担任职工一方的协商代表"。尽管有上述创新性规定,但是,对不依法签订集体合同和不履行集体合同的行为应负的法律责任缺乏规定。由于《劳动法》第三十三条规定,仅要求把工资协商作为集体合同制度的一项内容,若企业因职工工资问题不与工会进行协商,法律上并无任何处罚规定,而下位法就法律责任的规定并不宜突破上位法的限制。同时,《中华人民共和国工会法》第六条规定,工会把平等协商和集体合同制度作为工会协调劳动关系、维护职工劳动权益的一项基本手段,而这个基本手段如何运作,则缺乏相应的条件和保障,即使企业就职工工资等劳动权益问题不与工会进行协商,上级工会组织也无法对其进行处理。集体合同和集体协商制度未来的发展,离不开上位法对具体法律责任的明晰规定。在自贸区内探索劳动争议集体协商制度,还需要通过个案的积累,为上位法的修订提供可操作的经验。

三、劳动者分层理论的探索

随着改革的深入,上海自贸区对投资、贸易和金融领域创新的开放力度不断加大。根据《改革方案》的要求,应加强"探索适应企业国际化发展需要的创新人才服务体系和国际人才流动通行制度"。这就要求必须依照行业特点、企业规模特点等的不同,分层分类科学制定劳动标准,灵活调整劳动关系,以赋予劳动者和用人单位双方自治以一定的空间,激发市场主体的活力。

劳动者分层保护有以下三种立法模式可供构想：一是统一适用模式。该模式是指在劳动法律法规中，专章规定劳动者分层及其对不同层次劳动者的权益保护问题。这种立法模式可以对劳动者分层保护的定义、范围、属性、侵权的救济方式等作出全面系统的规定。二是分散立法模式。该模式是指没有关于劳动者分层保护的专门规定，而是通过劳动关系相关法律法规以及通过民法、刑法等相关条款的规定来保护劳动者权益的模式。三是特别规定模式。该模式是在《劳动法》的一般规定之外，设置特别适用条款，特别规定优先适用。尽管统一适用模式在目前的劳动者分层保护问题上是最为可取的模式，但是在统一适用模式难以一蹴而就的情况下，通过在自贸区内进行关于劳动者分层的特别规定，将劳动者分层保护的概念、范围、属性和救济措施等问题先行予以规定。

在国外，亦有对不同层次劳动者进行分层保护的立法例。如美国，劳动者中的高收入人群在立法中甚至是被部分排除在劳动法之外的。布什政府2004年修改了《公平劳动标准法》，该法案取消了年薪10万美元以上雇工的加班补贴，但提高了年薪低于23660美元的雇员的加班补贴。其他国家亦有类似的规定。这与我国形成鲜明对比。我国沿着"锦上添花"的思路进行劳动立法，往往是越上层的员工得到劳动法越充分的保护。而工伤频发、大面积欠薪的现实说明，对劳动者分层中处在较底层的工人的保护极差，认为非法用工主体就可以排除出劳动法的保护范围，流于失范。[1]

对于劳动者进行分层认定存在以下三个标准：一是收入标准；二是职位标准；三是综合标准。收入标准是指将收入多少作为划分劳动者层级的标准，在判断不同分层的劳动者时，不仅要考虑到工资收入，更重要的是要考虑到工资外的收入。职位标准则是以职位高低为划分标准。不同层次劳动者由于职位的不同所带来的诸如以上的待遇的不同造成了劳动者的严重分层。因此以职位为判断劳动者不同分层的标准具有一定的合理性。在具体判断时，宜采用综合标准对劳动者分层进行判断，单纯的收入标准或职位标准都不足以全面

---

① 参见董保华：《中国劳动基准法的目标选择》，《法学》2007年第1期。

地衡量劳动者所处的层次,只有综合考虑两种因素,才能更好地作出评判。

在自贸区内,尽管传统的标准劳动关系仍处于主流,但以完成一定任务为期限的用工形式、非全日制用工、派遣用工、外包服务等弹性用工形式所占比重迅速提高,同时企业与聘用退休人员、下岗待岗人员等特殊人员建立的用工关系也日趋灵活多样。针对这一部分灵活就业的劳动者,如何保证其劳动权益得以维护,如何在现行法律框架下适用劳动法标准,现行法律框架的规定仍显不足。在自贸区内,劳动法律政策不妨根据劳动关系主体多元化、劳动用工灵活化的特点,改变"一刀切""标准化"的思路,依照行业特点、企业规模特点等的不同,分层分类科学制定劳动标准,灵活调整劳动关系,以赋予劳资自治以一定的空间,激发市场主体的活力。与此同时,针对劳动关系主体国际化的特点,自贸区工会尝试通过制度建设,明确外国人就业的法律适用,跨国、跨地区经营的企业的民主管理制度的建设,灵活用工等问题,同时加强上海自贸区人员流动自由度的制度建设,以保障劳动关系的规范发展。

第 四 编

上海自贸区深化金融领域
创新的司法保障

第十二章　涉自贸区金融审判司法保障问题研究

中国(上海)自由贸易试验区成立至今,相较初创时的万众瞩目,现时上海自贸区内的各项改革似乎与外界期待仍有一定的差距,亦使得上海自贸区的发展趋势与未来作用备受猜疑。但就世界第二大经济体而言,上海自贸区所创造的经济价值与国民经济总量比较,只是沧海一粟。之所以划定此区域予以特别政策,其本意在于通过各项制度上的创新和开放,试验市场及社会的认知度和承受力,并在一段时间后去芜存菁,将成功经验推广至全国,从而根本改变全国范围内的经济发展模式和管理方法,使国内巨大的市场、资金及生产力、创造力,得以更为良性地可持续发展。从这一角度而言,上海自贸区肩负为全国经济转型及深化改革先行先试的重要使命,制度上的革新才是自贸区发展的重点,而制度一旦订立,即对市场、社会起到规则效应,如果贸然行事,待运行之后发现问题再反复删修,将给经济活动造成极大不便,亦会损害自贸区成立的初衷,因此有关各方谋定而启动,并无可指责之处。

金融领域的开放创新,系国务院发布的《总体方案》中确定的上海自贸区五大任务之一,也是该总体方案中唯一明确提出的商事领域的改革目标,可见金融领域的改革创新实为自贸区发展的重点,也是影响上海自贸区整体构想能否实现的关键,应当对此领域予以足够的关注。我国虽已是全球第二大经济体,但却并未取得在国际经济事务中相应的发言权,在能源价格确定、货币利率政策等诸多方面受人掣肘,究其原因,金融市场长期式微是重要的因素。自2000年以来,世界各重要经济体无不以金融市场的发展作为本国经济发展的重要支柱,英美等国甚至将此作为国民经济发展的主要方向,并因此在全球范围内的金融及商业领域形成了错综复杂的市场规则和交易模式。能够决定全球金融市场动向,对于全球金融市场规则制度的废立具有话语权的国家,其在全球市场中的经济地位才能得以稳固。反观我国,自 20 世纪 90 年代初金融活动开始活跃以来,国内金融市场虽规模巨大,但却与国际金融市场奉行不同的市场规则及机制,在赢利模式、产品设计、市场多样性、消费者保护等诸多方面与国际市场大相径庭,国际金融市场中,中国的地位与整体经济总量极不相称,亟待提高,国务院特意将金融领域的开放创新列为自贸区的五大任务之一,恐亦有意于此。

要保证金融安全运行和健康发展,从根本上说,必须依靠法治,需进一步健全金融法制,依法加强金融监管①。美国亦有学者指出,金融市场的两大要素即为自由市场和法治精神,可见法治系金融市场发展不可或缺的保障之一,金融市场的开放创新中相应立法、司法及执法活动的创新及建设不可或缺。近年来,英美国家在长期重视自由市场,相对忽视金融法治规范的情况下,导致了全球化的金融危机,更彰显法治在金融市场发展中的重要地位。因此,自贸区内的金融领域改革,不可忽视相关金融法治的建设。而审判活动作为法治的具体体现,对于金融市场的发展和规范起到直接的矫正及示范作用,自贸区金融案件的审判,更系保障金融市场良性循环并成功转型的主要依赖,在自贸区金融法制的建设中,应当成为重中之重,故自贸区内金融审判的司法保障问题,值得予以高度重视和深入研究。

第一节　自贸区金融审判司法保障对象

欲研究司法保障相关问题,首先应当确定保障对象,以便有的放矢。当下诸多讨论司法保障的文章,往往忽视这一基础命题,导致失之空泛或言不及义,应当引起注意。

金融审判的保障对象,首先应系金融市场主体的权益。金融活动自公元

---

① 参见朱镕基:《朱镕基讲话实录(第三卷)》,人民出版社 2011 年版,第 212 页。

前后肇始于耶路撒冷以来,历经数千年的发展,已构成一极其复杂、精密及广泛的体系,时至今日,现代社会中人人皆是金融活动的参与者,无论法人还是公民,均难以在金融大潮前独善其身。以此为基础,可将现代金融市场的主体分为三类:即专业金融机构、金融投资者或金融消费者及金融监管服务机构。此三类主体中,金融监管服务机构主要履行监管及服务之责,虽系金融市场的重要成分,但其所涉及法律关系大多并非金融商事关系,故不属金融审判关注的范围。由此可认为,金融审判的保障对象,主要为专业金融机构及普通金融投资者、消费者在金融商事活动中的合法权益。

确立这一命题后,由此产生的疑问是,专业金融机构在金融活动中有何种权益?"法律乃是权利的前提,只有法律之抽象的原则存在,而后权利才会存在"[1],"权利是私法的核心概念,同时也是对法律生活多样性的最后抽象"[2],可见民事主体的权利虽属天赋,但亦需经法律予以确定,即所谓"权利即是受法律保护的利益"[3],由此可得出的结论是,专业金融机构的权益范围应从相关法律规范中寻找。然而,纵观各国金融立法,除却经营范围外,对于专业金融机构的权益却几无规定,以金融业三驾马车——银行、保险及证券为例,《中华人民共和国商业银行法》中除第四条外,并无其他条款对银行权利予以法律上的认可,而该条确定的亦是"自主经营,自担风险,自负盈亏,自我约束"及"商业银行依法开展业务,不受任何单位和个人的干涉"等原则,并无具体权利内容。同样,《证券法》中有关证券公司部分,亦仅于第一百三十八条规定"证券公司依法享有自主经营的权利,其合法经营不受干涉"。其余再无关于证券公司权利的规定。《保险法》更是通篇未提及保险公司有何权益。无独有偶,中国台湾地区保险法中,对于保险公司的权益亦无提及,法国证券交易所法中有关证券公司一节,亦无只字片语提到证券公司的权益,其余各国相关立法亦均大同小异。据此,似乎金融机构除法定经营权限外,并无多少权益可言。实际上,认识这一问题,当以"法无禁止即可为"为前提,各国法律规

---

① 王泽鉴:《民法总则》,中国政法大学出版社 2001 年版,第 6 页。

② [德]迪特尔·梅迪库斯:《德国民法总论》,邵建东译,法律出版社 2013 年版,第 62 页。

③ [德]迪特尔·梅迪库斯:《德国民法总论》,邵建东译,法律出版社 2013 年版,第 63 页。

范中,无论有无规定,均确认金融机构具有前述自主经营的权益,在法定经营范围内自主经营,即是专业金融机构最大的法定权益,专业金融机构除遵守法定义务外,其余皆可为之,此即是自由市场的原则,亦是法治精神的体现,更是金融审判需要保障的重要对象。

就金融投资者、消费者有何权益,各国立法则连篇累牍,详加规范,限于篇幅,不能一一列举。大致而言,金融投资者、消费者拥有平等订立合同权、充分知情权、自由选择权、损害求偿权等等,而相关法律中大量关于金融机构义务的规范,部分亦是以另一种方式对金融投资者、消费者权益的肯定。因此,金融投资者、消费者的权益系由法律明确赋予,此种法定权益当然亦系金融审判的重要保障对象。

除上述民事主体的权益外,金融审判的保障对象还包括金融市场的整体秩序及良性发展。无论专业金融机构还是金融投资者、消费者,其进入金融市场的根本目的都是逐利,金融市场的整体秩序及良性发展,并非上述主体的考量因素,司法亦不能将此种义务强加于市场主体,否则金融商事活动将无以为继。然而,金融市场主体的逐利行为难免会与金融市场的整体秩序及良性发展产生矛盾。至今尚有影响的金融危机,即是金融市场主体疯狂逐利,罔顾市场整体秩序的恶果。反思其中英美司法机关的作为,其过分追求市场自由、放纵恶性逐利行为,待危机爆发后亡羊补牢却为时已晚,司法机关对此种放任难辞其咎。有鉴于此,应当将金融市场的整体秩序及良性发展列为金融审判的保障对象,否则难免重蹈覆辙,此亦是法治精神的重要内容,不可忽视。

自贸区内的金融市场参与主体与区外并无不同,故自贸区内金融审判的司法保障对象亦无特别之处。然而,由于我国金融市场长期以来并非真正意义上的自由市场,各方面管制颇严,导致司法实践中长期以来忽视自由市场的理念,而过于追求合规合法,此种方式在区外已然不合时宜,用于处理自贸区内的金融案件,更可能方枘圆凿,贻笑大方。尤其自贸区内既已宣示为一开放的金融领域,则对于市场自由的保护如不加强,不仅境外金融机构将对自贸区的开放程度产生疑虑,减缓在自贸区内从业的进程,亦将从根本上损害自贸区金融改革的效果。另外,国内的金融投资者、消费者长期处在管制下的市场内,已形成固定的投资及消费观念,一旦加入自贸区内的金融活动,面对自由度大大增加的市场,对于自身权益的维护和行使,无论在意识上还是行为方式上均将面临新的体验。自贸区内金融活动全面发展之后,此类不具备专业背景的投资者、消费者的权益完全有可能因理念和行为方式上的差异受到不同程度的伤害。近年,我国颇有投资者在境外投资遭致巨额损失而求告无门的状况,足可为鉴。为避免上述情况在自贸区内发生,同时兼顾维护自贸区内金融市场的整体秩序及良性发展之目标,自贸区金融审判的司法保障需在市场自由及法治精神间寻得适当的平衡。而要达成此种平衡,首先须树立正确的司法保障理念,以作指引。

第二节　自贸区金融审判司法保障理念

中国传统向来以理念为先,无理念则体系、规则无从建立,而纵观金融市场近百年来的变迁,有限自由市场、完全自由市场、有限监管、有效监管等理念先后成为金融市场发展的风向与指标,并对金融市场产生根本性的影响,因此讨论自贸区内金融审判的司法保障问题,首先应当确立相关理念,否则无从说起。

关于金融审判司法保障理念的具体内容为何,本应早有定论,但碍于各种主客观原因,至今尚未有统一的意见,故在讨论自贸区这一特定区域内的金融审判司法保障理念前,不得不对金融审判司法保障理念整体作一分析。

就该问题,有主张认为应系经济民主、社会本位、依法适度监管、维护金融安全、维持经济运行效率[①];有主张认为应系强化权利保护、鼓励金融创新、尊重交易规则、维护金融安全[②]。最高人民法院 2012 年《关于人民法院为防范化解金融风险和推进金融改革提供司法保障的指导意见》中则认为,审判机

[①] 参见朱丽华:《论全球化背景下金融法治的价值目标——兼析美国金融危机的金融法根源》,《经营管理者》2011 年第 3 期。

[②] 参见丁海湖、田飞:《当前经济形势下金融审判理念及相关实务问题分析》,《法律适用》2014 年第 2 期。

关金融审判应兼顾制裁金融违法犯罪、依法规范金融秩序、依法保障金融债权、依法保障金融改革、深化能动司法理念等。但无论何种理论，抽丝剥茧之后均可简化为对金融市场安全、效率及创新三元素的演绎，所差别者侧重点不同于耳。

而纵观成熟市场国家及地区的金融立法及司法活动，因无司法保障一说，故相应理念也无从谈起，但其金融审判及监管的原则，亦可视为相应理念的一种。大体而言，国际金融市场近十年来审判及监管理念的变化，可以2008年金融危机为界限划分为两段：2008年前的理念大致为在兼顾公平合理原则上以维护自由市场观念为基础，促进金融领域的快速发展，即对市场效率及创新的鼓励；2008年后，因受金融危机为害太甚，各国经反思之后形成的理念大致为注重对市场安全的保护和对系统风险的防范，即注重金融市场的安全性。

以欧盟为例，其于1999年提出的《金融服务业行动计划》(Financial Services Action Plan)中的六项呼吁为：简化立法程序、消除资本市场差异、建立零售金融服务的单一市场、促进各国监管机构的合作、消除各国税负差异、整合各国的金融基础建设。① 该计划的内容及愿景主要为欧洲统一市场的建设与各国市场间的开放及协调，同时强调执行审慎监管政策，此种监管政策应当具有与市场相适应的弹性②，可见此时欧盟对待金融市场的态度以促进市场的效率和建设为重。至2005年欧盟又提出《金融服务政策白皮书》(White Paper on Financial Services Policy)，该白皮书规定的四项首要任务为：巩固欧盟金融市场整合及开放的计划进度，通过有效的审慎监管方式消除法律障碍，减少金融服务和资金流通的成本、评估现行法律，严格适用监管规则、统一各国间的监管规定。③ 该白皮书确定的指向仍系以鼓励市场发展为主，对于市场系统性风险的防范尚未引起充分注意。2008年金融危机爆发后，欧盟指派专人成立研究小组，对欧洲金融市场状况进行分析及反思。该白皮书中明确指出，过去的金融监管只注重对个体金融机构的监管，忽视了整体系统性的金

---

① Framework Paper, Supra Note 105, at 5.
② MICHAEL RAFFAN, Supra Note 77, at 41–42.
③ White Paper on Financial Services Policy, Supra Note 9, at 4.

融风险,是金融危机的根源之一。① 欧盟并于 2011 年成立了新的监管部门——欧洲金融监督系统(European System of Financial Supervisors),强调对欧洲整体金融市场进行适当的审慎监管及加强各国对金融市场监管的沟通。至此,对于系统性风险的监管已成为欧盟金融市场监管的重要原则,在某种程度上,甚至抑制了对市场自由的追求。

由以上国内外的各种理论及实践可知,金融活动中的安全、效率与创新三元素,相互冲突又彼此依存,欲维护金融市场的良性发展,三者均不可偏废,以此作为金融审判司法保障理念的基础,应无疑义。而在此基础上,金融审判司法保障理念又可细分为以下几条。

一、保持金融市场整体的公平合理

公平合理属民事法律关系的基本原则,任何民事法律关系均应依此施行,似无必要在金融审判司法保障理念中再加以强调,然而金融市场中公平合理原则的运用,与其他民商事法律关系中颇有差异,司法实践对此也多有误解,并导致某些金融案件的审判产生误差,故仍应将此作为相关理念之首要内容。

金融法律关系与其他民商事法律关系的区别之一在于,市场参与主体在专业能力和资本规模上存在巨大差异,故而在形式上难以实现一般意义上的公平合理。如前所述,金融市场的参与主体可概括为专业金融机构及金融投资者、消费者两类,其中专业金融机构在交易成本的承受力及专业知识上的背景优势,远远超出普通金融投资者、消费者,故在专业性较强又极为重视交易效率的金融市场中,专业金融机构在金融合同的设计、缔约、履行、追偿等各方面较普通金融投资者、消费者均具有先天性的优势。此种优势主要体现为大多数金融商事合同均由专业金融机构事先拟定,合同相对方对于合同内容一般只能被动接受,并无经协商后达成一致的过程;在合同履行过程中普通金融投资者、消费者又有可能因专业知识的匮乏,导致在不自觉的情况下违反合同内的专业性条款构成违约或侵权;而当普通金融投资者、消费者主张专业金融

---

① De larosiere REPORT, Supra Note 2, at para 153-154.

机构存在过错应承担相应民事责任之时，专业金融机构又往往能凭借合同内隐藏的普通民众难以理解的专业性条款脱身而去，导致普通金融投资者、消费者求告无门。因此，在相关金融案件审判中认为专业金融机构仗势欺人，其合同内容不合理、不公平的呼声屡见不鲜，而专业金融机构则备感委屈，认为既然契约自由、合同自治，则其一切依约行事，并无过错。

之所以出现此种情形，是由于上述批评忽视了金融商事行为的另一个特点，即金融商事活动往往是以一对多，单个专业金融机构就同类合同面对的是成千上万的合同相对方。在此种情况下，专业金融机构采用格式合同亦为保障金融商事行为的效率，如果强求金融机构订立每份合同均须与合同相对方仔细研判条款，逐条达成合意，则金融活动几无开展的可能。同时，金融商事行为的专业性并不为合同相对方所知，许多非专业人员看来不公平的条款，却是相关金融行为赖以成立的基础，例如保险法律关系中的条件免责条款，并不以约定事项与保险损失间的因果关系为免责前提，只需约定条件就成，无论有无因果关系，保险人均可免责，此种条款对普通民众而言难以理解，但却是保险业限定风险的重要措施，如否定此种条款的效力，则保险人自保的唯一方式只能是提高保险费用，实际损害的是所有被保险人的利益。故轻易认定金融商事合同的相关内容违反公平合理原则，不但有违金融商事活动的特点，还有可能危及整个金融市场的发展，并损害广大金融投资者、消费者的利益。

欲在金融商事活动中体现公平合理原则，最合理的做法并非轻易否定合同效力，而是对专业金融机构课以较合同相对方更重的义务，亦即加强对普通金融投资者、消费者的保护。纵观各国金融消费者保护立法，均以专业金融机构具有前文所述种种优势地位为由，对其课以各种相应的义务，例如在缔约前就合同条款内容对合同相对方予以说明，选择适合的合同相对方等等，并赋予普通金融投资者、消费者各项权利，以期在符合金融商事活动专业及效率要求的前提下，抑强扶弱，实现本质上的公平合理。我国虽尚无金融消费者保护的专门性法律，但在金融法律体系中对各专业金融机构亦课以了各种义务，严格审查金融机构是否履行了此种法定义务，才是维护金融投资者、消费者的正确方式，也是维护金融市场公平合理的正当途径，在金融审判中，当以此理念贯穿始终。

二、尊重契约自由，保障金融创新

前文已述，欲实现金融市场本质上的公平合理，须尊重合同效力及保护金融投资者、消费者权益两者并重，缺一不可，而欲尊重合同效力，便须维护金融商事合同的契约自由，故尊重契约自由系实现金融市场公平合理的首要条件，足堪进入金融审判司法保障理念之列。尊重契约自由，意味着最大限度地减少非市场因素的干预，由市场主体自由决定契约的内容及订立与否，如此再辅以市场主体的逐利本性，则各色金融创新无需政策扶持，自然可期。此种金融创新活动，发源于契约自由精神，依赖于对契约自由的保护，故对此种金融创新活动的保障，亦应是金融审判司法保障理念之一。

所谓契约自由原则，萌芽于罗马法时代，成文于法国《拿破仑法典》①，在西方经济生活中，一直系商事法律关系的重要基石，尤其在金融商事法律关系中，契约自由较其他商事活动更为重要。金融活动本质是资本为追求利益最大化的运用，为实现此种利益最大化，无论专业金融机构还是金融投资者、消费者，即使已从现有资本运用方式上获得了利益，仍会不断寻找新的赢利方式，以使其投资获得更多的回报。因此，金融商事合同种类处于不断地变化和丰富之中，尤其近三四十年来，由于各国对金融活动的重视，各式新型金融商事契约如雨后春笋，不断出现，颇令法律界有应接不暇之感。而当法律界尚在对此种新型契约的效力、性质等争论不休时，相关合同大多已在市场上普遍使用，相应商事活动已大量开展，审判机关在此种情形下贸然干涉合同当事人的缔约自由，强行否定合同效力，不但有违合同当事人的本意，亦将对市场产生巨大的负面影响，故审判机关往往不得不在作出否定性判决的同时，对于合同效力、性质等三缄其口，不愿轻易认定，导致司法审判被市场所绑架的现象。实际上，与其不情不愿地被市场倒逼至此种尴尬境地，不如大方承认契约自由，一方面对不涉及正当性基础问题的合同效力予以确认，另一方面对的确需

---

① 即《法国民法典》第一千一百三十四条，参见《拿破仑法典》，李浩培等译，商务印书馆1979年版，第174页。

要干预的合同行为明确予以法律上的否认，不但有利于市场的发展，亦不会使审判机关陷入两难的局面。正如上海市高级人民法院盛勇强副院长所指出的："人民法院应当依法履职，坚决维护市场在资源配置中的决定性作用，充分尊重市场主体的意思自治、尊重商事交易惯例和规则，保障交易自由，保护交易安全，支持市场创新，确保适法统一。"①

尊重契约自由，当前应主要注重于保护专业金融机构拟定合同的权利及金融投资者、消费者选择交易对手的权利，即应侧重保护专业金融机构拟定合同的契约自由和金融投资者、消费者选择缔约对象的契约自由。如前所述，金融商事活动的契约大多为格式文本，且由专业金融机构单方拟定，故金融投资者、消费者一般不享有拟定合同时的契约自由，此种自由的受限系金融商事活动的特性所致，故对于专业金融机构此种单方享有的拟定合同权利仍应予以保护，除相应契约中确实在本质上符合法定无效或撤销要件的条款外，对于其余条款的效力不应轻易否定。而普通金融投资者、消费者的契约自由，实际主要通过行使其选择交易对手的权利予以实现，金融市场上的金融机构汗牛充栋、良莠不齐，金融投资者、消费者选择何种金融机构的何种金融产品，如何进行交易，法律无法也不应予以干预，法律应当充分尊重并保护此种选择权利，使金融投资者、消费者能够自由选择其交易对象，从而通过市场竞争机制实现专业金融机构的优胜劣汰，促进金融市场的良性发展。

从保障金融创新角度而言，亦应强调对专业金融机构拟定合同权利的保护，金融市场的创新业务，无一例外都是由专业金融机构发动，亦无一例外是通过对合同条款的修改增删完成。所谓金融创新，形式上即是金融商事合同的创新，通过合同的创新导致交易模式、利益分配等各方面的改变，使资本的运用得以实现更大化的利益；若无对专业金融机构上述契约自由的保护，则金融创新无从谈起，欲实现金融创新，必以保护契约自由为前提，故在金融审判中，应坚持对契约自由的保护，进一步追求对金融创新的保障。

---

① 参见上海市高级人民法院网站《更新理念、开拓创新，为中国（上海）自由贸易试验区建设提供优质司法保障和服务》一文。

三、规范市场行为,促进市场效率

黑格尔有言:规范是自由的第一条件;孟德斯鸠亦指出:自由不是无限制的自由,自由是一种能做法律许可的任何事的权力;塞缪尔·亨廷顿更进一步认为:首要问题不是自由,而是建立合法的公共秩序,人类可以无自由而有秩序,但不能无秩序而有自由。所谓自由,必然系一定规范内的自由,无约束的自由并非真正意义上的自由,契约自由亦当如是,故欲真正实现对金融契约自由的尊重和保护,不能忽视对金融市场主体行为的约束和规范。但在规范和约束的同时,亦不能忽视金融商事活动的效率需求。金融商事活动大多追求极高的效率,其原因在于资本市场时刻处于变化之中,资本的利益最大化也需要相关商事行为的快速运行,故大多金融商事合同的订立均以极为迅速的方式完成,否则即可能无法实现其合同目的。故规范金融市场行为与促进金融市场效率,当同时作为金融审判司法保障理念之一。

规范市场行为,本质上是对尊重契约自由的例外,契约固应由当事人自行合意形成及履行,但如存在相应的正当性基础,则国家公权力得予以干涉。尤其金融商事合同大多为单方拟制的格式合同,对于此种合同在何种情况下应予以干涉及规范,向来是司法实践中的难点。德国民法学者曾从经济学角度论证这一问题,结论为:在相关商事行为中,普通消费者在接受服务或购买商品时,如果不接受格式条款,则其将为合同订立付出相应的时间和金钱成本。故消费者在进行商事活动时为减少交易成本,一般不会拒绝格式条款,而采用格式条款后,消费者只会注意价格及性能等主要条款;格式合同的制定方可能利用其拟制合同的权利,将部分费用或风险通过不受消费者关注的条款转嫁于消费者,从而降低自身交易成本。如此则为消费者提供更有利的格式合同的经营者可能在市场竞争中失败,因为其服务或商品的价格可能高于其他经营者,市场将进入劣胜优汰的恶性循环。为避免此种情形,即需要司法活动通过规范市场行为来保证格式合同的"最低水平"[1],市场行为能否保证此种

---

[1] 参见王全弟、陈倩:《德国法上对格式条款的规制——〈一般交易条件法〉及其变迁》,《比较法研究》2001年第1期。

"最低水平"是司法活动应否介入的主要判断标准。

何谓"最低水平"？首先当然是合法合规，"法律不仅包括立法者的意志，而且也包括公众的理性和良心，以及他们的习俗与惯例"①。法律是道德的最低标准，也是行为规范的最低标准，在法有明文规定的情形下，合法合规系金融商事主体应尽的义务，对此无需多言。其次应当是合乎商业惯例或交易习惯，"法律所具有的一般性、持久性、可预测性等特征，决定了法律是内在不完备的，只有当社会经济或技术变革的过程静止时，法律才可能完备，在法律不完备时，就存在剩余立法权和执法权的分配问题"②。金融商事活动中，此种剩余立法权和执法权的分配，部分体现为商业惯例或交易习惯，即在法无明文规定的情况下，市场自身对相关商事行为予以了规范，此种规范当然亦应被视为衡量是否"最低水平"的标准之一。再次应当是符合保护普通金融投资者、消费者的要求。所谓"最低水平"，归根结底系为保护普通金融投资者、消费者的权益而设，故格式条款的设立及履行应符合该种保护行为的要求，当是应有之义，相关内容下文将有详述，在此不再展开。

促进市场效率，则是规范市场行为的补充，规范市场行为，在无特别严重事件发生的情形下，一般应以不妨害市场的效率为前提。因金融市场天生具有对效率的追求属性，故司法审判促进市场效率的方式，主要为不妨害市场效率及在保护正当情形下市场主体的效率追求。简而言之，首先，对于已有定论或较为简易的案件，应当加快审判效率，及早作出判决。金融商事行为一旦涉讼，即意味着相应资本处于不确定状态，当事人运用资本的权利范围受限，更无提及效率的余地，故对于条件适当的案件，应及早判决，使资本得以重新进入市场，即是促进市场效率的最重要方式。目前金融审判中，往往纠缠于法律问题的解答而对市场的效率追求无暇顾及，导致当事人资金无法使用从而造成投资机会的减损，反致矛盾进一步增加，今后应以此为戒。其次，对于尚无定论或争议巨大的案件，应当在考虑契约自由、规范市场行为的同时，兼顾对

---

① ［美］哈罗德·伯尔曼：《法律与革命》，中国大百科全书出版社1996年版，第13页。

② ［美］卡特琳娜·皮斯托、许成钢：《不完备法律在金融市场监管中的应用》，《比较》第3辑，中信出版社2002年版。

市场效率的促进。某些金融案件法律关系复杂,当事人亦希图通过此案件的审理树立相应的司法规则,审判机关在正确认定法律关系,分配权利义务的同时,大多忽视相关交易行为中对于效率的隐性追求,有可能导致最终的审判结论虽符合法律规定,却难以为市场所接受。最为明显的事例即是数年前某些审判机关对于保险公司的明确说明义务要求过于严苛,保险公司虽然大量败诉,但仍不愿依照相关判决的精神履行该义务,情愿承担败诉成本,事实上损害了审判机关判决的公信力。之所以出现此种情形,很大程度上是由于此类判决确定的原则与市场效率背道而驰,缺乏实际运用的可能性,对此亦应予以注意。再次,当案件双方对合同约定内容争执不下,但均未达到相应证据优势时,是否能够促进金融市场的效率,可作为法官心证的依据之一。例如证券案件中曾有当事人与证券公司就交易未成而致纠纷,对于相关证券买卖的具体方式争议不下,此种争议既无法律规定及合同约定,亦不可能提供证据,最终审判机关判决采用的即是更符合市场效率追求的主张,此种判决方式可资借鉴。

四、保护金融投资者、消费者基本权益

前文已述,对普通金融投资者、消费者的权益予以保护,系规范金融市场行为的一部分,之所以要将其单列一条,原因有二:首先,自 2008 年国际金融危机以来,各国均在重新构建金融监管模式,并不约而同地将很大精力投入于金融消费者的保护之中,此事项已成为国际金融监管的热点问题,其对于金融市场今后发展的意义与作用不逊于前文所列其他理念,亦是自贸区金融市场国际化程度能否得到外界认可的重要标志。其次,金融投资者、消费者保护,在我国历来不受重视,至今我国对此尚无专门的立法;但大多数金融案件当事人其实是普通金融投资者、消费者,对于普通金融投资者、消费者的权益如何保护,决定了金融审判整体的审理水平和价值取向,如此重要的内容,当然应纳入金融审判司法保障理念之中。①

---

① 当前学界大多讨论金融消费者保护,对于投资者甚少提及,但我国法律体系下,消费者仅限个人,而非金融机构法人亦系金融市场的主体之一,故应将其列为金融投资者,一并讨论相关问题。

金融消费者保护这一课题,各国多有立法,学界著文众多,为篇幅计,在此仅作原则性的讨论。如前所述,严格审查金融机构是否履行了法定及约定义务,是维护金融投资者、消费者的正确方式,也是维护金融市场公平合理的正当途径,故对金融投资者、消费者的保护,除维护其法定及约定权利外,应以审查金融机构的义务履行为基本内容。大致而言,专业金融机构在与普通金融投资者、消费者交易时有如下义务。

(一)如实披露信息义务

金融机构的如实披露信息义务之理论来源,可以追溯到《合同法》上的衡平原则,由于在金融商事法律关系中,当事人存在天然的不平等,为平衡此种差距,应当赋予专业金融机构相应的披露义务,使得投资者、消费者对于合同内容具有与专业金融机构相同或近似的认知。例如,美国审判机关曾经认为,如符合以下三要件,即构成相关当事人的披露义务:第一,一方当事人相较于对方,在资讯上拥有较为卓越的专业知识;第二,他方当事人不易获得上述资讯;第三,拥有专业知识的一方,知悉对方的决策或判断可能会基于错误的知识所致。① 另外,还需要指出,专业金融机构的上述信息披露义务中尚应包括如实说明的义务,即对于相关合同文本中的专业概念和描述,应当以客户能够了解的方式主动向客户予以说明。

(二)充分揭示风险义务

金融商事关系与其他一般商事关系的区别之一在于,其具有未来履行性,即投资者、消费者与专业金融机构交易的后果将在未来的时间段内产生,且此种后果是不确定的,因此,必须由专业金融机构向投资者、消费者进行充分的风险揭示,使其在了解相应风险的基础上,作出是否达成交易的合理判断。例如,日本金融商品服务法即规定:金融服务业于销售金融商品之时,应对消费者解释以下重要事项:(1)销售商品会因利息、通货价格、证券价格或其他指标而产生本金亏损之可能性时,金融服务业者应提供风险及指标之说明。

---

① Denis M Forster, Procter & Gamble Settlement Leaves Questions Unanswered, *International Financial Law Review*, August 1996, at 12.

（2）关于从事销售者或其他人之业务或财务状况之变化为原因,所可能导致发生本金亏损时,其内容及当事人。（3）除前述两者外,因政令所规定之事由为直接原因,所导致可能发生本金亏损时,其内容及该事由。（4）得行使该金融商品销售所定之权利期间之限制或得解除关于该金融商品签约之期间限制及其限制内容。

（三）合理设计产品与审慎经营资产义务

金融商事行为大多通过专业金融机构事先拟制的合同进行,金融投资者、消费者只能被动地接受该种合同的约定;同时,某些金融商事活动中金融投资者、消费者的资金交予专业金融机构后,资金的使用权将完全由专业金融机构掌控,投资者亦不得对资金的使用提出自己的意见,而资金使用的后果无论是赢利还是亏损,均要由投资者、消费者自行承担。由于用于投资的资金并非专业金融机构资产,投资的风险在大多数情况下又由投资者、消费者所承担,故专业金融机构在收取相关服务报酬后,实际处于承担损失的风险极小,而赢利的可能性极高的优势地位。基于权利与义务相一致的民事活动原则,专业金融机构亦应承担相应义务,因此必须要求专业金融机构在拟制合同时,负有合理、合法设计产品的义务,在使用投资者、消费者资金时负有审慎经营的义务,以防止专业金融机构滥用优势地位,侵害本就处于弱势地位的投资者、消费者之权益。

（四）正确评估客户义务

专业金融机构负有正确评估客户的义务,已是金融发达国家的共识,而关于此种义务的理论,应当以美国审判机关的所谓“适当性原则”最为著名。适当性原则是指,券商向投资人推荐交易时,应有合理基础相信该交易适合投资人,评估是否适合时,券商应考量投资人的风险承受能力、投资人所持商品部位、资产状况、财务需求及投资目的。推荐顾客购买销售或交换任何证券,都应该基于合理的基础相信所推荐的证券对顾客来说是适当的,还必须基于顾客的财务状况和需求①。之所以要求专业金融机构承担此种义务,是因为普

---

①　See Colonial Realty Corp. v. Bache & Co., 358 F. 2d 178,182(2d Cir. 1966)。需要说明的是,美国法律体系中该原则同样适用于审慎经营原则。

通金融投资者、消费者作为缺乏专业知识的主体，并不当然知晓何种金融产品、服务最合乎自己的需求，而出于对利益最大化的追求，投资者、消费者往往可能选择并不合适的金融产品或服务，因此要求专业金融机构承担为投资者、消费者初步挑选金融产品与服务的责任，以避免因其专业性上的欠缺导致不必要的损失。同时，对专业金融机构课以此种义务，可防止其为追求自身利益，将不适格的投资者、消费者不当地引入资本市场，从而通过侵害其权益的目的牟利。就目前的金融市场而言，要求专业金融机构承担此种义务更具有相当的现实意义。

五、符合金融市场专业要求

金融市场系一专业性极强的市场，此种专业属性固然会对普通金融投资者、消费者造成权益上的不平衡，但也是金融市场得以存续及发展的重要原因。金融活动的产生即是为了得到专业的金融服务和产品，如无此种专业性，则金融市场亦不复存在，金融审判理应考虑此种专业性的需求，并将此作为金融审判司法保障理念。

金融市场的专业性，主要体现在其市场主体和交易模式两方面。就市场主体而言，在我国目前的法律框架下，专业金融机构需经批准方可设立，且其经营范围亦限于法定，不得逾越，故市场主体的专业性已为法律所确定。就交易模式而言，金融商事交易行为中多有与一般商事规则相矛盾之处，同时又兼有其他商事活动所无的特别交易模式，此种交易模式系金融商事活动的本质需求和创新源泉，需司法机关加以保护而非取缔。金融审判欲符合金融市场的专业性要求，亦需从上述两方面着手。

就交易主体而言，首先在金融审判中应严格执行法律法规关于金融机构的专业性规定，对于不具备法定条件的机构从事相关金融商事交易的，应否定其交易效力，从基础上维护金融市场的专业属性；其次，应对专业金融机构的合同内容予以审查，如其合同所涉交易行为已超出法定经营范围的，则亦应对相关交易的效力予以否定。目前司法实践中由于前文所述的原因，司法审判被市场行为所绑架，对此类案件的合同效力往往避而不谈，将本应无效的合同作一有效处理,实非明智之举,长此以往,只会导致有法不依,违法不究,违法者得利,守法者受损的恶果,亦将损害法律的威严和审判机关的形象。

就交易模式而言,不能轻易以一般商事行为的原则和规范来否定金融商事行为的效力,金融商事行为各有其专业属性,局外人往往难以理解,在缺乏专业背景知识的情况下,以另一领域的原则否定专业性极强的金融商事行为,只能是无知者无畏,不但判决难以正确,亦将遭人耻笑,对此应深以为戒。

自贸区内金融审判的司法保障理念,应在上述整体金融商品司法保障理念的基础上,作相应的修正。具体而言,首先,自贸区内金融审判应坚持安全优先,兼顾创新与效率的审判原则。自贸区系一试验性的区域,其根本目的为探索出一套可推广、可复制、可长久运用的市场规则,故安全性是自贸区市场规则的第一要务,否则不但自贸区难以成功,还可能遗祸江东,造成更为严重的后果,只有在保障安全性的前提下,才可兼顾效率与创新的发展。其次,自贸区内金融审判中对市场行为适法性的要求可适当降低。自贸区的试验性质决定了其中市场行为必然与区外现有法律产生冲突,国务院为此特别中止了某些法律在自贸区内的适用,国务院的相关通知中虽未涉及金融法律法规,但其精神亦当适用于自贸区内的金融审判,对于法无明文规定的市场行为,当以确认其效力为主旨,对于与区外法律法规冲突的市场行为,则应区别对待,除妨害公共利益,影响市场秩序,侵犯金融投资者、消费者基本权益的以外,一般亦不应轻易否定其效力。再次,自贸区内金融审判应追求国情实际与国际规则的平衡。自贸区作为一开放的资本市场,当然应与国际金融市场相衔接,接纳国际金融市场的各种交易规则,否则即有违设立自贸区的本意。但国内金融市场对于此种国际规则的接收需要一段时间的消化和缓冲,不可能一蹴而就,在处理相应纠纷时,既要考虑国内社会实情,又不能妨碍国际交易规则的本土化进程,需在此二者间求得适当的平衡。

第三节　自贸区金融审判司法保障体系

理念一经确定,则应付诸实施,而实施理念必依赖建立相应的运行体系,故必须讨论自贸区金融审判司法保障之体系问题。最高人民审判机关前副院长李国光曾指出："社会主义市场经济的司法保障体系，不仅要求有一系列的实体法来规范调整市场经济主体之间的权利义务关系，而且要求相应的程序法来规范诉讼主体的诉讼行为和审判机关的审判行为。只有以公正的程序来确保实体上的公正，才能真正形成完整的司法保障体系。"①依照上述讲话精神，自贸区金融审判司法保障体系，应包含程序及实体两方面内容，其中程序部分，应主要讨论此种体系包括哪些机制，各机制间的关系与作用如何；实体部分，则应主要讨论此种体系各机制的运作方式及各机制相互之间的协调方式。

从自贸区的特殊地位及作用出发，应当认为，自贸区金融审判司法保障体系包含以下几种机制：首先当然系审判机关的案件审理机制，金融审判司法保障的主要方式为审判机关对相关案件的审理，审判机关的审判机制系自贸区金融审判司法保障体系的核心，自不待言。其次，应包括审判机关与相关行政机关、监管机构间的联动机制，自贸区的试验性质导致其间发生的纠纷所涉问题可能超出金融商事法律的范畴，但又必须在金融商事案件中予以解决，故与相关行政及监管机构间的联动机制，必不可少。再次，还应包括审判机关参与或授权下的第三方争议解决机制，此种第三方争议解决机制在解决金融纠纷方面自有其特点和优势，已逐渐成为国际金融市场争端解决的重要方式，在自贸区内对此机制亦应予以尝试，通过试验此种第三方争议解决机制在我国市场中是否可行，为将来是否采取此种争议解决机制积累经验。最后，自贸区金融审判司法保障机制还应包括审判机关在特定条件下与金融市场主体间的互动机制，此种机制在区外固因可能妨害司法公正而不可为之，但在自贸区内，鉴于金融审判活动将在一定程度上担负确立规则的责任，为合理确定规则，在特定条件下征求市场主体的意见无可厚非，否则即有闭门造车之嫌。

---

① 参见上海市高级人民法院网站《确保司法公正、加强队伍建设进一步推进经济审判工作的全面发展——在全国经济审判工作座谈会上的讲话》一文。

一、自贸区金融案件审理机制

前述诸项机制中，自贸区内审判机关的金融案件审理机制现已初见雏形，在上海市高级人民法院统筹领导下，上海市浦东新区人民法院已成立了自贸区法庭，专项受理自贸区内包括金融案件在内的各类案件；上海市第一中级人民法院作为上海市浦东新区人民法院的对口上级审判机关，亦在金融审判庭中成立了自贸区合议庭，集中审理涉及自贸区的金融及其他商事一、二审案件；上海市高级人民法院金融审判庭则对自贸区内金融案件的审判予以指导和协调，通过三级审判机关不同的分工与相互协作，在现有收案情况下，自贸区金融审判活动目前平稳进行，今后是否会出现需要对审判机制调整或修正的问题，有待进一步观察，但相关制度还需进一步细化与完善。

(一)需进一步明晰三级法院各自的职责范围及相互间的关系

自贸区法庭系依照《中华人民共和国人民法院组织法》第十九条设立的基层人民法院下属人民法庭，其职责范围依法应为审理自贸区内民、商事的第一审案件，处理不需要开庭审判的民事纠纷，指导人民调解委员会的工作等。自贸区法庭并在此基础上于2014年6月提出了六项具体工作举措：第一，精心审理由浦东新区人民法院管辖的涉自贸区投资、贸易、金融、知识产权等重点领域的民商事案件，确保此类案件得到公正高效的审理。第二，完善立案工作机制，提供便捷高效的诉讼服务。第三，推进纠纷多元解决，实现涉自贸区纠纷的快速有效化解。第四，加强司法公开和法制宣传，营造自贸区内良好的法治氛围。第五，加强司法与相关职能部门的内外联动，构建涉自贸区纠纷动向和风险预警机制。第六，加强人才培养，深化调查研究，提升涉自贸区案件审理的专业化、国际化水平。[①] 自贸区法庭作为区内金融案件的第一线审判机关提出的上述举措，可视为其对自身职责的深化与明确，依此可认为其职责范围主要应系大多数案件的一审审理工作，兼顾与行政机关、监管机构、市场主体间的联动，同时负责相关信息的采集、整理和调研。

---

① 以上内容摘自上海自贸区法庭网站。

上海市第一中级人民法院的法定职责范围为审理其受理范围内的一、二审金融案件，为此已在该院金融审判庭内专门设立了自贸区专项合议庭，并于2014年4月联合院内相关庭室制作了《审判指引》，该内部指引中又明确自贸区合议庭的审判职责范围为：涉自贸试验区的一审商事、金融案件；涉自贸试验区的一审与房地产相关的民事案件；不服浦东新区人民法院自贸试验区法庭一审裁判而提起上诉的二审案件；其他由专项合议庭审理更为合适的涉自贸试验区案件。该内部指引同时明确"通过公开、公正、高效的审判，促进自贸试验区符合国际化、法治化要求的跨境投资和贸易规则体系的率先建立。规范行使审判权，正确适用法律，积极发挥多元纠纷解决机制的作用和优势，加强相关法律问题的研究，以有效应对自贸试验区法治环境建设中出现的新情况、新问题，探索符合自贸试验区改革创新定位的审判机制，形成可复制、可推广的司法经验"①。依此亦可得出上海市第一中级人民法院的主要职责，除与自贸区法庭相同外，作为中级审判机关，还应兼顾对自贸区法庭的适当指导与沟通，注重规则的确立和相关问题的研究，并在此基础上完善相关的审判机制。

上海市高级人民法院的法定职责亦是审理其受理范围内的一、二审金融案件，具体当由其金融审判庭负责，并于2014年2月印发了《上海法院服务保障中国（上海）自由贸易试验区建设的意见》，该意见包括五大项二十款内容，其中提纲性的四项为：深刻领会自贸试验区建设的战略意义，增强为自贸试验区建设提供强有力司法保障的大局意识和责任意识；更新司法理念，积极准确回应自贸试验区法治化、国际化营商环境的司法需求；深化司法改革，探索积累可复制、可推广的司法保障经验；充分发挥审判职能作用，为加快政府职能转变、促进自贸试验区贸易投资发展提供司法保障和服务。② 综合该意见的内容可知，上海市高级人民法院的职责范围除审理其受理范围内的相关案件外，主要应为指导下级法院，协调执法统一，把握自贸区金融案件审理的总体

---

① 以上内容摘自上海市第一中级人民法院网站。
② 以上内容摘自上海市高级人民法院网站。

方向和执法理念,推进各项审判制度的改革和创新。

(二)应注重金融审判制度的改革与创新

自贸区的各项市场制度建设,以力求形成可推广、可复制的经验为基本要求,而司法审判活动作为保障和规范市场的主要力量,其审判制度亦必须相应革新,否则所谓可推广、可复制的经验不可能完整成形,故自贸区内金融审判如何更好地适应相对开放市场对于司法活动的需求,应成为当前上海法院的重要研究课题。自贸区金融案件的审理,正好为当前金融审判流程的改革创新提供了进行相应试点的机会,在严格遵守《民事诉讼法》及其他相关规定的条件下,基于对因自贸区的特殊环境而产生的特殊要求,可适当探索相关金融审判的制度与流程的革新事宜。鉴于自贸区法庭本身设立于自贸区内,对于区内金融市场的变化与需求感受最为直接,同时又系自贸区金融审判的主要机构,故此种金融审判制度的革新,应以自贸区法庭为首进行。目前自贸区法庭已着手推进这一工作,对此提出的举措有:以完善诉讼便利化机制为着力点,将司法为民落到实处。在已完成一个诉讼服务窗口的设置、一本中英文版诉讼指南手册的印发和一门诉讼服务热线电话的开通的基础上,着力推进自贸试验区司法专网建设,集司法公开、诉讼服务、法制宣传为一体;在创新法庭组织架构、突出法官主体地位、强化法官办案责任制方面积极探索实践等。至于中高院层面的审判流程革新,因中高院的审理范围兼有区内外的金融案件,为不至妨害执法活动的公平性,相关金融审判制度的革新如何进行,尚需根据今后的金融审判实际情况作进一步的研讨。

(三)应注重司法公开、审判调研等延伸工作的开展

审判延伸工作历来是审判机关工作的重点之一,尤其近年来司法公开地位更为显著和重要,对于此类审判延伸工作,亦应根据自贸区的特点予以适当的加强。例如司法公开在自贸区内如何体现,恐怕与区外应有所区别;自贸区外的司法公开因主要面对国内对象,而自贸区内的司法公开,除考虑本国实际外,还应兼顾国外对象的需求;凡市场成熟国家均有成熟的法制,凡成熟的法制均强调司法活动的公开公平公正,公平公正与否主要通过审判机关具体的审判活动体现,而司法是否公开,则有赖于审判机关的延伸工作。对此各国规

定虽各不相同,但均有相应完备的规则,国外当事人已习惯面对和运用此种司法公开规则,在自贸区内当然亦有相同的思维定势和期待,故自贸区内金融审判如何公开,应采取何种方式,在短时间内恐需与区外区别对待。而一旦建立起既合乎国情,又与国际市场相配的司法公开制度,则此种制度亦可作为自贸区可推广、可复制的经验之一,对区外起到发散和示范效应,成为司法制度革新的成果。其他审判延伸工作亦应如是,故不可忽视自贸区内审判延伸工作的开展和革新。

二、审判机关与相关行政机关、监管机构间的联动机制

有关审判机关与行政、监管部门相互间的联动机制,在自贸区外有无存续的必要,自有其商榷余地,但在自贸区内,此种机制尤为重要,应作为自贸区金融审判司法保障体系的重要组成部分予以设立。自贸区的核心目的系市场整体制度的试验与创新,则制度建设系自贸区的重要工作之一,而此类制度建设除市场主体自身的努力外,行政机关、监管机构对现有制度进行修正及制定相关新的制度也是主要手段。此种制度一旦公布施行,则自贸区内各市场主体均将遵照执行,而行政机关、监管机构所制定的各项制度在法律位阶上最高只能达到地方性行政法规的层面,其内容如与上层法律法规产生冲突,则市场主体依此而为的交易行为将有可能被审判机关作出否定性的认定,造成审判机关判决与行政机关、监管机构制度相互冲突的现象,给市场秩序造成混乱。另外,行政机关、监管机构与审判机关针对相同的市场行为分别行使权力,如相互之间缺乏沟通联动,则难免政出多头,法网繁密,使市场主体动辄有违规之嫌,无所适从。故为提高自贸区内金融市场发展的安全与效率,同时为避免前述现象的产生,建立一审判机关与行政机关、监管机构间的联动机制,对于自贸区的建设而言实属必要。

就审判机关与行政机关间的联动机制,首先,应确定此种联动机制中行政机关的范围,上海市政府发布的《中国(上海)自由贸易试验区条例》中明文规定的行政机关仅有自贸区管理委员会,该管委会的性质系依照上述条例第八条之规定成立的上海市人民政府派出机构,故该管委会相关部门应系联动机

制的主要对象。同时，上海市政府对于金融监管及发展事项，另有上海市金融办等专门部门予以管理，此类专门性行政管理部门对于自贸区内的金融市场相关事务亦有相应行政管理权限，故亦应将上述专门性行政管理部门纳入联动机制之中。另外，中国人民银行上海市分行，亦系我国央行在上海地区的派出机构，该行虽非行政机关性质，但亦承担了部分行政性质的管理职能，且中国人民银行亦是我国金融市场的主要管理机构之一，故作为我国央行派出机构的中国人民银行上海市分行，亦应成为联动机制的对象之一。

审判机关与上述行政机关间的联动机制针对何种事项，目前对其具体内容尚难以蠡测，故只能作一原则上的分析。首先，应系行政机关在制度创新中产生的法律问题，行政机关修正现有制度或创制新的规则，应依法而为，否则将面临因违反上位法而被认定无效的后果，但法律规范有时系原则性的规定，具体规则是否违反此种原则性规定见仁见智。同时，行政机关的创新行为还可能创设出新的法律关系，此种新的法律关系效力及性质如何认定，亦颇费思量。对于此种事项，与其事后遭到审判机关的否定性评价，不如事前通过联动机制予以商讨和交流，既可保证制度创新的适法性，又可避免之后产生相应纠纷。其次，应系审判机关与行政机关间意见不一致的事项，行政机关、审判机关对于市场所作规制，因各自立场不同，着眼点有异，难免对同一事项产生分歧，此种分歧如不能消弭，则市场主体左右为难，相关交易行为实际无法操作。在自贸区外，为保证行政与司法各自的独立性，此种分歧可通过其他渠道解决，但自贸区内的制度创新需在三年内完成。为节约时间成本，通过联动机制消除此种分歧更为经济和高效，也符合自贸区设立之根本目的。再次，应系自贸区内金融市场上具有典型性、普遍性的问题，随着自贸区的不断发展，难免出现法律法规及行政规章未能顾及的领域，而此种领域一旦出现具有典型性、普遍性的争议，行政机关当主动介入，予以规范，审判机关则发挥事后评判的作用，二者之间如何衔接，如何相互配合，以尽快定纷止争，恢复市场秩序与稳定，也应是此种联动机制的讨论事项。最后，此种联动机制的交流内容还应包括行政机关、审判机关认为应当相互告知的重要事项。审判机关在区外的审判活动中，发现有需要提请行政机关引起注意的事项，一般通过司法建议的方式将该等事项予以告知；而在自贸区内，除继续发挥司法建议的作用外，可通过联动机制这种更为简便和高效的方式将相关事项告知或提醒，行政机关对于其希望审判机关引起注意的事项，亦可通过相同手段告知审判机关，从而形成完整意义上的互动，更好地维护自贸区内金融市场的发展和市场主体的权益。

就审判机关与监管机构间的联动机制，其主体应为银监会、保监会及证监会的相关机构，自不待言，其所涉事项，则应集中于金融监管方面。大体而言可分为三类：即审判机关认为监管机构应予监管的事项；监管机构与审判机关间就同一事实产生分歧的事项；监管机构、审判机关认为需要相互沟通的其他事项。第一类事项为审判机关在案件审理过程中发现某些违规行为，应由监管机构予以监管，而监管机构尚未发现的；或审判机关通过系列案件的审理，发现金融市场上存在普遍性问题，需要监管机构对金融机构予以规范的。第二类事项为审判机关与监管机构存在认识分歧的事项，此种分歧与前文所述审判机关、行政机关间的分歧性质相同，不再复述。第三类事项为金融监管过程中审判机关或监管机构通过独立的审判或监管行为，发现市场存在的问题或值得关注的趋势等，认为需要相互告知及沟通的。

就审判机关与行政机关、监管机构间此种联动机制的形式，为避免资源浪费，提高效率，如能与行政机关、监管机构达成建立此种联动机制的共识，可采取长期信息沟通机制为主、辅以临时会议的方式。前文所列事项中，大多数无须在极短的时间内完成，且同时需要一段时间的考量与讨论方能得出结论，对于此种事项，可先通过电子或书面的方式互通信息，使对方知晓相关事项具体内容和己方意见，至于互通信息的模式，可考虑通过专门性的简报或利用网络技术建设各方间的网上交流平台等，只需达到信息交流畅通、及时、完备的目的即可。同时辅以临时会议的机制，对于各方认为需当面讨论的问题，或已达成意见需予以确认及需要总结、归纳的议题通过会议方式进一步确定。至于人员方面，鉴于目前需联动讨论的相关事项数量较少，建议先以自贸区法庭为主，在该法庭内设专门负责人员，负责与行政机关、监管机构的及时联系，并承担将联系情况上报中高院，以及将中高院的意见向行政机关、监管机构传送之责,至于之后该种联动机制应如何组建运行,尚需以自贸区发展的实际情况为基础进行考量,目前无法确定。

三、第三方争议解决机制——ADR

建立自贸区内的第三方争议解决机制,已成为相关各方的共识,现亦在实际进行当中,将第三方争议解决机制列入自贸区金融审判司法保障体系之中已是大势所趋。所谓第三方争议解决机制,即市场成熟国家所称替代性争议解决机制(ADR),此种机制的设立目的在于普通金融投资者、消费者面对诉讼将要产生的时间及金钱成本承受力方面与专业金融机构存在巨大差异,普通金融投资者、消费者有可能为避免此种成本付出而自行承担相关损失,导致因维权成本的高昂造成其权益受损的结果,故需要一种减少当事人维权成本,低价高效的诉讼解决机制。诚如我国台湾学者所说"所谓 ADR 之主要价值与实益,乃为减少当事人主张权利过程中所须遭受时间与资源之损耗,并协助消费者以有效率之方式寻求权利救济"[1]。自 2008 年国际金融危机以来,各国均加强对金融消费者的保护,故 ADR 成为国际上金融争端解决的主流发展方向,为体现保护金融投资者、消费者基本权益的理念,在自贸区内建立 ADR 机制势在必行。

依台湾学者的分类,ADR 机制可分为三种:即民间机构之 ADR、行政机关之 ADR、司法机构之 ADR,其中司法机构之 ADR 又可称为审判机关体系内部之 ADR (Private Distupes Resolved by Adjunct to Courts or Court-Annexed Supervised ADR),其他两类则可统称审判机关体系外之 ADR(Private Distupes Resolved by Independent Mechanisms or Private ADR)[2],自贸区金融审判司法保障体系应纳入何种 ADR 机制,颇值思量。首先应确定,上述审判机关体系内部之 ADR 不应包含在自贸区金融审判司法保障体系之中,此种 ADR 机制

---

[1]　林育廷:《新金融争端的有效解决——替代性金融争端解决机制之过去、现在与未来》,《月旦法学杂志》2011 年第 199 期。

[2]　参见龚春生:《以替代性纠纷解决 ADR 处理台商在大陆的商务纠纷》,《华人经济研究》第 9 卷第 2 期。

为审判机关内部以非判决方法解决争议的机制,如审判机关审理案件过程中的调解与和解等①,故本质上并非第三方争议解决机制,而系审判机关内部审判机制的一部分。其次应认为,所谓民间机构之 ADR 亦非自贸区金融审判司法保障体系的组成部分,该种 ADR 机制为民间个人或团体间自发形成运作,其法律上的效力难以保证,程序亦较为粗陋,应系民商事主体自力救济之途径,不能纳入司法保障体系;故能够作为自贸区金融审判司法保障体系组成部分的,只能系行政机关之 ADR。事实上,已经大规模运用 ADR 机制的国家和地区中,大多即系通过行政机构设立相关组织并进行运作。故在自贸区内设立 ADR 机制时,首先应确定此种 ADR 机制的性质及其与审判机关审判活动间的关系,并在此基础上循序渐进。

美国 1998 年《替代性争议解决法》定义 ADR 为:"代替性纠纷解决方法包括任何主审法官宣判以外的程序和方法,在这种程序中,通过诸如早期中立评估调解小型审判和仲裁等方式,中立第三方在论争中参与协助解决纠纷。"②一般认为,ADR 的主要方式为第三方主导下的调解、仲裁与裁决,鉴于我国已有完善的仲裁制度与结构,且上海市相关仲裁机构亦已在自贸区内设立分支机构,无需再另起炉灶,故下文所讨论之 ADR 仅限第三方调解与裁决两类。

(一)各类 ADR 模式之比较——以英国、日本、我国香港及台湾地区为例

1. 英国 ADR 模式

英国系于 2000 年制定《金融服务与市场法》,并依照该法规定,由金融服务管理局(FSA)成立金融公评人服务机构(FOS)作为 ADR 机构。其性质为公司制组织,资金来源于专业金融机构缴纳的年费及其受理案件时收取的费用,其管辖方式分为强制性管辖和自愿性管辖,前者适用于由 FSA 授权经营的专业金融机构与金融消费者间发生的纠纷,后者适用于不由 FSA 监管的企

---

① 参见龚春生:《以替代性纠纷解决 ADR 处理台商在大陆的商务纠纷》,《华人经济研究》第 9 卷第 2 期。

② 刘晓红:《构建中国本土化 ADR 制度的思考》,《河北法学》2007 年第 2 期。

业与客户之间的金融纠纷①。其程序为专业金融机构与普通金融投资者、消费者发生纠纷后经专业金融机构内部处理程序处理8个星期以上未能解决的,普通金融投资者、消费者可向 FOS 提出投诉,FOS 受理后,先由初级裁判人对双方进行调解(据统计,92%的争议可在该阶段解决),如双方仍不能达成协议则由金融公评人介入并对案件进行重新审理,作出最终的裁决。对 FOS 所作裁决,专业金融机构无否决权,但普通金融投资者、消费者有权不接受该裁决,而一旦普通金融投资者、消费者表示不接受裁决或者在规定时间内对裁决不作任何表示,则该裁决无效。普通金融投资者、消费者可另寻司法救济,但普通金融投资者、消费者如果接受该裁决,则无权再寻求司法救济,必须受到裁决的约束。②

2. 日本 ADR 模式

日本系于2004年12月通过《有关促进利用诉讼外纷争解决程序之法律》建立起其 ADR 机制,该法规定"民间诉讼外纷争解决业者"既可为法人,亦可为个人,其执业条件为向法务大臣递交申请文件,由法务大臣委托一非常设的委员会对申请予以审查,符合法定条件者由法务大臣在全国性报纸上予以公告,即具备相应执业资格。其居中达成的和解协议并无法律强制力,当事人不能径行申请对该和解协议强制执行,需另行提起诉讼申请执行,但在诉讼过程中只需举证证明该和解协议的客观存在,诉讼程序较为简便。2009年12月,日本又通过《关于金融商品交易法第五章中指定纠纷解决机关的内阁府条例》,依该条例规定,欲成为"金融消费诉讼外纷争解决机构",需由相关法人向内阁总理大臣提交申请,经内阁总理大臣指定后通过政府公报形式予以公告,取得相应资格。一经指定,该种机构须提交符合法律规定的业务规范,明确其人员组成、运行程序及收费标准等;受理普通金融投资者、消费者推出的申诉后,该种机构派出纷争解决委员处理,相关费用原则上由遭投诉的专业金融机构承担,普通金融投资者、消费者对该委员的能力和人格具有异议的,此种机构应当将相应争议移交其他机构办理。此种机构出具的解决方案,如

---

① Lusardi A,Tufano P.,"Debt Literacy,Financial Experiences,and Overindebtedness",NBER Working Paper No.w14808,2009.

② 参见邢会强:《金融督察服务(FOS)比较研究》,《法治研究》2011年第2期。

普通金融投资者、消费者予以接受，则对专业金融机构具有法定强制力，如普通金融投资者、消费者不接受的，则该方案无效，普通金融投资者、消费者可另寻其他类似机构调停或通过司法途径解决。

3. 我国香港地区 ADR 模式

2012 年 6 月香港立法会通过《调解条例草案》，同月香港金融纠纷调解中心正式开幕。该调解中心为非营利机构，由政府出资，采取担保公司的形式成立，采用先调解后仲裁的方式，协助解决金融纠纷调解计划所辖成员与客户之间金钱纠纷；金融纠纷调解计划要求所有由金管局认可或证监会发牌/认可（只提供信贷评级的机构除外）的金融机构必须成为该计划成员，并遵循"先调解后仲裁"解决"合格争议"。所谓合格的金融消费争议是指金融消费者与调解计划成员间因产品或服务所产生的索赔金额在 50 万港币以下的金钱纠纷，并且是金融消费者在购买金融服务之日起或首次知悉自己因金融服务遭受金钱损失之日起 12 个月内向调解中心提出的。金融消费者在向调解中心申请处理争议前，应当向金融机构作出相关书面投诉，如果金融消费者不接受金融机构处理结果或金融机构在 60 日仍未对投诉予以书面答复，则金融消费者可以向调解中心申请处理。调解中心受理申请后，通知金融消费者和金融机构缴纳调解费并委任一名调解员，该调解员将在收到委任之日起 21 日内召开调解会议，促使双方达成和解，一旦达成和解，双方将签署包含同意事项的《经调解的和解协议》，该和解协议属于双方自愿，无强制执行力；如经调解后未达成和解，调解中心将根据申请人的意愿进行仲裁，仲裁员原则上只根据双方提供的文件进行书面审查，并在收到双方最后文件的一个月内发出仲裁裁决，仲裁裁决为最终的、有法律约束力的裁决，双方必须执行，不过如有重大法律观点争议，仍可向法庭提出上诉。[①]

4. 我国台湾地区 ADR 模式

2011 年 6 月我国台湾地区公布了《金融消费者保护法》，并根据该法案创

---

① 以上内容摘自香港金融纠纷调解中心网站，http://www.fdrc.org.hk/tc/html/resolvingdisputes/resolvingdisputes_fdrsprocess.php。

设了台湾地区金融消费评议中心(Financial Ombudsman Institution,FOI)。该评议中心的收入来源主要是向所有金融机构收取年费,以及向涉案金融机构收取案件处理费,金融消费者申请评议时不需要支付任何费用。在金融消费者提请评议时,金融机构必须参与,评议中心作出的一定额度以下的评议决定,金融机构必须接受,但如果金融消费者对评议决定不满的,仍可以寻求司法救济。在申请评议前,评议中心会要求金融消费者先与金融机构进行接触,金融机构应当在收到申诉之日起30日内进行处理,并将处理结果反馈给金融消费者。金融消费者不接受处理结果或者金融机构逾期未处理的,金融消费者可以在60日内向评议中心申请处理。评议中心受理申请后,应当试行调解,任何一方当事人不同意调解或经调解不成立的,才进入最终的评议环节,由评议委员会①主任委员指派评议委员三人作为预审委员会对案件先行审查,并提出审查意见报告,该报告将提送评议委员会评议,并作出最终评议决定,评议委员会对于预审委员作出的审查意见需要由全体委员二分之一以上出席,出席委员二分之一以上同意才能作为通过。当事人应于评议书所载期限内,以书面形式通知评议中心是否接受评议决定,金融消费者可以选择接受或者拒绝,如果拒绝的话,该评议决定对金融消费者没有约束力。②

　　总结以上各种 ADR 模式,虽然所采形式不同、程序各异,但均以保护普通金融投资者、消费者权益为其根本目的,以快速、低价解决金融争议为基础要求,其他各国 ADR 机制亦大同小异。简而言之,目前国际上各类 ADR 机制具有以下几个共同特点:(1)均以快速、公平、高效、独立为 ADR 机制的基本建立原则,通过相应程序设计和法律授权,力求以诉讼外简便快速的方式化解争议,维护各方权益。(2)一般均对普通金融投资者、消费者作倾向性的保护,以协调处于弱势地位的普通金融投资者、消费者与专业金融机构间能力上的不平衡,例如大多数机制均无需普通金融投资者、消费者支付任何费用,相关裁决是否生效均由普通金融投资者、消费者单向决定,此种调解及裁决程序一般亦由普通金融

---

① 该评议委员会成员目前全由大学教授担任。

② 具体内容参见我国台湾地区《金融消费者保护法》及台湾金融消费评议中心网站,http://www.foi.org.tw。

投资者、消费者单方提起，专业金融机构只能被动应诉等。（3）ADR 机制的设立均通过行使行政权力完成，审判机关一般并不参与，此种机制的设计、批准、人员构成、程序合法性审核等均由行政机关完成，且相关 ADR 机构大多以行政机关下辖的财团性法人身份出现，审判机关在该机制的设立和运行过程中不发生任何作用。（4）大多 ADR 机构所作裁决无法定强制性，但又非当事人间自行达成的合意，其法律性质应系独立第三方经行政机关授权作出的意见，唯对于专业金融机关而言，其不得对普通金融投资者、消费者令裁决生效的选择提出反对意见，此种对专业金融机构的约束来源于行政权的授予和确认，并非司法权力。

（二）建立自贸区内 ADR 机制的相关建议

国际调解中心名誉主席迈克尔·利斯（Michael Leith）曾对 ADR 的发展基础作出如下判断：第一，组织发展。应当为调解员以及调解代理人建立统一、透明、可靠的调解员资格认证系统，以确保调解员具备较强的工作能力。第二，人员素质。ADR 从业人员应当遵守职业道德守则，参与职业发展规划，向社会公布其资质以及公众对其能力的反馈意见，从而增加透明度。第三，经费保障。ADR 机构必须有充分的经费保障。解决经费保障的工作必须由政府来主导，同时由其他各相关方面给予支持。第四，加强研究。应当在 ADR 职业内资助开展各种研究工作。第五，普及教育。应当加大投入，教育人们更多地使用调解方式。第六，专业背景。ADR 专业机构将鼓励在全球范围内增强专业人员的背景多样性。第七，积极服务。ADR 专业团体不仅要提供市场服务、参与市场竞争，还要主动走到当事人中去，根据当事人的具体情况提出解决问题的适当建议。第八，能力建设。ADR 专业机构将通过各种方式，帮助新入行的调解员和纠纷解决专业人员提高解纷技能。第九，推动改革。调解行业应当主动向管理部门反映自己的声音，对那些阻碍调解行业发展的法律和规则提出改革建议。第十，课程教育。学校、大学和商学院将谈判和调解课程作为必修课。一个单位或一个行业内部的纠纷将广泛采用先行调解的方式，并得到职业调解机构的资金支持。[①]

---

① 参见［美］迈克尔·利斯：《ADR：2020 年的全球发展趋势》，龙飞译，《人民法院报》2013年 3 月 22 日第 6 版。

结合前述各类 ADR 机制的共同特点及上述论述,对于自贸区内 ADR 机制的建设,有如下建议:

1. 自贸区内 ADR 机制应以公开、公平、公正、高效作为设立及运行的原则

欧盟执行委员会 2001/310/EC 建议①中,提出 ADR 机构应秉持公正、透明、有效、公平的原则行事。其中公正原则系指相关裁决人员应系常设且为各方当事人提供同等的权利;透明原则系指有关裁决或调解协议的形成程序与内容需向当事人及社会大众公开;有效原则系指 ADR 机构应保证处理纠纷的效率,并承诺此种程序的费用低廉;公平原则系指各方当事人均应被赋予同等的权利和及时被告知相关事项的权利。细究欧盟上述建议原则内容,实质即金融商事活动三公(公开、公平、公正)原则辅以高效原则构成,此四项原则亦为各国 ADR 制度所遵循,自贸区内的 ADR 机制当然亦应依此原则建立和运行。

2. 自贸区内 ADR 机制建设应由政府主导

各国 ADR 机制之建立,无一例外,均系行使行政权的结果,行政机关对于 ADR 机制有关资金来源、机构性质、人员构成、运作程序、行为效力等予以规范并付诸实施,审判机关极少涉足其中。故自贸区内 ADR 机制的建设,应由自贸区管委会主导,审判机关所能起到的作用,仅限于为此种机制的建设提供相关意见和建议,如审判机关参与其中过深,则有妨害 ADR 机构独立性之嫌。

3. 自贸区内 ADR 机制应注重高效及低价两方面的制度设计

大多数 ADR 机制均采用对普通金融投资者、消费者免费的制度,即使向普通金融投资者、消费者收费,费用亦较为低廉。例如丹麦 ADR 机构,向普通金融投资者、消费者收费标准为 20 欧元至 66 欧元;意大利"金融银行仲裁机制"收费标准为 20 欧元。自贸区内的 ADR 机构如向普通金融投资者、消费者收取高昂费用,则将令其望而却步,失去设立 ADR 机构的本意。同时,ADR

---

① "Commission recommendation NO 2001/310/EC",具体内容参见欧盟网站,http://ec. europa.eu/consumers/redress/out_of_court/adr/acce_just12_en.pdf,2014 年 11 月 6 日访问。

机制亦应追求其调解或裁决的高效性。据统计,欧盟境内各国相关 ADR 机构大多数受理争议均在 3 至 5 个月内解决,仅有 12% 的争议处理期间超过 6 个月以上。普通金融投资者、消费者选择 ADR 机制解决纠纷,无非为追求时间及金钱上成本的减少,故对自贸区内 ADR 机制的处理效率予以明确规定,应属必要。

4. 自贸区内 ADR 机制的受理范围应以小额金融商事纠纷为主

大多 ADR 机制对于其受理范围的规定均限制在小额诉讼中,除前述我国香港地区调解中心外,德国《民营商业银行协会公评人机制》(Ombudsman Scheme Rules of Procedure)①即规定金额小于 5000 欧元的争议由公评人处理,超过 5000 欧元的即应由地方法院受理。自贸区内 ADR 机制提供高效低价纷争解决服务的前提是,相关纠纷金额较小,案情较为清晰,法律关系较为简单,对于所涉金额巨大或事实不清,法律关系复杂的纠纷,ADR 机制在短时间内难以解决,而其裁决或调解协议又可能不发生效力,以致无端浪费各方时间与资源,故对于金额较大或争议激烈的纠纷,还是更宜通过审判机关的司法程序予以处理。

5. 自贸区内 ADR 机制是否启动及其所作调解协议或裁决是否生效应由普通金融投资者、消费者选择

如前所述,目前大多数 ADR 机制均设立为由普通金融投资者、消费者单方享有投诉权利,专业金融机构无权启动 ADR 机制,而 ADR 机构所作法律文件是否对各方当事人发生效力,亦经普通金融投资者、消费者单方选择决定,专业金融机构无权决定。自贸区内 ADR 机制,即以保护普通金融投资者、消费者利益为设立目的,则亦应符合上述国际规则,如允许专业金融机构启动 ADR 机制,则会使专业金融机构与普通投资者、消费者间的能力差距加大,与 ADR 机制的设立目的背道而驰,对此应予以充分注意。

至于其他从业人员规范、队伍建设、普及教育等工作,在 ADR 机制成熟开

---

① See "The Ombudsman Scheme of the German private commercial banks", Rules of Procedure, Berlin, November 2009.

展前无法提上议事日程,有待日后的进一步观察和研讨。

四、审判机关在特定条件下与金融市场主体间的互动机制

自贸区内审判机关在特定条件下与金融市场主体间的互动机制,系因自贸区的特殊环境而专门设立。之所以应有此一机制,亦是由于自贸区初期处于规则不明的制度空白阶段,然而相应纠纷并不会待制度完善后再行发生,在制度规则尚未明确之时期,对于因自贸区特殊环境而争议不下的案件,审判机关不得不通过其审判活动成为某种意义上的规则制定者。而争议较大的金融商事案件,往往权利义务纠葛缠绕,难以简单分清对错是非,审判机关在此情况下通过生效判决所确立的规则,实际可能系以牺牲一部分市场主体的利益为代价来保护其他市场主体的利益,此种利益权衡固然应由审判机关独立作出,但面对专业性极强的金融商事合同,法官纵使尽力而为,也难免有所偏差。故对于金融商事案件中典型性的新类型案件,在审判活动结束之后,有必要听取市场主体的意见,以便在之后类似案件的审理过程中避免错漏,做到对各方面市场主体利益的均衡保护。同时,审判机关对于在审理活动中发现的相关问题,亦可通过此种互动机制向专业金融机构作适当的提示,以避免类似纠纷的不断产生,从而阻却相应金融风险,稳定市场秩序。

此种互动机制的主体应以保险业同业公会、银行业协会等金融机构协会组织为主,除非有针对单独金融机构的大量诉讼产生,一般不应针对单个专业金融机构,以免妨碍司法公正与独立。此种互动机制所涉事项一般应系审判机关在审理活动中发现的典型性、普遍性问题,并认为应向专业金融机构予以提示,建议其修改相应合同或交易行为的事项,或前述协会类组织经其多数成员反映,对于审判机关有关审判结论持有不同意见,需向审判机关提出相应请求或进行相应研讨的事项。上述第一类事项应由审判机关主动提起,在相关案件已经审理完毕,且进行此种互动不致侵害其他涉讼当事人及市场主体权益的条件下,通过与前述协会性组织传达相关信息,实现减少纠纷,防范风险之目的。第二类事项应由协会性组织主动提起,通过互动机制的信息沟通渠道,向审判机关提出相应请求。至于此种互动机制的具体方式,可采用审判机

关与行政机关、监管机构联动机制相同的方式，不再复述。

就自贸区金融审判司法保障体系中上述机制相互间的关系，简要言之，当以审判机关的案件审理机制为核心，其余机制均为审判机关审理机制的辅助，但又各自独立，互不影响。其中审判机关与行政、监管部门相互间的联动机制在不影响各自独立与公正的前提下，可覆盖金融审判活动的整个过程，ADR机制主要集中在诉前阶段发挥作用，审判机关在特定条件下与金融市场主体间的互动机制则只能在审判活动结束后发挥其作用。需要特别强调的是，无论上述何种机制，均应坚持将相关事宜向自贸区内所有市场主体予以公开，通过此种公开程序，使所有市场主体均可对上述机制的运行进行监督，保证上述机制的公正公平及合理利用。

自贸区内金融审判司法保障问题，所涉内容甚多，并非法院单独所能解决，唯有法院、行政机关、监管机构与市场主体合力，才能保证自贸区内金融审判司法保障活动的顺利进行。法院在此种司法保障体系中应起到主导作用，佐以其他主体的协调配合，才能使司法保障体系内的各机制平稳运行，发挥其作用，从而体现司法保障的各项理念，达成全面维护市场相关主体利益及自贸区内金融市场良性发展的最终目的。对于上海各级法院而言，自贸区金融审判司法保障问题，既系严峻的挑战，亦属难得的机遇，通过为自贸区金融审判提供良好司法保障，法院亦有机会对自身各项机制进行改革、提高相关人员素质、实现自身各方面的提升。而法院审判水平和司法保障能力的提高，进一步又可以更好地完成自贸区内金融审判工作，使自贸区金融市场的发展进入良性上升轨道，达成自由市场与法治精神的完美结合，从而形成整套可复制、可推广的经验。

上海自贸区内的各项试验，对我国经济发展和转型将产生重要的示范作用，对于我国未来的发展前景具有深远影响，上海法院能够参与其中，为自贸区金融市场的培育提供助力，实属有幸。当前上海各级法院的主要任务应系提高自身能力，建立相关机制，协调各方主体，及早建立完整的自贸区金融审判司法保障体系，以应对将来可能出现的各种纠纷与问题。

第十三章　自贸区国际融资租赁的相关法律问题研究

融资租赁作为目前国际上仅次于银行信贷的第二大融资工具,在上海自贸区内有着巨大的发展空间。《总体方案》中涉及促进融资租赁产业发展的内容比重较高,被列为金融服务领域三大开放措施之一。随着上海自贸区金融改革政策的不断落地,国际资本的融通将越来越便捷,自贸区内国际融资租赁业务也将迅速发展。国际融资租赁相对于传统融资租赁来说是一种新型交易,对国际资本的融通和对发展中国家利用外资都有着积极的作用。然而,由于融资租赁自身的交易特征及其金融性质,再加上跨境融资租赁的涉外性,导致自贸区内国际融资租赁交易中各方当事人的权利义务及法律适用等相关法律问题更为复杂。以下将从国际融资租赁的概念、各方当事人的权利义务、国际融资租赁的法律适用,以及涉及破产和善意取得等方面对自贸区国际融资租赁相关法律问题进行探讨。

第一节　国际融资租赁合同概述

一、国际融资租赁合同的含义

随着国际融资租赁作为一种新型的筹资方式在国际资本市场中所占的比例日益增大,租赁业目前也成为仅次于贷款的筹资市场,远大于其他金融筹资工具。那么,什么是国际融资租赁? 具体来说,国际融资租赁就是国际化的融资租赁。它除了具有一般融资租赁的特点之外,最显著的一个特点就是其

"国际性"。①

关于国际融资租赁,因对"国际性"的判断标准不同而有广义和狭义之分。我国立法采用广义的国际融资租赁②,即具有涉外因素的融资租赁,涉外因素不仅包括当事人一方是外国人,还包括合同的签订地、履行地在国外或约定适用外国法等因素。而《国际融资租赁公约》则采用狭义的国际融资租赁,③即出租人或承租人的营业地不在同一国家的融资租赁;如果承租人和出租人营业地在同一国家,仅租赁物供应商营业地在国外,则此种交易仍属于国内的融资租赁交易,不具有国际性。为了充分揭示国际融资租赁的内涵,同时借鉴有关学者的学说,在此将国际融资租赁作出如下定义:国际融资租赁是指不同国家的当事人以协议形式进行的一种新型交易方式,出租人根据承租人的要求向供货商购买租赁物,按约对该租赁物拥有所有权,并将其租赁给承租人使用,承租人则负有按期偿付租金和维修租赁物的义务,并在租赁期满时有权按约终止租赁、续展租赁或留购该租赁物。

二、国际融资租赁合同的特征

国际融资租赁是在国际层面上开展的融资租赁,相比较于国内融资租赁,国际融资租赁具有如下特征。

(一)国际性

国际融资租赁交易的当事人一般指法人。三方当事人(出租人、承租人、供货商)至少有一方与其他方分属不同国家。对于法人国籍的判断问题,《国际融资租赁公约》采取住所地主义,以其营业地为标准。就我国而言,根据我国《涉外民事关系法律适用法》第十四条的规定,对法人及其分支机构的民事

---

① 参见崔志:《国际融资租赁若干法律问题研究》,大连海事大学 2004 年硕士学位论文。

② 《最高人民法院关于中国东方租赁有限公司诉河南登封少林出租旅游公司等融资租赁合同纠纷一案的复函》中规定:"国际融资租赁由国际货物买卖合同和国内租赁合同两部分组成,其标的物主要是各种设备、交通工具。在租赁期间,所有权属于出租方,承租方对租赁物具有使用权,但不得对租赁物进行处分,并按合同规定的期限和币种支付租金。"

③ 《国际融资租赁公约》第三条规定:"本公约适用于出租人和承租人的营业地在不同国家的情形。"

权利能力、民事行为能力等事项适用登记地法律,即我国采取设立地主义,以登记注册地为准,但该条款同时规定,法人的主营业地与登记地不一致的,可以适用主营业地法律。法人的经常居所地,为其主营业地。

(二)适用法律具有国际性与复杂性

融资租赁作为一种复合式法律行为,涉及买卖和租赁两类合同以及出租人、承租人和供货商三方主体,其中法律关系复杂,有可能涉及多国法律。以出租人和承租人分属不同国家,出租人和供货商为同一国法人为例,出租人和供货商之间签订的买卖合同应适用出租人、供货商所在国法律;出租人和承租人之间的租赁协议则应依据双方合意而有可能适用承租人所在国法律或者出租人所在国法律或者国际公约甚至第三国法律。

(三)风险增加

国际融资租赁业务的风险主要包括国际融资租赁交易本身的风险和诉讼风险。前者指在交易过程中遭受货损、货物瑕疵、价格变动、欺诈等利益损害。这是因为国际融资租赁运作周期长,货物运输距离远,牵涉面广,且各方主体间信息不对称等因素的存在而客观存在的。此类风险较为集中在出租人与承租人之间。出租人可能面临货物在运输途中的损毁、供货商违约或承租人拒付租金等情况。承租人则可能遭受出租人的欺诈侵害,例如在支付定金后,得不到预期的设备。后者是由于取证困难以及不熟悉对方法律难以在诉讼中取胜,或者即使胜诉也难以执行等情形。

第二节　国际融资租赁中出租人与
承租人的权利义务

法律关系即权利与义务的关系,用权责分配来调整人的行为和社会关系。在形式上,权利表现为人们为获取利益而相对自由地作为或不作为;义务则表现为为他人利益而被动地作为或不作为。国际融资租赁中,当事人的权利和义务有的是由法律规定的强制适用的权利和义务,但更主要的是由国际融资租赁合同中的租赁合同与买卖合同所决定。出租人与承租人之间的租赁关系是融资租赁法律关系中最主要的部分。出租人与承租人的权利、义务也集中反映在租赁合同之中。依双方在租赁中地位及合同约定，双方基本权利、义务各有不同。

一、出租人的权利与义务

（一）出租人的权利

1. 享有租赁物的所有权

出租人根据承租人对租赁物的要求与出卖人订立买卖合同，支付货款并取得租赁物的所有权，其并不因承租人实际占有和控制而改变其所有权人的地位。而由于其享有租赁物的所有权会产生两个法律后果：第一，在承租人破产时租赁物不得列为承租人的破产财产；第二，租赁期限届满时，出租人与承租人对租赁物的归属没有约定或约定不明确，事后又未达成补充协议的，按合同有关条款或交易习惯仍不能确定的，租赁物的所有权归出租人享有。

2. 收取租金的权利

收取租金是出租人的主要权利，也是出租人最主要的目的。租金构成主要包括：购买租赁物的价款、关税、运费、银行费用及利息、出租人为进行融资租赁而支出的其他费用以及出租人的利润等。而由于融资租赁的租期较长，所以也受到利率、汇率、市场行情等因素的影响。

3. 租赁物转让的权利

出租人作为租赁物的所有权人，其在不影响承租人对设备的正常使用和占有的情况下，有权将租赁物的所有权、收取租金的权利转让给他人，也有权在租赁物上设置抵押权。出租人对租赁物转让的权利是其固有权利，不需事先征得承租人同意，只需不干扰承租人的平静占有即可。

（二）出租人的义务

1. 购买租赁物的义务

租赁物是融资租赁合同得以履行的根本，出租人需根据承租人的要求而向出卖人购买租赁物。因在融资租赁交易中，出租人的目的是收取租金以获得利润，所以其往往并不关注租赁物本身，而是关注承租人是否按期支付租金。而承租人签订租赁合同并长期支付租金,是因为其想得到租赁物的使用权并最终取得租赁物的所有权。而正由于租赁物不是根据出租人的判断而是根据承租人的要求确定的,所以出租人对租赁物的瑕疵不承担担保责任,由承租人自行承担相应责任。

2. 保证承租人平静占有租赁物的义务

在融资租赁的交易过程中,出租人负有保证承租人对租赁物的顺利使用,而不受任何第三人干扰的义务。如果由于出租人的原因使得租赁物存在瑕疵而使承租人受到损害的,除排除因第三人的妨害外,如果给承租人造成损失的还应予以赔偿。

二、承租人的权利与义务

(一)承租人的权利

1. 指定租赁物的权利

承租人是租赁物的直接使用者,所以法律赋予承租人指定租赁物的权利,此权利也是融资租赁法律关系中承租人的主要权利。而租赁物的好坏直接决定了承租人的收益,与其生产、生活息息相关,对承租人十分重要。承租人一般会在融资租赁合同中详细说明所要租赁的设备的型号、功能、价格等情况,有时甚至直接指定供应商,以此作为出租人购买租赁物的依据。由承租人指定租赁物是融资租赁关系的一个重要特征,也是其区别于一般租赁的一个重要方面。①

2. 对租赁物的使用权

承租人订立融资租赁合同的目的,就是要获得租赁物的使用权,使用租赁物来进行生产经营,获得收益。在租赁过程中,承租人享有对租赁物不容侵犯的占有使用权,是各国立法及租赁合同约定明确保护的权利。出租人及任何第三人均不得侵害承租人占有使用租赁物的权利,即使是出租人转让给第三

---

① 参见黄利娟、周葆生:《融资租赁业的若干问题研究》,《商业研究》2004 年第 8 期。

人,也应遵循"买卖不破租赁"的原则。①

3. 租赁物归属的选择权

在融资租赁期间,出租人已以租金形式将全部投资及应得利润收回,所以收回租赁物对出租人意义不大。在融资租赁交易中,出租人关心的是租金能否按期收回,自己的利润能否实现,而租赁物的归属并不是其关心的重点。而承租人作为租赁物的指定者和实际使用者,与租赁物的关系更为密切,租期届满后理应获得选择是否拥有租赁物的所有权。基于此,在约定租期结束后,承租人有对租赁物处置的选择权,可以选择廉价购买租赁物、续租或者将租赁物退还给出租人。

(二)承租人的义务

1. 支付租金的义务

租金是承租人占有、使用租赁物应当支付的对价,其所支付的租金是根据出租人从出卖人处取得租赁物的成本和合理的利润来确定的。承租人支付租金的义务不以承租人实际使用租赁物为条件,而以承租人受领租赁物为生效条件。租赁物通常是出租人根据承租人的要求而进行购买的,因而当租赁物的品质出现问题时,出租人不承担责任。在承租人使用租赁物期间,租赁设备对他人造成人身或财产上的损失的,出租人也不用承担赔偿责任。另外,出租人通过与出卖人订立买卖合同的形式取得租赁物的所有权,根据买卖合同,租赁物自交付之日起毁损、灭失的风险就转移给出租人,但根据融资租赁法律及融资租赁双方当事人之间的合同约定,租赁物自交付承租人时起毁损、灭失的风险便转移到承租人。因此在承租人占有使用租赁物期间,租赁物毁损、灭失的风险即由承租人承担,因此当租赁物毁损、灭失时,不能影响承租人支付租金的义务。

2. 妥善保管、使用、维护租赁物的义务

在融资租赁合同实施过程中,承租人与租赁物的关系较出租人与租赁物

---

① 参见郭高峰:《加快融资租赁法立法 促进融资租赁业发展》,《中国经济时报》2006年9月8日。

更为密切,承租人是租赁物的实际占有、使用人,因此法律从更有利于维护租赁物的安全性及方便性出发,规定承租人在租赁期间对租赁物有妥善保管、使用和维护的义务,使其处于安全状态,但合理的损耗以及经出租人同意对租赁物进行的改动情形除外。

3. 承担产品侵权责任的义务

产品侵权责任是指承租人在使用租赁物期间,因租赁物本身或使用不当造成人身伤害或者租赁物之外的他人财产的损害,应由谁承担责任的问题。在此情况下,出租人虽然享有租赁物的所有权,但由于融资租赁合同的特点决定了出租人只是名义上的所有权人,其享有所有权只是作为收取租金的担保,租赁物既非根据其选择进行购买,也非其在使用。因此由出租人承担产品责任及使用过程中对第三人的侵权责任是不公平的。所以各国法律均规定了融资租赁中产品责任及对第三人的侵权责任①由承租人承担。承租人承担责任后,如果是由于产品本身的质量瑕疵造成的,承租人还可向租赁物的出卖人进行追偿。

4. 维护出租人所有权的义务

融资租赁业务由于其租期长且由承租人实际占有、控制租赁物,出租人的所有权受到极大的限制。这就要求承租人协助出租人维护其所有权,并限制自身对租赁物的权利行使,如未经出租人许可,承租人不得对租赁物进行转让、租赁,在租赁物上设定担保物权。同时承租人在对租赁物使用过程中应定时让出租人了解租赁物的使用状况,以保证出租人享有实实在在的所有权。

但是我国法律对出租人所有权的保护还要受到善意取得制度的约束②,我国法律认为善意第三人只要有合理理由认为承租人在处分租赁物时有处分权,就认为是善意取得,对善意第三人取得的租赁物就受法律保护。对于融资租赁中的善意取得,将在下文中进行详细阐述。

---

① 此种责任主要是指高度危险作业致人损害的责任及环境污染损害现象的责任。
② 参见王利明:《物权法论》,中国政法大学出版社 2003 年版,第 211—219 页。

第三节　自贸区国际融资租赁法律适用问题

一、国际融资租赁法律冲突的特点

（一）三方交易复杂性

国际融资租赁是三方交易的复合体，每两个当事人之间都形成了独特的权利义务关系，并不是两种交易的简单结合，这也使得其法律冲突的问题复杂化。

融资租赁合同可以分为两个相互关联又相互独立的合同，分别涉及不同的当事人，而其所属的国家亦可能不同，合同适用可能涉及不同国家的法律。从原则上讲，出租人与承租人的租赁合同、出租人与供货商的供应合同，各自适用各自的准据法，互不相关互不冲突。然而在融资租赁交易中，供应商受融资租赁合同的制约，主要是对承租人承担责任，这就产生了在供应商对承租人所承担的责任方面受租赁合同及其准据法的约束问题。根据《国际融资租赁公约》及相关国家的融资租赁法，供应商根据供应协议所承担的责任及于承租人并非是供应合同本身对承租人的义务，而是一种法律上的义务（此种义务以供应商知晓标的物是用于出租目的为限）。但应当注意的是，供应合同中供应商与出租人关于供需双方权利义务关系内容本身受供应合同准据法支配，不受融资租赁合同准据法的影响。只是在义务承担对象及对合同的修改权等问题上受融资租赁合同准据法的影响。

在承租人与出租人关系问题上不仅受租赁合同的影响，而且也可能受供应协议准据法的影响。《国际融资租赁公约》第十二条规定，交付瑕疵的情况下出租人与承租人的权利义务关系应"按照与承租人同意根据与供应协议相同的条款向出租人购买设备时相同的方式行使并在同样的情况下丧失"，这表明承租人的权利及出租人的救济权适用供应协议的规定，当然亦受供应协议的准据法支配。但应当注意，并非承租人与出租人所有的法律关系均受供应协议及其准据法的支配，在租金、设备处理等方面的权利仍受租赁合同准据法的支配。

(二)两种法律冲突并存

融资租赁合同中的法律冲突既包括合同法律冲突也包括物权法律冲突。在合同法律冲突方面,除了《合同法》中如合同生效、效力等一般问题的冲突外,还有许多与融资租赁合同特性相关的法律,各国也作出了不同规定。如有些国家的法律对租期作了强制性规定(如巴西和韩国);有些国家未对此作出规定(如埃及、罗马尼亚、中国等);对此问题,《国际融资租赁公约》中也未涉及,可以将其理解为合同当事人可以自由约定租期。再比如在租赁物风险承担问题上,巴西租赁法规定,当事人可以在合同中约定双方的责任承担问题;罗马尼亚法律规定,承租人或其雇员的行为或因不可抗力所致的毁损或灭失的风险由承租人承担,承租人须按合同规定继续向出租人支付租金。

在物权法律冲突方面,首先是租赁物的范围,各国规定不一致,有些国家只允许将设备作为融资租赁的对象,不包括不动产和消费品;其次在设备成为固着物后是否构成不动产之组成部分问题上,各国也作出了不同规定。对于租赁物的公示与登记问题各国法律也不一致,有的要求必须登记,有的则未作要求。就租赁物的范围问题,我国《合同法》仅从当事人的权利义务角度对融资租赁法律关系的构成作出界定,对租赁物的范围未作限定。但目前我国相关融资租赁行业监管部门对租赁物作出了一定的限制,如银监会制定的《金融租赁公司管理办法》第四条将租赁物限定为固定资产,商务部制定的《外商投资租赁业管理办法》第六条也对租赁财产作出明确限定。此后最高人民法院在2014年3月1日颁布的关于融资租赁合同的司法解释中明确将租赁物的性质作为融资租赁法律关系构成的认定依据,但对具体范围未进一步明确。目前我国司法实务界、理论研究领域及融资租赁行业内对于租赁物范围的认识并不统一。我们认为,结合融资租赁合同"融资"与"融物"相结合、租赁物应承担物权担保功能这一最根本法律特征而言,融资租赁合同项下的租赁物应是使用权能够与所有权相分离,且属于非消耗物。

二、国际融资租赁法律冲突的解决方式

融资租赁交易形式出现的时间虽不长，但由于各国法律传统的差异及现实社会的经济环境的不同，各国在法律上出现了诸多方面的冲突。对于具有涉外因素的诉讼案件，传统国际私法适用冲突法的解决方式。然而20世纪以来，统一实体法的方法得到了不断的发展，特别是在经济贸易领域和交通运输方面。在现代国际社会中，解决国际民商事纠纷，出现了冲突法与实体法相结合的趋势。冲突法与实体法只是形式上不同，目的都是一样的。处理一个涉外案件，如果有国际统一的实体规范，或者有专门的为处理这类案件而制定的国内实体规范，那就适用这些规范；如果没有这些规范，就得靠冲突规范的指引，去选择应适用的实体法。①

当然从理想角度说，统一实体规范的适用更为合理，它一方面具有稳定性，另一方面具有针对性，因为它本来就是为国际性关系而制定的。但是由于各国法律上的差异，该类实体法相对较少，在适用上又受诸多因素限制，如当事人意思自治限制、成员国保留的限制及公约本身在适用范围上的自我限制等。②

因此，对国际融资租赁法律冲突有统一实体法和冲突法两种解决方式。与一般法律纠纷解决不同的是，在融资租赁法律冲突解决方面，首先发展起来的是统一实体法，即《国际融资租赁公约》。然而《国际融资租赁公约》在解决国际融资租赁法律纠纷方面所能发挥的作用还是有限的。首先，其适用的空间范围有限，根据公约规定，当出租人和承租人营业地在不同国家，且这些国家及供应商营业地所在国均须为缔约国或供应协议与租赁协议均受某一缔约国的法律支配时，公约才适用。其次，公约具有任意性，在三方当事人意思一致的情况下，可以排除公约的适用；在未排除公约适用的情况下，除少数条款外，当事人在其相互关系上可以减损公约的任何规定或变更其效力。再次，公

---

① 参见韩德培：《中国冲突法研究》，武汉大学出版社1993年版，第34—35页。
② 参见邵景春：《国际合同：法律适用论》，北京大学出版社1997年版，第17—18页。

约仅涉及了国际融资租赁合同中的部分内容,将其他问题留待冲突法解决,公约中明确规定:凡公约未明确规定的属于本公约范围内的问题,应按照本公约依据的一般原则来解决,在没有一般原则的情况下,则应按国际私法所确定的准据法来解决。在物权问题方面,公约基本都没有涉及。此外,在担保、保险、风险承担等问题方面公约也没有约定,只能根据冲突法来解决。因此在国际融资租赁中,虽然存在着统一实体法,但冲突法仍然是解决纠纷的基本途径。

三、国际融资租赁合同的法律适用

(一)当事人已选择准据法

各国国际私法普遍将当事人意思自治作为涉外合同法律适用的基本原则,我国在《涉外民事关系法律适用法》中亦明确规定,当事人可以协议选择合同适用的法律。因此,在国际融资租赁合同中,当事人可以协议选择适用的法律。然而当事人的意思自治不是无限制的,尤其是处于国家对经济生活的干预、国家对社会公共利益的考量、特殊政策以及如何保护弱势一方当事人等,法律上对当事人意思自治都作出了一定的限制。如当事人选择适用的法律是为了规避强制性法律的规定,则无论其选择的是法院地法还是外国法,都不承认该选择的效力,因为其规避法律的选择是不合理的。

(二)当事人未选择准据法

尽管在实践中,多数情况下当事人都会约定法律适用的情形,但是若当事人疏忽、其对法律的选择无效或者当事人在法律适用的问题上未达成一致时,也会遇到法院如何选择适用法律的问题。当今国际私法理论与实践中,当事人在未作出有效法律选择的情况下,法律适用的主要规则是最密切联系原则[①]。然而最密切联系原则表述过于灵活,在实践中难以把握。就各国立法和有关公约来看,均将最密切联系原则在具体领域进行具体化,其主要从以下两个方面确立最密切联系原则的标准:一是以连接因素的范围及其重要性来

---

① 最密切联系原则,也叫作最强联系原则、重力中心原则,是指法院在审理某一涉外民商事案件时,权衡各种因素,从中找出与该案当事人具有联系的因素,根据该因素的指引,适用解决该案件的与当事人有最密切联系国家或地区的法律原则。

考虑,二是依据特征性履行理论进行考虑。

1. 以连接点比较作为确定最密切联系的方法

第一,合同因素分析的方法。① 最密切联系原则适用的关键就在于寻求"最密切联系"这个抽象的连接点。最密切联系是指与合同有密切联系,而合同是由各种因素构成的,所以对合同要素进行分析就成了考虑与合同具有最密切联系的一个标准。

第二,以连接点的比较确定法律适用。在融资租赁合同中,比较连接点时应当考虑的因素包括合同缔结地、谈判地、合同履行地、租赁物所在地、出租人和承租人的营业地等。

从量的角度分析,这些因素至少会涉及两个以上国家,分布可能均衡,也有可能主要集中在其中的一国。这些因素中有些是固定的,如合同履行地、租赁物所在地、当事人营业地;有些是变化的。从固定因素来看,比较有利于承租人,因为合同的履行地、租赁物所在地与承租人的营业地通常是在同一国家,但从量的对比上讲,因素中的变数仍居多数,当事人可以通过协议改变量的对比关系。因此,虽然量的分布是考虑的主要因素,但不是决定性的。

从连接因素的角度分析,不同的因素对当事人的意义是不同的,在国际融资租赁合同中,应该认为承租人营业地与租赁物所在地这两个因素在质上面的重要性甚于其他因素,通常可以认为该地是与合同有最密切联系的地点。但当这两地并不在同一国家时,则根据量与质的统一来确定最密切联系地在何地。现代法律实践的倾向是合同一般与履行地联系最为密切,但如果当事人在不同国家履行义务,则比较复杂,应该认为承租人履行义务地较出租人履行义务地对融资租赁交易而言更具有实质性的影响,从融资租赁交易性质分析承租人履行地具有首要意义。

2. 以特征性履行确定最密切联系的方法

特征性履行理论②发端并盛行于东欧等国家,由于不同种类的合同具有

---

① 合同因素分析的方法是国际合同当事人为选择适用于合同的准据法时,根据以连接点比较作为确定最密切联系的方法。

② 特征性履行理论是国际合同当事人未选择适用于合同的准据法时,根据合同中当事人履行义务的特征确定合同法律适用的一种方法。

不同特征,尤其是不同合同的具体功能不同,如果按照传统国际私法上连接点确定则过于僵硬,特征性履行理论方法避免了"合同订立地法""合同履行地法"之类的准据法使用规则的刻板性。我国《涉外民事关系法律适用法》也将"合同特征"作为最密切联系原则适用的重要因素。根据该法第四十一条规定,当事人没有选择合同适用的法律的,适用履行义务最能体现该合同特征的一方当事人经常居住地法律或者其他与该合同有最密切联系的法律。

从确定特征性履行的一般理论和法律规定来看,目前各国普遍采用的观点是:单务合同适用履行方住所地、居所地或主营业地的法律;双务合同中,以支付合同价款一方的履行为非特征履行,以非支付合同价款一方的履行为特征履行。

在经营租赁合同中,根据特征性履行的普遍适用标准确定出租责任为特征性履行的一方,从而应当适用出租人营业地法。因为在租赁业务中,承租人的主要义务是支付租金,而出租人则需要承担提供租赁物、维护保养租赁物、租赁物对他人损害赔偿的责任、租赁物的毁损灭失风险等义务。因此,可以断定出租人承担了经营租赁合同中的实质性义务。

在融资租赁合同中,简单套用经营租赁的经验是不适宜的。除当事人另有约定外,在融资租赁合同中,诸如租赁物的维修保养义务、租赁物的损毁灭失风险承担、租赁物对他人造成损害的赔偿责任等均由承租人承担,在融资租赁合同中承租人承担了合同中的实质性义务,因此,我们认为在国际融资租赁合同当事人未作出法律选择时,应当适用承租人所在地(主营业地)法,在实践中也通常如此。

第四节　国际融资租赁中的破产问题

国际融资租赁中的破产是指出租人、承租人或者供货商中一方出现了不能清偿到期债务或资不抵债,进入破产程序的情况,但供应商的破产对国际融资租赁法律关系影响不大,其破产程序与普通破产也没有区别,在此便不做论述。国际融资租赁中的破产和普通破产程序不同,一方面是由于融资租赁合同的特性，另一方面是由于国际融资租赁合同的国际性。

在国际融资租赁中承租人和出租人破产时，租赁物的归属在不同国家定性不同。在认可形式主义国家中，国际融资租赁的租赁物应该归出租人所有。在认可实质主义国家中，首先要区分其是真实租赁还是有条件的或有担保的分期付款销售，若认定其为真实租赁，那么租赁物应当归出租人所有；若认定其为有条件的或有担保的分期付款销售，那么租赁物应当归承租人所有。以下将主要从承租人破产及出租人破产两种情况下国际融资租赁中出现的一些法律问题进行论述。

一、承租人破产的法律问题

（一）破产解除权条款的效力

破产法调整的是个人利益，在性质上属于私法范畴，但是其在性质和功能上体现了国家对宏观经济以及有关社会公益问题的规制，又带有强行法的特征，属于强制性法律规范。破产程序的执行需严格依照法律的具体规定，不允许当事人另行约定进而排除破产法的适用。

而在国际融资租赁中，出租人为了维护自己的利益，往往在合同中约定了破产解除权条款，当承租人破产时，出租人可以解除融资租赁合同；然而对于此种约定能否排除破产法的强制性规定，学界有两种不同的见解。一种为肯定说，认为出租人为预防承租人破产时因进入破产程序而使自己利益受到限制或损失，预先设定破产解除权，依据民法契约自由之基本原则，应当有效。另一种为否定说，认为依据破产法租赁物应当加入到破产人的总财产中，在全体债权人之间公平分配，如果承认破产解除权条款的效力，将使出租人立于比其他债权人优越的地位，无法保证债权人之间的利益平衡，因此应当否定此类条款的效力。[①]

针对肯定说，出租人约定的破产解除权条款，目的是在承租人破产时避免

[①] 参见李树成：《国际融资租赁的破产法律问题研究》，北大法宝网，http://law.chinalawinfo.com/newlaw2002/SLC/SLC.asp？Db＝art&Gid＝335569607，2014年2月13日访问。

利益损失,而当事人的意思自治应当受到公平公正的约束,上述约定明显违背了破产法使所有债权人公平受偿的立法宗旨,使出租人享有优先于其他债权人的条件,规避了强制法的规定,因此在融资租赁中,应当排除当事人之间约定的破产解除权条款的效力。然而有些国家的破产法是承认破产解除权条款的效力的,比如日本法律规定①,在承租人破产时,允许出租人解除合同。在此种情况下破产解除权实质上并不是当事人意思自治的权利,而是法律所赋予的一种权利。

综上所述,我们认为当事人之间的破产解除权条款无效。首先,当破产法中没有对此作出规定时,根据破产法保护各债权人公平受偿的立法宗旨,应当认定其无效;其次,当破产法中规定了出租人的破产解除权时,出租人享有破产解除权也是基于法律的规定而不是基于破产解除权条款。

(二)破产财团的范围

破产财团,从形式上来说,是指在破产宣告后,能够最终依破产清算程序分配给全体债权人的财产的集合;从实质上来说,是指在破产宣告时为破产人所拥有的以及在破产程序持续中由破产人所取得的财产的总称。② 本节就履约保证金及租赁物是否属于破产财团进行论述。

在国际融资租赁中,出租人为了降低风险,往往要求承租人缴纳一定数额的履约保证金,在承租人违约时,可以履约保证金支付相关的费用或以此作为补偿,如果承租人未违约,在租期结束时返还给承租人或抵作其他费用。对于履约保证金是否属于破产财团应当分两种情况进行讨论:一种情况是由于承租人未支付到期租金而违约,在承租人破产宣告前出租人便行使违约解除权,由于承租人的违约,其将失去履约保证金的返还请求权,该履约保证金也就不再属于破产财团。另一种情况是进入破产程序时出租人没有行使违约解除

---

① 《日本破产法》第五十九条(双务契约):"(一)关于双务契约,破产人及其相对人在破产宣告当时尚未完全履行时,破产管理人可依其选择,或解除契约,或履行破产人的债务而请求相对人履行债务。(二)于前款情形,相对人可以对破产管理人定相当期间、催告其于期间内作出解除契约或请求履行债务的明确答复。管理人于该期间内不作明确答复时,视为解除契约。"

② 参见汤维建:《优胜劣汰的法律机制——破产法要义》,贵州人民出版社 1995 年版,第81 页。

权,此时首先应确认破产是否是违约,对此各国立法一般都不认为破产属于违约,因此履约保证金应当返还给承租人;但是在实践中承租人之所以破产往往是因为资不抵债,资金缺乏,很可能尚未支付出租人到期租金,在此种情况下,出租人往往会行使抵消权,将履约保证金与承租人所欠到期租金相抵消,承租人实际拿不到履约保证金,该保证金也无法纳入破产财团中。而出租人若未行使抵消权,则履约保证金当然纳入承租人破产财团中。

而对于租赁物是否属于破产财团,由于国际融资租赁中租赁物所有权仍然属于出租人,故应当被排除于承租人的破产财团以外,但是随着融资租赁理论的发展,出现了衡平利益(equitable interest)理论[①],因此有些国家在法律中对此作了特别规定,如英国破产法便规定在一定情况下,租赁物上的利益可部分归属于破产财团,此部分利益根据租赁合同确定或依据衡平法上的规制确定。在实践中,当出租人行使破产取回权时,其应当履行清算义务,将租赁物的剩余价值中超过承租人应付而未付价值的部分返还给承租人,这部分返还利益应当作为破产财产。当法律没有明文规定禁止融资租赁交易中承租人可以提前支付租金行使购买选择权来获得租赁物的所有权时,租赁物是否归属于破产财团,还要看合同规定和破产管理人的选择权,并不能一概认定租赁物不属于破产财团。

(三)破产取回权

1.破产取回权的性质

破产取回权本质上是民法中的财产取回权,是指在破产宣告时,由破产管理人占有的但不属于破产人所有的财产,出租人即所有权人可以不依破产程序直接从占有人处取回的权利。国际融资租赁中的破产取回权与一般破产取回权相比,不同之处在于:一方面它是基于债的关系而产生的,出租人所有的

---

① 该理论认为承租人在租期内按约定支付租金,随着时间的推移其在租赁物上的利益逐渐增大,这种利益不仅包括使用利益,还包括在租期届满时以双方都能接受的合理价格取得租赁物的所有权即设备残值;相比之下,出租人随着租金的不断收回而取得租金利益,从而不断冲减其购买设备时支付的价金,他在租赁设备本身上的利益逐渐变少,成为租赁物名义上的所有权人。

物为承租人所占有并使用,承租人的占有和使用权在一定情况下可以对抗出租人的所有权,在破产时,承租人及其破产管理人可以提前履行合同之义务而保留租赁物,出租人则无权要求其返还租赁物;另一方面出租人的取回权与其清算义务相联系,若出租人取回的标的物价值超出其应得价值的,超出部分应当返还给承租人或破产管理人。

破产取回权可以分为一般取回权和特别取回权。一般取回权是指破产管理人所占有的不属于破产财团范围内的财产,所有权人享有该财产的取回权;特别取回权是指在标的物即将为破产人或破产管理人占有,而出卖人的债权还没有得到满足的情况下,权利人有权不向破产人交付标的物,但是若破产管理人已经支付全部价款而请求其交付标的物的,出卖人只能交货。①

融资租赁中出租人的破产取回权由于标的物已经实际交付给承租人,因此其不是特别取回权,属于一般取回权的范畴,但又与一般取回权不同,因为在有购买选择权条款的融资租赁中,承租人及其破产管理人可以提前履行合同义务而保留租赁物,而出租人无权要求破产管理人返还租赁物,这一点又与特别取回权类似,但是特别取回权是以宣告破产时承租人并没有实际占有租赁物为前提的,所以其不符合特别取回权的前提条件。而当承租人在受领租赁物之前破产的,则更类似于特别取回权,但是此时出租人不需要采取特别取回权程序便可直接依据其所有权保护自身权利。因此,融资租赁中的破产取回权应属一般破产取回权。

除此之外,融资租赁中还有一种赔偿取回权,赔偿取回权是我国台湾学者王泽鉴教授提出的,其认为破产法既然承认标的物所有权人享有取回权,便应当承认因可取回的标的物丧失而产生的"代替财产价值",实际上此项赔偿取回权并非一种新的请求权,仅是将原有的取回权进行强化,使之能够取回原标的物的价值而已。② 我国《企业破产法》未赋予物权所有人代偿取回权,这对

---

① 参见汤维建:《优胜劣汰的法律机制——破产法要义》,贵州人民出版社 1995 年版,第213 页。

② 参见王泽鉴:《民法学说与判例研究》(第一册),中国政法大学出版社 2005 年版,第 220页。

于国际融资租赁中出租人的权利保障十分不利。对于赔偿取回权应当注意的是：其一，出租人仅就租赁物的投资享有取回权，已到期未付的租金仅能作为普通债权要求其清偿。其二，如果承租人擅自转让而构成违约，应当偿付违约金，计入破产债权。其三，赔偿取回权经常涉及承租人或破产管理人将标的物转让给善意第三人的情形，对此问题我们建议采用日本的替代受让给付价款①的做法。此外，由于租赁物的意外损毁、灭失风险由承租人承担，因此若破产时租赁物意外灭失，出租人享有赔偿取回权；对于已经固着于不动产上的设备，如无法分开，出租人亦可要求赔偿取回权。

2.破产取回权的行使

各国立法对出租人的破产取回权大致可分为两种模式：自主取回模式和司法取回模式。

自主取回模式是指出租人只需向承租人或破产管理人提出请求便不需要履行特定程序即可取回租赁物的一种情形。自主取回属于私力救济的一种，出租人无需公权利的介入，仅凭自身力量就可以行使权利。其具有避免繁琐的诉讼程序或其他司法程序、节约诉讼成本、防止诉讼的过分延迟对其利益造成无法弥补的损害等先天优点。但是由于其私权属性不具有法律的权威性和强制执行力，导致在实践中自主取回通常不能轻易实现，承租人及其破产管理人往往不予配合，还会在各方面对出租人的取回权进行限制。美国《统一商法典》中规定了在货物未交付前，如果出租人发现承租人有资不抵债的情况，可以拒绝向承租人交付货物；但是对于在租赁期间承租人破产时出租人的取回权没有作出直接规定，仅规定了承租人违约，出租人在不破坏安宁的情况下可以不经司法程序行使取回权，也可以通过司法程序取回租赁物。虽然此条仅规定了承租人违约时出租人的取回权，但是通常认为其仍可适用破产取回权。对于不破坏安宁的假定，法律也没有明确规定，司法实践中一般以债权人是否有进入

---

① 《日本破产法》第九十一条规定："在破产宣告前由破产人将标的物转让于第三人或破产宣告后由破产管理人将标的物转让于第三人，而第三人未支付时，取回权人可以取代破产人或破产管理人直接向受让人请求给付；如果受让人已向让与人支付了有关款项，则取回权人可以直接请求破产管理人从已纳入破产财产的对待款项中给付。"

破产人不动产的权利和债务人对债权人取回标的物是否同意为标准。这就要求在出租人行使取回权时，承租人或破产管理人若采取了反抗措施，则出租人便不能自主取回。另外在国际融资租赁中，有的法域不认可自主取回方式或对自主取回方式有一定的限制，出租人就很难通过自主取回方式行使其权利。而即使出租人取回了租赁物，由于融资租赁法律关系的特性，承租人对租赁物享有衡平利益，如果出租人处理不善，极其容易引起破产管理人的异议。因此，虽然自主取回模式有着很多先天优势，但是在国际融资租赁中并不是很理想。

司法取回模式具体分为非判决模式、判决模式和仲裁模式。非判决模式是指在英美法系国家，法院根据出租人的申请颁发执行令，在大陆法系国家，出租人可以凭借经过公证的租赁合同来请求法院支持颁发执行令，在租赁登记国家中，登记本身就可为出租人申请执行令提供证据。[①] 判决模式是指出租人必须获得法院判决后才能行使取回权。仲裁模式是指出租人将仲裁机构的仲裁裁决作为其获得行使取回权的依据。上述三种模式相比，非判决模式虽然简单方便，但此种程序很可能造成错误授权，从而损害承租人的合法权益；判决模式虽然准确，但是却因诉讼程序繁琐，导致诉讼成本过大，时间过长使租赁物价格贬损。而相比之下，仲裁模式时间短、程序简单，而且是双方当事人合意选定的，更有利于执行。因此，大多数国家也都接受仲裁模式作为破产取回权的司法取回模式。

3. 破产取回权与违约取回权的竞合

在承租人破产时，出租人可以通过两种方式取回租赁物：一是主动解除融资租赁合同取回租赁物；二是破产管理人选择终止合同，出租人取回租赁物。通常情况下，在破产宣告前，如果承租人已经发生了实质违约行为，那么出租人可以行使取回权取回租赁物，此取回权属于违约取回权。然而在实践中还会出现一种情形，即承租人在破产宣告前已存在实质违约行为，但出租人并未及时解除合同，而是在承租人破产宣告后才行使解除权，此时就会出现破产取回权与违约取回权的竞合。这种解除权是否产生取回租赁物的效力，现实中

---

① 　参见程卫东：《国际融资租赁法律问题研究》，法律出版社 2002 年版，第 217 页。

存在两种观点。持肯定观点的认为：承租人在宣告破产前已经发生了实质违约行为，便成就了出租人违约取回权行使的法定事由。该种违约的本质并不因破产程序的开始而改变，所以出租人仍然可以在破产宣告后行使此种解除权而不受破产管理人选择权的限制。持否定观点的则认为：进入破产程序后，出租人便不得通过破产程序以外的其他途径来取得财产利益，即使承租人在破产宣告前存在违约行为，此种违约取回权因出租人未及时行使在进入破产程序后消灭，此时出租人的解除权必然要受到承租人或其破产管理人的选择权的限制。对此问题，我们认为应当采纳肯定说，因为承租人的违约行为发生在破产宣告之前，而且此种违约已达到法律上要求的解除权的标准，出租人不能因为其不能预见的承租人破产而丧失此种违约取回权。

4. 国际融资租赁中破产取回权的法律适用

国际融资租赁中破产取回权的法律适用，本质上应属于国际融资租赁物权法律适用问题。要解决这个问题，我们首先应明确破产财团范围的法律适用问题。主要是租赁设备是否属于破产财产，对此问题各国法律规定不尽相同，一般来说应依照破产宣告地国法律（法院地法）来进行判定。[1] 如认定租赁物为破产财产，则作为破产财团的一部分进入破产债权的清偿程序，或按照当事人合意选择的法律或按照最密切联系原则选择法律进行适用；如认定租赁物不属于破产财产，则不产生债权法律适用的效果，直接适用物权关系法律。而基于物权关系所产生的破产取回权，一般应适用物之所在地法律，即宣告破产时租赁物所在地国家的法律。[2] 但若租赁物为船舶、飞机等特殊有体动产，因其一般处于流动之中，若适用物之所在地法则过于机械，应考虑引入新的连接点来确定应适用的法律。许多国家的国际私法都确立此时注册地法为准据法，如奥地利[3]；也有国家将旗国法为准据法，如匈牙利，1979年匈牙利

---

① 参见王劭瑾：《论跨国破产中破产财团的法律冲突与法律适用》，《科技信息》2008年第36期。

② 参见李双元：《国际私法——冲突法篇》，武汉大学出版社2001年版，第482页。

③ 《奥地利联邦国际私法法规》第三十三条第1款规定："经备案或登记于一注册地的水上或空中运输工具的物权，除第2款另行规定外，依注册地国的法律。"

国际私法规定:经登记的船舶、飞机的财产权的成立、保持或终止,适用其旗国法或标志国法。综上,在我国境内发生的融资租赁,应适用我国法律作为破产取回权的行使依据。

二、出租人破产的法律问题

(一)破产管理人的解除权

出租人破产时,破产管理人是否享有解除权的问题,各国法律规定不尽相同。美国破产法规定:出租人申请破产保护后,经破产法院的同意后,有权解除任何租赁协议,出租人解除协议后,承租人可以终止协议返还租赁物,或变更协议继续保持对租赁物的占有。① 日本破产法规定:在融资租赁合同中,出租人及其破产管理人可以选择解除合同取回租赁物或者决定继续履行合同。② 德国法律则规定:在出租人破产时,不给予破产受益人合同解除权,该租赁协议仍将存续。而这一问题在理论界也有两种不同观点,肯定的观点认为,法律之所以赋予出租人或破产管理人解除权,主旨在于保护破产财产的完整性,防止合同的存续状态对出租人利益造成损害,导致其他债权人不能得到充分偿付。否定的观点则认为,若赋予出租人或破产管理人解除权,其可仅凭单方意思表示来解除双方之间的租赁关系,会使承租人丧失其占有使用的租赁物以及获得租赁物所有权的期待利益,这与当代融资租赁立法倾向于保护承租人利益的立法目的是相悖的,出租人非出于承租人的原因随意干预承租人平静占有和使用租赁物的排他权利,实属不当。

从我国《企业破产法》的一般规定来看,对于未履行完毕的双务合同,破产管理人可以根据继续履行合同是否有利于破产财团之利益而决定是否继续履行合同。解除融资租赁合同、收回租赁物,有利于增加出租人的破产财团,看似应当支持肯定说。但是从融资租赁的立法目的来看,若由于非承租人的

---

① 参见张颖璐:《国际融资租赁中的破产法律问题研究》,西南政法大学 2007 年硕士学位论文。

② 参见[日]石川明:《日本破产法》,何勤华、周桂秋译,中国法制出版社 2000 年版,第 62 页。

过失导致租赁协议的解除,不仅剥夺了承租人对租赁物的使用权,同时也剥夺了其获得租赁物所有权的期待权。从承租人的利益保护角度来看,出租人解除合同,收回租赁物给承租人带来损害所产生的损害赔偿请求权可以作为破产债权参与破产财产的分配,但该损害赔偿请求权只能作为普通破产债权,在实务中普通破产债权的受偿额非常低,实际上并没有使承租人的权益受到充分的保障。另外从出租人的角度来看,出租人行使解除权后,必然要面临租赁物的处理问题,而租赁物是出租人根据承租人的选定而购买的,尤其是在国际融资租赁合同中,租赁物往往不具有普适性和广泛的市场流通性,出租人解除合同后,很难将租赁物变现为比租金更高的收入,这实质上是对破产财团的减损。

综上所述,我们认为,若法律规定出租人破产时享有合同解除权,势必会造成出租人处理租赁物方面的困局。因此,若出租人解除租赁合同,无论从出租人还是承租人的角度来看都是不利的,在国际融资租赁出租人破产时,不应当赋予出租人法定的合同解除权。

(二)租赁物能否归于破产财团

在普通租赁合同中,出租人破产时对租赁物享有完全所有权,租赁物当然归为出租人的破产财团范畴;但是在国际融资租赁合同中,承租人在租赁物上享有的衡平利益随着租期的不断增长也逐渐增大,因此,笼统地将租赁物归为破产财团中是不妥的,对于承租人来说也是不公平的。[①]

在国际融资租赁中,出租人关注的是其租金利益能否实现,其对租赁物的所有权处于一种消极的不行使的状态;承租人关注的是其能否平静使用租赁物以及最后获得租赁物所有权的权利,而其权利的行使有赖于其租金的按时支付。所以,我们认为租赁物能否归于破产财团应当根据衡平利益理论及融资租赁立法宗旨相结合进行判断。首先,鉴于出租人购买租赁物的目的在于获取租金,承租人的目的在于获得租赁物的使用权。因此,当出租人破产时,承租人若提前支付租金并行使购买选择权购买租赁物,此时合同双方的目的均可以实现,而承租人也成为租赁物法律上的所有权人,此时租赁物当然不能

---

① 参见程卫东:《国际融资租赁法律问题研究》,法律出版社 2002 年版,第 198 页。

归为出租人的破产财团,而相应的承租人支付的租金以及购买租赁物支付的对价则可以作为出租人的破产财团。而在承租人未选择提前支付租金并取得租赁物所有权时,租赁物也不应当归为出租人的破产财团,此时应当充分考虑衡平利益原则,对租赁物进行清算,对于超出出租人应得利益的部分应当返还给承租人。因此,租赁物是否计入破产财团应根据不同情况以及合同双方的选择来确定。

第五节　融资租赁物的善意取得问题

一、善意取得制度的法律界定

(一)善意取得的概念

善意取得制度是大陆法系和英美法系共通的一项财产制度。其中涉及了对所有权"静"的保护和财产交易"动"的保护,善意取得制度是伴随财物流通的不断扩大,应流通安全的经济要求产生和发展起来的,是现代社会保障商品交换安定性和连续性的一项重要制度。① 善意取得又称即时取得,是指无权处分人将其财产(动产或不动产)转让给第三人,若第三人在取得该财产时出于善意则受让人自取得标的物占有之时,依法取得标的物的所有权,原权利人丧失所有权。②《中华人民共和国物权法》(以下简称《物权法》)中也规定了此制度。③

(二)善意取得的构成要件

善意取得的构成要件是指善意取得成立时应当具备的条件,而善意取得制度是以牺牲原所有权人利益为代价来保护善意第三人利益并以此维护交易

---

① 参见肖厚国:《物权变动研究》,法律出版社2002年版,第344页。
② 参见张王敏:《民法》,中国人民大学出版社2003年版,第299页。
③ 《物权法》第一百零六条:"无处分权人将不动产或者动产转让给受让人的,所有权人有权追回;除法律另有规定外,符合下列情形的,受让人取得该不动产或者动产的所有权:(一)受让人受让该不动产或者动产时是善意的;(二)以合理的价格转让;(三)转让的不动产或者动产依照法律规定应当登记的已经登记,不需要登记的已经交付给受让人。受让人依照前款规定取得不动产或者动产的所有权的,原所有权人有权向无处分权人请求赔偿损失。当事人善意取得其他物权的,参照前两款规定。"

安全,所以此种制度不能逾越合理界限,只有这样才不会危及百年来通过精心努力维系的私法秩序。① 因此,适用善意取得一定要从严把握,避免其滥用。参照有关国家关于善意取得的立法规定和学界的有关论述,我们认为,善意取得的构成要件应当包括以下几个方面:(1)转让人须占有标的物但无财产处分权;(2)善意取得的标的物须为法律允许流转的财产;(3)第三人须为善意且无重大过失;(4)受让人须支付合理对价;(5)标的物为动产的须完成交付,不动产须进行登记。

(三)善意取得的法律效果

善意取得的法律效果是指善意取得构成要件具备时所产生的法律效果,主要有物权和债权两个方面的效果。

1.物权的效果

善意取得使原权利人与受让人之间发生物权变动,即原所有权人的所有权消灭,不得基于所有权向他人提出主张,受让人取得所有权,则可任意处分其所有权。并且这个效果是终局性的,不得改变。

2.债权的效果

第一,让与人与原权利人之间。原权利人因善意取得制度而丧失其所有权,只能依据债权请求权,请求给自己权利带来损害的人承担法律责任。由于让与人对原权利人的财产无所有权却进行处分,损害了原权利人的利益。首先,对原权利人与让与人之间有合同关系的,可以主张让与人承担违约责任;其次,让与人没有合法原因处置原权利人财产的,使自己获得利益,原权利人受到损害,构成不当得利,原权利人可以依据不当得利制度请求让与人返还不当得利;除此之外,让与人的处分行为导致原权利人所有权的丧失,而在其实施该行为时,具有明显过错,构成对原权利人的侵权,原权利人可以行使侵权行为请求权要求其赔偿损失。

第二,原权利人与受让人之间。善意取得使善意受让人取得标的物的所有权,其可以依据自己意志自由处分该标的物,而由于其已经为真正的权利人,即使

---

① 参见孙鹏:《物权公示论——以物权变动为中心》,法律出版社 2004 年版,第 351 页。

其在取得该标的物之后知道让与人系无权处分,也能完全取得标的物的所有权,因为善意受让人从其具备善意取得构成要件之时已经是标的物真实的权利人。①

第三,让与人与受让人之间。在让与人与受让人之间,转让合同是他们关系的主要依据,如果合同有效,则让与人负有将标的物受让给受让人的义务,而受让人则获得了标的物的所有权,受让人负有依据合同支付标的物对价的义务。而当标的物出现瑕疵时,受让人也只能依据转让合同向让与人主张瑕疵担保责任。

二、善意取得制度对融资租赁出租人的风险

根据融资租赁合同,出租人在合同期限内享有租赁物的所有权,未经出租人同意,承租人不得擅自对租赁物进行转让、转租、抵押等处分行为。但是在实务中,租赁物由承租人实际占有,其极易被认为是租赁物的所有权人,第三人基于此表象与承租人作出的一定法律行为受法律保护。在 1996 年最高人民法院发布的《关于审理融资租赁合同纠纷案件若干问题的规定》中规定②了未经出租人同意,承租人对租赁物的转让、抵押、转租等处分行为无效。但随着《物权法》的颁布实施,我国善意取得制度确立起来,此条规定也因与《物权法》第一百零六条的规定相冲突而被废止,2014 年《最高人民法院关于审理融资租赁合同纠纷案件适用法律问题的解释》中又明确作出规定,③在融资租赁

---

① 参见孙宪忠:《论物权法》,法律出版社 2001 年版,第 80 页。

② 最高人民法院《关于审理融资租赁合同纠纷案件若干问题的规定》第十条规定:"在租赁合同履行完毕之前,承租人未经出租人同意,将租赁物进行抵押、转让、转租或投资入股,其行为无效,出租人有权收回租赁物,并要求承租人赔偿损失。因承租人的无效行为给第三人造成损失的,第三人有权要求承租人赔偿。"

③ 《最高人民法院关于审理融资租赁合同纠纷案件适用法律问题的解释》第九条:"承租人或者租赁物的实际使用人,未经出租人同意转让租赁物或者在租赁物上设立其他物权,第三人依据物权法第一百零六条的规定取得租赁物的所有权或者其他物权,出租人主张第三人物权权利不成立的,人民法院不予支持,但有下列情形之一的除外:(一)出租人已在租赁物的显著位置作出标识,第三人在与承租人交易时知道或者应当知道该物为租赁物的;(二)出租人授权承租人将租赁物抵押给出租人并在登记机关依法办理抵押权登记的;(三)第三人与承租人交易时,未按照法律、行政法规、行业或者地区主管部门的规定在相应机构进行融资租赁交易查询的;(四)出租人有证据证明第三人知道或者应当知道交易标的物为租赁物的其他情形。"

合同中,善意第三人在条件成就时,可以取得租赁物的所有权或其他物权。

据此,若第三人基于善意取得制度获得租赁物所有权,出租人无法直接向第三人请求返还租赁物,只能向承租人主张损害赔偿;若第三人基于善意取得制度获得租赁物的其他物权的,如获得租赁物抵押权时,出租人虽仍享有租赁物之所有权,但是此时第三人成为第一顺序权利人被优先保护,出租人对租赁物的物权亦受到了一定的限制。

三、国际融资租赁中的善意取得制度

在国际融资租赁中,由于出租人和承租人往往处于不同国家,距离较远,出租人往往不能掌控租赁物之状态,而在租赁期间,租赁物由承租人占有,在这种情况下,十分容易造成承租人是租赁物所有权人的假象,此时,若承租人对租赁物作出处分行为,极易符合善意取得制度。出租人虽然可以对承租人提出侵权或违约之诉,但是却无法取回租赁物,其权利不可避免受到损害。当然,我们不能否定融资租赁中租赁物的善意取得制度,为了更好地促进融资租赁交易,在国际经济领域中各国对融资租赁中善意取得制度作出了一定的规定,国际上主要有以下三种立法模式。

(一)登记生效主义

登记生效主义是指出租人的所有权以登记为发生效力的要件,即未经登记,出租人的所有权不仅不得对抗第三人,而且在融资租赁合同当事人之间也无约束力,亦即其所有权根本不能成立。[1] 在此种立法模式下,一般都采用实质审查的方式进行审查,登记具有公示作用。而出于保护第三人的信赖利益,即使登记内容与实际的权利状况不符,也以登记簿上记载的内容为准。此种模式下,较为容易确定出租人设定所有权的时间,而且第三人也不必担心因登记内容与实际状况不符受到损害,而第三人也较为容易获得登记内容。但是此种登记制度势必会产生登记费用,增加融资租赁的交易成本,不利于融资租赁交易模式的发展。当租赁物为汽车等需要政府颁发确权证书的资产时,融

---

[1]　参见高圣平、乐沸涛:《融资租赁登记与取回权》,当代中国出版社 2007 年版,第 188 页。

资租赁交易并不影响原有所有权,对融资租赁物再次进行登记,更是加大不必要的交易成本。

(二)非登记主义

非登记主义是指出租人的权利在融资租赁交易中是绝对的,不需登记即可对抗任何人[①]。此种立法,最典型为美国,《美国统一商法典》中规定,融资租赁作为一种独立的动产交易形态,无需登记,但如果认定其为动产担保交易类型的融资租赁,则应当在统一的动产担保登记系统中登记融资声明书,否则不得对抗第三人。不过虽然《美国统一商法典》中对融资租赁作出了真实融资租赁和动产交易类型融资租赁之分,但是在法律规定中对二者的区分并不清晰,而对融资租赁也没有设立专门机构进行登记。

(三)登记对抗主义

登记对抗主义是指出租人的所有权依合同双方当事人之间合意设定,但未经登记,不得对抗第三人。[②] 即合同双方当事人达成合意合同即生效,合同中若约定租赁物所有权归出租人所有,即使没有进行登记,出租人依然享有租赁物的所有权,但是不得向善意第三人主张其权利。在登记对抗主义下,当出租人没有进行登记时,承租人擅自转让租赁物,第三人若依据善意取得制度取得租赁物的所有权,则出租人无权向第三人主张返还租赁物,只能向承租人请求损害赔偿;若出租人进行登记,则其对租赁物享有绝对权利,足以对抗善意第三人,可以排除第三人的善意取得。此种模式在《国际融资租赁公约》中获得采用,该公约第七条中规定:出租人对设备的物权可以有效地对抗承租人的破产受托人和债权人,包括已经取得扣押或执行令状的债权人。如根据适用法律规定,只有符合有关公示的规定时,出租人对设备的物权才能有效地对抗前款所指的人,则只有符合上述规定时,该权利才能对抗上述之人。即只有当出租人的物权符合公示制度的相关规定时,才能有效对抗第三人。[③]

---

① 参见李琴:《国际融资租赁中出租人的权利保护法律问题研究》,华东政法大学 2009 年硕士学位论文。

② 参见高圣平、乐沸涛:《融资租赁登记与取回权》,当代中国出版社 2007 年版,第 189 页。

③ 参见李鲁阳:《融资租赁若干问题研究和借鉴》,当代中国出版社 2007 年版,第 307 页。

　　通过对上述三种立法模式的阐述，我们可以看出不同的立法模式对于善意取得的对抗效力也有所不同。其中非登记主义对第三人善意取得的对抗力度是最大的，在该模式下，出租人享有绝对的所有权，无需公示就可以对抗善意第三人，换言之，在该种模式下，出租人无需担心第三人通过善意取得获取租赁物所有权的风险。虽然很好地保护了出租人的权利，但是，该种模式与传统民法中公示公信原则相悖，物权公示的方法有登记与交付。根据该原则物权变动的生效要件是登记或交付，只有经过登记或者交付的物权才能对抗善意第三人，而公示公信原则的含义应为若当事人约定的权利内容与公示内容不一致的，应当以公示内容为准，第三人基于公示内容产生的信赖利益应当受到保护，正是基于此种考虑，各国立法中大都规定了善意取得制度。若适用非登记主义，则第三人基于善意从无权处分人处获得标的物的物权，标的物的原权利人仍有权对抗第三人，相当于否定了善意取得制度，有悖于民法中保障交易安全的理念。

　　登记生效主义中，登记不仅具有公示物权的效力同时也是物权设立的必要条件，在此种立法模式下第三人不必因为担心登记内容与现实不符而使自身权利受损。虽然该种模式尽可能地保护了第三人的权益，但是登记的目的应当是公示权利，不应当成为当事人权利成就的条件。在登记主义下，合同生效后而未登记时，当事人若不依照合同履行义务，不利于保护善意一方当事人，更有碍于合同对于合同当事人的约束力。① 登记的目的应当是为了公示租赁物上的权利，让第三人知晓该租赁物上的法律关系，因此，不应将登记作为租赁物所有权成立的条件。

　　相较而言，登记对抗主义遵从民法中的意思自治原则，充分尊重当事人的意思自由，由当事人自由决定是否登记，如标的物价值较小、没有回收价值的融资租赁交易，当事人可以不进行登记；相反，若标的物价值较大，当事人认为有必要进行登记来对抗第三人的善意取得，可以进行登记。在此种模式下，是否登记也不影响当事人物权的成立，合同中关于权利的相关约定亦有效，这样

---

① 参见王利明：《试论我国不动产登记制度的完善（上）》，《求索》2001 年第 5 期。

既有利于财产流转,又有利于资金流通,还有利于对合同当事人和善意第三人权利的保护。因此,我国融资租赁交易中应当适用登记对抗主义。在之前《中华人民共和国融资租赁法(草案)》中也体现了此原则。①

四、国际融资租赁中善意取得制度的完善建议

如前文所述,国际融资租赁中由于合同双方当事人处于不同国家,出租人对于租赁物的状态很难掌控,而承租人在租赁期间占有租赁物,此时若第三人基于善意取得获得租赁物所有权,出租人的权利就会受到损害。

目前,我国还没有建立相应的融资租赁登记制度,根据《物权法》善意取得制度和《最高人民法院关于审理融资租赁合同纠纷案件适用法律问题的解释》中的相关规定,出租人的权利和善意第三人相比,明显处于劣势,这严重危害了出租人的利益。通过以上对于国际上融资租赁善意取得制度的三种立法模式的比较分析,可以看出登记对抗主义最能保障出租人与第三人的利益平衡,也符合融资租赁交易的交易意图。对于在国际融资租赁中如何确立登记对抗主义,主要从以下几方面提出建议。

(一)确立融资租赁登记机关

目前,绝大多数动产的公示方法仍然是交付,在融资租赁交易中就极易造成承租人为租赁物所有权人的表象,前文论述我国要确立登记对抗主义,其中首先要解决的就是登记机关的确立问题,若登记机关确立不明,就会出现互相推诿,反而阻碍融资租赁登记制度的实行。

从立法角度而言,各国对登记机关的设立可以分为中央登记制和地方登记制。中央登记制则要求各地融资租赁交易者在统一的中央登记机关进行登记,不认可在各地方登记机关登记的效力,此种登记制度对于查询者来说,十分方便,只需到特定机构进行查询就可以查询到该机关管辖之下的所有融资租赁交易情况,但该种登记就意味着登记者不能就近在地方登记机关进行登

①《中华人民共和国融资租赁法(草案)》(第三次征求意见稿)第十九条规定:“租赁物应当在登记机关办理所有权登记,未办理登记的,出租人对租赁物的所有权不得对抗善意第三人。”

记,这便增加了登记者的登记成本。地方登记制,登记者可以在其所在地或就近选择登记机关进行登记,减少了登记者的登记成本,于登记者较为方便,但是对于查询者来讲,由于地方登记信息分散,对于跨地区交易尤其是跨国交易进行查询,十分不便,更是增加了其查询成本。

以上对于登记制度的利弊分析都是在传统模式下进行的,现在我们已处于电子信息时代,对于租赁制度也要以新的角度进行分析。建议建立中央与地方相结合的统一化、电子化的融资租赁登记系统,设立一个统一的、专门的融资租赁登记机关,并由该机关在地方上设立相应地方机关进行受理、审查、登记等业务,中央和地方登记的信息通过网络进行同步,使查询者在各处融资租赁登记机关都可以进行查询。对于国际融资租赁交易中,此种制度的优势则更为明显,该制度能够通过现代科技使查询者不需要跨境就可以查询标的物的所有权权属情况,大大降低了交易成本,有利于促进经济的不断发展。

(二)规范登记程序

1.登记程序的申请

融资租赁登记的申请模式有单方申请主义和双方申请主义。单方申请主义,是指融资租赁登记只需融资租赁交易的一方当事人申请即可;双方申请主义,是指融资租赁登记需由融资租赁交易双方当事人共同申请才能够启动登记程序。我们认为单方申请主义更符合国际融资租赁交易的性质,首先,就双方申请主义来说,双方申请主义要求双方当事人共同申请,增加了登记成本;其次,要求双方当事人共同申请容易造成办理时间的延迟,会损害出租人的利益;再次,融资租赁交易中,尤其是国际融资租赁中,如果承租人不配合出租人,那么出租人进行租赁物的确权登记就十分困难,这样最直接的结果就是出租人不能够对抗善意第三人,这有违最初设立登记制度的初衷。若出租人以登记请求权①为由请求承租人予以配合的话,由于登记请求权在理论上有较多争议,实践中也很难进行处理。而单方申请模式则只需要融资租赁交易合

---

① 登记请求权,是指登记权利人对登记义务人所享有的请求其履行登记义务或协助履行登记义务的权利。

同一方当事人(主要是出租人)进行申请就可以启动登记程序,这样出租人不需要承租人的配合就可以登记,从而获得对抗善意第三人的效力,有利于保护出租人的权益,综上所述,建议应当适用单方登记主义。

2. 登记审查方式

登记机关对于登记申请的审查方式有形式审查和实质审查两种。形式审查是指审查机关对当事人提交的申请材料按照规定进行形式上的审查,如申请人资格、申请书所需材料是否齐全、填写是否合规等方面的审查,对于当事人租赁物的归属、合同所规定的事项是否实质上合理都不进行审查;实质审查是指审查机关对当事人的申请要求不仅要在形式上进行审查,还要对当事人的合同内容进行实质审查。融资租赁合同是在合同双方当事人平等自愿的基础上达成的合意,只要不违反法律的强制性规定和公序良俗,当事人对于合同的相关事项都有权自主决定,任何个人和单位都无权干涉。所以对于融资租赁合同中的事项、合同效力、租赁物所有权的归属等,登记机关都不应进行评判,而且实质审查对于登记机关的资质要求比较高,租赁物的种类繁多也使审查成本过高,最后还是由合同当事人进行承担,因此,建议采用形式审查的方式。

3. 确立登记原则

融资租赁的登记原则可以分为自愿登记和强制登记两种,而融资租赁的登记主要是起到公示作用,说明租赁物的权属、使第三人知晓租赁关系,以此避免第三人依据善意取得制度获得租赁物的所有权进而危害出租人的权利。因此,权利人有权自愿决定是否通过登记来保护自己的权益,在私法领域中,当事人的意思自治是一项重要原则,在当事人的行为不违反法律和公序良俗的情况下,应充分尊重当事人的意愿,让当事人自己决定是否要进行融资租赁登记;另外,由于融资租赁的租赁物种类多种多样,对于一些金额小、风险低的情况,租赁物没有取回价值时,若强制当事人进行登记,平白增加当事人的交易成本。所以,自愿登记原则较为合理,在自愿登记原则下,合同当事人若认为有必要进行登记来保障自身的权利时便可以进行登记,以此对抗第三人。但若融资租赁交易的标的物为航空器、船舶、机动车等交通工具,则必须进行登记,除上述交通工具之外,则应当适用自愿原则。

融资租赁作为一种兼具融资与融物功能的交易方式,在为企业提供周转资金的同时还可能降低企业的经营风险,其相较于传统租赁具有多项优势,因此该种交易方式一出现,就以蓬勃之势扩展到全球市场。融资租赁的国际化交易方式也越来越普遍,但是由于融资租赁交易租赁期间长、出租人的所有权与控制权分离、各国关于融资租赁交易的规定也有所不同,使国际融资租赁交易模式下出现的问题也越来越多。以上通过对国际融资租赁中容易出现的一些问题进行分析,也就相关问题提出了一些浅显的建议,以期对自贸区跨境融资租赁所将面临的司法实践有所帮助。

第十四章　自贸区跨境资金池问题研究

自贸区跨境资金集中运营管理是落实十八届三中全会精神,实现资本项目可兑换,进一步推进人民币国际化进程的重大举措。对试点企业来说,跨境资金池的实行,有利于提高试点企业集团跨境资金营运能力,控制汇兑风险,降低融资成本,提高综合收益,从而增强全球竞争能力。同时,对不断推进国际化进程的中资银行而言,办理集团资金跨境集中运营管理相关的业务有利于提高其全球资金管理能力,从而增强在国际银行业的竞争力。对于外资银行,跨境资金池业务有助于发挥国际化优势,增加在中国市场的份额。因此,无论是企业界还是银行业都对跨境资金集中运营管理规则的实施抱有极大的期待。

考察跨境资金池业务实施以来的情况,固然在一定程度上解决了大型跨国公司的实际问题,但是与业界的期待仍然相去甚远。我们不得不进一步追问:为什么好的制度无法惠及企业?为此,下文将在梳理中国式跨境资金池制度框架的基础上,剖析当前跨境资金池监管方面存在的主要问题、跨国公司与银行业为此而不得不进行的调整、国外主要国家资金池监管的经验、中国跨境资金集中运营管理对金融司法的挑战,最终提出进一步优化中国跨境资金池监管体系的具体建议。

第一节　自贸区跨境资金池之形:集团资金集中运营管理路线图

一、自贸区人民币跨境资金池

上海自贸区人民币资金池设立的制度基础为银总部发〔2014〕22号文件。

根据上述文件,自贸区内企业可以根据自身经营和管理需要,开展集团内跨境双向人民币资金池业务。集团指包括区内企业在内的,以资本关系为主要联结纽带,由母公司、子公司、参股公司等存在投资性关联关系成员共同组成的跨国集团公司。文件并未要求成员企业之间具有实际上的控制和被控制关系。开展集团内跨境双向人民币资金池业务,需要由集团总部指定一家区内注册成立并实际经营或投资的成员企业,选择一家银行开立一个人民币专用存款账户,专门办理跨境资金池业务。成员企业之间应签订资金池协议,明确各自在反洗钱、反恐融资以及反逃税中的责任与义务。具体流程如下(详见图14.1)。

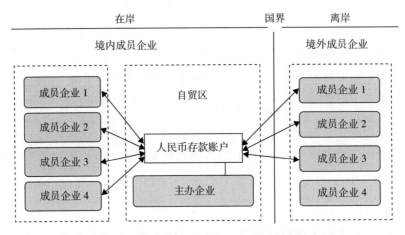

图14.1　自贸区人民币跨境资金池业务的具体流程

二、自贸区外币跨境资金池

自贸区外币跨境资金池根据上海汇发〔2014〕26号而设立。自贸区内的主办企业要开立国际资金主账户与国内资金主账户。国际外汇资金主账户与境外资金自由往来,与国内外汇资金主账户在规定额度内自由划转。国内外汇资金主账户从国际外汇资金主账户净调入资金,不得超过可归集的外债额度;向国际外汇资金主账户调出资金,不得超过境内成员公司所有者权益的50%。具体而言,可集中的外债额度=境内成员公司外债额度-境内成员公司已登记中长期外债签约额-境内成员公司已登记短期外债未偿余额。具体流程如下(详见图 14.2)。

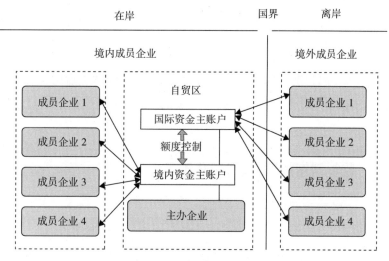

图 14.2 自贸区外币跨境资金池业务的具体流程

第二节 自贸区跨境资金池之殇：为什么好的制度无法惠及企业？

一、门槛设定过高，受惠企业有限

(一)隐性合规成本高

从企业角度审视，跨境资金池的设立与运行并非毫无成本，企业在设立跨境资金池的过程中，需要与跨国金融与法律服务中介机构合作，整个跨国资金池的设计除了要考虑纷繁复杂的国内监管规定之外，还需要将国外成员企业所在国的监管制度纳入考察视野，只有在经过深入研究的基础之上，才可能设计出一套运转顺畅的跨境资金池运转体系。为此，企业除了需要负担内部人员的人力成本之外，还需要承担高额的中介费用。

(二)限制主办企业注册地

此外，随着中国本土企业逐步发展壮大，在中国新设企业从事商业活动的风险也随之增大，在这样的大背景下，外资企业在华投资虽然整体规模依然保持了良好的态势，但是增长率已经越来越低，大量的外资跨国公司在中国内地裁撤人员，甚至将生产企业整体搬迁至东南亚低收入国家，显示在中国运营企业已经缺乏成本优势。跨境资金池本应该成为外资跨国公司节约资金成本，或者以中国为亚洲区中心调拨区域资金的推动机制，但要求主办企业必须注册于自贸区，远离目前集团资金实际运营中心，显然降低了跨国企业集团对于整体经营体系变革在财务层面的反应速度，降低了中国作为区域财务中心的竞争力。

二、监管制度烦琐，吸引特色不足

（一）金融政策风险大

对于跨国公司而言，整个资金池体系存在着极大的政策性风险，外资跨国公司对此的担忧不无道理。监管层制度设计的初衷在于，谋求企业集团内部跨境资金调配的便利性与防范因为本、外币的大规模跨境流动可能对整个金融体系造成的危害。为此，除了外资企业通过投资总额与注册资本之间差额计算外债额度外，监管层设置了另一道阀门，即通过调整宏观审慎参数等方式，进一步限制集团内部跨境资金的流动。

（二）监管工具落后于现实

对于通过注册资本与投资总额的差额核算外债额度由来已久，外币跨境资金池采用了这种方式。据此，外汇管理部门，有权审核外债的增减情况，在获得批准之后，才可能在境内外企业之间借贷外币。外债总额的控制不区分借款主体是集团内部的其他企业还是专业的金融机构，但是在商业社会中，集团内部的借贷较商业贷款而言更为稳定，集团对于其成员的经营状况充分了解，不需要通过担保、抵押等方式防范由于信息不对称引发的风险。

不同于外币跨境资金池通过外债与对外放款额度控制实现审慎监管，人民币跨境资金池主要采用宏观审慎系数等方式，对于国内集团企业利用外部资金进行限制。人民币跨境资金池的运行受限于中国监管制度，一旦中国监管层突然通过调整宏观审慎参数收紧额度，则跨国企业集团遍布全球的子公司都可能因此而承受巨大的资金风险。基于上述理由,目前的跨境资金池体系,更加适合于刚刚走出国门的国有大型企业,对外资跨国公司而言,隐藏着巨大的政策性风险。

三、内控机制涣散,隐藏金融风险

(一)资金池异化主要风险不在于通道作用

在金融管制依然大量存在的情况下,监管层担心跨境资金池成为热钱畅通无阻进出中国的渠道具有一定道理。但是也应该清楚地看到,既然中央政府已经下定决心减少跨境金融活动的金融管制,而跨境资金池的信息又可以实时反映给监管层,因为担心跨境资金池的异化而强加若干本就不具有实际价值的监管限制,只能徒增跨国公司的资金成本,并且背离了跨国资金池设立的初衷。

跨境资金池真正的风险并不在于成为资金进出中国的通道,因为虚假贸易、地下钱庄的存在实际上已经撕开了中国跨境金融活动的防火墙。相对于无孔不入的虚假贸易与非常隐蔽的地下钱庄,跨境资金池的每笔交易都存有记录,任何审慎的跨国公司都非常清楚,一旦监管部门发现跨国资金池被滥用,不仅面临集团资金池被切断的风险,而且将因此受到处罚,在相当长一段时期内处于办理外汇业务的不利地位。由此,如果个人或者企业试图从事不法本外币跨境交易,往往也不会借用跨境资金池的渠道,毕竟容易暴露,而且违规成本高。

(二)应尽快建立维护债权人利益的内控制度

对于整个金融系统而言,跨境资金池的主要风险在于,当中国经济下滑加速,境外资本可以通过跨境资金池将大量流动资金转移至境外企业,导致境内企业短时间内资金周转困难或者陷入支付不能乃至破产的境地,进而从根本上损害中国境内成员企业债权人的利益。要解决上述问题,从根本上说,应要求境内企业在加入跨境资金池的过程中,建立严格的内控机制。

一方面,监管者应该要求跨境资金池在设立过程中,建立有效的熔断机制,即一旦某个成员企业陷入或者很可能陷入支付不能的境地,则其他成员企业原则上不应向其提供贷款。通过这种方式，某个境外企业的经营困境不至于传导到境内成员企业。另一方面，应该从司法层面进一步巩固《公司法》上的资本维持制度，即如果公司的净资产低于其注册资本，原则上不应允许公司通过跨境资金池向其他企业提供流动性资金的支持，从而维护企业债权人的根本利益。一旦跨境资金池成员企业违反上述规定，应该支持债权人提起诉讼。

四、过分强调本土，欠缺国际视野

（一）跨境资金池规则不适合构架全球体系

跨境资金池从来就不是单一国家的法律与监管问题。从跨国公司角度出发，方案设计的核心在于主办企业与合作银行在何种监管程度的法律体系内，操控全球范围内子公司资金调拨。将主办企业设置于金融管制严格、外汇进出受控的国家，将大大降低跨境资金池的功效。

中国目前的监管环境并不适合构架全球性资金池。中国的跨境资金池体系似乎尚处于尝试性阶段，无论是监管者还是商业银行都缺乏足够的经验。在这种背景下，为了保证金融安全并防范系统性的风险，监管者试图将跨境资金池作为资本账户开放的初步尝试。根据监管规则的要求，跨境资金池主办企业与合作银行必须按要求报送重要信息，由此，整个跨境资金池对监管层而言都是透明而且可监控的。

（二）跨国公司绕道香港解决金融管制问题

外资跨国公司的运营活动往往涉及集团内部大量资金的频繁调拨，跨境资金池为这一问题提供了最优的解决方案。由于中国的监管层缺乏监管跨境资金池的经验，同时中国的金融体系也处于全面开放的准备阶段，任何国内外金融环境的风吹草动都可能促使监管层突然收紧对跨境资金流动的监管，这将为那些以中国为中心构架跨国资金池的企业带来极大的不便。

除了监管制度的稳定性、政策调整的可预见性与资本流动适度宽松的要求之外，跨境资金池的大发展还应该与跨国商业活动相衔接。中国具有经济总量上的优势，但是由于监管过于严苛，很难成功吸引跨国公司将全球主办企业设置于中国境内。在这种大背景下,如果仍然坚持跨境资金池的中国定位,必然导致很多跨境资金的运营绕道中国香港或者新加坡等金融管制宽松的地区。实际上,在监管层推出中国版的跨境资金池蓝图之后,大量的国有企业仍然将全球资本汇集的中心置于香港。中国大陆的资金池的成员包含香港本地企业,资金在到达香港之后,经过全球资金池系统划拨到世界各地其他的子公司。

第三节　迎合跨境资金池之累:商业银行与跨国公司的适应之道

一、外资银行发掘国际客户资源

外资银行具有跨国公司客户资源丰富的优势,与跨国公司财务团队长期合作,运营全球范围的集团资金池。跨国公司在评估是否按照中国法律设立跨境资金池过程中,除了会咨询国际律师事务所,也会征求长期合作的外资银行的意见和建议。一旦跨国公司决定按照中国法律设立跨境资金池,外资银行就具有了相对于内资银行信息方面的优势,能够第一时间根据客户的需求准备方案并及时报价。相对于中资银行,外资银行在中国的分支机构数量有限,必须发挥扁平化管理的优势,缩短信息沟通的时间,对于客户的需求及时作出反馈,并保持与监管部门的高效沟通,保证跨境资金池的设计和运营合法合规。此外,外资银行具有提供全球跨境资金池服务的丰富经验,跨国公司为了保证整个全球资金池系统运行的统一性,往往倾向于保持长期合作银行的一致性。

二、中资银行克服区域分割短板

近年来,跨国公司产业转移加快,大量东南沿海的企业向中西部迁移。相对于主要布局于东南沿海的外资银行而言,中资银行具有分支机构局部广泛的优势,能够为跨国公司各地的子公司提供全面的金融服务。然而,这种按照省份进行的全国性纵向布局,也在一定程度上造成了跨省协调的困难。跨境资金池的设立主要是为了协调集团范围的资金使用问题,无论如何跨国公司都不可能按照省份分别设立若干个资金池与海外集团资金池进行衔接。这一现实就决定了中资银行如果决心开展跨境资金池业务就必须在总部层面设立专门的运营部门打破全国性纵向分割市场可能导致的协调障碍。

三、外资企业大胆尝试人民币资金池

由于中国尚处于全面金融开放的尝试阶段,将外币资金池的主办企业设立在中国境内,以此协调全球成员企业外币资金的使用尚欠谨慎。总体而言,目前的跨境资金池体系(人民币与外币)主要是针对中资企业走出去而设计,对于外资企业而言,完全套用这个体系整合全球资金池时机还不成熟。在实际操作过程中,多数跨国公司更倾向于按照中国的监管规则设立人民币跨境资金池,而不是外币跨境资金池,这一趋势将会加强而不会衰弱。其中的根本原因在于,中国在东亚地区的影响力日益增大,人民币虽然作为国际货币尚待时日,但是作为区域结算的重要货币已经越来越多地获得了周边国家企业的认可。此外,央行对于人民币跨境资金池相对灵活而宽松的监管政策,也进一步刺激了外资企业设立人民币跨境资金池。在这样的背景下,外资跨国公司应该考虑以人民币资金作为亚洲地区成员企业之间调拨的主要媒介。

四、中资企业顺势布局全球财务体系

除了少部分中资企业已经以香港为中心设立独立的海外资金池体系外,多数中资企业都是以财务公司或者集团结算中心为连接点设立国内资金池调拨成员企业之间的资金。随着中国跨境资金池规则的建立,中资跨国公司应该在全球性扩张的过程中,实现境内与境外成员企业资金调拨的统一和协调。根据目前的监管规则,将国外成员企业加入国内资金池,并根据跨国资金池的有关规定作出适当调整,就可以完成跨境资金池的全球布局。对于已经依托香港等地设立境外成员企业资金池管理体系的中资企业而言,应该将境内与境外两个资金池打通,以便集团财务部门在全球范围内调拨资金。

第四节 国外跨境资金池之鉴：维护 成员公司及债权人利益

一、爱尔兰

由于爱尔兰税法上不存在转移定价规则，在"避税天堂"注册但是在爱尔兰运营的公司，可以将其在爱尔兰的主要收入和利润以"知识产权费"的形式支付给该公司在爱尔兰注册但并不运营的公司，而后者可以选择在"零税收"或非常低税收的地方，进行运营以避税。因此，不乏大量跨国公司巧妙设计集团结构，迎合这一"双爱尔兰框架"（Double Irish Arrangement），以实现避税，然后将爱尔兰公司账户上不断增加的收入，通过跨境资金池调拨到实际运营的成员企业。

爱尔兰的法律环境相对宽松，设立资金池不需要向中央银行汇报。此外，在公司法层面，在爱尔兰设立集团资金池或者爱尔兰公司以成员的身份加入跨境资金池并不存在障碍。爱尔兰《1990 年公司法》（Companies Act 1990）规定，原则上，公司不得向其董事或者与董事相关的其他公司，以及该公司的母公司的董事提供贷款或者准贷款。然而，《1990 年公司法》同时也允许了爱尔兰公司向其母公司提供贷款或者准贷款的行为。此外，《2001 年公司法实施法》（Company Law Enforcement Act 2001）进一步将这一例外情况扩展至爱尔兰公司可以向其他关联公司提供贷款，包括通过该公司的控股公司向其他子公司或者直接向同一集团下的其他子公司提供贷款或者准贷款。

总体而言，爱尔兰注册的公司加入跨境资金池并没有制度上的限制。然而，在正式加入资金池前，爱尔兰成员公司应确定其已经具备了加入资金池的权利能力并获得了公司权力机关的批准。首先，为满足这一条件，公司股东会应该通过决议，对公司的章程进行相应的修订，从而授权公司的执行机关加入资金池。其次，如果公司与其债权人就公司资金的调拨或者向外提供贷款存在事先约定，则公司应该获得该债权人的同意。最后，公司的董事会应该确保在作出决议时,公司加入资金池并向外提供贷款并不至于引起或者可能引起公司陷入支付不能的破产境地。

公司的董事对于公司具有维护公司整体利益的信托义务。如果公司本身陷入支付不能的破产境地,董事会仍然要求向母公司输送利益(包括提供贷款),则违反了信托义务并将导致行为无效。除此之外,如果公司的管理层明知公司向其他资金池成员提供贷款可能因为这些成员公司破产而无法归还,则公司的管理层已经违背了信托义务,并可能为此承担个人责任。

二、英国

与爱尔兰的法律制度类似,英国对于该国企业加入跨境资金池,或者以英国公司为主办企业设立资金池并没有制度上的障碍,自然也就不存在出台具体规则的必要。这与英国相对宽松的金融和法治环境息息相关,也因此吸引了大量外国投资者在英国设立公司,从事跨境金融活动。

具体而言,英国公司加入资金池意味着需要向资金池内的其他企业提供贷款,这一特殊的交易结构需要有公司章程层面的具体依据。在有异议的情况下,股东应该即刻通过修改公司章程的方式,赋予公司执行机关加入资金池的权限,从而避免因为公司权利能力不足而导致资金池协议无效情况的发生。尽管资金池协议无效并不影响资金池协议项下的主办企业和其他成员企业要求公司履行协议义务,但是公司的董事会成员将承担超越其权限履行职责的法律责任。除了获得公司股东会的批准之外,如果公司与其债务人约定为保护债务人的债权利益,公司对外提供贷款的能力受到限制,则公司还需要获得其债权人的同意或者由其放弃此项权利,方可加入跨境资金池协议。

在实际操作过程中,为了降低法律风险,公司董事会应该通过决议确定加入资金池协议符合公司利益。质言之,在董事会决议中明确对于预期利益的估计并判断其他成员企业破产清算可能导致的风险。除此之外,公司董事会中应该有专门成员监督跨境资金池协议的实施状况,特别关注其他资金池成员的财务信息,并定期向董事会进行汇报。当英国公司的董事会认为加入资金池协议的风险超过了可能获得的收益,则应该尽快解除协议。因为一旦资金池成员企业出现支付不能的情况,该成员企业的债权人则可能主张权利,导致英国公司向其提供的贷款无法收回。

如果英国公司的董事会成员在决定加入资金池协议时,或者在监督资金池成员财务状况过程中,没有尽到信托义务,则董事会成员要赔偿公司因此而造成的损失。此外,如果英国公司的董事会成员同时也在资金池协议中的主办企业或者其他成员企业担任董事职务,则为了避免利益冲突情况下可能引发的责任风险,该董事会成员最好不要参与到决定英国公司是否加入资金池协议的决议讨论与决定过程之中,除非英国公司的股东大会明确该董事会成员可以参加决议过程。

三、德国

近年来,大量中国企业投资德国高端装备制造业。如果中国企业试图将德国公司纳入跨境资金池之中,必须高度重视其中的法律风险。根据德国《银行法》(Gesetz über das Kreditwesen)的规定,企业集团资金池的主办企业及其参与成员并不属于金融机构的范畴,因此设立资金池也就无须联邦金融监管局的批准。然而,在集团资金池运行的过程之中,实际上隐藏了极大的民事责任与刑事责任风险,特别是在未达到资本维持原则或者某个成员企业出现支付不能的情况下。

在布莱梅·渥肯案(Bremer Vulkan)中,集团某个成员企业获得的补贴被注入资金池内以便维护其他集团企业的利益,但这一补救性措施徒劳无功,整个集团企业最终还是进入了破产程序。法院认为,将某个成员企业的补贴以此种方式注入到集团资金池内,构成了对成员企业财产的剥夺。由此,集团企业的母公司及其股东要对该成员企业破产程序中的债权人承担责任。除此之外,所有成员企业董事会成员与监事会成员都要因其未能履行职责而承担刑事责任。

德国联邦最高法院在2003年的一个案件中,进一步申明:当一个有限责任公司的所有者权益低于法定注册资本时(根据德国公司法,有限责任公司最低注册资本不能少于25000欧元),该企业不得向其股东提供贷款。尽管这一裁决并未直接申明涉及成员企业之间的资本调拨，但是毫无疑问适用于集团资金池，由此引发了德国企业界对于联邦最高法院过分限制集团资金池的异议，因为这一规定实际上将导致泥沙俱下的问题，影响资金池积极功能的发挥。为此，德国在2008年修订公司法的过程中，进一步阐明了如下例外原则：如果集团成员企业提供的贷款能够全额收回或者与集团母公司订立控制协议或者损益转移协议，则所有者权益低于法定注册资本的成员企业仍然可以向其他资金池成员提供贷款。

四、法国

类似的高风险，也出现在法国成员企业加入集团资金池的情形。根据法国《货币与金融法典》(le Code Monétaire et Financier)的规定，存在直接或者间接持股关系的关联企业之间的资金调拨，并不排他性地属于银行的特许营业范畴。由于这一例外性规定的存在，根据法国法律组建和运营的资金池并不要求取得银行牌照。实际上，集团资金池相关法律问题，更多地体现在公司法之中。首先，法国公司只有在其目标范围之内才能缔结资金池协议；其次，资金池协议应该通过公司权力机构的批准；再次，加入资金池协议须符合法国成员公司的利益。

参加资金池的法国公司董事会成员面临的潜在法律风险主要是"滥用公司财产"，即在违背公司利益的情况下，董事恶意使用公司的财产或者资金。根据法国法律规定，董事滥用公司财产最高可判决入狱5年并/或处总额最高达37.5万欧元的罚金。在瞬息万变的商业环境下，加入资金池是否真正有利于公司利益非常难以判断。即便集团公司构建资金池可以非常明显地降低资金成本，但是落实到具体的公司，仍然很难保证所有成员公司都能受益。

在这种情况下，究竟应该如何评价资金池成员企业的董事是否构成"滥用公司财产"就成为司法必须要解决的首要问题，否则由于法律不确定性的存在，集团公司成员企业的董事会根本没有动力加入资金池协议。为此，法国通过一系列判例，发展出了以下三项原则作为加入资金池是否构成"滥用公司财产"的判断标准：一是资金在集团内部企业之间的调拨必须以足够的利息回馈,并且对整个集团而言必须落到实处;二是将资金从某成员企业调拨到另一成员企业必须符合整个集团的经济利益;三是在某一成员企业的存续已经存在或者可能存在困难的情况下,不得向其调拨集团内其他企业的资金。上述三项原则,已经成为司法层面审查资金池成员企业董事会责任的核心标准。

第五节　中国跨境资金池之诉:给金融司法工作带来挑战

一、跨境资金池协议的效力问题

(一)未向监管机构备案,跨境资金池的效力

与发达国家相比,中国的金融开放尚处于试验阶段,在跨境资金池领域仍然存在一些制度性的限制。监管部门批准的四类跨境资金池(自贸区人民币跨境资金池、自贸区外币跨境资金池、自贸区外人民币跨境资金池、自贸区外外币跨境资金池)在设立过程中都需要到监管部门进行备案,备案主体为开展跨境资金池业务的结算银行。其中,人民币资金池的备案单位为央行的分支机构,外币资金池的备案单位为当地的外管局。然而,如果结算银行没有按照规定进行备案,或者结算银行在完成备案前就开展跨境资金池业务,其法律效果究竟应该如何判断,无论是法律界还是实务界都尚未对此问题给予关注。

根据《合同法》,法律行为只有在违反法律和行政法规强制性规定的情况下方为无效。这里所说的法律是由全国人民代表大会及其常务委员会制定的法律,行政法规是由国务院制定的法规。人民法院确认合同无效,应当以全国人大及其常委会制定的法律和国务院制定的行政法规为依据,不得以地方性法规、行政规章为依据。违反法律行政法规强制性规定的合同当然是无效的,而不论当事人在订立合同时是否知晓。此外,违反法律行政法规的任意性规定的合同不能因此被认定为无效;同时,合同违反行政规章、地方性法规和地方性规章的强制性规定或者任意性规定的合同也不能因此被认定为无效。

跨境资金池领域的监管规则并不属于法律与行政法规的范畴。只此一点，足以判断结算银行违反监管规则从事跨境资金池业务并不导致跨境资金池协议无效。此外，商业银行从事跨境资金池业务无须进行审批，而仅需要进行业务备案的现状业已说明，从监管者的视角出发，该要求应属于管理性规范而非效力性规范。结算银行向监管部门备案，便于监管部门了解和掌握跨境资金池业务的整体情况；结算银行履行反洗钱和反恐怖融资的义务，对跨境资金池业务的真实性和合规性进行审核。如果在跨境资金池的运行过程之中，确实出现了涉及反洗钱、反恐怖融资的情况，则应该认定具体的交易行为无效。

（二）缺乏公司机关决议，跨境资金池的效力

《公司法》仅规定，公司向其他企业投资或者为他人提供担保，依照公司章程的规定，由董事会或者股东会、股东大会决议；公司章程对投资或者担保的总额及单项投资或者担保的数额有限额规定的，不得超过规定的限额。但是，并没有涉及公司加入集团资金池的问题。从本质上说，公司加入集团资金池必然涉及向主办企业提供借款，这是比向他人提供担保更能影响企业经营活动的法律行为。因此，《公司法》有关向他人提供担保应按照公司章程的规定，由董事会或者股东会决议，并且不能超过固定限额的法律规定应该类推适用于公司加入跨境资金池的情况。

根据跨境资金池的监管规则，无论是央行还是外管局的分支机构所要接受的备案材料清单中都不包含成员企业的董事会或者股东会决议，而仅仅要求成员企业加入跨境资金池的协议文本。在这种情况下，如果跨境资金池成员企业的管理层在未经过董事会或者股东会批准的情况下，擅自加入跨境资金池，则其行为将可能影响到跨境资金池协议的效力。

实际上，该问题直接涉及至今仍然存在争议的公司决议瑕疵与公司对外担保等法律行为效力的关系。第一种观点认为，如果公司决议存在瑕疵，则公司对外担保行为无效，理由主要为违反了《公司法》的强制性规定；第二种观点认为，对有限责任公司和股份有限公司应当区别对待，有限责任公司的经营决策信息、公司章程、董事会决议、股东会决议未对外公开、公示，所以对外效

力较弱甚至没有效力,故不宜严格要求公司对外重大法律行为必须提交董事会或股东会决议,只要盖章真实,该行为即应认定为有效;第三种观点认为,《公司法》的上述规定,是为了防止公司的一部分股东损害另一部分股东的利益,在公司章程没有明确规定的情况下,当公司债权人与公司股东的利益发生冲突时,应当优先保护公司债权人的利益。上述三种观点,都在一定程度上反映了公司诸多利益主体在决议存在瑕疵情况下应该受到法律保护的优先级别。认为决议瑕疵导致协议无效,有利于保护公司债权人的利益。相反,认为决议瑕疵不影响协议效力,则主要出于保护交易安全考虑,维护善意第三人的利益。

具体到跨境资金池协议的效力问题上,如何判断哪种利益更值得优先保护,必须植根于更为具体的交易结构与利益关系。跨境资金池最显著的特色在于公司间借款发生于跨国集团内部。根据监管部门的界定,跨国集团是指以资本为纽带的企业联合体,包括母公司及其控股51%以上的子公司,母公司、控股51%以上的子公司单独或者共同持股20%以上的公司,或者持股不足20%但处于最大股东地位的公司。在整个借款合同交易结构内部,法律主体是具有股权关联关系的若干企业,并且这些企业的实际控制权集中于某个境内或者境外的控股公司,并不存在需要特别保护的善意第三人利益。相反,如果放任决议瑕疵情况下,跨境资金池协议效力不受影响,则可能从根本上损害成员企业债权人的利益。在这种情况下,即便不直接认定存在决议瑕疵情况的跨境资金池协议无效,也应该在导致债权人利益受损时,追究跨国集团主办企业承担连带责任,除非其能证明自己不存在过错。

二、资本维持原则与跨境资金池的内控体系

(一)资本维持原则是维护债权人利益的防线

通过跨境资金池将跨国公司各关联公司系统性地连接在一起,有利于集中集团内企业的流动资金,降低整个企业集团的外部借贷成本。但是,如上所述,这一制度性安排在一定程度上可能损害成员企业债权人的利益。组建跨境资金池将不可避免地出现将一个企业的流动资金以贷款的形式划归其他需

要流动资金成员企业使用的情况。如果在资金流出之后，这些获得流动资金的企业无力偿还债务，则借出资金的成员企业对其债权人的偿还能力就可能受到影响，增加了自身陷入支付困难甚至破产的可能性。为保障债权人的利益，《公司法》设定了基本的底线，即跨境资金池成员调拨企业的流动资金不能导致净资产最终低于注册资本，由此，资本维持原则成为在《公司法》层面防范大股东滥用权力，损害债权人利益的最后防线。

（二）资本维持原则的内涵

资本维持原则的基本含义是指公司在其整个存续过程中，应当保持其实际财产始终处于一定水平之上。根据资本维持原则，在公司成立时，股东必须依照法律或公司章程的规定，全额缴纳自己应该缴纳的出资。如果公司章程约定分期缴纳注册资本，则股东应该按照章程的规定及时缴纳。在公司运营阶段，资本维持原则的立足点在于规制股东、公司及其管理者的行为，避免公司实际财产的不当减少，防止公司资本徒具象征意义而没有实际财产与之相对应。其法律规则主要包括：禁止股东在公司成立后抽逃出资；除依据法律的特别规定并履行相应的法律程序外，公司原则上禁止回购自己的股份；公司在弥补亏损、依法提取公积金与公益金之前，不得向股东分配利润；公司的公积金原则上只用于特殊的用途，而不得用于股利分配；公司转投资的对象、比例等须受到法律的严格限制；公司的对外担保及赠与行为须依照严格的法律规定进行等等。

（三）资本维持原则与跨境资金池

据此，公司直接或者间接地以任何方式向其股东或者其关联企业提供资金或者其他财务方面的利益，包括但不限于借款、担保、利润分配、对外投资等，如果导致公司的净资产低于公司的注册资本，上述行为应予以禁止。有限责任原则包括两方面含义：其一，股东仅以其出资为限对公司的债务承担间接有限责任；其二，公司以其全部财产对外承担无限责任直至完全清偿或破产。如果允许公司股东通过各种形式将注册资本抽离于公司，则有限责任的基本内核也将沦为损害公司债权人利益的皮囊。在实际操作过程中，违反资本维持原则的行为应该做相对广泛的理解，这些行为不仅包括直接抽逃资本，也包括通过借款方式,将公司的流动资金归入公司股东从而导致公司的净资产低于公司注册资本的情况。在具体的判断上,应该以跨境资金池导致成员公司资产负债表的变化情况为准,如果资产总额减负债总额得出的所有者权益情况,因为成员企业加入资金池向关联企业提供贷款而出现净资产低于公司注册资本,在这种情况下,相关交易原则上应该认定为无效,除非公司向外提供的贷款具有完全意义上的可收回性。

三、跨境资金池成员企业管理层的责任机制

(一)民事责任

如果公司管理层在公司净资产因为加入资金池而低于公司注册资本的情况下,仍然决定向资金池成员提供贷款,则可能因为违反对于公司的忠实义务而承担责任。公司董事和高级管理人员违反忠实义务,给公司造成损失的应当承担赔偿责任。如果由于集团公司滥用跨境资金池导致公司的法人人格被否认,则应该由公司股东承担连带责任。

(二)行政责任

除了民事责任之外,跨国公司在资金调拨过程中,如果导致公司注册资本实际上被转移,则构成抽逃注册资本。根据《公司法》的规定,公司的发起人、股东在公司成立后,抽逃其出资的,由公司登记机关责令改正,处以所抽逃出资金额百分之五以上百分之十五以下的罚款。如果上述行为数额巨大、后果严重或者有其他严重情节的行为,还可能构成抽逃出资罪。

(三)刑事责任

《刑法》第一百五十九条规定,公司发起人、股东违反公司法的规定在公司成立后又抽逃其出资,数额巨大、后果严重或者有其他严重情节的,处五年以下有期徒刑或者拘役,并处或者单处虚假出资金额或者抽逃出资金额百分之二以上百分之十以下罚金。单位犯前款罪的,对单位判处罚金,并对其直接负责的主管人员和其他直接责任人员,处五年以下有期徒刑或者拘役。

由于跨境资金池往往涉及成员公司大额资金被归入资金池从而借贷给其成员,一旦这些借款无法收回,导致成员公司经营陷入困境,则很容易被认定

为数额巨大和后果严重，达到或者超过公安和检察机关的立案标准。例如，有限责任公司股东抽逃出资数额在三十万元以上并占其实缴出资数额百分之六十以上的，股份有限公司发起人、股东抽逃出资数额在三百万元以上并占其实缴出资数额百分之三十以上的，或者造成公司、股东、债权人的直接经济损失累计数额在十万元以上的，都将被认定为达到立案标准。

第六节　完善跨境资金池之途：以解决
跨国公司实际问题为导向

一、适度降低要求，惠及跨国企业

近期，监管部门通过颁布新的规则，已经在一定程度上减低了跨境资金池的门槛。然而，这些举措对于迫切需要通过跨境资金池降低外部融资成本的中小跨国企业集团而言，仍然存在着门槛过高的问题。例如，根据《中国人民银行关于进一步便利跨国企业集团开展跨境双向人民币资金池业务的通知》，参加资金池的企业集团境内和境外的营业收入标准分别降低为 10 亿元和 2 亿元（原分别为 50 亿元和 10 亿元），成员公司经营年限降为 1 年（原为 3年），企业可以选择 1—3 家主办银行（原只能选 1 家银行）。同时，对企业集团跨境双向人民币资金池业务实行上限管理，跨境人民币资金净流入额上限=资金池应计所有者权益×宏观审慎政策系数。跨境人民币资金净流入额上限的宏观审慎政策系数提高到 0.5（原为 0.1）。

上述调整，在一定程度上降低了跨国公司设立跨境资金池的门槛，但是与企业的实际需求仍然存在很大差距。首先，以营业额为标准判断企业对于跨境资金统一管理的需求本身就不合理；其次，将成员公司的设立年限从 3 年缩短为 1 年，等于将刚刚开始进行海外投资，急需资金支持的中资成员企业排除在外；再次，跨境资金池的合作银行究竟为多少家，本应是企业自身判断的结果，监管层强制性要求不得超过 3 家，实际上已经介入了本不该插手的商业领域；最后，宏观审慎政策参数的设定本应该经过严格的测算，但是监管层将其调整到 0.5 的过程并未给出合理依据,反映出存在极大的任意性,同时也就意味着监管层给自己留下了过大的政策空间,这与跨境资金池需要的稳定性相矛盾。

二、简化监管流程,降低合规成本

按照相关监管规则,目前设立跨境资金池只需要根据要求由结算银行到监管部门备案,提供相关材料,监管部门会在一定时期内予以批准。但是从操作环节来看,备案制仅仅停留在纸面上,监管部门实际上仍然掌控着实际审核材料的权限,而且整个审核过程缺乏足够的透明度。跨国公司境外总部在决策是否按照中国监管规则设立跨境资金池前,往往需要对监管要求和实际便利性进行评估,而监管部门基本上除了已经公布的规则之外,怠于向跨国公司及其服务机构(如律师事务所等)解答跨境资金池设立过程中的具体问题。为此,监管部门应该在跨境资金池设立过程中提供更为清晰的规则框架,从而降低跨国公司在实施跨境资金池过程中可能出现的合规风险,不应将大量的具体监管工作下放到结算银行环节,完全通过监督结算银行实现对跨境资金池的监管。

三、完善治理机制,防范金融风险

跨境资金池的监管是一个系统性工程,单纯由金融监管部门出台的监管规则很难真正解决跨境资金池对整个金融体系可能带来的影响,更难以维护成员企业债权人的合法权益。为此,有必要在跨境资金池的设立过程中,要求集团成员企业提供股东会或者董事会决议,并要求其建立一定的熔断机制,防止极端情况下,境内资本大量被转移至境外,可能对境内成员企业正常的生产经营活动与其债权人利益产生的不利影响。

四、主动设计端口,链接国际资本

当前跨境资金池能够基本上满足中资跨国公司海外扩张的需求,但是对外资跨国公司而言,缺乏足够的政策牵引,影响中国作为投资目的国的吸引力，这一点从跨境资金池对于境内与境外营业收入要求门槛的情况就可以看出。相对而言，中资集团企业开始海外扩张一段时期之后，能够比较容易地满足要求。大型外资企业在深耕中国市场之后，才能够达到对境内营业额的苛刻要求。这实际上将开拓海外市场初期的中资企业以及在中国区域内营业额不大的外资企业集团排除在了跨境外币资金池之外。

除此之外，对于能够满足跨境资金池条件外资跨国集团公司而言，如何将中国版跨境资金池融入其全球资金池体系也是监管层应该重视的一个问题。否则，中国跨境资金池将最终沦落为大型国有企业跨境资金平台，而无法惠及本国民营企业与外资企业。监管层似乎也意识到了上述问题，允许母公司在境外的企业集团，选择境外企业作为资金池主办企业。但是，在跨境外币资金池方面，并没有提供实质性的解决方案。

通常，跨国公司的海外资金池由其总部所在地的主办企业牵头组建，集团总部的财务部门负责全球范围内的集团资金调拨问题。中国版的跨境资金池要求主办企业必须位于中国境内，成员企业必须有海外公司。据此，将跨国公司海外资金池的主办企业以成员公司的形式加入中国版的跨境资金池可以实现两个资金池体系的互联互通。在具体操作上，可以由跨国公司海外集团资金池的主办企业在香港设立账户，借用香港丰富的人民币与外币方面的金融服务，以此有效连接境内资金与境外资金。

第 五 编

上海自贸区行政管理模式
创新的司法保障

上海自贸区的设立是改革开放的重大战略举措。《总体方案》明确指出,建设上海自贸区要使其成为推进改革和提高开放型经济水平的"试验田",形成可复制、可推广的经验,发挥示范带动、服务全国的积极作用,促进各地区共同发展。需要强调的是,上海自贸区还肩负着我国在新时期加快转变政府职能、积极推进服务业扩大开放和外商投资管理体制改革的重要使命。于2014年7月25日由上海市第十四届人民代表大会常务委员会第十四次会议通过的《中国(上海)自由贸易试验区条例》第三条规定,"推进自贸试验区建设应当围绕国家战略要求和上海国际金融中心、国际贸易中心、国际航运中心、国际经济中心建设,按照先行先试、风险可控、分步推进、逐步完善的原则,将扩大开放与体制改革相结合,将培育功能与政策创新相结合,加快转变政府职能,建立与国际投资、贸易通行规则相衔接的基本制度体系和监管模式,培育国际化、市场化、法治化的营商环境,建设具有国际水准的投资贸易便利、监管高效便捷、法治环境规范的自由贸易试验区",再一次细化了政府职能转变的方向,突出了自贸区建设的国际化、市场化和法治化目标,而法治化既是改革的目标,也是确保国际化和市场化的手段。自贸区法治保障研究,尤其是行政审判的研究能够为自贸区实现法治化提供必要的理论基础。

在政府职能转变和深化行政管理体制改革过程中,作为对政府行为进行司法监督的行政审判,其有效程度与政府是否能够严格依法行政密切相关,甚至会直接影响政府职能转变和行政管理体制改革目标的实现。针对自贸区内行政组织精简、行政理念目标及方式的变化,自贸区内行政审判同样应当探索出一条适应新情况、新趋势的道路,以起到示范作用,力争做到可复制、可推广。自贸区行政审判目前在理论上仍有许多问题未得到明确,在涉及"负面清单"管理模式、强化政府服务功能、审批制改为备案制、区内外法律冲突等新问题时,原有的审判理论是否依然适用或需要作何改变亟待研究。自贸区内行政审判问题的解决,能够起到促进区内行政管理机关角色转换、明晰权力配置等作用,对提高自贸区行政法治监督水平和行政执法水平有重大的现实意义,对我国建设社会主义法治国家有深远的历史意义。

第十五章 上海自贸区政府职能转变概述

自贸区内行政管理体制改革涉及面很广,《总体方案》要求加快转变政府职能,改革创新政府管理方式,按照国际化、法治化的要求,积极探索与国际高标准投资和贸易规则体系相适应的行政管理体系,推进政府管理由注重事先审批转为注重事中、事后监管。建立一口受理、综合审批和高效运作的服务模式……建立集中统一的市场监管综合执法体系,在质量技术监督、食品药品监管、知识产权、工商、税务等管理领域,实现高效监管,鼓励社会力量参与市场监督。自贸区地理面积虽小,改革和试验却涉及方方面面,在涉及行政管理体制改革方面可以概括为以下四个方面的转变。

第一节 制定"负面清单",理清行政职责范围

国务院在《关于印发中国(上海)自由贸易试验区总体方案的通知》中要求,要探索建立投资准入前国民待遇和"负面清单"管理模式①。《中国(上海)自由贸易试验区外商投资准入特别管理措施("负面清单")(2014 年修订)》(以下简称"负面清单")以有关法律法规、国务院批准的《总体方案》《中国(上海)自由贸易试验区进一步扩大开放的措施》《外商投资产业指导目录(2011 年修订)》等为依据,列明自由贸易试验区内对外商投资项目和设立外商投资企业采取的与国民待遇等不符的准入措施。"负面清单"按照《国民经济行业分类》(2011 年版)分类编制,包括 18 个行业门类。S(公共管理、社会

---

① 《中国(上海)自由贸易试验区管理办法》第十一条亦确定了负面清单管理模式。

保障和社会组织）、T（国际组织）两个行业门类不适用"负面清单"。①《中国（上海）自由贸易试验区条例》第十三条明确，负面清单之外的领域，按照内外资一致的原则，外商投资项目实行备案制，国务院规定对国内投资项目保留核准的除外；外商投资企业设立和变更实行备案管理。负面清单之内的领域，外商投资项目实行核准制，国务院规定对外商投资项目实行备案的除外；外商投资企业设立和变更实行审批管理。②

可以看出对外商投资的"负面清单"管理模式是一种"非列入即开放"的模式③，对于未被列入"负面清单"的行业应向外国投资者开放，让其享有等同于东道国投资者的待遇。与我国传统采用正面清单的管理模式相比，"负面清单"对行政管理的挑战巨大。以往，我国以准入指导目录的模式来管理外商投资，《外商投资产业指导目录（2011年修订）》列出了鼓励、限制和禁止外商投资的产业目录，行政机关则采用"核准制"对外商投资进行行政审批。而转变为"负面清单"管理模式之后，除了S（公共管理、社会保障和社会组织）、T（国际组织）两个行业门类不适用"负面清单"依然采用"核准制"之外，其余均在设立和变更时采用"非列入即开放"模式。这将极大地扩展可以进入自贸区内外资的类型，并且在投资领域广泛使用"备案制"替代原有"核准制"。

"负面清单"的法治精神在于"法无明文规定即可为"，给予私人部门的意思即表示以高度的自由，避免由公权力的判断代替私主体的意思自治。"负面清单"管理模式通常被认为对东道国引入外商具有重要意义，但是在我国处于发展社会主义市场经济时期，这一管理模式对于我国本国的市场经济建设和政治体制改革同样具有深远意义。我国在2003年制定的《中华人民共和

---

① 《中国（上海）自由贸易试验区外商投资准入特别管理措施（负面清单）（2014年修订）》，中国上海网，http://www.shanghai.gov.cn/shanghai/node2314/node2319/node12344/u26ai39501.html，2014年8月21日访问。

② 《中国（上海）自由贸易试验区条例（上海市人民代表大会常务委员会公告第14号）》，中国（上海）自由贸易试验区网，http://www.china-shftz.gov.cn/PublicInformation.aspx? GID = 94d49ae8 - 08ef - 4c96 - 8151 - b5686394d2f8&CID = 953a259a - 1544 - 4d72 - be6a - 264677089690&MenuType=1，2014年8月22日访问。

③ 参见孙元欣、吉莉、周任远：《上海自由贸易试验区负面清单（2013版）及其改进》，《外国经济与管理》2014年第3期。

国行政许可法》给市场主体更多的权利,使行政主体在对社会和市场的管理中承担更多的义务。① "负面清单"管理模式则是要在市场主体准入方面弱化政府管理义务,将政府权力装入"清单"的笼子,由市场来决定企业的生死存亡。所以,"负面清单"管理模式对于政府职能的明晰与限制有着十分重要的作用。

第二节　改审批为备案,进行行政监管创新

在自贸区内原先政府审批的内容包括外资企业设立、分立、合并、经营期限或者其他重要事项变更;中外合资经营企业设立、延长合营期限、解散;中外合作经营企业设立、协议、合同、章程重大变更、转让合作企业合同权利、义务、委托他人经营管理、延长合作期限。而根据《关于授权国务院在中国(上海)自由贸易试验区暂时调整有关法律规定的行政审批的决定》,这些行政审批事项在区内均已被取消,统一改成备案管理。根据上海市工商行政管理局《关于中国(上海)自由贸易试验区内企业登记管理的规定》(以下简称《自贸区企业登记管理规定》),取消自贸区内外商投资广告企业的项目审批和设立分支机构的审批,改为备案制。部分原先行政许可条件由严变宽,如根据交通运输部②最新规定,在自贸区设立的外商投资比例超过49%的中外合资、合作企业,亦可经营进出口中国港口的国际船舶运输业务,在自贸区成立的外商独资企业也可以经营国际船舶管理业务。

如果说原先行政机关以审批作为实施监管主要手段的话,那么在自贸区内行政机关在没有了审批这一得心应手的工具之后,探索出与国际化、市场化相适应的监管模式是自贸区目的达成的重要因素,也是"风险可控"这一自贸区试验基本原则的必然要求。自贸区与境外之间的管理为"一线"管理,自贸试验区与境内区之间的管理为"二线"管理,按照"一线放开、二线安全高效管

---

① 参见张淑芳:《负面清单管理模式的法治精神解读》,《政治与法律》2014 年第 2 期。

② 参见《关于中国(上海)自由贸易试验区试行扩大国际船舶运输和国际船舶管理业务外商投资比例实施办法》。

住、区内流转自由"的原则,就要在自贸试验区建立与国际贸易等业务发展需求相适应的监管模式①。

从目前自贸区运行状况来看,自贸区内的行政机关由于缺乏管理经验,对于备案持有严谨态度,以最保守的方式应对法律法规的模糊状态②。在监管模式创新要求下,行政机关首先不能忽略监管的核心理念"依规监管、合理监管"③,重点要推进形成行政监管、行业自律、社会监督、公众参与的综合监管体系。"依规监管、合理监管"是自贸区法治化的基本要求,要求自贸区行政机关在对私主体进行行政作为或行政不作为时要依据具有普遍约束力或特别约束力的,具有对将来时间的效力的文件而作出。旨在限制私主体的规范性文件的制定,应当遵循公正、合理程序,自贸区监管制度创新要严格执行法治原则,这些在《中国(上海)自由贸易试验区条例》中关于监管透明度原则的规定有了一定的体现。④ 其次,既然是监管的制度创新那么就应当遵循制度创新的规律,制度经济学将制度更迭归因于人们为了降低生产的交易成本所作的努力⑤。在自贸区内放开进入门槛不等于取消监管,在进行监管创新时就必须要考虑丰富制度供给,当注意吸收国外类似自贸区监管的成熟经验或国际通行惯例,重视将有效的非正式规则以立法的形式予以确认;同时,降低监管制度运行成本,要充分激励自贸区内私主体维护优良法治环境的积极性,将网络技术等新型信息化技术与监管手段相结合。最后,监管制度创新要与行政主体的组织创新相适应。自贸区要求企业备案"一表申报、一口受理",自贸区管理委员会负责区内投资、贸易、金融服务、规划国土、建设、交通、绿化市

---

① 参见《中国(上海)自由贸易试验区条例》第十八条。

② 在调研中发现,由于投资者与行政机关对"备案制"的理解持有差异,为了完成备案投资者往往很难只去一次行政机关就顺利备案。

③ 刘水林:《中国(上海)自由贸易试验区的监管法律制度设计》,《法学》2013年第11期。

④ 参见《中国(上海)自由贸易试验区条例》第五十二条第一款:"本市制定有关自贸试验区的地方性法规、政府规章、规范性文件,应当主动公开草案内容,征求社会公众、相关行业组织和企业等方面的意见;通过并公布后,应当对社会各方意见的处理情况作出说明;在公布和实施之间,应当预留合理期限,作为实施准备期。但因紧急情况等原因需要立即制定和施行的除外。"

⑤ 参见汪丁丁:《制度创新的一般理论》,《经济研究》1992年第5期。

容、环境保护、人力资源、知识产权、市政等有关行政管理工作；领导工商、质监、税务、公安等部门在区内的行政管理工作；协调金融、海关、检验检疫、海事、边检等部门在区内的行政管理工作。管委会的组织架构、职权配置、人员配比等因素的基本考量也是监管制度创新中的基础因素。

第三节　弱化监管职能，强化政府服务功能

国家质量监督检验检疫总局《关于支持中国（上海）自由贸易试验区建设的意见》指出，根据政府职能转变的新要求，要按照"进境检疫，适当放宽进出口检验，方便进出，严密防范质量安全风险"的原则，建立与国际接轨的质量安全保障体系、技术基础支撑体系和高效便捷的质量技术监督服务体系，切实将检验检疫工作重心转向安全、卫生、健康、环保和反欺诈。这些内容体现了不断强化的政府服务功能。《上海自贸区内企业登记管理规定》第十二条明确，登记机关统一接收申请人向各职能部门提交的申请材料，统一送达相关证照及文书。这种模式体现了政府在企业管理方面更加注重服务。此外，许多行政许可相关规定也强化了服务内容。例如，根据《中国人民银行关于金融支持中国（上海）自由贸易试验区建设的意见》，自贸区内的居民可通过设立本外币自由贸易账户实现分账核算管理，开展本意见第三部分的投融资创新业务；上海地区金融机构可以根据中国人民银行规定，为符合条件的区内主体开立自由贸易账户；在区内就业并符合条件的个人可按规定开展包括证券投资在内的各类境外投资；在区内就业并符合条件的境外个人可按规定在区内金融机构开立非居民个人境内投资专户，按规定开展包括证券投资在内的各类境内投资。又如，根据《文化部关于实施中国（上海）自由贸易试验区文化市场管理政策的通知》，允许在试验区内设立外资经营的演出经纪机构、演出场所经营单位，为上海市提供服务。再如，根据中国证券监督管理委员会《资本市场支持促进中国（上海）自由贸易试验区若干政策措施》，自贸区内符合一定条件的单位和个人按照规定可以双向投资于境内外证券期货市场。

自贸区在弱化事前监管、以"备案"代替"审批"以期达到市场化的要求，

但是我国自贸区内市场化并非要求政府仅仅做到"最小的政府"或"管的最少的政府"①。现代社会的复杂程度已经不允许国家在面对经济社会等多方面市场失灵时袖手旁观，规制国家理论的兴起让政府承担了更多积极性功能以维护公共利益。对于公共利益和公共服务的理解，不同学者的诠释不尽相同，我们以为公共服务具有以下几个特点：第一，不宜由市场直接提供；第二，具有消费的非竞争性和非排他性②；第三，为社会所需求的服务。要在自贸区内给予私主体充分意思自治空间，让市场成为私主体行动的主要依据，那么政府除了要明确自身行为的界限、严格制规的透明度之外还需要充分保障私主体存在和发展的基本条件。服务型政府应当能够为企业、社会提供经济性公共服务；提供最紧迫的社会性公共产品和公共服务；为社会提供制度性的公共服务。③ 从自贸区已出台的一系列规范性文件中都可以看出建设自贸区与建设服务型政府的关联。④ 在自贸区内，政府除了要尽自己最大努力来提供公共服务之外，也在创造条件让市场主体来为自贸区提供经济和社会性服务。

第四节　精简行政机构，提高行政执法效率

精简行政机构是自贸区内行政机关设立的一大特点。根据《自贸区管理办法》的规定，自贸区管委会系自贸区内的管理机构。而具体的行政管理将由两类机构完成：第一类是综合执法机构，负责集中行使城市管理领域、文化领域的行政处罚权，以及与行政处罚有关的行政强制措施权和行政检察权；集中行使原本由本市规划、国土、建设、住房保障、房屋管理、环境保护、民防、人

---

① 参见［美］路易斯·亨金等：《宪政与权利》，郑戈译，生活·读书·新知三联书店1996年版，第5页。

② 非竞争性，是指公共物品是提供给一切消费者的，无法在消费者之间进行分割。非排他性，是指一种公共物品可以同时供一个以上的人消费，任何人对某种公共物品的消费，都不排斥其他人对这种物品的消费，也不会减少其他人由此而获得的满足。

③ 参见张文礼、吴光芸：《论服务型政府与公共服务的有效供给》，《兰州大学学报（社会科学版）》2007年5月。

④ 仅在《中国（上海）自由贸易试验区条例》的正文中"服务"一词出现了36次，足见自贸区在政府服务和服务业开放上的重视程度。

力资源和社会保障、知识产权、食品药品监管、统计部门依据法律、法规和规章行使的行政处罚权,以及与行政处罚权有关的行政强制措施权和行政检察权。第二类是海关、检验检疫、海事、工商、质检、税务、公安等部门设立自贸区办事机构,依法履行自贸区有关监管和行政管理职责。因此,自贸区内的行政机构大为精简。第一类综合执法机构所负责的行政管理范围非常广泛,将区外分别交由十几个部门来行使的职能进行了整合。自贸区行政机构的精简有利于提高执法效率,降低部门之间的协调成本。当然,涉及第二类的驻区机构并没有变化,这体现了专业性的特点,同时也保证了国家事权和地方事权不被混同,也有利于分别立法。与此同时,一些行政管理机构也发生了变更。例如,根据国家外汇管理局规定,"将直接投资项下外汇登记及变更登记下放银行办理"[①],即直接投资项下外汇登记及变更现转由银行行使该职能。

改革开放至今,我国行政机关在市场化的浪潮中不断提高行政效率、转变行政职能,但是仍显机构臃肿、人员冗余,这也直接导致行政机关运行成本高、管理支出费用大、管理效率低。邓小平指出,如果不搞行政机构改革,就不能提高政府效率,"只能眼睁睁地看着党和政府机构这样地缺少朝气、缺少效率"[②]。所以,改革开放以来我国历经六次大规模的行政机构改革,目的就是要减少政府运行环节,提高行政执法效率。本次自贸区内行政机关的设置和精简是在行政组织机构层面上的一次试验,在自贸区内实施"大部门制",不仅将职能相近、业务及管理有交叉的事项交由同一部门进行管理,而且为了应对自贸区的特殊性将几乎所有涉及地方事权的事项交由同一部门管理。自贸区内行政机关的转变是对行政人员调整、配合机制创新、权力整合合理化、权力监督多元化的试验,精简的行政机构是更快提高行政效率和提高政府服务职能的组织基础。

---

① 参见《国家外汇管理局上海市分局关于印发支持中国(上海)自由贸易试验区建设实施细则》所附的《外汇管理支持试验区建设细则》第十条规定。

② 《邓小平文选》第二卷,人民出版社 1994 年版,第 361—362 页。

第十六章　上海自贸区政府职能转变 对行政审判的影响

第一节　上海自贸区内可能发生的行政争议类型化分析

根据《总体方案》《中国（上海）自由贸易试验区条例》的相关规定，自贸区要深化完善以"负面清单"管理为核心的投资管理制度、以贸易便利化为重点的贸易监管制度、以资本项目可兑换和金融服务业开放为目标的金融创新制度、以政府职能转变为核心的事中事后监管制度，力争建设成为开放度最高的投资贸易便利、货币兑换自由、监管高效便捷、法制环境规范的自由贸易园区。自贸区内对行政管理体制的改革，大幅减少了传统行政管理纠纷。目前尚未出现大量的涉自贸区行政案件。随着自贸区改革方案的进一步深化落实，将来可能发生的行政争议存在以下几种类型。

一、以"负面清单"管理为核心的投资管理可能产生的行政争议

"负面清单"管理模式是一种"非列入即开放"的模式①。《改革方案》规定，推动"负面清单"制度成为市场准入管理的主要方式，要转变以行政审批为主的行政管理方式，制定发布政府权力清单和责任清单，加强形成行政监管、行业自律、社会监督、公众参与的综合监管体系。

（一）因"负面清单"的文义界定可能引起市场准入类诉讼

国务院办公厅印发《自由贸易试验区外商投资准入特别管理措施（负面

---

① 参见孙元欣、吉莉、周任远：《上海自由贸易试验区负面清单（2013 版）及其改进》，《外国经济与管理》2014 年第 3 期。

清单)》(以下简称 2015 版"负面清单"),统一适用于四个自贸区。该版"负面清单"列明不符合国民待遇等原则的外商投资准入特别管理措施,共计 50 个条目、122 项。"负面清单"之内的领域,外商投资项目实行核准制;其之外的领域,实行内外资一致的原则。2015 版"负面清单"同 2014 版上海自贸区"负面清单"相比,其取消了 60 多项限制,进一步扩大了开放的力度。相应地,也有效减少和避免了以往"准入指导目录"管理模式下引起的行政管理纠纷。当然,"负面清单"在明确特别准入范围的同时,仍不可回避对其文义理解有裁量的空间。如清单中对投资"限制"的表述,每一类"限制"的语义范围不尽相同,如未进一步进行界定就使得清单明确性降低。由此就可能因对清单所列项目的理解不同而产生应否纳入行政审批范围的行政争议。

(二)备案行政行为可能引发相关行政争议

自贸区在"负面清单"之外,通过核准制改备案制放开了企业进入的条件。备案管理也是一种行政管理方式。政府对备案管理也存在从宽或从严的不同裁量。因政府的备案行为对当事人的权利义务产生影响的,也会引发相关的行政诉讼。

二、以贸易便利化为重点的贸易监管可能产生的行政争议

自贸区基于强化服务职能、提高行政效率的承诺,制定了一系列以便捷、高效为要求的制度措施,积极推进贸易监管制度创新。如在自贸区内的海关特殊监管区域深化"一线放开""二线安全高效管住"贸易便利化改革,推进国际贸易"单一窗口"建设,建立高效率的船舶登记流程等。这些规定也是政府承诺的服务内容,关系着行政相对人的信赖利益,相对人因认为行政主体未遵守相关承诺而引发的行政诉讼可能增多。

三、金融服务、税收管理等方面可能产生的行政争议

《改革方案》对深入推进金融制度创新方面,要求具体方案由中国人民银行会同有关部门和上海市政府另行报批。金融管理、税收核查审批制度,必然与行政相对人的权利义务密切相关,也会产生与监管、审批以及处罚相关的行

政诉讼。

四、事中事后监管可能产生的行政争议

（一）要求履行法定职责诉讼

自贸区在弱化政府事先审批职能的同时，也要求注重事中、事后的监督。相对于"负面清单"中特别准入管理范围的明确性，政府如何实施事中、事后监督以及相应的法律责任，则显得比较模糊。一旦相关经营主体利益遭受损害，受害人可能以自贸区内政府机关未进行相应的监管而提起要求履行法定职责之诉。

（二）信息公开诉讼

自贸区要推动信息公开制度创新，提高行政透明度。主要包括：自贸区相关政策管理规定、办事程序的主动公开；加强社会信用体系应用，强化政府信用信息公开；完善企业年度报告公示和经营异常名录制度，依法将相关抽查结果向社会公示。自贸区要求公开的信息内容甚至已超越国务院《中华人民共和国政府信息公开条例》规定的范围，凸显了自贸区内行政管理方式的公开、透明与高效。如当事人认为政府违反了自贸区信息公开的要求，就可能提起相关的信息公开诉讼。[①]

（三）涉行政监督、处罚类诉讼

政府机关根据自贸区综合监管的内容规定，在对涉及外资的国家安全审查、依法开展反垄断调查和执法监督管理等活动的过程中，也可能引发涉行政监督、处罚类的诉讼。

五、因政府承诺提供服务可能产生的行政争议

自贸区内各行政主体目前采取的各项制度、措施等都以便捷、高效为要求，并通过文件等各种形式公之于众。大部分承诺都属于帮助服务性行政承

---

① 参见丁晓华：《涉自贸区行政行为对法院司法审查的新挑战》，《上海政法学院学报》（法治论丛）2014 年第 1 期。

诺、时效性行政承诺,①例如检验检疫推进的"一次申报、一次查验、一次放行",工商机关规定的"一口受理"等,这些都是政府承诺的服务内容。政府承诺可以理解为给付性行政行为,即向社会的特定或不特定的对象承诺在某些条件下(包括时间、地点、行为),政府在其职权范围内会作出一定行为或允许对方为一定行为。政府承诺是行政行为,既包括具体行政行为也应当包括抽象行政行为。目前大量的涉及自贸区法律、法规、规章及政策性文件中存在着政府承诺的内容,而这些承诺会成为私主体未来行为的依据,会直接影响私主体对于信任政府承诺后的未来机会和信赖利益。对于直接创设权利和义务的政府承诺,通常法律认为其可诉,例如行政合同。而有些政府承诺的内容往往不会直接创设权利和义务,仅以概括性语言赋予相对人一定的便利。加之承诺总是具有某种程度的不确定性,因为承诺是直面未来、等待成就的事件。②所以,在条件成就时政府的履行有可能与行政相对人的预期不符。为了维护自身利益,行政相对人如果认为行政主体未遵守相关规定、未履行承诺,就有可能会提起行政诉讼。

政府承诺往往是根据某一特定时期的环境而作出的,大部分政府承诺并不会附有"落日条款"以规定承诺的期限。在我国行政规范性文件审查机制还未建立的情况下,很多政府承诺在承诺之初由于符合各方面利益而能够得到良好的执行,但是随着时间的推移往往有可能会不符合一地的发展需求。行政机关就会既不撤销承诺,也不履行承诺。这样也有可能造成行政相对人对行政机关提起行政诉讼。

现代国家行政人员为了应对日益复杂的情况,不可避免地拥有越来越多的自由裁量权。行政人员可以轻易地作出不启动行政程序,不磋商、和解、订约、交易以及种种诸如此类的行为。这些消极的自由裁量权事实上为行政人

---

① 帮助服务性行政承诺,指行政主体以相对人作出某种行为或处于某种状态时,由行政主体给予服务或帮助的承诺。时效性行政承诺,指行政主体向相对人承诺自己在规定的时间内履行某种义务或完成某项工作。参见张继奎:《行政承诺的法理学分析》,《中国矿业大学学报(社会科学版)》2005年第2期。

② 参见黄文平:《政府承诺与诚信政府建设》,《珠江经济》2005年第4期。

员提供了比积极的自由裁量权更多的权力，因为监督前者比监督后者更为困难。也就是说，由于制度设计的审查部分是用来对付作为的滥用而非不作为的滥用，也仅仅因为它是作为，比不作为更容易受到控制。①

六、行政审判法律适用中法律冲突可能引发行政争议

按照现行的法律规定，我国的内外贸法律体系是两套系统，即调整内资与调整外资的法律系统是隔离的。在自贸区中，内外资规则一体化，作为调整内外贸的两套法律系统也必须一体化。目前在自贸区内暂停实施的法律法规大多只涉及外商投资领域，而涉及自贸区的地方法规和地方政府规章对自贸区的规定又是相对比较全面的，这可能会造成外商投资领域外的地方性立法产生层级冲突。② 为了实现自贸区的法治化目标，区内所有的政府行为都要于法有据，这就要求在自贸区建设初期首先要出台大量的支持自贸区的各类立法。虽然立法者会尽量避免和上位的冲突，但是在如此短的时间内难以完全避免法律冲突。

自贸区人民法院在进行行政审判的法律适用时，适用的法律依据包括法律、行政法规、地方性法规、规章，但是以法律、行政法规、地方性法规为依据，以规章为参照。"参照"的意思是指人民法院在审理行政案件时可以参考，也可以依照规章的有关规定。具体来讲就是，对符合法律、行政法规规定的规章，法院必须依据审理，对不符合或不完全符合法律、行政法规原则精神的规

---

① 参见［美］肯尼思·沃伦：《政治体制中的行政法》，中国人民大学出版社 2005 年版，第384页。

② 《自贸区内企业登记管理规定》改变了《公司法》规定的公司设立的条件。《自贸区内企业登记管理规定》第六条规定："除法律、行政法规、国务院决定对特定行业注册资本最低限额另有规定的外，取消有限责任公司最低注册资本 3 万元、一人有限责任公司最低注册资本 10 万元、股份有限公司最低注册资本 500 万元的规定；取消公司设立时全体股东（发起人）的首次出资额及比例的规定；取消公司全体股东（发起人）的货币出资金额占注册资本比例的规定；取消公司股东（发起人）缴足出资期限的规定。"这一条与当时的《公司法》相冲突。2013 年 12 月 28 日第十二届全国人民代表大会常务委员会第六次会议通过了《全国人民代表大会常务委员会关于修改〈中华人民共和国海洋环境保护法〉等七部法律的决定》。这其中也包括了对现行公司法作出12 点修改。修改后的新《公司法》自 2014 年 3 月 1 日起施行，修改后的新《公司法》虽然已经解决了这一冲突，但是类似的法律冲突在其他领域依然有出现的可能。

章,法院可以有处理的余地。① 由于行政机关执法过程适用的法律以规章为主,大量支撑自贸区的规章以下的规范性文件是自贸区管委会作出行政行为的主要依据。而自贸区人民法院行政审判所依据的应当主要是法律法规。因此,法律冲突存在的情况下,依据的不同会导致行政机关和司法机关对同一行政行为所作出判断的不同。在不违背层级冲突解决原则的前提下,法院可能在自贸区的审判上显得过于保守,不利于自贸区发展。这也会直接导致由于行政相对人和行政机关对于其各自行为法律效果预期的不同而发生行政诉讼。

第二节　涉自贸区行政诉讼需要审查的几个问题

一、关于被告主体资格的确定问题

根据《中国(上海)自由贸易试验区条例》等相关规定,自贸区管委会为市政府派出机构,统筹管理和协调自贸区行政事务,履行相关职责,集中行使有关行政审批权和行政处罚权。同时,自贸区要求建立"一口受理"、综合审批、不同部门协同管理机制以及建立统一的市场监管综合执法体系。另外,仍有一些按照分工履行行政职责的市、区级人民政府及其下属的传统管理部门。一旦出现行政诉讼,首先要在集中执法与传统执法部门之间、在协同管理的不同部门之间以及相关的"条"和"块"之间,界定好各种机构的法律性质、确定承担责任的适格被告。这已然成为我们行政审判必须要解决的一项重要问题。

二、关于法律适用的审查问题

法院审理行政案件,是以对行政行为进行合法性审查为原则。根据法律

---

① 参见最高人民法院公报编辑部:《中华人民共和国最高人民法院公报全集(1985—1994)》,人民法院出版社1995年版,第42页。

规定,审理行政案件,以法律和行政法规、地方性法规为依据,参照规章。2017年《行政诉讼法》还规定,当事人对行政行为提起诉讼时,可以一并请求对该规范性文件进行审查,法院经审查认为规范性文件不合法的,不作为认定行政行为合法的依据。目前,适用于自贸区的法律规定层级比较多,既有全国人大常委会、国务院的通知决定,也有地方政府的规章、决定,还有国家各部委针对自贸区出台的政策文件。目前在自贸区内暂停实施的法律法规大多只涉及外商投资领域,这可能会对外商投资领域外的立法产生层级冲突。而且,大量涉及自贸区管理的规范性文件成为试验区内政府实施行政行为的依据。为推进自贸区内的改革创新,相关规范性文件的规定已经突破了现行行政管理规定。这也将对法院在涉自贸区行政案件的法律适用以及规范性文件审查上提出更高的要求。

三、关于备案行政行为的审查问题

根据自贸区的规定,在"负面清单"之外,备案制是政府的一项重要行政管理方式。而对于备案这一法律概念的理解,在行政审判实践中一直存有争议。《中华人民共和国立法法》(以下简称《立法法》)中有对相关立法公布后的备案规定,国务院《物业管理条例》中有对业主委员会的备案规定。还有很多法律规定中作出了备案的规定,而这些法律法规中所使用的备案,其法律性质和法律后果是不尽相同的。如何把握自贸区政府备案行为的性质、确定备案行为的可诉性和审查标准,亦是行政审判中的难点问题。

第十七章　上海自贸区行政案件的审理

第一节　正确界定涉自贸区行政案件的
被告资格和受案范围

一、被告资格的基本情况

目前,涉自贸区的案件由自贸区法庭和上海市第一中级人民法院集中管辖,确定被告资格和受案范围是涉自贸区行政争议审理的基础。被告资格方面,可以分为三种情况:首先,自贸区管委会以自己名义作出的行政行为,该委员会为适格被告,包括委员会负责区内的投资、贸易、金融服务、规划国土、建设、交通、绿化市容、环境保护、人力资源、知识产权、统计、房屋、民防、水务、市政等有关行政管理工作;其次,由自贸区委员会下属的人力资源局、财政金融服务局、综合监管和执法局、规划和建设环境管理局、洋山保税港区办事处、浦东机场综合保税区办事处、外高桥保税区办事处等职能部门在对行政相对人作出行政行为后,行政相对人认为权益受损而提起行政诉讼的以具体机构为被告;最后,如因海关、检验检疫、海事、边检等部门办事机构在区内的行政管理工作发生争议,行政诉讼应当以设立区内办事的行政机关为被告。如果某行政机关自行发文授权其他组织实施行政职能的,应视其授权是否符合法律规定来判断其是否具有被告主体资格。《行政诉讼法》(2017 年修订)第二条规定:"公民、法人或者其他组织认为行政机关和行政机关工作人员的行政行为侵犯其合法权益,有权依照本法向人民法院提起诉讼。前款所称行政行为,包括法律、法规、规章授权的组织作出的行政行为。"但是为完善社会治理结构、充分发挥市场活力，一些社会组织应当承担起行政管理职责。在自贸区内，由于受地理范围和试验时间所限，行政授权的组织更具灵活性。我们认为除应当认可法律法规规章授权的组织之外，行政机关依法将自身职权转让给相关组织，并让后者以自身名义独立行使职权的情况下，应当赋予其被告资格，以促使这些组织能够独立承担责任。

二、特定受案范围及适用规则

涉自贸区行政审判可以是我国的自然人、法人和其他组织，外国的自然人、法人和其他组织因行政主体对其有关在自贸区内私权行为进行行政干预产生争议，而以中国的行政主体为被告并依法起诉到人民法院的案件。涉自贸区行政案件的被告是作出有关自贸区功能实现的行政行为的主体，被告本身是中国的行政机关或者法律法规授权的组织，而实施了影响自贸区功能的行政行为是其区别于普遍被告的标志。

依照我国现行的法律规定，我国的内外贸法律体系是两套系统，即调整内贸（内资）与调整外贸（外资）的法律系统是区隔的。[①] 并不是发生在自贸区内的行政诉讼一定适用自贸区法律规则体系。具体可以分为以下几种情况。

首先，涉及自贸区试验功能的案件。各类行政主体所作出的具体行政行为依据的是为实现自贸区基本功能而出台的法律、行政法规、部门规章、地方性法规等规范性文件，此时如果行政相对人对具体行政行为不服向自贸区法院提起行政诉讼，相应的自贸区人民法院在审理此类争议时应当依据或参照自贸区的特别立法来进行法律适用。

其次，虽然涉及自贸区功能，但行政主体依然适用非涉自贸区的一般性法律规范而作出行政行为的，此时自贸区人民法院应当依照具体案件的性质来监督行政机关作出具体行政行为的法律适用是否正确。如果行政机关在作出

---

① 参见郑少华:《自由贸易试验区的司法试验》,《法学》2013 年第 1 期。

具体行政行为时适用法律、法规错误,则应当判决撤销或部分撤销具体行政行为,并可以判决行政机关重新作出行政行为;如果行政机关不履行或者拖延履行法定职责的,判决其在一定期限内履行。

最后,区内区外并无区别的行政案件。虽然行政相对人的注册地或行政行为发生在自贸区范围内,但行政行为的作出完全依据于与我国其他地区相同的法律规范并且不涉及自贸区功能行政争议,在适用法律时应当依据或参照自贸区之外的一般法律规则。例如,自贸区内经营者假冒他人的注册商标,擅自使用他人的企业名称或者姓名,伪造或者冒用认证标志、名优标志等质量标志,伪造产地,对商品质量作引人误解的虚假表示的,依照《商标法》按假冒注册商标的相关规定进行处罚。

第二节 加强司法机关与行政机关的协调

一、行政协调基本情况

目前学界主流观点认为,行政审判是对行政主体已经作出的法律判断的再判断,实际上是要审查行政主体的判断是否合法,而不是就所争议的事务重新作出判断,这两种判断的性质不一样,行政主体的判断实际上并不仅仅包括法律上的判断,它也要加入技术上、政策上的考量,并且将技术上、政策上的考量融入对于法律的判断,作为在法律上裁量的依据。而作为司法机关法院的判断则仅仅被限制在法律上,对于行政主体的那些融入了政策和技术上考量的法律判断,法院除非认为这种判断违反了法律规范或者法律原则,否则法院不可能也不应该仅仅依据法律就对这种包含了技术上、政策上的考虑因素的判断进行全面审查,从而仅仅依据法律上的条件就对其予以否认。我们认为加强司法机关与行政机关的协调是解决这一矛盾、避免法院的保守态度阻碍改革的有效手段。

有学者认为,如果把行政争议引起的法律争议简单地认同为双方的对立,而不认为是当事人公法权利实现的一个程序要素,那么就基本排斥了社会治理的法治取向。① 以涉及政府承诺服务而可能会产生的纠纷为例,要加强法院与职能部门的沟通与协调,并且行政机关应当将行政相对人合法权利的实现作为主要目标,将涉及政府承诺的行政行为制度化、程序化。在行政承诺的提出阶段,行政机关在开始运用自由裁量权的时候就应该充分考虑承诺内容的法律属性,对法律后果不明之处可以向人民法院进行咨询。由人民法院说明行政机关在承诺之后如果未能按承诺履行,其自身应当承担何种责任,或者行政相对人会获得怎样的补偿,或者明确因承诺不兑现而引发的纠纷解决路径,再由行政机关根据法院提供的意见对承诺进行修订,这样将避免纠纷会完全导入行政诉讼,也可以增加行政透明度,降低争议出现的可能性。这样的协调沟通机制同样可以适用于政府承诺之外的诸多领域,比如在自贸区"负面清单"的制定修改程序中或者在自贸区监管规则的制定修改程序中引入司法评估环节,在事前就从司法和行政两方面对规范性文件进行分析和研究。

二、自贸区行政案件的行政协调

面对自贸区内将会出现的行政争议和目前已经大量存在的政府承诺,法院在审理相关行政纠纷面对法律、行政法规时应当充分考量自贸区的试验性和自贸区的国际化、市场化、法治化要求,再结合风险可控的要求来诠释原有的法律。在作出行政判决时,也应当充分考虑判决的预期效果和可执行性,尽量做到既能被行政相对人认可又能被行政机关接受的判决,以维持司法的权威。这样就要求法院在行政审判中除了要在法律适用方面作出调整以外,在保护行政相对人的利益的同时,还应该将行政机关的政策性和技术性考量纳入其判决依据。对于因下级行政机关依照上级行政机关制定规范性文件作出行政行为而引发的争议,法院对规范性表述不明之处,应当可以请制定机关来对此文件进行说明,再对行政合法性进行判断。司法机关天生的保守性和局限性使得其在遇到未曾审判过的案件类型时往往不能给出最具合理性的判决,在这种情况下,司法机关和行政机关的适当协调能够增加司法机关对争议

---

① 参见于安:《我国行政诉讼制度现代化的转型问题》,《行政法学研究》2014 年第 2 期。

的认识,有利于问题的解决,但是同时应该注意在协调的制度设计上保持二者的独立性。另外,政府承诺的可信程度关乎政府的公信力和行政效果。我国要建设法治国家、转变治理方式,这其中政府公信力和执政能力的建设是基本前提。

第三节　上海自贸区建立规范性文件司法建议机制

一、行政审判中的司法建议

我国行政法在改革开放后几十年里有了巨大的发展,也在保护人民基本权益和限制政府权力方面发挥了重要作用。司法权对行政权的监督力度仍然十分有限:对于行政规范,法院无权进行审查,只是能够在审查行政行为时对其所作出依据的行政规范进行附带审查,对于不合法的也只能不予适用而不能通过有效途径判决无效或者予以撤销。① 行政复议中可被附带性审查的抽象行政行为中的抽象行政行为是指"行政规章以下(不含行政规章)的其他行政规范性文件可以被附带性审查",上下级行政机关的利害关系,又使得其监督效果难以保障。足见我国对行政权力的监督仅建立在个案纠正和极其有限的行政自我规制的程度之上,如果在自贸区内仍然不能形成对行政规范性文件的司法审查机制,就难以形成一个国家化、市场化和法治化的营商环境。

在英国,行政机关没有固有的立法权,其制定的法律规范被称为"委任立

---

① 最高人民法院印发的《关于审理行政案件适用法律规范问题的座谈会纪要》的通知中明确指出:"行政审判实践中,经常涉及有关部门为指导法律执行或者实施行政措施而作出的具体应用解释和制定的其他规范性文件,主要是:国务院部门以及省、自治区、直辖市和较大的市的人民政府或其主管部门对于具体应用法律、法规或规章作出的解释;县级以上人民政府及其主管部门制定发布的具有普遍约束力的决定、命令或其他规范性文件。行政机关往往将这些具体应用解释和其他规范性文件作为具体行政行为的直接依据。这些具体应用解释和规范性文件不是正式的法律渊源,对人民法院不具有法律规范意义上的约束力。但是,人民法院经审查认为被诉具体行政行为依据的具体应用解释和其他规范性文件合法、有效并合理、适当的,在认定被诉具体行政行为合法性时应承认其效力;人民法院可以在裁判理由中对具体应用解释和其他规范性文件是否合法、有效、合理或者适当进行评述。"可以说这只是很有限的司法审查态度,在实际中能够起到的效果也并不乐观,往往人民法院完全依照规范性文件进行审判。

法"。由于奉行议会至上原则，法院对议会制定的法律无权非议。但是，对于委任立法（包括中央行政机关的立法在内），法院在审理案件时必须根据越权原则来判定其合法性。① 在美国，法院有权审查国会制定的法律是否违反宪法，当然也有权审查包括行政命令在内的所有行政立法是否符合宪法和法律。② 在德国，对于委任立法，宪法法院和行政法院均有权进行审查。其中，宪法法院对委任立法的审查属于直接审查，即宪法法院直接受理当事人对委任立法违宪的指控案件，审查其是否符合宪法。行政法院对委任立法的审查属于间接审查，即行政法院在审理行政案件中附带地审查委任立法是否越权。③

我国的行政机关与英美国家的行政机关虽然同属国家的法律执行机关，但不同的是，英美国家行政机关的立法一般均属于委任立法，而我国与法国等大陆法系国家一样，行政机关拥有固有"立法"权即宪法所赋予的立法权限，在这一权限范围内，行政机关无须权力机关另行授权即可就行政管理事项进行立法；尤其是我国恢复法制建设近几十年来，在法律还不能覆盖全部行政管理领域的现实情况下，行政机关规范性文件的"拾遗补阙"作用是非常必要的，但在必要的同时有时难免逾越行政机关"执行性"地位。④ 自贸区行政机关相比区外行政机关更有其特殊性，包括引入"负面清单"管理模式、精简行政组织、进行监管创新、承载更多服务功能，加之大量外商投资领域法律规范的缺乏和行政管理体制领域法律规范的转变，行政机关在此情况下要正常履行行政管理职能，辅以新的规范性文件有其迫切性和必要性。司法监督同样也需要适应这些新变化。

---

① 参见万其刚：《西方发达国家的授权立法》，中国人大网，http://www.npc.gov.cn/npc/xinwen/rdlt/wysd/2011-05/13/content_1655610.htm，2013 年 12 月 20 日访问。

② 参见万其刚：《西方发达国家的授权立法》，中国人大网，http://www.npc.gov.cn/npc/xinwen/rdlt/wysd/2011-05/13/content_1655610.htm，2013 年 12 月 20 日访问。

③ 参见万其刚：《西方发达国家的授权立法》，中国人大网，http://www.npc.gov.cn/npc/xinwen/rdlt/wysd/2011-05/13/content_1655610.htm，2013 年 12 月 20 日访问。

④ 参见刘莘：《关于行政诉讼法律适用制度修改的思考》，《苏州大学学报（哲学社会科学版）》2012 年第 1 期。

二、自贸区建立规范性文件司法建议机制

目前,在法律法规还未修行的情况下,自贸区内应当充分发挥司法建议的功能,用司法建议的形式告知行政规范性文件的制定机关其所制定文件的问题并提出修改意见。2012年3月15日最高人民法院公布《关于加强司法建议工作的意见》中明确指出,司法建议是法律赋予人民法院的重要职责,是人民法院工作的重要组成部分,是充分发挥审判职能作用的重要方式。审判执行工作中发现有关单位普遍存在的工作疏漏、制度缺失和隐患风险等问题,人民法院应当及时提出司法建议。《关于加强司法建设工作的意见》明确了9种情况人民法院可以向相关党政机关、企事业单位、社会团体及其他社会组织提出司法建议,必要时可以抄送该单位的上级机关或者主管部门,并以"其他确有必要提出司法建议的情形"予以兜底。自贸区法院在完成个案审判之后,如果认为行政机关制定的规章以下的规范性文件有与法律相抵触或者超出职权范围的情形应当向制定机关提出司法建议。另外,《关于加强司法建设工作的意见》规定了司法建议文书格式,为各级法院在司法建议文书格式规范等方面提供了明确指引,明确要求确定司法建议工作日常管理机构,建立司法建议工作归口管理制度,为完善司法建议检索、评查和交流提供可靠基础。

第四节　确立自贸区行政审判法律
适用的原则和规则

一、行政审判法律适用的原则和规则

在大陆法系国家法官只是"发现"或"解释"法律而非"创制"法律,面对自贸区内行政审判这一完全陌生领域,面对由政府机关主导的政治体制改革,行政审判的法律适用中面临的冲突会可能导致自贸试验区的系统性被破坏或者出现"违法改革"的情况。从法律解释来看,西方国家法院对法律的解释一

般也是最终的，即使是英国这个奉行议会至上的国家，对议会的制定法的最终亦即最具权威的解释仍是法院的解释。我国的行政机关既执行立法机关制定的法律法规，又执行行政机关（上级机关或本机关）制定的规范性文件。也正基于现实情形，行政诉讼法规定：人民法院审理行政案件以法律和行政法规、地方性法规为依据（第六十三条第 1 款），以规章为参照（第六十三条第 3 款）。相比较大多数国家法院有权对特定抽象行政行为进行审查，我国人民法院的行政审判目前主要还是运用法解释学的方法来化解法律冲突。

二、自贸区行政审判法律适用的原则和规则

自贸区行政审判法律适用不同于自贸区外的行政审判的法律适用。首先，涉自贸区行政审判的法律适用过程除了是对行政机关的抽象行政行为的合法性进行监督之外，还是对行政行为是否符合自贸区功能的监督。其次，涉自贸区行政审判法律适用具有独特的复杂性，一般性行政审判的法律适用是对同一套法律体系的选择，而在涉自贸区行政审判中，存在着是否适用自贸区相关法律规范的实体性和技术性难题。最后，在自贸区相关规则还不完善的情况下，行政审判的法律适用有着"造法"的作用。自贸区在权力运行中，肯定会遇到中央和地方条块冲突、块块冲突和条条不协调等问题。在具体规则尚未形成的时候，自贸区人民法院为了保证整个试验区目标的实现，势必需要通过大量法律适用技术的运用来弥补制度的缺失。

自贸区人民法院在行政审判法律适用过程中，解决层级冲突应当坚持我国依法治国的精神，通过法律和行政法规的方式确立一整套一般性的改革授权规范是解决法律与地方性法规以及其他法律层级冲突的最为有效的办法，它可以通过原则性与灵活性相结合的规定，使改革具备更充分、更明晰的合法性基础。在法律层级冲突没有解决的情况下，应当坚持上位法优于下位法，维护法律尊严和权威性，凡符合法律的法规、规章及其他规范性文件应予以适用，凡违背法律的规范都不能予以适用。并且在此基础上及时进行法律的修订和通过法解释学的方法来解决冲突。

在涉自贸区的地方性法规和部门规章的效力关系判断可以依照以下几

点:第一,实施性规则优先适用于一般性规定;第二,地方性法规依据法律、行政法规的授权,根据本行政区域的实际情况作出的具体规定,应当优先适用;第三,根据地方特色制定的规范性文件慎重优先适用;第四,本着有利于保护行政相对人合法权益原则进行法律适用;第五,不能确定如何适用的,应当中止案件办理,逐级上报有关部门按照《立法法》的相关规定处理。① 最后,应该明确,上海市政府规章和部门规章虽然效力相同,但是涉自贸区问题上,可以用以上原则来作为"参照"。另外,有学者提出应当把行政法的适用规则作为一个行政部门法来看待②,从适用规则上来破解法律冲突的难题,也有学者认为可以借鉴国际私法中冲突解决的一般制度③,这些建议在自贸区内都有解决现实问题的实际意义。

---

① 参见赵莉莉、胡平:《部门规章与地方性法规如何选择适用》,中国国家工商局网,http://www.saic.gov.cn/gsld/gztt/xxb/200912/t20091203_73035.html,2014 年 2 月 13 日访问。
② 参见张淑芳:《行政法的适用》,《法学研究》2000 年第 5 期。
③ 参见天水:《论立法法对行政法规范冲突的控制及其完善》,《中国法学》2001 年第 1 期。

第 六 编

上海自贸区刑事司法保障

第十八章　上海自贸区刑事司法理念的转变

　　建立中国(上海)自由贸易试验区是一项重大的国家战略,自贸区的建立给上海乃至全国经济带来巨大发展机遇的同时,也必将面临诸多风险和考验,其中之一便是如何有效预防和打击刑事犯罪。自贸区内相关行政法律、法规以及行政监管制度的变化,势必对我国刑事法律的适用产生深远的影响。部分犯罪可能会因自贸区内制度的创新而在区内产生刑法适用的困难甚至存在失去刑法适用的空间,也会因自贸区的便利条件而呈现出新的犯罪形态等。因此,如何准确把握自贸区建设对刑事法律的影响,在自贸区范围内准确适用刑法,以应对和解决自贸区建设所带来的新情况、新问题,是目前司法机关亟须研究和解决的问题。

一、自贸区建设对传统刑法理念的影响

　　我们认为,对自贸区内经济秩序的维护,除严厉惩治和打击经济犯罪外,应更加侧重于保护经济活动参与单位与个人的权利、自由,倡导刑法的谦抑化。有学者认为,自贸区的成立可谓是我国继 1978 年改革之后的第二次经济大变革,其意义或更甚于 1978 年改革,对已有经济机制与体制的全面创新与变革,势必会对已有社会经济秩序产生巨大的冲击和消解。[①] 追求并鼓励创新、倡导自由开放的自贸区建设需要良好的经济秩序,而维护良好的经济秩序虽然需要政府完善法律监管,更需要政府通过放权于市场释放经济活力。依

---

　　① 参见刘宪权:《中国(上海)自由贸易试验区成立对刑法适用之影响》,《法学》2013 年第12 期。

赖于刑法的扩张解释以及通过刑法对经济犯罪进行严厉惩治和打击的传统方式存在一定局限性，并不利于经济发展体制的创新以及充分发挥自贸区对我国经济发展的巨大推动作用。据此，与自贸区率先建立的"负面清单"管理模式相契合，自贸区内刑事司法理念亦应率先转变，由重视惩罚向更加重视保护权利、自由方向转变，更加侧重于保护经济活动参与主体的权利、自由，更加倡导刑法的谦抑化。

在总体上倡导刑法的谦抑化，注重保护经济秩序的原则下，我们认为，还应当坚持贯彻宽严相济的刑事政策，对涉自贸区刑事犯罪的处理不能一味强调从宽，而应当在深入推进自贸区建设、维护自贸区良好的经济社会秩序的总体目标要求下，充分把握自贸区内经济社会发展和治安形势的变化，根据涉自贸区刑事犯罪在不同阶段的特征和发展趋势，适时调整从宽和从严的对象、范围和力度，做到宽严有据、罚当其罪。对于自贸区建设中由于新的制度和管理模式的实施，可能导致犯罪成本降低，风险加大的犯罪类型，则应当依法从严惩处，充分发挥刑罚的一般预防功能，维护自贸区公平有序的竞争环境和良好的经济秩序。当前应当重点关注洗钱犯罪、非法集资类犯罪、金融诈骗类犯罪、证券犯罪及走私犯罪等，及时惩治以遏制这几类犯罪可能出现的多发趋势。要加强对自贸区内金融、航运、商贸等领域改革带来的技术创新的刑法保护力度，加大对知识产权类犯罪的惩治力度，为企业创新和投资提供保障。

另外，自贸区经济平稳有序的发展，离不开健康、稳定的社会治安环境。要依法从严打击自贸区内严重危害社会治安的犯罪，继续加大对黑恶势力犯罪及严重暴力犯罪的惩治力度，依法惩治"两抢一盗"等多发性侵财案件，增强自贸区内经济主体的人身、财产安全感；依法打击黄、赌、毒犯罪，寻衅滋事、妨害公务等严重扰乱社会秩序犯罪，净化社会风气；加大对自贸区内国家工作人员职务犯罪和商业贿赂犯罪惩治力度，重视对非国家工作人员职务犯罪的依法惩治，从源头上减少腐败现象的发生。为自贸区经济健康有序发展保驾护航。

二、自贸区行政法规调整对犯罪构成的影响

上海自贸区的建设，是我国在新形势下推进改革开放的重大举措。由于

自贸区承担先行先试、制度创新的重要职能,其推进过程中必将伴随着大量法律、法规,尤其是经济、行政法规的重大变化。在刑事审判中,应当高度关注这些经济、行政法规的修改、变化给特定经济犯罪的犯罪构成要件带来的影响。此外,自贸区内所施行的一些特殊制度和独有的管理模式,也可能会改变对某些特定罪名的界定和解释。在刑事审判中应当充分注重和把握这些新情况、新变化,准确定罪,充分保护经济活动参与主体的权利、自由。如上海自贸区内设立公司改注册资本实缴制为认缴制,并且取消了最低注册资本的限制,这就使《刑法》规定的虚报注册资本罪和虚假出资、抽逃出资罪在自贸区范围内不再适用。又如上海自贸区在扩大投资领域开放方面推出"负面清单"管理模式,随着"负面清单"管理模式的推出,在对非法经营罪中违反法定经营范围要件的"未经许可""未经批准"的理解上,就从原有的"法无明文规定不可"转为"法无明文禁止即可",一些在自贸区外构成非法经营罪的行为在自贸区内可能不再构成。此外,自贸区外汇管理制度的创新,特别是在资本项目上实行人民币与外汇的自由兑换,也会对逃汇罪和骗购外汇罪的认定带来影响,在审判实践中应区别情况审慎认定与处理。

三、妥善解决涉自贸区刑事案件国内国际管辖权冲突

在涉自贸区刑事案件审理过程中,还应当充分关注国内和国际刑事管辖冲突的问题。由于自贸区承担先行先试的任务,其在制度和管理模式上的创新力度会超出其他地区,从而可能会导致区内区外在对同一行为的违法性出现评价不一的情况,给刑事审判中法律适用带来一定的难度。尤其是对于跨区行为,即行为的实施和行为的结果发生涉及自贸区内外区域的情况,包括共同实施行为中部分成员的行为发生在自贸区外,部分成员的行为发生在自贸区内的情况,应当审慎处理,综合考量主要行为发生地、行为的社会危害性程度、法律法规差异性的原因等因素,妥善解决跨区行为的管辖和定罪量刑问题。

自贸区作为连接国内、国际市场的平台,其开放程度不断提升,外国公司、企业、个人更多地进入自贸区投资创业,区内外资银行、外资公司、跨国机构也

会不断增多。由此可能会给涉自贸区刑事犯罪带来犯罪主体多样化、犯罪手段智能化、犯罪区域国际化等特点。对于在我国自贸区内发生的涉外案件，其他国家要求使用属人管辖原则、保护管辖原则对刑事案件进行管辖的情况也会不断增加。对此，我们要积极行使刑事管辖权，加强与其他国家司法机构的合作，加大刑事司法协助和引渡的力度，共同维护良好的经济秩序。

四、充分保障涉自贸区刑事案件当事人合法诉讼权利

自贸区改革的核心是市场化、国际化、法治化。市场化取向重新调整了政府与市场的作用和关系，国际化要求相关规则必须实现与国际接轨，而法治化则强调了人权保障和程序正义。在自贸区法治建设过程中，应当加快法治思维和法治方式的转变，着力贯彻落实无罪推定、疑罪从无的刑事诉讼理念，确保程序正义，树立我国良好的司法形象，为自贸区各项政策的落实提供坚强的司法保障。

在涉自贸区刑事案件审判中，应当坚持审判中心主义，充分发挥审判对侦查、起诉的制约和引导作用，使侦查、起诉活动始终围绕审判程序进行，确保刑事审判在刑事诉讼中的重要性、权威性和终局性。应当严格证据审查，高度重视非法证据排除制度，对非法言词证据和实物证据，依法予以排除，充分保障诉讼当事人的各项权利，通过坚持程序公正维护司法公正。应当充分尊重和保障律师依法行使辩护权。由于自贸区案件专业性强、取证难度大、法律适用复杂，加强保障律师辩护权对于查明案件事实、坚持证据裁判、正确适法量刑具有相当重要的作用。在案件审理过程中，应当充分保障律师取证权、庭审发言权、相关程序启动权等，维护律师的正当合法权益。

第十九章　上海自贸区刑事案件的审理

为充分发挥审判化解矛盾纠纷、营造法治环境等职能作用,为建设符合国际化和法治化要求的自贸试验区提供强有力的法律服务和司法保障,在上海高院的部署和指导下,上海法院实行涉自贸试验区刑事案件在相关刑事审判庭进行专项审判。

自2013年11月5日上海市浦东新区人民法院自由贸易区法庭正式挂牌成立以来,截至2015年10月,上海市浦东新区人民法院共受理涉自贸区刑事案件329件(其中2013年11月至2014年10月受理21件、2014年11月至2015年10月受理308件),共审结317件,平均审理天数为13.7天。所有案件的被告人中,判处一年有期徒刑及以下的占71.8%,判处一年有期徒刑以上的占26.6%,5名被告人被免予刑事处罚,服判息诉率达95.5%。涉自贸区刑事案件主要呈现以下特点:(1)案件以盗窃罪、故意伤害罪等多发案件为主。其中,盗窃案件91件,占全部案件的27.6%,比例居所有案件之首;故意伤害案件57件,占全部案件的17.3%,这表明传统刑事案件依然为区内主要的犯罪类型。此外,还出现聚众斗殴、受贿、信用卡诈骗、虚开增值税发票等类型的犯罪。(2)涉自贸区监管制度刑事案件已经出现。在一起自贸区内某企业及外国人一审被判逃汇罪案件中,被告单位将以转口贸易名义收取的外汇资金付汇至该单位离岸账户,又分成多笔转到国内多家公司账户,用于采购其他货物及被告人个人消费,损害了我国正常的外汇管理秩序。(3)主要犯罪人群的年龄和文化程度普遍较低。329件案件共涉及被告人538人,被告人犯罪时的平均年龄为32.2岁,高中文化程度以下的占77.8%。

上海市第一中级人民法院作为自贸区所在地中院,截至2015年10月,除了浦东法院上诉的 14 件二审案件外，共受理涉自贸区刑事一审案件 2 件，其中走私犯罪 1 件、故意杀人 1 件。

随着上海自贸区战略方案的不断深化，国务院于 2015 年 4 月 20 日公布了《改革方案》，上海自贸区面积从 28.78 平方公里扩至 120.72 平方公里，除外高桥保税区、外高桥保税物流园区、洋山保税港区和浦东机场综合保税区等原有保税片区之外，新增陆家嘴金融片区、金桥开发区和张江高科片区三大片区。随着上海自贸区扩区方案的实施，涉自贸区刑事案件在数量上也呈现出较大幅度的增长，涉及的案件类型也更为丰富，案件审理难度亦逐渐加大。因此，积极研究涉自贸区刑事案件审判中的新情况、新问题，准确把握案件的审判思路，对于充分发挥刑事审判职能并有效维护自贸区良好经济社会秩序，具有十分重要的意义。

第一节　上海自贸区走私犯罪问题研究

投资贸易的改革和创新作为建设中国（上海）自由贸易试验区的核心内容之一，2014 年 7 月 25 日通过的《中国（上海）自由贸易试验区条例》明确提出，要"建立与国际投资、贸易通行规则相衔接的基本制度体系和监管模式"，建设具有国际水准的投资贸易便利、监管高效便捷、法治环境规范的自由贸易试验区。在此指导原则下，上海海关先后发布了"先入区后报关""集中汇总纳税""保税展示交易"等 19 项监管创新举措，其中 14 项制度已逐步推广至全国其他海关特殊监管区域。应当看到，上海自贸区在试行诸多海关监管创新举措、促进投资贸易更为便利的同时，也无疑增加了某些犯罪特别是走私犯罪的风险。

据海关统计，2014 年上海自贸区全年实现进出口 7623.8 亿元人民币，比 2013 增长 8.3%，比上海全市水平高出 3.7 个百分点，占全市进出口总值的 26.6%，比重较上一年提高 0.9 个百分点，对全市进出口总值增长的贡献度达 46.7%。2014 年，上海海关共立案各类走私违法违规案件 2453 起，案值 149.91 亿元，分别比 2013 年增长 8.5% 和 42.7%。其中，侦办各类走私犯罪案件 161 起,案值 27.57 亿元,分别比 2013 年增长 15% 和 13.3%。与此同时,2014 年上海自贸区共立案查办走私违法违规案件 91 起、案值 41.41 亿元人民币,分别比 2013 年增长 54.2% 和 3.3 倍。[①] 从统计数据分析,上海自贸区内走私犯罪案件的增长幅度较大,需要予以警惕。而随着上海自贸区的扩围,势必进一步加大走私犯罪的风险。有鉴于此,本节尝试从上海自贸区海关监管体制创新及其对走私犯罪带来的影响出发,在借鉴其他国家和地区有益经验的基础上,进而尝试提出对策建议,以期为预防和打击自贸区走私犯罪提供借鉴。

一、上海自贸区建设对走私犯罪的影响

(一)走私犯罪的现行规定及客观行为

我国对走私犯罪采取的是以走私对象为区分标准进行类型化立法的立法模式,主要包括走私禁止进出口的物品、走私限制进出口的物品和走私应税物品罪三类。[②] 第一类走私禁止进出口的物品主要规定在《刑法分则》第三章破坏社会主义市场经济秩序罪的第一百五十一条和第一百五十二条(包括走私武器、弹药罪,走私核材料罪,走私假币罪,走私文物罪,走私贵重金属罪,走私珍贵动物罪,走私珍贵动物制品罪,走私国家禁止进出口的货物、物品罪,走私淫秽物品罪,走私废物罪 10 个罪名),及《刑法》第六章妨害社会管理秩序罪的第三百四十七条和第三百五十条(包括走私毒品罪、走私制毒物品罪)。第二类走私限制进出口的物品,主要由海关总署及相关部门对限制进口的物品进行具体界定。第三类走私应税货物物品类,主要是针对违反海关法律法规,逃避海关监管,走私上述两类物品以外的其他应税货物、物品,达到刑法所规定的数额标准的走私犯罪。

关于走私犯罪的客观方面,表现为违反海关法和其他有关法律、法规,逃避海关监管、偷逃应纳税款、逃避国家有关进出境的禁止性或者限制性管理等

① 参见《上海去年外贸进出口增速首超全国 自贸区占全市进出口总值 26.6%》,人民网,http://politics.people.com.cn,2015 年 4 月 20 日访问。

② 参见张大春:《走私罪研究》,中国海关出版社 2013 年版,第 70 页。

情节严重的行为。关于走私行为的理解，2000年修订后的《中华人民共和国海关法》第八十二条采用概括式和列举式相结合的方式，对走私行为进行了较为全面的界定，即"有下列情形之一的，是走私行为：（一）运输、携带、邮寄国家禁止或者限制进出境货物、物品或者依法应当缴纳税款的货物、物品进出境的；（二）未经海关许可并且未缴纳应纳税款、交验有关许可证件，擅自将保税货物、特定减免税货物以及其他海关监管货物、物品、进境的境外运输工具，在境内销售的；（三）有逃避海关监管，构成走私的其他行为的。"第八十三条保留了按走私行为论处的准走私行为的规定，第八十四条则是对伪造、变造、买卖海关单证行为的法律责任，以及以走私行为的共犯论处的规定。上述规定，对于如何正确理解走私行为以及执法统一具有重要作用。

以上海一中法院审理的首例涉自贸区走私犯罪案件为例。2007年2月，被告单位泰格实业（上海）有限公司（以下简称泰格公司）（住所地上海外高桥保税区内）投资人、原总经理王国明在该公司进口皮革助剂、制革机械设备零件等货物过程中，决定低报价格走私进口，并指使员工制作低于实际成交价格的发票、合同等向海关申报。2011年4月，王国明转让泰格公司股权并辞去公司职务，但仍实际控制公司，并要求公司继续采用上述低价报关的方法走私进口货物直至案发。2008年1月至2010年3月，被告人曹翔受王国明指使制作上述虚假单证，此后曹翔将该方法传授给继任者被告人刘森，由刘森继续采用相同方式向海关申报。经核定，泰格公司、王国明走私进口上述货物共计728票，偷逃应缴税额1866万余元，曹翔、刘森分别参与偷逃应缴税额675万余元和746万余元。

一审判决：一审法院认为，被告人王国明作为被告单位泰格公司直接负责的主管人员，被告人曹翔、刘森分别作为泰格公司其他直接责任人员，在该公司进口货物的过程中，违反海关法规，逃避海关监管，采用低报价格的方法进口货物，共计偷逃税款1866万余元，其中曹翔、刘森分别参与偷逃税款675万余元、746万余元；其行为均已构成走私普通货物罪，且情节特别严重。被告人王国明系被告单位泰格公司的投资人，在该公司走私犯罪中起决策作用，且系非法利益的直接获益人，系主犯；被告人曹翔、刘森受指使制作虚假单证，在该公司走私犯罪中处于从属地位，且未直接获取非法利益，系从犯。曹翔、刘森具有自首情节。案发后,泰格公司主动退缴部分偷逃税款,国家税款损失得到部分挽回。据此,依照刑法相关规定,判处被告单位泰格实业(上海)有限公司犯走私普通货物罪,判处罚金人民币一千八百七十万元;被告人王国明、曹翔、刘森犯走私普通货物罪,分别被判处三年至十年有期徒刑;走私违法所得予以追缴。一审判决后,被告单位和被告人均未上诉,检察机关亦未提起抗诉,一审判决已生效。

(二)上海自贸区海关监管体制创新及其对走私犯罪的影响

自贸区的设立对创新海关监管体制提出了新的目标和要求,《中国(上海)自由贸易试验区条例》第十八条、第十九条规定,要按照"一线放开、二线安全高效管住、区内流转自由"的监管模式,在自贸试验区建立与国际贸易等业务发展需求相适应的监管模式。同时要求海关部门"按照通关便利、安全高效的要求,在自贸试验区开展海关监管制度创新,促进新型贸易业态发展"。[①] 自贸区所推崇和施行的诸多海关监管创新措施,在简化手续、拓展功能、促进经济迅猛发展的同时,使得自贸区的海关监管审查力度大为削弱,也促使了走私犯罪的发生。因走私而导致的大量违禁品的入境以及关税的偷逃,不仅严重侵害到了海关管理秩序,也会给国家造成大量的财政损失,从而留下一定的安全隐患。正如某位刑法学者所言,"如何在贯彻落实自贸区内海关宽松的监管模式的同时,有效防控走私犯罪,降低安全隐患,值得我们深思。"[②]

具体而言,自贸区海关监管创新措施可能对走私犯罪带来以下影响:一是在物流方面采用"先入区、后报关"模式,对自贸试验区和境外之间进出的货物,允许自贸试验区内企业凭进口舱单信息将货物先行提运入区,再自运输工具进境14日内向主管海关办理进境备案清单申报手续。该模式有效提升了自贸区内企业进境货物的流转速度,提高了物流效率。根据该措施,企业可以先提货入库再办理报关手续,这中间存在着一个14天的时间差。由于当前操作规程尚未成熟,可能存在货物入区后"漏报""不报"等违法活动,从而带来

---

① 《中国(上海)自由贸易试验区条例》第十八条、第十九条。
② 刘宪权:《中国(上海)自由贸易试验区成立对刑法适用之影响》,《法学》2013 年第 12 期。

一定的走私的隐患。①

二是"自行运输"模式，是指经过海关注册登记的试验区内的企业，可以使用经过海关备案的自有车辆或委托取得相关运输资质的境内运输企业车辆，在自贸区内自行结转货物的作业模式。这一措施可以使得区内企业不再像以前那样使用海关监管的车辆进行运输，这一举措有利于大幅节约企业物流成本和通关时间。但由于目前自贸区车辆在海关备案时仅登记车主和车牌号，车辆上虽然也装有 GPS，但只能查询车辆行驶路线，对于企业是否在运输途中调换货物，以便偷逃税款等则无从查证。

三是集中汇总纳税制度，是指在企业提供有效担保的情况下，区内 B 类以上、区外 A 类以上企业在一个月内，对已放行货物向海关自主集中缴付税款，推进征缴电子化，海关由实时性审核转为集约化后续审核和税收稽核。实行集中汇总纳税制度，从传统的海关主导型的税收征管模式转变为企业主动型的征管模式，有利于降低企业纳税成本，实现货物的高效通关。但在实践中也出现了个别企业利用该政策走私的现象，如一些享有集中申报政策的企业利用自己进出口货物的优势为其他进出口商提供便利，使不具备该政策适用条件的企业能享受集中纳税政策，并在通关时免受查验。

二、域外自贸区的海关监管制度借鉴

传统或者广义上的自由贸易区（Free Trade Area）通常指两个及两个以上的国家或地区通过签订自由贸易协定，互相取消大部分贸易往来货物的关税和非关税壁垒，放开大多数服务部门的市场准入，从而促进商品、资本、技术、服务、人员的自由流动，实现优势互补，促进共同发展。而依据 1973 年国际海关理事会签订的《关于简化和协调海关业务制度的国际公约》的规定，自由区（Free Zone）是指是"缔约方境内的一部分，进入这部分的任何货物，就进口关税而言，通常视为关境之外"。上海自贸区即属此类型，根据国务院的规划，上海自贸区已从之前的 4 个海关特殊监管区域扩大至金桥开发区、张江高科

---

① 参见冯慈兰：《上海自贸区背景下的走私犯罪探究》，《法制博览》2014 年第 8 期。

技片区和陆家嘴金融片区,从原来的 28.78 平方公里扩至 120.72 平方公里。此次扩围后自贸区的面积为浦东新区总面积的十分之一。随着自贸区的扩围,预防和打击走私犯罪的任务将更为艰巨。鉴于此,参考其他国家或地区的相关制度设计,以期为完善上海自贸区建设、预防和打击走私犯罪提供借鉴。

(一)美国:对外贸易园区

1934 年美国国会通过的《对外贸易区法案》规定,对外贸易区不必按海关法监管。任何国外或国内的商品,除法律禁止或由管理局规定为有害公共利益、健康或安全者外,皆可不受美国海关法的限制而进入对外贸易区。但当国外商品从对外贸易区进入美国海关领土时,必须遵循美国有关进出口商品的法律和法规。由此,美国对外贸易区和海关领土存在严格的界限,对外贸易区是"境内关外",不属于其他"海关领地"。美国海关主要通过电脑网络来对贸易区进行管理和监督。监管的重点对象是进出口货物流量和贸易区内库存增减情况。海关委托对外贸易区经营管理者对进出口货物进行具体管理。管理手续简便、规范,经营管理者对贸易区的进出口贸易实行电脑跟踪监管,并与海关联网,海关可以随时通过电脑网络掌握货物进出口动态。①

(二)台湾:自由经济示范区

2013 年 3 月 27 日,台湾"行政院"公布了《自由经济示范区规划方案》,确定了包括苏澳港、基隆港、台北港、台中港、高雄港与桃园航空城在内的"五海一空"作为自由经济示范区。② 之后,台湾方面又将安平港与屏东农业生技园纳入其中,形成"六海一空一区"的格局。根据台湾"国家发展委员会"2014 年 1 月 27 日公布的《自由经济示范区特别条例(草案)简介》,台湾自由经济示范区在海关制度监管上具有以下特点:一是通关报关制度方面,第一类进出示范区的货物(拟进驻示范区从事产业活动之事业,得向管理机关申请为第一类示范事业),办理通关、事业得经海关核准采按月汇报方式,即有保税区转型之示范区事业,得选择使用原区位货示范区的通关制度;二是电子账册与海关连线,即一

---

① 参见汤黎明、郑少华:《自由贸易区法律适用》,法律出版社 2014 年版,第 244 页。
② 参见《台推"自由经济示范区方"第一阶段 7 月启动》,台海网,http://www.taihainet.com/news/twnews/twdnsz/2013-04-27/1059352.html,2015 年 4 月 3 日访问。

类示范事业及受托厂商应设置电子账册与海关连线，并就办理货物储存、移动、领料、用料、委托（受托）业务与其他账务处理事项，供海关远端稽核；三是"前店后厂"，为推动示范区前店后厂功能，加速委托加工审核效率，委、受托业务应向管理机关申请核准，并向海关办理通关，且经核准不得运回示范区径行出口。①

（三）中国香港：自由港

自由港是目前世界上自由开放程度最高、范围最大、实现港口城市与自由贸易区融合发展的海关特殊监管区。我国香港是其中较为典型的一个。根据《中华人民共和国香港特别行政区基本法》第一百一十四条、第一百一十五条规定，"香港特别行政区保持自由港地位，除法律另有规定外，不征收关税"，"实行自由贸易政策，保障货物、无形财产和资本的流动自由"。在通关方式上具有以下特点：一是海关以风险管理作为通关检查的标准，对通关货物进行抽样检查，而非全部检查，提高通关效率；二是事后申报，即除豁免报关物品外，必须在货物进出口 14 日内向海关递交报关表；三是相关海关采用 24 小时全天候作业，货物可以自行调整工作时间来进行通关清关作业。

三、上海自贸区预防和打击走私犯罪的对策及建议

通过对其他国家或地区自贸区的海关监管模式比较，对于上海自贸区如何更为有效地预防走私犯罪具有启示意义。

（一）形成以海关监管为主、其他部门为辅的多元化监管模式

我国海关实行的垂直管理的行政体制，海关依法独立行使职权，向海关总署负责。这种海关工作的垂直管理机制在自贸区内就体现为自贸区内的海关事务只能由海关部门负责，而其他行政机关，如上海自贸区管理委员会，只能协调海关部门在区内的行政管理工作。相比之下，台湾"自由经济示范区"的管理机关则明确负有预防走私的职责，有权采取一些预防走私的措施。② 这种制度设计有利于发挥自由经济示范区管理机关统一管理工作机制的作用，优化单一

① 参见台湾《自由经济示范区特别条例（草案）》第四十三条。
② 参见台湾《自由经济示范区特别条例（草案）》第六条。

窗口功能,为打击自由经济示范区内的走私行为提供一种全局性的支持,有利于更好地推进海关、工商与自贸区各行政管理部门之间的协调与联动,从而更有效地打击走私犯罪。① 另外,针对目前监管力量相对不足的情况,可借鉴香港引入"监管外包"制度,即将部分监管权外包给私营企业进行管理,并互相监督。

(二)加强信息化管理,提高监管效率

美国海关在有 200 余个对外贸易园区的情况下,充分运用科技手段进行有效监管,实现了快速、便利通关。美国海关实行信息化管理,全程进行计算机控制,运用计算机技术实时监管贸易园区的货物运输状况,大大提升了海关效率。台湾地区也推行类似做法,要求从事第一类示范事业的企业实行电子账册与海关连线制度,以供海关远端电子稽查。这些科学先进的海关监管措施值得上海自贸区学习。上海自贸区扩围后,海关的吞吐量将显著增长,监管工作的工作量也大为增加。面对自贸区数以千计甚至数以万计的企业,现行监管力量远不能满足实际需要,是典型的"少数人监管多数"。这种情况下,只有改变传统的海关监管模式,加强信息化技术手段,建立自贸区统一联网的物流监控平台,才能实现对海关监管的场所、进出境货物运输、储存、保管、交付等全过程实施动态、全程、有效监控。

(三)强化货物分类管理,提升风险预判

海关监管模式的创新是防治自贸区走私犯罪的关键。在充分运用科技手段的同时,可以进一步对货物进行分级监管,以有效预防走私风险。如台湾在实施货物分级监管方面,根据区内企业营运能力及自律程度进行分级,赋予信誉良好企业较大的经营弹性,必要时甚至可以对信誉佳的高级别企业实施入场检查和抽查等较为宽松的监管制度。上海自贸区正在推行通关无纸化,并尝试由系统自动分拣,分为"低风险快速放行"和"高风险重点审核",对于"低风险快速放行"报关单,系统自动生成放行信息,企业据此办理货物装运手续;对于"高风险重点审核"报关单,需在规定时间内交付海关并进行审核。建议根据货物类别、企业信誉、历史记录等综合因素来进行货物分类管理,以避免走私隐患。

---

① 参见张弛等:《自贸试验区内走私罪的认定与处理》,《经济刑法》2015 年第 4 期。

（四）完善各项制度措施，弥补监管漏洞

应进一步完善自贸区推出的各项监管创新制度，对于已发现的一些监管问题和漏洞，及时提出相应的防控方法，以期维护海关的正常监管秩序。如针对区内自行运输的作业模式，建议自由运输的登记备案制度，详细登记车辆的相关信息，并加强车辆运输途中的监管。针对集中纳税制度引发的信用租借的问题，可以进一步严格企业信用评估程序，对于将自己的信用出租给他人的企业，应对该企业施以降低信用等级等行政处罚，并对该类有租借前科的企业进行重点核查，加大对此类行为的打击力度。

（五）明确自贸区走私犯罪司法认定标准，促进适法统一

自贸区内法律、行政法规的变化对刑法适用将产生影响，最直接的就是行政犯的认定。行政犯罪是以违反前置法律为前提，前置法律发生变化，其罪与非罪的认定也随之变化。走私犯罪作为典型的行政犯，有关关税的行政法律法规一旦发生变化，势必影响到对走私犯罪的行政处理及刑事认定。作为自贸区海关监管最大亮点的"一线放开、二线管住"的监管模式，将对自贸区走私犯罪的司法认定带来重要影响。如自贸区走私犯罪未遂的认定，如果行为人在"一线"范围内被抓获，因行为人尚未开始报关，货物仍处于保税状态，就不认定为走私犯罪，仅能作为行政违法进行处理。反之，如果行为人在"二线"范围内被抓获，只要行为人实施了申报行为，走私犯罪既遂成立。这种将走私犯罪认定为行为犯，"要么无罪、要么既遂"的处理标准与我国刑事犯罪停止形态的基本理论相悖。鉴于此，应尽快对自贸区内走私犯罪的基本认定标准，特别是犯罪停止形态、共同犯罪、单位犯罪等问题予以厘清，明确统一的执法思路和理念，促进法律适用的统一。

第二节　上海自贸区公司类犯罪问题研究

一、公司资本制度的调整

新修订的《公司法》和国务院批准的《注册资本登记制度改革方案》（以下

简称《注册资本改革方案》）围绕公司设立制度进行了重大调整，大幅度降低了公司的设立门槛。

（一）全国人大的修法决定

第十二届全国人民代表大会常务委员会第六次会议于 2013 年 12 月 28 日通过关于修改《公司法》的决定。决定对《公司法》进行了修改，并自 2014 年 3 月 1 日起施行。

这次《公司法》修改主要涉及三方面：第一，将注册资本实缴登记制改为认缴登记制。除法律、行政法规以及国务院决定对公司注册资本实缴另有规定的外，取消了关于公司股东（发起人）应当自公司成立之日起两年内缴足出资，投资公司可以在五年内缴足出资的规定；取消了一人有限责任公司股东应当一次足额缴纳出资的规定。公司股东（发起人）自主约定认缴出资额、出资方式、出资期限等，并记载于公司章程。第二，放宽注册资本登记条件。除法律、行政法规以及国务院决定对公司注册资本最低限额另有规定的外，取消了有限责任公司最低注册资本 3 万元、一人有限责任公司最低注册资本 10 万元、股份有限公司最低注册资本 500 万元的限制；不再限制公司设立时股东（发起人）的首次出资比例；不再限制股东（发起人）的货币出资比例。第三，简化登记事项和登记文件。有限责任公司股东认缴出资额、公司实收资本不再作为公司登记事项。公司登记时，不需要提交验资报告。这次《公司法》的修改进一步降低了公司设立门槛，减轻了投资者负担，便利了公司准入，为推进公司注册资本登记制度改革提供了法制保障。全国人大常委会于 2014 年 4 月 24 日通过立法解释，明确《刑法》第一百五十八条、第一百五十九条仅适用于实缴制公司。

（二）国务院的改革方案

2014 年 2 月 7 日，国务院以国发〔2014〕7 号印发《注册资本改革方案》。该《注册资本改革方案》分指导思想、总体目标和基本原则；放松市场主体准入管制，切实优化营商环境；严格市场主体监督管理，依法维护市场秩序；保障措施四部分。

此次注册资本登记制度改革的核心，就是注册资本由实缴登记制改为认缴登记制,并放宽注册资本登记条件。但《注册资本改革方案》明确规定:"现行法律、行政法规以及国务院决定明确规定实行注册资本实缴登记制的银行业金融机构、证券公司、期货公司、基金管理公司、保险公司、保险专业代理机构和保险经纪人、直销企业、对外劳务合作企业、融资性担保公司、募集设立的股份有限公司,以及劳务派遣企业、典当行、保险资产管理公司、小额贷款公司实行注册资本认缴登记制问题,另行研究决定。在法律、行政法规以及国务院决定未修改前,暂按现行规定执行。"《注册资本改革方案》也要求,严格市场主体监督管理,依法维护市场秩序、构建市场主体信用信息公示体系、完善信用约束机制、强化司法救济和刑事惩治。

(三)自贸区的管理规范

2013 年 9 月 16 日国家工商行政管理总局局务会议审议通过了《国家工商行政管理总局关于支持中国(上海)自由贸易试验区建设的若干意见》,提出试验区试行注册资本认缴登记制。除法律、行政法规对公司注册资本实缴另有规定的外,其他公司试行注册资本认缴登记制。放宽注册资本登记条件,除法律、行政法规、国务院决定对特定行业注册资本最低限额另有规定的外,取消最低注册资本的规定;不再限制公司设立时全体股东(发起人)的首次出资额及比例;不再限制公司全体股东(发起人)的货币出资金额占注册资本的比例;不再规定公司股东(发起人)缴足出资的期限。

二、自贸区建设对妨害公司、企业管理秩序犯罪的影响

(一)公司登记制度改革对单位犯罪主体认定的影响[①]

自贸区在公司工商登记方面推出了 9 条便利公司设立的政策,有学者认为:"这一政策出台后,自贸区内势必公司林立,公司主体与自然人主体的界

---

① 本部分内容参见上海市人民检察院自贸区检察工作调研课题组:《自贸区金融贸易改革背景下的刑事法律适用》;李舒俊、胡荷佳、房慧颖、吴培培:《自贸区行政法规的调整对自贸区内相关犯罪构成的影响》。

限模糊化,从而对我国单位犯罪的刑罚适用产生一定的影响。"[1]公司是我国刑法规定的单位犯罪主体之一,公司的设立与组织制度的变革可能会对单位犯罪的刑罚适用产生一定的影响,可以说,"单位犯罪是一个与时俱进的司法实务问题"。在司法实践中,关于单位犯罪与个人犯罪的区分问题是一个非常棘手的问题,争论也非常大[2]。公司设立与组织实践的动态性、复杂性增加了公司犯罪与个人犯罪的区分难度,这在一人公司领域体现得相当明显。在自贸区成立对单位犯罪刑法适用的影响上,有学者认为:"随着自贸区对注册设立公司标准的降低甚至取消,必然会出现自贸区内公司主体与自然人主体界限模糊的现象,从而使单位犯罪与自然人犯罪的界限变得模糊不清,甚至会导致我国刑法区分单位犯罪与自然人犯罪的意义和价值大大降低。"[3]自贸区的经济行政管理制度改革仍处于"进行时",公司工商登记制度改革最终会对公司经营实践有何影响尚有待观察,但上述学者关于公司制度改革对刑法适用影响的预判值得司法实务部门高度重视。公司登记制度改革对单位犯罪主体的认定到底有何影响?回答该问题的前提是要搞清楚自贸区公司登记制度改革对公司主体与自然人主体的界限有何影响。

　　明确成为单位犯罪主体的基本条件有助于解决单位犯罪与自然人犯罪的界限问题。就公司而言,单位犯罪的主体特征可概括为如下方面:首先,犯罪单位有独立的财产和经费。公司财产与自然人财产的混同,影响公司人格独立,从而影响单位犯罪的认定。一人公司可以成为单位犯罪的主体,但一人公司可能会加剧公司财产与自然人财产的混同,从而影响单位犯罪的认定。至于没有注册资本限制是否会更容易导致公司财产与自然人财产的混同,尚需经验事实证明。从理论上讲,两者并没有必然联系。注册资本要求是公司设立的条件,而财产混同主要是公司成立后产生的公司治理问题,处于公司经营

---

[1]　刘宪权:《中国(上海)自由贸易试验区成立对刑法适用之影响》,《法学》2013年第12期。

[2]　参见陈鹏展:《单位犯罪司法实务问题释疑》,中国法制出版社2007年版,第125页。

[3]　刘宪权:《中国(上海)自由贸易试验区成立对刑法适用之影响》,《法学》2013年第12期。

的不同阶段。有限责任公司与股份有限公司设立人、股东的出资义务并不随认缴制的实行而免除。公司的股东、经营管理人员有义务保持公司人格独立，公司财产独立于股东财产。公司资本形成制度中的认缴出资额、出资方式、出资期限等方面的变化对保持公司财产独立并无直接影响。其次，犯罪单位必须有独立的意志。公司的意志独立于公司投资者的意志。须强调的是，投资者的意志与一人公司的意志之间也不能直接画等号。再次，犯罪单位内部必须具有一定的组织机构和治理机制。最后，犯罪单位必须是合法的社会组织。包括设立过程合法、设立目的合法、经营活动合法。若公司虚报注册资本，骗取公司登记，属于设立过程不合法，不能成为单位犯罪主体。

值得指出的是，此次公司登记制度改革主要解决的是公司设立过程中的问题，而极少触及更为复杂的公司治理领域的问题，公司财产与自然人股东财产的混同问题主要是公司治理问题。财产混同问题是公司治理的难题，早在此次公司制度改革之前就存在。此次自贸区公司登记制度改革后，即使发生了"一人公司大量出现，公司人格混同事件相应增加"，但从某种意义上说，财产混同是一人公司制度带来的弊端而不是自贸区公司登记制度改革造成的。

公司人格独立、股东有限责任是公司制度的基石。全国人大的公司法修改内容、国务院的公司登记制度改革方案与自贸区公司登记制度改革的精神是一致的，均是为了便利公司设立、鼓励投资，绝不会动摇公司独立这一公司制度的根基。自贸区公司登记制度改革并不必然导致公司主体与自然人主体界限模糊，就立法层面，此次公司登记制度改革对单位犯罪与自然人犯罪的界限问题影响不大。就一人公司而言，在实践中，公司主体与自然人主体界限确实容易模糊。无论是何种公司形态，自然人滥用公司工具，导致公司主体不具有独立性，公司财产与个人财产混同且难以区分的情况下，应按自然人犯罪处理。在公司制度日趋精密化的背景下，区分单位犯罪与个人犯罪有更为重要的意义和价值，通过刑罚惩戒来督促公司投资者、管理者诚信经营，规范公司运作，维护公司管理秩序，保护利害相关人利益。

（二）公司法及自贸区法规变动对出资类犯罪成立要件的影响

全国人大常委会通过立法解释，明确《刑法》第一百五十八条、第一百五十九条仅适用于实缴制公司。故除实行实缴制的特定行业外,虚报注册资本罪、虚假出资罪、抽逃资本罪在自贸区失去适用的空间。我国公司资本制度整体上呈现出放松管制的趋势,未来实行实缴制的公司范围可能会调整。刑事司法实践须及时关注公司资本制度改革动向,清晰掌握实行实缴制公司的范围,这是一个涉及量刑,甚至罪与非罪的问题。

具体而言,根据公司法及自贸区法规对公司注册要求和登记条件的规定,其对出资类犯罪的影响可以分三种情况讨论。①

第一,根据法律和行政法规的规定,银行、证券公司、期货公司、基金管理公司、保险公司、直销企业、对外劳务合作企业以及募集设立的股份有限公司等仍然实行实缴登记制。以募集设立的股份有限公司为例,2014 年《公司法》规定,股份有限公司采取募集方式设立的,注册资本为在公司登记机关登记的实收股本总额,在发起人认购的股份缴足前,不得向他人募集股份;发行股份的股款缴足后必须经验资机构验资并出具证明,申请人持验资证明等文件申请工商登记。因此,在募股成立公司或公司增加资本时,发起人没有出资或出资、募股不足,伪造银行代收股款或验资机构验资的证明文件,骗取公司登记的,违反了股份公司的资本充实原则,应与《公司法》修改前一样,按照虚报注册资本罪处理。

第二,在普通的有限责任公司及发起设立的股份有限公司实行注册资本认缴登记制后,因注册公司的门槛降低,故与其说虚报注册资本没有刑事可罚性,不如说股东或发起人几乎没有必要为了成立公司而虚报资本。那么是不是新公司法取消了注册资本的最低限额等,虚报现象就会消失呢? 实践中有的申请人没有出资能力却在申请公司登记时认购数亿元的注册资本,其目的在于虚构公司资本充足和信用良好的假象,如前所述该行为同样构成虚构注册资本罪。与《刑法》第一百五十八条的规定不同,因认缴资本的多少与公司能否成立没有关系,故申请人的主要目的不是向登记机关骗取登记,而是骗得较高的资本额度。因此,为顺应认缴登记制的实施,建议将《刑法》第一百五

---

① 参见陈立斌:《自由贸易区司法评论》第一辑,法律出版社 2014 年版,第 199—200 页。

十八条中"欺骗公司登记主管部门，取得公司登记"调整为"欺骗公司登记主管部门，取得公司登记或造成不实的注册资本记载"等类似表述为宜。

第三，认缴登记制对虚假出资、抽逃出资罪的影响相对较小。如前所述，虚假或抽逃出资主要侵害了其他依法缴足出资的股东或发起人的利益。无论实行认缴登记制还是实缴登记制，公司股东或发起人均应按照法律或章程的规定按期缴足认购的资本。部分股东或发起人不履行出资义务却享有股东权利，无疑是侵犯了其他缴足出资的股东或发起人的利益，应按照虚假出资、抽逃出资罪处理。

（三）《公司法》修正对违规披露、不披露重要信息罪的影响

自贸区先行先试，将会有更多的金融创新产品出现。金融创新是对现有金融监管秩序的"破坏"，监管注定具有滞后性。而金融犯罪的认定具有"二次违法"的要求。信息披露是资本市场投资者权益的重要保障。可以预见，在自贸区金融创新产品信息披露的刑事规制上将面临挑战。

首先，新型金融交易主体给犯罪主体的认定带来挑战。新型金融业态衍生出新型金融交易主体。犯罪嫌疑单位是否属于"依法负有信息披露义务的公司、企业"需要具体认定。比如，《关于小额贷款公司试点的指导意见》第一条明确将小额贷款公司定位于企业法人，并未明确其金融属性，按此规定，小贷公司从事资产证券化业务的，其是否受有关金融监管部门发布的信息披露监管制度约束的问题需要研究。其次，金融交易具有复杂性，特别是复杂金融产品交易过程中产生的信息量庞大，认定哪些信息属于"依法应当披露的其他重要信息"给刑事司法人员的能力带来挑战。再次，在行为结果上，"其他严重情节"的认定恐难以把握，易造成刑事司法标准的不统一。①

（四）对非法经营同类营业罪的影响

该罪的主体是国有公司、企业的董事、经理。本罪旨在打击不正当竞争，保护国有公司、企业的利益。在自贸区乃至全国经济改革的一个总趋势是市

---

① 参见李舒俊、胡荷佳、房慧颖、吴培培：《自贸区行政法规的调整对自贸区内相关犯罪构成的影响》。

场主体受到平等保护。从立法论角度,对危害非国有公司、企业利益的非国有公司、企业的董事、经理的同类营业经营行为也应打击。"同类营业"范围的认定上,不宜以国有公司、企业注册登记的经营范围为标准,而应当以其实际经营的范围为标准。在自贸区"负面清单"管理模式下,法不禁止即可为,企业的经营范围非常广泛。对超出注册登记经营范围经营的,只要不违反法律、法规强制性规定,就属于合法有效行为。①

第三节　上海自贸区外汇犯罪问题研究

一、上海自贸区建设对逃汇罪、骗购外汇罪的影响

为加速金融制度的创新,加强人民币在全球市场上的影响力,自贸区将实行外汇管理制度的创新,特别是在资本项目上实行人民币与外汇的自由兑换。同时,《中国人民银行关于金融支持中国(上海)自由贸易试验区建设的意见》第二条第六款也规定,"条件成熟时,(自由贸易)账户内本外币资金可自由兑换"。对此,我们完全有理由相信,在自贸区内实行人民币与外汇在所有项目的自由兑换并且自由进出的制度只是时间问题,若果真如此,无疑将对逃汇罪与骗购外汇罪在自贸区内的刑法适用产生巨大的冲击。

（一）逃汇罪在自贸区内将受到较大影响

在自贸区内,如果人民币和外汇在资本项目上实行自由可兑换的制度,公司、企业或者其他单位就可以借资本项目或以资本项目为名,携带外汇自由进出国境。根据自贸区的相关规定,跨国公司总部设在自贸区的经常项下的外汇资金几乎可以根据需要自由兑换并结汇。因此,总部在自贸区的跨国公司开展跨国货物、服务、收益及经常转移的交易时,几乎可以不再成为逃汇、骗汇的管制对象。一般认为,在真实贸易背景下,跨国公司总部外汇资金调拨自由

---

① 参见上海市人民检察院自贸区检察工作调研课题组:《自贸区金融贸易改革背景下的刑事法律适用》。

度极大,逃汇、骗购外汇的适用空间极为有限。

(二)骗购外汇罪在自贸区内的适用受限

骗购外汇罪是在外汇高度管制下才会出现的犯罪。由于在自贸区内人民币与外汇将会实行自由兑换的制度,行为人可以通过合法手段获取外汇。比如,对于区内账户与境外账户产生外汇流动的不宜入罪。自贸区账户具有离岸账户的性质,同时根据规定,相关外资公司要按照规程建立外汇资金主账户、外商投资企业资本金账户、融资租赁公司境外放款专用账户。从部分账户资金出入境自由度看,账户中的资金划转出境自由度远远高于外汇资金转区外境内账户的自由度,因此,可以理解为该部分账户总体被视为区内离岸账户。鉴于这些特定的区内境外账户的外汇管理与境外账户同等对待,因此,该账户内与境外账户的外汇流动一般不宜按照犯罪处理。

二、上海自贸区外汇犯罪的司法认定

如前所述,随着自贸区建设的推进,自贸区内外汇管制必将进一步放开,外汇犯罪的适用空间也将随之大幅受限,那么外汇犯罪的规定是否就失去存在的意义呢?我们认为,鉴于外汇涉及国家经济命脉,短期内不可能完全放开外汇管制,因此逃汇、骗汇行为依然存在。有实务界人士指出,自贸区内单纯的兑换型外汇黑市会有所减少,取而代之的可能是国际热钱的大量涌入,寻找套利机会,跨国金融黑市应运而生。例如利用放宽监管力度的经常项目业务和资本项目下跨国公司总部资金池的自由划转政策,进行市场套利犯罪;利用对外贸易资金流和物流、单据流相分离的特点,虚构对外贸易背景进行逃汇、骗汇套利等现象有可能进一步增加。[1] 因此,在自贸区内我们对虚构贸易背景进行逃汇、骗汇的行为仍应予以严惩。

以浦东新区法院受理的首起自贸区企业逃汇案为例。[2] 被告单位波驷贸易(上海)有限公司系在中国(上海)自由贸易试验区注册登记的有限责任公

---

[1] 参见上海市人民检察院自贸区检察工作调研课题组:《自贸区金融贸易改革背景下的刑事法律适用》。

[2] 参见上海市浦东新区人民法院(2014)浦刑初字第5741号刑事判决书。

司。2012年2月至2012年11月,被告单位波驷贸易(上海)有限公司的实际控制人被告人尼萨在经营该公司期间,向中国建设银行、中国中信银行提交波驷贸易(上海)有限公司与香港国际有限公司(HK INTERNATIONAL COMPANY LIMITED)、萨赫勒石油波斯湾发展公司(PETRO SAHEL PERSIAN GULF DEVELOPMENT)等境外公司签订的售货合同(主要涉及工程船、钢管、水泥回转窑、震动锤等货物贸易)、发票等材料,收取外汇资金,后又向上述银行提交波驷贸易(上海)有限公司与财富资源有限公司(FORTUNE RESOURCE CO.,LTD,法定代表人为被告人陈哲)及波驷贸易有限公司(BOSI TRADING CO.,LTD,注册地:香港)签订的购货合同(亦主要涉及工程船、钢管、水泥回转窑、震动锤等货物贸易)、发票、虚假提单等材料,由波驷贸易(上海)有限公司总经理被告人陈哲根据被告人尼萨的指令将上述以转口贸易名义收取的外汇资金付汇至财富资源有限公司及波驷贸易有限公司的离岸账户。在此期间,被告人陈哲在被告人尼萨的指令下,将上述境内外汇资金中的10815027.43美元非法转移至财富资源有限公司的离岸账户,后又分成十一笔转到国内的江苏玉龙钢管股份有限公司、意阀(苏州)阀门有限公司、南京强迪贸易有限公司、科恩马特殊过程装备(常熟)有限公司、温州丰盛鞋业有限公司等单位账户,用于采购与向银行提交的合同不匹配的货物及被告人尼萨个人在上海市所住的房产。2014年2月11日,被告人尼萨、陈哲被公安人员抓获。

公诉机关认为,被告单位波驷贸易(上海)有限公司违反我国法律规定,将境内的外汇转移到境外,数额较大,被告人尼萨、陈哲作为该单位直接负责的主管人员,其行为均已触犯《刑法》第一百九十条的规定,应当以逃汇罪追究其刑事责任。被告单位波驷贸易(上海)有限公司对起诉书指控的事实无异议,但对公诉机关指控被告单位的行为构成逃汇罪有异议。被告单位的辩护人认为,被告单位实施的转口贸易都有真实贸易背景,被告单位没有犯罪故意,不应构成逃汇罪。两名被告人及其辩护人则均认为涉案的外汇收支均有真实的贸易背景,被告人主观上并无犯罪故意和行为,故不应构罪。

浦东新区法院经审理认为,本案争议的焦点是被告单位波驷贸易(上海)

有限公司、被告人尼萨、陈哲的行为是否构成逃汇罪。

首先，从逃汇罪的行为对象来看。逃汇罪所保护的是我国正常的外汇管理秩序，直接指向的是我国的外汇收入。辩方提出涉案外汇并非中国的外汇收入，不属于我国《刑法》逃汇罪的外汇范围。对此，该院认为，本案中被告单位波驷贸易（上海）有限公司系以转口贸易名义从境外收取外汇。根据《外汇管理条例》第四条的规定，境内机构的外汇收支或外汇经营活动适用该条例，而《货物贸易外汇管理指引》也明确指出，本指引所称的企业贸易外汇收支包括转口贸易项下收付款。可见，被告单位作为在我国境内注册的公司，以转口贸易名义从境外收取的钱款，属于我国外汇的范畴，应当受到我国外汇管理相关规定以及《刑法》逃汇罪的约束，与钱款本身的来源并无直接关系。因此，辩方的相关辩护意见，该院不予采纳。

其次，从逃汇罪的客观方面来看。逃汇罪在犯罪客观方面的认定上，除了要遵循"量"的要求（即达到数额较大的程度），还应注重行为的实质违法性。因此，被告单位波驷贸易（上海）有限公司赖以实现收、付汇的转口贸易背景是否真实存在，是评判其逃汇行为是否符合我国逃汇罪客观方面要件的重要标准。本案中，被告单位向银行提供了与转口贸易有关的合同、发票、提单等材料，符合收、付汇的相关形式要件，但国家外汇管理局上海市分局出具的《关于波驷贸易（上海）有限公司涉嫌逃汇情况的函》、相关提单复印件、证人王平的证言笔录及其提供的上海久源国际物流有限公司用于签发提单的签章样本，可以证实被告单位以转口贸易名义付汇所依据的提单均是虚假的。鉴于被告单位以转口贸易名义付汇所依据的提单不真实，辩方又未提供充分证据证明真实贸易的存在，被告单位的行为符合"违反国家规定，将境内的外汇非法转移到境外"的逃汇罪情形。

最后，从逃汇罪的犯罪客体来看。逃汇罪的犯罪客体是我国的外汇管理制度，随着经济社会的不断发展，加强外汇管理的重要意义从最初的保证国家外汇储备、维持国际收支平衡等方面逐步向提高金融监管水平、保障人民币汇率稳定、保证国家经济的安全运行等方面侧重。虽然辩方声称被告单位的行为并未造成我国外汇的实际损失，但在客观上造成了我国转口贸易额在外汇统计上的虚增,扰乱了我国的外汇管理秩序,并对我国的金融监管造成了不利影响。故辩方关于被告单位的行为没有对我国的外汇储备及外汇收支平衡造成影响、没有侵犯我国利益、不构成逃汇罪的辩护意见,法院不予采纳。

综上,被告单位波驷贸易(上海)有限公司及作为单位直接负责的主管人员的被告人尼萨、陈哲,违反国家规定,将境内的外汇非法转移到境外,数额较大,其行为均已构成逃汇罪。根据犯罪的事实、犯罪的性质、情节和对于社会的危害程度,依照《刑法》第六条第一款、第一百九十条、第五十三条、第三十五条的规定,判决被告单位波驷贸易(上海)有限公司犯逃汇罪,判处罚金人民币一千万元;被告人阿拉伯·尼萨·玛诺切尔犯逃汇罪,判处有期徒刑二年,并处驱逐出境;被告人陈哲犯逃汇罪,判处有期徒刑一年九个月。一审判决后,被告人不服一审判决,提起上诉。二审裁定驳回上诉,维持原判。

需指出的是,随着自贸区内外汇管制的放宽,相应的自贸区内逃汇、骗购外汇罪的量刑也应体现轻刑化原则。应当看到,外汇管制放松是金融市场发展趋势,如香港对外汇进出予以放开;德国对涉外外汇流通的行为仅仅作为违反秩序法的行为加以处理。而美、英、日等金融市场较为成熟的国家,外汇市场开放度极高,并没有逃汇罪等涉及外汇犯罪的规定;印度、泰国、韩国、马来西亚等国对外汇的管制也日趋宽松。从自贸区设立的战略角度看,外汇管制放松是大势所趋,因此,刑事法律对外汇犯罪的处罚也应顺应潮流,对外汇犯罪从轻处罚。

第四节　上海自贸区反洗钱问题研究

一、上海自贸区建设对洗钱犯罪的影响

《刑法》第一百九十一条第一款规定,"明知是毒品犯罪、黑社会性质的组织犯罪、恐怖活动犯罪、走私犯罪、贪污贿赂犯罪、破坏金融管理秩序犯罪、金融诈骗犯罪的所得及其产生的收益,为掩饰、隐瞒其来源和性质,有下列行为之一的,没收实施以上犯罪的所得及其产生的收益,处五年以下有期徒刑或者

拘役,并处或者单处洗钱数额百分之五以上百分之二十以下罚金;情节严重的,处五年以上十年以下有期徒刑,并处洗钱数额百分之五以上百分之二十以下罚金:(一)提供资金账户的;(二)协助将财产转换为现金、金融票据、有价证券的;(三)通过转账或者其他结算方式协助资金转移的;(四)协助将资金汇往境外的;(五)以其他方法掩饰、隐瞒犯罪所得及其收益的来源和性质的。"洗钱罪一方面严重侵害了我国的金融管理秩序,另一方面也为掩饰、隐瞒上游犯罪的犯罪所得和犯罪所得收益提供了极大便利。[1] 因此,该罪历来是我国重点打击的金融犯罪之一。

金融领域的改革和创新作为自贸区建设的核心内容之一,其目标定位在"推进金融领域开放创新,建设具有国际水准的投资贸易便利",并提出了人民币资本项目可兑换、金融市场利率市场化、人民币跨境使用、本外币自由贸易账户自由划转、外汇管理体制改革等多项改革举措。应当看到,自贸区在试行诸多金融创新举措、增强经济活力、促进经济迅猛发展的同时,无疑也增加了经济运行的风险,可能加剧某些犯罪特别是金融犯罪的发生。洗钱犯罪便是其中一项需要重点关注的犯罪。我们认为,上海自贸区的建设可能导致洗钱犯罪呈现出以下新的特点。

(一)资本流动的自由化将为洗钱犯罪提供更为便利和隐蔽的违法渠道

人民币资本项目可兑换、人民币跨境使用等多种举措无不体现了人民币国际化的大趋势。不难想象,在人民币国际化的大方向下,随着资本管制的逐渐放松,针对人民币的洗钱犯罪行为特别是利用银行服务实现非法资金跨境流转的现象必将产生。一方面,国内外的"热钱"将寻获新的投资途径,人民币金融产品的不成熟,将刺激国际上利用人民币体系进行投机的行为,投机行为的概念与界限也越发模糊,洗钱行为的识别愈发困难;另一方面,人民币资本项目开放后,国内金融业务资格审查必将放开,国内外更多的银行开始办理

---

[1] 参见刘宪权:《中国(上海)自由贸易试验区成立对刑法适用之影响》,《法学》2013 年第12 期。

人民币业务,非政府背景的银行机构以利益最大化为前提,实施内部反洗钱制度将造成其潜在业务的流失,加之我国目前的监管制度不完善、监管力度不足,导致金融机构实际上对反洗钱工作尚不够重视,这些都增加了不法分子利用人民币进行洗钱的机会。因此,自贸区内资本流动自由化程度的强化,以及愈发宽松、开放的金融投资环境将为洗钱犯罪提供更为便利和隐蔽的违法渠道,正如部分学者所主张的,即便在当前资本管制的情况下,国内已大量涌现地下钱庄等现象,如果自贸区放开资本管制,又如何保障风险可控? 且随着自贸区资本流动自由化程度的加深,以往基于实需的交易原则必然会弱化,这势必会为洗钱、资本外逃等非正常资本流出打开方便之门。甚至有人预言,自贸区将成为洗钱的天堂。①

(二)外汇管理体制的放开将突显洗钱犯罪的跨国性特征

我国《刑法》规定的洗钱罪有五种行为方式,而其中"通过转账或者其他结算方式协助资金转移"和"协助将资金汇往境外"两种方式与外汇管理制度密切相关。在自贸区外汇管制逐步放开的政策下,自贸区的居民、企业可开设自由贸易账户,开展跨境人民币双向资金池,允许自贸区居民在区内获得的收入可直接对外投资、购买国外股票、债券等,这使得不法分子可以方便地通过对外投资、购买相关金融产品、人民币和外汇自由兑换等方式将黑钱从境内转移至境外。可以想见,在我国外汇严格管制的情形下,部分洗钱犯罪通过地下钱庄等方式漂白黑钱,其中外汇收取和兑换环节往往要增加犯罪的成本,而在外汇自由兑换的情形下,犯罪分子能够更为轻易地将钱从境内输送到境外,故外汇管理制度的放开将在一定程度上间接降低洗钱的运作成本,且为跨国洗钱行为提供了便利条件。从其他国家的情况来看,自贸区内洗钱犯罪的国际化趋势也越来越明显。如近年来,洗钱者已经开始利用一些国家自贸区中的离岸公司,通过离岸公司将黑钱输送到全球各地,而这种离岸金融中心的国际

①　参见《上海自贸区"边界争端"》,每日经济新闻网,http://www.nbd.com.cn,2014 年 4 月 16 日访问。

商务公司有一部分是为国际犯罪组织服务的银行所控制。①

（三）洗钱手段的多样化、隐蔽性和跨国性将导致案件侦查难度大幅提升

金融制度的放开将导致洗钱犯罪手段更加多样化和更具隐蔽性，犯罪行为的国际化趋势亦更加明显，这些因素都将给洗钱案件的侦查带来更大挑战。对于洗钱犯罪等经济案件来说，企业或者个人的资金流是极其重要的调查线索和重要证据。根据以往的办案经验，去银行查询或是冻结账户就能完成资金账户的相关工作；而在自贸区内，随着金融渠道具有更加小型化、多样化、便捷化的趋势，加上近年来电子商务的迅猛发展，追查资金来源变得愈发艰难。例如，不法分子可以先设立多个空壳公司，再通过频繁和复杂的转账交易转移赃款，掩饰资金的来源和去向；或者通过投资国外股票、债券等金融产品，将非法资金合法化。另外，洗钱行为跨越的国家越多，追查黑钱的难度就越大。洗钱分子往往有意识地制造出行为管辖上的"涉外因素"，借以增大逃避监管的概率，洗钱行为始于一国，历经一国甚至多国，导致案件侦查难度大幅提升。

如前所述，上海自贸区的建设可能导致洗钱犯罪的手段和方式更加复杂、多样，更具隐蔽性，且案件的侦查难度将不断加大，这些信息似乎都在"警戒"我们，自贸区未来可能成为洗钱犯罪的温床。反观域外自贸区的发展现状，洗钱犯罪亦属于高发的犯罪类型。根据反洗钱金融行动特别工作组（FATF）的研究结果，自贸区相对宽松的激励措施会导致金融、贸易管制和执法的缩减，同时创造机会洗钱和为恐怖主义融资。2011年联合国毒品和犯罪办公室发布的报告称，估计所有的犯罪收益总额为2.1万亿美元，约占全球GDP的3.6%，其中约有9122亿美元是通过金融系统洗钱，而这些洗钱资金的相当部分来自全球3000多个自贸区。② 因此，如何预防和打击洗钱犯罪，为上海自贸区的建设和发展保驾护航就变得尤为重要。

---

① 参见[英]彼特·里列：《肮脏的交易——全球洗钱业不可告人的内幕》，董振华、蒋星辉、龙向东译，新华出版社2001年版，第39页。

② 参见贺瑛：《自贸区反洗钱问题研究——以离岸业务为例》，《上海金融学院学报》2013年第6期。

二、上海自贸区内反洗钱犯罪的现有规定及措施①

为加强反洗钱工作,切实防范金融风险,自贸区也相继出台了相关规定或措施。主要包括三方面内容:

(一)制定反洗钱规范性文件

目前自贸区涉及反洗钱工作的主要有两个规范性文件:中国人民银行上海总部于 2013 年 12 月 2 日颁布的《中国人民银行关于金融支持中国(上海)自由贸易试验区建设的意见》和 2014 年 2 月 28 日下发的《关于切实做好中国(上海)自由贸易试验区反洗钱和反恐怖融资工作的通知》。《中国人民银行关于金融支持中国(上海)自由贸易试验区建设的意见》主要对自贸区内金融机构和特定非金融机构的反洗钱监管义务作了原则性规定,要求相关机构"应按照法律法规要求切实履行反洗钱、反恐融资、反逃税等义务"。《关于切实做好中国(上海)自由贸易试验区反洗钱和反恐怖融资工作的通知》则明确了相关义务机构包括各金融机构和支付机构,并对具体监管义务做了进一步的界定,主要包括以下六方面内容:(1)建立健全与自贸区业务有关的反洗钱内部控制制度,主要包括客户身份识别、按规定上报可疑和大额交易报告、妥善保存客户身份资料及交易记录三项重点内容;(2)在设计和建设自由贸易账户分账核算系统时,要考虑嵌入反洗钱要求或模块,做好基础信息登入;(3)加强对客户实际控制人或交易实际受益人的识别工作,并采取与风险水平相适应的客户尽职调查和风险处置措施;(4)加强对自由贸易账户及主体的监测和分析,做好自由贸易账户资金划转的背景审查;(5)强化创新业务的反洗钱审查要求,在配备与风险相当的控制措施后开展创新业务;(6)加强自贸试验区跨境业务全流程的反洗钱风险管理,做好反洗钱审查、资金监测和名单监控工作。

(二)设置独立的自由贸易账户

为规范跨境资金有序流动,《中国人民银行关于金融支持中国(上海)自

---

① 关于自贸区颁布的相关文件内容,参见中国(上海)自由贸易区官网,http://www.ysftpa.gov.cn/WebViewPublic/homepage.aspx,2014 年 4 月 15 日访问。

由贸易试验区建设的意见》采取"分账管理"的办法，即金融机构可通过设立试验区分账核算单元的方式，为符合条件的区内主体开立自由贸易账户，并提供相关金融服务。但对于如何理解"符合条件"，目前还未予以明确，预计在后续的实施细则中将明细。该分账核算系统是独立于央行境内账户管理系统的，这将成为相关部门防范"热钱"借自贸试验区流入境内的一项监管措施。

（三）建立自贸区反洗钱工作交流合作机制

2014年3月3日，在《关于切实做好中国（上海）自由贸易试验区反洗钱和反恐怖融资工作的通知》发布的同时，中国人民银行上海总部与自贸试验区管委会建立了反洗钱工作交流合作机制。该机制旨在协调双方按照高效务实、各司其职、协同配合的原则，加强自贸试验区反洗钱交流与合作，确保各项金融改革与发展政策措施在自贸试验区的平稳运行。但从我们向自贸区管委会了解的关于此项合作机制的具体情况来看，除了双方在反洗钱合作备忘录中提及的信息共享、加强交流等内容外，尚没有进一步的具体合作方案。

三、上海自贸区内反洗钱犯罪目前存在的问题

（一）以金融机构的义务性规定为主，缺乏惩罚性措施

自贸区内金融监管的不断弱化将给犯罪分子提供更多、更隐蔽的洗钱机会，因此，金融机构在反洗钱工作中的作用将尤为重要。从目前颁布的自贸区《中国人民银行关于金融支持中国（上海）自由贸易试验区建设的意见》《关于切实做好中国（上海）自由贸易试验区反洗钱和反恐怖融资工作的通知》来看，主要是重申或强调相关义务机关履行反洗钱义务的规定，而缺乏对违反义务的惩罚措施。虽然《中华人民共和国反洗钱法》（以下简称《反洗钱法》）第三十一条、第三十二条对金融机构违反相关义务作了惩处规定，即金融机构及其直接负责的董事、高级管理人员和其他直接责任人员是承担反洗钱法律责任的主体。对违反反洗钱法律法规的行为，人民银行可以根据金融机构违法的情节轻重，给予责令限期改正和罚款等处罚。据统计，2005年至2009年，中国人民银行对2189家未按照反洗钱法规要求开展反洗钱工作的金融机构进行了罚款，其中银行业机构2034家、证券期货业机构27家、保险业机构128

家;处罚金额合计 16883.5 万元,平均每家机构罚款 7.77 万元。① 从上述数据可以判断,我国对金融机构的惩罚措施仍过于温和,导致了实践中金融机构履行反洗钱义务的积极性不高。从国外的立法来看,国外监管机构对不按照反洗钱法规要求履行反洗钱义务,又导致严重后果的机构或自然人,一般会采取极其严厉的惩罚。这样做的好处在于,一方面可以迫使违规机构及时采取措施整改,控制风险;另一方面也给其他机构发出了积极的激励信号,即他们的反洗钱付出并不是没有回报的,较好地履行反洗钱义务可以避免巨额的处罚,从而在履行反洗钱义务主体间形成一个良好的合规经营文化。

(二)我国洗钱犯罪本身存在的立法缺陷

有效的反洗钱监管需要完善的法律作保障。可以说,反洗钱刑罚体系对洗钱犯罪的规定,将直接影响到金融机构反洗钱措施的效果,从而影响监管的有效性。我国的洗钱犯罪主要存在两方面问题:

1. 上游犯罪范围过于狭窄

洗钱犯罪是以其上游犯罪构成犯罪为前提,上游犯罪范围的宽窄直接影响洗钱犯罪对象的范围。经过数次刑法修正案,目前洗钱罪的上游范围已包括 7 类犯罪,虽较以前有较大进步,但相比其他国家,现行规定仍存在范围设定过于狭窄的问题。上游犯罪范围相对狭窄除了不利于有效打击洗钱犯罪之外,还会导致两方面弊端:(1)不利于金融机构有效监控资金来往,因为金融机构在采取措施防范洗钱活动时,很难从众多可疑交易或行为中,判断并剔除哪些不属于洗钱罪上游犯罪的可疑资金交易。反之,如果洗钱罪的上游犯罪包括所有严重犯罪,则金融机构的可疑交易分析甄别工作就会相对容易,反洗钱监管部门也能更好地指导和监督金融机构报送可疑交易报告。(2)反洗钱是一项国际协作性很强的活动,国际反洗钱合作根据反洗钱法律规定进行,对没有划入黑钱范围的所得,当然没有办法依据《反洗钱法》提供司法协助,故从有效打击犯罪的角度出发,也应将洗钱罪的上游犯罪扩大,与目前的国际公约等相衔接。

---

① 参见甘力:《我国反洗钱监管有效性研究》,西南财经大学 2011 年博士学位论文。

2. 洗钱犯罪的刑事责任相对轻微

我国刑法对洗钱犯罪的刑事处罚比西方绝大多数"轻刑化"国家要轻，体现出对洗钱犯罪难得的宽容。在我国，洗钱犯罪的最高刑是 10 年有期徒刑；而美国对于多数洗钱犯罪的最高刑是 20 年监禁，对个别种类的洗钱犯罪最高也可处以 10 年监禁；英国对洗钱犯罪的最高刑是 14 年监禁；法国和德国对洗钱犯罪的最高刑也都达到 10 年监禁。另外，我国洗钱犯罪的刑事责任也低于其上游犯罪。由此，金融特别行动小组（FATF）评估报告中指出，中国"目前重点打击上游犯罪，而不是洗钱犯罪"，并认为中国"似乎还不愿意将洗钱作为一个独立的犯罪，而是作为已知上游犯罪的分支"。如果我国刑法不改变对洗钱犯罪量刑偏轻的规定，则将导致在司法实践中洗钱犯罪被视为上游犯罪的附属，其地位将进一步弱化，也无法反映洗钱社会危害性日益严重、全球反洗钱力度日益加大的趋势。

（三）开展反洗钱国际合作的能力和经验相对缺乏

面对自贸区内可能出现跨国洗钱犯罪高发的现象，我国仅靠自己的力量很难加以有效的预防和控制。近年来，我国也开始越来越重视反洗钱的国际合作，签署了一系列国际性防范洗钱风险的合约①，并于 2007 年加入 FATF，在反洗钱的国际合作领域也取得了一定成效。但是，总体而言，我国的反洗钱国际合作能力仍有待提高，相互合作的经验亦相对有限，而自贸区提出的"推进金融领域开放创新，建设具有国际水准的投资贸易便利"目标易导致跨国性洗钱犯罪的增加。洗钱犯罪分子通常利用金融机构或其他现代洗钱方式使通过犯罪所获得的赃款在国与国之间迅速转移，非法资金在国外进行洗白。一些上游犯罪分子以及洗钱犯罪分子为避免受到本国法律的制裁逃往国外，靠转移到国外的非法收益过着奢华的生活。而鉴于各国存在政治法律制度的差异，在追踪洗钱犯罪、惩治犯罪分子上容易出现打击不力的局面。因此，为了有效打击跨国洗钱犯罪，必须进行有效的国际合作。

---

① 我国于 1988 年 12 月 20 日签署了《联合国禁止非法贩运麻醉药品和精神药物公约》，于 2000 年 12 月 12 日签署了《联合国打击跨国有组织犯罪公约》，于 2001 年 11 月 13 日签署了联合国《制止向恐怖主义提供资助的国际公约》，于 2003 年 12 月 10 日签署了《联合国反腐败公约》。

四、加强自贸区反洗钱工作的对策和建议

（一）强化金融机构违反义务的惩罚机制

惩罚机制是目前反洗钱监管中最为有效的激励机制。商业银行为了追逐利益最大化、尽可能地吸引客户和资金，易疏于进行反洗钱的审核和调查，而通过加大对金融机构违反义务的惩罚力度，可以"逼迫"金融机构承担起反洗钱的职责，让其不敢违反义务规定。具体而言，可以通过两种途径：一是合理提高反洗钱罚款的额度。根据《反洗钱法》的规定，违反法律法规规定的义务的，可对机构处以二十万至五十万元的罚款，个人的罚款幅度为一万元至五万元；如果金融机构的违法违规行为导致洗钱后果发生的，可对机构罚款五十万元至五百万元，对个人罚款五万元至五十万元。相较他国，我国的处罚力度仍过于温和，如美国 2012 年纽约州金融服务局（DFS）指控渣打银行涉嫌为客户隐瞒秘密交易事件，最终银行支付了 3.4 亿美元的罚金才避免吊销在纽约州的银行牌照。因此，建议我国应根据本国具体情况，合理提高罚款的金额，切实起到激励金融机构履行反洗钱义务的应有作用。二是严格执行行政处罚权。目前《反洗钱法》除了罚款外，仅规定了责令限期整改和建议国务院金融监督管理机构对相关责任人采取行政处罚的权力，而实际上，目前全国没有出现一例因严重违反反洗钱规定而责令金融机构停业整顿或吊销经营许可证的行政处罚；也没有一个金融高管因反洗钱工作出现重大过失而被取消任职资格和禁止从事有关金融行业工作。故建议相关行政主管部门在严格执行法律规定的行政处罚权的同时，将吊销营业执照等更严厉的处罚措施纳入处罚权范围，并明确适用处罚的具体情形，对金融机构采取更为严格的监管与惩罚措施。

（二）完善洗钱罪的刑法规定

1. 合理扩大洗钱罪上游犯罪的范围

我国已加入《联合国打击跨国有组织犯罪公约》，该公约对洗钱罪上游犯罪规定为：一方面，在原则意义上各缔约国应将洗钱罪的上游犯罪范围扩展至"最为广泛的"程度；另一方面，在具体意义上各缔约国必须涵盖一些上游犯

罪,包括所有严重犯罪、参加有组织犯罪集团行为的犯罪、腐败行为的犯罪及妨害司法的犯罪。另外,从其他国家的立法来看,许多国家亦都为洗钱罪设置了广泛的上游犯罪,如意大利将上游犯罪规定为"非过失犯罪",俄罗斯将所有犯罪囊括在上游犯罪中。因此,我们认为,我国作为公约缔约国,不论是为了履行公约义务还是更有效地进行跨国司法协助,洗钱罪的上游犯罪应至少扩展至公约规定的四类犯罪,在条件成熟时,可以扩展至所有可能产生犯罪收益的犯罪。

扩大上游犯罪的范围也符合洗钱罪的本质特征。洗钱罪保护的法益是"国家的正常金融管理秩序和司法机关的正常活动",显然,行为人对任何犯罪收益的清洗,都会同样侵害这一客体。即使从侵害的程度上分析,也很难得出对贪污犯罪的赃款的清洗相对于走私犯罪赃款的清洗,会较小地侵害"国家的正常金融管理秩序和司法机关的正常活动"。事实上,洗钱罪作为一个相对独立性的犯罪,有着其独特的犯罪客体,其社会危害性也因而获得了相对独立的性质。另外,从行为人的主观方面看,对不同犯罪收益进行清洗的行为人的主观恶性也未见得有什么实质上的差异。[①] 因此,无论是从客观危害还是主观恶性来分析,对上游犯罪范围的严格限定是与洗钱罪的本质特征不相符合的,建议扩大洗钱犯罪的上游犯罪范围。

2.加重洗钱罪的刑事责任

既然洗钱行为同时触犯了司法秩序和金融秩序,若其刑事责任明显低于其他金融犯罪,似乎有违罪刑相适应的刑法基本原则。况且,随着全球金融一体化的趋势加快,洗钱金额日益膨胀,其手段也日益复杂化,由此其对金融秩序的破坏也日益加重。因此,为了与洗钱犯罪的社会危害性相适应,将其刑事责任也提升一个级别,是较为适宜的。[②]

---

① 参见赵军:《论洗钱罪上游犯罪的相关问题》,《法学评论》2004 年第 4 期。

② 比如,能否考虑进行如下修改:对洗钱犯罪,处五年以下有期徒刑或者拘役,并处或者单处洗钱数额百分之五以上百分之二十以下罚金;情节严重的,处五年以上十年以下有期徒刑,并处洗钱数额百分之五以上百分之二十以下罚金;情节特别严重的,处十年以上有期徒刑或者无期徒刑,并处洗钱数额百分之五以上百分之二十以下罚金。

（三）加强反洗钱国际合作交流

我们认为，为有效应对自贸区内洗钱犯罪的国际化趋势，应积极参与到反洗钱犯罪的国际合作中来，建议开展多层次、多方面的国际合作：一方面根据跨国洗钱的特点，借鉴国际社会的先进经验，建立和完善本国控制洗钱犯罪的基本法律体系，如前文谈及的合理扩展上游犯罪种类、加大金融机构的惩罚措施等。另一方面加强反洗钱国际信息交流。由于洗钱行为本身的隐蔽性，发现洗钱犯罪是很困难的，非法资金的跨国流动更为洗钱案件的破获增加了难度。这一点也往往被洗钱犯罪分子所利用，大肆进行跨国洗钱犯罪活动。因此，各国之间要积极交流洗钱活动的信息、情报，特别是在各种可疑交易和资金往来的跨国跟踪监督上，更需要与国外金融机构及其他行政监管部门密切配合。此外，还应加强刑事司法协助。刑事司法协助是反洗钱国际合作中很重要的一个内容，它涉及取证、没收犯罪收益、沟通犯罪情报、引渡犯罪分子、被判刑人转移管辖、起诉等诸多方面，我国除了要发挥已经加入的有关反洗钱的《联合国禁毒公约》和国际刑警组织在国际司法协助方面的作用外，要积极争取与有关国家签订双边的司法互助协定，来改变目前难以将犯罪分子引渡回国、追讨犯罪收益的局面。

第五节　上海自贸区其他刑事法律问题研究

一、上海自贸区对证券、期货犯罪的影响

通过资本市场的深化改革，自贸区的期货市场、场外交易、国际资本市场之间的联系进一步加强，这对新型证券期货市场操纵行为的规制提出了挑战。[1] 自贸区资本项目可兑换在一定程度上会造成国内证券、期货市场的风险提高，而这一风险主要来自于境外。主要原因在于，在原先资本项目未放开

---

[1]　参见上海市人民检察院自贸区检察工作调研课题组：《自贸区金融贸易改革背景下的刑事法律适用》。

的时代,境外的犯罪分子要对国内的证券、期货市场造成侵害,只能通过 B 股市场的渠道实施相关犯罪行为。而 A 股是以人民币进行认购的股票,所以境外的资金不可能投入到 A 股市场。尽管境外的投资者可以通过 QFII 平台适当投资 A 股市场,但是 QFII 监管严格且批准额度有限,境外的犯罪分子难以通过这一平台对 A 股市场实施相关犯罪行为。然而,自贸区资本项目放开的政策,使得境外人士得以直接兑换人民币投资 A 股市场。那么,境外的犯罪分子完全可能在 A 股市场实施内幕交易以及操纵证券市场的行为。同时,与 A 股相关联的股指期货市场也可能出现类似的内幕交易以及操纵期货市场的行为,国内证券、期货市场的风险也会因此而上升。

另外,从立法角度分析,目前我国在证券期货市场反操纵基本立法方面,已经形成了《证券法》《期货交易管理条例》《刑法》相结合的基本框架。但细加比较,会发现刑民立法之间存在着法律错漏。而且,我国现行反市场操纵立法对于市场操纵行为没有明确的法律定义,导致法律条款难以适应资本市场状况的变化性和发展性,法律中的市场操纵的法定类型无法穷尽市场操纵的所有行为类属,使得市场操纵的违法犯罪行为难以定罪。

因此,在自贸区内,一方面,新型市场操纵行为将日益复杂,跨国(地区)操纵、跨市场操纵和利用技术优势操纵的行为将可能出现并增多,犯罪手段和形式将呈现多样化和复杂化的特点;另一方面,我国目前立法相对不完善,对于如何正确理解市场操纵行为需要进一步厘清,特别是对于介于违反行政法和刑法规定而应承担行政或刑事责任的行为应准确界定。

二、上海自贸区对非法经营罪的影响

2013 版的"负面清单"相比现行的"正面清单"即《外商投资产业指导目录》而言未有较大的实质性突破,而 2014 版的"负面清单"和 2013 版相比,特别管理措施由原来的 190 条调整为 139 条,削减了 51 条;在扩大开放方面,实质性取消了 14 条管理措施,放宽了 19 条管理措施,实现了一定程度的"瘦身",进一步提高了开放程度。非法经营罪属于刑法中较为典型的法定犯,其犯罪构成要件中包含有多项"未经许可""未经国家有关主管部门批准"等内容。由此,在自贸区内"负面清单"管理模式的建立将会直接影响到非法经营罪的构成要件,进而影响该罪的入罪标准。因为,有许多行业的进入原先是需要经过批准的,行为人未经批准从事相关业务,可能构成非法经营罪,而按自贸区"负面清单"管理模式的要求,现在许多外商投资行业的市场准入只要不是"负面清单"所禁止的,行为人无需经过批准即可从事相关业务。那么,这就可能出现不少原先在自贸区外构成非法经营罪的行为而在自贸区内则不再构成犯罪的情况。① 当然,"负面清单"管理模式作为对外商投资准入的管理模式,对非法经营罪的限缩影响仅限于外商,对于内资经营主体而言并不受其影响。因此,外商在自贸区的投资领域将随着"负面清单"的不断升级而缩小限制,经营范围将逐步扩大,相应的非法经营罪在自贸区内的适用范围亦稳步缩小。

从域外立法例来看,世界上大多数国家均未设置非法经营罪。除我国外,单独规定此罪名的还有俄罗斯、越南等国家。设置这一罪名的目的在于避免挂一漏万。② 然而,经济犯罪是经济改革发展过程中无法避免的副产品,经济犯罪的过程与经济改革发展相联系而具有利害交织的特点。因此,经济活动的合法与非法、罪与非罪的界限的确定具有很强的政策性。③ 然而,随着自贸区建设的不断推进,刑法作为保护市场经济秩序的底线规则,理应与正在由传统模式向新型管理模式转变的行政权保持同步,以温和谦抑的姿态顺应改革创新和经济自由化的发展。因此,对于非法经营罪这一兜底罪名,其适用空间也将更加限缩。

三、上海自贸区对知识产权犯罪的影响④

知识产权的基本属性不会因为自贸区的设立而改变,因此,现有的知识产

---

① 参见肖凯等:《自贸区成立后对五类犯罪适用刑法有影响》,《检察日报》2015 年 1 月 2 日。

② 参见马克昌:《经济犯罪新论》,武汉大学出版社 1998 年版,第 596 页。

③ 参见梁根林:《刑罚结构论》,北京大学出版社 1998 年版,第 249 页。

④ 参见上海市人民检察院自贸区检察工作调研课题组:《自贸区金融贸易改革背景下的刑事法律适用》。

权保护机制在自贸区内基本适用，但自贸区特殊的海关监管确实又会引发一些特殊问题。

（一）上海自贸区过境侵权货物的处理

自贸区内国际中转业务的进出境手续简易化，可能会带来大批货物选择在自贸区转运。如果这些货物涉嫌侵权假冒，应如何处理？目前，各国过境侵权货物的边境执法模式主要有两种：其一如美国，对过境侵权货物不加区分地采取边境措施；其二如欧盟，有选择地对过境侵权货物采取边境措施，即海关可基于"进入市场可能性论"对转运货物采取边境措施。

对上海自贸区而言，为促进贸易和投资便利化、防止自贸区沦为侵权"避风港"，需要在促进贸易便利化和加强知识产权保护之间达成一种适当的平衡，最佳举措在于借鉴欧盟国家的做法，采纳"进入市场可能性论"。对于在自贸区过境的货物，依据我国法律认定该货物涉嫌侵权，且有实质性证据证明其具有进入中国境内销售的可能性时，我国海关才可以对其采取知识产权执法措施。

（二）上海自贸区贴牌加工商标侵权问题

随着"一线放开"以及自贸区总体方案对区内企业的优惠政策，自贸区内会涌现出大量贴牌加工企业。如果它们在加工过程中未经许可使用了受我国法律保护的注册商标，是否构成商标侵权乃至犯罪？我们认为答案是否定的。

首先，依据《商标法》，商标侵权行为必须以被告将被控侵权标识作为商标性使用为前提。"商标性使用"应当是与商品流通相联系的使用。而在贴牌加工中，贴牌是产品加工行为的一部分，且这些产品并不进入我国市场，更不指示商品来源于加工方。因此，贴牌加工行为不构成商标性使用。其次，知识产权具有地域性，商标权在其注册地的范围内受到保护。涉外贴牌加工中的商品由定作方销往国外，不会使国内消费者产生混淆和误认，而定作方恰在这些产品销售国合法拥有商标权利，国外的消费者也不会产生混淆。因此，这种贴牌加工不应该认定为侵犯我国商标权。

第 七 编

上海自贸区完善法治领域的
制度保障与司法改革

第二十章　上海自贸区案件的立案与送达

第一节　上海自贸区案件的范围

一、涉上海自贸区案件的范围

（一）上海自贸区地域范围

2013年8月22日经国务院批准设立中国（上海）自由贸易试验区，2013年9月29日正式挂牌，其范围涵盖上海外高桥保税区、上海外高桥保税物流园区、洋山保税港区和上海浦东机场综合保税区四个海关特殊监管区域，面积28.78平方公里。

2014年12月28日，全国人大常委会决定授权国务院在广东、天津、福建试验区及上海自贸区扩展区域内暂时调整有关法律规定的行政审批，自2015年3月1日起施行。上海自贸区从28.78平方公里扩至120.72平方公里，扩展区域包括陆家嘴金融片区、金桥开发片区和张江高科技片区。

随着自贸区地域范围的不断扩大，涉自贸区案件的范围也必然会出现新的调整。

（二）上海自贸区案件范围的确定

谈及自贸区案件的审理，首先需对自贸区案件的范围予以界定。在界定自贸区案件范围时，我们认为应从两个角度对此予以界定。一是案件与自贸区地域相关联的角度。就这一角度而言，可参照最高人民法院《涉外民事关系法律适用法司法解释（一）》中关于涉外案件定义的方式，即从法律关系的主体、客体、法律事实三要素进行考量，只要其中一个要素涉自贸试验区，即可认定案件与自贸试验区相关联。如此考量,主要是因为上述三要素中,任一要素只要处在自贸试验区内,就可能会涉及上述要素如何适用自贸试验区新政策、新制度、新规则等问题。

但从现有的法院力量配置来看,我们只是从现有力量中抽出一部分力量专门应对自贸区实施中可能对司法实践所带来的问题与挑战,我们既不可能也无必要审理所有与自贸区地域相关联的案件。这就需要从第二个角度即案件类型的角度对涉自贸区案件予以限定。应设置自贸区案件审理的专门机构,主要目标在于满足自贸区在投资管理体制变革、商事登记制度改革、服务业扩大开放、金融开放创新、监管模式转变、法律法规调整实施等制度创新中的专项司法保障需求。因此,我们从案由的区分这一角度,可以首先排除婚姻家庭、继承、人格权、民事侵权以及特别程序类等传统的民事案件类型。而合同类、知识类、公司金融证券类则与自贸区改革试点内容最为相关,应划入自贸区案件的范围。至于物权类与劳动争议类,物权类中房地产案件与自贸区试点相关度较高应予以划入,而劳动争议案件从长远来看也会涉及改革试点的内容,但由于其案件数量较大且现阶段暂时还未涉及,故可暂时不划入自贸区案件范围,可在将来改革不断推进的过程中适时将相关联的案件归入统一审理的范围。

因此,自贸区案件是指,具有下列情形之一的合同类、知识类、公司金融证券类、房地产类的民商事、刑事、行政案件:(1)当事人一方或双方,公民的户籍地或经常居住地在自贸试验区内的或法人、其他组织的住所地在自贸试验区内的;(2)诉讼标的物在自贸试验区内的;(3)产生、变更或者消灭民事关系的法律事实发生在自贸试验区内的;(4)犯罪地或被告人居住地在自贸试验区内的;(5)被诉行政行为的合法性审查涉及自贸试验区相关法律规定适用的。

二、上海自贸区案件立案具体操作

因自贸区的案件由专项审判组织审理,故为保证案件的性质易于识别以及防止上下级条线指导关系的混乱,涉自贸试验区的案件,仍应根据其案件的性质及最高人民法院关于民商事案件分工的相关规定确立字号。同时为便于将自贸试验区案件与其他案件区分,在立案基本信息中增添"是否涉自由贸易试验区"选项。因专门的审判组织并非审理所有的涉自贸试验区案件,故在立案阶段需对相关案件作出区分,只有符合涉自贸区案件定义范围的案件才能交至专门的审理部门予以审理。

由于对涉自贸试验区案件的识别标准可能存在一些不同的理解与认识,故很难保证受理分案时百分之百的准确,而且部分案件只有到实际审理阶段才突显有关的涉自贸试验区因素,为避免诉讼的迟延及增加当事人的诉累,原则上已经在审理的案件不宜再移送至专项合议庭重新审理。但在审理过程中,对涉及自贸试验区相关法律问题的政策、规则的把握应与专项合议庭充分沟通,以保证适法的统一。

第二节 立案登记制的启动与推进

随着《关于人民法院推行立案登记制改革的意见》及《最高人民法院关于人民法院登记立案若干问题的规定》的实施,意味着立案制度的改革已进入实质启动阶段。而立案制度的改革不仅需要照顾到全局的安排及切合实际的操作方案,另外,所谓"盘外招"因素对诉权保障之影响,也绝不可轻忽。如司法的地方化、不尽合理的考核指标体系、司法权的地位及权威性不足等。虽然上述问题随着司法体制等相关制度改革的不断推进均已开始好转,但冰冻三尺非一日之寒,相信在较长一段时间内,诉权的保障与上述这股"无形力量"之间的较量仍将持续。因此在思考立案制度本身的转型升级时,这股无形的力量始终应是我们思考问题的一个巨大背景。

一、现行立案制度的立案条件与审查结构

法院立案制度的改革主要涉及民事诉讼与行政诉讼两大领域,而就制度设计本身而言,二者虽小有差别,但并无实质性的区别,故本书主要以民事诉讼的立案制度作为思考与分析的模板。

（一）现有立案制度的相关规定与理论分析

1. 相关法律规定

根据《民事诉讼法司法解释》第二百零八条的规定，人民法院接到当事人提交的民事起诉状时，对符合《民事诉讼法》第一百一十九条的规定，且不属于第一百二十四条规定情形的，应当登记立案。此条既可作为登记立案的定义，同时也是对立案所需实质要件的规定，其中第一百一十九条为积极要件，第一百二十四条为消极要件。同时，《民事诉讼法》还规定了起诉的形式要件，即第一百二十条和第一百二十一条中对起诉方式和起诉状内容的相关要求。

2. 我国起诉条件的理论分析

就理论上而言，案件的审理上可分为程序性要件与实体性要件，而程序性要件理论上又可分为起诉要件与诉讼要件，其核心的区别在于前者是启动诉讼的要件也即诉的成立要件而后者是保证诉的合法性要件。在具体内容上，起诉要件一般包括起诉状上的一定形式及相关必要记载事项。而诉讼要件通常包括案件的主管与管辖、当事人适格、诉的利益、既判力、诉讼上的程序性障碍等。对照《民事诉讼法》，其中第一百二十条、第一百二十一条所规定的形式条件就是理论上一般认为的起诉要件，而第一百一十九条、第一百二十四条所规定的起诉实质要件中几乎包含了上述诉讼要件中所有的范围。因此，《民事诉讼法》所规定的起诉条件，包含了理论上启动程序的起诉要件与确定诉的合法性的诉讼要件，而立案所需审查的起诉条件包含上述全部要件。

（二）现有立案制度的审查结构

案件的"程序性要件审理"和"实体性要件审理"，构成诉讼审理的二元构造，理论上对上述两类要件的审理结构有阶段式审理模式（即先审理程序性要件，在确认通过诉的合法性审查后再启动案件的实体性要件审理）与复式平行模式（即对程序性要件与实体性要件的审理同时并行）之分。而我国采取的是以阶段式审理模式为原则，以复式平行模式为重要补充的模式。应该说上述审理结构本身是符合相关审判规律的。这也是大陆法系国家比较通行的审判结构。但与我国不同的是，在大陆法系国家，从接收到当事人诉状之日起，案件就系属于法院，即进入法院的审理状态。而在我国从当事人提交诉状到案件得出最终结论，当中插入了一个案件受理程序，即案件已通过程序性要件审理，可以启动实体性要件审理的时间点，作为案件正式受理的时间点。这一受理程序的插入，在客观上使案件的受理时间点得以凸显，被普遍理解为案件正式系属法院即正式进入法院审理的时间点。但实际上法院从收到当事人递交的诉状起，就开始了案件的程序性要件审理阶段。但由于其是在案件受理时间点之前，故使这一阶段的定位出现模糊，当事人的诉权如何能在此阶段得到充分程序性保障的问题变得突出。

二、立案审查制向立案登记制转型中的问题与目标

（一）完善起诉材料接收环节，健全诉权保障的监督制约机制

从理论上而言，当事人向法院递交了诉状，当事人的起诉就系属于法院。所谓诉讼系属，是指诉讼存在于法院的事实状态，具体而言，是指特定当事人之间的特定请求，已在某个人民法院起诉，现存在于法院而成为法院应当终结诉讼事件之状态。① 诉讼系属发生之时点应是从原告将起诉状递交法院之时。而在我国，诉讼系属发生之时点《民事诉讼法》未有明确的规定，但从《民事诉讼法》的类似规定及最高法院的相关司法解释的立场来看，是以案件正式立案时间为发生之时点。② 而正是因为案件系属法院时间的后移，使实质上是对案件程序性要件予以审查的立案阶段，在法律上的地位显得颇为尴尬。不仅如此，这还导致了在案件接收与回应这一环节上，相应的管理与监督机制也不如审理阶段规范与有效，产生了如"不立不裁""拖延立案""增设门槛"等现象。而这一类情况的发生，正是因为法院对当事人的起诉回应义务出现了问题。司法权对每一个起诉权都应产生应答义务，这是法治社会要求的权

---

① 参见刘学在：《略论民事诉讼中的诉讼系属》，《法学评论》2002 年第 6 期。

② 理由在于：其一，《民事诉讼法》第三十五条规定："两个以上人民法院都有管辖权的诉讼，原告可以向其中一个人民法院起诉；原告向两个以上有管辖权的人民法院起诉的，由最先立案的人民法院管辖。"在这条处理同一案件管辖冲突的规定中，确定以立案时间为确定哪家法院为受理法院的时间标准。其二，管辖恒定是诉讼系属的一个重要诉讼效果，最高法院在处理管辖恒定的《民事诉讼法司法解释》第三十七、三十八条规定中均使用的是"案件受理后"为时点的识别标准。

利保障与权利生成的必要条件之一。① 因此，要改变上述问题，就需加强材料接收环节的机制建设，而其中最重要的就是要建立起以权利制约权力的监督体系。故在现有法律框架下，由立案审查制转向立案登记制，并非取消对案件程序性要件的审查，而是以登记为抓手，规范法院接收诉状后的相关程序，健全监督制约机制，落实法院对当事人起诉的回应义务，使诉权得到全面保障。

（二）合理界定立案阶段的审查限度，使其审查的内容与相关程序保障的程度相匹配

根据《民事诉讼法》的规定，立案阶段是诉的合法性集中审查阶段，而立案阶段具有以下三个特点：一是有限性，即立案法官一般只接触单方当事人，只能审查起诉人单方递交的诉讼材料；二是形式性，在立案阶段只能是针对起诉人提供的材料进行形式审查；三是时间的紧迫性，七天是绝大部分案件立案审查的最长时间。从我国《民事诉讼法》所规定的受理条件中来看，其包含了几乎所有的诉讼要件。而现有《民事诉讼法》规定的表述为："起诉必须符合下列条件……"，此中的条件就包括了上文所称的所有起诉要件与诉讼要件，而立案阶段应对上述要件审查到何种程度未作表述。故从字面上理解，立案阶段要完成诉之合法性的充分审理，全部符合条件才能予以受理。而这恰恰是立案阶段不可能完成的任务。因此，在现有的法律框架下我们需要研究的是，如何设置合理的与立案阶段相匹配的审查范围与标准，以避免当事人的合法权益受到不应有的侵害。如此才能保证对应该受理的案件，做到有案必立、有诉必理、保障当事人诉权。

三、立案登记制的实施路径

（一）立案登记制的具体实施方案

我们认为，在材料接收环节，应通过全程留痕的方式进行流程管理，确保上述环节运作的规范、公开、可监督。即在当事人递交诉状后，除直接受理的案件外，一律编入新创设的案号，这一案号非为起算审限的正式案号，但应纳入审判流

---

① 参见胡亚球、章建生：《起诉权论》，厦门大学出版社 2012 年版，第 18 页。

程管理。符合受理条件的通过电脑自动转为现有案件字号。不符合受理条件、需补正材料的均由立案庭在上述字号中并在法定的期限内，依法作出相应决定。

首先，这一方案是落实"法院不得拒收诉状"这一基本原则的重要抓手。《关于人民法院推行立案登记制改革的意见》及《最高人民法院关于人民法院登记立案若干问题的规定》对当事人的起诉均强调，人民法院应当一律接收诉状，禁止不收材料、不予答复、不出具法律文书。要彻底贯彻上述原则，从理论上而言，就是要将案件系属法院的时点提前至原告将起诉状递交法院之时，明确这一时期就是对案件起诉要件及诉讼要件的审理期间，是整个案件审理的有机组成部分的基本定位。从当事人提交诉状之日起，就将法院的相关诉讼行为，全部置于法院的审判管理及当事人的监督之下。从源头上杜绝"不立不裁""拖延立案"等现象，完善案件起诉的回应机制。当然，因案件系属时间的确定将涉及一系列诉讼效果的产生，故最好能由最高法院通过司法解释的形式将其明确，以正其名。其次，通过设置专门字号，规范现有的案件接收流程。这一方案设置了新的起诉材料接收程序，除可直接受理的案件外，其他所有案件均需通过相关字号予以处理。将这一字号纳入流程管理系统后，案件处理的时间、处于何种阶段、处理结果等均能在电脑中予以体现。如此设置，通过案件接收阶段的全程留痕，操作的规范性，事中、事后的监督力度均将大大提高。第三，保障立案程序的公开、透明、可监督，完善诉权保障的横向监督体系。通过上述方式，对立案阶段的案件除对内便于统一管理外，对外可提供当事人查询案件处理的相关阶段。如此可保证立案登记流程各个环节可查询，全程透明，充分保障当事人的知情权与监督权。不仅可有效控制立案审查中自由裁量权的滥用，也大大挤压了"无形力量"侵害诉权的空间。

（二）立案庭与审判庭之间职责分工的重新界定方案

我们认为，在立案庭与审判庭的职责分工上，首先，起诉要件由立案庭负责审查并处理。在具体内容上，起诉要件一般包括起诉状的形式及相关必要记载事项（即《民事诉讼法》第一百二十条、第一百二十一条的规定）。这一部分应由立案庭负责审查并作出最终决定。其次，在诉讼要件审查上，以立案阶段空间、时间上的限制来控制案件审查的程度。根据前文所述立案阶段性的特征,立案阶段只能是对诉讼要件进行初步审查的阶段,以过滤一批诉的合法性显有问题的案件。因此,起诉材料收受后,立案庭应根据起诉人提交的相关证据材料在其有限的空间与时间范围内作形式上的审查,即立案人员基于所收受的材料就主体资格、主管与管辖等相关受理要件未发现存在明显缺失的,则应认为相关案件的受理条件已被满足。立案审查阶段对案件是否受理虽存在疑问,但在法定期限内无法明确作出不予受理判断的,就应依法予以受理。

四、立案登记制推进中立案部门需面对的问题与应对

(一)法律外"无形力量"所带来的压力与应对

立案登记改革,放低了审查标准的强度且使案件的受理环节都处于公开透明的状态。可能会有人担心,在现有的法治环境下,法院对案件的处理仍会受到多方面的制约与障碍。法院的权威与地位尚显不足,在缺乏相应制度配套的情况下,法院自己单兵突进,我们真的准备好了吗? 诚然,新方案的实施可能会使更多的敏感、新类型、复杂案件进入法院,会给法院的审理工作带来更多的困难与挑战,但司法权威的提升也正是孕育在此困难与挑战之中。就现在而言,司法体制改革、诉访分离等相关制度的逐步推进,正不断削弱干扰司法机关独立行使审判权的力量,党的十八届四中全会提出的全面依法治国的方针及通过改革受理制度依法保障诉权的明确指向,提供了司法机关应对困难与挑战的强大支撑。所谓好风凭借力,改革案件受理制度解决实务中各种诉权行使的障碍,可谓正逢其时。再者,登记立案的实施,在建构起横向监督体系的同时,也为法院依法保障诉权的行使提供了有力的同盟军。这就是群众的力量,也是阳光司法的力量,即要从法院接收当事人的起诉状起,通过透明、公开所有处理阶段与过程,使那些魑魅魍魉无所容身。

(二)完善相应机制,应对新的挑战与问题

随着立案审查向立案登记的转变,法院将会迎来一系列的挑战,而就立案部门而言,我们必须在以下几个方面作出准备与应对:(1)规范细化不符受理条件案件的处理方式,应对可能面临的工作量大幅提升。登记立案实施后,对不予受理案件的处理更强调出具书面的裁定或决定。而对于一些明显不符条

件的案件,缺乏简单快速的处理办法。由于出具书面裁定是一种成本高昂的处理方式,因此随之产生的工作量明显提升将是实务中必须解决的一个难点。故需设置与当事人程序性保障相匹配的如书面通知、先行告知等成梯度设置的,标准明确、公开透明的案件处理模式。做到公正与效率相统一。(2)界定滥用诉权的标准,明确防范与制裁的规则。虽然《民事诉讼法》已确立了诚实信用原则,但在滥用诉权的界定及应对的规则上仍显简陋。然而,在立案制度改革不断推进的过程中,滥用诉权现象,特别是在行政诉讼中已经开始抬头。故急需研究如何利用诸如不予接收诉状、裁定不予受理、诉讼费的负担、制裁措施的采用等各类措施形成的组合拳,加大对虚假诉讼、恶意诉讼、无理缠诉行为的惩治力度,依法维护正常立案秩序。(3)强化程序法审判能力,统一执法标准。在现有模式下,所谓立案难的原因,其中一个重要因素可归结于诉讼要件审理的执法不统一、标准混乱。这一问题如不逐步解决,立案审查向立案登记转变后,上述情况可能会更加严重。因此,在规范层面上,我们可能需要最高法院出台更多明确并具操作性的关于诉讼要件的审理规则与标准。而实务操作层面上,更为重要的是将立案庭本身的程序法审理业务从实体案件审理的依附性中摆脱出来,尽快探索建立起以诉权保障为基本原则的适合立案工作特征的审查方式、业务框架及理论体系,并在此基础上明确执法标准,推动执法尺度的尽快统一,不断提升保障诉权的执法能力。

第三节　电子送达的实践与完善

一、电子送达概述

(一)基本概念

按照信息载体的形式,网上送达可分为电子邮件送达、电子公告板送达等。随着电子计算机技术和国际互联网业务迅速发展并普及日常交流中,通信方式不只局限于传统书信,通过电子邮件和电子公告等电子数据交换手段来传达信息日趋普遍。正如艾伦·贝克(Ellen Baker)等学者在其著作中所指出的一样："任何一个网络空间都有网络工具作为支撑，以提供相应的方法来执行特定网络空间中的信息服务。"而网上送达就是依托互联网虚拟空间并借助于电子邮件等网络工具来完成信息的提交与传输。电子邮件，英文缩写 E-mail，它是一种通过网络利用电子手段实现相互传送和接收信息的现代化通信方式。电子邮件目前是 Internet 应用最广泛的服务，电子邮件的内容也从单纯的文字信息拓展到文字、图像、音频、视频、图文并茂的新闻信息和专题邮件等表现形式。电子邮件收发的工作原理是，发信人根据收信人的邮箱地址，将该邮件从发送服务器送达到对方的邮件接收服务器上，收信人通过访问该接收服务器获取邮件信息。据此，电子邮件送达，是指通过互联网的链接，在法院系统和当事人各自的计算机之间传送以电子数据为表现形式的特定诉讼文书，以替代传统用纸张方式送达诉讼文书。电子公告板，英文缩写 BBS，是互联网上的一种电子信息服务系统。2000 年，我国《互联网电子公告服务管理规定》正式颁布施行，根据第二条第二款的规定，电子公告服务是指在互联网上以电子布告牌、电子白板、电子论坛、网络聊天室、留言板等交互形式为上网用户提供信息发布条件的行为。据此，电子公告板送达，是指人民法院在特定的网络平台上向社会公众发布以电子数据为表现形式的诉讼文书和法律文书，经过法定期间即视为送达。① 而上述两种方式也成为我国电子送达中最主要的送达方式。

（二）现有规定

关于电子送达的规定，我国最早在 1999 年颁布实施的《合同法》中，就已确认了采用数据电文包括电报、电传、传真、电子数据交换和电子邮件形式订立合同以及对收发数据准确时间的确定也有了明确规定。2003 年 2 月 1 日施行的最高人民法院《关于适用〈中华人民共和国海事诉讼特别程序法〉若干问题的解释》成为我国首次肯定网上送达的法律文件。该解释第五十五条明确指出："其他适当方式包括传真、电子邮件（包括受送达人的专门网址）等送达方式。通过以上方式送达的，应确认受送达人确已收悉。"之后，最高法院

---

① 参见马文娟：《网上送达研究——以民事诉讼为视角》，重庆邮电大学 2011 年硕士学位论文。

在简易程序、涉外程序中的相关司法解释中也对电子送达有所规定。经过一段时间的实践后,2013 年新修正的《民事诉讼法》对民事诉讼中如何使用电子送达作了全面的规定,即第八十七条规定,经受送达人同意,人民法院可以采用传真、电子邮件等能够确认其收悉的方式送达诉讼文书,但判决书、裁定书、调解书除外。采用前款方式送达的,以传真、电子邮件等到达受送达人特定系统的日期为送达日期。在 2015 年出台的《民事诉讼法司法解释》中对《民事诉讼法》中的相关规定作了细化,除增加了移动通信作为即时收悉的特定系统送达媒介外,另明确《民事诉讼法》第八十七条第二款规定的到达受送达人特定系统的日期,为人民法院对应系统显示发送成功的日期,但受送达人证明到达其特定系统的日期与人民法院对应系统显示发送成功的日期不一致的,以受送达人证明到达其特定系统的日期为准。

二、自贸区案件电子送达的实践

(一)基本原则

随着上海浦东自贸区热潮的兴起,在区内注册的法人大量增加,虚拟注册的情况也开始大量产生。虚拟注册是指法人在企业注册时租赁区内的某一门牌号为其注册地址,而实际办公地址在区外。因此,法律文书的送达率可能会受到较大的影响。故上海一中院在送达方式上开始积极试点、推行电子送达,在推进这一项工作中,我们首先确立了以下几个基本原则:

1.送达的程序公正与效率相统一原则

正当的送达程序应是程序公正与效率的真正统一,而网上送达的虚拟性与高效性往往导致人们对程序本身正当性的质疑。对网上送达是否符合正当程序原则的考察,需要从宏观和微观两个方面进行。宏观上,主要考察网上送达程序本身是否同时满足公正和效率的双重价值,实现程序利益的最大化。微观上,主要考察网上送达程序中的各个具体操作环节是否正当。① 包括操

---

① 参见马文娟:《网上送达研究——以民事诉讼为视角》,重庆邮电大学 2011 年硕士学位论文。

作规则的设计是否合理、送达的文本是否规范、相关的配套安排是否有效等。

2. 当事人自愿原则

《民事诉讼法》第八十七条明确规定经受送达人同意，人民法院可以采用传真、电子邮件等能够确认其收悉的方式送达诉讼文书。因此，受送达人的同意是采取电子送达的前提。这不仅只是对当事人主体性的尊重，更重要的是电子方式送达对受送达人的运用技术能力及其所应具有的软、硬件设备均有一定的要求。故需要通过当事人同意的方式，来对当事人是否可成为电子送达的受送达人予以确认。我们认为，此种确认应是明示的确认，即受送达人需在送达地址确认书上（还可包括电传、传真、电子数据交换和电子邮件等其他书面形式）明确声明法院可以通过电子方式送达，并指定相应的接收方式。

3. 确认收悉原则

送达的最终目标是要受送达人收到并知悉相关诉讼材料。而电子送达虽便捷高效，但由于技术及其他方面的原因不仅在送达的过程中有可能存在上文所说的送而不达的问题，即使相关电子诉讼文书送达受送达人的电子邮箱，还可能存在"达而不悉"的问题。一方面，电子邮箱遭受网络黑客攻击，相关诉讼文书被删除，使受送达人未能及时获悉相关文书，而无法行使相关诉讼权利；另一方面，还可能会出现受送达人明知收到相关诉讼文书，故意不阅读，致使达而不悉等。[①] 因此，在操作安排及规则设计上必须围绕上述问题作出相应的安排。

4. 积极引导，整体推进原则

一方面，电子送达作为一项新生事物，在现有的司法实践中，不仅是部分当事人一时还无法接受，就是不少法官对此也心存疑虑。所以在推进电子送达的过程中，需不断做好电子送达的宣传、解释、推广工作。电子送达的适用面越大，其体现的效能就会越明显。另一方面，在现阶段电子送达并非是传统送达方式的替代方案，而只是其重要补充，因此就不同部门采取不同送达方式时的职责、分工及衔接均需有整体设计与安排。同时，推进电子送达工作并非

---

① 参见颜研生：《论民事诉讼文书电子送达的收悉确认》，《法制与社会》2014 年第 17 期。

仅是业务部门的职责,其需要技术、宣传、审判管理、研究室等相关部门以及上下级法院之间密切配合与协助,如此电子送达的工作才能得到迅速有效的推进。

(二)基本做法

1.电子送达方式的选择

如上文所说,电子送达的方式大体上可分为两种,一是将诉讼材料以电子信息的形式发送到对方的信息接收系统。二是当事人通过网络登录法院提供的电子文书送达平台,查看并下载相关文件。通过登录送达平台的方式,因其是登录法院提供的电子送达平台,通过云存储技术获得电子送达的内容,这一技术便利、安全并且经济。但这一送达方式也存在以下两点缺陷:一是操作上较为复杂,当事人需通过法院提供的用户密码,登录法院提供的电子送达平台并查找相关信息,有时可能会因密码的遗失或操作的失误造成无法登录;二是这一送达方式,当事人需登录送达平台后,法院才能确认成功送达。如当事人因一时遗忘甚至故意不去登录,先期的工作就会浪费,还需重新进行传统送达工作。而接收邮件的送达方式就操作而言对当事人最为简便,除提供邮箱地址外就无其他额外的操作负担。同时根据《民事诉讼法司法解释》第一百三十五条规定:"《民事诉讼法》第八十七条第二款规定的到达受送达人特定系统的日期,为人民法院对应系统显示发送成功的日期。"故可有效避免前一种送达方式中当事人不登录送达平台的问题。但这一送达方式缺陷在于,由于受邮件地址提供有误、电子邮箱出现故障或者受到黑客攻击等可能情形的影响,其送达成功的可靠性较弱。故可说两种方式各有利弊,对当事人而言,根据各受送达人对技术掌握的程度以及对完全性要求的不同,两种方式可能均存在相应的受众。因此,上海一中院在确定送达方式时,决定同时向当事人提供上述两种电子送达的方式,根据当事人不同的偏好,自主选择适用。以使电子送达的方式更契合当事人的需求。同时也有利于法院积累不同送达方式的相关经验,以便不断完善电子送达的方式与途径。

2.确认收悉的保障

确认收悉是电子送达中最为关键的环节。为确保这一环节的落实,保证电子送达的有效性。我们主要从以下三个方面避免"送而不达"或"达而不悉"的问题。（1）加强释明与指导。按照规定使用电子送达必须有当事人的书面确认，法院工作人员在对于确认使用电子送达的当事人，不仅会提供电子送达操作的书面提示书，而且还会对如何电子送达的相关流程予以口头的解释与说明，确保当事人能够准确理解与使用电子送达系统。（2）短信提醒的设置。对于使用电子送达的当事人，无论其选择何种送达方式，当法院的电子送达的相关操作完成后，均会向受送达人确认的手机上发送短信提醒信息，告知其相关电子送达的信息，提醒其尽快查看或下载。如送达电子传票，则短信上还会同步提醒开庭的时间与地点，形成双层保障。（3）"不可否认"技术的运用。"不可否认"技术广泛运用于电子商务信息安全领域，美国律师协会将其定义为："对消息签署的身份以及消息完整性的有力的和实质性的证据，它足以防止一方成功地否认消息的来源、提交和送递以及其内容的完整性。"从功能上来看，"不可否认"技术可以有效保护通信的一方不受另一方谎称通信没有发生而导致的损害。[①] 电子送达中的"不可否认"技术中，上海一中院主要使用了"生成记录"。生成记录是指电子送达过程中自动生成的信息发送、当事人登录系统等相关记录。在现有的电子送达系统中，电子邮件何时发出，当事人登录法院电子送达系统的时间及是否下载了相关文件等相关记录均会被系统自动采集，形成相关证据，防止当事人恶意否认送达的效力。

3. 具体操作流程

对于向法院提起诉讼的当事人，立案窗口会向当事人征询是否接受电子送达的意向。当事人愿意采取电子送达的方式的，工作人员会向其发放电子送达确认书及操作提示书。告知其上海一中院提供邮件送达及登录该院诉讼服务平台两种送达方式供其选择。如当事人选择登录上海一中院网上诉讼服务平台方式进行送达的具体操作步骤如下：首先，向当事人确认的手机发送电子短信送达告知，告知其送达的内容及登录网站的服务密码；其次，当事人在收到短信后内可通过电脑或该院 APP 平台、微信平台登录该院网上诉讼平台

---

① 参见颜研生：《论民事诉讼文书电子送达的收悉确认》，《法制与社会》2014 年第 17 期。

上的电子送达系统,查看并下载相关电子文档,查看后即视为送达。最后,当事人查看相关文档后,相关审判庭打印电脑中自动生成的送达回证予以附卷。

4. 建章立制,整体推进

电子送达的有效推行,需各审判部门对此有统一的认识及各部门之间的有效协作与顺畅衔接。因此,上海一中院专门制定《民商事案件电子送达工作实施细则》(以下简称《细则》)以统一送达效力的认定标准,规范电子送达的方式与流程,明确各部门、各阶段的职责分工。为电子送达的全面推开及送达率的提升打下基础。就电子送达的相关衔接与职责分工而言,《细则》主要从两个方面作出了规定,一是保证电子送达与传统送达的无缝衔接。《细则》中规定,电子送达签收的有效期为电子送达发出后的三个工作日,三个工作日内当事人没有登录该院电子送达系统查收的,应转为传统邮寄送达。同时,在电子送达有效期内,应及时做好督促当事人接收工作,有效提高电子送达成功率。二是明确了各部门对推动电子送达工作的相关职责。《细则》要求,立案庭负责做好对当事人的宣传推介、信息录入和文书电子送达及相关跟踪督促工作。审管办负责电子送达工作管理,制定考评机制并协调部门之间的工作。各相关业务庭负责在案件办理阶段做好电子送达的再宣传、录入以及文书电子送达工作。研究室负责与律协、法律服务所的协调工作,引导律师、法律工作者带头使用电子送达,切实扩大司法文书电子送达的适用范围。办公室负责电子送达的技术支持、后勤保障等工作。

三、电子送达完善的相关思考

(一)完善规则,明确法律效力

虽然2013年颁布实施的新《民事诉讼法》及其相关司法解释对电子送达作出了规定,但这些规定还只是处在较为原则的状态。在电子送达程序如何启动、送达文书的规范格式要求、送达回证如何证明、送达不能证明责任的承担等法律问题,均缺乏具体细致的规定。而规则的缺失,已经在实践中对电子送达工作造成了一定操作上的混乱与认识上的不统一。因此,在法律或司法解释层面上能尽快在相关司法实践的基础上形成电子送达的实施细则,将一定会对电子送达工作的全面推广及其操作规范化水平的提升提供巨大帮助。

（二）加快技术研发，打造组合化的电子送达综合平台

现司法实践中，各法院使用电子送达的方式往往比较单一，即使使用几种方式进行电子送达，但几种方式之间也无法形成有机联系，形成优势互补。在电子送达的送达效力形成争议时，如何形成电子证据链，解决争议，也还有待研究。因此，有必要迅速推进技术研发，一方面，建立统一的电子送达平台。将电话号码、传真号码、电子邮件地址、QQ 号码以及法院 APP 平台、微博、微信等送达方式相整合，提高送达效率。另一方面，完善针对司法送达的电子证据存证系统，形成证据链，减少争议，提高送达效率。

（三）统一认识，协同推进，形成整体效应

电子送达的工作除法院内部各部门需密切配合、各司其职外，各级法院之间，不同地区法院之间也需协调联动，形成整体效应。如就二审案件而言，如下级法院在案件的受理及审理过程中就完成电子送达的确认工作，就能弥补二审法院就上诉案件在受理阶段一般不接触当事人的局限，其二审案件适用电子送达的范围，将会大大扩大。还如各地法院电子送达的标准、方法能够通用，则使用电子送达的案件与当事人范围也将大大扩展。因此，电子送达工作也需顶层设计，突破现上下级法院、各地区法院各自为战的局面。如是，电子送达工作的全面发展将指日可待。

第二十一章 大数据时代下,自贸区案件执行的创新与探索

自从美国咨询界翘楚——麦肯锡咨询公司率先提出"大数据"概念后,"大数据"(Big Data)便悄然成为近年来政、商、经等社会各界研究热点,且呈越发热络之势。2014年12月24日,最高人民法院亦顺应时代发展潮流,开通了具有案件管理、网络查控、信息公开、信用惩戒等功能的执行指挥系统。该系统的开通,预示着我国法院执行由此迈入"准大数据"时代,从而令法院执行人员足不出户,即可在线查控被执行人的信息和财产。但我们也应知,任何事物都具有其两面性,大数据在给法院执行带来便利的同时,也可能给法院执行带来影响乃至冲击。尤其是在自贸区内,面临入驻企业可实现区内注册区外经营之现状,使得涉自贸区执行案件更为依赖大数据推进执行的同时,不得不研究和化解大数据技术所带来的新情况新问题,以期实现趋利避害,切实令大数据能为法院执行所用,进而促使法院执行无害地搭乘大数据这趟飞驰的时代"列车"。

第一节 大数据给法院执行所带来的利多

一项新生事物,之所以能令社会对其趋之若鹜,关键在于其能够对社会产生巨大价值,能够推进社会发展。"大数据"之所以能够成为当前社会的"热络"词汇,亦为如此。法院执行之所以自愿搭乘该趟"列车",也是因为其对法院执行能够产生诸多的在传统执行模式下难以获得的利多效应。

一、在信息共享上形成利多

传统执行模式下,执行信息的匮乏,一直成为制约法院执行效果的瓶颈。

从而，也使得绝大部分执行法院都将主要执行资源配置到执行信息的获取上，具体表现在，执行力量及执行人员的绝大部分精力，均花在了调查和搜集被执行人的财产信息上。在传统执行模式下，为了达成执行信息共享之目的，许多法院也作了很多有益的尝试。如一些省市法院建立了一定范围内的执行机构信息共享与协助机制，建立了执行机构与协助执行单位的信息交流共享平台，等等，这些措施虽然在很大程度上拓宽了执行机构对执行信息的获取渠道，较好地促进了执行工作的开展，但仍然存在获取信息不全面、反馈信息时间滞后等问题，使得执行信息匮乏的困境仍然未能摆脱。究其原因，并非是法院的自身努力不够，而是传统执行模式信息传导弊端所产生的必然结果。而借助大数据技术，上述弊端则能够予以有效克服。首先，在法院系统内部将能有效实现执行信息的共享与互通。各级各地法院间，可通过全国法院执行指挥系统，将各法院所立案件中的与被执行人有关的身份及财产等信息进行联网共享，使得甲执行法院可获知其案被执行人，在乙法院做原告且已胜诉将获赔的信息，进而自动获得乙法院的执行协助。其次，可促进执行法院同系统外财产登记与存放部门间的信息共享与互通。通过全国法院执行指挥系统与相关部门的互联与对接，可在全国范围实现与金融、公安、工商、交通运输等机构的相关信息的互联共享，以解决被执行人难找、被执行财产难寻等痼疾。再次，可促进执行法院与社会公开信息的共享与互通。通过与社会大数据系统相对接，执行法院可从中通过自动搜集和智能过滤等方式，获取被执行人相关的社会公开信息，进而令执行法院在获取信息的同时，又兼具向社会大数据系统提供被执行人失信黑名单等信息的功能，其执行法院亦成为社会大数据系统中的一个信息提供源。

二、在财产查控上形成利多

传统执行模式下，财产查控一直是占用执行资源最多，也是最容易滋生问题的领域。在传统执行模式下，财产查控方式所呈弊端日渐突出，不仅占用人员多，案多人少的矛盾令执行人员不堪重负，如每次实施查控均需两人以上，且一个案件往往需要实施多次、奔赴多地进行查控，而且所耗费的司法资源也极其巨大，如为保全或续保一个案件的银行账户、涉案房产，往往需要执行人员跨越数个省市，而有时最终保全到的财产还不及执行机构所直接支出的差旅费多，造成严重的公帑浪费。而基于大数据自身所具有的本质特性，恰好能够解决法院执行中所遇的这一难题。首先，财产查控的非亲历性可有效缓解案多人少矛盾。大数据时代下，执行法院通过电子签名等技术，即可依托信息网络直接予以查控，而无需执行人员的亲力亲为，从而可解放大部分的执行人手。如查封被执行人的银行账户，在通过网络获得被执行人的银行账户信息后，即可直接在网上办理查封、冻结甚至扣划等手续，而相关的执行裁定、协助执行通知书、回执等法律文书则可同时通过网络渠道进行送达，从而达成省却人力的目的。其次，财产查控的实时性可增强法院执行的快速反应能力。兵贵神速，执行中对于财产的查控尤需体现这一点，信息时代，相关财产须臾即可转移。因此，法院执行依托网络信息技术，即可实现以快制快，快速查控被执行财产的目的。最后，财产查控的全程留痕性可有效制约执行法院的规范执行。执行全程留痕是推进执行公开、规范的重要手段，不仅对执行机构的操作提出很高的要求，而且为当事人与社会公众及监督主体等提供参与、监督执行的依据，但是，囿于以往执行手段与客观的限制，执行全程留痕往往难以得到全面落实，从而滋生不少的异议甚至纠纷。大数据时代，无论谁在网络世界里实施任何一项活动，都能在网络空间留下痕迹。而这些遗留痕迹，既能有效规范执行法院依法执行，也能约束相关机关或个人依法为法院提供执行协助。

三、在联动威慑上形成利多

当前，为提升法院执行的威慑力，最高法院相继建立了一系列的制度与机制，如限制被执行人高消费、对被执行人进行信用惩戒等，在一定程度上增强了执行威慑力度。但由于受到诸多客观因素的制约，其作用发挥得还不是特别明显。尤其是在相关法规的实施上，还存在着落地困难等问题。如限制被执行人高消费的措施，当前，除在限制被执行人乘坐飞机、高铁等交通工具方面操作性较强外，对诸如被执行人进入高档餐饮、住宿等场所消费，执行法院则因取证困难等因素的制约，使得该项机制的效能大打折扣。若要使相关执行威慑机制能够真正落地，大数据技术则可为其提供有力的技术和证据支撑。

首先,可达成举证的有效性。如前所述,因为对被执行人违法行为证据缺失,使得执行法院对被执行人失信违法的行为爱莫能助。但在引入大数据技术后,则可通过其消费刷卡信息以及餐饮、旅馆等消费场所的公共监控影像信息比对等,令执行法院及时获取被执行人违法消费等证据,以期为后续的威慑制裁奠定必要的证据基础。其次,可实现威慑的实时性。迟到的正义即非正义,迟到的威慑也是被减损的威慑。因此,及时的威慑才是有效的威慑。大数据时代,基于其信息传递具有实时性,则能有效担此重任。如对被执行人采取限制高消费乃至限制出境的威慑措施,若执行法院即刻采取后,被执行人即刻就能从边检等部门获知其已受控的信息,即刻对其所产生的威慑效应无疑远高于其事后所得知的情形。最后,可实现威慑的广泛性。大数据时代信息的传播具有几何级的病毒式传播的效应。因此,在大数据时代,执行法院一旦将失信被执行人的信息上网载入"失信被执行人黑名单",顷刻间即可加速扩散,让世人皆知,从而令社会迅速对其铺就一张无形的限制大网,使其在贷款、出行等社会的各个方面广泛受限,一方面可以对其他被执行人形成有效震慑,另一方面可以对社会公众形成价值导向作用。

第二节 大数据的 4V 特征令法院执行面临的挑战

一、大数据的规模性(Volume)特点,令法院执行面临信息过载的挑战

大数据的首要特点是规模性,即数据多、体量大,进而通过对海量的数据进行全面系统的分析,获得有价值的产品、服务或者见解,比如谷歌可以汇总全部用户上亿条所有关于"治疗咳嗽发烧的药物"之类搜索词条的地域与频率等,甚至可以得出比美国疾控中心更加精确和及时的流感预测。因此,要想通过大数据获得有用信息,首先就要有能够应对其大规模的能力。具体到法院执行领域而言,随着经济社会的发展,人员的流动以及经济活动的范围较之以往急剧增大,由此导致各类当事人的活动线索以及财产线索、种类等各类相

关线索大大增加,再加之信息技术的发展,申请人以及法院自身获取数据的能力不断增强,每一个案件中获得的数据的体量势必较之以往大大增加,与此同时,执行案件的数量近年来也在不断攀升,所以,执行机构面临着越来越大的处理各类信息的压力,大数据时代给执行机构带来的信息过载的压力现实而紧迫。

二、大数据的高速性(Velocity)特点,令法院执行面临快速反应的挑战

大数据时代的一个重要特点是信息瞬息万变,信息的时效性十分突出,此刻价值千金的信息转瞬间可能变得一文不值,比如当事人的股票、银行存款等信息,可能在发现时相关的账户里还余额充足,但很可能转眼间就全部转走。因此,大数据时代增强了执行机构获取执行信息的能力的同时,执行机构对相关信息进行快速处置的能力的要求也大大提高,这在当前案多人少、执行手段有限且人员素质也不尽如人意的当前,对于法院执行机构而言,无疑是一个极大的挑战。从这个意义上来讲,如果固守以往的办案思路与方法,不顺应社会发展的趋势对执行的手段进行发展与创新,不仅难以保障申请执行人的利益,更重要的是会危及申请人对于执行机构的信任,损及法院执行机构存在的基础,这在当前全面建设法治社会、提升法院权威的新时代,应当是我们要极力避免的。

三、大数据的多样性(Variety)特点,令法院执行面临甄别选取的挑战

大数据的多样性与其规模性是分不开的,前者是后者的必然产物。例如仅仅通过搜索引擎对某一主体进行搜索,就往往可以获得视频、图片等信息,若再加上其他的一些平台,如定位、金融等渠道,就可以获得其位置信息、财产信息甚至"朋友圈"的相关信息,在资源充分的情况下,通过相关网络获得的当事人的信息种类超出一般人的想象。但是,多样性势必导致模糊与不确定甚至失真,所希望获得的核心信息可能淹没在一大堆相关的信息之中,被稀释乃至扭曲。因此,随着当事人与执行机构抓取范围与能力的扩大,大量信息涌入执行机构,此时,如何去粗取精、去伪存真,去除无效信息,筛选有效信息,增

强对大规模信息的甄别利用能力，以提高执行的效率，节约执行资源，成为执行机构不容回避的重要问题。

四、大数据的价值性（Value）特点，令法院执行面临分析综合的挑战

"数据就像一个神奇的钻石矿，它的真实价值就像漂浮在海洋中的冰山，第一眼只能看到冰山上的一角，而绝大部分隐藏在表面之下。"①由此观之，大数据并不等于单个数据的简单组合，其价值并不能通过一个或者两个信息本身来体现，甚至也不是一两个信息的简单组合来体现，而是需要使用者在掌握数据的基础上注入创造性的思考或者排列组合，方能体现其价值。正因为如此，在大数据时代的法院执行过程中，获得数据只是一个基础，更重要的是发掘数据中蕴含的价值，找到有利于提升执行效能的信息，例如查找被执行人的行踪，通过各个渠道获得的有用的数据，可能包括其消费、出行、通信等多个种类。但要真正查找到被执行人的踪迹，可能需要执行人员综合分析，方能得到希冀的结果。因此，大数据时代，执行人员如何在转变观念，深切认识数据价值的基础上，学会分析数据，提高发掘数据价值的能力，也成为执行机构面临的挑战。

第三节　大数据时代打造执行新常态之路径设计

一、顺应大数据时代法院执行发展趋势，打造能够满足法院执行所需的云计算平台

2014 年年底，最高人民法院顺应时代发展要求，构建了执行指挥系统，实现了网络查控、信息公开、信用惩戒等功能。这些功能的实现，较传统执行方式取得了突破性的进步。但从当前大数据日新月异的发展形势来看，该系统较真正的大数据概念还存有一定的差距。当前，其基本只具备信息获取功能，

①　[英]维克托·迈尔-舍恩伯格、肯尼思·库克耶：《大数据时代：生活、工作与思维的大变革》，盛杨燕、周涛译，浙江人民出版社 2013 年版，第 127 页。

而在实施信息的综合性计算和智能化筛选等方面还存有较大差距，充其量只能说尚处在"准大数据"时代。众所周知，在大数据时代，信息的获取只是其众多功能中的一项，其最为关键的当是能对所获取的众多数据和信息具备按需处理的能力，即从海量的数据中提取能为我所用的信息。而实现这个筛选和提取的功能，需要借力云计算这一平台。当前，一些大型互联网公司为进军大数据市场，纷纷都在建立自己的云计算平台，以便深入挖掘大数据中所蕴含的商业价值和市场资源。国内像阿里巴巴、盛大网络、百度、华为等互联网巨头们都在大举进入云市场。当前，法院执行要想融入大数据时代，推进执行方式方法的革命性变化，建立满足法院执行需要的云计算平台已显得迫在眉睫。鉴于执行信息收集和统一汇总的便捷性，该平台最好能在最高法院执行指挥系统上升级而成，最高法院为该平台的统一建设和统一管理及维护的主体，各地方法院均成为该系统的分支。以期通过该系统，借助内外网的众多电脑资源，对所获取的执行开展云端计算，充分筛选和挖掘满足案件执行所需的信息和数据，以推进案件的快速执结。对于其所应具备的功能与作用等，将在下文中分类予以评述。

二、实施执行信息全要素录入与动态维护，致力提升受馈信息的价值功能

如上文所言，在大数据时代下，各方的信息只有进行有效的相互交融，方能令其信息发生应有的作用。作为法院执行而言，若要将社会上业已存在的大量数据信息为案件执行所用，就必须将执行案件的相关信息导入社会大数据系统之中，以期令大数据系统能够围绕执行案件所需信息，进行综合比对和筛选后，有针对性地向执行法院实施对口反馈。为此，执行法院的信息录入与维护等，显得至关重要。为此，执行法院在信息的录入与提交中，必须强化执行案件对外引出信息的精确化录入。因为，执行案件应用大数据资源来查找被执行人或被执行财产，其原理亦十分简单，即法院将执行案件的相关信息，传入到互联网中，通过网络云计算等方式，将法院所传入的信息与大数据中的海量信息进行比对后，将执行法院所传入信息相关的内容反馈给执行法院的

过程。据日常通过网络探索引擎探索网络信息的经验即可得知，探索者所录入拟搜信息的内容越具体，搜索引擎所能探索和反馈回来的信息也就越精确，越精确的就越能反映出探索反馈回来信息的价值性。为此，在大数据时代下，执行案件要想不至于淹没在大数据的海量信息中，就必须紧把与大数据相对接的执行案件信息的录入关，以确保所录入信息的精确化、具体化和多元化。就录入信息的精确化来讲，即要求所输入的信息必须精准、确实。如被执行人的姓名，必须用其全称，特别是单位为被执行人的案件，必须把握名称中个别字词的变化，如有的公司，母公司与子公司之间，仅有一两个字的差别，但人们对其简称均相同。此中的细微差别，若在信息录入时不加以区分，势必引起所反馈信息的错误。以录入信息的具体化为例，如被执行人的住址、照片以及未被实际控制的车辆的品牌、型号、颜色等，均应具体明确，以便网络云计算在采集街头监控摄影信息以及与高速公路收费道口上传图像比对时，发现并反馈所探索到的被执行信息。就录入信息的多元化而言，根据日常生活即可知，比对的信息越多，所探寻目标的准确率亦会越高。就大数据时代的海量信息来讲，不进行多方位的信息比对，其所反馈的信息无疑将会张冠李戴、错误百出。故以被执行人的身份信息的录入为例，被执行人系自然人的，必须在录入其姓名全称后，还需录入其身份证号码、护照号码等身份必要信息；系单位被执行人的，在输入其全称的基础上，亦需输入其组织机构代码；在被执行财产信息的录入协查上，亦可输入其手机、微信、QQ 号码等信息，以便从中发现被执行人以此投资的互联网理财产品等信息。总之，就如刑事审判中孤证一般不予定罪的原则那样，在大数据时代，只有进行多元化比对的信息结果，才可有效保证案件执行的准确性。

当然，在精准录入的基础上，执行法院还需根据被执行人身份及财产权属等变化，及时对所录入的案件信息进行更新与维护，以确保数据的实时准确性。

三、开设受馈信息智能筛选与自动比对功能，减少海量信息形成过载干扰

传统执行模式下，执行法院所能受馈到的执行信息的匮乏，使其在执行四

大难"被执行人难找、执行财产难寻、协助执行难求、应执行财产难动"中占据着前两席。可以说,传统执行时代,执行信息的匮乏,已成为制约法院执行成效的命门。然而,在大数据时代下,只要网络交互渠道畅通,执行信息将由以往的信息匮乏逆转为信息过载的危险,进而令执行法院在海量的执行信息中不堪重负。以上海法院所开发的"点对点财产查询系统"为例,现能提供在线查询的在沪商业银行仅有 24 家,在线提交一次查询,至少就能反馈回 24 条查询信息,若被执行人在多家银行的多家分行开设有账户,则其所反馈的查询信息可多达百条甚至几百条。若最高法院的执行指挥系统在全国范围内正式运行,全国所有的商业银行都与之联网后,单此一项,每件执行案件所反馈回来的查询信息无疑将是巨量,执行信息过载的风险反而将会影响到案件执行的效率。为此,在依托大数据执行的情形下,法院必须在云计算平台中建立数据智能化提取机制,以防范信息过载的风险。具体而言,一是设置执行案件信息自动提取上传功能。传统执行模式下,除执行案件当事人身份信息等少量信息在执行立案时录入审判管理系统之外,其他大部分的诸如被执行人的护照、手机号码等信息,均需执行法官通过人工调查等方式获取后输入,不仅耗费时日,而且常常会出现遗漏等问题,以致系统开展网络查询时,由于向相关协助执行部门提供的待查信息源单一,以致查询的效果大打折扣。在大数据时代下,审判管理系统,应当设置自动获取案件中与被执行人身份及财产线索相关的信息,如,系统可自动采集被执行人名下的微信号码、护照信息等所有信息,以期节省录入人力,并达成采集信息的全面性和实时性。二是设置有用信息的自动筛选功能。从当前上海法院"点对点财产查询系统"运行的情况来看,因当前所接入的协助调查的单位较少,使得应用该系统暂未遇到信息过载的情况,但也存在人工分析数据中所存在的负担过重的问题,尤其是单位被执行人工商登记信息的分析中,其对外投资以及其股东缴纳出资等财产信息,执行人员逐项研究分析起来颇费时间,影响到执行效率。在被执行财产信息全国联网后的大数据时代,单凭传统的人工分析,无法担此重任。为此,审判管理系统中必须设立受馈执行信息自动筛选功能,以期按照可供执行的货币财产、可供执行的不动产,以及被执行人对外的投资性权益等,进行分门别类的筛选，令其所筛选出的信息采集来即可使用，以期最大限度提高所反馈信息的使用价值。三是设置被执行人申报财产信息与受馈信息的自动比对功能。当前，被执行人财产申报制度之所以未能发挥预期效应，主要就在于对其申报内容的核查程序难以严格落实，致使该项制度未能收到实际成效。在大数据时代，可在法院执行云计算平台中，设置网上查询受馈信息与被执行人申报财产信息相对比的功能，并能对被执行人所申报财产的虚实性逐项作出评判，执行法官可依其对申报严重失实者进行惩罚。

四、发挥网上查控与网下制裁的双重功效，全面增强执行威慑力的服务和保障作用

近年来，随着信息网络科技的飞速发展，信息网络已充斥到社会生活的方方面面。随之，逐渐令人产生一种信息网络技术几乎无所不能的错觉，甚至将所有工作都寄托于信息网络技术。对于法院执行而言，亦有观点认为，在信息网络时代下，大数据几乎无所不包，法院通过大数据即可自动完成对被执行信息查找、控制，甚至最终的处置与分配。法院执行人员只需做好日常信息的录入和系统的维护工作，其他工作交付万能的网络即可。殊不知，此种技术万能的思维若不加以排除，大数据的引入，非但不能推进法院执行的发展，反而会将法院执行置于一个万劫不复的境地。因此，大数据时代下的法院执行，并非是唯技术独尊的时代，而是一个现代技术与传统执行威慑相融合，进而实现优势互补、相得益彰的过程。为此，在两者的融合上，一是须加大被执行人财产申报不实的制裁力度。如果说，帮助申请执行人兑现债权只是法院执行的战术手段的话，那么，迫使被执行人讲求诚信、敬畏法律和主动履诺，则是法院执行所应追求的战略目标。在大数据时代，法院执行依托网络完成的只能是信息的收集和比对等功能，而对被执行人虚报、瞒报等违法及不诚信行为，则不能依托大数据来自动实现执行威慑的效能，而应通过执行人员的传统执法来予以惩处。二是须加大对被执行人规避执行的反制力度。所谓的规避执行，就是指在人民法院审理、执行活动中，被执行人为了维护自身的经济利益或其他利益，以合法形式掩盖非法目的，故意避开法律的强制性规定或者利用法律

的漏洞,采取不当的手段恶意转移财产或者其他财产性权益,逃避执行生效法律文书所确定的义务的行为。该种行为,因其规避方式上具有多样性、组织实施上具有隐蔽性、形式上具有貌似合法性以及维权反制上具有艰巨性等特点,在传统执行模式下,因受信息不对称等因素的制约,执行法院以及申请执行人等,往往均因难以搜集到足以证明被执行人实施了规避执行的证据,而对其反制无力。在大数据时代,通过借助大数据的信息资源优势以及网络云计算等技术优势,采取众多关联信息的集中比对,很容易搜集到被执行人实施规避执行的证据。因此,大数据系统一旦反馈足以证明被执行人实施了规避执行的行为,执行法院当迅速依职权启动反规避执行程序,或通过向申请执行人移交所反馈的证据等形式,依职权或引导申请执行人采取另行诉讼等形式,对被执行人规避执行的行为予以有力反制,令被执行人为此付出法律代价。三是须加大执行财产与惩罚被执行人不守诚信的双重功效的适用力度。传统执行模式下,因受案多人少、财产查控手段原始等因素的制约,法院执行的大部分司法资源均被查控被执行财产所耗费,法院执行的价值主要体现在讨钱要债、兑现申请执行人债权之上,而在强化执行威慑、维护法律权威上往往力不从心,致使被执行人不主动履行债务逐渐成为一种常态。在大数据时代下,被执行财产的查控工作,因大数据的引入,使得法院执行力量获得了极大解放。但当明确的是,大数据为法院执行所省却下来的这些执行力量,决不能因此而调剂到其他部门甚至予以削减,而应将其充实到以往无暇顾及的增强执行威慑力上。具体措施为,大数据所反馈的信息一旦显示被执行人具有履行能力而不自动履行的,执行法院将不再急于将财物扣划到位和发还给申请执行人,而应当在确保财产不失控的情况下,对被执行人不自动履行的行为依法予以惩处。对于惩处的方式,当以增强被执行人诚信为目标。即采取一事一罚后,令再申报或自动履行;若再有虚假申报或不自动履行,再予以惩处。以罚当其责的形式,迫其讲求诚信、恪守信诺,以净化执行环境,促进社会诚信。

第二十二章　上海自贸区案件的审判与 ADR

多元化纠纷解决机制是指在一个社会中,多种多样的纠纷解决方式以其特定的功能和特点,相互协调地共同存在所结成的一种互补的、满足社会主体的多样需求的程序体系和动态的调整系统。[1] "上海自贸区法治建设中,要注重建立健全争端解决机制,这是法治建设不能缺少的环节。在某种程度上而言,是否能够公正、便捷地进行争端调处,事关上海自贸区的前途和命运。"[2]而且,自贸区先行先试的定位也决定了,多元化纠纷解决机制的探索是自贸区制度创新的重要内容之一。从上海自贸区现有的纠纷解决机制看,调解、仲裁等非诉讼与诉讼相衔接的多元纠纷解决框架已初步形成。但是,与自贸区法治化营商环境建设的需求、与国外多元化解决机制的蓬勃发展相比,仍有不小距离。

第一节　上海自贸区多元化纠纷解决
机制的探索与评价

一、上海自贸区多元化纠纷解决机制的探索

据不完全统计,我国目前有 60 多种纠纷解决机制,遍布行政管理、行业管理、司法(准司法)等各个领域。[3] 其中相当一部分仍将为自贸区内民商事纠

---

[1] 参见范愉:《浅谈当代"非诉讼纠纷解决"的发展及其趋势》,《比较法研究》2003 年第 4 期。

[2] 沈国明:《法治创新:建设上海自贸区的基础要求》,《东方法学》2013 年第 6 期。

[3] 参见蒋惠岭:《我国 ADR 发展战略之分析》,《北京仲裁》2010 年第 1 期。

纷的解决发挥一定的作用。此外,为充分体现"制度创新"与"法治实验"的要求,三年多来,上海自贸区在纠纷解决机制方面也进行了有益的改革和探索。

(一)多元纠纷解决机制框架初具雏形

就诉讼机制而言,自贸区成立之初,上海法院就已经开始谋划在自贸区内加强审判机构和审判组织建设,并出台了一系列服务和保障自贸区建设的司法政策,推出了一系列旨在提升审判专业化水平的创新机制,有效保障了涉自贸区案件审理的法律适用统一,提高了审判工作的前瞻性和能动性。2013 年11 月 5 日,经上海高院批准,浦东法院成立自贸区法庭,依法审理涉自贸试验区相关民商事案件。上海一中院则在金融审判庭设立"自贸试验区专项合议庭",依法集中受理自贸区相关二审案件及重大一审案件。该院还在深入调研、反复论证和广泛征求意见的基础上制定了《上海市第一中级人民法院涉中国(上海)自由贸易试验区案件审判指引》,为自贸区已经和可能出现的各类诉讼案件的受理、审理、裁判及执行等环节提供指引性思路。上海高院亦出台了《上海法院服务保障中国(上海)自由贸易试验区建设的意见》。

就仲裁机制而言,2013 年 10 月 22 日,上海国际仲裁中心率先在自贸区内设立中国(上海)自贸试验区仲裁院(以下简称"自贸区仲裁院")。2014 年4 月 8 日,上海国际经济贸易仲裁委员会根据中国仲裁法律有关规定制定并发布了《中国(上海)自由贸易试验区仲裁规则》(以下简称《自贸区仲裁规则》)。为满足上海自贸区法治环境建设和自贸区纠纷解决特点的需要,针对我国现行仲裁制度中存在的问题,依据我国仲裁法律的立法精神,《自贸区仲裁规则》进行了一系列的制度创新和探索。

就调解机制而言,2013 年 11 月 2 日,中国(上海)自由贸易试验区国际商事联合调解庭暨上海文化创意产业法律服务平台知识产权调解中心亮相上海自贸区。自贸试验区国际商事联合调解庭以上海经贸商事调解中心、上海文化创意产业知识产权法律服务平台为依托,是独立的第三方调解机构。上海文化创意产业法律服务平台知识产权调解中心有助于自贸试验区内的文化企业快捷、高效、经济、灵活地处理知识产权纠纷。此外,根据《自贸区管理办法》的规定,自贸区管理委员会也承担部分行政调解职能。

（二）诉讼与非诉讼纠纷解决机制的衔接初步建立

为支持各类非诉讼纠纷解决机制发挥作用，促进自贸区商事纠纷诉讼与非诉讼解决方式的协调和互补，上海高院和上海一中院在相关自贸区司法政策中对大力推动自贸区纠纷解决机制的健全和完善均作出了明确规定，浦东新区法院专门制定了《关于自贸试验区诉讼与非诉讼相衔接的商事纠纷解决机制的工作规则(试行)》。浦东新区法院、上海一中院还与上海经贸商事调解中心签署了合作协议，共同建立商事纠纷委托调解机制，已在自贸区案件中先行试点，取得良好效果。为依法保障和鼓励自贸区商事仲裁制度创新，上海二中院作为指定管辖上海国际仲裁中心所仲裁案件的司法审查单位，发布了《关于适用〈中国(上海)自由贸易试验区仲裁规则〉仲裁案件司法审查和执行的若干意见》(以下简称《司法审查若干意见》)，对适用《自贸区仲裁规则》的仲裁案件进行司法审查和执行提供若干指导意见。

二、上海自贸区多元化纠纷解决机制评价

（一）完备的多元化纠纷解决体系尚未形成

从目前的情况来看，正式的诉讼程序仍然是自贸区民商事纠纷解决的主力军。各种非诉讼纠纷解决方式发展不平衡，有些领域如商事仲裁相对活跃，有些领域如商事调解则发展较慢，尤其是行业的、专业性的解纷机制仅处在起步阶段。而且，已有非诉讼解纷方式的重要性和发展潜力也还没有被充分认识和发挥出来，各种解纷方式还处在多管齐下、各显神通的阶段，各自之间的特长、特有功能、相互弥补的作用等并没有真正体现出来。以自贸区改革创新内容之一的金融领域为例，我国现有的金融纠纷解决机制主要由投诉与信访、调解、仲裁和诉讼程序组成。投诉与信访是指金融机构内部的投诉和金融监管机构的信访制度，见于"一行三会"发布的规章和规范性文件中。但这些规定都过于简单，金融监管机构的处理也缺乏中立性。调解发生于纠纷解决的各个阶段，但尚未成立专门的调解机构。总的来说，金融纠纷解决的途径不足，金融仲裁和诉讼这两个相对成本最高的解决途径成为纠纷当事人的首选。

（二）非诉讼纠纷解决方式的普及与接受程度有限

中国社会存在对权威认同的传统心态,社会对纠纷解决机构的基本要求是:权威性,解决纠纷依据的合法性,纠纷解决结果(调解书或裁决等)的效力,即国家的认可。未获得国家法律认可和制度化的民间社会机制很难进入公共服务领域和市场,只能长期停留在地下或边缘地带。以商事调解为例,调解的专门化以及专业性调解组织的出现是国际商事调解的重要趋势。受长期实行计划经济体制、国际贸易发展缓慢、习惯通过行政等手段解决纠纷等的限制,我国的商事调解事业发展缓慢。上海经贸商事调解中心是经上海市商务委员会、上海市社团管理局批准成立的独立第三方商事调解机构,是全国第一家民非性质专业从事商事纠纷调解的机构。该中心与浦东新区法院、上海一中院合作机制的建立拓宽了多元化纠纷解决机制中调解机构的参与面,是商业化运作的调解组织参与诉调对接工作的有益探索,对于促成包含人民调解、行业调解、商业化调解等在内的立体化调解体系的建立有着示范性的意义。然而从实践中的情况看,该类机构的发展规模、社会知晓度、认可度均有待提高。

（三）相关立法滞后及制度缺失

现代国家纠纷解决方式的选择,涉及公共资源的配置以及公民利用司法的权利问题。为了既充分发挥非诉讼纠纷解决机制的功能和优势,又不致使其对司法和法治造成破坏和威胁;既能最大限度地减轻法院的压力,又不致影响司法的权威;既能有效地促进当事人通过自治和自律达成和解,又不致造成某些当事人的滥用;既能实现效益的最大化,又不致损害当事人权利的实现,司法和纠纷解决机制的配合与协调应由国家通过立法统一确立,以保证其正当性和有效实施。然而,事实上,尽管中共中央对于社会治安综合治理、和谐社会构建和多元化纠纷解决机制已经有了政策性的倡导,但是立法机关及近年来的一系列最新立法中明显缺乏对多元化纠纷解决机制的关注和积极回应,导致我国多元化纠纷解决机制的制度建构已经远远落后于很多国家。基层和实务部门面对日益积聚的纠纷和社会矛盾,不得不通过自身的探索补台,由此也形成了多元化纠纷解决机制自下而上、由实务部门推进的特点。但由于缺少立法层面的统一部署和可操作性的制度,实践部门的推进往往会受制于法律支持明显不足，甚至正当性受到质疑。

（四）催生多元纠纷解决机制的环境并未形成

目前我国社会自治程度较低，现代意义上的各种自治性组织，包括基层自治、行业自治等仍处在培养和发展的过程中，其自治能力和自控能力相对较低，因此，社会在很大程度上更期待通过确定的法律规则和具有强制力的国家规制进行社会调整，对公力救济的需求远远大于社会自治性调整。此外，当事人的自主协商与诚信履行是非诉讼机制有效运作的基础与保障。然而，就整个社会而言，协商机制及诚信氛围尚未形成。因此，调解等方式的利用率和成功率不可能迅速提高，诉讼仍是很多当事人推崇的手段。就司法制度而言，在国外，高昂的诉讼成本和冗长的诉讼程序是促使当事人选择非诉讼方式解决纠纷的重要因素。而我国的司法制度相对而言本身即具有简易、便捷、高效和低廉的特点，对律师的技术服务依赖性低。这也使得我国民事诉讼与非诉讼解纷机制在成本等方面的差距不足以形成分流替代的激励效应。

第二节　非诉讼纠纷解决机制的特点与
世界范围内的发展

一、非诉讼纠纷解决机制的特点

非诉讼纠纷解决方式，是指除诉讼外的纠纷解决方式集合的统称，该机制是一个开放性的机制，包含调解、仲裁、和解、谈判等。当代国际比较法学家将非诉讼纠纷解决机制的共同性特征概括为以下几个基本要素[1]：第一，程序上的非正式性（简易性和灵活性）。第二，在纠纷解决基准上的非法律化。即无需严格适用实体法规定，在法律规定的基本原则框架内，可以有较大的灵活运用和交易的空间。第三，从纠纷解决主体角度，具有非职业化特征，可以使纠

---

[1]　参见［日］小岛武司：《裁判外纷争处理与法的支配》，陈刚译，有斐阁 2000 年版，第 183 页。其中前四个要素是美国学者所总结的，而后两个要素则是其他国家的学者补充的。转引自范愉：《当代中国非诉讼纠纷解决机制的完善与发展》，《学海》2003 年第 1 期。

纷解决脱离职业法律家的垄断。第四,从 ADR 的运营方式看,形式的民间化或多样化,其中民间 ADR 占据了绝大多数。第五,从纠纷解决者与当事人之间的关系看,包括仲裁在内的构造是水平式(horizontal)的或平等的。中立第三人并不是行使司法职权的裁判者(法官),当事人的处分权和合意较之诉讼具有更重要的决定意义,因而被称为更彻底的新当事人主义。第六,纠纷解决过程和结果的互利性和平和性(非对抗性)。

二、世界范围内非诉讼纠纷解决机制的发展

(一)从趋势看,非诉讼纠纷解决方式的正当性得以确立并逐步发展成为世界潮流

20 世纪 60 年代以前,调解等诉讼外的纠纷解决方式并不为西方主流社会所接受。西方社会对调解等的认识之所以会逐渐转变,由抱着怀疑和抵制的态度到积极推广,与各国经济社会发展需求直接相关,也与人们对法治与社会治理规律认识的变化密不可分。随着社会矛盾纠纷的俱增、多样化、新型化,如何应对"诉讼爆炸"现象以缓解司法的压力,如何符合情理实现个案实质正义,如何缓和诉讼的对抗性以平和地解决纠纷,是必须回应的问题。法治国家特别是福利国家,围绕着怎样更好地保障社会成员利用司法的权利,进行了持续的努力,迄今经历了三个阶段的改革,亦被称为"三次浪潮"。其中,利用司法的第三次浪潮的基本理念就是,将正义与司法(法院)区分开来,重新理解和解释正义的内涵,使公民有机会获得具体而符合实际的正义,即纠纷解决的权利。这一理念所带来的,就是非诉讼纠纷解决方式正当性的确认、地位和功能的提升。如今,非诉讼纠纷解决方式逐步成为世界性的潮流和发展趋势。

(二)从推进路径看,非诉讼纠纷解决机制分立法推进与司法推进两种模式

从比较法的视角,当代各国多元化纠纷解决的推进一般可将其分为立法建构和司法推进两种基本模式。① 大陆法系国家可被定位为"政策实施型司

---

① 参见范愉:《诉前调解与法院的社会责任》,《法律适用》2007 年第 11 期。

法"，国家的司法权限、司法资源分配以及司法与社会解纷机构的关系，一般由国家通过立法或制度建构统一规划。司法机关则以实施国家政策和立法为使命，严格恪守其既定职能和权限，尽管法官普遍注重促进和解，甚至将其视为法院的义务，但一般不会主动发展法院附设 ADR 机制，也不会积极将纠纷案件向社会机制分流。例如，日本建立在法院的民事调停制度，即为国家通过立法建立的替代性制度安排。德国 2000 年 1 月 1 日，《德国民事诉讼法施行法》第十五条 a 款生效，正式确立了起诉前强制调解制度，但并不是由法院出面组建调解机构，而是由各州酌情决定是否采用和如何建立前置性调解机构。英美法系的民事司法大致可以归入"纠纷解决型"模式。这种司法模式历来就有大众参与司法的民主传统，在司法压力加大、解纷效果不佳的情况下，向民间社会力量寻求出路就成为非常自然的选择。在经过立法者授权后，法院具有通过自身政策和措施推动多元化纠纷解决机制发展的可能。例如，1990年美国国会《民事司法改革法案》责成法院尝试和利用 ADR，而英国在世纪之交则由议会和法院共同完成了著名的司法改革，并由此开创了倡导非诉讼解纷方式的新司法文化。在基本政策确定之后，法院承担了较多的社会责任。例如美国联邦和各州法院不仅积极鼓励建立法院附设 ADR，而且负责管理社区调解项目基金，招聘、建立、培训社区调解机构及调解员。澳大利亚、加拿大等国的司法机关也具有相似的功能。

（三）从整体形态看，各国非诉讼纠纷机制的运用及形态存在较大差异

尽管非诉讼纠纷解决机制在世界各国受到普遍重视，但由于政治体制和法院体系、文化传统和社会意识、法院社会地位及功能、社会经济发展需求以及民事诉讼制度等因素的不同，各国的纠纷解决机制在形式、类型、性质、功能、价值取向等方面均存在较大差异，日趋多样化，构成丰富多彩的纠纷解决机制或系统。就此，对多元纠纷解决机制极有研究的日本学者小岛武司教授曾经指出："ADR 应被应用到何种程度，在不同国家的法律体系中存在着很大的差别。因为关于此问题的实证数据尚未完全收集到，因此，如果要对此问题进行国际化的比较，就必然会带上某种主观印象。在德国，绝大部分的纠纷通过裁判解决，而日本却常使用 ADR 在这两极之间，荷兰、瑞典和丹麦，更接近

于日本,美国和英国看来对诉讼的应用越来越少。"①

(四)从司法在其中的作用看,法院在非诉讼纠纷解决机制的发展过程中发挥着支持者、推动者、监督者的作用

非诉讼纠纷解决机制的发展使法院的功能进一步发生转变,从纠纷解决更多地向规则的发现和确认、利益的平衡乃至决策的方向转化,而纠纷解决的功能将更多地由非诉讼纠纷解决机制承担。法院则由此承担起对非诉讼纠纷解决机制进行支持、协调和监督的职能。西方国家法院在鼓励当事人利用非诉解纷机制方面主要有以下几种做法:其一,建立司法附设非诉讼解纷机制,如日本、美国,通过立法或法官指令将非诉讼方式设定为某些诉讼的前置程序。其二,建立激励机制,例如通过减免诉讼费、律师费等方式鼓励当事人利用非诉讼方式,或通过向对方当事人赔偿诉讼支出的方式惩罚随意反悔或不必要的诉讼行为等。其三,通过法院对民间调解协议的审核认定,赋予调解协议生效判决的效力,使民间调解与司法程序衔接起来。其四,法院在诉讼程序中委托社会力量协助调解,直接将民间解纷方式引入诉讼程序。其五,通过支持民间调解、协商和解的合同上的约束力,对非诉讼纠纷解决提供法律援助等方式,如英国,对非诉讼方式和自主性纠纷解决给予实质性的支持。其六,通过司法审查,对非诉讼解纷方式的瑕疵和错误进行救济。

第三节 上海自贸区非诉讼纠纷解决机制的构建

自贸区是新时期加快政府职能转变、积极探索管理模式创新及促进贸易和投资便利化的重大举措。自贸区创新改革的定位和特点决定了相关纠纷将以投资、贸易、金融、知识产权等民商事纠纷为主,而且必将呈现出主体多元化、形式多样化、利益复杂化等特点。如前所述,一国多元化纠纷解决机制的系统培育并非一蹴而就,受到传统与现实、理念与制度等各种因素的制约。当

---

① [日]小岛武司:《诉讼制度改革的法理与实证》,陈刚等译,法律出版社 2001 年版,第181 页。

前自贸区多元纠纷解决机制的构建应当本着创新的精神，兼顾现实条件，适应区内纠纷的特点和需要提出较切实可行的方案。

一、多样化纠纷解决主体的培育与扶持

多样化的纠纷解决主体的壮大与发展、多层面的纠纷解决机构的交叉互补是多元化纠纷解决机制构建的基础。从目前的情况和需要看，自贸区非诉讼纠纷解决主体的培育应当从以下几个方面着手。

（一）注重社会的自我管理，政府予以资助与扶持

社会具有自我管理的热情、能力。在英国和德国，各类民间的、社会性的调解解决机构对化解纠纷发挥了重要的积极作用。这些机构具有中立的地位，但同时又得到政府的支持。我国香港地区，香港调解中心、香港国际仲裁中心以及金融纠纷调解中心都是由政府资助的非营利机构。实际上，政府对调解及仲裁等机构给予资助，其费用会远远低于"滥讼"产生的开支，是节省纳税人开支的一种更合理的资源配置。

（二）加强行业自治，大力发展行业性、专业性的纠纷解决机构

行业内部获取纠纷事实依据、证据的成本是最低的，且不会受到专业的局限，行业性纠纷解决机制是化解行业内部纠纷最为经济的方式。应当注重发挥自贸区内投资、贸易、金融等领域已有各行业协会、商会在解决纠纷中的作用。此外，从世界范围看，仲裁、调解的专业化或专门化的趋势也正在呈现出来。如美国已有了专门解决关于环境、自然资源和公共土地等争议的调解机构，英国有专门从事金融调解工作的纠纷解决中心。针对自贸区金融纠纷的解决，有观点提出设立上海自贸区金融机构内部调解委员会，协调银监、保监、证监制定金融机构内部纠纷解决制度，包括自贸区金融机构处理内部纠纷的实体与程序制度。以提高自贸区金融机构内部纠纷解决案件的规范性与效率性。① 也有观点提出借鉴英国金融申诉专员制度（FOS），建立自贸区"金融消

---

① 参见蒋丽：《构建上海自贸区金融机构内外联动纠纷解决机制》，《经营与管理》2014年第5期。

费仲裁庭"。① 这些对自贸区纠纷解决机制的创新都不无启发。

（三）引入市场机制，提高纠纷解决机构的商业化水平

营利性调解组织等的涌现是现代商事纠纷解决机制发展的一个重要趋势。以美国为例，"60 年代末急速发展的组织多为非营利性机构，例如美国仲裁协会，70 年代中期以后，为解决商业界纠纷的营利性机构开始出现，并在 80 年代获得突飞猛进的发展，例如 JAMS"②。美国司法仲裁调解服务有限公司（JAMS）目前是全世界最大的私人服务公司。近年来，我国一些市场化或营利性的纠纷解决机构或中介服务性组织应运而生，应当逐步提高这些组织的产业化水平，使之接受经济规律的调整。此外，自贸区律师服务业的开放，为自贸区纠纷解决主体注入了新的力量，应当注重发挥律师这一特殊主体在投资纠纷解决中的作用。

二、仲裁制度的进一步完善

《自贸区管理办法》第三十七条第二款规定："支持本市仲裁机构依据法律、法规和国际惯例，完善仲裁规则，提高自贸试验区商事纠纷仲裁专业水平和国际化程度。"围绕仲裁专业水平和国际化程度的提高，上海国际仲裁中心在制定《自贸区仲裁规则》的过程中，充分尊重境内外当事人的意思，在赋予仲裁庭更多程序管理权和决定权的同时，让当事人拥有充分的程序选择权和自主权，与国际通行规则相接轨。其中，临时措施的完善、紧急仲裁庭制度的增加、仲裁员名册制的突破等均具有制度创新意义。但与国际现代化的商事仲裁制度相比，与自贸区商事纠纷仲裁的专业化要求相比，尚有完善空间。

（一）转变仲裁机构的管理模式，解决仲裁机构的独立性问题

我国现行的商事仲裁机构的设置、人员配置、内部运行带有强烈的行政色彩，影响了仲裁的独立性、专业性、公正性。有学者指出，"与众不同的行政化与僵化是中国仲裁机构十分显著的特点，这些特点经常让不了解仲裁制度的

---

① 孟立惠、程俊达、韩建坤：《自贸区仲裁与司法的衔接制度研究》，汤黎明、郑少华主编：《自由贸易区法律适用（第一辑）》，法律出版社 2014 年版。

② 参见范愉：《非诉讼纠纷解决机制研究》，中国人民大学出版社 2000 年版，第 232 页。

外国从业者感到意外和无措。"①要消除境内外当事人对选择中国内地仲裁的顾虑,必须解决仲裁机构的独立性问题,这就要从改变仲裁机构的管理模式入手。我国的仲裁机构多采取传统的事业单位管理模式,决策层与执行层混为一体,偏离了仲裁的设立目的。对此,深圳仲裁院通过借鉴中国香港、新加坡仲裁机构的管理模式开展了有益的探索和尝试,即通过专门地方立法建立以理事会为核心的法人治理结构,实行决策、执行、监督有效制衡的管理体制。②上海自贸区仲裁院可以借鉴深圳仲裁院的经验,尝试确立取代事业单位管理模式的以理事会为核心的法人治理机构。

（二）扩大仲裁的适用范围,使更多的纠纷可以由当事人自由选择仲裁解决

现行仲裁法关于可仲裁事项的规定过于简略,各仲裁机构的仲裁规则对受案范围虽有所规定,但均显笼统。《自贸区仲裁规则》第四条亦只述及其管辖的案件范围包括国内及涉外(包括涉港澳台)案件,但具体何种案件可以仲裁并没有明确表述。从国际通行的规则来看,公认的上述仲裁可仲裁事项判定标准是:该仲裁事项不涉及公共利益;须为商事争议;须为财产权益纠纷;纠纷具备可和解性。自贸区仲裁机制的探索中,可仲裁事项的范围应当进一步向国际规则靠拢,以充分发挥仲裁在自贸区投资、贸易及金融等商事纠纷解决领域的作用。

（三）允许当事人选择临时仲裁,体现仲裁制度的自治性、灵活性

与机构仲裁相比,临时仲裁更加尊重当事人的意思自治,具有更大的灵活性,主要发达国家立法及1958年《纽约公约》(我国是该公约的成员国)均承认临时仲裁以及临时仲裁庭作出仲裁裁决的效力。过去我国现行《仲裁法》要求有效的仲裁协议必须包括选定的仲裁机构,因此很长时间内我国并未执行国际通行的临时仲裁制度。但是目前情况发生了一些变化。《最高人民法

---

① 顾维遐:《我们信赖仲裁吗? ——关于中国仲裁研究的英文文献综述》,《北京仲裁》2010年第2期。

② 参见《深圳国际仲裁院管理规定(试行)》第十条,深圳国际仲裁院网,http://www.sccietac.org/upload/20121217/20121217_1355759202060.pdf,2014年3月1日访问。

院关于为自由贸易试验区建设提供司法保障的意见》第九条规定："在自贸试验区内注册的企业相互之间约定在内地特定地点、按照特定仲裁规则、由特定人员对有关争议进行仲裁的，可以认定该仲裁协议有效。"授权自贸区大胆突破我国现行仲裁法的制约，允许商事纠纷当事人，特别是涉外商事纠纷当事人选择临时仲裁的方式解决其纠纷。今后应当鼓励我国的常设仲裁机构，如上海国际仲裁中心或自贸区仲裁院为临时仲裁的当事人提供仲裁员选任、仲裁规则选择、开庭场地及其他方面的服务，从而增强自贸区作为仲裁地的吸引力。

三、商事调解制度的专业化

我国虽然有着深厚的调解的文化传统，并一直注重将调解运用于民事诉讼中。近年来，由于和谐社会建立的倡导，也兴起了新一轮调解的高潮，在全国各地促进运用人民调解、司法调解和行政调解相结合的机制来解决传统民事纠纷。2009 年 7 月 24 日，最高人民法院颁布了《关于建立健全诉讼与非诉讼相衔接的矛盾纠纷解决机制的若干意见》（以下简称《矛盾纠纷解决机制若干意见》）首次以司法指导性文件的形式为"商事调解"立名，将商事调解作为社会"大调解"的主要类型之一。但商事调解无论在业务知名度、发展规模、经验积累等方面都存在很大的发展空间，需要国家在政策、法律等方面予以支持，也需要更多来自社会的关注和参与。自贸区调解机制的创新应当立足于商事调解的特殊需求，体现商事调解的专业化要求。

（一）提升专业商事调解机构的认可度

从组织性质来划分，可以将商事调解组织划分为"半官方"商事调解组织和"私人"商事调解组织。[①] 前者是由国家机关支持建立的，在处理业务时是不具备公权力的，是完全中立的、提供服务的第三人角色。后者则是更加自由灵活的出现、运作与消亡，根据市场规律优胜劣汰，因为这类组织一般是由个人或一部分人集资创立的商事调解服务提供商，通常以"公司"的形式存在。

---

① 　侯金剑：《论中国商事调解》，中国政法大学 2011 年博士学位论文。

由于这类商事调解公司的生存必须以国内发展事态繁荣、案件较多、观念相对普及等为条件，所以目前公司较多的国家只有美国。我国内地还没有成熟的商事纠纷调解机构，成立于 2011 年的上海经贸商事调解中心则填补了这一空白。该中心以打造高端的、区域性的国际商事调解机构为目标，拥有数十名熟悉中外贸易规则，极具专业水准和业内影响力的调解员，与世界著名调解机构，如美国司法仲裁调解服务有限公司、英国有效争议解决中心、欧盟国际仲裁协会等均建立了合作关系。目前该中心已入驻上海自贸区，但作为一个新生机构，其社会知晓度还有待提高，政府相关部门及司法机关应给予此类专业商事调解机构以支持，以使其获得社会信赖和具备发展的经济基础、社会基础。

（二）构建全新的商事调解机制

商事调解正是由于其非程序性、非对抗性、良好的保密性和灵活快捷取得了商事纠纷主体的青睐。商事调解机制的构建，应当注意商事纠纷有别于传统民事纠纷的特殊性，充分体现商事调解的上述优势。在方式上，可以采取联合调解、在线调解等多种灵活的形式，也可以将商事调解的自主灵活的方式与公证、仲裁、诉讼相结合，以实现机制弥补和增强调解程序的效力。在运作中，则应当严格遵守保密原则，建立具体的信息披露规则，对调解员泄密行为制定严厉的惩罚措施。《联合国国际贸易法委员会国际商事调解示范法》第八条规定，"调解人收到一方当事人关于争议的信息时，可以向参与调解的任何其他方当事人披露该信息的实质内容。但是，一方当事人向调解人提供任何信息附有必须保密的特定条件的，该信息不得向参与调解的任何其他方当事人披露"。第九条规定，"除非当事人另有约定，与调解程序有关的一切信息均应保密，但按照法律要求或者为了履行或执行和解协议而披露信息的除外"。这些有关信息披露和保密原则的规定值得借鉴。

（三）鼓励和支持商事调解的运用

传统的调解一般被认定为是一种自愿的、无强制的调停程序。但在现代商事调解实践中，某些地区如中国香港特别行政区和英美一些国家的地区在推进调解发展的进程中，开始产生强制性调解的萌芽和出现调解的强制性效力的倾向。即虽然调解决定的最终控制权在于当事人,但是拒绝调解可能会引起法院对当事人诉讼成本的制裁,通过诉讼费罚则来达到促使当事人优先选择调解方式解决争议的目的。此外,德国 2000 年《德国民事诉讼法施行法》确立了一些类型的民事案件诉前强制调解的制度,即当事人提起诉讼之前必须向州司法管理机构设置或认可的调解机构申请调解。上述调解制度的发展动向对于我国商事调解的推进不无启发。当然,由于非诉讼纠纷机制的发展不应以剥夺当事人的诉权为前提,强制性前置调解程序的设置必须要有立法依据。当前,可以通过对我国《民事诉讼法》第一百二十二条先行调解原则的积极运用,发挥商事调解在自贸区商事纠纷尤其是专业性案件中的运用。

(四)提升调解协议的效力

与已经成熟的仲裁与诉讼不同,调解协议的效力一直存在争议。但是,调解以其强大的生命力促进了和解协议效力的确认。2001 年之前我国几乎完全不承认调解协议的合同效力,2001 年也只承认了人民调解委员会达成的调解协议的合同效力。2009 年《矛盾纠纷解决机制若干意见》明确规定,"经商事调解组织、行业调解组织或者其他具有调解职能的组织调解后达成的具有民事权利义务内容的调解协议,经双方当事人签字或者盖章后,具有民事合同性质。"这一规定完成了调解协议从"无效力——合同效力——执行力"的飞跃,解决了长期以来困扰调解制度,尤其是商事调解制度发展的瓶颈问题。同时,《矛盾纠纷解决机制若干意见》也明确了"通过法院司法确认、公证机关公证,或调解和仲裁相结合机制弥补和增强调解程序的效力"的发展思路。实践中,应当充分运用这一规定,以提升商事调解的效力和权威性。

第四节 上海自贸区诉讼与非诉讼纠纷解决机制的衔接

诉讼与非诉讼纠纷解决机制的衔接是多元化纠纷解决机制构建中的关键一环。法院通过相应的司法政策和具体措施,积极促进非诉讼纠纷解决机制的发展,在提高其他纠纷解决机制素质和能力的同时,与之相互配合,形成衔接与互动,不仅有利于及时经济有效地解决纠纷,也有利于分担法院的压力,使法院可以有更多的精力提高审判质量。

一、委托调解制度的完善

委托调解是在调解适度社会化理念的基础上发展而来的，弥补了以往我国缺少法院附设非诉讼解纷机制的不足，是诉讼与非诉讼衔接的重要方式。很多国家和地区都有此类制度，如我国台湾地区称之为"法院移付调解"，"在判决确定前，调解成立，并经法院核定者，诉讼终结。原告得于送达法院核定调解书之日起三个月内，向法院申请退还已缴裁判费三分之二。告诉乃论之刑事案件于侦查中或第一审法院辩论终结前，调解成立，并于调解书上记载当事人同意撤回意旨，经法院核定者，视为于调解成立时撤回告诉或自诉"。委托调解潜在的问题或风险主要是拖延诉讼及妨碍行使诉权。对此，应当通过对委托调解的时限、次数作出限制、注意切实保障当事人的自愿等方面入手，建立各种程序保障措施。

此外，从上海一中院自贸区开展委托调解的实践看，我国现有关于委托调解的规定主要系针对基层法院与人民调解的对接而制定，并未考虑到商事调解诉调对接，尤其是中级人民法院与专业商事调解机构开展诉调对接的需要。为了鼓励和引导当事人更多地采用委托调解的方式解决商事纠纷，需要立法层面就以下两个问题予以修订。一是委托调解案件法院的诉讼费用收取，应根据诉讼阶段予以相应比例的降低。作为专业调解机构，按比例向当事人收取的一定数额的费用，用以支付调解员的报酬、调解机构的日常行政开支以及调解过程中可能发生的其他费用等，是调解机构存续和调解程序正常进行的保证。由此导致的后果就是，立案后当事人选择委托调解的费用负担较重，超过法院自行调解的费用。即当事人除需向法院缴纳50%的诉讼费用外，还需向专业调解机构支付相应费用。由此，必然影响到当事人选择委托调解的积极性。而且，从法院投入的精力和成本看，委托调解与法院自行调解本就不同。因此，应当对委托调解案件法院诉讼费的收取予以相应降低，在政策上给予当事人看得见的优惠，发挥委托调解在降低诉讼成本方面的优势。二是司法确认调解协议由委派法院管辖。根据现行规定，申请司法确认调解协议，由双方当事人依照人民调解法等法律,自调解协议生效之日起三十日内,共同向调解组织所在地基层人民法院提出。由此带来的问题是,中级人民法院诉前委派调解时的委派法院与司法确认时的管辖法院不一致。即当事人无法向委派调解的中级人民法院申请司法确认。由此必然为当事人申请司法确认带来不便,并带来案件在调解机构与法院之间流转与衔接的障碍,与商事调解在提高诉讼效率方面的优势相悖。

二、司法审查制度的完善

现代法治社会,任何纠纷解决方式都不应彻底排除司法的最终审查权。非诉讼纠纷解决机制在鼓励自治的同时,应当为当事人保留最终寻求司法审查的权利和机会,使之处于司法制约之下。但是,如果过于强调司法的审查,又会背离非诉讼纠纷解决的宗旨,即自主性和协商性,而且使之失去效力和程序利益。现代非诉讼纠纷解决机制的基本原理是,如果参与或启动程序是强制性的,处理结果一般就不应是强制性的。比如,前置性的劳动仲裁,其仲裁裁决就不具有终局性,允许当事人提起诉讼,但通常仅做有限审查。如果非诉讼纠纷机制的参与或启动程序是自愿选择的,处理结果可以是终局的,也可以通过当事人的选择放弃诉权。

我国非诉讼纠纷解决机制的接受度不高且发展还不尽成熟,如果没有司法审查,当事人的顾虑会更多,而且不公正的处理也得不到纠正。司法审查对于保证非诉讼纠纷解决机制的正当性具有重要意义。从现行多元化纠纷解决的要求和自贸区纠纷解决的实践看,仲裁裁决司法审查制度的创新尤为关键。一是对双重救济予以规制。就此,上海一中院在自贸试验区案件中进行了有益的探索。该院发布的《审判指引》第六十八条规定,法院可以通过法律释明的方式,令其仅可选取一种程序进行救济,对双重救济的,对后续提请的诉请,法院将不予受理。但这一问题的根本解决还需立法的支持。二是最大限度地尊重当事人的意思自治。仲裁与诉讼最大的区别在于,仲裁是双方当事人协议选择的结果,仲裁的合法基础是有效的仲裁协议。仲裁管辖权的取得、仲裁程序和规则的选定、仲裁庭的人员组成和仲裁权限等,都是由当事人自愿选择和参与决定的。这种自愿性体现了商人自治的特性，有利于商人的自我治理与自我保护。从世界各国立法的发展来看，司法审查的着眼点，已经从裁决实体内容上进行审查以维护法律的统一性和公正性，转向从程序上保证裁决的公平进行。而且，各国立法的发展也在逐步放开对仲裁的司法审查与监督，在一些国家甚至可以由当事人决定是否需要法院的介入。我国仲裁审查制度也应当与国际仲裁规则相接轨，通过对当事人意思自治原则的充分尊重，体现对仲裁制度的支持力度。

第二十三章　上海自贸区案件陪审员改革

　　上海自贸区随着投资领域的开放、贸易发展方式的转变、金融领域的开放创新,自贸区内及跨区域的潜在纠纷呈现出主体多元化、形式多样化、利益复杂化等特点。而且,自贸试验区的特点和地位决定了涉自贸试验区案件是我国重要的司法窗口,案件是否公正审判,关系到我国司法在国际上的形象。对于涉及国际金融、贸易、投资的复杂案件,由于专业性强、涉及领域新,作为法律专业人士的法官往往难以作出判断。这就需要借助相关方面的专家来解决,以保证案件的正确性和取得良好的审判效果。

　　陪审制度是公民直接参与司法的过程。无论是大陆法系还是普通法系,都有通过陪审制或参审制吸收普通公众参与到案件审理中来的实践。我国人民陪审员制度的实践运作情况与其应有价值难以匹配、陪而不审的现象一直为人所诟病。从规定层面看,除《中华人民共和国人民法院组织法》(以下简称《人民法院组织法》)的规定外,全国人大常务委员会于2004年通过了《关于完善人民陪审员制度的决定》,对人民陪审员的适用范围、资格、任期和参审规则等作了细化。为提高人民陪审员的广泛性和代表性,2013年最高人民法院提出人民陪审员"倍增计划",确立了两年内实现人民陪审员数量翻一番的基本目标。为了从根本上解决人民陪审员制度面临的诸多机制性问题,2015年4月,中央全面深化改革领导小组第十一次会议审议通过了《人民陪审员制度改革试点方案》(以下简称《陪审员改革方案》)。之后,十二届全国人大常委会第十四次会议作出了《关于授权在部分地区开展人民陪审员制度改革试点工作的决定》。

　　在陪审员改革的当下,结合自贸区案件审判的需要和自贸区所承载的改革创新功能,有必要重新反思陪审制度的价值定位,对我国的人民陪审员制度进行制度重构与完善,以更好地发展其应有的功能。

第一节 专家参与诉讼路径的比较分析：专家陪审制度建立的必要性

一、专家参与诉讼的路径

专家并不是一个法律术语,世界各国的称谓和具体认定范围也不同。我国对之也无明确界定,通常认为包含:一是对某学科有专门研究的学者;二是具有某种专业技能或特殊经验的人。从现代法治国家和我国的实践情况看,对于涉及特殊领域专业知识的案件,专家主要通过以下几种方式参与诉讼,以帮助解决案件中面临的专业问题。

（一）专家证人

为了弥补法官的科学知识缺陷,解决诉讼中的专门问题,英美法系创设了专家证人制度。专家证人制度是对抗制诉讼模式的产物,旨在通过加强当事人双方的对抗和竞争来认清专门性问题,更为全面地揭示案件事实。专家证人是证人的一种,大部分情况下由诉讼双方聘请,职责是协助诉讼双方取得有利证据赢得诉讼。

（二）专家鉴定

在大陆法系国家,传统上专家通常是以鉴定人的身份帮助法官解决案件专业技术问题。根据当事人的申请或法院指定,鉴定人运用科学技术或专门知识对诉讼涉及的专门性问题进行鉴别和判断并提供鉴定意见。

（三）专家辅助人

专家辅助人又称为专家顾问、技术顾问,是指某方面具有专门知识和经验,由诉讼双方任命和聘请,协助其就专门性问题进行说明的人。大陆法系以及我国传统上并不承认依靠专业知识对案件事实进行分析推断的专家在诉讼中的独立地位,专家往往作为司法鉴定活动的一部分出现。在诉讼模式引入英美法系对抗制的因素后,为了增强质证的有效性,尤其是加强当事人对鉴定结论进行质证的能力,类似于英美法系专家证人的专家辅助人才得以出现并确立了其独立的诉讼地位。最高人民法院《关于民事诉讼证据的若干规定》第六十一条确立了我国的专家辅助人制度。

(四)专家咨询

当法官根据自己的知识结构难以对案件中某些特定专业技术性问题作出判断时,咨询该领域中较有资历、知识层次较高的专家。专家咨询是目前我国各级各地法院实践中经常采用的一种审理方式,法律就此并无明确的规定。

(五)专家陪审

即相关专业技术领域的专家以陪审员的身份参加合议庭,作为裁判者参与案件审理的全部过程。在大陆法系国家,专家参审制是与平民参审制、团体代表参审制并行的重要的参审形式。我国1991年6月最高人民法院《关于聘请技术专家担任陪审员审理专利案件的复函》首次就第一审专利案件审理中聘请有关技术专家担任陪审员予以明确。2010年1月最高人民法院颁布的《关于人民陪审员参加审判活动若干问题的规定》,正式确立了与平民陪审相区分的专家陪审制度。20世纪末以来,各地法院纷纷挑选专家作为陪审员参与专业案件的审理。

二、专家参与诉讼路径的比较分析

专家陪审与上述几种专家参与诉讼制度的目的都是基于解决诉讼中专门性问题的需要。在诉讼中的专门性问题可以通过鉴定和提供专家证人等手段解决的情况下,选用专家作为陪审员参与案件的审理是否必要,是一个颇具争议的问题。

(一)专家陪审相较于专家证人、专家辅助人

英美法系专家一般以"专家证人"的身份出庭,回答诉辩双方律师的当庭质询,向陪审团和法官解释仅供参考的专业性意见。大陆法系国家包括我国的专家辅助人的作用也是旨在加强一方当事人的诉讼能力。尽管专家证人或专家辅助人对法官理解专业技术问题有一定帮助,但归根结底他们是为当事

人服务的。而无论当事人采用何种形式对专门性问题举证和论证，都要受到法官的全面综合审查。尤其是职权主义的诉讼模式之下，法官对寻求案件事实真相负有重要责任。而且，专家证人和专家辅助人对当事人的依附性必然带来专家意见丧失客观性、诉讼成本增加等一系列问题。近来英美法系国家对专家证人制度进行改革，增加法官指定专家证人的做法，正是为了克服当事人聘请专家证人的固有缺陷。而专家以陪审员的身份参加诉讼，专家乃中立的裁判者，既能够克服专家证人或专家辅助人处于雇佣地位时因利益带来的偏袒，又能够真正加强法院的职能，帮助法院查清事实，直接提高法院的审判质量和效率。

（二）专家陪审相较于专家咨询

专家陪审与专家咨询的共同之处在于他们都是法庭的技术顾问，增强的是法官的审判力量。然而，专家陪审员相较于技术咨询专家又具有自身的优势。首先是咨询专家并未参与法院的审理工作，对案件并无亲身全面的了解，而是基于法官对案情的提炼和转述，可能因为法官非专业化的陈述或取舍而不能使专家作出客观而准确的判断和建议。其次，咨询专家相对于当事人处于隐身状态，专家的意见在判决书中不能直接引用作为判决依据，专家的意见可能难以为当事人信服。可见，专家作为陪审员参与案件审理的始末，相较于专家咨询，对案件事实的认定应当更加准确而公开。

（三）专家陪审相较于专家鉴定

鉴定人在德国被认为是法庭的特别助手，也被称为法庭的"延伸的大脑"。这从一个侧面反映了大陆法系法官对专家鉴定的依赖性。但是不容否认，鉴定并不能解决所有诉讼中的所有专门性问题，有些专门性问题的查明是鉴定无法进行的。更重要的是，专家鉴定在性质上仍然只是证据的一种，对法庭判决仅仅起辅助作用，法庭不受其意见的约束。作为裁判者的法庭，仍然具有对鉴定结论予以审查认定的职责。我国目前由于法官不具备相应的专业技术知识，法院对鉴定结论的审查完全是一种被动式的审查，即只要当事人提不出相反证据并足以推翻鉴定结论，法院则将该结论作为认定事实的根据。久而久之，造成法官习惯性地不加分析、取舍地将案件所涉的专业性、技术性问题送交鉴定并将鉴定结论视为优于其他证据的一种方式,不经实质性审查判断,无条件地将结论作为审判的基础。由此导致,鉴定结论在诉讼中起着越来越重要的作用甚至可以左右案件的审理结果。而与此同时,由于鉴定机构管理不规范、鉴定程序不公开,加之鉴定人在专业知识上的差距和分歧,对同一专门问题的鉴定有时会得出不同甚至截然相反的鉴定结论,双方当事人各执一词。面对涉及专业问题的鉴定结论,如何有效认证,最大限度地揭示案件事实,是我国司法面临的迫切问题。有效解决这一问题,一方面是规定鉴定人出庭作证,另一方面就是要增强裁判者审查鉴定结论的力量。专家陪审员的参与不失为一种选择。通过专家陪审员对鉴定人员的询问、对鉴定结论的审查可以揭示鉴定结论和案件事实之间的关系、发现鉴定结论中的矛盾和错误,此外专家陪审员通过通俗易懂语言的描述也可以使法官对鉴定结论有清楚的认识并据此在判决书中阐明事实认定的依据。

通过以上的分析可以得出,各种借助专家力量解决诉讼中专门性问题的方式,专家在其中的诉讼地位、功能、对裁判的影响方式均有所区别,不能互相取代。专家作为陪审员以裁判者的身份,依据专门知识或经验参与案件审理,行使审判权,更加中立、公开、公正,具有独立存在的价值。

第二节　陪审制度价值探源及人民
陪审员制度运作现状分析

一、陪审制度价值探源

陪审制度起源于"同侪审判",被认为是人民主权的载体,其目的就是希望通过引入平民参与审判,增强司法的民主性和开放性,防止法官的专断,利用民众的常识修正法官的专业偏见,从而促进司法公正。根据陪审制度产生和发展的实践看,陪审制度的价值可以概括为政治民主价值和司法工具价值两个方面。

所谓政治民主价值,是指陪审制度在某种程度上体现了司法民主,是民主的具体展现和说明。与选举制类似，陪审制也是人民主权原则在制度中的重要体现，表征着社会主义司法民主以及人民群众对国家管理的参与。对此，托克维尔精辟论述到，"陪审制首先是一种政治制度，其次才是一种司法制度"，"实行陪审制度，就可以把人民本身，或至少把一部分公民提到法官的地位，这实际上就是陪审制度把领导社会的权力置于人民或者一部分公民之手"。①我国学者在论及大陆法系的参审制时也认为，"他们参与审判，并不是因为他们具有某个生活领域中的知识优势或专业特长，而仅仅因为他们是社会的一分子，正是这种社会一分子的政治地位，成为他们当选参审员的唯一依据"②。陪审制度的民主价值，主要通过陪审员的代表性来体现。不同阶层、不同类型的社会成员通过代表参与司法活动；相应地，陪审员所代表的社会成员的类型越广泛，陪审制度的政治民主价值越能够得以凸显。

所谓司法工具价值，就是陪审制度在处理案件有关问题，尤其是协助职业法官准确认定事实方面的有用性。刑法学家贝卡利亚指出："根据感情作出判断的无知，较之根据见解作出判断的学识要更可靠一些。"③陪审制确立的依据即在于，通过陪审制度，将社会民众中的普遍价值观带入诉讼，避免因机械遵循法律逻辑带来的不符合一般公平正义观念的裁判结果；尤其是在不涉及专业知识的案件中，由普通民众根据生活经验来认定案件事实，有助于矫正法官偏激的"精英意识"，避免职业法官由于长期与法律打交道而形成单一的思维模式。

二、人民陪审员制度运作现状分析

（一）政治民主维度：陪审员代表范围仍过窄

根据上海市高级人民法院统计数据，截至 2015 年 9 月，全市共有人民陪审员 2100 人。就学历分布而言，85% 的人民陪审员为大学或大专学历，高中及以下学历的陪审员占 8%，研究生及以上学历的陪审员占 7%。就职业分布

---

① ［法］托克维尔：《论美国的民主》，董果良译，商务印书馆 1988 年版，第 311 页。
② 汤维建：《论民事诉讼中的参审制度》，《河南省政法管理干部学院学报》2006 年第 5 期。
③ ［意］贝卡里亚：《论犯罪与刑罚》，黄风译，中国大百科全书出版社 1993 年版，第 20 页。

而言,基层干部陪审员占陪审员总人数的24%,社区工作者和普通居民占比分别为15%和16%,工商业人员、专业技术人员、事业单位职员和其他人员占比均为10%左右,人民团体成员占比约3%(详见图23.1)。从比例来看,基层干部、社区工作者等具有管理职责的公民在陪审员中占有较大比重;与此同时,农民仅8人担任陪审员,占陪审员总人数的1%,进城务工人员无一担任陪审员。

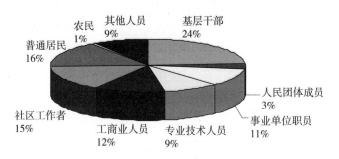

图 23.1 陪审员职业分布图

(二)司法工具维度:难以满足案件审判需求

1. 陪审员参审案件数量不平衡

根据2013—2014年的统计数字,就全市层面而言,陪审员中近一半的年陪审案件数在1—10件之间,约17%的陪审员在该年度甚至并未参与陪审工作(详见图23.2)。然而,根据抽样调查,某法院陪审员年平均参审案件数分布在70—180件之间,年平均参审案件数达到97件。由此可见,陪审员参审案件数量在各法院之间存在较大差异。

2. 陪审员对案件审理的参与度低

为了考察陪审员制度在实践中的功能,向上海市法院系统与陪审员共同组成合议庭的法官发放并回收调查问卷110份,就陪审员在庭前阅卷、庭审调查、合议庭讨论等案件审理阶段中的参与度情况等进行了调查。调查显示,大多数法官认为,陪审员对于案件审理的参与度不高,其中对庭审调查的参与度尤低(详见图23.3)。究其原因,参与调查的法官中接近一半认为陪审员"对证据规则、法律适用等了解不够",另有26%的受访法官认为陪审员"由于时

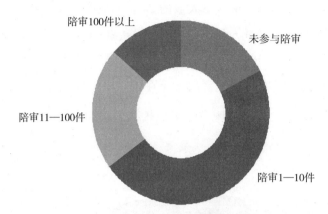

图 23.2　陪审员参审案件数

间原因无法参与合议"，25%的受访法官认为参与度不尽如人意的原因在于"陪审员职能及职责规定不明"。

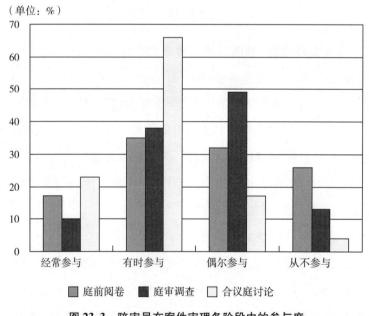

图 23.3　陪审员在案件审理各阶段中的参与度

3.陪审员意见对裁判的影响力低

从对陪审员在案件审理中参与度的调查来看，大部分法官认为陪审员在合议庭讨论中是愿意表达自己的意见和观点的。然而,调查同时显示,81%的受访法官认为,陪审员的意见与法官的意见"高度一致"或者"偶尔分歧"。与此相对应,75%的受访法官认为,陪审员的意见对于裁判的过程或结论"没有影响"或仅是"偶尔产生影响"。由此可见,尽管陪审员对合议庭讨论的参与意愿尚可,但其所发表的意见对于事实认定、法律适用以及裁判结论等方面很少有实质性的贡献。

4.陪审员制度必要性陷入窘境

尽管大多数法官认为陪审员对案件审理的参与度不高、陪审员的意见对裁判的影响力较低,但当被问及陪审员制度存在的必要性时,仍有88%的受访法官认为陪审员制度还是有必要的,"设置陪审员比没有设置好"。法官对陪审制度必要性给予一定程度认可的原因从他们对"陪审员对案件审理的帮助主要体现在哪些方面"这一问题的回答中可以窥知一二:近八成受访法官认为陪审员对案件审理的帮助主要体现在"有助于增加开庭人手"(详见图23.4)。

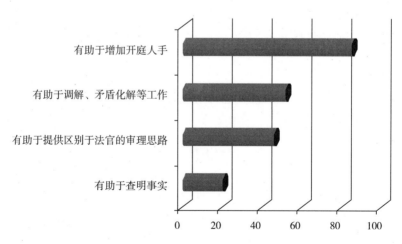

图 23.4　陪审员对案件审理的帮助

从调查结果来看,陪审员制度存在的意义似乎已经弱化为缓解法院办案人手紧张的压力。而陪审员的参审案件数量则从一个侧面印证了陪审员制度对于增加开庭人手的巨大贡献:根据抽样调查,某陪审员的年参审案件数高达

180件,约为当年该陪审员所参审案件的审判业务庭法官结案人均数的两倍。

综上,从静态数据和调查问卷的结果来看,一方面,现有的人民陪审员在职业分布上不够均衡,代表性不够,从而导致陪审的民主价值难以充分实现;另一方面,陪审员受制于其专业见解方面的欠缺,难以满足日趋复杂化和专业化的司法活动需求。

(三)向民主化和专业化方向的小步探索

虽然制度层面的改革尚未到位,然而,法院系统仍旧在现行的法律框架下在陪审员的民主化和专业化道路上开展着小步探索。在强化司法裁判中的民意表达方面,有法院在部分案件中开展了由原来的"1+2"(1名陪审员和2名法官)变为"2+1"(2名陪审员和1名法官)的试点①,只要合议庭中形成多数意见,不论意见来自陪审员还是法官,都按照少数服从多数的原则作出裁判,以进一步发挥陪审员作用,强化民意在司法裁判中的表达。在吸收专业意见服务审判方面,有法院在审理金融、医疗纠纷、知识产权等专业性很强的案件中,聘请来自银行、保险、物流、医疗、审计、证券和期货等专业领域高学历专家学者型陪审员,弥补法官对行业知识、行业运作规则和实践经验的欠缺,以期实现司法与行业的良性互动。②

第三节　专家陪审制度建立的必要性

一、现行人民陪审员制度的困境

我国的人民陪审员制就其平民化而言,接近于英美的陪审团;就其职能和行使的方式而论,则与大陆法系国家的参审制度类似。③ 自推行以来,人民陪

---

① 上海市第一中级人民法院采用两名人民陪审员加一名法官的模式,开庭审理一起组织他人偷越国境案。参见 http://www.news365.com.cn/tt/201006/t20100610_2733919.html,2014年10月20日访问。

② 参见林晓君:《金融审判中专家陪审的实践及制度转化——以浦东新区法院金融审判实践为视角》,《上海法学研究》2011年第5期。

③ 参见汤维建:《人民陪审团制度试点的评析和完善建议》,《政治与法律》2011年第3期。

审员制在推进司法民主、加强司法监督、减轻职业法官压力等方面发挥了一定的作用，但也出现了陪审员沦为"陪衬员"、部分陪审员成为"陪审专业户""陪而不审、合而不议"等诸多问题，进而引发了陪审制度的存废之争。可见，这种混合性的立法并未收到更优的效果，反而产生了优势互相抵消的局面。

（一）价值定位与审判需求的背离

我国人民陪审制的价值定位因循守旧，难以适应现代审判的现实需要。由于长期以来我们一味夸大和片面理解陪审制度的民主价值，将民主等同于平民化，在谈及陪审制度时刻意回避了司法活动的专业特性。大多数陪审员既不长于认定案件事实，又不精通法律，必然丧失话语权。而为了发扬和体现司法民主以及缓解法官办案压力，实践中努力提高一审案件的陪审率又成为各地法院的普遍做法，进一步放大了人民陪审制运行中的一系列弊端。无论是从政治民主性，还是司法专业性来看，现行的陪审制度都显得难当重任。

（二）学历要求与民主价值的背离

陪审制度是一种"草根民主"，其民主就在于担任陪审员的是一般民众，而不是有特定身份的人；通过普通百姓参与审判，平衡精英化的法官对法律的垄断。理想状态下陪审员应当具有尽可能广泛的代表性。尽管《人民法院组织法》中并未对陪审员的学历作出限制，然而，《关于完善人民陪审员制度的决定》中规定，担任人民陪审员，一般应当具有大学专科以上文化程度。在此规定下，一大部分普通社会民众基本上被剥夺了担任人民陪审员的资格，作为社会基层中最主要的农民都没有作为陪审员参与审判的机会。在此规定下，难以实现保障最广大的社会民众担任陪审员的立法初衷，陪审员制度的民主价值亦无从谈起。

（三）专职化现状与随机化要求的背离

法国政治学家路易斯·博洛尔认为，陪审团具有一种使自己的存在成为不可或缺的品质特征：它是独立而不受约束的。"用政治手段无法收买通过抽签组成的陪审团。"[①]这说明，陪审团独立的一个重要保证就是随机挑选机

---

① 　[法]路易斯·博洛尔：《政治的罪恶》，蒋庆等译，改革出版社1999年版，第268页。

制和临时组成机制。目前,法院对于陪审员的选任、培训、管理到陪审案件的选择几乎一手操办。虽然从某一件具体案件上看,陪审员确系随机确定。但某一类案件的陪审人员通常相对固定,从而使人民陪审员异化成了事实意义上的编外法官。与此同时,《关于完善人民陪审员制度的决定》规定陪审员的任期为 5 年,与法官的任期完全一致,这样产生的弊端就是将陪审员异化成为职业法官,成为专职编外群体,结果是变相剥夺了绝大多数民众参与审理案件的机会。

(四)程序设置与参审要求的背离

陪审制度与其他诉讼程序是紧密相关的。由于庭审是陪审员涉入诉讼的最重要的环节,如果庭审作用在整个诉讼中不占有绝对优势,则陪审制度的功能无法有效发挥。审判实践中,在证据较多、案情较为复杂的案件中,包含举证和质证等重要事实查明内容的证据交换环节甚至通常被剥离出庭审环节,交由承办法官在庭前单独完成,以缓解开庭人手的不足。如果对于案件的事实查明有重大影响的环节,陪审员都无法完整参与,那么陪审员在事实认定等方面的作用必然难以发挥,陪审制度的司法工具价值亦是空中楼阁。

为了摆脱人民陪审员制度的现实困境,应当尊重陪审制度固有的政治民主价值和司法工具价值,重新构建平民陪审和专家陪审二元化的陪审制度。通过加强陪审员在事实认定中的作用,推动人民陪审制面临现实问题的改进和解决。

二、现代陪审制度价值定位的调整

从两大法系陪审制度的产生看,尽管存在诸多差异,但民主性乃陪审制度最基础、最主要的价值,这一点是共同的。陪审制有助于有效查明事实,其理由也是因为陪审员由普通公民担任,可以矫正职业法官的偏颇和执拗,而并非陪审员自身对查明案件事实有直接的帮助。然而,随着民事纠纷呈现出技术化、专业化特点,国外陪审制度发展呈现出一个重要趋势。那就是,传统的以普通公民参与为基础的陪审制度适用于民事案件的几率越来越小,转而求助于相关技术专业人士,无论是居于大陆法系代表地位的德国还是英美法系国家都是如此。如,英国干脆取消了民事诉讼中适用陪审团审判的制度,转而采用技术陪审员方式,即法院可以委托一名技术陪审员协助法院审判案件,技术陪审员协助法院处理其所掌握的技术和经验之事项,属于法院的专家,完全忠实于法院和真理,独立性至高无上。① 美国对于陪审审判方式也进行了较大改革,在 20 世纪的改革中对于反倾销、反垄断案件并不实行陪审制度。② 因为一般大众对此类技术性较强的案件,并无相应的知识去应对。德国在选用参审员的时候,也特别注意参审员的职业、经历、背景。社会保障案件(社会法院)的参审员选用受给者与给付者的代表;劳资案件(劳工法院)则选用劳资双方的代表;商事案件(商事法院)则选用商人。③ 由此可见,在现代社会,陪审制度的政治职能有弱化趋势,陪审制度民主价值的实现必须服从和服务于纠纷解决本身的需要。解决案件的事实问题成为陪审制度更为重要的一项职能。

三、专家陪审与陪审制度的价值实现

专家陪审毕竟是陪审制度框架下建立的制度。专家陪审有助于案件事实的查明并无疑义,但专家陪审模式是否已经偏离了陪审制度的初衷,与陪审制度的民主价值本身是否存在根本性的冲突,这是目前各方对专家陪审存在诸多质疑的重要原因。对此,有观点运用当代西方民主论研究的著名学者达尔提出的民主的五项标准进行了分析,具有较强的说服力。达尔提出的民主的五项标准包括:(1)有效的参与;(2)投票的平等;(3)充分的知情;(4)对议程的最终控制;(5)成年人的公民资格。平民陪审员虽然在形式上达到了全部五项标准,但是在专业性较强的案件上,上述(1)(3)(4)项对于一个随机选出、不具备法律专业知识和案件相关专业知识的陪审员来说是很难实现的。

---

① 参见李胜利:《知识产权案件中专家陪审制度的构建》,《宁波审判研究》2012 年第 10 期。

② 参见汤维建:《两大法系民事诉讼制度比较研究——以美、德为中心》,《诉讼法论丛》1998 年第 1 卷。

③ 参见熊秋红:《司法公正与公民的参与》,《法学研究》1999 年第 4 期。

他们在案件审理中尽管拥有参与权、知情权和对议程的控制权,但因为能力有限,无法真正实现这些权力。而在没有(1)(3)(4)项的前提下,第(2)项平等投票权也只有形式意义。只有第(5)项要求尽可能吸收更多的成员,体现出专家陪审员不及一般陪审制度之处。① 其实,从我国学者的争辩看,即便是主张人民陪审员应当平民化的学者,对于复杂的专业性案件中实行专家陪审制度也并不排斥。② 可见,在专业性较强的案件中,专家陪审相较于平民陪审更有助于陪审制度民主价值的真正实现。而且,陪审专家首先是社会人,来自社会的各个阶层,生活在社会之中,在性质上与职业法官迥然有异,与职业法官相比更接近社会,而与平民陪审一致,因而平民陪审所具有的司法参与、法制宣传、让陪审员与法官之间形成制衡等民主价值,专家陪审同样可以实现。

四、专家陪审与我国人民陪审员制度改革

我国的人民陪审员制自推行以来,在推进司法民主、加强司法监督、减轻职业法官压力等方面发挥了一定的作用,但也出现了陪审员沦为"陪衬员"、部分陪审员成为"陪审专业户""陪而不审、合而不议"等诸多问题,进而引发了陪审制度的存废之争。究其原因,在于我国人民陪审员制的价值定位因循守旧,不能适应现代审判的现实需要。由于长期以来我们一味夸大和片面理解陪审制度的民主价值,将民主等同于平民化,导致了大多数陪审员既不长于认定案件事实,又不精通法律,必然丧失话语权。而为了发扬和体现司法民主以及缓解法官办案压力,实践中努力提高一审案件的陪审率又成为各地法院的普遍做法,进一步放大了人民陪审员制运行中的一系列弊端。

针对这些问题,《陪审员改革方案》提出了一系列改革举措。其中,探索人民陪审员参审案件职权改革是本次方案的一大亮点举措。《陪审员改革方案》提出,探索人民陪审员只参与审理事实认定问题,不再对法律适用问题进

---

① 参见崔宁:《技术专家担任陪审员的制度基础和路径选择》,北京市第二中级人民法院网,见 http://bj2zy.chinacourt.org/public/detail.php? id=863,2014 年 4 月 5 日访问。

② 参见崔世海:《人民陪审员制度之方向:陪审员在中国应精英化》,《民主与法制时报》2004 年 8 月 28 日。

行表决。在较少涉及专业技术问题的案件，平民陪审员可以发挥其熟悉社情民意和对生活经验事实判断的优势。在涉及法官无法解决的专业技术问题的案件中，专家陪审制度的建立则是必然的路径。其实，我国1991年6月最高人民法院《关于聘请技术专家担任陪审员审理专利案件的复函》首次就第一审专利案件审理中聘请有关技术专家担任陪审员予以明确。最高院在2006年公布的《关于海事审判工作发展的若干意见》中提出，逐步建立海事海商案件专家陪审制度。2010年1月最高人民法院颁布的《关于人民陪审员参加审判活动若干问题的规定》，正式确立了与平民陪审相区分的专家陪审制度。之后，最高院在2013年的全国法院人民陪审员制度改革试点工作座谈会中提到，在审理知识产权、医疗事故、海事海商、未成年人保护等有关案件中，注重安排专家型人民陪审员参与审理。实践中，自20世纪末以来，各地法院纷纷挑选专家作为陪审员参与专业案件的审理。可以说，专家陪审的司法实践已在探索中前行，将专家陪审制度化并由立法对二元陪审制度予以确认和规范的时机已经到来。

第四节 涉自贸试验区案件审理中专家陪审制度的具体构建

2015年4月，上海市第一中级人民法院举行涉自贸区金融商事审判首批专家陪审员聘任仪式。聘任来自证券、银行、保险监管机构及相关高校、金融研究机构等单位的九名专家担任陪审员，参与该院涉自贸区金融商事案件，特别是重大或新类型案件的审理工作。涉自贸试验区案件审理中专家陪审制度的探索已经起步。

一、专家陪审制度的适用范围

（一）专家陪审制度适用的案件范围

专家陪审并非适用于所有的涉自贸区案件。只有在案件涉及专业技术问题法官自身无法解决的案件中才需适用专家陪审。专业技术问题包括两个方面：一是纯客观的专业技术内容，二是对专业技术内容的法律意义上的认识。案件与专业领域关联但事实认定等并不涉及专业技术知识的案件，无适用专家陪审的必要。

（二）专家陪审制度适用的审级

由于两大法系国家二审以上审级普遍实行法律审或继审制，不再重新对一审查明的案件事实进行审理，所以适用专家陪审的案件多在一审阶段。而我国的二审就事实问题可以重新审理，因此专家陪审制度不仅在一审程序中适用，在二审案件中也应当适用。否则，可能导致二审法院对一审查明的涉及专业技术问题的事实无能力进行审查的局面。当然，这需要通过修改法律方能实现。

二、专家陪审员的选任与确定

（一）专家陪审员的选任

专家陪审员的选任是专家陪审制度的基础。除了满足现行法律对陪审员的规定外，专家陪审员的选任还需满足一定的专业需求，只有在某一领域具有一般人所不具有的专门知识和经验的人才可以成为专家。各国立法对以何标准选任专家参与司法都予以规定，一般从学历、职称、本领域工作年限等方面予以限定。自贸区专家陪审员的选任，也应当综合考虑资质、职业经历和行业影响力等因素，结合不同行业专家资源的实际，设定具体的标准。在专家相对稀缺的领域，标准设定不能过高，否则将难以保证足够的专家陪审人数以备随机选择，从而可能导致陪审的专职化。

（二）专家陪审员的确定

法国政治学家路易斯·博洛尔认为，陪审团具有一种使自己的存在成为不可或缺的品质特征：它是独立而不受约束的。"用政治手段无法收买通过抽签组成的陪审团。"[①]这说明，陪审团独立的一个重要保证就是随机挑选机制和临时组成机制。我国《关于人民陪审员参加审判活动若干问题的规定》

---

① ［法］路易斯·博洛尔：《政治的罪恶》，蒋庆等译，改革出版社1999年版，第268页。

的第四、五条确立了陪审员的随机抽取方式，但实践中并未完全落实，有些地方甚至发展为固定陪审模式，究其原因有追求陪审率考核的需要，最主要的原因还在于陪审工作与陪审员本职工作存在冲突。审判开庭时间的法定性与陪审员自身工作的确定性导致了法院只能安排保证参审时间的陪审员。专家陪审员只参与部分案件的审理，且审理的内容属于其专业领域，能够发挥其特长，这可以调动专家担任陪审员的积极性，也可以在一定程度上缓解陪审工作与陪审员本职工作的冲突，应当有助于随机抽选方式的落实。

（三）当事人选择权的尊重

鉴于当事人可能对相关领域的专家更为理解，从尊重当事人选择权出发，专家陪审员的确定可以由法院从专家陪审员库中随机抽取，也可以考虑借鉴仲裁程序中有关仲裁员选任的规则，由双方当事人选定或共同委托法院指定专家担任陪审员。

三、专家陪审员回避制度的建立

《关于完善人民陪审员制度的决定》第十二条规定，人民陪审员的回避，参照有关法官回避的法律规定执行。但在专家陪审员参与审判时，根据有利益者不能成为裁判者原则，还存在一些特殊的可能影响公正审理的情形，也应当列入回避的范围：一是对于涉及行业利益的纠纷，该行业从业人员身份的专家应排除在外；二是专家陪审员在其发表的论文中曾经对某些特定专业性问题提出过某种观点，而当事人认为持这种观点的陪审员参加案件审理对自己不利的。考虑到专家陪审员的资源并不多、积极性不高等因素，国外有些国家规定的无因回避制度在我国并不适用，而且应当对利益冲突作一定的限定，既要避免利益冲突的泛化，也要避免因为专家陪审的不适格影响了司法的独立判断和对司法的信任。

四、合议庭中专家陪审员的构架

合议庭成员中陪审员和法官各自人数的多少，决定了陪审员自主、独立的程度。从大陆法系国家参审的模式来看，陪审员的人数多数都大于法官人数，而且并无一个国家或地区让陪审员独自一人参与审判。其原因在于，职业法官是团结的一体，而陪审员之间并无隶属关系，陪审员人数多于法官，使陪审员具有否定法官、排除法官决定的作用。而且，专家陪审的意见未经当事人质证和辩论，如果仅有一名专家陪审员参加合议庭，很难保证其意见的正确性，其意见的偏差容易导致合议庭形成错误判断，存在潜在的风险。因此，需要专家陪审参与的涉自贸区案件，一般应当由两名陪审员和一名法官组成合议庭。存在复杂疑难专业问题的案件，如果是两名专家参加合议庭，两人的意见针锋相对时，法官难以作出正确的甄别与选择。此时，应当避免专家陪审员行业背景的单一性，增强专家陪审员意见的对抗性，增加专家陪审员的人数，由三名专家陪审员和两名法官组成五人合议庭。《陪审员改革方案》亦提出了探索重大案件由三名以上人民陪审员参加合议庭的机制，以对案件事实问题的谈论更加充分。

五、专家陪审员的职责

《关于完善人民陪审员制度的决定》明确规定，人民陪审员对"事实认定、法律适用独立行使表决权"。由于人民陪审员相较于职业法官在事实认定和法律适用两方面都不具有优势，实践中陪审员在合议庭中作用的发挥并不理想。受英美法系国家陪审团认定事实、法官裁定法律模式的影响，有观点提出对陪审员的职责范围重新定位，即明确区分事实认定和法律适用，将陪审员的职能定位于事实认定。作为此次人民陪审员制度改革试点的亮点，《陪审员改革方案》亦明确提出探索人民陪审员只参与审理事实认定问题，不再对法律适用问题进行表决。该项改革举措的提出主要是基于人民陪审员并非法律专业人士，很难对法律适用问题作出评判，由人民陪审员与法官共同参与案件事实的认定可以矫正职业法官因长期执业惯性所形成的偏颇和执拗。

人民陪审员制度中法律审与事实审分离机制的探索刚刚起步。应当看到，英美法系陪审团制度所采用的司法审判权二分法是建立在权力分配单一层级的基础上的。陪审团作出的事实认定，法官不得轻易推翻，不属于上诉法院和最高法院的审查对象。即便是极少数的针对最明显的失误，"陪审团不需要，确切地说不允许，说明裁判的原因"①。我国现行的一、二审职能定位显然与之不同。而且，通常所说的"汝予吾事实，吾予汝法律""法官知法"等法谚把事实和法律严格地区分开来，似乎仅仅在得出最终结论的阶段才需要适用法律。实际上，法律的解释适用贯穿于从提起诉讼到终结的整个程序过程，对当事人和法官的行为均发挥着指导功能。法与事实牵连难分的关系决定了将两者分配给不同主体裁决亦并非易事。此外，还应当看到，在专家陪审的领域，法律问题的裁判与专业技术问题的解决往往联系甚密，而且"有的专家陪审员不仅对专业技术问题很熟悉，而且对相关的行政法规比法官还熟悉，因为这是他专业所涉及的领域"。② 在大陆法系以及日本等一些国家，都允许陪审员在事实认定、适用法律方面享有平等裁判的权利。可见，陪审制度的实施并不必然要求实行事实和法律裁判的截然分工，专家陪审员对法律适用的不谙亦并不构成实施事实和法律裁判截然分工的充分理由。专家陪审员和法官是裁判权分享机制下的合作关系，两者相互交流和沟通，各自发挥所长，互相弥补知识的不足，从而使裁判主体混为一体。专家陪审员侧重于专业问题的审查，特定法律、法规的查找，相关经济、社会规则、政府部门对涉案行业问题意见的解释等，而法官主要负责诉讼程序的推进、证据规则的运用、法律的解释和适用。对此，王亚新教授亦持同样观点，"区分事实认定和法律适用问题，让陪审员的作用集中于前者，有助于陪审制充分发挥其长处。相对于民事和行政案件而言，刑事案件属于一种比较容易把事实问题和法律问题区别开来的领域"。因此，其建议，可考虑先在刑事诉讼领域开展这项参审机制改革，以后再视具体情况决定是否将这项改革逐步扩大到行政和民事案件的审理中去。

---

① ［英］麦高伟等：《英国刑事司法程序》，姚永吉等译，法律出版社 2003 年版，第 36 页。

② 刘晴辉：《关于专家在民事诉讼中地位的思考——以专家陪审模式为视角》，《社会科学研究》2009 年第 1 期。

附录一：上海市第一中级人民法院自贸区司法保障白皮书

（2016 年 4 月）

自 2013 年 9 月 29 日中国（上海）自由贸易试验区（以下简称自贸区）挂牌成立以来，上海市第一中级人民法院（以下简称上海一中院）作为自贸区所在地的中级人民法院，紧密结合自贸区建设要求和上海一中院功能定位，积极主动地做好自贸区建设过程中的司法保障工作。两年多来，上海一中院精心审理了一批涉自贸区民商事、刑事、行政、执行等各类案件，认真梳理和研究新类型司法问题，同时还主动谋划为自贸区提供司法服务保障的改革举措，不断创新和完善自贸区司法服务保障机制，以期总结提炼可复制、可推广的自贸区司法经验。

一、上海一中院自贸区司法保障工作情况

截至 2016 年 3 月 31 日，上海一中院共受理涉自贸区案件 765 件，其中涉外、涉港澳台案件 57 件，占 7.5%。共审结涉自贸区案件 682 件，其中一审案件 52 件，判决 17 件，调解 3 件，裁定撤诉、准予申请、驳回申请等 32 件；二审案件 586 件，维持原裁判 487 件，改判 28 件，发回重审 1 件，调解 25 件，撤诉45 件。涉自贸区案件集中反映了自贸区建设过程中出现的新情况、新问题。为促进自贸区国际化、法治化营商环境建设，上海一中院立足发挥中院职能作用，积极探索加强自贸区司法保障工作。

（一）创新工作机制，加强自贸区司法应对

为顺应自贸区法治建设需要，加强涉自贸区案件集中审理，统筹开展自贸

区司法保障工作，上海一中院积极创新，及时建立司法应对工作机制。

1. 成立自贸区司法问题应对小组，分解落实自贸区司法保障的指标和任务

由分管副院长担任组长，各相关业务部门领导担任成员，定期召开工作会议，研判涉自贸区的司法问题，指导协调全院涉自贸区案件的审判工作。

2. 成立自贸区司法问题研究小组，加强对自贸区发展完善过程中新形势、新政策的跟踪与研究

研究小组由与涉自贸区案件审判有关的具有较高理论水平和丰富实践经验的法官组成，跟踪自贸区的发展情况，研究自贸区的法律、政策，并及时形成调研成果，服务审判实践。

3. 建立专项合议庭及跨庭约请的审判机制，强化专业审判

为保障涉自贸区案件的法律适用统一，实现案件的相对集中管辖，上海一中院在金融审判庭设立"自贸区案件专项合议庭"，依法集中受理涉自贸区相关二审案件及重大一审案件。在成立专项合议庭的基础上，针对不同类型案件的专业需要，打破审判庭界限，"跨界"约请有专业特长的法官加入专项合议庭，审理相关案件，保障了涉自贸区案件审判的质量。如上海一中院审理的上海法院首例涉自贸区专利权纠纷案，即由金融审判庭法官、知识产权审判庭法官、人民陪审员组成合议庭，并由知识产权审判庭法官担任主审法官，实现了良好的法律效果和社会效果。

（二）创新司法举措，提升审判质量和效率

1. 建立专家陪审员制度，确保审判质量

针对涉自贸区案件专业性、政策性强、审理难度高的特点，上海一中院探索建立专家陪审员机制，借助专家陪审员的专长和智慧，确保涉自贸区案件的专业水准。在上海市浦东新区人大常委会的大力支持下，2015年4月，上海一中院从上海银监局、证监局、保监局等金融监管机构，以及相关科研机构中聘任9名金融等行业专家担任专家陪审员，参与涉自贸区金融等专业性较强案件的审理，确保相关案件审理事实认定清晰、法律适用准确、政策理解到位。截至2016年3月底，每名专家陪审员都至少参与了1件案件的审理。

2. 建立陪执员制度，深化执行公开

2014 年 12 月，上海一中院聘请了首批 7 名陪执员，并制定了《关于涉上海自贸试验区执行案件聘请陪执员参与执行的实施预案》，规范陪执员参与执行案件的程序，深化执行公开，增加涉自贸区案件执行程序的透明度。

3. 推广电子送达方式，着眼便民提效

自贸区内存在大量"区内注册、区外经营"的企业，容易给法律文书送达带来障碍。上海一中院在整合官方网站"在线诉讼服务平台"功能的基础上，研发了电子送达系统，并在一起涉自贸区仓储合同纠纷案件中首次尝试电子送达，原告代理人直接通过手机收到了案件的传票、出庭通知书、举证通知书和案件受理通知书，从法院制作、发送诉讼文书到实际送达当事人，只需 3 分钟。电子送达制度已逐渐推广到各类案件中，截至 2016 年 3 月 31 日，上海一中院电子文书送达总数达 3400 余件，已送达案件数近 700 件，送达成功率为 56%，此举极大方便了当事人参与诉讼。

（三）加强内外联动，构建多元纠纷解决机制

上海一中院积极引入 ADR（即多元化纠纷解决机制）为涉自贸区案件的当事人提供多元、便捷、高效的纠纷解决方式，提升自贸区对投资者的吸引力。

1. 探索商事调解与司法衔接的路径

上海一中院与上海经贸商事调解中心合作建立了自贸区商事纠纷委托调解机制，根据当事人自愿原则将符合条件的涉诉案件交该调解机构进行调解，为涉自贸区案件主体提供多元、经济、灵活的纠纷解决方式。上海一中院不断完善委托调解规则，规范调解案件的选取、费用支付、调解期限和调解协议的司法确认等问题，在案件受理过程中，向当事人释明商事调解的功能，引导当事人充分利用商事调解平台，以减少当事人诉累。截至 2016 年 3 月 31 日，上海一中院已委托该中心调解商事及知识产权案件 27 件，调解结案 4 件，调解金额达 115000 万元。上海一中院还与中证中小投资者服务中心紧密合作，共同构建证券商事纠纷委托调解机制，积极维护中小投资者的合法权益，保障资本市场健康发展。截至 2016 年 3 月 31 日，上海一中院已委托该中心调解证券虚假陈述纠纷案件 260 件，调解结案 129 件，调解金额达

1028 万余元。

2.规范商事仲裁裁决的司法审查方法

在自贸区内，国际商事交易不断增加，出于案件信息保密、纠纷解决专业的考虑，越来越多的当事人将选择仲裁，尤其是国际仲裁的方式解决纠纷。围绕外国仲裁裁决的承认与执行等问题，当事人间产生争议并由此涉诉将可能增多。为此，上海一中院在司法实践中，进一步探索商事仲裁与司法工作的衔接机制，对接国际标准，提升对仲裁裁决的司法审查水平，保障各仲裁机构制度创新的规范与落实。2015 年 12 月，上海一中院审结申请人西门子国际贸易(上海)有限公司诉被申请人上海黄金置地有限公司申请承认与执行外国仲裁裁决一案，该案是全国首例涉自贸区外商独资企业间承认与执行外国仲裁裁决纠纷，上海一中院准确适用了相关国际条约、国际惯例和通行规则，并充分尊重当事人的意思自治，对仲裁实践以及同类案件具有一定的指引作用。

(四)注重调研先行,加强司法前沿问题研究

上海一中院注重加强与最高法院、市高院、院校机构、行业部门等组织的专家学者的合作交流，深入研究自贸区发展中出现的和可能出现的司法前沿问题，为涉自贸区案件审理和自贸区司法保障工作提供智力支持。

1.每年与最高法院民四庭、上海财经大学联合举办中国自由贸易区司法论坛

通过研讨，不断深化对自贸区司法保障及相关法律问题的认识。2016 年 4 月 28 日将继续举办第三届论坛。兄弟省市自贸区所在地法院领导参加第二届、第三届论坛，美国联邦上诉法院法官、阿联酋迪拜金融中心法院首席法官出席了第二届论坛。

2.与上海财经大学共建自由贸易区司法研究中心

通过院校合作方式，将财经法律理论与司法实务紧密结合，共同推进自贸区司法前沿和保障问题研究。截至 2016 年 3 月底，双方已合作开展了 57 项自贸区法律适用调研课题研究，对自贸区金融、投资、贸易、知识产权、房地产、刑事、行政等诸多领域进行了深入研究，形成了一系列调研成果。上海一中院与上海财经大学联合创办的《自由贸易区司法评论》《自由贸易区法律适用》

《自由贸易法治评论》等三本出版物已由法律出版社公开出版,集中展现了上海一中院与上海财经大学就自贸区司法问题的合作调研成果。

3. 在系统内积极参与自贸区司法问题重点课题调研

自贸区成立以来,上海一中院积极参与最高法院重大理论及实践课题《中国(上海)自由贸易试验区司法保障及相关法律问题研究》、上海高院重点调研课题《涉中国(上海)自由贸易试验区金融审判司法保障问题研究》等多项涉自贸区课题研究。

此外,上海一中院还主动"走出去",积极了解自贸区建设发展情况,力求准确把握自贸区司法服务保障的现实需求。除院党组中心组赴自贸区学习考察外,院自贸区司法问题应对小组和研究小组多次赴自贸区管委会调研,并赴兄弟省市自贸区所在地法院进行交流调研。上海一中院还专门选派两名优秀青年法官到自贸区管委会挂职锻炼,在历练培养年轻法官的同时,对于法院紧贴实际,做好自贸区司法服务保障工作也不无裨益。

二、《上海市第一中级人民法院涉中国（上海）自由贸易试验区案件审判指引（试行）》的实践意义

为促进自贸区国际化和法治化营商环境的形成,充分发挥人民法院的审判职能作用,上海一中院根据法律法规以及相关规范性文件,结合审判实际,于2014年4月29日制定并公布了《上海市第一中级人民法院涉中国(上海)自由贸易试验区案件审判指引(试行)》(以下简称《审判指引》),充分发挥其在法律解释、填补漏洞方面的功能,以法治思维确保法律与政策在自贸区内的统一适用,在法治原则指导下再进一步推进改革创新。

《审判指引》共分七章一百条,分别为:总则、涉自贸区案件的立案与送达、涉自贸区案件的审理、涉自贸区案件的执行、涉自贸区案件的审判机制、涉自贸区的审判延伸工作,其中审理部分又根据合同、公司、金融、知识产权、劳动争议、房地产、行政、刑事等八大类案件具体分节规定。《审判指引》既有实体内容,又有程序规定;既有审判原则,又有具体指引意见;既有审判工作内容,又有审判机制建立,体系完整、内容全面。

（一）《审判指引》明确了涉自贸区案件的重要问题

1.《审判指引》对涉自贸区案件作了界定

何为涉自贸区案件是一个受到广泛关注和讨论的问题。《审判指引》参照《最高人民法院关于适用〈中华人民共和国涉外民事关系法律适用法〉若干问题的解释（一）》，将法律关系的主体、客体、法律事实作为区分的主要标准，规定"当事人一方或双方，公民的户籍地或经常居住地在自贸试验区内的，或法人、其他组织的住所地在自贸试验区内的；诉讼标的物在自贸试验区内的；产生、变更或者消灭民事关系的法律事实发生在自贸试验区内的；被诉行政行为的合法性审查涉及自贸试验区相关法律规定适用的"案件属于涉自贸区案件。

2.《审判指引》规定了涉自贸区案件的审判原则

结合自贸区的特点，从审判实际出发，《审判指引》将依法审判原则、鼓励创新与防范风险相结合原则、审判质量与效率统一原则确立为涉自贸区案件的审判原则，以此确保在案件审理过程中能够正确把握案件的审理方向。特别是在法律、法规没有规定或者需要协调法律与政策规定时，所规定的审判原则能够起到一定的指导作用，对法官的自由裁量权进行合理的规范。

3.《审判指引》确立了专项合议庭及跨庭约请的审判机制

为了确保涉自贸区案件的审判质量，保障法律适用统一，《审判指引》对现有的审判机制进行了改革创新，规定在成立"自贸区案件专项合议庭"的基础上，针对不同类型案件的专业需要，打破审判庭界限，跨审判庭约请法官临时加入专项合议庭审理相关案件，并对专项合议庭的审理范围、案件的移送等作了详细的规定。

（二）《审判指引》明晰了涉自贸区案件的法律适用

《审判指引》以为涉自贸区案件的审理提供指引为主要目的，以解决涉自贸区案件中的问题为导向，与审判实际紧密结合。

1.《审判指引》对涉自贸区案件中的合同效力认定提出判断标准

针对自贸区简政放权的趋势，《审判指引》严格规定认定合同无效的依据，明确不能将规章、地方性法规作为认定合同无效的依据，并将强制性规定区分为管理性强制性规定和效力性强制性规定,规定"仅违反管理性强制性规定的,不影响合同效力"。

2.《审判指引》对新类型合同的解释予以规定

自贸区的企业经营形态众多,会出现许多我国合同法没有明确规定的新型交易形态。这些交易在法律上即谓无名合同。对于这些无名合同的法律认定,实务中急需解决的方法。为此,《审判指引》规定"对于自贸试验区内出现的新类型无名合同,应根据国际交易的惯例,结合当事人的约定,公平、合理地分配合同当事人的权利、义务和风险"。对于我国法律无明文规定的无名合同,如果在国际商事交易中已有成熟的交易惯例,或在比较法中已有系统的可以参照的规定,可以参考国际商事交易习惯和比较法的相关内容,结合当事人的合同约定,妥善处理当事人之间的合同纠纷。

3.《审判指引》结合商事登记制度改革,对股东的真实义务和出资义务进行了规定

随着商事登记制度改革的落实和推进,原有的企业年检制度改为企业年度报告公示制度,注册资本实缴制度改为资本认缴登记制度。为了维护市场的交易秩序,确保年度报告的真实性和准确性,《审判指引》规定"自贸试验区内注册的公司如果在年度报告中进行虚假记载、误导性陈述或者存在重大遗漏、隐瞒公司真实情况等导致交易对方遭受损失的,公司及相关人员应当承担民事责任"。为了保护债权人的合法权益,防止出现"皮包公司"的情形,《审判指引》规定"自贸试验区注册的公司的股东未能按照公司章程的规定的时间和数额缴纳出资的,公司可以要求其在合理的期限内补缴,股东未能在合理期限内履行的,公司或者其他股东可以提起诉讼要求瑕疵出资的股东承担补足出资的责任。公司债权人可以请求未完全履行出资义务的股东在瑕疵出资本息范围内承担补充赔偿责任"。

4.《审判指引》结合自贸区金融改革,对金融创新等活动的法律认定规定了审理方向

金融制度改革是自贸区先行先试的重要内容之一,金融案件的审理相较于一般商事案件有其特殊之处,为此,《审判指引》规定要"审慎审理涉及金融

创新的各类金融纠纷案件,尊重当事人意思自治和国际惯例,保护金融消费者的合法权益,维护金融市场安全和交易效率"。对自贸区内的金融机构或专业从事金融服务、贸易的法人进行的金融创新活动,"虽然尚无相应的法律、法规对此作明确规定,但是属于相关主管部门关于推进自贸试验区建设的保障意见等规范性文件所准许事项范围的,应在维护金融秩序和保障金融市场安全的前提下,充分尊重当事人之间的约定"。《审判指引》又分别针对银行、保险、证券业的金融创新明确了审查标准,如对银行业的金融创新,规定"依法适用金融法律、法规,参照中国人民银行和银监会的相关规范性文件,对自贸试验区内人民币跨境使用、人民币资本项目兑换、利率市场化和外汇管理等银行业金融创新活动提供相应的司法保障。对与金融创新相关的交易行为所引发的纠纷,应加大对交易真实性的司法审查力度,有效防范人民币违法套利行为,规范金融市场秩序"。

5.《审判指引》结合自贸区对知识产权保护制度的要求,强化司法对知识产权的保护

自贸区所涉及的几大领域改革,必将带来大量新类型技术成果的创造和引进,《审判指引》分别就专利权保护、商标权保护、著作权保护、规范竞争等多个方面,对自贸区知识产权的保护进行了规定。如针对专利权保护,规定"合理界定专利权的保护范围,依法加大对自贸试验区金融、航运、商贸等领域改革试验带来的技术创新的保护力度,激发创新活力,促进技术信息的传播和利用"。此外,《审判指引》还对司法实践中知识产权案件的审理机制进行了优化,如规定"尝试建立法院聘请技术专家辅助查明技术事实的途径和方法,不断完善技术事实查明的手段";"探索通过庭前准备程序先行确定权利要求保护范围的裁判方法,提升专利纠纷的庭审质效和裁判水平"。

6.《审判指引》就自贸区内的房产特点作出有针对性的规定

自贸区内有专门为相关企业提供定制物业和专业配套服务,针对这一情形,《审判指引》规定"承租人在与出租人签订租赁合同前,先行对租赁房屋提出具体要求,出租人根据该要求进行定制的,双方应通过协议形式对定制的具体标准、违约责任等相关事项进行明确约定。违反该约定的,违约方应承担违

约责任。若双方当事人未能明确约定的，则可参照自贸试验区内的相关物业标准等确定违约责任"，为此类新型案件的审理提供裁判思路。

7.《审判指引》结合自贸区政府行政职能转变的需要，对涉自贸区案件中的行政法律适用规定了审判思路

自贸区作为试验区，各类法律法规的适用需要一定时间试错来逐步修正，应当允许先行先试，否则无法发挥试验区的功能。因此，为发挥涉自贸区行政审判的能动作用，《审判指引》规定，在法律、法规、规章未规定的情况下，对相关行政行为的审查可参考规范性文件的规定。此外，《审判指引》针对不同具体行政行为的类型规定了具体的审查依据。

8.《审判指引》区分情形，对涉自贸区案件中的刑事法律适用予以规定

由于自贸区在公司注册资本认缴、外商投资管理、外汇管理等方面进行了先行先试，为此，《审判指引》结合实际情况，对原有刑事相关罪名的适用条件予以了明确。根据 2014 年 4 月 24 日全国人民代表大会常务委员会通过的《关于〈中华人民共和国刑法〉第一百五十八条、第一百五十九条的解释》，《审判指引》规定了《刑法》第一百五十八条、第一百五十九条的规定只适用于依法实行注册资本实缴登记制的公司。故该法两条所涉及的罪名对自贸区内实行注册资本认缴制的公司不再适用。同时，《审判指引》针对走私、洗钱等常规犯罪，规定应严格依法追究刑事责任。

（三）《审判指引》完善了涉自贸区案件的仲裁前保全和强制执行机制

1.《审判指引》与仲裁相衔接，规定了当事人申请仲裁前保全的条件

现行民诉法规定仲裁前可采取保全措施，但基于缺少相关的配套实施细则，致使该项制度在司法实践中鲜有应用。在涉自贸区商事纠纷中，仲裁将成为解决纠纷的重要途径。对当事人而言，仲裁前能否有效保全证据（财产），是纠纷能否顺利解决的基础。对此，《审判指引》将仲裁前的保全予以细化，规定"申请人持保全申请书、书面仲裁协议（或内含有仲裁条款的书面合同）、有效担保及应当提交的其他材料，即可直接向本院申请仲裁前保全。本院经审查合乎法律规定后，即直接予以受理"。

2.《审判指引》对仲裁司法审查的双重救济予以了规范

在现行民诉法中，"撤销仲裁"和"不予执行仲裁裁决"的适法条件基本一致，为避免一些不守诚信的当事人以双重提起以及重复提起上述程序来拖延法院执行的情形发生，《审判指引》对这一现象予以了规制，以确保法院执行的效率，保障债权人的合法权益。

3.《审判指引》进一步优化执行权配置，提高执行效率

涉自贸区案件多为商事案件，其对执行透明度有着较高的要求。为此，《审判指引》规定"涉自贸试验区案件的被执行财产在自贸试验区内的，可聘请陪执员参与辅助执法，并探索选聘律师事务所等机构，负责涉自贸试验区执行案件部分辅助性事务的实施"。

（四）《审判指引》改进了涉自贸区案件的审理机制

1.《审判指引》支持和保障了仲裁机构涉自贸区仲裁规则的创新

2014年5月1日起，上海国际经济贸易仲裁委员会（上海国际仲裁中心）《中国（上海）自由贸易试验区仲裁规则》正式实施，该规则规定了友好仲裁、仲裁的临时措施、紧急仲裁庭等与国际仲裁规则相一致的新制度，而其他仲裁机构也有可能在其仲裁规则中做相同规定。为充分发挥仲裁在商贸领域纠纷解决的重要作用，《审判指引》规定"在审理涉自贸试验区仲裁案件时，对仲裁协议效力、证据规则、仲裁程序、裁决依据、撤销裁决审查标准、不予执行裁决审查标准等方面，尊重和体现仲裁制度的特有规律，最大程度地发挥仲裁制度在纠纷解决方面的作用"。同时，针对临时措施，规定"当事人根据有关仲裁机构的仲裁规则，向本院提出临时措施申请的，应及时审查并依法作出裁定"，以支持仲裁机构的制度创新，推动仲裁制度的发展。

2.《审判指引》强化专业陪审制度，提高涉自贸区案件的审判质量

由于涉自贸区案件的审理对专业知识有较高要求，为了避免人民陪审员"陪而不审、审而不议"的情况发生，积极发挥人民陪审员的功能，《审判指引》规定"针对涉自贸试验区专业案件的特点和要求，做好人民陪审员的工作，依法保障人民陪审员参加审判活动"，"参加自贸试验区案件专项合议庭的人民陪审员应具备与所审理案件相匹配的专业知识"，以此进一步提升案件审理

的质量。

3.《审判指引》注重精品案例发掘，为自贸区经验总结提供实践素材

自贸区典型案例有着指导、规范等多项功能，是自贸区先行先试司法经验的及时总结，也为自贸区审判经验的可复制、可推广提供实践素材。为此，《审判指引》规定，在审理涉自贸区案件时应注重精品案例的发掘和培育，充分发挥精品案例的指导作用。

4.《审判指引》加大涉自贸区案件的公开力度，增强司法的透明度

司法公开是人民法院提高司法公信力的重要抓手。裁判文书、审判流程和执行信息等司法公开三大平台建设更是人民法院当前工作的重中之重。对于自贸区的改革试验而言，司法公开就不仅仅是人民法院增加透明度的工作要求，而且是具有保障交易安全、充分披露区内企业信息的现实需要。因此，在涉自贸区的诉讼中应有更大的司法公开度，企业的涉诉信息、执行信息应予以充分、及时、有效的披露，从而有效保护交易安全。《审判指引》规定"本院审理的涉自贸试验区案件，除依法不得公开的案件外，一律在互联网站上公开发布裁判文书"；"本院受理涉自贸试验区案件时，应依法向当事人发送《司法公开告知书》，告知当事人司法公开的相关事项"。

三、上海一中院涉自贸区案件的基本特点

（一）总体情况

从收案趋势看，自贸区扩容对涉自贸区案件上升影响较大。附图 1 展现了上海一中院自 2013 年第四季度以来各季度涉自贸区案件收案趋势（上海一中院首例涉自贸区案件收于 2013 年 10 月 28 日），收案数两个增长季分别为 2014 年第二季度、2015 年第三季度，2014 年第二季度之前收案数每个季度仅为个位数（2013 年第四季度收案数为 2 件，2014 年第一季度收案数为 6 件），2014 年第二季度以后至 2015 年第二季度，每个季度季均收案数约 38 件，2015 年第三季度后每个季度季均收案数约 188 件，大幅上升。自贸区设立于 2013 年 9 月 29 日，扩容于 2014 年 12 月 28 日，面积由 28.78 平方公里扩容至 120.72 平方公里，而上海一中院受理的涉自贸区案件大部分为二审案件，加

上一审程序六个月审限,恰好为两个增长季。

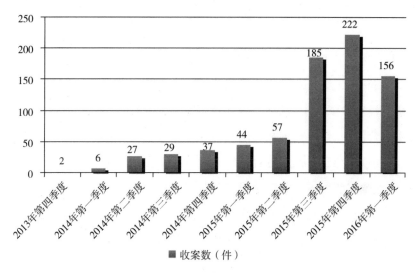

附图1 收案趋势情况

从案件类型看,八成以上为民事二审案件。上海一中院受理的765件涉自贸区案件中,民事案件有707件,占比92.4%;刑事案件9件,占比1.2%;行政案件3件,占比0.4%;执行案件46件,占比6%。从审理程序看,一审案件83件,占比10.8%;二审案件632件,占比82.6%;执行案件46件,占比6%;申诉及请示等其他案件4件,占比0.5%(见附图2)。

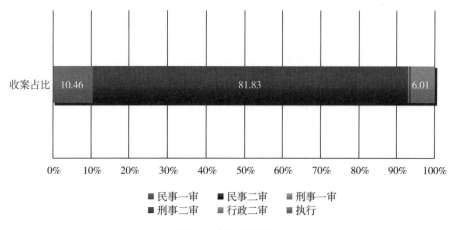

附图2 案件类型分布

从案由分布看,相对较为集中,75%以上为与合同有关的纠纷。上海一中院受理的涉自贸区案件中,与合同有关的纠纷有577件,占比75.4%。如附表1所示,收案最高的前六类案件均为与合同有关的纠纷,其中买卖合同纠纷（占比18.6%）、房屋拆迁安置补偿合同纠纷（占比18.3%）、劳动合同纠纷（占比10.8%）收案占比超过百分之十,三类案件占涉自贸区案件收案近一半。在涉自贸区案件中,也不乏国际货物买卖合同纠纷、网络购物合同纠纷、融资租赁合同纠纷、委托理财合同纠纷、进出口代理合同纠纷、保理合同纠纷、建筑设备租赁合同纠纷、展览合同纠纷、劳务派遣合同纠纷以及与公司设立、股东出资、股权变更等有关的纠纷,如请求变更公司登记纠纷、公司减资纠纷、公司解散纠纷、公司债券交易纠纷、公司证照返还纠纷、股东出资纠纷、股东资格确认纠纷、股权转让纠纷等各类纠纷,只是占比不高。

附表1　收案TOP6案由

案由	收案数（件）	占比（%）
买卖合同纠纷	143	18.6
房屋拆迁安置补偿合同纠纷	140	18.3
劳动合同纠纷	83	10.8
金融借款合同纠纷	40	5.2
服务合同纠纷	23	3.0
其他合同纠纷	23	3.0

从自贸片区分布情况看,八成案件涉及外高桥保税区及外高桥保税物流园区。如附图3所示,上述案件中,涉及自贸区原四个海关监管区的案件占90.7%（其中涉及外高桥保税区及外高桥保税物流园区的案件占80.5%;涉及洋山保税港区的案件占9.1%;涉及上海浦东机场综合保税区的案件占1.1%）;涉及陆家嘴金融贸易区的案件占5.6%;涉及张江高科技园区的案件占2.9%;涉及金桥出口加工区的案件占0.8%。

从当事人情况看,当事人双方住所地在自贸区内的数量相当,其中以注册地在自贸区内为主。如附图4所示,一审案件中,原告/申请人住所地在自贸

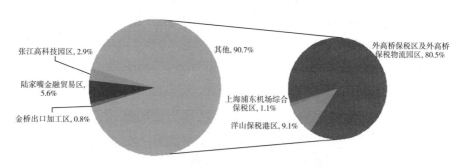

附图3 自贸片区分布

区内的占 53.7%,被告/被申请人住所地在自贸区内的占 46.3%;二审案件中,原审原告住所地在自贸区内的占 48.8%,原审被告住所地在自贸区内的占 50.6%,原审第三人住所地在自贸区内的占 0.6%。在全部涉自贸区案件中,59.3%的案件当事人注册地与实际经营地一致均在自贸区内,39.1%的案件当事人注册地在自贸区内,前两者占比 98.4%。

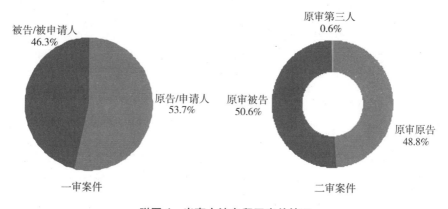

附图4 当事人涉自贸区案件情况

从原审法院看,二审案件中原审法院为浦东法院的案件占比 92.9%。从上海一中院受理的 632 件二审案件的原审法院分布看(见附图 5),原审法院为浦东法院的案件数为 587 件,占比 92.9%;原审法院为徐汇法院的案件数为 22 件,占比 3.5%;原审法院为长宁法院的案件数为 11 件,占比 1.7%;原审法院为闵行法院的案件数为 10 件,占比 1.6%;原审法院为金山法院、松江法院的案件数分别为 1 件,占比 0.2%。从上述几组数据来看,涉自贸区案件的原审法院以浦东法院为主,由于连接点不同,也呈现出一定的溢出效应。

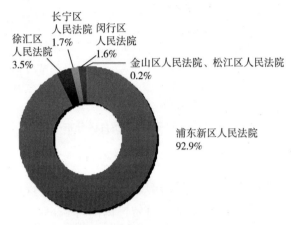

长宁区
人民法院
1.7%

闵行区
人民法院
1.6%

徐汇区
人民法院
3.5%

金山区人民法院、松江区人民法院
0.2%

浦东新区人民法院
92.9%

附图5　原审法院分布

从诉讼标的额情况看,民事涉自贸区案件诉讼标的额占诉讼标的总额一成多。2013 年 12 月 26 日至 2016 年 3 月 31 日,上海一中院审结的民事案件共 35873 件,诉讼标的额总计 402.88 亿元,其中涉自贸区民事案件共 632 件,诉讼标的额总计 48.85 亿元,案件量及诉讼标的额分别占比 1.8%、12.1%。

（二）类案情况

1.投资贸易类纠纷

一是案件类型多样,且所涉案件类型与片区分布具有较强的关联性。现有案件涵盖了仓储合同纠纷、买卖合同纠纷、委托合同纠纷、服务合同纠纷、运输合同纠纷、加工承揽合同纠纷等,涉案类型较广。从案件的分布区域看,这些案件主要集中在保税区以及金桥片区,这与上述区域内多物流、仓储产业的特征紧密相关。

二是由初期的内资企业涉诉案件为主逐步转变为涉外投资贸易纠纷为主。自贸区专项合议庭设立之初受理的案件绝大多数都为内资企业之间的纠纷。这是由于在自贸区设立之前,上海市外高桥保税区、外高桥保税物流园区、洋山保税港区和上海浦东机场综合保税区域内主要以内资企业为主。自贸区成立之后,外资企业大量在自贸区设立,尤其是在自贸区扩容之后,涉诉外商投资企业占比大幅提高。

三是自贸区内仓储合同纠纷多与跨国仓储企业有关。随着自贸区物流业务的不断发展，外资仓储企业在中国的业务迅速扩张，致使其不得不依赖国内一些第三方物流公司来代替其货物监管，而非由其直接经营管理。由于外资仓储公司对其委托存储保管的货物不具有直接控制权，致使货物被多次重复质押贷款，引发系列信贷纠纷及仓储合同纠纷。

四是新设公司涉诉逐渐增多。自贸区设立后，为享受到自贸区带来的各项便利条件，大量企业在区内注册。随着企业入驻潮后新设企业逐步步入常态运营阶段，涉及新设公司的法律纠纷逐步出现，相关贸易纠纷及与公司自身设立、股权转让等相关的纠纷逐渐增多。

五是涉外商事纠纷审理难度大。随着自贸区内相关市场主体在跨境贸易领域参与度的增强，上海一中院受理的自贸区涉外案件也明显增多。审理过程中发现，这些涉外案件在送达以及涉小语种的诉讼文件翻译等方面存在不同程度的困难，影响案件审理的进度。此外，在国际贸易纠纷案件中，因当事人签署的合同文本或系境外形成，或以外文形式呈现，或争议标的物在境外，致使对于与合同履行相关的证据审查带来一定难度。随着自贸区开放领域的扩大和各类跨境贸易的发展以及各项改革与开放措施逐步落实，区内市场主体和交易过程中的涉外因素将进一步凸显，自贸区涉外案件的复杂性将不断显现。

2. 金融商事类纠纷

一是传统类金融借款纠纷占比较大。自贸区金融改革政策不断落地，但各金融机构实施的金融创新行为仍处在摸索和实践中，目前与自贸区金融改革政策相关的纠纷尚未产生。受国家经济产业结构调整的影响，部分与钢材、铁矿等行业相关的企业的经营状况有所下滑，导致与这些企业关联的金融借款合同纠纷案件数量有所攀升。

二是案件因区域而产生聚集效应。由于大部分金融机构及其主要分支机构均集中在陆家嘴及张江等自贸区扩容区，尤其是陆家嘴金融片区内，因此，这些区域内案件金融特色突出。

三是案件法律关系日趋复杂，法律规范相对欠缺。随着金融创新的不断发展，加之自贸区对金融创新的政策支持，诸多自贸区内设立的金融机构或有金融业务经营许可的企业开展了商业模式较为新颖的金融创新业务，如目前自贸区内发展迅速的商业保理业务。但由于针对金融创新业务的法律规范较为缺失，导致纠纷发生后对于相关合同的法律效力及当事人权利义务难以界定，而案件的审理结果却对行业规则的设立及市场主体的利益影响较大。

3.经济类犯罪

一是涉案金额巨大。自贸区经济贸易活动标的额往往较大，由此引发的偷逃税款、外汇、金融诈骗案件的涉案数额也呈现出数额巨大的特点，对国家、社会和个人造成经济损失较普通案件更大。上海一中院审理的两起涉自贸区经济犯罪案件，涉案金额均在千万元以上。

二是利用自贸区政策便利实施犯罪，作案手法隐蔽。自贸区为有力促进跨境贸易发展，制定和实行了有关外汇汇率、外贸税率等一系列优惠政策，使得跨境贸易成本降低、便捷高效，入驻企业以涉外商贸业务为主。不法分子为牟取非法利益，假借转口贸易等跨境贸易活动的环节复杂、真假难辨、境外取证难及境内外经贸制度的差异等因素，故意虚构跨境贸易项目，使用虚假单证，实施逃汇犯罪，或以伪报品名、低报价格、少报数量等手段，走私货物。

三是国际化犯罪趋势明显，案件敏感度高。涉自贸区刑事案件通常发生在国际贸易过程中，如上海一中院审理的两起案件，分别涉及与他国的转口贸易和货物进出口，此类案件的审理直接关系国际贸易发展，需要审慎研判，做好法律适用工作。

四、上海一中院涉自贸区典型案例

上海一中院审理的765件涉自贸区案件涵盖了刑事、民事、商事、知识产权、行政和执行等各个领域，现从中选取出14件具有代表性的案例，以规范和指导涉自贸区案件审判、总结审判经验、促进适法统一。

（一）泰格实业（上海）有限公司、王国明等人走私普通货物案①

1. 基本案情

经审理查明：2007 年 2 月，被告单位泰格实业（上海）有限公司（以下简称泰格公司）的投资人、原总经理王国明在该公司进口皮革助剂、制革机械设备零件等货物过程中，决定低报价格走私进口，并指使员工制作低于实际成交价格的发票、合同等向海关申报。2011 年 4 月，王国明转让泰格公司股权并辞去公司职务，但仍实际控制公司，并要求公司继续采用上述低价报关的方法走私进口货物直至案发。2008 年 1 月至 2010 年 3 月，被告人曹翔受王国明指使制作上述虚假单证，此后曹将该方法传授给继任者被告人刘森，由刘继续采用相同方式向海关申报。经核定，泰格公司、王国明走私进口上述货物共计 728 票，偷逃应缴税额 1866 万余元，曹翔、刘森分别参与偷逃应缴税额 675 万余元和 746 万余元。

2013 年 4 月 1 日，被告人曹翔、刘森在接受侦查机关调查时，如实供述了上述走私事实；当日，被告人王国明被抓获归案。案发后，泰格公司退缴税款900 万元。

2. 裁判结果

上海一中院认为，被告人王国明作为被告单位泰格公司直接负责的主管人员，被告人曹翔、刘森分别作为泰格公司其他直接责任人员，在该公司进口货物过程中，违反海关法规，逃避海关监管，采用低报价格的方法进口货物，共计偷逃税款 1866 万余元，其中曹翔、刘森分别参与偷逃税款 675 万余元和 746万余元；其行为均已构成走私普通货物罪，且情节特别严重。公诉机关指控的犯罪事实和罪名成立，依法予以支持。

被告人王国明系被告单位泰格公司的投资人，在该公司走私犯罪中起决策作用，且系非法利益的直接获益人，系主犯；被告人曹翔、刘森受指使制作虚假单证，在该公司走私犯罪中处于从属地位，且未直接获取非法利益，系从犯。曹翔、刘森具有自首情节。案发后，泰格公司主动退缴部分偷逃税款，国家税

---

① （2014）沪一中刑初字第 122 号。

款损失得到部分挽回。

王国明被逮捕后如实供述所犯罪行可认定具有坦白情节，但泰格公司和王国明不具有自首情节。第一，王国明系被侦查机关抓获到案，且到案之初否认实施走私犯罪行为，被逮捕后才如实交代。第二，曹翔、刘森系被告单位其他直接责任人员，不能代表被告单位的意志，其也未经被告单位直接负责的主管人员授权投案自首，故曹、刘二人的自首不能及于被告单位。第三，王国明主动交代其离职后实施走私犯罪的相关事实与侦查机关掌握的系同种罪行。

上海一中院判决：被告单位泰格公司犯走私普通货物罪，判处罚金人民币1870万元；被告人王国明犯走私普通货物罪，判处有期徒刑十年；被告人曹翔犯走私普通货物罪，判处有期徒刑三年，缓刑三年；被告人刘森犯走私普通货物罪，判处有期徒刑三年，缓刑三年；走私违法所得予以追缴。

一审判决后，被告均未上诉，一审判决已生效。

3. 典型意义

本案是自贸区成立以来，上海一中院审理的首起涉自贸区走私案件，在审查证据、适用法律等方面对此后同类案件具有示范引领作用。本案系一起以低报价格、伪造单证方式走私的典型案件，实践中以此种方式走私普通货物的案件不在少数，本案对于其他同类案件的审理也具有一定的参考作用。本案涉及走私案件中自首的认定、主从犯的区分以及从宽情节的把握等疑难争议问题，在适用法律方面具有一定的难度。

（二）上海浦东新区城市建设动拆迁有限公司诉上海百艺珠宝有限公司等房屋买卖合同纠纷案①

1. 基本案情

2013年9月，上海浦东新区城市建设动拆迁有限公司（以下简称城建公司）与上海百艺珠宝有限公司（以下简称百艺珠宝）签订《房地产转让协议书》，约定：百艺珠宝向城建公司转让系争房地产，总价款为12700万元；鉴于该房地产项下存在司法查封，由城建公司直接向查封法院支付全部执行款，以

---

① （2014）沪一中民二（民）终字第2616号。

保证撤销查封及后续交易过户手续顺利进行。同日,五名保证人向城建公司出具《不可撤销的担保书》。其后,城建公司依约为百艺珠宝代偿法院执行款而支付了购房款计5000余万元,但百艺珠宝未履行合同义务。城建公司遂起诉,请求法院判令百艺珠宝履行系争房地产的过户、交房义务,并支付违约金,且五名保证人承担连带责任。

2. 裁判结果

一审法院判决:百艺珠宝消除系争房地产上的抵押权,并履行相应的过户、交房义务,城建公司在系争房地产过户、交付后支付购房余款。百艺珠宝还应支付逾期过户及交房的违约金(按总房价的日万分之五计算),且五名保证人对前述违约金的付款义务承担连带责任。

上海一中院认为,本案二审的主要争议焦点是:《房地产转让协议书》的性质及效力如何认定;百艺珠宝是否存在违约行为,合同约定的违约金是否需调整。第一,《房地产转让协议书》约定符合房屋买卖的合同要件,可认定双方之间为房屋买卖合同法律关系,协议系双方真实意思表示,应属有效。百艺珠宝无证据证明该协议实为借款协议。一审期间,抵押权人明确同意抵押物转让,城建公司亦愿意以购房余款代偿相关债务以涤除抵押权,故转让协议继续履行并无法律障碍。第二,城建公司代付执行款后,百艺珠宝未能依约履行过户、交房等义务,应承担违约责任。城建公司的违约责任体现在未及时支付应付的房款上,故双方约定其违约金计算基数为"未付款项";而百艺珠宝的违约责任体现在未及时履行过户及交房上,故双方约定其违约金计算基数为"总房价",上述约定合理妥当。同时,百艺珠宝既已同意在协议生效后三个月内完成过户、交房,即便因故未能及时完成,但非法定事由,不能免除违约责任。百艺珠宝就重新认定违约金起算时间及调低违约金承担比例的上诉请求,依据不足。上海一中院判决:驳回上诉,维持原判。

3. 典型意义

正确处理自贸区内的房地产纠纷,对维护自贸区内企业的经营秩序与交易安全具有重要意义。本案系上海一中院受理的首例标的过亿元的涉自贸区房地产纠纷案件,涉及法律问题较多,包括协议的性质、效力,协议履行的可能性,违约金约定的合理性,违约金起算时间等。该案裁判不仅对自贸区内主体进行房地产交易提供了规范性指导,更对此后法院处理类案提供了有益的借鉴,为维护自贸区房地产市场秩序发挥了积极作用。此外,本案系争房地产为自贸区内的人才公寓,尚有知名企业员工百余人长期居住,权属的变更、房屋的用途涉及多方利益,上海一中院依法作出公正裁判,避免了可能引发的社会矛盾,实现了法律效果与社会效果的有机统一。

(三)秦俭文诉赛默飞世尔科技(中国)有限公司劳动合同纠纷案①

1. 基本案情

秦俭文原系赛默飞世尔科技(中国)有限公司(以下简称赛飞公司)员工,劳动合同约定秦俭文担任大区销售经理,公司实行每天工作 8 小时,平均每周不超过 40 小时的工时制度。2014 年 3 月 7 日,赛飞公司向秦俭文发出转岗通知,将其工作岗位调整为新医院项目经理,工作性质为销售人员。秦俭文于 2014 年 3 月 20 日左右到岗,该岗位仅有秦俭文一人,办公场所位于赛飞公司新金桥路 27 号办公区,该办公区一楼的入口处于 2014 年 1 月 28 日左右安装了进出闸机系统。

2014 年 6 月 11 日,赛飞公司向秦俭文发出解除劳动合同通知,称"……工作态度极差……工作均未按要求办理……经常处于无故旷工缺勤的状态……严重违反了企业的规章制度……解除与你的劳动合同……"。秦俭文遂提起仲裁申请,要求赛飞公司恢复与其的劳动关系,并按照每月 30000 元标准支付工资。后秦俭文不服仲裁裁决,诉至法院。

2. 裁判结果

一审法院认为,赛飞公司以秦俭文不接受公司正常的工作安排及经常无故旷工缺勤为由解除双方的劳动合同,应对上述解除事由的存在承担举证责任,然其举证不能证明自身主张,故解除行为违法。同时相关岗位目前并未安排新人接替,存在恢复劳动关系的可能性,故判决恢复双方的劳动关系,且赛飞公司支付秦俭文相应期间的工资。

---

① (2015)沪一中民三(民)终字第 689 号。

上海一中院认为,本案的争议焦点主要是:赛飞公司解除与秦俭文的劳动合同是否符合法律的规定;秦俭文原岗位即新医院项目经理一职是否已经由他人担任。第一,赛飞公司以秦俭文未定期提交工作报告、不接受公司工作安排以及经常处于无故旷工缺勤状态为由解除双方劳动关系。赛飞公司应当就此承担举证责任,但公司在原审中作为证据提供的电子邮件均系打印件,不符合证据形式要件,其他证据亦不足以证明赛飞公司的相关主张,且二审中亦未进一步提供相应的证据。因此赛飞公司系违法解除劳动合同。第二,赛飞公司于二审中提供的证据已形成较为完整的证据链,能够证明秦俭文的原岗位已经由他人担任,双方劳动合同无法继续履行。上海一中院依法改判:撤销原审判决;赛飞公司向秦俭文支付违法解除劳动合同的赔偿金。

3. 典型意义

正确处理自贸区内的劳动争议纠纷,对维护自贸区内企业人力资源管理的自主权及劳动者的合法权益具有重要意义。本案中的用人单位是一家注册地在自贸区的外资企业,系争事由涉及自贸区企业高级管理人员的违法解除劳动合同赔偿金问题。本案所涉法律问题集中体现了涉自贸区劳动争议案件的特质,不仅对自贸区内劳动争议案件的审理具有参考价值,也为今后同类型案件的审理提供了指导。

(四)华宝信托有限责任公司诉陈大宁等股东损害公司债权人利益责任纠纷案①

1. 基本案情

经法院生效判决确定,华宝信托有限责任公司(以下简称华宝公司)对债务人上海锦亭餐饮有限公司(以下简称锦亭公司)享有250万元借款债权,上述债权锦亭公司未能清偿。锦亭公司系中外合资企业,工商登记股东为上海小亭实业有限公司(以下简称小亭公司)和香港华宁集团有限公司(以下简称香港华宁公司)。香港华宁公司委派其法定代表人陈大宁担任锦亭公司的董

---

① (2015)沪一中民六(商)终字第S410号。

事长。2006年6月,经法院生效裁定认定,香港华宁公司的主体并不存在。2012年,华宝公司向法院申请对锦亭公司进行清算。同年9月,法院以锦亭公司的清算义务人未及时依法清算导致公司财产、账册等重要文件和公司人员下落不明,造成公司无法清算为由,裁定终结强制清算程序。华宝公司为实现其债权,现起诉要求小亭公司、陈大宁对锦亭公司未清偿的债务承担赔偿责任。

2. 裁判结果

一审法院判决小亭公司、陈大宁对锦亭公司所欠华宝公司的未清偿款项承担连带清偿责任。

上海一中院认为,根据公司法及相关司法解释的规定,对华宝公司的债权损失需承担赔偿责任的主体应是对锦亭公司负有清算义务的人。本案中,锦亭公司系中外合资经营企业,其登记的外方股东为香港华宁公司,故香港华宁公司依法是负有清算义务的责任主体。然而,经法院生效裁定认定,香港华宁公司的主体并不存在,在此情况下,陈大宁作为香港华宁公司资料的签字确认人及香港华宁公司的法定代表人,其对香港华宁公司主体不存在的事实以及提交材料的虚假性应当是明知的,且对此负有过错。同时,陈大宁又是香港华宁公司委派的锦亭公司的法定代表人,故香港华宁公司对锦亭公司的清算责任依法应由陈大宁承担。上海一中院判决:驳回上诉,维持原判。

3. 典型意义

本案债权人华宝公司系注册在自贸区内的法人。华宝公司以债权人身份要求债务人锦亭公司的股东对锦亭公司未清偿的债务承担赔偿责任,而被告陈大宁的身份表面看来并不是法律规定的锦亭公司的清算义务人,由于锦亭公司的外方股东香港华宁公司的主体并不存在,故其也无法承担清算义务。如果机械套用法条的字面意思,则会产生锦亭公司没有外方股东来承担相应责任的结果,华宝公司的债权损失将得不到有效保护。因此,判决以陈大宁系香港华宁公司虚假资料的签字确认人及香港华宁公司记载的法定代表人的身份为基础,认定陈大宁对锦亭公司外方股东主体不存在的结果负有过错。判决结果切实保护了债权人的利益,防止责任人逃避责任。

(五)西门子国际贸易(上海)有限公司诉上海黄金置地有限公司申请承认与执行外国仲裁裁决案①

1. 基本案情

上海黄金置地有限公司(以下简称黄金置地公司)及西门子国际贸易(上海)有限公司(以下简称西门子公司)均为注册在上海自贸区内的外商独资企业。2005 年 9 月 23 日,双方签订了《货物供应合同》,约定西门子公司向黄金置地公司提供相应设备,且合同争议须提交新加坡国际仲裁中心进行仲裁解决。为履行上述合同,西门子公司从境外购买了合同项下的设备,先运至上海自贸区内,办理相关报关手续后,最终在黄金置地大厦工地履行了交货义务。后因合同履行发生争议,黄金置地公司遂于 2007 年 9 月 21 日向新加坡国际仲裁中心申请仲裁,以西门子公司交付的设备存在质量问题为由,要求其承担违约责任。西门子公司则提出仲裁反请求,要求黄金置地公司支付尚欠的合同货款。仲裁庭于 2011 年 8 月 16 日作出裁决,驳回了黄金置地公司的全部仲裁请求,支持了西门子公司的反请求。上述仲裁裁决作出后,黄金置地公司仅部分履行裁决项下的支付义务,故西门子公司向我国法院申请承认并执行上述仲裁裁决。

2. 裁判结果

上海一中院认为,本案系争合同表面上看并不具有典型的涉外因素。然而,纵观本案合同所涉的主体、履行特征等方面的实际情况,该合同当前存在与普通国内合同有明显差异的独特性,可以认定为涉外民事法律关系:第一,本案合同的主体均具有一定涉外因素。西门子公司与黄金置地公司虽然都是中国法人,但注册地均在上海自贸区的区域内,且均为外商独资企业,此类主体与普通内资公司相比具有较为明显的涉外因素。第二,本案合同的履行特征具有涉外因素。合同项下的标的物设备虽最终在境内工地完成交货义务,但该设备系先从我国境外运至上海自贸区内进行保税监管,再根据合同履行

---

① (2013)沪一中民认(外仲)字第 2 号。

需要适时办理清关完税手续、从区内流转到区外，至此货物进口手续方才完成，故合同标的物的流转过程也具有一定的国际货物买卖特征，与一般的国内买卖合同纠纷具有较为明显的区别。综上，本案合同关系符合《最高人民法院关于适用〈中华人民共和国涉外民事关系法律适用法〉若干问题的解释（一）》第一条第五项规定的"可以认定为涉外民事关系的其他情形"，因此双方约定将合同争议提交新加坡国际仲裁中心进行仲裁解决的条款有效。据此，上海一中院裁定：对新加坡国际仲裁中心的仲裁裁决的法律效力予以承认并执行。

3.典型意义

本案双方当事人约定合同争议须提交外国仲裁机构进行仲裁解决，影响该条款效力的关键在于系争合同关系是否具有涉外因素。本案涉及两个中国法人之间在中国境内履行的买卖合同，审判实践中一般认为此类合同并不具有涉外因素。然而，由于双方当事人在主体性质以及合同履行环节均涉及自贸区的特殊性，法院认为在当前上海自贸区推进投资贸易便利的改革背景下，上述涉外因素更应给予必要重视。本案的裁判结果体现了保护当事人意思自治，改善自贸区营商环境的精神，对今后涉上海自贸区的同类案件审理和我国仲裁制度的进步具有积极意义。

（六）上海丰鼎益环保科技有限公司诉上海真子琴环保科技有限公司股东出资纠纷案①

1.基本案情

2010年4月，上海丰鼎益环保科技有限公司（以下简称丰鼎益公司）由白雪凤、东莞丰裕电机有限公司、上海真子琴环保科技有限公司（以下简称真子琴公司）共同发起设立，注册资金300万元。丰鼎益公司章程规定，真子琴公司认缴注册资本为120万元，2010年4月16日前，真子琴公司应出资24万元；2010年12月31日前，真子琴公司应出资36万元；2011年5月31日前，真子琴公司应出资60万元。2011年5月19日，丰鼎益公司召开股东会，形成

---

① （2015）沪一中民六（商）终字第595号。

了解散公司和成立清算组的决议。2013 年 9 月 22 日,法院依申请裁定受理丰鼎益公司强制清算一案,并指定了某律所为清算管理人。根据审计报告和工商登记资料,截至法院受理该强制清算案时,丰鼎益公司只收到各股东第一期出资,实收资本仅 60 万元。丰鼎益公司仍有 240 万元注册资金尚未到位,其中真子琴公司有 96 万元注册资金未到位。丰鼎益公司遂起诉要求真子琴公司补缴注册资本 96 万元。

2. 裁判结果

一审法院认为丰鼎益公司于 2011 年 5 月 19 日形成的解散公司决议并不具有减资效力,判决真子琴公司向丰鼎益公司缴付出资款 96 万元。

上海一中院认为,公司解散后应对公司所有财产进行清算,其中既包括公司现有资产,亦包括公司对外债权,公司股东尚未缴纳的出资款是公司对股东所享有的债权。根据《最高人民法院关于适用〈中华人民共和国公司法〉若干问题的规定(二)》的相关规定,公司解散时,缴纳期限尚未届满的出资亦应纳入清算财产,故真子琴公司的出资期限在股东决议解散公司时无论是否已经届满,其均应在公司解散清算时依法补缴相应的出资款。2014 年 3 月 1 日起实施的新的公司法虽然将公司注册资本由实缴登记制变更为认缴登记制,但并未免除股东按期足额缴纳出资款以及在公司清算时补足出资款的义务。真子琴公司主张解散决议形成时尚未缴纳的出资款即应视为对公司的减资,于法有悖。故真子琴公司仍应向丰鼎益公司交付出资款 96 万元。上海一中院判决:驳回上诉,维持原判。

3. 典型意义

公司注册资本由实缴登记制变更为认缴登记制后,对于公司股东的权利义务及公司债权人的保护等问题,在司法实践中产生了诸多争议。该案对公司股东在公司解散清算过程中是否应补缴公司解散决议作出时出资期限尚未届满的出资款问题予以厘清,对自贸区内依据新的公司法登记注册的大量企业的投资者具有较强的法律引导作用,对今后此类案件的审理具有一定指导意义。

（七）上海容宇服装有限公司诉金宝洋行有限公司国际货物买卖合同纠纷案①

1. 基本案情

金宝洋行有限公司（以下简称金宝洋行）受案外人康廷宝公司委托,代理境外公司 BAG 集团（系美国公司）与上海容宇服装有限公司（以下简称容宇公司）洽谈服装进口事宜。2010 年 7 月 27 日至 2011 年 4 月 19 日期间,容宇公司多次以海运或空运的方式向 BAG 集团发送服装,其开具的发票记载买方为 BAG 集团。2011 年 2 月 25 日金宝洋行转发给容宇公司的电子邮件显示,客户名称为 BAG 集团,供应商为容宇公司。容宇公司于 2011 年 4 月 11 日从金宝洋行收到货款 19293.07 美元,后未再收到货款。容宇公司遂以其与金宝洋行之间存在买卖合同关系、金宝洋行拖欠货款为由提起诉讼。金宝洋行辩称:其仅系 BAG 集团的代理人,容宇公司系直接与 BAG 集团发生买卖合同关系;容宇公司曾就相关货款以 BAG 集团为被告向美国某法院提起过诉讼,后又申请撤诉。因金宝洋行非系美国诉讼案件的当事人,故其无法就域外调取的美国法院的立案材料办理相应的认证手续,但该些证据足以证明容宇公司对买方系 BAG 集团是明知并确认的。

2. 裁判结果

一审法院认定容宇公司提供的证据足以证明其与金宝洋行之间存在货物买卖合同关系,判决金宝洋行向容宇公司支付货款和逾期付款利息。

上海一中院认为,金宝洋行提交的容宇公司起诉 BAG 集团的美国法院立案文件虽因客观原因无法办理认证手续,但因上述证据来源于域外官方网站,其内容表明容宇公司曾在美国以买卖合同为由起诉 BAG 集团要求其支付货款,诉请的货款金额与本案诉请金额一致,所称的买卖货物亦为服装,该些证据与金宝洋行提交的双方往来电子邮件及容宇公司开具的发票能够相互印证,故法院对其真实性予以确认,并据此认定容宇公司在系争国际货物买卖合同中的交易相对方是 BAG 集团,容宇公司无权要求金宝洋行承担该合同项下

---

① （2015）沪一中民四（商）终字第 S47 号。

义务。上海一中院依法改判：撤销原审判决；驳回容宇公司全部诉讼请求。

3. 典型意义

本案系自贸区涉外商事案件，本案审理所采用的域外电子证据的认定规则对自贸区涉外商事案件的审理具有较强的指导意义。在境外形成的证据，原则上应当依照最高人民法院《关于民事诉讼证据的若干规定》第十一条的规定进行公证、认证，但对于域外电子证据而言，若证据来源于域外官方网站，且相应证据的真实性经由其他证据或者通过其他手段可以相互印证的，则即使该电子证据未办理公证、认证手续，亦应推定其为真实有效，法院可以采纳作为定案依据，除非有相反证据予以推翻。

（八）卡得万利商业保理（上海）有限公司诉福建省佳兴农业有限公司、陈小峰商业保理合同纠纷案[①]

1. 基本案情

卡得万利商业保理（上海）有限公司（以下简称卡得万利公司）与福建省佳兴农业有限公司（以下简称佳兴公司）于 2014 年 11 月 12 日签订《商业保理申请及协议书》和《商业保理确认书》，其中记载佳兴公司合同签订前 3 个月的经营总额为 4095861 元。双方约定佳兴公司向卡得万利公司转让其合同签订后 POS 机上形成的所有应收账款及其收款权利，获得临时应急资金，合同到期日为 2015 年 3 月 10 日，卡得万利公司承购账款总额为 2293292 元，融资对价款为 538000 元；保理手续费为每月 2%，总计 32280 元。双方同时约定，佳兴公司的还款方式为每日固定偿还 6184 元，每月最低还款需达到 179333 元，逾期偿还则按融资对价款的 5‰ 每日计付违约金。卡得万利公司于 2015 年 1 月 14 日在中国人民银行征信中心就系争被转让应收账款进行了登记，载明转让财产为佳兴公司从 2014 年 12 月 8 日起至 2015 年 3 月 7 日经营期间内通过银联商务 POS 机产生的所有应收刷卡交易额。卡得万利公司在约定的 538000 元融资对价款中扣除保理手续费 32280 元及人民银行登记费 100 元后，于 2014 年 12 月 8 日向佳兴公司支付融资对价款 505620 元。后

---

① （2015）沪一中民六（商）终字第 640 号。

因佳兴公司未能按期偿付，卡得万利公司遂诉至法院。法院经审理查明，卡得万利公司未对佳兴公司的经营状况进行过核实，《商业保理确认书》中记载的佳兴公司融资前的经营数额均为虚构。

2. 裁判结果

一审法院认为，涉案《商业保理申请及协议书》《商业保理确认书》系当事人真实意思的表示，内容不违反法律、行政法规的强制性规定，合法有效，遂判决佳兴公司向卡得万利公司偿付融资对价款并支付相应违约金，且陈小峰对此承担连带清偿责任。

上海一中院认为，商业保理法律关系中，可转让的未来债权应具有合理可期待性与确定性。本案中，佳兴公司在保理合同签订时确认的经营状况并非属实，卡得万利公司亦未对此进行必要核实，其仅依据佳兴公司虚构的经营状况不足以对本案所涉未来债权产生合理期待，且此种非确定性的未来债权不具备债权转让之法律基础，故双方的法律关系不符合商业保理的基本法律特征。此外，双方约定每日定额归还欠款的还款方式使得佳兴公司除承担出让债权的合同义务外，还需通过每日还款弥补卡得万利公司因受让债权未实际发生所致损失，由此被转让债权的相应信用风险并未转移，这亦不符合商业保理法律关系的特征。据此，上海一中院认定佳兴公司和卡得万利公司之间依法不成立商业保理法律关系，而实际构成借款法律关系。根据相关法律规定，从事商业保理业务的企业不得发放信用贷款，故本案当事人之间的借款法律关系无效。上海一中院依法改判：撤销原审判决；佳兴公司向卡得万利公司返还借款本金并支付相应利息。

3. 典型意义

商业保理作为一种新型融资方式，在自贸区内迅猛发展，但我国现有法律法规对商业保理缺乏相应的法律规定。本案结合商业保理的国际惯例及《上海市商业保理试点暂行办法》，确定了以未来债权是否具有合理可期待性及确定性作为判断其是否属于商业保理中可转让应收账款范畴的裁判原则，并对以未来债权转让进行融资的新型商业保理模式的法律边界进行了详尽阐述。本案对自贸区内商业保理业务的规范有序发展具有较强的法律引导价值。

（九）刘春泉诉中国工商银行股份有限公司上海市分行侵权责任纠纷案①

1. 基本案情

2011 年 6 月 3 日，刘春泉向中国工商银行股份有限公司上海市分行（以下简称工商银行）申领信用卡一张，相应领用合约第五条约定为："甲方（申领人）同意乙方可通过短信或电子邮件方式向其发送与牡丹信用卡有关的信息，乙方保留终止发送的权利。"2013 年 6 月起，工商银行使用"95588"短号码向刘春泉发送"牡丹卡携手连卡佛倾情回馈！11/2—11/17 持工银牡丹信用卡至大上海时代广场连卡佛化妆品专柜刷卡消费，当日单张 POS 消费满 1000 元获赠 100 元现金券，满 2000 元获赠 300 元现金券及限量版连卡佛化妆包一个，凭购物小票可在下次购买化妆品时抵用""购车有惊喜，分期 0 费率！3 月 15 日—16 日，工商银行携上海通锐汽车 4S 店在闵行体育公园开展一汽马自达购车促销活动，工行信用卡客户申请 2 年期购车分期享 0 手续费 0 利息，成功申请更可获赠惊喜礼品"等数十条短信。2013 年 10 月 31 日，刘春泉向"95588"发送短信，内容为："根据全国人大关于网络信息安全的决定，你行发送商业信息属于垃圾信息，应立即停止发送。否则需依法承担责任。"同日，"95588"回复短信要求刘春泉拨打其服务热线或者前往营业网点进行反映。此后，刘春泉又分别于 2014 年 3 月 12 日、2014 年 5 月 4 日再次要求"95588"停止发送短信，"95588"均回复短信表示歉意，但仍然要求刘春泉拨打其服务热线或者前往营业网点进行反映。刘春泉遂起诉，请求法院判令工商银行停止侵害、赔礼道歉，并赔偿其公证费、律师费及其他损失 5 万元。涉诉后工商银行已停止向其发送信息。

2. 裁判结果

一审法院认为，工商银行侵犯了刘春泉个人信息受保护的权利，判决工商银行停止向刘春泉发送商业性短信，并向其书面赔礼道歉、赔偿其公证费损

---

① （2015）沪一中民六（商）终字第 107 号。

失,驳回刘春泉其他诉讼请求。

上海一中院认为,根据领用合约,工商银行有权向刘春泉发送与牡丹卡相关的信息,刘春泉虽明确表示拒绝接收,但刘春泉未按工商银行指示完成相应变更手续,故工商银行此后继续发送系争信息并无主观过错。诚然,工商银行未能提供更便捷的合同变更方式,显有不当,但亦是出于维护合同安全的考虑,并无主观恶意,不足以构成侵权法框架内的过错。此外,系争电子信息均为简短文字,占用移动设备空间极小,对刘春泉的移动设备及其存储空间不构成价值上的贬损,故难以认定工商银行对刘春泉的财产性权利造成了侵害。刘春泉每月收到的电子信息不超过 3 条,相应电子信息的内容亦无违反法律或公序良俗之嫌,此种行为虽对刘春泉的隐私空间及个人信息受保护的权利造成一定影响,但其影响方式及频率亦属低微,亦尚未达到对刘春泉非财产性权利构成侵害的程度。因此,工商银行履行领用合约的行为虽有不当,但程度极其轻微,不构成对刘春泉民事权利的侵犯,无需承担侵权责任。上海一中院依法改判:撤销原审判决;驳回刘春泉原审全部诉讼请求。

3. 典型意义

该案系全国首例银行卡客户因发卡行向其推送商业服务短信而引发的侵权损害赔偿纠纷案件。针对目前金融机构普遍采用的商业短信服务模式,上海一中院从行为人的过错形态及致损程度等方面,充分阐明了民事主体权利保护的边界,既指出了金融机构在类似商事活动行为中存在的不当之处,也避免了过分加重金融机构的义务。该案为类似商事主体侵权纠纷案件树立了裁判标准,对目前自贸区内金融机构的规范发展具有较强的法律引导价值。

（十）永亨银行（中国）有限公司上海分行诉桐乡市世贸中心置业有限公司、桐乡世贸中心有限公司、卢小丰金融借款合同纠纷案①

1. 基本案情

2010 年 5 月 25 日,永亨银行（中国）有限公司上海分行（以下简称永亨银行）与桐乡市世贸中心置业有限公司（以下简称世贸置业）签订《公司人民币

---

① （2015）沪一中民六（商）初字第 S385 号。

贷款合同》,约定由前者向后者提供不超过4000万元的贷款额度。同日,永亨银行和桐乡世贸中心有限公司(以下简称世贸中心)签订《不动产抵押和保证合同》,约定世贸中心以自有不动产及相应的土地使用权作为抵押物为世贸置业的债务提供担保,并办理了抵押登记;永亨银行作为质权人,世贸中心及世贸置业作为出质人签订了《应收账款质押和保证合同》,约定将前述抵押物第三层部分商铺和餐饮区的应收租金、二楼西区部分商铺的应收租金质押给永亨银行,并办理了质押登记。卢小丰亦于同日向永亨银行出具《担保函》,同意以连带责任的方式对永亨银行向世贸置业发放的任何贷款提供担保。2010年6月3日,永亨银行将贷款汇入世贸置业的账户,但世贸置业于2015年9月6日未能按约履行当期还款义务,永亨银行遂宣布所有已发贷款立即到期,并提起本案诉讼。庭审中永亨银行自认并未将系争应收账款出质的事实通知出质人的债务人,出质人的债务人也从未将租金支付到质押合同指定的收款账户。

2. 裁判结果

上海一中院认为,本案两份《应收账款质押和保证合同》签订后,永亨银行均在中国人民银行征信中心作了登记,故其依法取得合同项下的质权,但应收账款出质应当通知出质人的债务人,否则对出质人的债务人不发生效力;出质人的债务人因不知出质事实已经履行的债务部分,应收账款质权随之消灭。故永亨银行仅就出质人的债务人知晓出质事实时尚未履行的租金享有优先受偿权。世贸中心、卢小丰作为保证人均应承担相应的法律责任。上海一中院据此作出相应的判决。

3. 典型意义

物权法明确规定应收账款可以质押,但对于可质押应收账款的范围及质权实现方式均未作出明确规定,审判实践中对此产生诸多争议。针对金融机构普遍采用的以未来不动产租金收益质押的融资模式,本案判决明确,以未来不动产租金收益质押的,只要对该不动产租金收入具有合理可期待性,则其收益可以作为特定的财产权利予以出质。在以未来不动产租金收益质押案件的审理中,因出质人的债务人(承租人)人数众多,且具有变动性,法院无需追加出质人的债务人参加诉讼，并需在裁决中明确债权人在主债权范围内就应收租金享有优先受偿权。

（十一）招银金融租赁有限公司诉中冶纸业银河有限公司融资租赁合同纠纷案[①]

1. 基本案情

2013年4月24日，招银金融租赁有限公司（以下简称招银租赁）和中冶纸业银河有限公司（以下简称中冶纸业）签订《融资租赁合同》一份，约定：中冶纸业将其所有的造纸设备以119220181.24元转让给招银租赁，招银租赁再将该设备回租给中冶纸业使用。上述合同签订后，招银租赁按约向中冶纸业支付了融资款，但中冶纸业支付了首期租金后再未付款。招银租赁遂起诉要求解除合同，取回租赁物，并要求中冶纸业支付租金、损害赔偿金和违约金。在案件审理中，双方当事人对租赁物的残值产生较大争议，经法院释明，招银租赁表示对于收回的租赁物，同意与中冶纸业协议折价或者付诸司法拍卖、变卖，所得的价款用于冲抵中冶纸业应支付的租金、损害赔偿金和违约金，抵充后不足部分要求中冶纸业继续清偿，超过部分归中冶纸业所有。

2. 裁判结果

上海一中院认为，涉案《融资租赁合同》中明确约定，中冶纸业逾期60日或累计满90日未按约定支付租金，则视为根本违约，招银租赁有权提前终止合同。现已查明中冶纸业2013年7月27日的应付租金已经逾期超过60日，满足上述约定的终止条件。招银租赁另诉请取回租赁物，并要求中冶纸业支付已到期租金、按未到期租金的数额赔偿其损失、支付违约金，以及将租赁物变价后冲抵中冶纸业应付的各项款项，具有相应的事实及法律依据，应予以支持。上海一中院依法作出相应的判决。

3. 典型意义

融资租赁合同纠纷中长期困扰司法实践的一个问题是，在承租人违约的情况下，对于出租人要求按合同约定取回租赁物的诉请如何妥善处理。通常

---

① （2013）沪一中民六（商）初字第26号。

情况下，在案件审理过程中法院会指定第三方对租赁物残值进行评估，然后将该评估价值直接从赔偿金额中予以扣除，但该处理方式存在诸多弊端，如审理时间延长、诉讼中的评估价与实际取回或处置时价值存在重大差异、处置产生的费用在判决时无法确定等。本案中，上海一中院尝试了新的裁判方式：在向当事人进行释明后，参照适用借款合同纠纷中对抵押担保物的处理方式，即在审理过程中不对租赁物进行评估，而是在判决主文中明确双方可就此协商折价、拍卖、变卖，并以所得价款冲抵相应的债务，不足部分由承租人继续清偿，超过部分归承租人所有。此种裁决方式既避免了上述弊端，也符合《最高人民法院关于审理融资租赁合同纠纷案件适用法律问题的解释》第二十二条规定的精神，同时有效保障了当事人的合法权益。对于自贸区内类似融资租赁诉讼纠纷具有一定的借鉴意义，对自贸区内融资租赁产业发展提供了有力的司法保障。

（十二）史陶比尔里昂公司诉上海超诚电子科技有限公司侵害发明专利权纠纷案①

1. 基本案情

史陶比尔里昂公司拥有一项名称为"开口机构可动竖钩的选择方法和装置以及提花型织机"的发明专利（专利号 ZL97117466.0），申请日期为 1997 年 8 月 5 日。2013 年 9 月，史陶比尔里昂公司向上海超诚电子科技有限公司（以下简称上海超诚公司）购买了 5 个型号为 SZT002-M5K 的节能型提花机组件，单价 85 元。经比对，该被控侵权产品落入涉案专利权的保护范围。被控侵权产品包装盒上有上海超诚公司的企业信息。上海超诚公司网站的"购物商城"一栏还登载了史陶比尔里昂公司电子提花机配件 M5 系列商品的信息。

另外，上海超诚公司曾于 2011 年因生产、销售、许诺销售侵害涉案专利权的产品被法院判令停止侵权、赔偿经济损失 15 万元。现史陶比尔里昂公司起诉请求判令上海超诚公司立即停止侵权，赔偿经济损失 100 万元及合理费用 28225 元。

---

① （2014）沪一中民五（知）初字第 62 号。

2. 裁判结果

上海一中院认为，被控侵权产品落入涉案专利权的保护范围，上海超诚公司未经史陶比尔里昂公司许可，擅自制造、销售、在网站上许诺销售侵权产品，应当承担停止侵权、赔偿经济损失的民事责任。考虑到上海超诚公司此前已有侵犯涉案专利权的行为，在法院判决执行后，却再次实施侵权行为，足见其侵权恶意明显、侵权情节严重，再综合考量涉案专利性质、被告经营规模、侵权持续时间等因素，上海一中院判决：上海超诚公司立即停止侵权，并赔偿史陶比尔里昂公司经济损失25万元及合理费用2万元。

3. 典型意义

该案系上海一中院实施《审判指引》以来，充分发挥司法保护知识产权的主导作用，提高侵权代价、加强知识产权保护的一起典型案例。本案中，被告过去曾因侵害原告专利权被判令停止侵权、赔偿损失，判决也已经执行。两年后，被告却故伎重演，再次以相同方式侵害了原告的同一专利权。尽管该产品单价不足百元，但考虑到专利技术在产品获利中的贡献率大，被告自己宣传的经营规模较大，且被告反复侵权，恶意明显，故上海一中院将本案判赔金额调整至27万元。本案有力制裁了自贸区内侵害知识产权的行为，有助于自贸区知识产权营商环境的净化，对于激发企业创新活力，推动企业专注自主研发、实施创新驱动发展战略，从而以点带面，建设具有全球影响力的科技创新中心具有示范意义。

（十三）无锡永能达浓缩母粒厂诉中华人民共和国洋山海关行政处罚决定案①

1. 基本案情

2011年7月29日至2011年12月30日期间，无锡永能达浓缩母粒厂（以下简称永能达厂）向中华人民共和国洋山海关（以下简称洋山海关）申报出口一般贸易项下聚乙烯、染色聚乙烯9票，申报商品编号为3901100090和3901909000，对应出口退税率为13%。2014年7月24日，洋山海关作出沪关

---

① （2014）沪一中行初字第39号。

缉违字〔2014〕37 号《行政处罚决定书》，认定永能达厂申报的上述货物应当归入商品编号 32061900，对应出口退税率为 0，因永能达厂的上述行为违反海关监管规定，故对永能达厂 2011 年 7 月 29 日 1 票出口货物申报不实行为作出行政处罚，对 2011 年 8 月 18 日至 2011 年 12 月 30 日 8 票出口货物申报不实行为不予行政处罚。

永能达厂不服，提起行政诉讼，诉称：其申报出口涉案 9 票货物时履行了如实申报的义务，且洋山海关在对其中 1 票货物查验时出具的查验待处理单证审批表载明处理意见为"建议归入 3901"；此外，之后永能达厂以"3901"申报出口了成分基本相同的多票货物，洋山海关也均予以放行。故请求法院撤销涉案行政处罚决定。

2. 裁判结果

上海一中院认为，一方面，永能达厂作为出口货物的发货人应当履行如实申报出口货物的义务，洋山海关出具的查验待处理单证审批表及载明的"建议归入 3901"内容，系针对永能达厂涉案货物品名问题所作的处理，且不具有海关预归类决定或实质性归类审核的效力，永能达厂并不能以此免责。另一方面，洋山海关在查验处理涉案货物品名过程中出具"建议归入 3901"的审批意见确有不当，且对永能达厂出口同类货物申报税则号列的准确性造成一定影响，应当在今后的工作中引起注意，避免类似问题再次发生。上海一中院判决：维持洋山海关作出上述《行政处罚决定书》的具体行政行为。

3. 典型意义

本案中，上海一中院对海关行政处罚行为合法性进行了全面审查，作出了维持具体行政行为的判决。但在审理中也发现，海关在查验处理涉案货物品名过程中出具"建议归入 3901"的审批意见确有不当，对永能达厂的申报产生了一定影响。同时上海一中院也注意到，海关仅对永能达厂申报的 1 票货物进行了行政处罚，而对其余 8 票货物不予处罚。有鉴于此，上海一中院作出维持具体行政行为的判决，并明确指出海关存在执法瑕疵。海关作为自贸区监管服务部门之一，负有保障自贸区正常运行的重要职责。本案有助于海关之后更加审慎地处理自贸区出口报关事务，对于海关提升自身的执法水平，进一步做到执法公正、执法公开、执法为民，更好保障自贸区的正常有序运行也将起到重要的促进作用。

（十四）三星贸易（上海）有限公司与励静执行案[①]

1.基本案情

三星贸易（上海）有限公司（以下简称三星贸易公司）是一家注册在自贸区内的企业，其与励静之间的房屋租赁纠纷，上海仲裁委员会经审理，裁决励静应一次性向三星贸易公司支付 48000 元以及仲裁费 5000 余元等。后因励静未履行义务，三星贸易公司遂向上海一中院申请执行。因本案为涉自贸区执行案件，上海一中院执行局遂依照《审判指引》的相关规定，聘请陪执员参与本案的执行。

2.执行过程

首先，积极协调上海一中院立案部门选取陪执员，并向其介绍案件执行的基本情况。因这是上海一中院陪执员首次参与执行案件的实施，故承办人员须与相关部门沟通方能确定陪执员参与执行实施的具体操作方式，同时，因陪执员自身也是首次参与执行案件，故需承办人员向其介绍执行的基本程序和方法等相关内容，以使其对执行有基本了解，为后续工作打好基础。

其次，在接待中让陪执员切实行使执行实施权。对案件当事人进行询问以及对财产进行调查等，是执行接待的目的，也是执行实施权的重要内容。为切实发挥陪执员的作用，接待中，陪执员与执行员享有同等权力，可直接参与对当事人的询问以及财产调查等工作，防止"陪而不执"。

最后，在制定执行方案和确立执行突破口等方面听取陪执员意见。在接待后的合议中，让陪执员充分发表意见，以发挥其在社会经验和阅历方面的优势。在充分讨论的基础上，考虑到被执行人被查封的房产价值近千万元，大大超过本案的执行标的金额，但本案又未发现其他可供执行财产，遂决定采取以信用惩戒等威慑手段为主，以拍卖被保全房产为辅的方案，促使被执行人主动履行。最终，在执行人员与陪执员的共同努力下，被执行人主动履行义务，本

[①] （2015）沪一中执字第 413 号。

案快速全额执结，获得当事人的好评，收到了良好的效果。

3. 典型意义

本案为上海一中院运用《审判指引》处理的第一起涉自贸区执行案件，同时，将上海一中院首创的陪执员制度落到了实处，具有典型意义。对于陪执员如何参与自贸区案件的执行，无先例可循，本案吸纳陪执员参与案件的执行，理顺了其参与执行的程序，并充分发挥其作用，对后续类似案件起到了良好的示范作用。因陪执员为社会人士，其参与案件的执行，可以有效地提高执行案件的社会参与度，减轻当事人之间以及被执行人与执行法院之间的对抗，提高群众对执行工作的认可度。同时，对非自贸区执行案件也具有借鉴意义。

附录二：上海市第一中级人民法院涉中国(上海) 自由贸易试验区案件审判指引

(2017 年 5 月 3 日上海市第一中级人民法院
审判委员会第 8 次会议讨论通过)

一、总则

第一条【目的和依据】　　为充分发挥人民法院的审判职能作用,更好地服务和保障中国(上海)自由贸易试验区(以下简称自贸试验区)的建设,确保国家法律和政策得到统一正确实施,根据有关法律和《中国(上海)自由贸易试验区总体方案》《进一步深化中国(上海)自由贸易试验区改革开放方案》《全面深化中国(上海)自由贸易试验区改革开放方案》以及《最高人民法院关于人民法院为"一带一路"建设提供司法服务和保障的若干意见》《最高人民法院关于为自由贸易试验区建设提供司法保障的意见》、上海市高级人民法院《上海法院服务保障中国(上海)自由贸易试验区建设的意见》,结合本院的审判工作实际,制定本指引。

第二条【审判要求】　　通过公开、公正、高效的审判,促进自贸试验区符合国际化、法治化要求的跨境投资和贸易规则体系的率先建立。规范行使审判权,正确适用法律,积极发挥多元化纠纷解决机制的作用和优势,加强相关法律问题的研究,以有效应对自贸试验区法治环境建设中出现的新情况、新问题,探索符合自贸试验区改革创新定位的审判机制,形成可复制、可推广的司法经验。

第三条【依法审判原则】　　审理涉自贸试验区案件,坚持依法审判的原则。准确适用法律、法规及有关法律、法规调整实施的决定。法律没有规定的,尊重商业惯例及当事人的约定,依法平等保护市场主体的合法权益。

第四条【鼓励创新与防范风险相结合原则】 审理涉自贸试验区案件,坚持鼓励先行先试与防范风险相结合的原则。保障合法交易活动,稳妥审理案件,有效防范风险。

第五条【审判质量与效率统一原则】 审理涉自贸试验区案件,坚持兼顾审判质量与效率的原则。在确保审判质量的同时不断提高涉自贸试验区案件的诉讼效率,努力使当事人及时实现权益。

第六条【适用范围】 本院受理的案件中具有下列情形之一的,适用本指引:

(一)当事人一方或双方,公民的户籍地或经常居住地在自贸试验区内的或法人、其他组织的住所地在自贸试验区内的;

(二)诉讼标的物在自贸试验区内的;

(三)产生、变更或者消灭民事关系的法律事实发生在自贸试验区内的;

(四)犯罪地或被告人居住地在自贸试验区内的;

(五)被诉行政行为的合法性审查涉及自贸试验区相关法律规定适用的。

第七条【管辖】 在上海市地域范围内涉自贸试验区案件的管辖根据《中华人民共和国民事诉讼法》等法律法规、最高人民法院司法解释及上海市高级人民法院的相关文件确定。

第八条【集中审判】 本院指定专门的审判庭,依法集中审理以下案件:

(一)涉自贸试验区的一审商事、金融案件;

(二)涉自贸试验区的一审与房地产相关的民事案件;

(三)不服浦东新区人民法院自贸试验区法庭一审裁判而提起上诉的二审案件。

第九条【涉自贸试验区行政案件的审理】 依法由我院管辖的涉自贸试验区行政案件,由我院行政审判庭审理。

第十条【涉自贸试验区刑事案件的审理】 依法由我院管辖的涉自贸

试验区刑事案件,依照上海市高级人民法院有关刑事案件管辖的规定由我院相关审判庭分别审理。

二、涉自贸试验区案件的立案与送达

第十一条【立案】 本院受理的案件,经审查后认为符合本指引第六条的,应在立案基本信息中勾选"是否涉自由贸易试验区"选项,立案后交相关审判庭审理。

第十二条【特殊情形】 各审判庭在审理中发现,由其审理的案件属本指引第八条范围的,不再移送其他审判庭审理。有特殊情况须予移送的,应经分管院长审批。各审判庭在审理中应就相关的执法标准、政策把握等问题做好沟通工作。

第十三条【送达】 涉自贸试验区案件的当事人在纠纷发生之前约定送达地址的,法院可以将该地址作为送达诉讼文书的确认地址。

涉自贸试验区的案件,应及时推进实施电子送达的相关工作,在受送达人同意的情况下,人民法院应采用传真、电子邮件等能够确认其收悉的方式送达诉讼文书,但判决书、裁定书、调解书除外。本院制作电子送达确认书,受送达人在该确认书上签字确认的,即视为受送达人同意电子送达。

采用电子送达的,以本院对应系统显示发送成功的日期为送达日期。但受送达人证明到达其特定系统的日期与人民法院对应系统显示发送成功的日期不一致的,以受送达人证明到达其特定系统的日期为准。

三、涉自贸试验区案件的审理

(一)合同案件的审理

第十四条【平等保护】 自贸试验区内企业订立的合同,与自贸试验区外企业订立的合同,在法律适用上一律平等。

第十五条【合同主体的行为能力】 自贸试验区内的企业在取得营业执照后具有缔约的权利能力,根据我国法律规定需取得相关业务许可的,自许可之后具有相应的行为能力。未能取得相应业务许可而订立需取得许可的合同,应区别情况审慎处理。

第十六条【合同效力的认定】 对于涉自贸试验区的合同纠纷,应严格遵守《中华人民共和国民法总则》(自2017年10月1日起施行)第一百四十三条、第一百五十三条和《中华人民共和国合同法》第五十二条等规定,审慎认定合同的效力。

第十七条【管理性强制性规定与效力性强制性规定的区分】 在认定合同效力时,应根据合同交易的类型、法律、行政法规的立法目的和行为的严重程度,区分管理性强制性规定和效力性强制性规定。仅违反管理性强制性规定的,不影响合同效力。

第十八条【新类型合同的解释】 对于自贸试验区内出现的新类型无名合同,应根据国际交易的惯例,结合当事人的约定,公平、合理地分配合同当事人的权利、义务和风险。

第十九条【合同约定不明】 对合同约定不明事项,依照《中华人民共和国合同法》第六十一条、第六十二条规定仍不能确定的,当事人主张依照商业惯例或双方交易习惯履行的,应当予以支持。

第二十条【交易习惯的适用】 在涉自贸试验区的合同纠纷中,当事人以交易习惯作为其主张权利的依据的,应对该交易习惯的存在负证明责任。

第二十一条【国际商事合同纠纷的处理】 对于自贸试验区内的国际商事合同纠纷,当事人约定适用外国法的,应依《中华人民共和国涉外民事关系法律适用法》的规定进行外国法的查明。当事人应对该外国法的内容负证明责任。无法证明外国法内容的,适用中国法律。

(二)公司案件的审理

第二十二条【公司案件审理原则】 在审理涉自贸试验区公司案件时要正确处理好司法介入和公司自治的关系,充分尊重公司自治,准确识别任意性规定和强制性规定。同时要兼顾交易效率与交易安全,既要鼓励股东在确保有限责任的前提下大胆进行投资,又要充分保护公司债权人利益。

第二十三条【真实义务】 自贸试验区内注册的公司如果在年度报告中进行虚假记载、误导性陈述或者存在重大遗漏、隐瞒公司真实情况等导致交易对方遭受损失的,则公司及相关人员应当承担民事责任。

第二十四条【出资义务】　　自贸试验区内注册的公司的股东未能按照公司章程规定的时间和数额缴纳出资的,或者缴纳之后又抽逃出资的,公司可以要求其在合理的期限内补缴或返还出资,股东未能在合理期限内履行的,公司或者其他股东可以提起诉讼要求该股东承担补足出资或返还出资的责任。公司债权人可以请求该股东在其未出资本息或抽逃出资本息范围内对公司债务不能清偿的部分承担补充赔偿责任。

第二十五条【公司资产减损的合理性】　　自贸试验区内注册的公司的资产变动必须具有法律和财务上的合理性。对于公司恶意转移资产导致公司资产减损、损害债权人利益的,债权人可行使合同法上的撤销权,或按照规定请求确认公司相关决议无效。有关人员存在侵权行为的,应追究相关人员的民事赔偿责任。公司不能清偿到期债务且明显缺乏偿债能力进入破产程序的,如果公司债权人对公司资产减损产生合理怀疑,该公司应提供相关资料对其资产的减损作出充分、合理的说明。

第二十六条【公司法人人格否认】　　自贸试验区内注册的公司的股东实施滥用有限责任公司法人独立地位和股东有限责任的行为逃避债务,严重损害公司债权人利益的,公司债权人可以通过提起公司法人人格否认之诉,请求股东对公司债务承担连带责任。

自贸试验区内注册的公司与其关联公司在人员、业务、财务等方面交叉或混同,导致各自财产无法区分,丧失独立人格,严重损害债权人利益的,自贸试验区内注册的公司与该关联公司相互之间对外部债务承担连带责任。

自贸试验区内注册的一人有限责任公司的财产与股东自己的财产无法区分的,一人有限责任公司与股东对公司债务承担连带责任。法院在认定两者财产是否混同时,应当审查公司是否建立了独立规范的财务制度、财务支付是否明晰、是否具有独立的经营场所等因素并予以综合考量。

在一人有限责任公司法人人格否认之诉中,应根据作为原告的债权人起诉所基于的事由来确定举证责任的分配。若债权人以一人有限责任公司的股东与公司存在财产混同为由要求股东对公司债务承担连带责任,应实行举证责任倒置,由被告股东对其个人财产与公司财产之间不存在混同承担举证责任。

(三)金融案件的审理

第二十七条【金融案件审理原则】 依法支持金融制度创新,审慎审理涉及金融创新的各类金融纠纷案件,尊重当事人意思自治和国际惯例,保护金融消费者的合法权益,维护金融市场安全和交易效率。

自贸试验区内发生金融商事纠纷系列案件的,可选取有代表性的案件作出示范性判决,并与商事多元化纠纷解决机制相衔接,以该生效判决指导其他案件的审理或调解。

第二十八条【金融案件审判依据】 在审理涉自贸试验区金融案件时,除依据法律、法规、规章外,可以参照中国人民银行、中国银行业监督管理委员会、中国证券监督管理委员会、中国保险监督管理委员会等金融监管机构出台的涉及自贸试验区金融领域的相关规范性文件。

第二十九条【金融安全与金融创新】 自贸试验区内的金融机构或专业从事金融服务、贸易的法人进行的金融创新活动,虽然尚无相应的法律、法规对此作明确规定,但是属于有关主管部门关于推进自贸试验区建设的相关规范性文件所准许事项范围的,应在维护金融秩序和保障金融市场安全的前提下,充分尊重当事人之间的约定。

第三十条【银行业金融创新】 依法适用金融法律、法规,参照中国人民银行、中国银行业监督管理委员会的相关规范性文件,对自贸试验区内人民币跨境使用、人民币资本项目兑换、利率市场化和外汇管理等银行业金融创新活动提供相应的司法保障。对与金融创新相关的交易行为所引发的纠纷,应加大对交易真实性的司法审查力度,有效防范人民币违法套利行为,规范金融市场秩序。

第三十一条【保险业金融创新】 依法适用金融法律、法规,参照中国保险监督管理委员会的相关规范性文件,对自贸试验区内保险机构境外投资、人民币跨境再保险业务、专业保险中介服务等保险业创新活动的开展和保险市场体系的完善提供相应的司法保障。审慎认定兼有投资性质的人身险的合同效力,合理界定当事人的权利义务,促进保险市场全面健康发展。

第三十二条【证券业金融创新】 依法适用金融法律、法规,参照中国证券监督管理委员会的相关规范性文件,对境内外证券期货市场的双向投资、境外公司发行人民币债券、设立证券期货经营机构专业子公司、开展面向大宗商品和金融衍生品的柜台交易等证券业创新活动提供相应的司法保障。加强对自贸试验区内合格境内外证券投资者的合法权益的司法保护,推进证券市场有序发展。

第三十三条【融资租赁业创新】 依法适用《中华人民共和国合同法》《中华人民共和国物权法》及相关司法解释,参照商务部、中国银行业监督管理委员会的相关规范性文件,为自贸试验区内融资租赁企业在核准的经营范围内依法开展融资业务及国际融资租赁业创新活动的开展提供相应的司法保障。正确认定融资租赁合同效力,以当事人约定优先,合理界定当事人的权利义务,促进融资租赁市场全面健康发展。

第三十四条【互联网金融安全】 依法依规对自贸试验区内第三方支付、P2P网络借贷、互联网理财、互联网保险、互联网众筹等互联网金融创新活动提供相应的司法保障。审慎认定互联网创新行为的效力,促进互联网金融行业健康发展,保护互联网金融消费者的合法权益。

第三十五条【信息披露】 自贸试验区内金融机构或专业从事金融服务、贸易的法人在与客户缔约过程中,应当就其所提供金融产品或金融服务的性质、特点、业绩、风险等主要信息向客户进行如实、全面的披露。违反该项义务造成客户损失的,应当承担相应的赔偿责任。

第三十六条【投资者适当性评估】 自贸试验区内金融机构或专业从事金融服务、贸易的法人在与客户缔约过程中,应当基于其所提供金融产品或金融服务的风险程度,对客户的风险承受能力进行相应的评估。金融机构或其他法人向客户提供明显超出其风险承受能力的产品或服务的,应就客户所遭受的损失承担相应的赔偿责任。

第三十七条【专业中介服务】 自贸试验区内的金融机构或专业从事金融服务、贸易的法人就其所提供金融产品或金融服务,聘请会计师事务所、审计师事务所、律师事务所、咨询公司等专业服务机构或专业人员提供专业意见,因该机构或人员提供意见错误,造成客户损失的,该机构或人员应当承担相应的赔偿责任。但该机构或人员有证据证明自己不存在故意或过失的除外。

第三十八条【客户信息泄露】 自贸试验区内的金融机构或专业从事金融服务、贸易的法人故意或过失泄露客户个人信息,给客户造成损失的,应当承担相应的赔偿责任。

原告就其个人信息被泄露,以及该信息泄露系被告所导致的基本事实已提供合理怀疑证据的,被告应就其不存在泄露原告个人信息的行为或其行为与原告个人信息泄露无因果关系,或其不存在故意或过失等事项承担举证责任。

(四)知识产权案件的审理

第三十九条【知识产权案件审理原则】 涉自贸试验区知识产权案件的审判应充分发挥司法保护知识产权的主导作用,降低维权成本,提高侵权代价,促进知识产权的创造、运用、保护和管理。

第四十条【专利权保护】 合理界定专利权的保护范围,依法加大对自贸试验区金融、航运、商贸等领域改革试验带来的技术创新的保护力度,激发创新活力,促进技术信息的传播和利用。

第四十一条【商标权保护】 依法加强对商标权的保护,充分尊重商标权的市场价值,依法制止"恶意抢注"和"傍名牌"的商标侵权行为,净化自贸试验区的市场环境。

妥善处理自贸试验区内因"贴牌加工""货物转运""平行进口"等贸易活动引发的商标侵权纠纷,既要根据商标权独立性、地域性原则等商标法基本原理,合理界定权利边界,防止权利滥用,也要充分考量政策导向和个案的特殊情况,防止利益失衡。

第四十二条【著作权保护】 充分利用著作权保护手段,依法加大对文化类知识产权的保护力度,特别要加强对自贸试验区内商贸、文化、社会等服务领域开放所涉及的文化创意、数字出版、移动多媒体、动漫、游戏、软件、数据库等战略性新兴文化产业的著作权保护，以激励和促进文化类产品的创作、引进、流转和利用，促进培育新型文化业态和扩展文化产业发展新领域。

第四十三条【规范竞争】　依法规范自贸试验区的竞争秩序，培育公平公正、诚信守法的竞争文化，推进构建公平有序、充满活力的市场环境，有效制止各种不正当竞争行为。

依法加强商业秘密保护，有效制止侵犯商业秘密的行为，为企业的创新和投资创造安全和可信赖的法治环境，合理把握商业秘密认定和侵权判定的证明标准。

第四十四条【行为保全】　采取行为保全措施应以下列因素作为审查要件，并坚持积极、慎重、高效的原则：

（一）申请人的胜诉可能性；

（二）不采取措施是否会导致申请人难以弥补的损害；

（三）申请是否具有紧迫性；

（四）申请人是否提供了适当的担保。

第四十五条【优化裁判方法】　尝试建立法院聘请技术专家辅助查明技术事实的途径和方法，不断完善技术事实查明的手段。

探索通过庭前准备程序先行确定权利要求保护范围的裁判方法，提升专利纠纷的庭审质效和裁判水平。

（五）劳动争议案件的审理

第四十六条【劳动争议案件审理原则】　涉自贸试验区劳动争议案件的审判应依法维护劳动者合法权益，保障自贸试验区内企业生产经营健康发展，积极促进劳动关系和谐稳定。

第四十七条【劳动争议案件审判依据】　涉自贸试验区劳动争议案件的审理应依据《中华人民共和国劳动法》《中华人民共和国劳动合同法》《中华人民共和国劳动争议调解仲裁法》等规定，但法律、法规另有规定的除外。

第四十八条【劳动争议纠纷解决】　健全自贸试验区内劳动争议纠纷多元解决机制，充分发挥社会组织、调解、仲裁等机构协调解决劳动争议纠纷的作用。

通过建立包括审裁联席会议、劳动争议案件情况反馈等多种形式,加强审裁沟通,完善以劳动仲裁前置为基础的劳动争议仲裁与诉讼衔接机制,公正、高效地审理劳动争议案件。

(六)房地产案件的审理

第四十九条【租赁合同效力】 承租人需在租赁物业处注册公司的,经相关部门的审核同意,并签订相应书面合同,但租赁合同的效力并不因未获审核同意或未签订书面合同而受影响。

第五十条【附条件租赁合同】 双方当事人可以约定附条件的租赁合同,将承租人完成注册公司作为该租赁合同的生效条件。承租人未能在自贸试验区完成注册公司的,则该租赁合同不生效。

第五十一条【物业定制】 承租人在与出租人签订租赁合同前,先行对租赁房屋提出具体要求,出租人根据该要求进行定制的,双方应通过协议形式对定制的具体标准、违约责任等相关事项进行明确约定。违反该约定的,违约方应承担违约责任。若双方当事人未能明确约定的,则可参照自贸试验区内的相关物业标准等确定违约责任。

(七)行政案件的审理

第五十二条【行政案件审判依据】 在审理涉自贸试验区行政案件时,应当适用法律和行政法规、地方性法规的规定审查被诉行政行为的合法性。上海市人民代表大会及其常务委员会根据自贸试验区的具体情况和实际需要制定的地方性法规适用于涉自贸试验区行政案件。

在审理涉自贸试验区行政案件时,参照国务院部、委根据法律和国务院的行政法规、决定、命令制定、发布的自贸试验区相关规章以及上海市人民政府根据法律和国务院的行政法规制定、发布的自贸试验区相关规章。

前述法律、法规、规章均未规定的,可参考自贸试验区相关规范性文件的规定。

人民法院在审理涉自贸试验区行政案件时,经审查认为国务院部门及本市各级人民政府及其部门制定的自贸试验区相关规范性文件不合法的,不作为认定行政行为合法的依据,并应当及时向制定机关提出处理建议,以促进自贸试验区法治建设的完善。

第五十三条【行政审批审查依据】 审理行政审批类行政案件时，适用《中国（上海）自由贸易试验区条例》的有关规定，参考《中国（上海）自由贸易试验区境外投资开办企业备案管理办法》《中国（上海）自由贸易试验区外商投资项目备案管理办法》《中国（上海）自由贸易试验区境外投资项目备案管理办法》及自贸试验区负面清单等规范性文件，依法支持自贸试验区深化行政管理体制改革。

第五十四条【政府信息公开审查依据】 审理政府信息公开类行政案件时，应当依据《中华人民共和国政府信息公开条例》和最高人民法院《关于审理政府信息公开行政案件若干问题的规定》，参照《上海市政府信息公开规定》及自贸试验区有关信息公开的规范性文件，依法保障公民、法人或者其他组织获取政府信息的权利。

第五十五条【工商登记审查依据】 审理工商登记类行政案件时，可以参考国家工商行政管理总局发布的《关于支持中国（上海）自由贸易试验区建设的若干意见》等规范性文件，保障工商行政管理登记制度改革。

第五十六条【金融监管审查依据】 审理金融、保险、证券监管类行政案件时，可以参考《中国人民银行关于金融支持中国（上海）自由贸易试验区建设的意见》《中国银监会关于中国（上海）自由贸易试验区银行业监管有关问题的通知》《中国保监会支持中国（上海）自由贸易试验区建设》《资本市场支持促进中国（上海）自由贸易试验区若干政策措施》等规范性文件，支持探索相关金融制度的改革。

第五十七条【文化监管审查依据】 审理文化监管类行政案件时，可以参考文化部《关于实施中国（上海）自由贸易试验区文化市场管理政策的通知》等规范性文件，保护自贸试验区内文化市场的健康发展。

第五十八条【其他行政监管审查依据】 审理涉及城市管理、环境保护、人力资源社会保障、食品药品监管类行政案件时，应当依据城市管理、环境保护等相关法律、行政法规、地方性法规、自治条例和单行条例，并参照规章。

（八）刑事案件的审理

第五十九条【刑事案件司法理念】 对自贸试验区内经济秩序的维护，除依法惩治经济犯罪外，应更加侧重于保护经济活动参与单位与个人的权利、自由，倡导刑法的谦抑化。

第六十条【虚报注册资本的非罪化】 对自贸试验区内实行注册资本认缴登记制的公司，《中华人民共和国刑法》第一百五十八条的规定不再适用。但自贸试验区内依法律、行政法规实行注册资本实缴登记制的公司，《中华人民共和国刑法》第一百五十八条仍然适用。

第六十一条【抽逃出资的非罪化】 对自贸试验区内实行注册资本认缴登记制的公司，《中华人民共和国刑法》第一百五十九条的规定不再适用。但自贸试验区内依法律、行政法规实行注册资本实缴登记制的公司，《中华人民共和国刑法》第一百五十九条仍然适用。

第六十二条【非法经营罪的适用】 行为人在自贸试验区内从事负面清单规定之外的业务，一般不能以"违反国家规定"为由适用《中华人民共和国刑法》第二百二十五条第(四)项"其他严重扰乱市场秩序的非法经营行为"之规定将其认定为非法经营罪。

第六十三条【逃汇罪的适用】 自贸试验区实行特殊的外汇管理制度，对逃汇罪的适用，应区别情况审慎认定与处理。

第六十四条【走私类罪名的适用】 行为人在自贸试验区内的行为符合《中华人民共和国刑法》所规定的走私类罪名构成要件的，应依法追究其相应的刑事责任。

第六十五条【洗钱类罪名的适用】 行为人在自贸试验区内的行为符合《中华人民共和国刑法》所规定的洗钱类罪名构成要件的，应依法追究其相应的刑事责任。

四、涉自贸试验区案件的执行

第六十六条【规避执行的规制】 执行中，单位被执行人存有转移财产等嫌疑的，经申请执行人书面申请且预付相关费用后，可对单位被执行人执行立案前一年内的财务状况进行司法审计，以审查其是否存在规避执行的行为。

第六十七条【仲裁前保全】　加大仲裁前保全适用力度，申请人持保全申请书、书面仲裁协议（或内含有仲裁条款的书面合同）、有效担保及应当提交的其他材料，即可直接向本院申请仲裁前保全。本院经审查合乎法律规定后，即直接予以受理。

第六十八条【双重救济的规制】　当事人申请本院行使仲裁裁决监督权的，本院将通过法律释明等方式，引导当事人一次性提交行权理由，并择一行使"撤销仲裁裁决"或"不予执行仲裁裁决"权，救济权一经选定即不得变更，分散提交行权理由或就同一理由申请双重救济的，本院对其后续诉请将不予受理。

第六十九条【公告送达】　被执行人下落不明且需对案件标的实施强制执行的，将实行《被执行标的处置预案》一次性公告送达，被执行人和利害关系人可按《被执行标的处置预案》所示内容，自行了解并行使相应权利，《被执行标的处置预案》所规定的执行标的处置事项查阅期一旦届满，被执行人及利害关系人未依法行权救济的，即视为《被执行财产处置预案》已有效送达，被执行人及利害关系人不得以未予送达为由行使救济权。

第七十条【第三人到期债权】　对《第三人履行到期债权通知书》的书面异议，实行以形式审查为主、实体审查为辅的审查机制，异议不成立且申请执行人提供有效担保的，可裁定对该第三人予以强制执行。

第七十一条【执行权的优化配置】　涉自贸试验区案件的被执行财产在自贸试验区内的，可聘请陪执员参与辅助执法，并探索选聘律师事务所等机构，负责涉自贸试验区执行案件部分辅助性事务的实施。

五、涉自贸试验区案件的审判机制

第七十二条【法律适用统一】　在审理涉自贸试验区案件时，应严格按照《上海法院关于进一步规范和加强法律适用统一工作的若干规定》，坚持以事实为根据，以法律为准绳，坚持实体公正与程序公正并重，切实做好法律适用不统一问题的发现、上报、研判、指导与通报工作，做到在确保个案裁判公正的基础上,实现类案法律适用的统一。

第七十三条【多元纠纷解决机制】 进一步健全和完善多元化纠纷解决机制,加大对适宜调解的涉自贸试验区案件的先行调解力度;依托相关商会和行业协会,积极推动行业调解矛盾化解机制建设,推进商事纠纷委托调解工作;按照支持与监督并重的工作要求,进一步完善对仲裁协议效力及申请撤销仲裁和不予执行仲裁裁决的依法审查工作机制。

第七十四条【仲裁审查】 在审理涉自贸试验区仲裁案件时,对仲裁协议效力、证据规则、仲裁程序、裁决依据、撤销裁决审查标准、不予执行裁决审查标准等方面,尊重和体现仲裁制度的特有规律,最大程度地发挥仲裁制度在纠纷解决方面的作用。对于仲裁过程中申请证据保全、财产保全的,应依法及时办理。

在自贸试验区内注册的外商独资企业相互之间约定商事争议提交域外仲裁的,不应仅以其争议不具有涉外因素为由认定相关仲裁协议无效。

一方或者双方均为在自贸试验区内注册的外商投资企业,约定将商事争议提交域外仲裁,发生纠纷后,当事人将争议提交域外仲裁,相关裁决作出后,其又以仲裁协议无效为由主张拒绝承认、认可或执行的,本院不予支持;另一方当事人在仲裁程序中未对仲裁协议效力提出异议,相关裁决作出后,又以有关争议不具有涉外因素为由主张仲裁协议无效,并以此主张拒绝承认、认可或执行的,本院不予支持。

在自贸试验区内注册的企业相互之间约定在内地特定地点、按照特定仲裁规则、由特定人员对有关争议进行仲裁的,可以认定该仲裁协议有效。

第七十五条【仲裁临时措施的受理】 当事人根据有关仲裁机构的仲裁规则,向本院提出临时措施申请的,应及时审查并依法作出裁定。

第七十六条【行政和解】 与自贸试验区有关行政机关建立相对固定的诉调对接关系,将纠纷有效化解在进入诉讼程序之前。

对进入诉讼程序的行政纠纷,积极争取有关部门的协助和配合,邀请有关部门共同参与行政案件的协调和解,妥善化解行政纠纷。

第七十七条【商事调解】 支持自贸试验区内商事调解组织、行业调解组织或者其他具有调解职能的组织开展调解工作。探索建立涉自贸试验区案件的多方参与调解机制及专业案件的调解前置程序。

第七十八条【特邀调解】 经双方当事人同意，按照《最高人民法院关于人民法院特邀调解的规定》，将涉自贸试验区案件在立案前委派或者立案后委托给特邀调解组织或者特邀调解员进行调解，或者邀请符合条件的专家、专业人员共同参与调解或提供专业意见。

第七十九条【特邀调解组织名册】 根据本指引第七十八条的规定，探索建立自贸试验区特邀调解组织名册制度，明确行政机关、商事调解组织、行业调解组织以及其他具有调解职能的组织进入特邀调解组织名册的条件，健全名册管理制度，完善工作程序。

第八十条【特邀调解员名册】 根据本指引第七十八条的规定，探索建立自贸试验区特邀调解员名册制度，明确国内外专家学者、律师、仲裁员等人员进入特邀调解员名册的条件，健全名册管理制度，制定调解员工作规则和职业道德准则，完善工作程序。

第八十一条【支付令】 在涉自贸试验区案件中，对于具有合同效力和给付内容的调解协议，债权人可以依法申请支付令。申请书应当写明请求给付金钱或者有价证券的数量和所根据的事实、证据，并附调解协议原件。

第八十二条【调解依据】 在组织调解纠纷时，在不违反法律、行政法规强制性规定的前提下，可以参考行业惯例、商事习惯等，引导当事人达成调解协议。

第八十三条【民商事纠纷中立评估机制】 探索建立民商事纠纷中立评估机制。涉自贸试验区案件可由当事人选择评估员协助解决纠纷。评估员应当是经验丰富的法律工作者或者相关专业领域的专家。评估员可以根据各方当事人的陈述、当事人提供的有关证据，出具中立评估报告，对判决结果进行预测。中立评估应当秘密进行，评估意见不具有法律效力。评估结束后，评估员可以引导当事人达成和解协议。

第八十四条【无异议调解方案认可机制】 探索建立无异议调解方案认可机制。经调解未能达成调解协议，但当事人之间的分歧不大的，调解员征得当事人各方书面同意后,可以提出调解方案并书面送达当事人。当事人在七日内提出书面异议的,视为调解不成立;未提出书面异议的,该调解方案即视为双方自愿达成的调解协议。当事人申请司法确认的,应当依照有关规定予以确认。

第八十五条【无争议事实记载机制】 探索建立无争议事实记载机制。当事人未达成调解协议的,调解员在征得各方当事人同意后,可以用书面形式记载调解过程中双方没有争议的事实,并告知当事人所记载的内容。经双方签字后,当事人一般无须在诉讼过程中就已记载的事实举证。

第八十六条【专业化审判机制】 着力优化涉自贸试验区案件的专业化审判机制,提升审判专业化水平。针对不同类型案件的专业需要,打破审判庭界限,跨审判庭约请法官加入合议庭,审理相关案件,保障涉自贸试验区案件法律适用的统一。

第八十七条【专业人民陪审员选任】 针对涉自贸试验区专业案件的特点和要求,做好人民陪审员的工作,依法保障人民陪审员参加审判活动。

参加涉自贸试验区案件审理的人民陪审员应具备与所审理案件相匹配的专业知识。

六、涉自贸试验区的审判延伸工作

第八十八条【精品案例】 公开发布涉自贸试验区典型案例,发挥案例的指导作用,为自贸试验区经验的可复制、可推广提供案例素材。

第八十九条【研讨平台】 加强对自贸试验区法律问题的研究,通过审判疑难问题研究小组、沙龙、论坛等平台,邀请院外专家学者等共同研讨疑难问题。

第九十条【案件管理】 进一步加强涉自贸试验区案件专项管理,对新类型案件、重大复杂案件、群体性案件以及涉外、涉港澳台案件,实行案件信息及时报告、定期梳理分析、典型案例总结等制度,促进审判质量效率不断提高。

第九十一条【风险预警】 建立涉自贸试验区纠纷动向和风险预警机制,深入分析涉自贸试验区案件,加强对市场体系建设、产业创新、交易秩序维护等领域法律问题的研究,加强与自贸试验区相关主管部门、行业协会的沟通协调,构建完善涉自贸试验区纠纷预警机制,维护市场秩序安定有序。

第九十二条【司法公开】　结合司法公开平台建设,加大涉自贸试验区案件的司法公开力度,增加涉自贸试验区案件网络庭审直播数量,通过新闻发布会等方式,及时发布涉自贸试验区案件的审判信息和典型案例,促进市场主体形成正确的预期,发挥司法对涉自贸试验区交易的引导作用。

第九十三条【文书上网】　本院审理的涉自贸试验区案件,除依法不得公开的案件外,一律在互联网站上公开发布裁判文书。

第九十四条【司法公开告知书】　本院受理涉自贸试验区案件时,应依法向当事人发送《司法公开告知书》,告知当事人司法公开的相关事项。

第九十五条【司法建议】　积极开展涉自贸试验区的司法建议工作,运用综合性和个案司法建议的方式,及时梳理涉自贸试验区纠纷所反映的市场监管、行业自律和行业风险等方面的问题,能动参与自贸试验区的改革创新。

第九十六条【法制宣传】　加大涉自贸试验区案件的法制宣传力度,充分利用报纸、电视、网络、法院微博、微信公众号等平台,积极宣传涉自贸试验区的司法政策和典型案例,倡导自由、平等、公正、法治的价值取向,推动形成自贸试验区建设的良好法治氛围。

第九十七条【人才培养】　加强人才培养,优化人才结构,着力打造适应自贸试验区建设要求的司法队伍。加大与自贸试验区有关的审判专业的培训力度,开展自贸试验区建设相关法律问题和审判理论的前沿性研究,发挥司法智库作用,努力造就既懂经济,又懂法律,既精通国内法,又熟悉国际规则的复合型审判人才队伍。

七、附　则

第九十八条【调整修改】　有关自贸试验区法律、法规、司法解释调整或修改的,本指引作相应调整和修改。

第九十九条【条文解释】　本指引由院审判委员会负责解释。

第一百条【生效时间】　本指引自 2017 年 6 月 1 日起施行。

附录三：上海市第一中级人民法院商事多元化纠纷解决机制实施细则

（2017 年 5 月 3 日上海市第一中级人民法院
审判委员会第 8 次会议讨论通过）

一、总则

第一条【目的依据】　　为进一步推进商事多元化纠纷解决机制的实施与规范，加强诉讼与非诉讼纠纷解决机制的衔接，维护当事人的合法权益，实现矛盾纠纷的及时有效化解，根据《中华人民共和国民事诉讼法》《最高人民法院关于人民法院特邀调解的规定》《最高人民法院关于人民法院进一步深化多元化纠纷解决机制改革的意见》《上海市高级人民法院关于深入推进多元化纠纷解决机制改革的意见》《上海市第一中级人民法院涉中国（上海）自由贸易试验区案件审判指引》等，结合本院审判工作实际，制定本细则。

第二条【功能定位】　　商事多元化纠纷解决机制是多元化纠纷解决机制的重要组成，本院通过聘请特邀调解员、程序衔接、案件分流、司法审查确认等环节，发挥对各种商事非诉讼程序的引领、推动和保障作用，进一步满足商事主体的纠纷解决需求，实现商事案件处理的多元化。

第三条【适用范围】　　凡属于本院案件受理范围，且适合通过非诉讼程序化解的商事纠纷，适用本细则。

建设工程合同纠纷、商品房买卖合同纠纷等民事案件可以参照本细则的规定处理。

二、平台对接

第四条【诉调对接机构】　　立案庭设立诉调对接中心,作为本院诉调对接操作与运行的统一平台,对诉至本院的纠纷进行适当分流。

诉调对接中心根据案件具体情况和当事人意愿,引导当事人选择非诉讼方式解决纠纷;开展委派调解、委托调解;负责特邀调解组织、特邀调解员名册管理;加强对本院特邀调解工作的指导;落实诉讼与非诉讼纠纷解决方式在程序安排、法律指导等方面的有机衔接;建立人民调解、行政调解、商事调解、行业调解、司法调解等的联动工作体系;探索多元化纠纷解决机制的国际化合作。

第五条【调解类型】　　本院可以在立案前委派或者在立案后委托特邀调解组织、特邀调解员依法进行调解,引导当事人在平等协商基础上达成调解协议,解决纠纷。

第六条【特邀调解主体】　　依法成立的商事调解、行业调解及其他具有调解职能的组织,可以申请加入本院特邀调解组织名册。特邀调解组织应当推荐本组织中适合从事特邀调解工作的调解员加入名册,并在名册中列明。

经本院审核,在上述名册中列明的调解员,视为本院特邀调解员,可以承担本院委派或者委托调解工作。本院为特邀调解员颁发证书并建立名册。名册信息由本院在公示栏、官方网站等平台公开,方便当事人查询。本院建立的名册,辖区基层法院可以使用。

第七条【特邀调解员的选择】　　诉调对接中心可以在案件分流过程中,根据案件具体情况向当事人推荐适合的特邀调解组织或者特邀调解员进行调解,或者由双方当事人在诉调对接中心提供的特邀调解组织及特邀调解员名册中协商确定特邀调解员;协商不成的,由特邀调解组织或者本院指定。

第八条【有偿调解】　　特邀调解组织或者特邀调解员依法提供有偿服务的,相关收费标准可以与当事人自愿协商确定。

第九条【在线调解】　　根据“互联网+”战略要求,通过构建纠纷解决申请、调解员确定、调解过程、调解文书生成等互联网运行机制,探索搭建互联互通、信息集成、资源融合的在线纠纷调解系统。

三、案件管理

第十条【案件管理机构】 审判管理办公室负责诉调对接案件的管理工作;建立诉讼与非诉讼程序分流与衔接的流程管理机制;完善诉调对接案件管理制度,将委派调解、委托调解、专职调解和司法确认等内容纳入法院审判、执行管理系统;完善案件查询统计功能,实现案件调处全程留痕。

第十一条【委派调解的流程】 本院受理一审案件前,起诉人同意接受委派调解的,诉调对接中心应当将案件交由特邀调解组织或者特邀调解员调解。

委派调解未达成调解协议的,特邀调解组织或者特邀调解员应当将当事人的起诉状等材料移送本院;当事人坚持诉讼的,本院应当依法立案。

委派调解达成调解协议的,特邀调解组织或者特邀调解员应当将该结果书面告知本院。当事人请求司法确认的,由本院依法受理。

第十二条【委托调解的流程】 案件经本院受理后,当事人同意接受委托调解的,诉调对接中心应当自行或者接受审判庭移交,将案件交由特邀调解组织或者特邀调解员调解。

委托调解后,当事人申请撤回诉讼,经本院审查符合法律规定的,予以准许。

委托调解未达成调解协议的,应当及时转入审判程序审理。

委托调解达成调解协议的,特邀调解组织或者特邀调解员应当向本院提交调解协议,经本院审查,符合法律规定的,应当制作民事调解书结案。

委托调解部分达成调解的,特邀调解组织或者特邀调解员应当向本院提交该部分调解协议,经本院审查符合法律规定的,应当制作民事调解书;未达成调解部分,应当及时转入审判程序审理。

第十三条【期限管理】 本院委派调解的案件,调解期限为 30 日。本院委托调解的案件,调解期限为 15 日。经双方当事人同意,委派或者委托调解的期限可以延长,但最长不超过两个月。委托调解延长的调解期间不计入审理期限。

第十四条【案件登记】　　本院委派调解的案件，采用诉调字号予以登记。本院委托调解的案件，在案件调解组织或者调解员信息模块中予以登记。

四、机制建设

第十五条【单方承诺调解】　　商事主体诉前以书面形式承诺接受特定调解组织调解的，本院在该商事主体涉诉时，仅征得对方当事人同意，即可以委派或者委托该调解组织进行调解。

第十六条【示范判决】　　在系列案件委派或者委托调解过程中，当事人无法就事实或者处理结果达成合意的，本院可以选择其中具备共通事实、证据或者法律争点的案件作出示范判决。该系列案件中的其他同类案件可以生效示范判决为基础进行调解。

诉讼标的是同一种类、当事人一方人数为十人以上的，本院可以选择其中的代表性案件作为示范案件。代表性案件中有支持诉讼案件的，优先选择支持诉讼案件作为示范案件。

第十七条【适法统一】　　合议庭在作出示范判决前，应当提交专业法官会议讨论，必要时可以提请本院审判委员会讨论决定。

示范判决生效后，除非有以下情形，本院系列案件中其他同类案件有关共通部分的裁判不得与示范案件的裁判相抵触：

（一）示范案件进入再审程序；

（二）其他同类案件的当事人就共通部分提出足以影响案件结果的新的证据；

（三）出现足以影响案件结果的其他情形。

第十八条【无争议事实的确认】　　特邀调解组织或者特邀调解员可以书面形式固定当事人在调解过程中无争议的事实，经当事人确认后，递交本院。本院可以将该事实作为后续诉讼中当事人无争议的事实予以认定，但下列情形除外：

（一）有客观证据证明该事实系虚构或者不真实；

（二）该事实系当事人为达成调解协议或者和解协议作出妥协而认可的主观陈述，且当事人不同意将该事实用于后续诉讼。

第十九条【受理费减免】　在法庭审理前委托调解，当事人因达成和解协议而申请撤诉，本院予以准许的，案件受理费可以免予收取；当事人达成调解协议，本院制作民事调解书结案的，案件受理费可以按照规定标准的四分之一收取。

经法庭审理后委托调解，当事人因达成和解协议而申请撤诉，本院予以准许的，案件受理费可以按照规定标准的四分之一收取；当事人达成调解协议，本院制作民事调解书结案的，案件受理费可以按照规定标准减半收取。

第二十条【拒绝调解的后果】　因一方当事人存在下列情形导致调解不成的，对方当事人要求其赔偿由此导致后续诉讼中增加的交通、住宿、就餐、误工、证人出庭作证等必要费用的，本院可予支持：

（一）当事人承诺接受调解后，无正当理由不参加调解或者拒绝调解，致使调解无法进行；

（二）非示范案件当事人拒绝接受依照示范判决提出的调解方案，且在后续诉讼中不能获得更有利的判决结果。

五、调解司法审查

第二十一条【协议审查方式】　经本院委派调解或者委托调解，当事人达成调解协议后，向本院申请司法确认或者请求制作调解书的，特邀调解组织或者特邀调解员应向本院提交与调解协议相关的证明材料及当事人信息，本院依法组成合议庭进行审查。

根据审查需要，本院可以通知双方当事人、利害关系人到庭接受询问。

第二十二条【协议审查标准】　本院在审查中发现调解协议有下列情形时，应当裁定驳回其司法确认申请或不予出具调解书。

（一）违反法律强制性规定的；

（二）损害国家利益、社会公共利益、他人合法权益的；

（三）违背公序良俗的；

（四）违反自愿原则的；

（五）内容不明确的；

（六）其他不能确认调解协议的情形。

第二十三条【类推适用】　委托调解中，当事人各方同意在调解协议上签字或盖章即发生法律效力而无需出具调解书的，本院参照本细则第二十一条和第二十二条的规定进行审查。

六、仲裁司法审查

第二十四条【协议效力的审查】　在自贸试验区内注册的外商独资企业相互之间约定商事争议提交域外仲裁的，不应仅以其争议不具有涉外因素为由认定相关仲裁协议无效。

一方或者双方当事人为在自贸试验区内注册的外商投资企业，约定将商事争议提交域外仲裁，该域外仲裁裁决作出后，申请仲裁的一方当事人又以仲裁协议无效为由主张拒绝承认、认可或者执行的，本院不予支持。另一方当事人在仲裁程序中未对仲裁协议效力提出异议，该仲裁裁决作出后，又以有关争议不具有涉外因素为由主张仲裁协议无效，并以此主张拒绝承认、认可或者执行的，本院不予支持。

第二十五条【临时仲裁的审查】　在自贸试验区内注册的企业相互之间约定在内地特定地点、按照特定仲裁规则、由特定人员对有关争议进行仲裁的，可以认定该仲裁协议有效。本院认为该仲裁协议无效的，应当报请上一级法院进行审查。

第二十六条【友好仲裁的审查】　仲裁庭依据仲裁规则，经仲裁当事人授权，仅依据公允善良的原则作出裁决，且该裁决不违反我国法律强制性规定和社会公共利益的，本院在司法审查时，可予以认可。

七、工作保障

第二十七条【培训评估】　本院设立定期例会制度就商事案件的适法统一及相关司法政策向特邀调解组织进行通报。

本院每年举办一次调解流程管理专题培训，特邀调解员的培训组织工作由特邀调解组织负责进行。

本院对特邀调解组织进行年度考核，以调解案件数量、调解成功率、平均调解周期等作为指标，进行评估。

第二十八条【投诉处理】　当事人发现特邀调解员存在下列情形的，可以向本院投诉：

（一）强迫调解；

（二）违法调解；

（三）接受当事人请托或收受财物；

（四）泄露调解过程或调解协议内容；

（五）其他违反调解员职业道德的行为。

上列情形经审查属实的，本院应当予以纠正并作出警告、通报、除名等相应处理。

八、附则

第二十九条【解释机构】　本细则由院审判委员会负责解释。

第三十条【施行日期】　本细则自 2017 年 6 月 1 日起施行。

参考文献

1. 陈立斌主编:《自由贸易区司法评论》(第一辑),法律出版社 2014 年版。

2. 陈立斌主编:《自由贸易区司法评论》(第二辑),法律出版社 2015 年版。

3. 陈立虎主编:《自贸区法律制度研究》,法律出版社 2016 年版。

4. [美]帝芬布恩著:《世界及美国的自由贸易区》,胡苑等译,法律出版社 2016 年版。

5. 范愉著:《非诉讼纠纷解决机制研究》,中国人民大学出版社 2000 年版。

6. 高小珺、高大石编著:《自由贸易试验区的制度创新与法律保障》,法律出版社 2017 年版。

7. 胡加祥等著:《上海自贸区成立三周年回眸(制度篇)》,上海交通大学出版社 2016 年版。

8. 胡加祥、王兴鲁编著:《上海自贸区成立三周年回眸(数据篇)》,上海交通大学出版社 2016 年版。

9. 黄建忠、陈子雷、蒙英华等编著:《中国自由贸易试验区研究蓝皮书(2016)》,经济科学出版社 2017 年版。

10. 李猛著:《中国自贸区法律制度建立与完善研究》,人民出版社 2017 年版。

11. 廖凡等著:《上海自贸试验区建设推进与制度创新》,中国社会科学出版社 2017 年版。

12. 林雄主编:《中国自贸区建设与国际经验》,中山大学出版社 2016

年版。

13. 刘正著:《中国自贸区金融创新与法律支持研究》,北京交通大学出版社 2016 年版。

14. 彭羽、唐杰英、陈陶然等著:《自贸试验区货物贸易制度创新研究》,上海社会科学院出版社 2016 年版。

15. 钱震杰、胡岩著:《比较视野下自由贸易区的运行机制与法律规范》,清华大学出版社 2015 年版。

16. 上海金融学院、国购·自贸区金融研究院编:《发展中的自贸区金融创新与改革研究》,中国财政经济出版社 2015 年版。

17. 上海市金融学会编:《上海金融论丛 2015:自贸区建设与互联网金融》,上海人民出版社 2015 年版。

18. 汤黎明、郑少华主编:《自由贸易区法律适用》(第一辑),法律出版社 2014 年版。

19. 汤黎明、郑少华主编:《自由贸易区法律适用》(第二辑),法律出版社 2015 年版。

20. 汤黎明、郑少华主编:《自由贸易区法律适用》(第三辑),法律出版社 2016 年版。

21. 肖林、张湧主编:《中国(上海)自由贸易试验区制度创新:回顾与前瞻》,格致出版社 2017 年版。

22. 肖林著:《国家试验——中国(上海)自由贸易试验区制度设计(增订版)》,格致出版社 2015 年版。

23. 殷林森、吴君主编:《跨境资金流动与上海自贸试验区金融创新研究:自贸金融创新与改革年度研究报告 2015》,中国财政经济出版社 2015 年版。

24. 袁志刚主编:《中国(上海)自由贸易试验区新战略研究》,格致出版社 2013 年版。

25. 郑少华主编:《自由贸易法治评论》(第一辑),法律出版社 2014 年版。

26. 周奇、张湧主编:《中国(上海)自贸试验区制度创新与案例研究》,上海社会科学院出版社 2016 年版。

后　记

　　中国(上海)自由贸易试验区的设立是在新形势下进一步转变政府职能、扩大对外开放、融入国际经济的国家战略。在上海自贸区先行先试所要求形成可复制、可推广的经验中,司法经验亦是其不可或缺的内容。本书由上海法院具有丰富实践经验和扎实法学理论基础的法官共同编写而成,通过对自贸区涉及的相关法律问题进行系统研究,力争为上海自贸区的改革发展提供智力支持。

　　全书具体写作分工如下(以章节先后为序):吴慧琼(第一章、第二章),刘言浩(第三章第一节),包蕾、徐劲草(第三章第二节),凌捷(第四章、第五章),徐俊(第六章),金晓峰(第七章),沈志韬(第八章),任明艳(第九章、第十章),成阳(第十一章),金成(第十二章),单素华(第十三章),张文婷(第十四章),岳婷婷、陈根强(第十五章、第十六章、第十七章),陆文奕(第十八章、第十九章),乔林(第二十章),唐荣刚(第二十一章),崔婕(第二十二章、第二十三章)。在本书的编写过程中,聂妍铧、丁莎莎做了大量工作。全书最后由汤黎明、刘言浩统稿,上海市第一中级人民法院院长陈立斌审核定稿。上海市第一中级人民法院院长助理胡光宇教授为本书出版提供了宝贵支持并做了大量工作,上海市高级人民法院干培处原处长陈全国高级法官也给予了指导与帮助,在此,我们谨向关心、支持和参与本书编撰的同志致以衷心的感谢。

编　者

二〇一七年十一月